行政法时代精神之解构

后现代行政法理论的条文化表达

增订本

关保英 著

北京大学出版社
PEKING UNIVERSITY PRESS

增订本序

2008年,我出版了《行政法时代精神研究》一书,该书由三个部分构成,即行政法学篇、行政法治篇和行政法典篇,分别对行政法学理论、行政法治实践和行政法典则进行了探讨和分析。全书有近60万字,在体例的编排上我采取了法律条文的形式,之所以要采取这样的形式,主要源于便于读者们能够非常清晰地理解和领会我的观点。我在长期的行政法学研究中比较注重走形而上的道路,所以我的行政法学著作和论文都有大量的引注,尽管这使我的诸多论证有根有据、比较严谨,但对于读者们而言,可能不利于在短时间内掌握我的有关学术观点。而采用法条的形式则避免了上述困境,有利于读者们尽快掌握有关我对行政法学、行政法治和行政法典的认知。该书出版以来产生了很好的社会影响,我的诸多论点被学者们所引注,一些学者对这种新的学术著作的体例有所认同。因此,该书出版增订本也就顺理成章了。

行政法学的发展日新月异,有人认为行政法学从控权理论、政府管制理论、契约理论、给付行政理论等到当代的社会自治理论,经过了若干个历史阶段和蜕变。当下的社会自治理论,或者说行政法中的行政自治理论已经被人们所认同,本著作有关行政法学部分尽可能体现这样的时代精神;行政法治在我国也经历了若干历史阶段,这个断代在学界虽有争议,但是2014年中国共产党十八届四中全会《中共中央关于全面推进依法治国若干重大问题的决定》对我国依法治国方略作出新的顶层设计以后,行政法治也进入了一个新的历史时期。在这个新的历史时期,行政法治所弘扬的主旋律显然以协商治理、合作治理和社会自治为主格调,这应当是行政法治的新的时代精神,本书在延续初版的相关内容时,也凸显了新的时代诉求;行政法典在我国的发展和完善也相当迅猛,我们已经形成了以行政六法(《行政许可法》《行政处罚法》《行政强制法》《行政复议法》《行政诉讼法》《国家赔偿法》)为龙头的行政法典则体系。而一些地方也制定了调整行政决策、行政裁量、行政执法、行政问责等行政法典则。与地方行政法典则的制定相比,中央层面的行政法典制定则稍有滞后,例如诸多地方都制定了有关行政程序的行政法典则,但国家统一的行政程序法典尚未制定。那么行政法典在新的法治环境下究竟应当走什么样的道路呢?本著作也有所关注和讨论。

总体上讲,新增订的《行政法时代精神之解构》无论从形式上还是从实质上都有了一定的突破,这也是作者非常欣慰的。

关保英

2017 年 8 月于上海苏州河畔

原版序

行政法的认知在公法学研究中一直没有停止过，有关行政法认知和解释的理论亦不断深化，著名的"红灯理论""绿灯理论""黄灯理论""代理成本理论"等理论就非常生动地描述了行政法在不同历史时期的主客观状况。各种各样的理论问题实质上都反映了这样一个命题，即行政法学的理论体系与时代的精神状况有直接的关联性，即行政法学的认知是一定时代行政法治精神的体现，而这个法治精神又集中反映了当下的时代精神。

然而，在行政法学研究中，学者们并不是主动地、自觉地领会这一深刻的行政法学哲理的，例如，行政法学界一般都用现代意义的行政法给当代存在于各国的行政法制度定性，而在作出这个定性的同时实质上包括了一个很长历史阶段的行政法现象。当学者们将资本主义的行政法与前资本主义的行政法进行比较分析时，是以"现代行政法"即资本主义行政法的产生为分水岭的；当学者们将进入 21 世纪的行政法与其前时代的行政法进行比较分析时，亦是以"现代行政法"作为当今行政法的时代精神予以描述的，似乎找不到一个比"现代行政法"更为妥当的词来给具有新的时代精神的行政法进行定性，这种困惑对行政法学发展的制约已经不单单是一个分析手段问题，而从深层次上曲解了近些年来行政法突飞猛进的历史格局。

因此，现代行政法的精神已经不能与当今法治进程以及时代变奏相同步，各个方面的情况都刻画了这样一个事实，即我们称之为现代行政法的时代已经终结，而新的行政法时代已经来临，这个新的行政法时代就是后现代行政法时代。

后现代行政法是对现代行政法的否定，它的形成有着深刻的社会及其其他方面的基础，如技术基础、物质基础、文化基础、政治基础等。人本属性、私权属性、民治属性、科学属性、创新属性等构成了它的精神实质，而渊源的多元性、参数的技术性、关系的对等性、调控方式的数字性、规制程度的自律性等是其最基本的法律形式。概而言之，我认为，行政法学的研究不论从思想方法的层面上讲，还是从多学科体系的层面上讲都已经进入了后现代阶段，以后现代行政法特性给当代行政法学体系贴标签更能够反映行政法学和行政法治的内在。后现代行政法所反映的是行政法和行政法学的一种精神气质，该精神气质并不是一个不可捉摸的虚幻的存在物，而具有实实在在的合理内涵。在我看来，这些内涵集中体现在三个范畴之中：一是行政法学的范畴之中。这个范畴包括行政法学理、行政法学概念、行政法学科定位、行政法学对象、行政法学方法、比较行政法学、行政法学方法论、行政法学体系、行政法学发展、行政法学趋势等；二是行政法治的范畴之中。这个范畴包括行政法治的定义、行政法上的法律优先、行政法中的私权、行政法原则、行政主体义务、行政职权、行政行为、行政执法、行政责任等；三是行政法典的范畴之中。这个范畴包括行政成文法的危机、行政法渊源的类型、行政习惯法、外国法的渗透、行政立法抄袭、抽象行政行为越权、规章越权、行政立法与不当利益渗透、行政立法模式转换、抽象行政行为与具体行政行为主体分离、行政规范性文件的法律地位、科学立法等。行政法学和行政法治的内涵和定性是各归其位的，而行政法典则相对比较模糊和折衷，换言之，它既有行政法学之成分，又有行政法治之成分。但将其归于行政法学或行政法治之中似乎不妥当，其作为一个与行政法学、行政法治并列的存在物更加合理一些。本著作从范畴上讲包括了上列三个方面，从科学内涵上讲包括了后现代行政法所应具备的基本精神气质。

我近年来曾出版过《行政法价值定位——效率、程序及其和谐》《行政法模式转换研究》《行政法的私权文化与潜能》等学术专著，也曾发表《现代行政法的终结与后现代行政法的来临》《行政法学分析逻辑的认识》《比较行政法学研究》等学术论文，以数百万字的内容揭示了后现代行政法在宏观、中观、微观三个方面的理论体系和实务要求。几乎行政法学和行政法治中的每一个重大问题我都有一个属于自己的见解，成为思想体系的见解，具有思想方法的见解。这些见解中的诸多亮点已经引起了行政法学界乃至于法学界的关注。我创立的一些概念系统、一些制度模式要么被学者们接受，要么被行政法治实践吸纳。

但是，由于行政法治、行政法学、行政法典中的问题容量大、涉及范围广，我的论证分别反映在诸多学术著作、百余篇学术论文之中。加之近年来法学学术研究技术的改进，使我在诸多问题的阐释中不得不引经据典，应当说引经据典是目前我国学术研究中的一个学术时尚，很难想象一篇没有注释的文章能够见诸报端，很难想象一部没有一个注释的学术著作能够被出版。学术界对研究过程和方法中这种形式要件的要求，称之为学术规范也罢，称之为学术壁垒也罢，它的的确确成了判定学术论文和学术著作标准的一个基本指标，这既可能是学术研究的进步，因为领先的学术研究似乎都有较大篇幅的引证，现在能称之为"家"的思想家似乎无一例外；又可能从另一侧面制约了学术知识的社会推广，具体地讲，一些大面积的引证和冗长的论述常常淹没了作者的基本学术观点。然而，不争的事实是哪怕一部高深的学术著作其基本论点是可以用几句话就能够领会其基本要旨的。我生活在当今的学术大背景之下，要成为学术研究中的圈内人就必须使自己的著作和论文能够得到学术壁垒的保护，因此，我近年来相对冗长的著作和论文多之又多。然而，从我做事的一向注重效率和结果的秉性出发，我又不甘于自己的著作和论文的基本论点让读者感到繁琐和难懂，如何解决这个问题，苦思冥想之后我认为以法律文本的形式将自己的基本论点，尤其是后现代行政法的基本精神气质表达出来不失为一种非常好的选择。这样的方式在学术史上并非没有出现过，德萨米著名的《公有法典》、摩莱里著名的《自然法典》等著作就非常生动地以法典形式揭示了深刻的学术思想，这为自己以法典形式反映后现代行政法理论增加了信心。事实上，学术思想的表达方式是有较大选择余地的，古希腊哲学家以对话体的形式表达学术思想的方式亦并不影响其思想的深刻程度。本书既然是以条文形式表达学术观点，当然就没有一个注解，不过，重要条文都有支撑它的背景材料，重要观点作者在著作和论文中都讲到过。由于本书的观点是作者的一家之言，因此，这些论点并不一定是定论，能够引起学者们的商议进而促使行政法学研究更加繁荣，本书的目的也就达到了。

关保英

2008年于上海苏州河畔

目 录

第一部　行政法学篇 / 1

 （一）行政法学理 / 1

 （二）行政法学概念 / 44

 （三）行政法学科定位 / 45

 （四）行政法学对象 / 45

 （五）行政法学方法 / 49

 （六）比较行政法学 / 69

 （七）行政法学方法论 / 84

 （八）行政法学体系 / 90

 （九）行政法学发展 / 108

 （十）行政法学趋势 / 131

 （十一）行政法学本土资源 / 158

 （十二）行政法学体系的全球趋同 / 166

第二部　行政法治篇 / 177

 （一）行政法治的定义 / 177

 （二）行政法上的法律优先 / 181

 （三）行政法原则 / 192

 （四）行政主体义务 / 218

（五）行政职权 / 248

　　（六）行政行为 / 280

　　（七）行政执法 / 300

　　（八）权力清单 / 332

　　（九）行政权力的维度 / 357

　　（十）行政责任 / 378

第三部　行政法典篇 / 405

　　（一）行政成文法的危机 / 405

　　（二）行政法渊源的类型 / 418

　　（三）行政立法抄袭 / 441

　　（四）抽象行政行为越权 / 453

　　（五）规章越权 / 461

　　（六）行政立法与不当利益渗透 / 476

　　（七）行政立法价值选择 / 487

　　（八）行政立法的模式转换 / 517

　　（九）抽象行政行为与具体行政行为主体分离 / 534

　　（十）行政规范性文件的法律地位 / 542

　　（十一）科学立法 / 549

　　（十二）行政立法展望 / 564

主题词索引 / 577

第 一 部
行政法学篇

（一）行政法学理

第一条 行政法与其他部门法相比有一个突出的特点，就是它与行政权有着难以分割的联系。因此，要解决行政法的任何理论问题都必须从行政权入手，而要揭示行政权的概念，必须首先回答权力概念的内涵。权力作为现代政治学和现代法学运用率最高的一个概念可以有两个概念形态。一是法律规范上的概念形态，作为法律概念，权力是被宪法条文界定了的，法律规范上的权力概念是具体的、有形的、实在的。二是理论上的概念形态。作为理论概念，权力不可以从法律上寻求答案，其具有"权势和威力"等属性。理论上的权力概念是抽象的、无形的、非实在的。

第二条 权力是一个多视角、多内涵的术语，难以有普遍接受的确切概念，也许由于此缘故，许多工具书，包括法学的专业性工具书都在回避权力的概念。为了认识行政权的本质属性，笔者尽可能从法律规范和抽象理论两个方面的结合上对权力概念谈点认识。首先，权力反映某种资格，或决定问题的资格，或提出要求的资格。以此延伸，权力必须具有主观上的承受因素，这一承受因素就是权力的主体问题。其次，权力并非对应性概念，从第一点可以推导出第二点。一般认为，权力具有对应性，即发生在两个主体以上，一方主体将自己的意志强加给了另一方主体。再次，权力反映了某种联系，而且是一种动态的联系。此动态联系形成了一定的范式。从静态看，权力的范式是具有权力资格者与相关因素的关系及其形式，即通常所讲的权力模式；从动态看，权力的范式是权力的实际运行程序。权力概念的上述三个属性，应当成为我们认识行政法上行政权的出发点，只有抓住它，行政权的有关理论问题才能得到合乎逻辑的说明。

第三条 权力主体是指权力的实质或形式上的拥有者。它是取得了一定资格的人或组织。如果把权力关系视为权力客体的话，权力关系的主宰者就是权力的主体。权力主体与权力客体是一个相互对应着的概念。客体指具有物质内容的关系形态，而主体则是通过客体来反映、表现的。权力主体以其本质特征来观察，具有三个最基本的属性。一曰有形性。这是权力主体最基本的特性，即其具有一定的物质外形，是一个活生生的存在物。二曰主动性。权力主体具有法律上称为主体概念的一般意义。在法律上就主体与客体而言，主体是能动的，可以通过自己独立的主观意向采取行动，作出某种决定，并且能根据发展变化的外部环境对自身进行调整，以使自己与外部保持最大程度的一致。三曰可分解性。权力主体的可分解性有两层意思，第一层意思是说，作为一个权力主体来讲是可以分解的，既包括其实体形式的分解，也包括其行为序列的分解，此层意思容易理解；第二层意思是说，权力主体的总概念是可以分解为更细密的主体形式。此层意思从字面上看比较抽象，甚至不易理解。然而，从深层意义上分析，权力主体确实可以分解为诸多主体形态，如权力归其所有的归属主体，实际握有权力的占有主体，对权力负责实施的行使主体，等等。权力主体的可分解性是权力概念中的一个非常重要而又被人们普遍忽视了的问题。正确把握权力主体的可分解性这一属性的特点，对于我们分析行政法规范、行政法理论具有十分重要的意义，尤其对行政法的价值定位具有重要的理论意义。

第四条　根据权力主体的归属和实际运转，可以把权力主体分解为归属主体和行使主体。现代社会中较为进步的国家形态和政治体制结构形式都将国家权力分解成归属和行使两种类型的主体。

第五条　权力主体分解为归属主体和行使主体是国家政权发展的必然。归属主体不可能完全行使所有国家权力，或者完全行使自己所享有的一切权力，由行使主体完成权力的行使既是一种必然，同时也是出于权力概念的技术上的考虑。行使主体是不能离开归属主体而独立存在的，如果说两者呈主属关系的话，归属主体是主，而行使主体为从，行使主体始终不能脱离归属主体而任意行动。

第六条　行政权的归属主体就是指行政权所有者，即谁是行政权的实际享受者。

第七条　行政权的行使主体就是指行政权的行使者，即谁是行政权的实际行使者。

第八条　行政权的归属主体由于具有宪法上的依据，所以在我国是非常明显的，宪法规定了一切权力属于人民，行政权作为国家权力的组成部分，同样归属于人民，人民是行政权的实际所有者。人民既然是行政权的归属主体，便可以以各种形式和途径行使归属于自己的行政权，可以是直接行使，也可以是间接行使。

第九条 由于人民是一个集合概念，是由无数单个个体构成的，因而，在绝大多数情况下，既不可能，也没有必要直接行使行政权。这样便产生了行政权的行使主体。行政权的行政主体依《中华人民共和国宪法》（以下简称《宪法》）的规定已经有了完整、系统的概念和严密的组织体系。

第十条 长期以来，人们对宪法关于行政权行使主体的规定有误解，误认为行使主体就是归属主体，此误解给行政法学理论和行政法制实践带来了不小的危害后果。

第十一条 行政权归属主体和行使主体的分离有两个深刻的理论问题是必须引起注意的。一则，两个主体的分离是行政权发展的必然，是不以人的意志为转移的，当一国在建立它的行政体制时就意味着这两个主体处于分离状态。当然，分离的程度不是固定的和一成不变的，而是受外界条件、行政技术甚至民主进程的影响；二则，两个主体的分离过程是受主观条件制约的，即在归属主体和行使主体的分离过程中，人们可以进行论证、分析以确定行政权归属主体和行使主体的关系状态。

第十二条 行政权主体的分离理论从深层意义上看，是行政法价值定位的理论基础。

第十三条 行政权主体分解为归属主体和行使主体必然使行政权在运行过程中形成两个主体意志：归属主体意志和行使主体意志。从形式上讲是非常矛盾的，一个权力竟有了两种意志。而进一步讲，归属主体意志和行使主体意志并非总是同一的意志。在一些条件下可能完全是同一的，而在另一些条件下可能是不同一的。事实上，行政权归属主体和行使主体意志的不同一，处于二者关系状态的主导地位，而二者的同一，则处于二者关系状态的次要地位。正是由于这种不同一导致了若干行政制度、行政法制度、行政法规范的产生，如果二者始终处于同一意志状态的话，一切行政法制都是多余的。应当指出，我们说二者的不同一，并不是从政治上分析的，而是从国家权力体系的技术上分析的。这种不一致有时是受物质利益或其他利益决定的，有时则是受权力运行的外界条件和各自的主观意识决定的。当然，行政权是国家权力系统的组成部分，其本身是一个权力体系和职权系统，就某一国家政权而论，行政权只是一个事物，总体的价值取向、总体的目标、总体的行动纲领只能有一个，绝对不能受两个对立的意志支配。如果出现此种状态，一国的行政权就面临解体的状态。因此，行政权的统一性是绝对的。无论归属主体和行使主体各自的意志如何，都必须最大限度地保持行政权的统一性。行使主体的意志从属于归属主体的意志是保持行政权统一性的前提条件。行政权的统一特征是有关行政权的一个基本定理，该定理并不是说行政权的实际状况一定是统一的。恰恰相反，在绝大多数情况下是不统一或是不完全统一的。行政权归属主体对行政权行使主体约制的程度，决定着行政权是否统一及其程度。

第十四条 行政权行使主体相对于行政权的归属主体而言是处于工具状态的，是归属主体完成其宗旨的一种手段。

第十五条 行政权归属主体是一个永恒的概念，其在客观上表现出了极大的稳定性。而行政权的行使主体则是一个具有动态性和可塑性的概念。上面已经论述了行政权行使主体对行政权归属主体而言是处于工具状态的。作为归属主体而言，是可以对自己运用的工具进行设计的，并且可以根据自己的需要制造出适合自己特点的有效工具来。

第十六条 行政权的行使主体是由行政权的归属主体设计并制造出来的，被设计的行政权行使主体的实际状况则受相当复杂的条件制约，如设计者对行政权行使主体的认识程度，社会的经济水平、文化条件，等等。

第十七条 被设计出来的行政权行使主体从它诞生那天起，就受到了制约，而且始终处于受制约的状态中。

第十八条 行政权归属主体在设计、构建行使主体时并不是任意性的，而是从功利原则出发，要求行使主体为其带来最大的利益。

第十九条 行政权归属主体的设计行为实质上就是对行使主体的制约行为。因为在整个设计过程中，归属主体都根据自己的需要安排行使主体的规模、构成等。

第二十条 行使主体一旦被设计出来就成为了行政权的实际承受者即主体之一，作为法律上的主体，其有自己的意志。既有总的系统意志，又有层级的或分子的意志。这些主观方面的意志仍然是受到制约的。在行使主体的发展过程中，由于其有超常的组织性、结构性，因而在行政权的实际行使中，常有超然独立的倾向。这是行政权归属主体不能自流放任的。必须像在设计时用各种手段对其进行制约那样，亦必须在其系统建立后，意志形成后用各种手段对其进行制约。

第二十一条 在理论界关于这个问题存在着非常错误的理论论点，例如，相当一部分行政法教科书在讨论行政机关是否具有独立人格时，提出了人格肯定说的理论。该理论认为，行政体具有独立的法律人格、独立的意志，可以单独履行一切法律行为和事实行为。

第二十二条 制约原理是不允许行政体具有独立于国家、社会之外的独立意志和独立的法律人格的。机关人格否定说认为，行政体最大只是国家或社会的代表，其意志始终从属于社会、国家。行政权行使主体的意志是从属性的，是不能离开行政权归属主体而另起炉灶的。

第二十三条 行政权归属主体对行使主体的制约是客观的必然。然而，制约的形式、制约的程度则是有所区别的。总之，行政权归属主体对行政权行使主体的制约可概括为三种观点：一是归属主体在设计行使主体时，依需要而裁剪行使主体，通过裁剪性制约使其结构合理化。二是在行使主体运行过程中，对其行为进行制约，以使其客观行为合理化。三是归属主体终止违背设计目标的行使主体的全部行为，以使行使主体保持优胜劣汰。

第二十四条 行政权行使主体被设计出来以后，存在着被恰当或能够恰当运用的问题。有两种行为是能否恰当运用的决定因素。首先，行政权归属主体是有行为的，该行为是指归属主体的总行动。其次，行政权行使主体是有行为的，该行为是指行使主体的总体行动战略。归属主体的行为主要是对行使主体进行的，对行使主体进行多种途径、全方位的控制、督促。行使主体的行为由两个环节组成：第一个环节是对归属主体的行为环节，可以从归属主体取得利益，可以经常从归属主体取得需要的行动信息；第二个环节是对所处理的行政事务的行为环节，此行为是其最主要的行为环节。我们说行政权行使主体是能够被恰当运用的，一是说行政权归属主体能够非常方便地运用行使主体实现自己的目标，运用的方便程度是行使主体能否被恰当运用的第一个衡量标准。如果当一个国家的行政权归属主体已无法控制、督促行政权的行使主体时，便可以说，行政权行使主体的运用是不恰当的。二是说行政权行使主体对行政权归属主体表现出了极大的服从和尊重，有积极的汇报和报告制度，并有自觉、自发的服从意志。三是说行政权行使主体能够根据行政事态的本质履行归属主体所赋予的职能。行政权归属主体对行政权行使主体的控制程度是行使主体能否被恰当运用的关键。

第二十五条 我们所讲的控制是指归属主体能够每日每时地依需要改变行使主体的行动、目标、行为方式，校正行使主体与管理事态的冲突性行为和与归属主体意志背道而驰的行为。

第二十六条　行政法学领域尚无人运用成本概念，更无人以成本原理分析行政法学中的有关理论和实践问题，这不能不说是一个遗憾。以成本原理出发，解释行政法的有关问题，具有不可取代的意义。

第二十七条　在行政法学中，运用成本概念，可有两种途径：第一个途径是在微观上使用成本概念，即在行政管理系统内部，对于政府行政系统的状况、行政机关的行政行为、一个具体的行政事件或一项大的行政决策进行成本分析。以此分析，使单个的个别行政事件、行政行为以最小的投入换来最大的社会效益；第二个途径是宏观上使用成本概念，就是将成本概念运用到对行政权归属主体和行使主体的关系分析上来。将成本概念延伸到行政法学中立足于第二种含义，并以成本原理论证有关行政法的效率定位问题。

第二十八条　行政权归属主体是行政权的主导方面，对行政权有最后的、实质意义的控制权利，行使主体只是其利用的一个工具，一种手段。以此而论，行政权行使主体对行政权归属主体而言就是一个成本，行使主体作为一个物质实体是归属主体所投入的一个成本。归属主体意欲通过此种投入带来更大的物质利益和精神利益。

第二十九条　行使主体作为一个成本，事实上是有消耗的，包括物质消耗、文化消耗。不言而喻，行使主体的所有消耗都必然转移到权力归属主体身上。具体地讲，行使主体的收入、支出，尤其是在行使行政权过程中的各种支出或者与行使行政权有关的各种支出，最终都必须由归属主体支付。从这个意义上讲，行政权行使主体始终是行政权归属主体所投入的一个成本。这就是对成本概念在行政法学中的宏观解释。行政法的效率定位就是从这个概念中延伸出来的：行政权归属主体以最小的成本为代价，换来最大的社会效益，如果行使主体所带来的效益小，就意味着归属主体的成本大。反之，行使主体所带来的效益大，归属主体投入的成本则较小，以此必然推论出效率价值定位。

第三十条　行政权行使主体在现代社会中已发展成为严密的科层制。它作为行政权归属主体所付出的成本有多层意思。首先，行政权行使主体自身的存在就是行政权归属主体的一个元投入。说它是元投入，是该投入还没有包括行使主体因自己的行为而带来的其他消耗。在元投入概念中，归属主体只是在正值的角度进行投入，就是此种投入是绝对可以带来利益的，并且是为了获取正当利益才进行的投入。其次，行政权行使主体为了维持自身的生存，必须建立严密的组织体系，并在组织内部形成新的控制系统，这样无形中又为行政权归属主体增加了一个新的投入，即在其原来的成本上又增加了一个成本。也许该成本对于归属主体实现其目标是必要的，但就此种投入本身而言，与归属主体的利益似乎是间接的。对于这种状态，归属主体并没有一个可靠的标准进行验证，以确定第二个成本的实际意义。再次，行政权行使主体一旦组成，必然有各种各样的行为。有为了联系内部成员而履行的内部行为；有为了完成对社会事态进行调控而进行的外部行为；有为了建立内部设施而进行的事实行为；有为了理顺管理关系而采取的法律行为；等等。各种行为都处在消耗状态中，包括经济的消耗和文化的消耗。

第三十一条 行政机构的总消耗就是从以上三个方面产生出来的，具体地讲，它包括：为了维持行政机构的组织体系而耗费的各种组织性费用。如为了使行政机构经常性地保持联系而消耗的会议费，此种费用在一些国家已经成为一笔庞大的财政负担。为了协调机构内部的行为而耗费的各种文件打印费，为了维持机构的正常活动而投入的各种办公费，包括办公设施，如办公楼、交通工具、文印设备，等等。在现代国家，行政权行使主体的总消耗一般反映在政府行政经费预算中。

第三十二条 行政权行使主体的分子消耗是指独立于总消耗之外的行政机构各部分和行政机构各组成人员的消耗。其中有两个部分，一个部分是一些单个的机构实体消耗。我们知道，行政机构体系是由许多分支机构组成的，一个分系统包含了许多的支系统。一个支系统又包含了许多的子系统，而一个子系统也同样包括许多细小的系统。行政机构体系尽管有着统一的意志和统一的行动，但各个分子机构或各个单个的机构有着自己的，甚至独立于行政总系统之外的意志，这样就构成了分支机构的单独消耗。此种消耗的来源可以从行政机构体系的总经费中取得，亦可以由该机构实体向自己的管理对象取得。如果是前者，其消耗便可归入行政总消耗之中，若是后者，就构成了新的消耗范畴。分子消耗首先包含了这一新的消耗范畴；另一部分是机构组成人员的消耗。行政体的构成分子，从政治学的角度看，是行使权力的最小单位，他们担任公职，并通过公职赋予的法律资格履行管理职能。从社会学的角度看，他也是一个社会成员，只是扮演的社会角色比较特别而已。作为社会成员，同样要生活，取得合法收入，该收入就是我们通常所讲的政府职员的工资和其他津贴。职员工资对于行政权归属主体来讲无疑是一种消耗。职员工资一般在政府行政经费预算之外，因此，它实际上是独立于总消耗之外的。机构分子消耗的上述两个部分都是非常重要的。然而，上述部分只是分子消耗的一个方面，即合理消耗方面，就是通过此消耗可以为行政权归属主体带来利益。而在行政权行使实践中，还有一部分消耗，可以称其为非合理消耗。它是指机构分子在职权行使中既违背权力归属主体的意志和利益，又与行政大系统的意志、利益背道而驰而从被管理对象或客观事态取得利益的行为，并以此导致的消耗。非合理消耗由于不是以正常途径进行的，因此，具有很大的隐蔽性。这一部分消耗在行政消耗的计算中是相当困难的。

第三十三条 行政权行使中的有形消耗和无形消耗是行政权行使成本的核心问题。只有在精确计算总消耗和分子消耗的基础上，才能真正弄清行政权行使成本。

第三十四条 行政权行使主体的消耗有诸多形态，并可以将其归结为不同的类型。在所有的消耗形态中物化消耗是最主要的。

第三十五条 物化消耗是指有形的、物质化了的消耗。它包括：金钱消耗，指政府行政系统活动经费的消耗。政府机构每年都有上亿元的活动经费，该经费就是行政体总消耗中的物化消耗。每个机构的单独活动经费以及职员的工资和津贴都是最为直接、最为明显的金钱消耗；财物消耗，指对各种有形财物的消耗，如政府办公大楼的建筑、机关用具的以旧换新和其他办公用品的耗费。财物消耗既可以归入金钱消耗中去，又可以成为一个单独的形态。根据行政组织人、财、物、信息四大要素构成原理，对财物消耗作为一个单独的消耗形态进行研究更为妥当一些。在行政权行使的实践中，在一些机构，尤其是可以从社会获得直接经济利益的机构，把财物消耗往往列在行政预算之外。所以，对财物消耗进行单独分析并不是多余的。人力消耗，人力消耗也是物化消耗的一种。行政机构中的公职人员在整日忙于行政事务的管理中，除了8小时的工作时日外，有时还要进行额外的加班加点，整日处于忙忙碌碌之中。就其行为来讲，并不是直接创造物质财富，对于这些行为而言，就处在间接的物化消耗中。上述物化消耗是行政消耗中最为明显和最敏感的，由于其是有形的，因而可以以一定的手段对物化消耗进行量的分析。

第三十六条 文化消耗是行政体的又一消耗形态。与物化消耗相比，文化消耗是一种无形消耗，指政府行政系统在社会文化发展中的消耗。它主要的表现是，行政系统对社会文化发展的阻滞作用。文化消耗从其对整个社会进程的影响看，并不亚于物化消耗导致的后果。文化消耗的主要诱发因素是行政权行使主体价值倾向与社会价值倾向的反差。马克思在《德意志意识形态》一文中对管理阶层这一特殊的社会阶层进行过分析，认为这一阶层既不从事物质资料的生产，又不从事精神资料的生产，而从事一种特殊的社会管理活动。管理阶层作为一个阶层有自己特殊的价值判断。这些价值判断最终形成一种行政上的道德准则。一些学者称其为"行政伦理",是指导一个组织成员或职业管理道德行为的标准或规则。行政的道德准则仅仅适用于行政范畴。行政系统的独立意志、独立利益决定了行政的道德准则和社会的道德准则是难以安全一致的。当行政的道德准则与社会的道德准则一致时,行政体对社会文化就有促进作用。反之,当行政上的道德准则与社会的道德准则不一致时,便对社会有阻滞作用。这时,行政体的价值判断就是一种文化上的消耗。如果物化具有合理成分的话,文化上的消耗对行政权归属主体来讲,没有任何意义的合理因素。一国的行政体制,当其处于衰落、腐败等境况时,其物化消耗此时已不是关键因素,而文化消耗才是关键的。文化消耗所表现的是其对社会的压力。

第三十七条　在行政学中有两个使用较多的概念:最优与最满意。在决策过程中,人们理想上总是在追求最优模式。所谓最优模式就是把决策当成一个全封闭的系统,该系统不受外界的、感情的、非理性的影响和干扰。使整个选择过程符合下列条件:第一,可以确定合理而准确的目标,使选择有明确的方向。第二,能将所有的选择方案穷尽,不遗漏任何可供选择的方案。第三,能够通过判断预知每个方案在执行过程中的实际结果。第四,能够确定绝对的选择标准,使选择行为的每一步都受科学定律的指导。第五,选择方案不受或少受时间等外在环境的限制。可见,最优是能够确定最高价值和最高目标的。如果把最优概念运用到行政权行使的成本概念上,就是要求最低成本。换言之,最低成本要求,是指行政权行使主体和行政权归属主体为了获得利益而付出的最小代价,是最理想的投入。最满意是与最优相对而言的,指人们在实际的选择或决策过程中,由于受到感情的、外界的、非理性的等条件的制约和影响,永远也不可能找到最优,只能找到使自己满意的方案。如果把最满意运用到行政权行使的成本概念上,则要求行政权归属主体对行政权行使主体只抱最满意的希望,而不抱最优的希望。前面已经讲到,行政权行使主体是设计出来的,且没有现成的依据和参考系,难免使这种设计加进许多主观成分。所以,我们认为,行政权行使的最低成本只是观念上的满意最低成本或满意成本,而不可能是绝对最低成本。

第三十八条　最低成本客观上只能是一个被认为满意的概念,尽管如此,我们还是可以确定一些最低成本的原则和标准。机体小型化就是其中之一。

第三十九条　机体小型化就是指行政权行使主体的规模应当是最小的,或者是小型化的。系统论以及若干具体的系统原理都证实了这样一个事实,机器越小发生故障的机会就越少,反之,机器越大发生运转阻塞的机会就越多。机构小型化有两层含义:第一层含义是绝对小型化,意指不论何种类型的行政机体都遵循这样的规则——越小越好。绝对小型化的原则为我们建立行政机构提供了一个非常重要的原则,就是能够由10个人组成的机构绝对不会扩大到20个人,能够由20个人组成的机构绝对不会扩大到30个人。在机构的完整过程中,控制成员的增加是减少成本的基点;第二层含义是相对小型化。行政机体受内在因素和外在环境两个方面的影响,内在因素是指客观的行政事态和行政人员自身的主观素养。外在环境是行政事态所处的文化氛围、经济氛围和民族、民俗氛围。相对小型化要求同一行政机体在不同内在因素和外在环境下有不同的规模。相对小型化要求在确定机构成本时考虑行政机体的承受能力。机体小型化标准对于我国目标行政权行使成本的研究尤其具有指导意义。

第四十条 在最低成本理论中,机构的层次是又一个衡量最低成本的标准。从理论上讲,行政机构有三类层次体系,一是行政机构体系中总的结构层系,该层系与国家政权的结构形式有关。二是单个行政机构的结构层系,即在一个单一的行政机构内部的层次划分。不同的行政机构内部层系亦有所不同。三是在某一方面的行政管理事态中,对应机构的不同层次。行政系统内部常常有不少职能部门,负责某一方面的行政管理事态,共同的行政事态使这些机构在一国范围内构成了一个统一的整体。而要对这些事态施行管理,便建立了有序的机构层系。上述三个方面的机构层系都有一个最佳选择问题,就是各系统究竟建立多少层系才是最合理、最适宜的。层次越简化,成本就越低。层次简化的标准是机构中的权力分配。在一个行政机构体系中,有两种类型的权力分配,第一是横断分配,就是各平行机构之间的权力分配问题;第二是垂直分配,即不同层次机构之间的权力分配。显然,不同的机构行使的权力及性质都有很大的区别。如有些权力必须集中行使,有些权力必须分散行使。有些权力集中行使比分散行使更为适宜,有些权力分散行使比集中行使更为妥当。对于必须集中行使和集中行使比分散行使为宜的权力,则要交给高层机构行使。对于必须分散行使和分散行使比集中行使为宜的权力则要交给低层机构行使。垂直分配的理论告诉我们,在设立行政机构时,不能强调机构的对口。我们知道,机构的层次与设立机构时是否对口是有直接关系的。机构越对口,层次便越多。合理的权力分配是机构层次简化的关键。机构层次简化并不是说机构的层次越少越好。关键在于权力行使的适宜性。由于经济、文化的高速发展和行政事态的日趋复杂,在机构层系上有细密化的倾向。由原来的少层次逐渐向多层次变化。这是应当警惕的问题。因为多层次的机构必然要加大行政权行使的成本。

第四十一条 权力模式是指有关权力归属和权力行使的模型或图式。从广义上讲，权力模式包括归属模式和行使模式。归属模式是指权力的所有模式，即类似于经济学上所有制概念的权力所有制问题；行使模式是指权力的行使套路，类似于经济学上的产品占有制度。权力的归属模式是较为清楚的模式系统，从理论上容易阐述，在实践上其归属主体也容易弄清，而权力行使模式则较为复杂。因此，我们在此处所讲的权力模式的客观基础，主要着眼点在权力行使模式上。

第四十二条 权力归属主体与权力行使主体的分离是权力发展过程中的一种必然。而权力的两个主体分离后，对于权力的行使来讲，就必须付上一定的成本。权力行使主体就是权力归属主体为了取得更大的利益而投入的一个成本。权力概念本身是无形的，然而，它是通过有形的物质形态体现出来的。事实上，权力行使主体对于权力的行使，除具有成本含义外，还具有模式含义，行使主体的组合状况就是一个静态的模式，而行使主体对权力的行使过程就是一个动态模式。不论静态模式还是动态模式都有其存在的客观基础。

第四十三条 客观基础之一：权力归属主体和权力行使主体的对应关系。权力归属主体和权力行使主体是两个独立的主体，二者在相互关系上是对应的，表现在有着总体利益的一致和相互利益的对立上。尤其是利益对立的属性，不得不使权力归属主体对权力行使主体表现为某种形式上的规范性关系。要求权力行使主体与其保持某种关系形态，要求权力行使主体以一定的形态出现。因为，只有这样，权力归属主体才能名正言顺地控制权力行使主体。由此可见，权力归属主体和权力行使主体的分离，必然导致权力行使呈现出某种规范性倾向。

第四十四条 客观基础之二：权力运行所需要的载体。权力的运行发生在若干关系之下。权力是一种资格，作为一种资格必须有其他主体的认同，认同者与被认同者必须保持一定的关系形态。权力有时候表现为一方对他方的影响。一方作为决定问题的主体对他方的意志和行为进行安排。总之，权力是离不开社会关系的。由于权力的运行发生在复杂的社会关系下，它不得不以某种载体的形式出现，抽象的权力运行是不存在的。可见，权力运行所需要的载体是权力模式存在的又一客观基础。

第四十五条 客观基础之三：行政权行使的大规模性。权力是一个类的概念，它可以包括小型权力、中型权力，也可以包括大型权力。行政权作为权力概念系统的一个分支，是一个有着特别内涵的概念。在现代社会，它是一种国家权力，具有公共性，这与其所体现出来的公共意志是有直接关系的。行政权行使的大规模性就是这种公共意志的表现。大规模的权力行使与小规模的权力行使尽管只是量上的差别，但其实质意义是不同的。小型权力行使可以是直接的、可以是不需要若干形式要件的，而大型的权力行使则具有间接性或层次性，更须具备诸多的形式要件。权力行使的模式就是其形式上的要件，可见，行政权行使的大规模性是权力模式的又一客观基础。

第四十六条 权力模式的外在表现指权力模式在外部的表现形式。作为外在表现是层面上的，而非隐藏在深处的。外在表现得以使权力模式得到权力系统外部的认同。因为外在表现使权力模式向外部发出了信息，通过发出的信息，表明其区别于其他任何形式的权力模式或其他模式。权力模式的外在表现可以表述为下列诸点。其一，作为外在表现，权力模式反映了一定的结构，该结构是指权力行使的结构形式，包括权力行使中的分层，各个层次之间所占权力的大小。其二，作为外在表现，权力模式反映了一定的关系及其形式，包括三个有序的关系环节：一是权力归属主体和权力行使主体的关系，二者之间的权利义务关系，双方各自的对应责任、对应义务；二是权力行使主体和权力承受者的关系，二者在权力行使中的权力义务，一般指权力行使者对其行使对象的影响程度。权力承受者对权力行使者有无制约手段、监督的程度等；三是权力行使系统自身的关系，包括行使要素之间的联系方式。如果权力系统属于金字塔结构，自上而下的命令指示和自下而上的请示汇报是否形成线路等，则有疑问。权力行使内部的关系最能反映权力模式的结构。其三，作为外在表现，权力模式反映了若干主体法律上的关系形态。权力的运行是在若干主体相互作用中实现的。在日益大型化的社会状态之下，权力运行过程中的若干参与主体其联系已不单是靠相互之间的责任、信任而实现，或者说，大型化的社会状态之下，信任、信用、诚实、理解等已不能联系若干权力参与主体，必须以明确的行为规则为纽带，这些行为规则构成了联系他们的法律、法规、规章。

第四十七条 任何形式意义上的模式都具有结构性特点，即其自身是以结构形态体现出来的。模式的结构性特点使模式具有被称为系统的所有要素，首先是组成模式结构的硬件，这些硬件我们可以称为模式的资源、材料。如一个行政体中的机构、微型或大型组织、组成人员，然后有联系这些硬件的纽带，如行政系统内部的各种制度、指挥命令和请示汇报规则，该硬件是模式的基本构成元素。其次是组成模式结构的软件，如模式系统的总的目标价值，它赋予了模式文化意义，通过这种文化意义，人们可以区别不同模式结构在社会大系统中的功用。在模式结构中，一般有层次上的区分，各构成部分都在相应的地位上扮演角色。高层机构可以确定模式系统中的价值要义。在模式结构的软件下，还有一些看不见的但却始终调整着模式内部组成机构和人员行为的行为规则。该规则是法律、规章以外的规则体系。如模式组成人员的正义感、对模式系统的忠诚感，等等。对于模式结构性特点的考察还必须从社会大系统出发，因为一个模式降了自身的目标价值外，还有受社会大系统制约的目标，尽管是外部的关系形式，但对模式结构的内部运转亦有重大影响。

第四十八条　一个模式结构处在社会大系统的一个链条上，它的产生亦隶属于社会大系统。它的产生对另一模式结构而言可能是一种投入。对政府机构而言，产出可能是一类管理决策，而该管理决策为权力归属主体带来利益。模式的结构性特点为若干主体分配了角色，并使每个角色处在模式内部的某一位置上，并且所处的位置是相对稳定的。因此，我们可以说，即便是模式的结构性特点，背后也包含着程序规则。

第四十九条　行政权行使的模式除了具有结构性特点外，还具有序列性特点。如果说结构性特点是就模式的静态特点而言的，序列性特点则是就模式的动态特点而言的。

第五十条　序列特点指在一个模式内部有许多的动态联系方式及其动态联系规则，再就一个模式来看也处在不断的完善、发展、变化的过程中。上述两个方面构成了模式的序列特点。该特点要求，一个模式结构内部必须有恰当的计划。一个模式内部的目标、计划要随着外部环境的变化而变化，并形成一个有序的变化过程。如果模式所处的外部环境发生了变化，而模式的目标和计划继续延续其传统的组织结构的目标，必然导致该模式内部的运行阻滞。一个模式的总体计划受过去、现在、将来等时间性序列的影响，模式要根据时间序列作出新的安排。上下层级的相互关系也是决定模式序列的一个因素。上下层级的相互关系必须明确，任何摩擦、扯皮、无效率都会使合理序列的质量降低。因为各层级间的职权和对行动所负的职责在内部运行序列中是相当关键的。

第五十一条　在模式内部的职权行使序列中，处于决策地位的机构或人员在一定条件下必须把决策权下放，只有在一些政策必须统一、行动必须协调一致、只能由一位或少数人员作出决策的情况下，才没必要分散决策职权。现代行政系统中权力行使的实践表明，将所有模式内部的决策集中于某一个环节，过多地把小问题留给高层人员做，行政主管部门陷于日常事务，连续不断地应付繁琐的行政事务，其模式的运行序列必然不畅通。在行政体制中，权力行使序列的运行，有一个恰当的授权问题。如果热心于职权分散化的高层机构或人员，把自己本该行使的权力转让，尤其是下放，并授予主体资格欠缺的机构，必然使职权行使序列分散化，从而导致权力行使的混乱。另外，在模式运行序列中，行使职权和收集信息是两个完全不同的概念系统，必须把承担这两种职能的机构分开，使二者集中于两个运行序列之下，形成为职权行使的运行序列和收集信息的运行序列。构成模式序列特点的还有权责关系问题。

第五十二条 一般地讲，在行政系统的模式结构中，权力和责任的关系是辩证的统一，权力和责任是一种正比例关系，权力越大其责任应当越大。反之，责任越大拥有的权力也应当越大，且每个职位都有权力的量化标准。模式序列的权力行使必须讲求权责的对等性，否则该序列就是不正常的。模式的序列性特点，可以将它形象地称为直线式的权力运行序列，要求一个权力模式中只有一个核心主体，所有的行动序列都集中在一个头脑之下，此在行政组织理论中叫做单头领导体制。如果一个行政系统内部有若干决策核心，必然产生多头性的领导，形成若干指挥中心。最终极有可能出现相互冲突的权力运行序列，而破坏模式结构的统一体。总之，模式的结构特点和序列特点体现了模式的两个特别突出的属性。序列性特点对于程序化的要求，或者其中所体现的程序化更为突出一些。

第五十三条 模式的结果即程序是笔者的一个命题，该命题从字面意义上看不免有武断之嫌。因此，必须作进一步的解释。所谓模式的结果即程序并不是说模式必然导致程序化的结果，或者说，模式本身可以带来程序。而是说，在模式概念的深层意义上包含了程序。一个模式结构的维持也必须依靠若干个程序，而一个法律程序也蕴藏在一定的模式之下。对于行政法的价值定位而言，必须在行政权行使需要的模式中解释行政法的程序定位问题。至于在模式系统中，如何建立程序，则是另一个范畴的问题，不能和模式的结果即程序的命题相混淆。

第五十四条 效率作为一种状态，应当有某种物质承担者，当我们谈论效率时往往都是就具体的事、具体的行动过程而言，效率是有主体的，只能针对某个主体谈效率，脱离主体的效率只能是一个空洞的概念。

第五十五条 在行政权行使中，效率的主体有四个。第一个是行政机构大系统，即行政权行使主体的宏观系统。第二个是行政机构各支系统。第三个是单个行政机构,这是效率的主要主体。第四个是行政系统的公职人员。上述四个方面构成了效率主体。每个主体都是一个活生生的、有独立意志的行政权行使者,作为一种物质形态反映并表现着效率概念。

第五十六条 效率客体既不是就效率主体的行为而言的,也不是就效率的实际后果而言的。这里所讲的效率客体是指反映效率概念的联系形式。任何效率概念都反映了某种关系性状,效率是通过一定的关系表现出来的。与效率相关的所有关系就是效率的客体。尤其是在行政权行使主体的效率概念中,更是离不开各种复杂的内部和外部的关系,而且这种关系形态是多种多样的。如机构与机构之间的关系,包括各单个机构之间的关系和不同层级机构之间的关系。此种关系的合理构成与否就是效率概念的一个方面的内涵。各机构之间有各种往来形式,如平行机构之间的协助、上下级之间的命令指示与请示汇报,相互往来的良好、畅通状况也是效率概念的一个方面的内涵。再如行政体制与其他社会主体之间的关系形式,包括行政机构对各社会主体进行管理时的管理关系,包括各社会主体对行政机构的监督关系,等等。这些关系形态也充分表现了效率概念,如果行政机构对相对方的管理质量高,就可以说效率高,如果管理关系混乱,就可以说没有较高的管理效率。除上述主要的关系形式外,还有其他的关系形态。所有这些关系形态都构成了行政权行使系统的一种联系,效率就体现在上面各个方面的联系中,所有联系形式就构成了效率的客体。

第五十七条 在法学界曾有一些学者对程序、效率及其关系进行过研究,在行政学界也有一些学者关注过程序、效率及其关系。然而,在理论界对程序、效率及其关系还存在以下误解。第一种误解是认为行政法制中只存在程序而不存在效率。此种观点几乎是占统治地位的观点。第二种误解认为程序和效率是同时存在的,但二者是两个完全不同的事物,是行政法治的两个基本要求。程序不能取代效率,效率也不能代替程序,二者在行政法的价值追求中具有同等分量。第三种误解认为程序是贯穿于行政法规范始终的,程序在行政法的目标价值中是永恒的,而效率则是一个细节问题,即只有在行政法规范的个别方面效率才有独立存在的价值。第四种误解认为效率附着于程序。该观点认为,在研究效率时是不能离开程序的,程序具有独立存在的意义,而效率只有在程序的运行和实现过程中才能得到说明。依此观点,效率是为程序服务的,也就是说,程序是第一性的,而效率是第二性的。

第五十八条 我们认为,上述诸种观点都是对程序、效率及其关系的误解,而且完全歪曲了二者的辩证关系。我们知道,从行政权主体的分解理论和从行政权归属主体和行使主体关系形态的理论出发，行政权行使的成本是第一位的因素，而成本的模式则是第二位的因素。成本是行政权行使中的关键概念，而模式则是形式意义上的概念，它是附着于成本的。依此推论，不难看出，在效率和程序的哲学原理上，效率是第一性的，是具有决定意义的东西，是整个行政法治的基石；程序则是第二性的东西，是效率的形式要素，它始终是以效率为基础的。离开了效率，程序就丧失了实质意义，最终成为毫无价值的规则系统。

第五十九条 程序与效率的关系有两种分析途径，一种是从哲学原理上进行分析，另一种是从法律形式上进行分析。依前者可以这样表述，效率是本质，程序是体现效率的一个现象。在行政权归属主体和行使主体的关系上，本质性的东西是行政权行使主体的成本越低越好。归属主体无论在何种情况下都要从行使主体处获得利益，这是一个永远也不会发生改变的命题，这个命题决定了行政法治的基本理论。行使主体的构成和运行只是成本的外在表现，其构成、运行可以有多种选择，是一个有着极强变量的东西。当然，行使主体作为外在的形式可以对效率发生反作用，即恰当的程序、程序规则会提高效率，而不恰当的程序、程序规则会阻碍效率。依后者则可以表述为：程序是效率的载体。效率是一个主观上希望的理想状态。它必须附着于一定的物质实体，并通过一定的物质实体才能对其作出判断。从法律形式上讲，程序是效率的运载主体，效率就是通过程序这个运载主体而达到理想的彼岸的。从终极意义上讲，权力归属主体对权力行使主体只有效率上的要求，它只要求以最小的成本换来最大的利益。如果不需要任何成本就能够带来利益，那肯定是行政权归属主体最乐意干的活儿。但是，没有成本，客观上是不可能取得任何利益的。所以，成本尽管是多余的，但永远是不可缺少的。在法律形式上，程序是必须存在的，而效率则是永恒的、最终的追求。至少，在相当多的一些学者眼里，甚至在相当多的一些行政法律制度中，程序已不再是载体，而成为取代效率的最终的目标价值，这不能不说是行政法治理论和行政法治实践的一大不幸。

第六十条 根据程序载效率的原理，效率必须附着于程序，不能脱离程序而独立存在。这是从深层意义上和行政权归属主体对行使主体的控制原理上所得出的结论。在行政权行使的客观过程中，在一个具体的行政行为中和行政机关处理一个具体问题时，效率概念有着单独存在的价值，而且效率是行政权归属主体终极的目标追求，这样就在行政权行使的运行过程中，有将效率绝对化的倾向。此倾向在行政权行使的过程中，甚至在一些立法者和政策制定者中间也是非常普遍的。其以一种形而上学的眼光看待效率的价值，往往把效率的实质性内涵和形式性内涵混淆在一起。认为效率是不需要讲究程序的，只要能够带来最大效益，不论采取什么形式都是无关紧要的。

第六十一条 纵观无程序的效率，不难发现其往往和下列现象是共存的。一是此种行政权行使的效率并没有秩序性和连续化。在无程序行政权行使的体制中，效率并不能够得到必然的、正当的法律保护。如果权力行使者是一个有效率的意识者，他就可能是一个效率化极高的管理者，如果权力行使者没有效率意识，就很难想象行政权的行使还有什么效率可言。二是即便是一个有效的权力行使者，也很难保证他的权力行使行为始终有效率，这与他的好恶，与他对行政事务的兴趣、熟悉程度等有直接关系。三是短期的效率是以长期的无效率为代价的。这里涉及一个权力行使者的个人智慧与程序规则的关系问题。总之，无程序的效率是最没有保障的效率，是违背民主意识的效率观。

第六十二条 与无程序的效率相反，无效率的程序所追求的是绝对意义的程序，把程序看成是至高无上的价值目标。有些学者甚至认为程序本身就是一种正义，认为法律是社会正义的体现，而法律正义有各种各样的标准，若干标准共同构成了法律的正义观，而每个正义标准都具有独立存在的价值。如校正正义、报应正义、分配正义等。程序正义是一个独立的正义标准，即一种法律规范其价值如何，应视其是否确定了完备的程序规则。受此观点的支配，一些行政法治较为发达的国家，在程序规则方面大作文章，有些国家甚至把行政法的价值定位完全定于程序规则中。

第六十三条 与无程序的效率的理论相比，无效率的程序，或者不讲效率的程序的论点，在行政法学界和在行政法治实践中更有市场。其在行政法学界的地位和对行政法治造成的影响也要大得多。关于加强行政法的程序性能，关于行政法长期以来重实体、轻程序的理论观点近年来在行政法学界十分流行的事实就很能说明问题。

第六十四条 无效率的程序看似合理，其实比无程序的效率对行政权行使的影响更大。首先，它转移了行政权归属主体对行政权行使主体的终极目标定位，把本来属于现象的东西定为本质的东西。其次，颠倒了行政权归属主体与行使主体的关系位置，使行使主体有喧宾夺主之嫌。程序一旦成为最终的追求，模式的地位就要比成本的地位更为突出。在行政权行使的实际过程中，把构筑行政体的模式、过程作为权力归属主体投入成本的目标和意义。再则，无效率的程序必然是繁琐化的程序，这已成为一个无须证明的事实。在行政体制中，机构臃肿、人浮于事、环节过多、部门林立等都是程序中无效率的表现。

第六十五条 效率与程序的关系原理表明，程序是效率的载体。此处我们讲的程序与效率的统一是就一个行政法制体系或一个行政法规范的内在价值而言的。作为一个行政法体系或一个行政法规范来讲，其内在价值应当是程序与效率的统一。其一，一个行政法制体系或一个行政法规范有机地把效率和程序统一在一起，使二者共容于行政法制系统和行政法规范之中，构成了行政法这一部门法的两个方面。其二，我们所说的行政法的效率是程序化了的效率，在行政法制系统中任何称得上具有效率价值的规范或行为都必须通过程序体现出来，不能够是脱离程序的纯粹效率。同样，我们所说的行政法规范的程序是效率化了的程序。其三，在程序与效率的辩证统一关系中，行政法规范应当突出效率属性，应当把判断程序质量的标准定为效率。因为从程序和效率的本质特点上看，效率是矛盾的主要方面，程序是矛盾的次要方面。不过，作为次要方面的程序始终是促成效率的物质载体。总之，程序与效率的统一，要求程序必须以效率内涵的诸方面作为检验和测定的标准，要求效率必须以恰当的程序表现出来。

第六十六条 近年来，在行政法学研究中，有诸如理论基础的研究、基础理论的研究等。至今，却没有发现有关价值、价值定位的研究。这里所使用的定位概念，不是就行政法的理论基础而言的，所以对于为人民服务论、平衡论、人民政府论、管理论、公共利益本位论，笔者不作任何理论上的评论。但我们使用的价值定位概念与理论基础也许有或多或少的联系或关系，至于与理论基础的具体关系笔者不想作任何说明，留给读者思考似乎更为妥当。就价值定位与行政法的基础理论的关系而言，其关系形态则较为明确。至少可以说，这里的价值定位包含了行政法学的一系列基础理论问题。

第六十七条 行政法的价值定位是指对行政法治体系、行政法规范、行政行为过程的目标价值和总体追求理想的一种确定。该确定从行政权主体分离原理出发，得出若干合乎逻辑的行政法治体系、行政法规范、行政行为过程应当是什么的结论。价值定位的另一个立足点在于，"作为法律，它们变得不仅对公民有约束力，而且对政府也有约束力。没有任何统治者或任何其他人能够置身于法律之上……"从法律原理的这一信念出发，对于行政法治的理解应当赋予它独有的内涵，"法律的目的在于防止损害"的传统法律观念，并不能够和行政法治的价值追求等同起来。因为行政法治从它的本质属性来看就是一种约定规则，即行政权归属主体对行政权行使主体的约定规则。如果依传统观念定位，行政法就走不出"制裁规则"的怪圈。

第六十八条 对于笔者提出的行政法的价值定位问题，尤其是有关效率定位和程序定位的关系问题，近年来有这么一些倾向。一是认为行政法的价值定位只能有一个而不能有第二个，因为价值作为一种目标追求应当是单一的，而不应当是多重的。显然，这一观点是对价值原理的曲解，因为价值定位的两个方面不等于是两个目标，价值定位本身是一个事物，至于这个事物包含了几个层次则是无关紧要的。不能因层次的变化而改变事物的质。二是从行政权归属主体对行政权行使主体的成本投入看，行政法的价值定位只能是效率，而不能是程序。简单地说，行政法只包括效率价值定位一个方面，程序只是实现效率的途径，而不是行政法的目标，更不是行政法的价值追求。该观点从字面意义上看是有道理的。的确，行政法的终极价值定位只是效率，然而，离开了程序，效率是难以独立存在的。再从目前人类行政权行使的现状看，如果没有程序，连最起码的行政事务也难以顺利完成，更谈不上对效率的追求。三是认为效率是一个看不见、摸不着的抽象概念，程序才具有实质意义。因而，行政法只能把价值定位定在程序上，只是在程序定位时强调程序的效率化。此观点常以现代一些国家的行政法为程序法的事实为例证。纯粹程序定位，无论从理论上，还是实践上都是一种本末倒置的定位观。上述三种观点其实都是一种单一定位理论，都或多或少有些偏颇，都没有从行政权两个主体关系的原理及其行政权行使所需要的形式要件等方面的结合上确定行政法的价值定位问题。

第六十九条 为了让读者清楚起见，有必要把行政法价值定位及其理论问题予以简单的概括。本文的大前提是从行政权出发的。行政权作为一种重要的国家权力和其他国家权力一样有着权力的主体，而权力主体是可以从理论上进行分解的，按照一个标准可以将权力主体分为归属主体和行使主体，现代国家行政权一般都有这样的现实分解，即行政权的归属主体和行使主体是两个不同的主体。行政权的归属主体为了实现其使命，把权力交由另一主体行使，行使主体便从归属主体那里取得了行使行政权的资格。从哲学意义上看，行使主体是归属主体为了获得功利而投入的一个成本，这个成本依经济学原理应当是最低的成本，从最低成本原理必然推论出行使主体的效率化问题。在现代国家中，行政事务不是由一个机构或单个的个人可以完成的，因而行使主体存在于一定的模式之下，其中模式既具有结构性的特点，又具有序列性的特点，结构和序列两个特点都刻画了程序这样一个命题，从而以模式推论出了程序化问题。程序与效率的追求是难以一致的，有时甚至是相反的，而程序与效率又是不可分离的，尤其是作为效率载体的程序，其与效率紧密地联系在一起。正是这种对立与相容，使我们不得不将程序定位和效率定位统一起来，二者无论认定任何一者，或者舍弃任何一者都是不可能的。同时，这里有一个对于行政法作为法律范畴一部分的认识问题，绝对不能以制裁规则、防止损害的规则等传统观念限定行政法中法的属性。它是行政权归属主体对行政权行使主体的一种约定规则。行政法价值定位的效率、程序及其和谐就是奠定在上述理论基础上的，实际上有三个定位：一是效率定位；二是程序定位；三是程序与效率的和谐定位。由于程序与效率的和谐是一个立法上和执法上的技术问题，因而不把它确定为价值定位，不把它独立出来，似乎更容易从理论上进行阐释。以此而论，双重定位理论更为合理。

第七十条 行政权运作的动因在行政法学界尚未有人明确提出，至今还未发现哪一个行政法学教科书中有行政权运作动因的概念。然而，并不是说，没有人分析过行政权运作的动因问题，恰恰相反，在行政法学的著述中关于行政权运作动因的分析并不少见，只不过是大多数学者关于行政权运作的动因的分析是下意识的、个别的，即是说没有把行政权运作的动因当做行政法学中的一个专门问题指出来，更没有给这一问题在行政法学中的地位一个说法。

第七十一条 笔者认为，行政权运作的动因在行政法学研究中是不能回避的问题，因为它是解决行政法学其他问题的理论支柱之一。

第七十二条 第一种分析行政权运作动因的理论，可以称为系统理论说，该说法认为，行政权作为一个系统，分成许多支系统，在支系统之下还有子系统，并以此类推。其所设计的行政权系统是以宪法关于行政权的规定为前提的，认为行政权运作是由高层行政机关首先发动的，也就是说高层行政机关的行政决策是行政权运作的根本动态，各个支系统又有相应的动因。依系统理论的动因分析，行政权运作的动因是分层次的，而不是在一个意志的决定之下运行。此种理论割裂了行政权概念中各主体之间的关系，把通过宪法转换以后的行政权作为分析的出发点，是一种比较片面的行政权运作动因理论。

第七十三条 第二种分析行政权运作动因的理论，可称为执行主体决定论。该论从经验主义的基本思想出发，认为行政决策的形成并不意味着行政权运行的开始，因为行政决策一般都限于行政系统内部，而行政权的运行必须是行政系统和社会事态的结合，必须把客观的行政决定运用到具体的行政事件之中。行政执法人员在行政权运作中才是具有实质意义的环节，或者说才是行政权运行的起步环节。这一理论主要是受有关行政行为理论的影响，在行政法中有行政组织规则和行政行为规则两大类，行政组织规则一般认为是静态规则，而行政行为规则则被认为是动态规则。行政权的运行与行政主体动态的行为有关，而与行政主体的组织结构关系不大，所以，只有当行政主体作出行政行为时行政权的运行才算开始，此论在行政行为定义中表现得特别突出。此种解释行政权动因的错误，再明显不过了，因为其把行政权放在一个非常微观的范围中来认识了。

第七十四条 第三种分析行政权运作动因的理论，可称为管理程序论。该理论受了行政管理学中管理程序学派的影响，我们知道，在行政管理学中，费约尔曾经提出了管理程序理论，其指出了行政作为的五大功能，即计划、组织、命令、协调和控制，并指出了行政权行使的十四项原则，即分工、权力、纪律、命令一致、构样统一、公利先于私利、报酬、集权、层级制、秩序、公正、旨定、主动和集体精神等。也就是说，行政权的运行是在一套完整的程序规则的驱动下进行的，这一套严谨的程序规则就是行政权运行的动因。这一理论非常明显地把行政权的内在精神与外在联结形式混淆了，可以说行政权的运行，尤其行政权运行的内动因是行政权的内在精神，而行政权运行中的程序则是行政权的一种外在联结形式，程序及其各个环节只是促成行政权运行的一个条件，而不能成为行政权运行的根本推动力。

第七十五条 第四种分析行政运行动因的理论，可以称为行为科学论。该理论是从心理学的理论中借鉴过来的，美国著名心理学家马斯洛在《动机与人格》一书中对人类的行为问题进行了分析，认为人的行为是受一定的动机支配的，而任何一种动机，都是心理活动的一种，而人的心理活动是受其基本需求决定的。马斯洛将人的基本需求分为：生理需求，即人为了维持生命而必须满足的最基本的需要，这是第一层次的需求；安全的需求，这是第二层次的需要；归属和爱的需要，这是第三层的需要；自尊需要，这是第四层次的需要；自我实现的需要，是第五层的需要。该理论在行政管理学和行政法学中也产生了深刻影响。该理论也只是解释了行政权在运行过程中的心理问题，而不是一个完整的关于行政权运作的理论分析。

第七十六条 行政权运作是一个机制，在行政权运作的机制中，最基本的是搞清楚行政权运作的主体。在现代行政法理论中，由于单从行政法的法律规则出发，常常把行政权运作的主体确定为行政机关和管理相对一方当事人，而没有把其他机关如人民代表机关和司法机关等考虑进去。当然，司法机关由于是一种特殊形式的机关，在行政权运作中仅在一定阶级或一些行政过程中存在，考虑进来没有太大的意义，但人民代表机关是无论如何也不能从行政权运作主体中被拿掉的。更为重要的是人民作为一个总的概念在我国行政权过程的分析中几乎没人提到。其实行政权运作进入行政法的程序以后，运作主体包括行政主体和相对一方当事人，还有人民代表机关，人民代表机关为行政权运作制定规则的行为和对行政权运作进行监督的行为，就是非常明显的运作行为的组成部分，而且这一部分是其他部分的前提。而在行政权的宪法阶段，即尚未进入行政法规则的阶级，人民则是一个当然的主体。

第七十七条 行政权运作的动因是行政权运作的最终推动力，而行政权运作的发动者则是把这个最终推动者与行政权之运行结合起来的力量。动因在行政权的本位方面，而发起力则在行政主体一面。由于许多学者把动因与发起力混淆了，结果导致错误地把行政权的行使主体认为是行政权运行的动因。

第七十八条 行政权运行还有内动因和外动因之分，内动因是行政权的本位这是不可动摇的，而外动因是调整行政权运行的一整套法律规则和法律规则制定主体对行政权运行所施加的力量。

第七十九条 对于行政权运行内动因与外动因的分析借助辩证唯物主义哲学中关于内因与外因的辩证原理将是有好处的，它可以使我们清楚行政权在运行过程中究竟什么是决定性的东西，而什么是非决定性的东西。内因和外因是表明事物在运动发展中动力和条件之间关系的哲学范畴。事物的运动和变化，若以哲学的眼光分析是由事物的内部矛盾引起并由这些内部矛盾所决定，同时又是和该事物本身所处的外在条件相联系的。

第八十条 行政权存在内在联系和结构形式两个范畴。毫无疑问，内在联系是行政权的内因，也是推动行政权发展的力量，而行政权的结构则更像外因，因为其所反映的是行政权的外在联系形式。尽管外在形式在一定条件不能够对行政权的运作起到决定作用，而此种决定作用似乎更接近于内动因，但从行政权运作的整个过程来看，无论如何都不能将行政的结构视为行政权运作的内因。

第八十一条 在传统理论中关于行政权的探索有四种值得思考的方法：其一，把行政权和正义、自然法规则联系起来，并形成一套关于行政权的价值理念。此种方法在西方启蒙学者的著作中和马克思主义经典作家的著作中都有较多表述。该方法在论述行政权的运行时都把行政机构体系视为被已经决定了的东西，而不是决定政治体系的东西。此一理论是行政权运行内动因的最为科学和最为合理的理论。遗憾的是在当代的行政法学研究中，该理论似乎已被遗忘,学者们一般一开始先从行政权的组织机构入手和行政行为的形成入手研究行政法的问题。其二,把行政权的运行和个人的力量结合在一起。封建专制时代关于行政权运行的理论,几乎都是个人力量推动行政权运行的理论。其三,把行政权运行视为社会冲突作用的结果。此一理论在社会学关于行政权的分析中表现得较为突出,在当代社会学著作中有一派理论叫冲突论,认为社会是在各个个人或各个团体之间的冲突中进行的,也正是这种冲突导致了行政机构体系必须每日每时地作出行政行为以使这种冲突能有效地控制在国家制定的法律规则的范围之内。其四,把行政权与社会的竞争过程联结在一起考虑行政机构和程序的社会,能更好地阐明和实现公共利益。"公共利益绝非先天存在于自然法规之中或存在于人民意志之中的某种东西,也非政治过程产生的任何一种结果。相反,它是一切增强统治机构的东西。公共利益就是公共机构的利益,它是政府的组织制度创造和带来的东西。在一个复杂的政治体系中,政府的各种组织和程序代表着公共利益的不同侧面。复杂社会的公共利益是件复杂的事情。"

第八十二条 上述诸理论都是以行政机构体系的当然存在和旨定行政机构体系合法化的前提下探讨行政权运作的动因的。都没有把行政权放在法律规则形成的大的社会哲学下分析,都是有明显缺陷的。行政机构体系以及行政机构体系中的组织规则只是行政权的一种外在形式。它的存在和合法性,必须来自行政权的本位。行政机构体系以及行政系统内部在行政决策和行政行为的过程中发生作用的每一个环节,都是通过行政权本位进行的。没有行政权本位的规制行政系统的自身运行既没有方向,也没有运行的根据。只有通过行使的归属主体才能体现自身的价值。应当说明的是在这里存在一个内因和外因之间的转换关系,在现实的行政管理事务中,就人民这个词本身的含义来说,是不能统治他们自己的,也不愿意对自己施加什么统治。作出行政决定,甚至向人民发号施令的政府可能来自人民,即行政权本位的决定和选择,事实上,民主政体就是人民选择的。但人民并不直接执行法律。管理者和被管理者的关系就是在这样的大前提下发生转换的,在较大的社会范围内,这种转化是必须的。转换以后的外在形式让大多数人似乎沦为被统治者,而一小部分人成为统治者。问题的实质就在于如何确定这一小部分人的性质,这一小部分人实际就是从人民这个总概念分离出来的那一部分人,这些人本身也是人民的一部分,所不同的是,他们是由人民经过一定的形式选择的,一旦选择行为完成,其就成了统治者,正是这统治者精神和特质利益的取得,使其同时担负起了为其他人民服务的责任。通过法律规则，当这一部分人合法化以后，它也就有了服务的义务。其运行过程中的动因非常清晰地表现在人民一边。一个国家中行政权运行方式的把握：一个国家行政权运行的违章等都是由此种内动因决定的。

第八十三条 关于行政权运行动因的不当观点有以下几种值得讨论。

第八十四条 有一种观点是长期以来存在的，尽管不是法律范围内的问题，但仍然有必要讨论。有人认为，在国家政治体制中最核心的部分是政党体制。关于政党与国家政治生活的关系有各种各样的情形和各种各样的理论。在一些国家，政党仅仅决定国家政权体系中的部分人事问题，并不直接对国家政权中体现最大的决策，尤其行政管理的重大决策作出决定，还因为其不决定政治生活和行政生活的基本方面，因此，作为行政权内动因的理论也很少有人提及。《联邦党人文集》的作者在对国家政权体制进行设计时，几乎没有提到政党问题，这就是一个比较明显的例证。而在有些国家，政党常常是政治体制中的龙头，不但决定一个国家重大的政治问题，而且也决定着行政权的行使和其他问题。在这种体制下，行政权的内动因就有可能被简单地认为是执政党。

第八十五条 有一种观点认为，行政权的内动因是国家政权体系。有人以马克思关于社会主义政权体系是议行合一的体制为理论依据，认为行政权行使主体不是行政权的内动因，但作为表达国家意志的立法机关，则是行政权的内动因。其实立法机关在权力行使中与行政机关的区别仅在下列方面：一是立法机关在与人民的关系上是由人民通过投票直接决定而成的，行政机关则是经过了一个中间环节即立法机关组合而成。也就是说，二者的根源都在人民方面，不同的是与人民关系的联结方式不同。二是立法机关和行政机关在实现人民意志方面的功能不同，立法机关是人民意志的表达者，而行政机关则是人民意志的执行者。当然立法机关是人民意志的集中反映者似乎更为合理，因为当人民意志非常清楚时，就没有必要由哪个机关来反映，而只有当人民意志需要集中表现时立法机关才起表达作用，对于这一问题，必须有一个辩证的认识，千万不要认为人民的所有意志都要通过立法机关来表达。三是二者在活动形式以及活动的最终结果与人民的关系不同，由于立法机关在大多数情况下是抽象性活动，而行政机关则在大多数情况下是具体活动，行政机关的活动显得与人民的利益和关系更为密切一些。重视对行政权的制约，重视行政法的服务性能也有此方面的原因。总之，在绝大多数国家的宪法里，立法机关和行政机关都基本上采取了相同的行文方式。

第八十六条 第三个悖论是内动因是行政主体。此种悖论在行政法学界几乎是普遍存在的。一些学者人为地割裂了行政权本位与行政机构体系之间的关系，常常把二者对立起来讨论问题，有人甚至认为，行政法就是要从行政权与公民权之间寻求存在的价值，甚至认为行政法就是用来控制行政权与公民权之间冲突的法，人为地将行政权与行政权本位意志对立起来，并夸大行政权的地位。行政主体作为行政权内动因的观点，主要是对行政权认识的错误和对行政权主体双重性理解的错误。把行政权的行使者误认为是行政权的所有者。如果以行政主体为内动因，推论行政的理论和实践问题的话，其后果是不堪设想的，此种理论之所以受到一些专制政府的厚爱就是值得回味的。

第八十七条 第四种悖论是内动因存在于行政法关系之中。行政法关系是行政法学理论的基本问题之一，理论界关于行政法关系有数种表述，但其基本意思是一致的，即行政法关系发生在行政机关行使行政权的过程中，其受行政法规范的调整，行政机关在行政关系中具有单方面性等。目前国内关于行政法关系的理论具有较大的片面性，它割裂了行政法关系中应然关系和实然关系的关系形态、割裂了行政法中的立法关系和执法关系的形态。依国内关于行政法关系的主体而论，一般主要有两方面：一是行政主体；二是相对一方当事人，并认为正是这两方促成行政法关系的实现。促成行政管理秩序的实现、促成行政管理活动过程的完成等。在具体的行政事务处理中，上述关系分析是没有错的，但行政事务处理只是整个行政权实现和行政管理过程运行的最后一个环节。而最后一个环节在具体环节中并不是具有决定意义和最为重要的环节。当然，在此一环节中，行政机关是有明显的权威性的，它的一些权力只有在这一环节才具有实质意义，而离开这一环节，其权威性就几乎不存在了。在我国宪法和政府组织法中，关于立法机关和行政机关的关系有明文规定，这些关系属于什么性质呢？可以肯定地讲，其仍然是行政法关系的组成部分，因为其涉及的内容是有关行政管理关系和行政管理活动过程中的内容。若把它归于其他法律关系中是绝对讲不过去的，也有学者认为，此类关系应是宪法关系，此论似乎有一些道理，然而必须清楚宪法关系只是一些抽象的关系形态，只是为其他部门法确定关系的更高级的关系形态，其中大多数关系都可以归之于其他部门法。宪法关系背后还有深层次的关系，但不是我们此处探讨的问题，故不详述。目前行政法学界在行政法关系理解中的片面性造成的理论后果和实践后果是非常严重的。更加严重的是，多数学者在这种因有的错误之中还进一步从法律形式出发，把行政主体和行政法关系的具体运行视为行政权运行的内动因。行政法关系之所以难以成为行政权运行的内动因，第一个理由是目前国内关于行政法关系的理解是一个微观概念，是整个行政权运行中小到不能再小的一个关系形式。不能涵盖行政权运行中的所有关系形式。第二个理由是行政法关系只是一种外在形式，而不是一种内在形式。正如马克思讲的，法律规则背后隐藏的东西是一种客观存在，而法律规范和由法律规范所确认的关系形式只是对这种客观事实的一种反映。既然是外在的、既然是表象的东西，自然而然不能成为行政权的内动因。

第八十八条 第五种悖论是行政行为为行政权内动因的悖论。从有些学者关于行政行为的表述，尤其关于行政行为重要性的表述是以看出其将行政行为提高到行政权内动因的地位。其实，行政行为在绝大多数情况下是一种从属意志行为，至少从行为的具体运行过程来看，从属于政权体系中的立法行为，既然是一种从属性的行为，就难成为行政权运行的内动因。

第八十九条 内动因是作为人民的行政权本位，这一问题我们已经澄清，然而内动因在促成行政权运行方面都必须借助一定的条件，小规模的社会是如此，而在大规模的社会中，此种情况更加必要和明显。至于这种条件的具体情况我们不作详细讨论。但是，代议制机构是必要的，因为通过它可以把人民的意志集中起来。在这些条件里边，还有一个是行政权行使主体的构成、结构、行为方式问题，其行为必须限制在执行行政权本位意志和代表机关表达的法律规范里。如果让执行主体成为行政权的内动因，行政权的运行便再不是由行政权本位决定的运行，而是于行政权本位之上的运行。行政权运行的动因和行政权运行的条件本来是两个界限明确，并容易区分的事物，但在行政法学界，关于此二概念都存在非常明显的错误。这种错误也是制约行政法治水平的一个根本因素，通过上面的评析，这一问题应当说已经得到了解释。行政权本位作为行政权内动因的表现，可以分为直接和问题两个方面，从直接方面而论，行政主体的行为只存在对行政权本位带来极大利益时才有存在的必要和价值，若行政权本位没有从行政主体那里带来利益，就可能在个别部分和总体上更换行政主体。这一点是绝对的，没有哪一个经常和行政权本位对立的行政主体能够长期存在下去，包括以一个单一机构出现的主体和以某一政府形式出现的行政主体。行政体制在世界范围内的更换和行政机构的不断改革就证明了这种绝对性。内动因的表现就是其通过代议机构制定符合其利益的规则，并使这些规则化为具体的行为，从这个意义上讲，任何行政法关系、任何行政行为都必须从这些规则中去推导，而不是行政行为和行政法关系决定规则。

第九十条 行政法是行政主体与其他社会因素发生冲突的控制性规范，反映并联结行政主体与行政相对方以及其他社会主体的关系，在现代民主国家，法律指向的是行政主体。这是我们给行政法的一个最为简捷的定义，现将该定义分解于后。

第九十一条 近现代以来，关于行政法可以说有两种不同类型的定义方式，第一种定义方式可以称为限权法或控权法的定义方式，将行政法理解为限制或者控制政府行政权力的法。限权法或控权法的定义方式，并不是由学者杜撰出来的，从深层次看，限权法的定义是从该法所从属的政权体制中派生出来的，即限权法的定义，充分反映了各国行政法存在的政治基础，学者则只不过将这样的政治基础以及行政法于这种政治基础的关系通过自己的语言表述出来而已。因为，笔者发现限权法的定义都是对资本主义国家行政法现象的描述，换言之，在资本主义国家，行政法都是以限权或控权为价值取向的。资本主义国家的政治制度中最为明显的特征是权力的相对分离，即在其宪法制度中，将国家权力做理论上和实践上的分类，再将不同的权力交由相关的国家机构行使，各国家机构在国家权力的分配中要平分秋色。分配权力是一个基本的宪法功能，一旦权力被适当分配出来，它的行使便成了问题的关键，各国家机构能够有效行使自己权力的前提，便是在行使国家权力时不受别的国家机关的干预，或者能够有效制约其他机关的权力行使。一言以蔽之，各国家机构都在尽可能最大化的追求自己的价值，可见权力分立和追求自我价值是行政法控权理念的基础条件。立法机关向来就是制造规则的机关，它的规则制造是全方位的，不仅要制造其他社会主体的行为规则，而且要制造行政主体的行为规则，它对行政主体制造规则的行为便是限制行政权的行为。司法机关履行着司法职能，而司法审查，尤其对行政的司法审查是在权力分立体制建立伊始就被确定了的，有关司法审查的规则和司法审查的过程无疑是对行政权进行限制的过程。然而，控权理念或者限权法的行政法定义，从来都没有 20 世纪以后表现的那么突出。即是说，20 世纪以后行政法中的限权理念越来越明显，这中间的原因在于行政权的日益膨胀化。20 世纪以后，政府的行政功能越来越突出，行政对社会事务的干预越来越广泛，在诸多方面，行政有取代立法和司法的倾向，讲取代可能有点过分，但行政权的确在一些方面侵犯了立法权的领域，在另一些方面，则侵犯了司法权的领域。行政权对立法权、司法权的介入使传统的权力格局发生了微妙的变化，而变化的结果则是打破了权力之间的平衡关系。对这种变化，立法机构和司法机构绝不能等而视之，这正是 20 世纪以后限权性行政法迅速发展的客观基础。

第九十二条 限权法的理论实质上指明了行政法的制定主体，应当是立法机关而不是行政机关，因为权力的限制和制约是在不同主体的相互关系中讨论的，即只有不同主体才可以探讨权力的限制和约束问题，对于同一主体而言，不存在以权制权的问题，从这个意义上讲，限权法并不承认行政法中行政系统的造法行为。

第九十三条 第二种定义方式，可以称为管理法的定义方式，所谓管理法的定义方式，是指将行政法理解为政府行政系统进行行政管理的行为规则，即行政法的基本内涵，行政法所设定的主要是管理关系。与限权法的定义方式相同，管理法的定义也有着非常深刻的社会基础，可以说，实行社会主义制度的国家都将行政法理解成管理法。在社会主义的政权体制之下，不强调权力的分立与制衡，而强调议与行的合一，即立法机关意志与行政主体意志的合一，在合一的国家意志之下，当然难以得出限制政府行政权的结论，而只能得出强化行政功能、强化行政对社会生活规范作用的结论。

第九十四条 无论对行政法有多少类型的定义，都会存在于上述两种定义之下，即要么行政法是限制政府权力的法，要么行政法是突出政府行政系统对社会事务进行管理的法，两者必居其一。上述两种定义方式是有关行政法的两种不同的价值选择，但究竟哪一种选择更加合乎理性呢？这便是我们需要澄清的问题。

第九十五条 行政法是联结行政主体与其他社会主体关系之法。我们将手中握有行政权力对社会事务进行行政管理的组织叫做行政主体，它是一个范畴概念，在其中包括了诸多内容，一个国家的行政机构体系，当它被宪法赋予对社会事务进行管理的权能时，它便是行政主体；一个履行部门行政管理的机构体系，当它承担了部门行政管理职能时，我们将它叫做行政主体；一个层级性的行政机关在某一管理层次对社会其他因素发生影响时，我们也将它叫做行政主体；当一个行政管理机关或者履行行政管理职能的具体组织作出某一个影响其他主体权益的行为时，我们同样将它叫做行政主体。

第九十六条 从大多数国家行政法制度和行政法学理论来看，行政主体这一概念，更像是分析行政法学问题的一个工具，因为在绝大多数国家的行政法制度中，并没有使用行政主体这一概念，而是使用行政机关这一概念。学者们为了使问题能够抽象一点，使用行政主体概括各种各样的行政机关，且将行政机关置于动态的行政活动过程中进行分析。

第九十七条 行政主体无论类型多么复杂，表现形式多么不同，它都是行政法中不可缺少的元素，是行政法中的第一定在，没有这样的定在，后续的行政法过程便无法展开。由于行政权涉及社会生活的几乎任何一个方面，因此，在行政权的作用下，便产生了与行政主体相对应的其他社会主体，这些社会主体的表现形式非常多样。

第九十八条 在我国现行法律规范中，将这些主体概括为公法、法人和其他组织。实际上这些主体是指：自然人，即民法上所界定的那些自然人；企业单位，就是进行生产活动的具有营利性的那些组织；事业单位，即从事一定公共活动的组织；社会组织，包括具有法人资格的组织和不具有法人资格的组织；其他机关，就是行政机关以外的那些机关，如司法机关等。

第九十九条 行政主体的行政权能是在和上述主体的互动过程表现出来的，行政法的第一属性就是将行政主体与其他社会主体联结起来，行政法就像一个纽带，一头牵着行政主体，另一头牵着其他社会主体，当然联结的前提是行政管理活动过程和行政权对社会的作用。

第一百条 行政法的一端是行政主体，另一端是其他社会主体；行政法两端始终是两个相互不一致的存在物，行政法之所以会造成诸多的争议，也在于行政法的两端是两个没有融合为一的事物。所以行政法概念本身并不是一个力求和谐的东西。而行政统一体之两端，虽是行政主体和其他社会主体，但行政统一体两端共同指向的是行政统一体的中心，即行政统一体本身是一个和谐的概念，行政法功能便在于将不和谐的两端促成共同指向行政统一体的和谐状态之中。

第一百零一条 行政法是控制行政主体与其他社会主体冲突之法。

第一百零二条 在行政的统一体中，存在着行政主体与其他社会主体两方面，行政统一体是一个完整的事物，该事物的构成与该事物本身有直接关系，当该事物中的构成元素处在和谐统一的状态之下时，行政统一体便是一个良性机制，是一个良性的社会分系统。反之，当该事物中的构成元素处在矛盾冲突之下时，行政统一体便是一个存在较大危机的社会支系统，因此，行政统一体元素之关系，从理论上讲就成为行政统一体存在的前提条件。

第一百零三条 行政统一体中存在着行政主体与其他社会主体两个互补的主体，然而，这两个互补的主体在自身的利益追求中都存在着相当大的差异。

第一百零四条 如果将行政主体当做一个母体来看，行政主体所要求的是所有参与到行政统一体的主体都必须以其为中心向心运转，而其他社会主体本身又是由诸多不同具体元素构成的小元素，它的运转模式相对于行政主体而言，则呈现为离心状。

第一百零五条 行政主体与其他社会主体都处在行政统一体中，而各自运转的方式却是相反的，相反的运转方式必然会发生冲突，就是行政主体与其他社会主体之间的冲突。

第一百零六条 行政法在最为起点的意义上联结了行政主体与其他社会主体，一旦进入到下一阶段，行政法主要的功能是控制行政主体与其他社会主体的冲突。

第一百零七条 行政法控制的方式可以是多种多样的，其中最为关键的是在行政统一体中对行政主体与其他社会主体关系的设定。

第一百零八条 行政法的法律指向在行政主体。

第一百零九条 行政主体与其他社会主体的冲突是行政法存在的基础条件，这是一个无须争论的问题，而问题的关键在于冲突以后控制模式的选择问题。

第一百一十条 在限权行政法的模式之下，当行政主体与其他社会主体发生冲突以后，在一定范围内推定行政主体有过错，以此建立的行政法就是要对行政主体的行政权力进行有效控制，在推定行政主体违法或不当时，即可认可其他社会主体行为的正当性。整个行政法过程就是在这样的逻辑结构下展开的。

第一百一十一条 管理法的理论则不同，即在管理法的模式下，推定其他社会主体的行为不当，故而肯定行政主体有法律上和行政过程的优先权。

第一百一十二条 行政权推定有效理论和行政权优先的理论在行政法学界是一个非常普遍且被大多数学者接受了的理论，然而，这一理论的前提是难以成立的，这一理论的社会效果也是很成问题的。

第一百一十三条 这两种定义模式或者说两种类型的行政法理念单就事物的表象，并不能说明哪一种更加合理，合理模式的选择必须从理论上作进一步的分析。

第一百一十四条 我们说，行政法的法律指向在行政主体，实则从两种模式中选择了一个模式即选择了限权法的模式，为什么会选择这一模式呢，因为这一模式是合乎理性的模式。

第一百一十五条 行政权主体分成行使主体和归属主体两个方面，在行政这一统一体中，依现代宪法的理论这种分类是成立的。即是说，行政权从它的最终归属来看，它归属于社会主体，这种社会主体不论叫做公众也好，叫做人民也好，叫做广大的社会成员也好，它终归是行政权的直接关系人，这种直接关系人身份决定了它是行政权的真正所有者，而行政主体只是行政权的行使者，即它始终是行政权力的行使主体。

第一百一十六条 行使主体和归属主体的关系是一种法律上的约定关系，该约定关系中行政权归属主体是矛盾的主要方面，而行政权行使主体是矛盾的次要方面，甚至可以说是行政权归属主体所握有的一个工具。在行政法中行政主体便是其他社会主体实现自身价值时所创造的一个工具，显然，工具和工具的使用者之间的关系是非常清楚的，就是只有工具的使用者对工具进行控制的可能，而没有工具对工具使用者进行控制的可能，当工具使用不方便时，工具的使用者便可以随时对工具进行更换。这便是行政法的法律指向为什么是行政主体的理论基础。

第一百一十七条 行政法在实质上的特征是就行政法作为法的本质属性而论的，作为国家意志的组成部分而论的，作为行政法中形成的权力关系而论的，这些基本的属性使行政法具有如下特征。

第一百一十八条 一是造法行为的一元意志性。行政法的法律形式在所有部门法中是最为复杂的，对于这一问题行政法教科书一般都有阐释，行政法规范的这种复杂性，使人们常常认为行政法的造法行为是多元意志的体现，即在一国行政法系统中，行政法规范的不同所体现的机构意志或者主体意志就有所不同，实际上这是对行政法造法行为的一个巨大误解。行政法的造法行为是一种一元意志。所谓一元意志就是指无论行政法规范的法律形式有何不同，至少在一个国家的行政法体系中造法行为的意志是统一的。一则，一国行政法的意志是国家意志或者人民意志的组成部分，除了国家意志和人民意志外，不能有别的主体的意志，若别的主体将自己的意志不适当地融入行政法意志之中，这样的行政法规范肯定是不良的。在一国的行政法制度中，在一国行政法规范的构成中常常存在着国家意志或人民意志以外的其他意志，若干个行政法规范在国家意志或人民意志以外，便肯定不能归于良法之列，肯定是一种为恶的法律，行政法实质特征的此一方面是制定行政法规范合理性与否的重要标准。二则，一国行政法的意志是由最高立法机关表述的意志。制定法律规范主体的多元性，并不必然与其意志的多元性相对应，某一主体享有制定行政法规范的权力，也能够完成行政法的造法行为，但它常常没有独立于最高立法机关意志的独立意志。

第一百一十九条 此问题也是值得引起重视的一个问题，在一些行政法教科书中将立法行为本身与立法者所应体现的意念混为一谈，似乎享有立法权的机关同时具有造法的完全意志。正是在这一错误理念的支配下，造成了行政法规范的冲突，此处所讲的是一国范围内行政法规范的冲突普遍存在。2000年制定、2015年修改的《中华人民共和国立法法》（以下简称《立法法》），实际上是对行政法乃至其他部门法造法行为意志一元性的规制和认可。

第一百二十条 二是作用基点的行政权力性。任何部门法都有其发生作用的基点，行政法作为部门法之一，也有着自己独特的作用基点，它的作用基点是行政权。这里牵涉到行政权与法的关系问题，行政权作为一种国家权力在运行过程中也具有制造规则的能力，行政主体在日常活动中制造了大大小小的行为规则，无论行政主体制造了什么样的规则，在一般意义上，这样的规则都不能简单地被视为是行政法，事实上，在一些国家将行政权本身所造之法并不一定归于行政法的范畴，而认为是一种管理法。由于我国的行政法学和行政法理长期以来受管理理论的影响，人为地将行政机关所造的法一股脑地归入了行政法的范畴，这种简单处理的方式是欠妥当的。从本质上讲，行政法是以行政权为作用基点的那些法律，即对行政权的状态、行政权的体制构成、行政权的运作过程、行政行为的状态等进行规范的那些行为规则才可以被认为是行政法。它牵涉到立法权和行政权的关系，在一国宪法体制中一旦确立了立法机关的造法地位，立法机关便可以在各个领域制定法律，并通过自己所制定之法规范相关主体的行为，立法机关通过造法规范行政系统的行为，其所造之法就是行政法。也就是说，行政法是立法机关通过自己的造法行为对行政权发生作用的那些法，行政权是整个行政法作用的基点，而行政权对社会生活发生作用并不是行政法的基点。

第一百二十一条 从严格意义上讲，行政权对社会发生作用所形成之规则，行政主体自己所制定的规则，若没有正当的法律路径或依据则不能被归入行政法的范畴之中，这应当成为行政法的一个原则性问题。

第一百二十二条 三是保护对象的私权性。传统行政法学理论认为行政法是公法的范畴，行政法所保护的权益关系是公共权力。在这样的理论背景下，公权便被普遍认为是行政法的保护对象，这一论点在管理论的行政法理念之下表现得尤为突出。上面我们已经分析了行政法的法律指向，认为行政法的法律指向是行政主体，反过来说，行政法所保护的就是与行政主体相对的另一方主体，即其他社会主体。其他社会主体是一个由无数单一主体构成的系统。在行政法运作过程中，行政主体几乎都是在与某一单一主体的关系之中行使行政管理权的，行政法的功能在于使行政主体行使的管理权最大限度地接近合理，最大限度地使该权力的承受对象得到较大利益。从这点出发，我们可以得出结论，行政法是保护私权之法而不是传统理论认为的是保护公权之法。

第一百二十三条 公权是一个抽象概念，它在一般情况下没有实在内涵。一方面，利益必须由个体来证明，一旦进入法律运作的层面，公共利益就是一个无法被证实的虚构命题。我们知道，利益一旦与行政法的规则或者行政法的运作过程结合起来，它就是一个法律层面的概念，利益概念本身在法律层面意义不大，只有当它转化为若干法律概念以后、与若干法律命题结合起来以后，它才具有实质性的法律意义。显然，在行政法中，利益的概念是同行政法主体的权利、义务、责任以及主观意识等联系在一起的，也只有通过上述这些法律概念才能确定利益的属性和利益的内涵。以行政法主体的权利观察，各种权利都反映在行政主体和行政相对一方当事人的关系之中，在权利发生的范畴看是个别化的，在权利的承担主体看，有一方必然是以个体身份出现的。而义务更是个体化的，只有通过个别性的行为，我们才能看出行政法义务的特性。只要某个人是行政法规则中的个体；应当是行政主体所主张的公共成员的一个，就应当是行政主体所主张的公共利益的受益者。但是，对于一个以公共利益为借口的行政行为或者行政过程，可能行政法中的任何一个人都没有得到来自这种公共利益的实惠，这样就使公共利益的概念成为一个无法证明的虚假概念，换句话说，利益的证明都是个性化的，行政法的私权保护便可以由此得到证明。另一方面，公共权力的责任最终是由私人承担的。"尽管作为公平的正义具有个体的特征，两个正义原则却不是建立在现有欲望和现存社会条件上的。这样我们可以得到一个正义的社会基本结构的观念以及与它相容的有关个人的理想，它们可以成为评判制度和指导整个社会变革的标准。为了确定一个阿基米德支点，我们不需要求助于先验的或至善论的原则。通过假设某些普遍欲望（例如，对基本社会善的普遍欲望），并把在一个适当规定的最初状态中所得到的协议当做一个基础，我们能够从现存环境中获得必需的独立性。原初状态具有这样的特征，即一致同意是可能达到的；任何一个人的审慎推理都是代表所有人的。而且，这一点也同样适用于由两个正义原则有效地调节着的一个组织良好的社会中的公民所考虑的判断。每个人都具有类似的正义感，在这一方面，一个组织良好的社会是同质的。政治论证诉诸这种道德上的一致意见。"罗尔斯的论断表明，公共权力只是保护个人权利实现的手段，一个公共行政过程的正义与否，最终必然归结到个人欲望实现的程度和个人利益被代表的程序上。公共权力的过错行使必须承担责任，而公共权力责任的承担都必须具体到单个人身上。

第一百二十四条 行政法对私权的保护在一定意义上讲是行政法的基本定在，行政法私权保护的程度，直接制约着行政法的质量和行政法发展的走向。

第一百二十五条 行政法在形式上的特征是就行政法作为一个法律现象的外在表现而论之的。行政法是一个独立的法律部门，每一个部门法都有与其他部门法在外形上的区别，我们把行政法与其他部门法在外形上的区别叫做行政法在形式上的特征。

第一百二十六条 行政法在形式上的特征之一是法群性。在法律理论中，单一法典几乎是部门法的代名词，重要的部门法基本上都以一个统一的法典为标志，法典进而成为部门法区分的更为重要的标志。这一法律理论或者法律现象在行政法中却是完全不适合的。

第一百二十七条 行政法在现代国家是一个部门法是没有异议的，它的部门法的属性不是由一个具有单一法典的规则所支撑的，它是由许许多多不同的行政法典构成的，当然，这些行政法典中涉及行政权某一个方面的问题，不能同刑法这一部门法中的刑法典相等同。

第一百二十八条 行政法在法律外在形式上是由无数法律规范构成的法律群。有关行政组织的规则、有关行政行为的规则、有关行政程序的规则、有关行政救济的规则、有关行政部门管理的规则共同支撑起了行政法这一法律部门。

第一百二十九条 行政法由法群构成的事实，是使行政法这一部门法产生巨大争议的根本原因。各国由于政治体制、行政法传统、法制进程等不同，在行政法诸法典的立法顺序和制度运行的侧重点上都有所不同，一些国家由于有良好的对行政进行司法审查的传统，因此便在行政诉讼的法律构成中较为完善，有些国家由于重视行政过程的民主参与，因此，便在行政程序的立法构成中独树一帜，有些国家由于重视行政体制的建构，因此，便在行政组织法典制定中走在前列。

第一百三十条 我们今天所关注的行政法在各国几乎都有不同的特色，同一意义的行政法概念在全世界几乎难以找到，而同一意义的民法概念、刑法概念在不同国家几乎无太大差别。

第一百三十一条 行政法的法群性使行政法这一部门法显得极为尴尬，它既使行政法理念在不同国度有所不同，又使各国在行政和执法的价值选择等方面有所不同。实际上,一些仁人志士早已认识到了行政法的这一尴尬状态,为了解决这一状态便着手进行行政法法典化的尝试,即通过立法用一个统一的法典将行政法统一起来。

第一百三十二条 行政法在形式上的特征之二是法阶性。法阶性是行政法形式特征的第二个方面。在行政法这一部门法中,排列着若干法律层级,同为行政法规范,而各自在行政法体系中的地位均有所不同,它们形成了一个金字塔式的规范结构。

第一百三十三条 行政法的法律形式中自上而下有诸多层次,首先,在根本法中有许多内容是行政法规范,例如,宪法关于国家行政机关体系结构的规定,关于行政权与其他权力关系的规定,关于行政权活动原则的规定都是行政法的内容,而且是非常具体的内容。根本法中具有行政法内容的事实,我国行政法学界并没有给予必要重视,这可以从我国行政法教科书关于行政法渊源的讲授中看出,一般教科书都没有认为宪法是行政法最为重要的渊源,行政法渊源之首应当是宪法。其次,在基本法中有许多内容是行政法规范。我国全国人民代表大会制定的基本法除一小部分是民法、刑法、商法、程序法的内容外,绝大多数内容是行政法,有些规则是对行政权行使直接设定禁止或限制的规则,有些则是在设定行政主体与相对方、行政主体与管理事态等的关系中体现的规则。再次,在一般法律中,有许多内容是行政法规范,一般法在我国被认为是由全国人民代表大会常务委员会制定的规则,由于它在效力上要低于基本法,因此,在法律体系中给了这类规则一个特殊的法律地位,其高于一般法以下的所有行政法规则,但低于基本法以上的规则。最后,综合管理法中,有许多内容是行政法规范,综合管理法是由国家行政机构体系在对社会事务进行管理时制定的与社会成员关系密切的规则,这类规则在立法技术比较发达的国家作了严格限制,限制的目的在于有效控制行政权。上面的排列仅仅是一个大体上的排列,在行政法体系中行政法梯形结构的排列要比这复杂得多。

第一百三十四条 行政法的法梯性是行政法与其他部门法区别的重要标志,因为,它使行政法并非是一个简单部门法,而更像一个独立的法制系统或法律种类。当我们在讨论民法、刑法、婚姻法等部门法的效力时,我们不会对其内部规则的效力等级产生那么大的困惑,而当我们探讨行政法的效力等级时,常常感到十分困惑,这是由行政法内部效力等级的梯性决定的,而这种梯阶性的森严程度也让人望而生畏。2000年通过的《中华人民共和国立法法》对我国法律效力等级的确定,实则是对行政法效力等级的确定,其他部门法中法律效力的属地原则是以国界为地域标准的，而行政法效力等级中的属地原则常常以省界乃至于县界为标准。

第一百三十五条 行政法在形式上的特征之三是法圈性。法圈性是行政法形式特征的第三个方面。行政法的法群性和法阶性决定了行政法作为一个部门法，只有法圈上的质的规定性和相对稳定性，而较少法律内容上的质的规定性和相对稳定性，即是说，其他部门法内容本身既具有确定的内涵又具有容易预判的内容。而行政法只能以法圈为判定的标准，而不能以具体的内容为判定标准，因为，行政法内容处在不断地变化过程中。

第一百三十六条 行政法法圈的属性是非常重要的，它使行政法作为一个法律理念处于与社会不断交换能量的状态之下，即行政法这一法律部门比其他任何法律部门的社会开放程度都高，社会过程中调适人们的行为规则常容易被行政法规范所吸收。此点既是行政法有利的一面，又是行政法引来诸多问题的一面，我们知道，行政法在运作中最容易受法外因素的影响，如政策的影响、道德的影响等，造成这些影响的原因来自行政法法圈的社会开放性。

第一百三十七条 行政法关系是由行政法规范规定的行政主体与其他社会主体之间形成的权利义务关系，这种关系以国家管理关系为直接基础，它作为一种调整手段作用于国家管理关系。

第一百三十八条 行政法关系以行政法规范的规定为前提。

第一百三十九条 法律关系与法律规范之间的关系是法学界一直探讨的一个问题。一种观点认为，法律关系的存在与否不以法律规范为前提，即是否有法律规范的存在都不能影响法律关系的成立，法律关系作为一种客观的社会关系是一种客观存在，该客观存在不以人们的意志为转移，故而也不以法律规范为转移。行政法关系作为法律关系的一种也是一种客观存在，亦可不以法律规范为前提。法作为一种社会现象，是不以人们的意志为转移的，但并不是说，具体的法律关系是一种不需要设定的客观必然关系。

第一百四十条 法律关系在形成过程必然受制于法律规范，质而言之，法律规范是法律关系形成的基础性条件，没有法律关系就不能形成这样或那样的法律关系。

第一百四十一条 依经典作家的理论，法律是统治者意志的体现，统治者要把自己的意志化为全社会的意志，必须使自己的意志成为规则，即必须将自己的意志"奉为法律"，统治者将自己的意志奉为法律的过程就是在社会中设定关系的过程，每一个法律规则实质上都设立了某一个方面的法律关系，人们可以为某一行为或者不为某一行为的关系。

第一百四十二条 行政法规范是行政法关系形成的前提。这一本质属性对于认识行政法关系及其对行政立法的要求有重要意义，因为从这一原理出发，我们可以看出国家对行政权及其行政过程的控制，是通过行政法关系的形式进行的，没有行政法关系，不通过相应的规则设定行政法关系，立法者便无法对行政过程进行控制。这一原理具体化以后就是行政法规范设定行政法关系，一个行政法规范必然设定一个或者一个以上的行政法关系，至于行政法规范所设定的行政法关系是抽象关系还是具体关系，则是另外一个问题。

第一百四十三条 行政法关系是社会关系的一种形式。行政法关系作为人与人之间的结合形式也无疑是一种社会关系。同时，还应指出，在行政法规范规定的关系中，一些关系从表面上看似乎是人与物或者人与非物质的东西的关系，在行政法规范中有不少这种人与事之间关系的规范。笔者认为，人与事的关系不是法律关系，即便在行政法关系中有大量人与事的关系，我们绝不能简单认为法律关系是人与事的关系，人与事的关系在法律中可能有表述，但这种表述要么是纯粹自然的形式，要么是人与人之间关系的物质形式。行政法关系始终是人与人之间的关系，我们将行政法关系的属性确定为社会关系，就是对人与人之间关系的肯定，而不是对人与物之间关系的肯定。

第一百四十四条 行政法关系以国家管理关系为直接基础并作为一种调整手段作用于国家管理关系。法律是建立在经济基础之上的上层建筑，这是我国正统理论的法理观。由此出发，我们可以认为行政法关系同样是由经济基础决定的，是建立在一定经济基础之上的政治关系形式。这一解释虽符合马克思主义的一般法原理，但不能够揭示为什么会在同一个社会中形成不同部门法律关系这样一个事实，即同一的经济基础怎么既决定了诸如民法、刑法那样的法律关系形式，又决定了经济法、行政法这样的关系形式。换句话说，决定法律关系的应当有两个基础，一个是最终基础或者间接基础，一个是直接基础。经济基础可以是前者，而后者则是各个部门法存在的直接基础，即部门法除有经济基础这一最终基础外，还有着自己形成的直接社会基础。行政法关系的直接基础应当是国家管理关系。从人类社会发展过程看，社会发展到一定阶段以后，便出现了国家管理这一社会现象，从社会学的角度分析，国家管理是一种社会现象，此种社会现象是由一个特殊的社会阶层完成的，用马克思的话说，这个特殊的社会活动，那就是管理。而管理是在阶级对立和利益冲突的社会背景下进行的，管理者违背管理本意的行为和被管理者不服从管理的行为都有可能导致管理关系的偏差，因此就需要用各种各样的手段对管理关系进行调整。

第一百四十五条 行政法关系特征的表述与行政法理念有着非常密切的联系，若我们认为行政法是管理法，在行政法关系的特征中就必然要肯定行政主体在行政法关系单方面性的地位，若我们认为行政法是限制政府行政权的法，行政法关系特征便必然与一般意义的法律关系特征无甚差别，如果权利与义务平等，便应成为行政法关系特征的主要变奏，由于我们在行政法定义中已经论证了行政法法律指向的行政主体特性，因此，我们对行政法关系的分析，也应当从这样的机理出发。

第一百四十六条 行政法关系是一种复合式法律关系。在民事、刑事、经济等法律关系中，主体双方的权利义务是明确的，主体的数量和类型也是较为单一的。行政法关系则与之不同，它是一种复合式的关系形式，所谓复合式的关系形式是指行政法关系的主体以及主体之间的关系常常是复式结构，任何一个行政过程，都体现在这种复式结构的权力运行中。

第一百四十七条 在行政法关系中，具体的法律关系形式是行政主体与行政权力承受者的个体（这种个体或者是个人或者是组织）之间的关系，如行政主体可以对行政权承受者作出行政决定，主张某种管理权利，而作为行政权力的承受者可以由行政主体主张行政行为的程序性、主张行政过程的合规则性等。此一方面的关系形式在我国行政法学界没有被忽视，遗憾的是，学者基本上将行政法关系限定在这个单一范畴内。在这一具体的行政法律关系背后还隐藏着另一个关系形式，即行政权力监控主体与行政主体的关系。一则，行政主体的权力主张必须有明确的或者暗含的来源、依据，为其制造来源或依据的主体必须与其有一种内在的关系形式，甚至可以说，行政主体在对行政相对方作出行政行为时都是在前一关系启动之后而为之的，若没有监控主体和行政主体的关系启动，行政主体便无法与相对方形成具体的行政法关系。行政主体同时还有可能与其他监控主体发生意态的关系，如当行政主体在与行政相对人发生关系以后，很可能先对自己主张权利所带来的司法上的后果进行评估，这种评估是由行政主体单方面进行的，而它的背后都隐藏着行政主体与监控他的主体之间的行政法关系。传统行政法教科书一般将行政法关系仅仅限制在行政主体与行政相对人的关系之中，其所注意的仅仅是行政法关系长河中的一个非常小非常小的河段，而将决定这一河段的主流给忽视了，这也正是国内关于行政法关系理论走不出困境的症结所在。

第一百四十八条 行政主体背后的控制主体（如立法机关、司法机关等）

与行政主体之间的关系应当是行政法关系的一种形式,而国内有学者将此一关系形式排除在行政法关系之外,认为其他主体与行政主体的监控关系是所谓的监督行政法关系。将行政法关系分为一般行政法关系与监督行政法关系既缺乏理论上的依据,又不利于行政法制度的完善,因为它将一个统一的行政法问题多元化了。

第一百四十九条 行政法关系中行政主体处在比例中项上。将行政主体视为"比例中项"是卢梭在社会契约论中提出的,卢梭认为,主权者和臣民是通过行政体联结在一起的,即主权者:行政体:臣民。卢梭认为若要让主权者与臣民相等就不能破坏比例中项,同时,只有比例中项有效联结比例等式的两端时,比例等式的比值才不会出现错误。笔者认为,卢梭的这一理论虽然不太容易理解,但是,就行政权行使中各种各样的关系形式而言,行政主体确实处在一个中间环节上,在它的前端是制造行政管理行为规则,表达国家管理意志的立法机关,而在它的后端,则是由行政主体通过行政权力施加影响的行政相对人。

第一百五十条 在传统行政法学理论中,认为行政主体是行政法关系的必然一方,即没有行政主体的参加就不能形成行政法关系,此话虽然不错,然则却是多余之论,因为,我们同样可以说没有行政相对人行政法关系亦难以成立,没有立法机关的行政造法行为,行政法关系更难以存在。行政主体作为行政法关系比例中项的表述才真正合理地揭示了行政主体在行政法关系中的地位。一方面,行政主体与行政相对人有管理与被管理、制约与被制约的关系形式,即行政主体有管理行政相对人的权力,而行政相对人同样有制约行政主体的权利。另一方面,立法机关与行政主体也有相应的关系形式,如立法机关通过造法行为规范行政主体的活动,赋予行政主体职权,行政主体通过行政职权在一定程度上制约立法行为,当然行政主体对立法行为的制约大多表现在技术上。

第一百五十一条 行政法关系以行政职权为转移。在法治实践中,行政机关以及行使行政权的其他组织所介入的法律关系范围是多方面的,行政机关可以因内部事实行为而引起与其他民事主体的民事法律关系,可以因内部事实行为而引起一些经济组织的经济法律关系,还可以因实施职权外之不法行为成为法人犯罪的主体而介入到刑事法律关系中。换句话说,行政机关或者行使行政权的其他组织所参加的法律关系不一定都是行政法关系,为了将行政机关参加的行政法关系与其他法律关系区别开来,就必须有另外的标准为行政法关系定性,其中最为重要的标准就是行政法关系以行政职权为转移。传统教科书中把这一特征表述为行政法关系发生在行政管理活动过程中，这一表述从字面意义看是正确的，但它同样没有为我们确定行政法关系的属性提供可操作的标准，在行政法治实践中常有一些类似行政管理的活动而行政机关也介入其中，然而，这种关系不一定就是行政法关系。

第一百五十二条 行政职权是行政法关系的基本判定标准。在某一有行政机关介入的关系中，究竟是否为行政法关系，要看这样的关系是否与行政机关本身所固有的职权相联系，立法机关通过立法赋予行政机关职权的行为而引起的关系形式，应当是行政法关系，行政机关依据法律规则或自身的权力，为了达到实现行政功能的目的而对相对人采取行政行为，并在此基础上结成了一个法律关系，这样的关系亦是行政法关系。由于我国行政权的主体除了行政机关外，还有诸如授权等不同类型的组织，该组织在行政资格构成上不是行政机关，而它由于依据法律作了属于行政权的行为，与其他主体在权力行使的瞬间结成的关系，也必然是行政法关系。虽然，"职权行使"是行政法关系的制定依据，但是，我们不能因此就认为行政法关系判定标准问题就得到了解决，因为职权行使仍然是一个需要作出确定的概念。

第一百五十三条 行政法学界有人提出了"上班说"，即行政机关或授权的组织在八小时上班期间所为的行为便是行政行为，此时所形成的关系亦为行政法关系。有人提出了"制服说"，即行政机关工作人员若穿制服并作出了某种行政行为与相对方结成的关系就是行政法关系，反之则不是。还有人提出了"行政公文说"，就是行政机关在为某种行为时有正式的行政公文，公文内容若与相对方的权利义务有关，此时所形成的关系就是行政法关系，等等。"职权行使"应当通过相应的立法文件予以规定，即何时、何地、何种性质的行为为行政行为应当有具体的细则。

第一百五十四条 行政法关系是一种对等的权利义务关系。

第一百五十五条 行政法关系单方面的理论，是我国行政法学界一个共识性理论，该理论认为，"行政机关和相对一方的权利义务由法律法规规定，行政机关具体地将其运用到特定的人。在什么场合和针对哪一个，由行政机关单方面决定。权利义务不能由双方约定，这是不同于民事权利义务形成方式的主要状态"。

第一百五十六条 传统理论存在巨大误区，它至少偏离了法律关系的法理学解释。在法理学中，法律关系是一种权利义务关系，正是权利义务将法律关系主体联结起来，一方的权利就是他方的义务，一方的义务就是他方的权利，而且权利义务具有对等性。卢梭就曾指出，法律（以及由法律设定的事态）的对象永远是普遍的，法律只考虑不特定对象的抽象行为，而绝不考虑个别人以及个别的行为，单方面理论实际上将法律关系的普遍内容个别化了。

第一百五十七条　行政法关系中有权利主体和义务主体之分，而权利主体和义务主体并不是由行政法过程事先设定好的，只有在具体的权利义务实现过程中，权利主体和义务主体的身份才能确定，即在某一环节上行政主体是权利主体，在另一环节上，行政相对人则是权利主体，与之相对，在每一环节上，行政主体是义务主体而行政相对人则是权利主体，二者在行政权运作过程中处于不断的循环状态中，该循环状态保证了行政过程的连续性和行政法规则的实现，单方面的理论则永恒地将行政主体置于权利主体之下，而将行政相对人置于义务主体之下，只有从行政权专断的理念出发，才能得出这样的结论。

第一百五十八条　行政法关系的构成包括行政法关系的主体、主体的权利义务和客体三个方面。

第一百五十九条　行政法关系的主体是指参与到行政法关系中来并承担义务和享受权利的自然人、法人或者其他组织。行政法关系的主体不能等同于行政主体，行政主体是在行政职权、行政法的总范围内而论的，而行政法关系主体仅仅是在行政法关系中讨论的。行政主体可以成为行政法关系主体，而行政法关系主体不一定都能成为行政主体，即是说，行政法关系主体的范围要比行政主体的范围大。行政法关系主体符合一般法律关系主体的特征，如必须参加到某一法律关系中来能以自己的名义承担义务，享受权利等。

第一百六十条　行政法关系主体的权利能力是指法律关系主体享受权利、承担义务的资格；行为能力则是指法律关系主体行使权利、履行义务的条件。行政法关系中的权利能力是指行政法关系主体在行政法中享受权利、承担义务的资格；行政法中的行为能力指行行政法关系主体在行政法中享受权利、承担义务的法律条件。

第一百六十一条　行政法关系中关系主体的权利能力和行为能力是一个非常复杂的问题，有时行政法关系主体在某一权利享受中必须同时具备权利能力和行为能力。有时权利能力和行为能力不一定并存，即仅有权利能力便可以享受某方面的权利。就是说，行政法关系主体有些权利的享有是双重条件，有些义务的履行也必须符合双重标准，而另一些权利的享受和义务的履行则是单一标准。

第一百六十二条 行政法关系主体权利能力和行为能力状况，要根据各国行政法制度的规定而确定，根据行政法关系主体享受的权利性质和承担的义务性质而确定。而在一般情况下，民事法律规范中关于法律关系主体权利能力和行为能力的规定可以在行政法中运用。在一般情况下，行政法关系主体在行政法中的权利能力亦应从民法的规定。但是，行政法若有特别规定的，则必须依行政法的规定来确定主体的权利和义务。行政法的规定是从行政过程的特征出发的，有些规定可能是有利于行政相对人的。

第一百六十三条 权利与义务具有对应性，即一方的权利就是他方的义务，而另一方的义务就是他方的权利，权利与义务的这种统一性，使我们可以在讨论某一主体的权利时，同时揭示与它对应的主体的义务。

第一百六十四条 行政法关系是一个学理用语，是人们为分析行政法现象方便起见而采用的一套分析方法，将法律理论中有关法律关系的一般原理运用到行政法分析中来，此点决定了行政法关系客体是一个争议颇多的概念。

第一百六十五条 我国大陆传统行政法教科书认为，行政法关系客体是指行政法关系中主体权利和义务所指向的对象，依此将行政法关系的客体概括为物、行为、精神财富等。这一解释是套用了民法学中法律关系客体的概念。该解释对认识行政法现象和解决行政法治问题意义不明显。

第一百六十六条 我国台湾地区的学者则从另一角度认识行政法关系的客体，他们将行政法关系主体与客体作为一个对应着的事物来看待，认为在一个行政法关系中如果有一方处于主动或主导地位足以支配他方时，支配的一方便是主体。与之相反，若某一个人或组织在行政法关系中处于被动的或者受他人支配的地位便是行政法关系的客体。根据这个理解主体或客体所反映的是行政法关系参与者在行政法关系中的地位，若是权利义务的主动者就是主体，若是权利义务的受动者就是客体。主体与客体在行政法关系的总概念中处于互换状态，即在此一行政法关系中是主体，在彼一行政法关系中是客体。总之，行政法关系中的支配者为主体，被支配者为客体。

第一百六十七条 台湾地区学者关于行政法关系客体的理论值得大陆行政法学界和行政法治的实践借鉴。一则，这种关于行政法关系的客体观反映了行政法关系参加者相互平等的地位，任何行政法关系的参加者，既有可能成为主体，又有可能成为客体，此点对于解决大陆长期以来认同的行政法关系单方面性的错误理论会有所助益。二则，行政法关系中权利义务明确后，其实现的程度就成为行政法关系现实化的重要前提，也成为行政管理过程能否顺利实现的关键。其中义务是否能够得到履行是焦点，如果我们依主客体互换的理论，依受动者为客体、主动者为主体的理论就可以树立起良性的义务履行观，即客体必须无条件地服从主体，这对于依法行政和行政法治都是有益的。三则，从理论上讲权利和义务所指向的对象更像是行政法关系的标志，我国学者将客体定为物、行为、精神财富等实际上都是一种物化的东西而非人化的对象，将客体作为物化的东西，其与主体作为人化的东西相距太大了，且没有现实的意义。因为法律关系最终解决的是人与人之间的关系，而非人与物的关系。

第一百六十八条 引起行政法关系发生和变迁的原因有：法律规定、自然事实、主体的行为。

第一百六十九条 行政法关系是由法律规范规定的，因此，法律规范或者调整行政管理关系的其他行为规则，是引起行政法关系发生和变更的基本原因。国家制定一个新的行政法律规范后，该规范中设定的权利义务主体及其权利义务关系就形成了一个新的关系形态。而行政法规范的修正、废止，同样可以引起行政法关系的变更和消灭。

第一百七十条 所谓自然事实指不以人的意志为转移的非常态事件，这些事件有的是自然事件，有的是人为事件。

第一百七十一条 行政法律关系主体既有单个的个人又有作为群体出现的组织，它们都可以为这样那样的行为，如行政违法行为可以引起一个具体的行政法关系，行政合法行为也可以引起一个具体的行政法关系，行政管理职责的行为可以使原有法律关系变化或不复存在。

第一百七十二条 行政法关系发生和变更的类型有：主体的发生和变更、权利义务的发生和变更。

第一百七十三条 自然人的出生、社会组织和企事业单位的成立、行政机关的设立都是行政法关系的主体的发生。而某个个人或组织介入到某一法律事件之中亦为某一行政法关系中主体的发生。行政法关系中的主体，因某种原因将权利义务转移，此时外形是权利义务的变更，实则为主体的变更。行政主体的合并、撤销、分立、职权转移是主体变更的典型情况。

第一百七十四条 权利义务发生包括原始发生和继受发生两个方面。所谓原始发生，是指行政法关系主体因法律规定或自然事件直接发生了某种权利义务关系，而不借助于某种中介环节。所谓继受发生指行政法关系主体借助某种中介因素的行为而产生的权利义务，如行政主体通过行政法规范赋予行政相对人某种权利或为相对人设定某种义务。行政法关系主体权利义务的变更，也是一个非常普遍的行政法现象，行政主体对同一行政事态在管理过程中的任何调整都会引起权利义务的变更。

(二) 行政法学概念

第一条 行政法学是研究法现象与行政现象之关系或者行政现象与法现象之间关系的学科。行政法学这个概念中有两个词：一是行政；二是法。二者共同使行政法学的概念存在。在行政法学研究中有两种研究方法：一是将法作为行政法关键词进行研究，此一研究在行政控权法理论中占主导地位；二是将行政作为法的关键词进行研究，此一研究在管理法理论中占主导地位。

第二条 行政法学被抽象化地归于社会科学是成立的，因为社会科学被界定为研究人与人之间关系的学科，行政法学研究中亦必然具有人与人之间的关系，因此，行政法学是社会科学的笼统说法是成立的。但是，这一说法几乎没有解决任何问题，理由在于人与人之间的关系太复杂，范围亦太广，行政法学作为研究人与人之间关系的说法，没有能够为行政法学研究提供什么，是一个没有任何错误的多余表达。

第三条 行政法学被一些学者归于法学的一个分支是一个典型的形而上学的表述。法学的研究范畴是法现象，而行政法学的研究范畴并不是或者不单单是法现象，而是行政现象与法现象的关系。故此，行政法学仅以法作为成分的说法不正确，同样道理，行政法学以行政作为成分的说法也是不正确的。

第四条 行政法学概念中包括四个元素：第一个元素是主体，即行政法学的研究主体，由研究机构和研究人员两部分构成。应当指出，不论研究机构还是研究人员，都应当是有研究行为的主体，而不包括设有名誉上的机构而不展开研究的实体，和有研究人员的名分而不进行研究者。第二个元素是研究方法，即研究者在研究过程中所运用的具体方法。第三个元素是研究对象，即研究者在研究过程中所发生作用的客体，这一部分是十分重要的，因为它构成了整个学科的基础。第四个元素是知识体系，即研究者通过研究所取得的成果，这个成果既可以以实在法的形式出现，又可以以学术成就的形式出现，后者是决定性的东西。

（三）行政法学科定位

第一条 行政法学是一门学问，不是行政法工作，这是行政法学科定位的基础。在行政法学界和行政法治实践中常常将行政法学与行政法工作相混淆，尤其是将一些属于行政法工作的事项归化于行政法学之中，大大降低了行政法学的学科地位。

第二条 行政法学是一种知识体系，只有当某人对行政法以及行政法学的基本问题是有系统的、成体系的、符合形式要件的认识和解读时，其研究才可以称为行政法学，才可以被归于行政法学科之中。而某些学者仅对行政法中的个别问题、个别典则、个别制度有自己的认识时，其行为还不算是在进行行政法学研究，而只是在解决行政法中的某一问题，因此，此类学者最多不过是一个行政法工作者。

第三条 行政法学是对行政法现象的认识，而不是对行政法问题的认识，当行政法学在认识行政法现象时，其立足点是行政法的社会过程，而不是行政法在确立某种关系时的行为过程。正因为如此，行政法学深层问题的解决不在于行政法工作者的工作行为，而在于社会哲学家的理性思辨行为。

第四条 行政法学所涉及的行政法现象，是有关行政法作为实在法的现象，在传统的行政法学科定位中，行政法学包容的内容似乎多了一些，之所以这样说，是因为一些教科书将行政法制度史、行政法认识史等亦作为行政法学的构成部分。当然，将这些学科作为行政法学的部分可以以广义的行政法学体系为借口，但就学科发展和科学研究日益精细的格局看，行政法学应当是以行政实在法为基本内容的学科。

（四）行政法学对象

第一条 行政法学的研究对象是行政法学概念中的一个核心问题，而这个核心问题在行政法学界的表述中却一向都是不准确的，这种不准确性，表现在将行政法的研究对象表述为行政法，这从表面看似乎没有问题，然而，它却颠倒了法学研究过程的正当逻辑。

第二条 法作为一种规范，本身就是科学研究的结果，而不应当仅仅成为科学研究的对象。拿破仑有一句名言："我的光荣不在于打胜了四十个战役，滑铁卢会摧毁这么多的胜利……但不会被任何东西摧毁的，会永远存在的，是我的民法典。"表明法典本身的制定就是科学研究的结果。

第三条 行政法学的研究对象与法学的研究内容应当有所区分，不能将研究内容都等同于研究对象。行政法规范是行政法学的研究内容，只有行政法规范背后的社会关系才是行政法学的研究对象。行政法规范是由其背后的社会关系产生的，而行政法学只有将研究对象定位为规范背后的社会关系时，才算找到了问题的根源。

第四条 行政法学研究对象的错误，在行政法学界起初只是一个技术上的错误，但随着进一步的发展，这个错误对行政法学科建设以及行政法的课程体系，甚至教学方法都带来了巨大的影响。行政法研究中的规范中心和行政法教学中的注释方法都是由此产生的。

第五条 行政法学研究的对象是规范背后的社会关系，社会关系依深层哲理有着层次上的区分，行政法学研究的社会关系亦应有三个层次：一是没有被国家权力染指和作用的弱化社会关系，此一层面的社会关系是其他社会关系的基础。二是被国家权力染指并发生作用的社会关系，此一类关系被国家强制力所强化，是一种强化的社会关系。三是国家管理关系，在国家强制关系中有一部分是国家管理机关在管理过程中形成并发生作用的那些关系，这一关系是前两个关系的自然延伸。行政法学研究的上列关系层次是一个从深度上讲逐渐递进的过程，即行政法学研究的最为重要的关系是国家管理关系。

第六条 行政法学研究的具体社会关系包括：一是一般社会成员之间的关系；二是社会个体与国家政权体系之间的关系；三是国家政权体系中行政系统与其他权力系统之间的关系；四是社会个体与国家行政机关之间的关系；五是行政系统内部构成要素之间的关系；六是国家行政机关与所管理的经济、文化、政治等社会事务之间的关系。

第七条 行政法学研究过程中有一些元素，这些元素有行政法的设计主体，即对行政法规范进行设计的组织实体；有行政法的运作主体，即承担行政法实现职能的行政主体和其他行政法的法律人；有行政法的介入主体，即介入行政法运作过程中的社会组织和社会个体。上列三个元素，都是行政法学研究中的元素，但它们同样不是行政法学的研究对象。

第八条 行政法学是以行政法规范为研究对象的命题限制了行政法学的视野，使行政法学走不出法内制度研究的怪圈。

第九条 一个国家的政治体制、政权体系、行政体制以及其他社会生活的决定因素有两个：一个是法内的制度，即宪法、基本法和其他法律规范为该国设计、确立的生活模式。法内的制度常常是明显的，容易引起人们的注意。另一个是法外的制度，即宪法、法律没有确认的制度。由于它在法律规范之外，因此其明显程度要低些。两种制度都可以决定一个国家的基本状态。一般情况下，法内的制度起主要决定作用，它以非常明确的规范形式规定了社会生活的所有方面。

第十条 行政法学是以行政法规范为研究对象的观点，从方法论上讲，必然是由法律规范开始而以法律规范结束的研究逻辑。行政法学在我国发展的速度不能算快，其中一个非常重要的原因就是受此种方法论的指导，研究者很难走出法内制度的怪圈。就我国政治生活、行政生活的状况讲，法外制度的决定作用，丝毫不比其他国家逊色，既有政权体制方面的原因，也有传统文化方面的原因。

第十一条 法外制度对于一国政治、行政、社会生活的决定并不意味着完全不正常，它可能是某种无可奈何的合理。甚至在人类社会发展相当长的时期内，法外的制度仍然不可避免地要决定一个国家的政治和行政状况。关键在于，人们应当正确认识法外制度，对其与法内制度的关系，对其发展的前途，对其对一个国家法律制度的影响有一个全面认识。

第十二条 行政法学从滞后的法内规范研究中走出来已刻不容缓。

第十三条 行政法学是以行政法为研究对象的命题不但从理论上来讲不能成立，而且会对行政法学研究和行政法治实践带来危害。法学的状况与社会的发展可以概括为三种情形：一是其与社会发展同步；二是其落后于社会发展阶段；三是其对社会发展有超前指导功能。由于行政法学以法律规范为研究对象，必然把研究方略限制在法律规范之内，而法律规范具有稳定性、发展缓慢性等弊端，最终必然导致法学难以对法制建设的发展有超前性的指导功能。

第十四条 对于行政法学研究对象的考究应当是立体的、多方位的。

第十五条 行政法学的研究对象贯穿在下列三条主线中，在这个词条中只引出下列观点，再另列条文具体化。宏观背景——法赖以存在的客观基础；微观背景——行政部门法得以存在的直接决定因素；构成要素——设计主体、运行主体、介入主体。

第十六条 以此而论，对于法律规范的研究，或者说要揭示法律规范的内涵，必须首先揭示社会以及社会关系的状况。社会及其社会关系是法律规范的宏观背景，是法律规范的现实基础这一事实，在法学界尤其行政法学界常常被忽视。

第十七条 行政法规范作为法律现象之一，也必然以社会为宏观背景。由于行政法规范涉及的社会生活方面比其他法律宽泛，因此对行政法的宏观背景更应当引起重视。作为行政法学的研究对象讲，必须首先立足于行政法的现实基础之中。各式各样的社会关系、各式各样的社会关系结构、各式各样社会关系的最佳状态，无疑是行政法学研究对象的第一条主线。

第十八条 法律规范作为一个整体有着共同的前提，经济基础、社会关系是所有部门法的宏观背景。此外，法律规范还有自己得以存在的微观背景，也就是各个部门法存在的直接决定因素。现代国家的部门法体系一般都是比较庞大的，从数量上讲有数十门之多。

第十九条 任何一个部门法都有其建立的社会基础，这个基础自然而然地成了部门法的微观背景。行政法建立的基础无疑是国家管理关系，这些关系也是行政法规范的调整对象，一国行政法规范的有效程度，只能以对国家管理关系的调整的程度为标准进行判断，行政法的微观背景无疑是决定它存在的国家管理关系。

第二十条 社会发展到一定阶段，便出现了一个特殊的社会阶层，这个阶层既不进行物质资料的生产，也不进行精神资料的生产，而从事一种特殊的活动，即国家管理。而管理是在阶级对立或社会冲突的基础上产生的，因此有可能出现两种偏差：一是被管理者不服从管理，成为管理的对立面；二是管理者从事违背管理本意的活动，成了管理中的异化主体。上列两种情形，都可能导致管理关系的混乱。为了防止管理关系混乱和偏离管理的本意，就需要一定的法律规范对管理行为进行调整，包括管理者的行为和管理对象的行为。可见，国家管理是行政法产生的直接决定因素。

第二十一条 行政法学的研究对象也难以脱离国家管理关系。如果说行政法学研究对象的第一条主线，奠定了行政法及其规范的构成基础和决定了行政法的发展前景的话，行政法学研究对象的第二条主线，则决定了行政法规范的具体构成形式和确立了行政法规范在社会生活中的价值构成。可以说，许多行政法规范的产生，都必须从研究国家管理关系出发。国家管理关系的发展变化，最终也必然引起行政法规范的发展变化。

第二十二条 法律规范的构成少不了设计、运行、介入等主体。

第二十三条 行政法规范的设计主体比其他法律规范的设计主体要复杂得多，除了我国宪法规定的立法机构可以设计有关行政法规范外，一些行政机关亦有行政法规范的设计权。

第二十四条 运行主体，指承担法律规范内容实现功能的执法要素。法律规范设计出来以后，就必须予以实施，使其由抽象形态变为物质形态。运行主体通过法律行为和事实行为促成法律规范发生效力，对社会起到实际的约束作用。该主体尽管不能决定法律的构成，但可以决定法律规范的实际效果。因此，把其作为行政法学研究的一条线索是非常重要的。

第二十五条 介入主体指受法律规范影响或者由于相应的利害关系介入法律规范之中的个人或组织。法律规范的社会作用最终要归宿到介入主体的权益关系中。

（五）行政法学方法

第一条 科学研究是否需要方法，是一个有争议的问题，概括起来有三个学派：第一个学派认为，方法和方法论是科学的基本构成，如果一个学科没有方法和方法论，就不成为学科或科学。依此方法论，是科学行为的必备要件。第二个学派认为，方法和方法论在科学和学科中是下意识存在的，即研究者是否运用科学方法并不决定这个学科的特性，更不决定这个学科的构成与否。第三个学派认为，方法和方法论在科学研究中是不需要提倡的，科学研究的精神在于无政论即不受方法论制约的学科才是理性的学科。

第二条 行政法学研究都要运用一定的手段，如果把每一种研究手段都视为方法的话，行政法学方法是存在于行政法学研究之中的。

第三条 应当区分哲学层面的研究方法和研究过程中运用的具体方法。讲求科学研究中应当推行无政府主义的是从哲学层面认识研究方法的，其认为研究方法本身具有四个方面的弊端：一是刻板性，即研究方法要求人们依本方法本身的特性确立自己的研究过程；二是封闭性，一种研究方法对他种研究方法是予以排斥的；三是权威性，一种研究方法一旦被普遍化，就自封为此方面的权威，从而禁锢其他研究过程；四是滞后性，研究方法一般都有一个长期积累和形成的定式，这个定式是历史的产物，同时也作为一种历史现象阻滞新的方法的形成。

第四条 方法在一些学科或者在一些国家的某些学科中已经成为了一种学术堡垒，即学者们通过方法的塑造和形成使自己所从事的学科成为外行不易进行的领域。当然，前提是其方法已有了哲学上理论支撑，一些方法对于本学科的外行来讲是非常难以理解和认识的。

第五条 我国行政法学界受哲学支配的方法并不多，在多数情况下，是用非常简单的甚至非研究人员也可以运用的方法进行研究，方法只是学者们思考某一问题时的一个手段。

第六条 我国行政法学研究中的一些存在严重问题的研究方法。一是将方法庸俗化的研究方法，一些学者一谈到行政法学的研究就提到阶级分析的方法、辩证史观的方法、系统分析的方法，等等。二是封闭型研究方法，指一些学者将自己封闭在一个相对狭小的圈子之内，既不接受新的方法论，也不吸收其他学派的观点，闭门造车。三是模式型研究方法，指一些研究方法成为学者们共同仿效的行为方式，这里包括实质上的模式和形式上的模式两种。四是工具型的研究方法，指一些研究仅仅将自己所从事的研究行为作为一种工具，或者作为自己升迁的工具，或者作为他人利用的工具，因从事行政法学而得到升迁者，在中国并不在少数。

第七条 行政法学研究应当是学者们的事业，从事研究本身，就应当是由学者们的良知决定的，如果人们的职业有道规，就是不计名利的对行政法问题的积极探索。将行政法学研究作为升迁或者其他工具，都是违背这个行业的道规的。

第八条 行政法工作的方法与行政法学的方法是两种不同的方法，将行政法工作方法运用到行政法学中的做法同样是有危害的。行政法工作中的方法应当是行政工作者所掌握的，而行政法学的方法则应当是行政法学家所掌握的。

第九条 在我国法学界，成为法学家并没有法定条件和相应的学术规范，或者相应的道德准则。评价标准的松弛性，导致我国法学家形形色色，有因身份而成为法学家者，有因职务或职位而成为法学家者，有因人格而成为法学家者，有因占有经济资源或其他物质资源而成为法学家者，有因所处的有利地形而成为法学家者，有因出色的社会活动和公关技术而成为法学家者，有因政府的扶持而成为法学家者，等等。当然，也有因学问和学术观点而成为法学家者。行政法学家也是如此，既没有一个民间的界定，也没有官方的规定。因此，现实中就有因占有充足的经济资源而成为行政法学家者；有因占有有利地形而成为行政法学家者；有因具有良好的多元背景而成为行政法学家者；有因具有较强的公关能力而成为行政法学家者；有因良好的人品而成为行政法学家者；有因学术成就彰显而成为行政法学家者；等等。行政法学家的界定似乎是不可回避的问题。

第十条　行政法学方法存在一个恰当分配的问题，即在不同的研究环节上可以采用不同的研究方法。行政法的研究过程有四个阶段：第一阶段是对社会关系进行观察和分析；第二个阶段是对规范进行整合；第三个阶段是将规范拿来进行社会控制；第四个阶段是对规范进行不断的整合和完善。

第十一条　不同的研究阶段可以分配不同的研究方法，例如，在对社会关系进行观察和分析时，运用统计的方法、综合分析的方法、现代数学模型的方法等；在制定规范阶段运用结构主义、功能主义等方法；在将规范运用到社会控制阶段运用控制论、信息论等方法；在规范的不断完善和整合阶段运用更加新的现代科学方法。

第十二条　行政法学作为法学的一个分支，也必然具有法律科学的上述一般属性。

第十三条　行政法学研究并不是一个单一的对现实行政法现象和既成行政法规范的研究，而是对行政法作为一个复杂的社会现实和从复杂的社会思维对其所作的多元认知。

第十四条　知识无疑是行政法研究中具有决定意义的因素。

第十五条　所谓行政法学研究中的知识是指构成行政法学研究的那些认知体系，以及对行政法规范和行政法运作起到内在约束和外在约束的知识形式。

第十六条　行政法学研究中的知识是以研究者为本位的知识。任何知识都必然具有对应的知识本体，它是知识的承载者，若将研究分为个体研究和群体研究的话，知识本体则具有研究机构和研究人员两个范畴，存在于某一机构中的普遍行政法知识属于前者，而存在于个体研究中的特殊的行政法知识则属于后者。

第十七条　在现代行政法学研究中，常常是作为群体的知识和作为个体的知识不可分割，即两种类型的知识常统一于一体。

第十八条　此处所言的知识本位，主要是针对个体知识而言的。

第十九条　应当指出，行政法的参与者并非行政法研究者一造，行政法的立法者、行政法的权利义务主体等都是行政法的介入者。但是，他们对于行政法的知识不在本文所指的知识范围之内。

第二十条　行政法学研究中的知识是以主观认知为形态的知识。

第二十一条　如同一般意义上的知识一样，行政法学研究中的知识也具有两种存在形态，那就是作为客观知识的存在形态和作为主观知识的存在形态。

第二十二条　客观知识指尚未内化于人们的主观意识中但制约行政法的那

些知识，主观知识则是指已经内化于人们主观意识中的知识形态，此类知识形态还有一特点就是除了对现实行政法的反映外，还有人们对行政法的推理、思考、预测等纯粹主观化的知识要素。

第二十三条　行政法学研究中主观知识是以客观知识为基础的。

第二十四条　行政法学研究中的知识是以理性行政法为基础的知识。

第二十五条　理性所反映的是主体与客体的一种关系，当主体与客体能够有机结合时就可以说实现了理性化。同样道理，将主观存在物和客观存在物相结合时，就是理性的存在物。

第二十六条　行政法学研究中的知识是以理性行政法为基础的知识是说，行政法学研究者对行政法的知识不是以静态行政法和微观的法为基础的知识，而是以行政法作为对社会大系统之反映所得的知识，行政法作为一个动态现象的知识。行政法学研究中知识的这一限定条件是非常关键的，因为某种意义上，它决定着对行政法的有知和无知。

第二十七条　行政法学研究中的知识整合是指对行政法学研究中知识的占有和分配重新进行确定的状态：一方面，行政法学研究中的知识整合是行政法学界的一个整体行为，通过这一整体行为既可使行政法学研究中的知识占有发生质的变化和量的变化，又可使行政法学研究中知识资源的分配得到新的确定。另一方面，行政法学研究中的知识整合是行政法学研究者的一个个体行为，通过该个体行为除深化各研究者对行政法现象的认知外，还进一步提高其对行政法现象的批判能力和预测能力。

第二十八条　这里的知识整合的侧重点是上列词条中的第一方面而不是第二方面，但在第二方面不予整合的条件下，第一方面的整合就会遇到极大障碍。

第二十九条　我国行政法学研究中知识基础相对比较薄弱，这既有历史的原因也有现实的原因，既有体制方面的原因，也有行政法学界自身的原因。

第三十条　知识基础的薄弱又导致行政法研究中知识分配的不均衡。行政法学研究中的知识整合正是由于行政法学研究中目前的知识格局决定。

第三十一条　法学必然包括对法作为纯粹的法的研究以及对法作为社会现实的研究。将法作为社会现实的研究是将作为法研究的基础和逻辑前提，不言而喻，将法作为社会现实的研究其重要性远远大于将法作为法的研究。

第三十二条　我国行政法学界对行政法的知识似乎是：对行政法作为法的知识，强于将行政法作为社会现实的知识。

第三十三条 在我们的行政法学体系中，有一整套相关行政法规则的概念系统和相关原理，而同时相伴的是这些原理和概念鲜有对应社会背景材料的支撑；我们在行政法教科书或者行政法学著作中构设了较为系统的行政法制度，而同时相伴的是这些制度无一有对应社会事实的支撑；我们的行政法学研究中，乐于讨论行政法的理论基础，然而，似乎绝大多数理论基础的阐释都大大超越了现实基础，没有现实基础的理论基础，在逻辑学上叫做预期理由的逻辑错误。

第三十四条 行政法学研究中的这种偏向，是由行政法的知识状况决定的，另一个侧面也是行政法学知识状况的反映。也许，诚如科特威尔所言，揭示行政法的社会现实，或者从揭示社会现实的角度研究行政法问题，要比从法本身出发研究行政法问题难度大得多，这不知是否是我国行政法学研究中关于法的知识强于关于法作为社会现实的知识的一个主观原因。

第三十五条 行政法作为客观法的知识强于行政法作为历史现象的知识。

第三十六条 客观法是一个法理学名词，不过，在不同的法理学家眼中，客观法的含义是有所不同的。狄骥对客观法作了这样的界定："我们已经确认，在整个社会团体之内，人们势必要服从某种行为规则；我们也确认人们已认识到这些规则可以由集体强制加以合法的制裁。我曾说过，这些规则的总体形成客观法，因此客观法是整个人类社会所固有的；只要人类社会存在，客观法就存在；而且同时，这种客观法和社会内部所发生的分化完全没有关系。即使假定一个社会集团没有任何分化的痕迹，但是也仍会有一种客观法，因为只要有社会团体，法就存在。社会的概念就含有法的概念；我们不可能想象有一种没有法的人类团体，因为如果对这个团体的人们不强加一种法律规则，这个团体就会因此消灭。社会的相互依赖关系主要是一种法律的关系，我所说的客观法的基础是社会的连带关系，仅仅是指这一点，并没有其他的意义。"

第三十七条 依此解释，客观法应当是实在法的代名词或实在法的转换形式。即由一国立法者所制定并能够在一国社会生活中起到调整社会关系的现行法都是实在法或客观法。与法的这种实在性相对应的一个阐释理念就是作为历史现象的法。

第三十八条 法律作为历史现象可以有三层含义：一是任何一国的实在法都与该国的历史有关，或者是较为近期的历史，或者是较为远期的历史。一定的历史因素必然对一国实在法的格局产生影响。二是法具有历史继承性，而这种历史的继承性并不一定单单限定在本国的历史之中。三是现时的实在法必然会对后来的法律起到作用。

第三十九条 与上列有关法的两个方面相适应，法的知识也包括作为客观法的知识和作为历史现象的法的知识。

第四十条 行政法学的研究若从一个侧面分析，则具有行政法作为客观法的知识和行政法作为历史现象的知识两个知识层面。由于法的上列两个属性是不可分割的，因此，关于行政法此二范畴的知识亦应当有一个合理分配。

第四十一条 我国目前行政法学研究中行政法作为实在法的知识强于行政法作为历史现象的知识。一则，我们很少从较为长久的历史视野中审视行政法制度、揭示行政法问题。二则，我们并没有给予行政法历史的继承性以高度关注，所谓的中国特色的行政法问题，就是割断行政法历史的很好的佐证。

第四十二条 行政法学研究中关于行政法作为历史现象知识的浅薄并不是我国所独有的问题，而是全世界普遍存在的一个问题。

第四十三条 行政法思想史的研究、行政法认知史的研究、行政法制度史的研究，尤其上列内容的系统研究几乎是行政法学界的一个空白。

第四十四条 行政法作为规则体系的知识强于行政法作为价值系统的知识。

第四十五条 法作为规则的论点是非常正确的，但这只是对法价值的单向揭示。换句话说只揭示了法属性的一个方面，而且是非本质的一面。

第四十六条 法是一个具有强烈价值判断的事实，一个法律体系实质上是社会公众的一种价值判断。

第四十七条 行政法亦不同程度地具有规则体系和价值系统二重性质，关于行政法作为规则体系的知识就是一个知识范畴，关于行政法作为价值系统的认识则是另一个知识范畴。二者在行政法学研究中的地位是不可以偏废的。如果说，关于行政法作为规则体系的知识是行政法学知识的外在化的话，关于行政法作为价值系统的知识则是行政法学内在化的知识。

第四十八条 依哲学原理中，内因决定外因的道理，有关行政法价值系统知识决定行政法作为规则体系的知识，最主要的是决定行政法规则体系的知识如何影响行政法以及行政法学的格局。

第四十九条 我国行政法学研究中，有关行政法作为规则体系的知识非常明显的强于有关行政法作为价值系统的知识。可以说，我国行政法学既受到大陆法系的影响因而具有大陆法系的痕迹，又受到英美法系的影响因而具有英美法系的烙印。如果社会主义法系的概念存在的话，还具有社会主义法系的色彩。

第五十条 正是这种若干属性的综合作用使我国行政法学在一些根本性的问题上表现得非驴非马。当我们在强调行政法寻求行政主体与行政相对人之间的平衡关系时，我们无法解决作为工具的使用者与工具之间的理性关系；当我们在强调行政法调整行政管理关系时，我们无法寻找到一种解决内部管理关系和外部管理关系的适当手段；当我们强调行政法的控权功能时，我们又不知道设立行政权力的真正目的，即如果设立行政权力的真正目的在于控制它的话，这种权力完全可以成为另一种存在物。

第五十一条 行政法作为本土法度的知识强于行政法作为全球趋同的知识。

第五十二条 行政法作为法律体系中对社会生活覆盖面最广的部门法在本土特性上超过了其他部门法，这是一个不争的事实。

第五十三条 行政法除了本土属性以外，还具有世界化趋势。

第五十四条 行政法的本土化与全球化是两个相互对应着的范畴，即本土化只有在全球化或世界化基础上进行讨论才有意义。反过来说，全球化也只有在本土化的前提下讨论才能确定其内涵。同时，本土化与全球化是一个在变数中存在的事物。一方面，在不同的历史时期，行政法所占有的本土化比重与所占有的全球化比重有所不同，即在一时期全球化的倾向略占上风，而在另一时期则是本土化倾向略占上风。另一方面，将行政法作为一个历史过程来看的话，作为一个发展变化着的事物来看的话，总体趋势是全球化而非本土化。

第五十五条 有关行政法的知识也可以分为行政法作为本土法度的知识与行政法作为全球趋同的知识。前者指有关行政法建立于一国各种客观基础之上，并适应该国所有状况的知识，后者则是指有关行政法受到国际因素制约并趋于向全球一体化方向发展的知识。此处的知识既包括相关的行政法实在，又包括人们对行政法问题的主观认知。我国行政法学研究中此二知识结构的分配存在的问题，是行政法作为本土法度的知识强于行政法作为全球趋同的知识。

第五十六条 行政法作为人文因素的知识强于行政法作为自然因素的知识。

第五十七条 行政法所包含的人文因素是十分明显的。

第五十八条 行政法的人文因素的对应物是行政法的自然因素，所谓自然因素是指制约行政法规范的各种技术要素。

第五十九条 行政法的人文因素和自然因素决定了行政法的知识也必然具有人文知识和自然知识两个方面。

第六十条 我国行政法学研究中的人文知识要强于自然知识。学者以及行政法学界作为一个整体更加偏爱于行政法的人文知识，而淡漠于行政法的自然知识。

第六十一条 行政法学科的发展受制于诸多主客观和内外在因素，如学科所处的经济背景、历史状况、外围环境等。除却上述之外，行政法学研究中知识整合也是一个不可忽视的因素，而且应当说还是一个不可或缺的因素。

第六十二条 行政法学研究中知识整合具有学科助益功能。

第六十三条 所谓的"助益"，大致可以有这么几层理解：一是知识整合对行政法学科的帮助功能，即我们并没有武断地下结论说，行政法学研究中的知识整合对行政法学科的发展将起到决定成败的作用，或者起到了关键性的至关重要的作用，而是说它的良性循环状况有助于人们对不同领域、不同层面甚至不同质的问题的认识，进而推动人们深入了解现象背后的导致现象产生的根本动因。二是知识整合对行政法学科的弱引导功能。必须说明一点，我们所说的"弱引导功能"，并不是说知识整合对行政法学科所起的客观上实际作用的程度弱，而是有可能在现实中表现出来的作用的相对弱。行政法学科的发展既然取决于各种各样的因素，则这些因素中必然存在轻重之分，而且它们对学科的影响也是程度不同的。当然影响的程度之别并不必然来自不以人的意志为转移的客观必然性，相反不同的制度和文化背景往往使这种影响多半出人的主观能动性，相应地也就出现了一些因素对学科的发展可能被赋予了相比之下强制性略强一些的色彩，而有的因素则被赋予了相比之下强制性略弱一些的色彩，行政法学研究中的知识整合如果作为一个影响行政法学科的因素，充其量只能归入后者范畴。三是知识整合对行政法学科的不能取舍功能。我们说知识整合对行政法学科的引导相对较弱，但并非说知识整合在行政法学科发展中可有可无，果真如此的话，这篇文章的研究就失去了意义。相反，知识整合对学科的作用是不能取舍的，不同的行政法学科发展因素会对行政法学科产生或积极或消极的影响，就消极影响而言我们应该尽可能避免或消除之，就是要将造成消极影响的因素排除在外。而对积极影响而言，同样是综合因素作用的结果，每一因素都会作出其他因素不能替代的贡献，说知识整合对行政法学科的不能取舍正是基于此义的。如果缺乏了知识整合，在整个行政法学科的奠定中将出现某一方面的缺憾。

第六十四条 知识整合的学科助益功能具体可表现为下列方面：一是助益于反思行政法学科脉络；二是助益于审视行政法学科偏失；三是助益于挖掘行

政法学科资源；四是助益于塑造行政法学人之学术人格；五是助益于还归行政法学融入主流法学。

第六十五条 我国行政法学经过近些年的发展，已经基本上形成独立的学科，关于行政法学脉络理论界有过种种研究，但很少有学者将它与行政法知识结合起来。

第六十六条 行政法理论研究的不断深入，就是一个行政法知识不断整合的过程，其中不断有行政法知识的借鉴、取舍、转化和创新，从而推动了行政法学科发展。

第六十七条 实际上，我国行政法学科的每一阶段都奠定在行政法知识整合的基础上，比较典型的是20世纪50年代，我国行政法学还既没有形成特定的研究团队，又没有职业化的行政法学家，而是苏联行政法理论和制度直接对我国行政法学产生了影响。以后又整合了英美学者、日本学者、法国学者以及我国港澳台地区学者关于行政法的知识以及国内学者关于行政法的知识，等等。这一现象毫无疑问印证了行政法学研究中知识整合对反思行政法学科脉络的助益功能。

第六十八条 我国行政法学研究中最大的偏失与不足，在于没有以行政法学知识为进路进行探索，思辨性较差。

第六十九条 行政法学科理论根基的薄弱主要来自两个方面的偏向：一是停留在就事论事的层面上，往往对行政法问题的研究多限于事实领域，对行政法范围内的各种已存的客观的规范事实，应用事实和其他已经被国家认可和付诸实践的事实范畴进行论证和证明。对那些形而上学的思考方式和寻求行政法终极原理的做法，以及任何超越或试图超越行政法规范和制度的经验现实而去估计行政法命运的任何企图则较少涉及。当然，我们并不否认当前行政法学研究中也有对行政法问题的理性研究，但整个行政法学科的状况，仍然侧重于实证行政法学。二是停留在现实制度的层面上，而轻视了对历史问题的研究。

第七十条 我国行政法学体系经过数十年的发展已经形成了初步规模，行政法学的研究对象以及学科体系已有了基本的定在。然而，作为完整意义的行政法学体系还缺少诸多构成要素，其中行政法制史和行政法思想史的空缺，就是这种缺失的最为突出的表现。二者是行政法学体系中最为重要的部分，这些部分虽为行政法问题和行政法思想的过去，但它们无论如何也不能从行政法大系统中游离出去。

第七十一条 行政法的历史对于行政法现实问题具有间接或者直接的影响

作用，一方面，一些行政法制度的形成有着历史的延续性，当代的一些行政法制度可能是由近现代行政法发展而来的，有些行政法制度本身就是过去行政法的再现。另一方面，行政法思想的绝对价值是不能否定的，而一些古代或者近现代形成的行政法思想，对于当今的行政法理念仍然具有统摄作用，对于当今行政法制度的形成仍然具有现实指导意义。

第七十二条　目前我国行政法学体系中有关历史部分的缺失，导致我国目前一些行政法制度和理念要么建立在相对虚假的前提上，要么是用外来的行政法理念和价值构建中国的行政法制度，导致我国行政法制度在诸多方面表现得非驴非马，这是我国行政法学界必须引起足够重视的问题。

第七十三条　资源有着物化意义和文化意义上的概念之分，物化意义的资源主要指以自然资源为基础的环境因素和天然物资，以及依附其上的基础设施并从其上产生的其他可资利用的物质。若从马克思主义经济与政治辩证关系入手，行政法学科不可回避物化资源问题，因为行政法学科研究是属政治范畴，而物化资源则是经济范畴的。对此一论点，许多西方学者也是认同的。

第七十四条　行政法学科资源可以分成多个层面，如行政法制度、行政法历史、行政法学科存在的外围环境等，这些资源都是相对意义上的客观资源。对客观资源的挖掘也是促成行政法学科发展的重要因素之一。

第七十五条　相比之下，人们对行政法知识的认识，相对主观的资源更能助益行政法学科的发展。正是基于不同历史时期人们对行政法现象、本质、内容、形式、行政法的地位和作用、行政法产生和发展的规律的认识，推动了行政法学科的不断发展与创新。其实这一认识过程所带来有益性的客观科学性，从许多自然事物、发展规律中都可以印证出来。

第七十六条　我国行政法学科的发展绝对不可能离开对行政法学不同知识的整合，行政法学科的知识资源来源很多，如不同学科的论著像哲学、政治学、法学、社会学；不同的法律典章规则，等等，但这些都需要行政法学者的不断整合，通过整合，还可以进一步挖掘行政法学科资源，从而促进行政法学科发展。

第七十七条　行政法知识的构成少不了设计主体，它是行政法知识形成、完善的有机体，可以是一个完整机构，也可以是由众多的人组成的群体，也可以是单个的人。

第七十八条　行政法学研究中的知识是以研究者为本位的知识，研究者是知识的承载者，也可称为知识本体，分为研究机构和研究人员两个范畴，二者都是行政法学发展不可或缺的要素。它们具有一定程度的相对独立性,如研究机构中的各种物化设施,各种硬件设备的齐全与先进与否,也决定了研究成果的状况,这些都是排除人员因素的,正因为如此,我们将知识本体看成两个方面。但在另一意义上,研究机构和研究人员又可合二为一看待,因为研究机构的主要构成要素还是研究人员,纯粹的办公设备如办公室、电脑、办公桌和各种书籍资料,并不能称其为一个研究机构,相反,具备了一支完整的研究队伍却缺乏一定的物质设备时,我们仍然可称其为研究机构,这里我们只是想说明研究人员作为知识本体的核心地位,如此,研究人员自身素质的高低不仅决定了其本身的发展状况,也决定了研究机构的发展前景。

第七十九条 作为研究人员而言,其自身学术人格的塑造是最重要的。

第八十条 所谓学术人格包含以下三层含义:一是具有独立思考不受外界干扰的超然人格。只有当一个人从不同的角度对他所有的知识进行反复思考,并借助将事实加以比较对照的方法而将他所了解的知识联系起来时,才能真正完全理解它从而发挥知识的作用。否则一个人对他所不了解的知识是绝不可能达到深思熟虑的程度的。而这种独立思考的能力又不是轻而易举能达到的,它需要极强的自律性和抗干扰性。二是具有超阶层、超社群性的非感情色彩人格。学术研究属于纯粹的科学探索,来不得半点主观、虚伪和做作的成分。学人在研究中,应仅受所面对事物本身的内在规定性的制约,如果研究人员带有的非理性的、感情的东西多了,必然不能站在比较公道的立场上来认识一个事物,从而无法深入探究其本质,也就必然缺乏学术人格。学术研究如果植根于某一阶层、某一社群的角度出发,是很难避免带感情色彩的,而从情感和狭隘利益出发的学术不可能是真正的学术。三是具有学究型而非学者型的人格。"学者"这一名词术语,历来被冠以褒义的内涵,在学界的传统观念中学者就如上述所言,是非常超脱的甚或书卷气的。然而近年来的状况,使得我们不得不对学者型学人进行重新审视,他们往往不再像以往那么超脱,而更多地受金钱、地位、荣誉等的左右,这些都是丢掉了行政法学知识。行政法学研究中的知识整合,就有助于塑造行政法学人的学术人格。

第八十一条 行政法学是一个具有科学内涵的范畴概念,对行政法治状态的个别研究,对行政法规则形成的研究等虽为一种推理和思考,但由于其尚未形成一个研究范畴,进而成为一个研究对象,因而还不能被归入行政法学之中。

第八十二条 行政法学科本身的质量,直接决定了其在整个法学学科中所处的地位。

第八十三条 法律有部门法的划分，与之相适应，法学亦有不同门类的划分。法学门类的划分常以法律本身的发展为动因，以社会现实的状况为动因。我国传统的法学门类有法理学、宪法学、刑法学、民法学、国际法学等，近年来又有一些新的学科门类相继出现，如知识产权法学、环境法学、法社会学、法生态学，等等。一国的法学体系正是由这些传统的和新兴的法律学科而构成，但是，各个学科在整个法学体系中的地位是有所不同的，而各法学门类在法学体系中的地位并不是由该部门法在法律体系中的地位决定的。换言之，某一个部门法在一国法律体系中处于较高地位并不意味着研究该部门法的法学也必然在一国法学体系中处于较高的地位。

第八十四条 行政法学的科学性，不足以导致其在我国法学学科中所处的地位较低，通过行政法学研究中的知识整合能促使行政法学人清醒认识到现有研究的偏颇，从而加强某些环节的探讨以提高行政法学科的哲理层面，更好地融入主流法学。

第八十五条 行政法学研究中的知识格局，对行政法学和行政法治具有双重制约作用，可以毫不含糊地讲，知识格局失衡的行政法学，必然是不健康的行政法学、必然是体系存在巨大瑕疵的行政法学。

第八十六条 在知识格局失衡的行政法学的理论引导下，亦必然塑造出存在巨大缺陷的行政法治实践，因为在一般情况下，行政法的实践过程以及行政法对社会行为的规制准则是处在一种理论引申和阐明理由的相互关系之中的。引申和阐明理由的行政法逻辑不同，行政法治的状况就会有所不同。

第八十七条 行政法学研究中知识格局的转化，已成为重构我国行政法学和完善我国行政法治的必由之路。当然，这只是转化行政法知识格局的表层原因，若从哲理层面分析，行政法学研究中知识格局的转化具有以下动因。

第八十八条 第一个原因一是，从行政成文法危机的角度分析，行政成文法主义的危机对行政法学研究中知识格局的转化发起了巨大的冲击。

第八十九条 行政成文法主义起初是一种行政法思想，与刑事法律中的罪刑法定主义类似，指行政系统以及单个行政主体应当根据行政成文法的规定行使行政职权、履行行政管理职能。后来它便由思想形态变为制度形态，凡奉行行政成文法主义的国家，均要求行政主体不许以行政习惯和公理为根据，只能以立法机关的制定法为行使行政权的法定渊源形式。

第九十条 行政成文法主义发生的主要原因"在于18、19世纪之际，认为行政法是防止政府专制，保护人民自由的工具，必须法律有明白确定的规定时，行政机关才可以据以执行，以防止行政机关的专制暴虐，习惯法和条理，都不合于这种要求，故以成文法为唯一的法源。"

第九十一条　行政成文法主义在行政法制度的发展中起过不可低估的作用，这是不争的事实。

第九十二条　纯粹行政成文法主义的理论和实践都存在着巨大的危机，在当今社会条件下，这种危机已经非常明显地暴露出来。

第九十三条　法的渊源是要受法的时代条件制约的，在不同的时代条件下，法的渊源有不同的形式，或者侧重于不同的形式。

第九十四条　在"专制国家"时代，法的主要形式似乎是习惯法，即习惯起着主要的调整社会生活的作用。以政府行使职权为例，所受的制约和所遵循的规则，主要是政府系统长期形成的习惯。

第九十五条　在"民主国家"时代，法的形式则发生了质的变化，主要的规则形式是制定法，就是成文法。制定法的最大优点就在于它能够使行为规则明确清晰，且不可随意解释。这样的规则，对于任何形式的权力专断都具有约束作用。

第九十六条　在"福利国家"时代，法的形式则以社会公理为主。

第九十七条　所谓社会公理，指绝大多数社会成员所认同的公共道理，该公共道理既不是来自制定法的条文判断，也不是来自权力行使的主观意志，而是一种归属于社会主体的自我价值判断。

第九十八条　由"习惯法"到"成文法"，是法律这一社会现象的发展逻辑，行政法当然亦不能离开此法律逻辑而孤立发展。恰恰相反，行政法由习惯法到成文法的特性更加明显一些。

第九十九条　在行政的习惯法阶段，行政权的不确定性和缺乏公定力是基本事实。

第一百条　在民主观念的驱使下，作为行政法的造法机关（不论这种造法机关是立法机关还是行政系统），其所要做的便是剔除法的演进中的疑点和不确定性，为行政机关的职权行使，为行政相对人的权利诉求提供最为清晰的答案。

第一百零一条　从目前行政法的状态和社会的进程看，立法活动已不可逆转地偏离了它原先的功能，此种偏离虽有立法体制等原因，其中最为根本的原因却是法与社会现实的反差。就是说，社会发展的速率要比立法活动对社会事态感应的速率快得多，法律适应不了社会的变奏，如此一来，解决法律与社会发展不和谐的方法之一就是留给行政的非成文法一席之地。

第一百零二条 传统行政法学研究中的方法论和知识体系仅仅停留在行政成文法主义阶段，如果我们作历史发展上的断代的话，便可以说目前行政法学研究中的知识格局已整整落后于一个时代。

第一百零三条 行政法作为一个非常复杂的社会现象，包含着诸多复杂的社会文化因素，该文化因素既有民德、民俗等人文知识，又有科学、技术等自然知识，如果我们要认知行政法规范，就必须首先了解和理解左右行政法的这些人文知识和自然知识。

第一百零四条 行政法学研究中知识格局的第二个原因是，从行政法规范构成的发展分析，行政法规范构成的变化，既可能已经引起了行政法性质的变迁，也可能是行政法性质变迁的一个前兆。

第一百零五条 行政法规范的构成是指行政法所包含的行为规则的单位构成。

第一百零六条 对行政法规范的构成可以有三个分析的路径：第一个路径是将行政法作为一个法律部门来看，其中所包含的总的行为规则的构成元素；第二个路径是一个行政法典或行政文件所包容的基本元素；第三个路径是调整一个社会行为的规则所包含的基本元素。

第一百零七条 行政法规范构成的分析，可以有静态的分析和动态的分析。所谓作静态的分析，是指以某一历史时段为单位考察行政法规范中的构成元素，而动态分析则是将行政法规范放在历史发展的大视野中对规范的元素构成走向进行分析和判断。上列两个范畴三个方面的分析路径是不可分割的，都是我们审视行政法规范构成之发展所必需的。

第一百零八条 行政法规范构成最为实质的分析是对行政法规范构成的宏观分析和动态分析。通过这样的分析，笔者认为，我国行政法规范构成的格局发展十分迅速，构成元素的变化非常明显。

第一百零九条 行政法的构成元素有这样一些新的变化：一是若将社会性规范和技术性规范相对应，技术性规范在行政法中所占的比重便会越来越大。二是若将行政系统控制社会的规范和社会控制行政系统的规范相对应的话，社会控制政府的规范所占的比重也会越来越大，而政府控制社会的规范所占的比重将日趋减少。

第一百一十条 行政法规范构成的这一变化对行政法学研究中的知识格局

同样提出了非常高的要求，它使我们以前仅以政府为行政法本位的知识，仅以公权为主要构成的行政法知识处于非常尴尬的境地，因为这样的知识所构造的行政法必然是突出政府权力的行政法。

第一百一十一条 行政法规范格局的变化，从表面上看，似乎是一个规制技术问题，甚至似乎不足为道。然而，每一次变迁从行政法发展的历史长河看，都应当是行政法发展的标志，是行政法进步的标志。对行政法进步的这种事实或前兆，行政法学研究应当先知，并不应当是待行政法进步的事实发生后学者们再去领会。足见行政法知识格局变化的重要性。

第一百一十二条 行政法学研究中知识格局的第三个原因是，从行政法调控技术变革的角度分析，行政法学研究中知识格局亦应当发生转化。

第一百一十三条 在行政法领域科技革命对行政法规制技术的变革影响更大：一则，行政法的规制领域越来越具有专业色彩。传统行政法的规制领域具有普遍性，即这些规制领域与多数人有关，与多数人的普遍性行为有关。但是，社会过程的日益技术化使传统领域仅仅成了行政法规制的一个非主要方面，而规制的内容具有极强的专业性，它也许和特定的社会成员有关，也许是社会生活的一些特定方面。二则，行政法关系的性状越来越特别。行政法关系主体的类型不断发生变化，不同主体在行政法关系中的地位亦越来越不相同，经济联合体、社会组织等在行政法关系中的相对数量不断增加。而行政法中权利义务则更具新的内涵。

第一百一十四条 行政法规制技术的变革还有诸多非常深刻的方面，规制技术的变革要求行政法关系主体，包括行政主体和行政相对人必须以新的理念对待行政法现象，尤其对行政执法者的创造力留下了余地。

第一百一十五条 富有见识的行政相对人和行政第三人对行政执法人员的保守性以及处理社会剧变时期的许多新的行政法问题时缺乏创造性，已经到了难以认同的程度。受传统执法方式的束缚，行政系统已很难应对技术革新带来的变化。

第一百一十六条 与之相适应，行政法的研究者亦缺乏新的知识结构和创新精神。

第一百一十七条 行政法学研究中知识格局的第四个原因是，从行政法受法外因素制约日益强烈的角度分析，有时甚至是行政法之外因素的决定作用大于行政法规范所提供的框架。

第一百一十八条 政府行政权的框架和运行，除了行政法规则的设计以外，行政法之外的因素对其同样具有决定意义。

第一百一十九条 法律的各种亚文化、国际主义、人本主义等，都将作为法外的因素对行政法有所渗入，行政法学研究者无论如何都不能回避这样的现实，而应当给予高度重视，并从自身开始。

第一百二十条 行政法学研究中的知识整合是对行政法学研究中知识基础的改换和对现有知识资源分配不均的调整。

第一百二十一条 知识整合的主体是行政法学界的整个群体和各研究分子。

第一百二十二条 所谓行政法学研究的整体是行政法学界这一特定的社会阶层，它既不是就某一研究机构而言的，又不是就某一研究人员而言的，研究机构和研究人员只是这一整体的基本单元，它可以说是行政法学研究的宏观方面。

第一百二十三条 所谓行政法学研究的群体是指构成行政法学研究的人群和相关流派，研究机构、研究学派等都是行政法学研究中的群体，它们是行政法学研究中的中观方面。由于行政法学研究中的经济基础和课题分配，群体是行政法学研究中最为重要的主体。

第一百二十四条 所谓研究分子则是指行政法学研究中的最小单位，即无论来自学界或者来自实际部门的研究人员。

第一百二十五条 行政法学研究中的知识整合是对上述三个主体而论的，而不是上列三个主体中的某一方面。换言之，行政法学研究中的知识整合，上列三个主体都扮演着不同的角色，承担着不同的任务。

第一百二十六条 一般而论，行政法学研究中的整体建立在群体与研究分子之上，整体相对抽象一些，但它作为一个文化群，对行政法学的走向和行政法学研究的表现起着十分重要的作用。

第一百二十七条 行政法学研究的机构和学术流派都依托于行政法学整体而存在。行政法学研究中的群体对行政法知识的传播，形成丰富多彩的行政法学派别起着至关重要的作用，此点表明，行政法学研究中的群体是行政法学研究整体存在的前提条件。

第一百二十八条 行政法学研究中的分子则是行政法学知识的物质承担者，是行政法学研究中最具活力的主体。因为，任何群体所最终依靠的是研究中的构成分子。

第一百二十九条 我们从理论上对上列三个主体作出分析和定性是很容易

的，它们虽然对行政法学研究而言是一个具有相同性质的事物，且它们并不因为我们表述的简单化而成为一个意志统一、行为一致的整体。各种各样的利益关系会对上列三方面尤其后两者的行为取向有所制约，各个群体和研究分子所处的外在环境必然左右其行为过程，当然这一问题是一个社会学问题。

第一百三十条　对行政法学研究中的知识进行整合绝非易事，它比构架一个行政法学体系、提出一个行政法论点要难许多倍。

第一百三十一条　从非常直观和较为表层的角度可以提出关于整合行政法学研究中知识的下列路径。

第一百三十二条　重视行政法哲学的研究。

第一百三十三条　行政法哲学是一个具有独特内涵的概念。

第一百三十四条　行政法哲学不能完全等同于法哲学或者法律哲学。法哲学或者法律哲学是有关法的总的哲学范畴，其对法的方法论的解释，既可能以公法为基础，也可能以私法为基础。从一些经典作家的著作中可以看出，对法的哲学分析似乎都离不开私法，而行政法哲学显然不包括对私法现象的哲学解释。另则，行政法哲学亦不能完全从法哲学的基本定在中走出去，而行政法哲学无疑也是探讨正义的学说，这是行政法哲学和法哲学的共通性之所在。

第一百三十五条　行政法哲学不能等同于公法哲学，即对公法的哲学解释不能完全被认为是对行政法的哲学解释。同时，行政法在诸多方面适合于用公法的哲学来认识，如"个人公权之法律上的保护"，既是对公法进行推论所求得的结果；也是行政法从哲学上的推论所求得的结果。

第一百三十六条　行政法哲学不同于权力哲学。行政法是以行政权为核心展开的，无论我们是否承认这点，但任何行政法问题的研究者都不能回避这一点。我们不能因为行政法与权力及其权力关系的密切性就将行政法哲学与权力哲学相混淆。权力哲学的基本原理对于分析行政法有着价值性指导意义。然而，权力哲学毕竟只作为行政法哲学的一个外围要素，因为权力哲学的出发点和结果都不能为行政法的理性认识提供现成的答案。

第一百三十七条　行政法哲学不能等同于行政哲学。行政哲学应当被认为对行政现象的技术属性的方法论分析，而行政法哲学则是对行政现象的人文属性的方法论分析，二者的密切关联性并不能使它们成为一个同质的事物。考夫曼认为法哲学的任务有三项：一是回答什么是正当法的问题，即对法的基本价值作一个评判，指出正当法的基本属性；二是我们如何认识正当法，就是以何种思辨方式揭示正当法；三是如何实现正当法，就是从方法论上揭示正当法实现的路径。若以上列三者为标准判定我国行政法哲学的状况的话，那便可以说我国真正意义的行政法哲学还不曾出现过。

第一百三十八条　我国行政法学研究中知识整合的第一路径便是重视对行政法哲学的研究，包括建构行政法哲学体系的方法、通过谋求行政法认识论的方法，使行政法哲学成为行政法学中的一个具有统摄作用的支流。

第一百三十九条　深化行政法认知过程的研究。

第一百四十条　行政法的认知过程是指人们对行政法现象的认识发展过程，我们通常所称的法律认知史，是人们对法这一社会现象的认识过程。

第一百四十一条　行政法的认知过程通俗一点讲，就是行政法的认知史。

第一百四十二条　法律认知过程与法的状况是一个事物的两个方面。

第一百四十三条　行政法的认识过程可以进行分类研究，如我们可以不带任何价值判断，便从较为中性的角度出发对人们关于行政法的认知进行历史断代和学派归类；我们可以从法系出发，对不同法系的行政法认知过程作出总括；我们可以从一个国度出发，对行政法认知发展过程进行评价，等等。

第一百四十四条　对行政法认知过程的研究不能将侧重点放在纯粹行政法领域的学者中。

第一百四十五条　我们应当首先从哲学家和其他思想家那里寻求行政法的认知以及认知过程。

第一百四十六条　构架行政法制史学科体系。

第一百四十七条　行政法制史是指有关行政法的历史或者作为一个制度范畴的行政法规制史。

第一百四十八条　目前，我国有关行政法史的研究非常分散，基本上没有形成体系，个别论著亦只是对行政法某一历史时期的某一特定问题的专题研究，而谈不上是对行政法史或者行政法治史的系统研究。我国既没有外国行政法史或者行政法治史的教科书，也没有中国行政法史或者行政法治史的教科书，这是这一范畴研究单薄化的例证。

第一百四十九条　近年来，我国学者编著了不少比较行政法的著作。但是，这些比较行政法的著作大多是对行政法的横向研究，而行政法治史则是对行政法的纵向研究。

第一百五十条　此一范畴的研究，也可以有诸多研究进路，可以以中国和外国作为分界，构架一个外国行政法治史学科体系，一个中国行政法治史学科体系；我们可以以各国为单位构架，诸如英国行政法史学科体系、法国行政法史学科体系、美国行政法史学科体系、日本行政法史学科体系，等等；可以以历史发展为线索构架古代行政法史学科体系、近代行政法史学科体系、现代行政法史学科体系；我们可以以法系为线索构架大陆行政法史学科体系、英美行政法史学科体系、中华法系行政法史学科体系，等等；可以以行政法中的各个范畴为线索，构架行政立法史、行政组织法史、行政行为法史、行政救济法史、行政赔偿法史，等等；可以以行政法律的各种制度为线索构架行政程序制度史、行政听证制度史、行政司法审查制度史、行政赔偿制度史，等等。

第一百五十一条 上列非常广泛的研究，也许对我国目前仅有的行政法研究力量而言还有较大难度，而这个难度本身并不能妨碍我们对一些近期制度史的研究。

第一百五十二条 我国当代的一些行政法制度与其有一定的历史继承性。行政法史或者行政法制度史的研究，是整合行政法知识的基础性工作，这些历史知识也是行政法学研究中最为基础的知识，若我们将这一部分知识再有所遗忘的话，我国行政法中各种制度建设便必然是空中楼阁。

第一百五十三条 行政法治史的研究不应当像传统法制史那样，仅研究特定历史时期的规范本身，而应重在对规范与其社会背景之关系的研究。正如萨维尼所言："在人类信史展开的最为远古的时代，可以看出，法律已然秉有自身确定的特性，其为一定民族所特有，如同其语言、行为方式和基本的社会组织体制（constitution）。不仅如此，凡此现象，并非各自孤立存在，它们实际乃为一个独特的民族所特有的根本不可分割的禀赋和取向，而向我们展现出一幅特立独行的景貌。将其联结一体的，乃是排除了一切偶然与任意其所由来的意图的这个民族的共同信念，对其内在必然性的共同意识。"

第一百五十四条 强化部门行政法的研究。

第一百五十五条 部门行政法的概念在我国目前没有形成共识，大体上有以下划分标准：可以以行政法的法典为标准，即将一些重要的行政法文件作为划分部门行政法的依据；可以以行政管理领域为标准，即将我国历史上形成的不同行政管理所适用的法律规范作为部门行政法，不问该法的制定主体如何；可以以规制对象为标准将规制或者主要规制行政相对人的行为规则叫做部门行政法，而将主要规制政府行政系统的叫做行政法总则。如行政组织法、行政程序法等就是行政法总则，而各个行政管理部门适用的对行政相对人进行管理的叫做部门行政法。上列三个划分部门法的标准都既有一定道理，又有一定缺陷，因为它们都将划分标准视为单一标准。

第一百五十六条　从实质上讲，法的部门划分应当采用多元标准。

第一百五十七条　部门行政法确立的标准应当是规制对象、与客体的关系、适法主体、法典类型等标准。在这四个标准中，前两者是实质性要件，后两者是形式性要件，四者不可以截然分开。

第一百五十八条　我国部门行政法是指以行政相对人为主要规制对象，并由特定行政机关适用以相应的法典或法群出现的那些行为规则。

第一百五十九条　我国行政法学研究中较为重视对行政法总则方面（如果这种说法妥当的话）的研究，我们的行政法教材基本上都是对行政法总则的讲授，而真正意义上的部门行政法教科书还不曾有过。

第一百六十条　部门行政法问题研究对规范行政权而言，比行政法总则的研究更加重要。

第一百六十一条　要使我国行政法真正能够起到规制行政权的作用，从行政过程中的具体权利义务进行研究，从行政法关系主体与客体的关系研究是行政法学的必由之路，也只有这样，才能使行政法学研究中的知识有所整合。

第一百六十二条　展开对当代行政法学家的研究。

第一百六十三条　在我国很长一段时间，行政法的制定和实施只是法律实务工作者的事情，而且这些法律人处在相对封闭的状态中。

第一百六十四条　从事行政法教学和研究的人员也基本上与此隔绝，离开了行政法实务。

第一百六十五条　20世纪90年代以后，这种情况发生了巨大变化，那些从事行政法实务的并非立法者、行政执法者和从事行政案件的律师，行政法学研究者已广泛参与到行政立法和行政执法中来，他们对行政法制定和行政法运作的影响已经起到了举足轻重的作用。诸多学者理所当然地向行政执法者、行政规则的制定者提供指导，而且诸多行政法主张被接受。

第一百六十六条　这种变化对行政法学研究者的素质而言显得十分重要，即是说良好的研究者以及优秀的研究成果，会促成行政法治的进步，而不良的研究人员以及不良的行政法主张，亦必然会延缓行政法治的进程。事实上，这两方面的情况，在我国行政法学界已经存在过，必然还将继续存在。正因为如此，对我国行政法学家进行研究便十分必要。

第一百六十七条　行政法学家也是行政法学知识的基本承载者，他们即使不直接影响行政法治，也必然会直接影响行政法学。

第一百六十八条　对行政法学界的法学家这个人群进行理性化的研究，是十分必要的。到 2004 年我国行政法学界的法学家,已经是一个有战斗力的群体,并形成了合理的梯队,老、中、青行政法学家都有着丰富的学术思想,因此,我们应当在行政法学界开辟这样一个领域,这是对行政法学研究中知识整合的一个非常实惠的路径。

(六) 比较行政法学

第一条 我国行政法学近年来有了突飞猛进的发展,其为我国行政法治水平的提高作出了不可取代的贡献。然而,在行政法学体系中,有一个分支难以与其他分支同日而语,其发展水平远远低于其他分支,这就是作为行政法学体系一大块的比较行政法学。

第二条 我国的法律制度、司法实践、行政法治与世界发达国家接轨,其中对我国法治挑战最大的并不一定是国际法、经济法等,而应当说最主要的是行政法。这是因为在某种意义上讲,国际法中的行为规范、经济法中的行为规范都是以行政法为基础的,甚至其实施主体亦大部分是行政主体而不单单是司法主体。

第三条 比较行政法的发展比行政法学其他分支的发展更具现实意义。

第四条 我们所说的比较行政法不是对不同法系、不同国度行政法问题进行比较的微观探讨,而是要从方法论上对我国比较行政法学作一个总的评价,并揭示比较行政法学的基本任务,对比较过程中的方法论问题作初步概括,最后构架我国比较行政法学的基本体系。

第五条 比较行政法学从属于行政法学大系统,是行政法学大系统中的基本构成之一,这本该是没有争议、无须证明的问题。

第六条 我国绝大多数行政法学家在构架行政法学体系时,很少有人将比较行政法学归于其内,有学者这样限定行政法学:"属于法学范畴,是一门关于行政法的科学。它研究行政法的基本原则、行政法的本质内容与形式,研究行政法的制定、执行和遵守,研究行政法的产生与发展以及人们对行政法的观点、学说和理论。总之,行政法学是研究行政法规范的科学。"其将比较行政法学非常清晰地排除在行政法学的范畴之外。有学者构架了行政法学的所有重要内容,但却同样排斥了比较行政法学的内容。此种将比较行政法学从行政法学大系统中排除出去的做法,是阻碍比较行政法学发展的主观原因。

第七条 学者不知道是出于不自信或者是其他方面的原因,在对行政法问题进行比较时，一般都称之为比较行政法，而不称为比较行政法学，如果从这个意义上讲，国内至今还没有一部专门的比较行政法学著作，当然，这也可能是出于学者们的虚心。

第八条 不以比较行政法学的姿态，比较行政法规范，同样是阻碍比较行政法学发展的原因。

第九条 我国比较行政法学存在以下显著问题。

第十条 比较行政法学问题之一是：有材料而少比较。材料可以说是比较的前提条件。以我国比较行政法学中的材料基础而论，并不匮乏，且可以说非常充足。一则，我国学者已经编译了大量的外国行政法典，这些法典是比较行政法学最基础、最重要的材料。二则，我国学者已经翻译了大量的外国行政法学著作，包括教材和著述。上述两个方面的材料都是非常原始的，却是比较行政法学最珍贵的材料。

第十一条 还有一大批经学者们加工后，对某方面问题进行比较的材料。相比之下，最为多见的材料集中在两个方面：一是有关行政程序法的分散性材料；二是有关公务员法的分散性材料。这一部分材料大多是学者们在建立自己所比较的问题系统时对相关的资料进行的堆积，其原始意义已经远不如第一部分材料。诚然，另有大量资料是必须的，然而单就材料堆积起来的比较方法，却难以成为比较行政法学的组成部分。

第十二条 比较行政法学的精髓集中在"比较"二字上，即必须对各种材料进行认真的对比、反衬、评价等，而不是简单地将各国行政法学的材料排列起来。若是简单地对材料进行排列，与其将它称为比较行政法学，还不如称为排列行政法学。

第十三条 在翻阅了国内大量所谓比较行政法学的著述后，不难得出我国的比较行政法学大多是排列行政法学，如有的按次序排列了数十国行政法，有的按法系排列了十国以上的行政程序法，有的则将资本主义国家的公务员法律规范予以排列。

第十四条 排列也可算作一种研究的方法论，而将其与比较行政法学相提并论，则会大大贬低比较行政法学的价值，比较从层次上讲，毫无疑问是高于排列的，因为比较过程中加进了大量的逻辑推理，而排列过程则是极其简单的脑力劳动过程。比较的最后结果必须具有两个方面的特性，即新知识的推出，求因索果成就的取得，就是通过比较可以对行政法问题中的因果关系作出肯定的或否定的回答，此种关于因果关系的结论，是比较行政法学所有后续问题的起点。

第十五条 比较行政法学问题之二是：有著述而无体系。

第十六条 对行政法问题进行比较的著述在我国并不少见，这些著述可以分为四类，第一类是对行政法基本问题进行比较的著述，是把行政法作为一个学科看待，并集中介绍相关国家的行政法基本内容和制度。第二类是对行政法某一领域的问题进行比较的著述，此一类型与第一种类型相比可比较的问题较为具体，所涉及的行政法制度和行政法典是某一方面的。在著述过程中又有两种不同的模式：一种模式是根据行政法制度中的基本构成排列各国相关的规定。另一种模式是根据各国行政法规范的内容分别介绍，在介绍过程中，或多或少加进一些零散的评论。第三类是在一部非比较性的行政法著作中，为了说明某个问题而对相关国家的相应制度进行介绍。此种情形比较零散，但它却是比较行政法学中素材最多、涉及面最广的部分。第四类是在对各国其他法律制度进行比较时涉及了行政法学的内容，并进而对该内容进行比较并著述。上述四类著述毫不客气地讲，仅仅能够归于著述的范围，也仅仅是一种著述。

第十七条 我们是将著述和建立比较行政法学的体系相对应而言的，对任何一个行政法问题、对任何一国的相关问题进行著述，并不意味着建立了相应的体系。恰恰相反，著述侧重于对相关国家行政法学的介绍和作一般评价，而远远没有达到建立体系的水平。有些是直截了当地按照不同的行政法问题和不同国家的行政法制度，建立自己的著述体系并安排结构。有些学者则试图构架一个体系，然而最终无一不陷于著述之中。

第十八条 作为比较行政法学的体系，必须和两个方面的问题划清界限：一是必须和行政法体系的基本构成划清界限；二是必须和国外的行政法制度以及制度介绍的体系划清界限。

第十九条 比较行政法学问题之三是：有个别而乏宏观。

第二十条 对行政法中个别问题进行比较，几乎成为我国比较行政法学的主流，主要表现为下列诸种情况：行政法典化个别比较，即列举各国有关行政法的法律规范，或者将法律规范排列起来，或者在对法律规范排列后作出一些评价。应当说明的是，有些著作在编列过程中，对外国的一些重要行政法典人为地进行了处理，使这种排列更显得残缺不全；行政法问题化个别比较，就是对行政法学的有关重要问题进行比较；行政法制度化个别比较，此种比较的侧重点，主要在某一个行政法制度方面。这些个别比较，对比较行政法学而言是需要的，但这些个别比较，还不足以使比较行政法学成为一个法律体系。也就是说，还必须有宏观比较，或者还必须有比较行政法学的宏观结构。

第二十一条 比较行政法学的问题之一是：有评说而欠方法论。

第二十二条 在我国比较行政法学中，可以说唯一的亮点出现在对不同国度、不同时期、不同类型行政法问题的评说中。一些学者在比较了行政法某个问题之后，列举了某部行政法典之后，进而对这些问题和法典进行了评说。这种评说可以说是我国比较行政法学的最可取之处，也是我国比较行政法学的最大成就。其中一些评说对我国行政法治有重要的指导意义，有些评说则澄清了行政法中的某个重大问题，有的评价则给一些引人注目的行政法典定了位，上述所列举的若干评说都是非常精辟的。

第二十三条 评说只能是就事论事而已，而难以有理想的方法论予以支撑。甚至可以说，我国比较行政法学中的评说湮没了有效的方法论，而方法论在比较行政法学中无论如何也是缺少不得的。

第二十四条 缺少方法论，使我国比较行政法学的精辟评说，仅在所评说的问题中有意义，而没有或者不可能将这种意义延续至比较行政法学的总体系中。

第二十五条 上列诸方面，是对我国目前比较行政法学一个非常概括的评价，应当说明的是，这种评价不具有绝对性，任何一个命题都是在相对意义上使用的，即是说所提出的少比较、无体系、乏宏观、欠方法论只是从总体情况出发的，并不是说上述若干方面是绝对空缺的，望读者们在阅读时能正确领会。

第二十六条 比较行政法学在我国处于一种迷惘、朦胧，甚或不知所措的状态之中，造成这种状态的根本原因之一，在于学者对比较行政法学应当承担和所要承担的任务有所不明。

第二十七条 在我们需要澄清的所有比较行政法学的问题中，比较行政法学的任务当推首位。

第二十八条 目前所有比较行政法学的教科书和专著，没有一个提到比较行政法学的任务问题，甚至连比较行政法学的作用、对象等也没有提到，无论是自认为宏观比较的著述也好，还是自认为微观比较的著作也罢。有的第一章就排列一个国家的行政法问题，如全书有二十章就排列 20 个国家的行政法资料，有的开始就对所比较的内容下定义。这种不澄清比较行政法学任务、功能、对象的所谓比较行政法学，必然陷于迷惘。

第二十九条 遗憾的是，与比较行政法学相关的比较法学、比较宪法学著述中也没有讲到任务问题。

第三十条 幸运的是，一些比较法教科书揭示了比较法的功能。但是一方面关于功能的表述都不完全一致，另一方面，功能和任务并不是同一意义的东西，最多只能说二者具有一定的联系。

第三十一条 若从深层次观察比较行政法学有下列任务。

第三十二条 比较行政法学的任务之一是：寻求行政法价值上的共性。

第三十三条 行政法的概念和行政法治的价值体系在各国表现出了极大的差异，学者们在对行政法进行比较研究时也都热衷于探讨这种差异性，如首先区分资本主义的行政法和社会主义的行政法，而且对两种不同类型的行政法的价值观也各有表述。其次，区分不同法系的行政法，一般分为英美法系的行政法和大陆法系的行政法。再次，区分不同国度行政法的基本内涵。

第三十四条 作为比较行政法学来讲，区分不同国度的行政法并对各种不同类型的行政法价值作出判断是应当的，但这不能成为比较行政法学的任务，最多不过是比较行政法学在完成其根本任务过程中的一个准备工作而已。

第三十五条 价值上的相异性，常常是不需要进行比较的，因为各国行政法由于受人文环境，政治制度，法律体系，价值观念等的影响其具有不同的价值是必然的，而且这些不同的价值，是明明白白地写在宪法和其他行政法文件之中的，不需要研究者进行比较，人们也是非常熟悉的。

第三十六条 比较行政法学的第一任务，就在于寻求行政法价值上的共性，即从复杂的、多元的行政法价值中探讨成为共性的那些东西，对于一国的行政法治而论，正是这些价值上的共性东西具有意义，而不是相异的价值具有意义。

第三十七条 这些共性的东西可以粗略地概括为许多方面，如行政法是调解和缓和冲突之法，行政法是解决行政权公民权关系之法，行政法是以立法权对行政权进行有效制约之法，行政法的体系是一种多元的层次结构，等等。

第三十八条 行政法价值上共性的东西的研究，可以说到目前为止还处在起步阶段，还需要学者们百倍努力。此一任务对比较行政法学提出了非常高的要求，排列式的比较行政法学，评说式的比较行政法学当然完成不了这一任务。

第三十九条 比较行政法学任务之二是：寻求行政法规范构成上的可贯通性。

第四十条 关于行政法的法律规范，有三个重要的理论和实践问题应当引

行政法时代精神之解构：后现代行政法理论的条文化表达

起重视：之一是行政法规范的总体构成问题，即什么样的法律规范归于行政法规范的体系之下，（该问题也许与行政法的概念，本质，价值等有关）从目前我们能够看到的行政法典编纂看，其内容的差别如此之大，以致有多少版本就有多少不同的行政法典体系，如《美国法典（宪法行政法卷）》所汇编的行政法规范主要有"行政机关总则""文职人员的职责和责任""雇员""外籍人和国籍""人口普查"等。而《世界各国法典选编（行政法卷）》所编纂的法典与美国行政法典汇编内容差别很大，如其中包括了下列几个比较特殊的法典：《丹麦新闻法》《法国出版自由法》《美国私人秘密法》《苏维埃社会主义共和国联邦国民仲裁法》《日本政治资金调整法》等，这些规范也许在美国人眼里看来不是行政法规范的内容。《外国法规与案例评述》所编纂的法典则是另一种状态，如1676年《英国人身保护法》、1971年《英国行政裁判所与调查法》、1948年《美国联邦司法审查法》、1978年《美国政府行为道德法》、1982年《韩国行政监督法》、1948年《日本行政执行法》，等等，其与上述两者又存在较大的差别。《中华人民共和国现行法律法规及司法解释大全》中的"行政法编"，则按下列次序排列了主要的行政法规范："内务，行政，司法""监察人事""民政""宗教""档案保密""教育""科学技术""文化、体育""医药卫生""工商行政管理""国有资产""物价""交通通讯""海关""电力、机电""质量、计量标准"。而这些内容与国外所编的行政法典的内容有天壤之别。总之，行政法规范大系统中何者应包括在内，本身就是一个需要通过比较求证解决的问题。之二是行政法的法典问题，行政法能否制定出一部像刑法、民法那样完整法典的东西，一直是学者们关注的。尽管行政法有法典化的强烈要求，有法典化的趋势，但就目前行政法的体系构成和行政法的发展状况看，行政法的法典化在近期之内是难以实现的，然而，行政法规范的日益完善则是铁的事实。之三是一个单一的行政法规范应由那些内容构成，笔者有意识地翻阅了其他部门法，发现在其他部门法律同一类型的法典在不同国家表现出了极大的相似性。而在行政法的单行法典中，同一名称的法典，在内容上的差异却非常惊人，如1946年《美国联邦行政程序法》与1993年《日本行政程序法》其内容差别之大，使你甚至无法确定什么叫做行政程序，什么叫做行政程序法。行政法规范上述三个方面的问题，既是具有强烈理论意义的问题，又是行政法治的实践问题。对于一国行政法学理论和行政法治实践讲，上列问题必须解决。

第四十一条 理论上的解决当然是重要的，而关键的问题在于，不同国度之间法律规范有无可以相互贯通的地方。

第四十二条 强调中国特色，是中国学者和中国法律工作者最乐意提到的，然而，比较行政法学的任务，不在于对各不同国家的行政法规范确定特色，更不在于通过比较肯定中国特色。若将任务限于确定和观察特色，这种比较就仅仅只有非常虚假的理论意义，而没有实实在在的现实指导意义。

第四十三条 可以毫不犹豫地讲，比较行政法学对于行政法规范的完善而言，其意义就在于探索各国行政法规范之间的可贯通性：一是规范体系上的可贯通性，即行政法规范在总体构架上各国之间的贯通关系；二是某一单一法律规范中内容上的可贯通性，只有在对行政法规范可贯通性进行深入的比较研究以后，才能使行政法承担国际化职能。

第四十五条 比较行政法学的任务之三是：寻求行政法调整手段上的相异性。

第四十六条 比较行政法学的第一任务，是探索行政法在价值上的共性，也就是说，共性在价值方面具有非常重要的意义。但千万不能因此得出结论认为，比较行政法的任务就在于探索共性。比较行政法是以多样性，多元性为基本特征，是建立在多样性和多元性的基础之上的，如果离开了这两个属性，比较行政法就会失去其存在的基础，也会失去其意义。

第四十七条 相异性的探讨，是比较行政法责无旁贷的责任。但是，无论如何，比较行政法学中相异性的探讨，最重要的意义体现在行政法的调整手段上。

第四十八条 如果把行政法作为一个事物来看的话，既具有质的规定性，又有一定的不确定成分，其质的规定性，就是价值上的共性，其不确定性，就是调整手段上的异质性。

第四十九条 手段是一种方法，是行政法实现其功能过程中采用的具体的行为模式。而作为方法而言，是没有优劣之分的。

第五十条 在比较行政法学中，有一种趋向在调控手段的比较上常常加进了一些价值判断，人为地贴上某种标签。行政法在调整方式上的丰富多彩，也是一国的比较行政法学通过比较应予以领会的。

第五十一条 以几个行政法治比较发达的国家之行政法而论，在调控的手段上各有特色，如法国行政法中有关行政组织的内容非常具有特色，而英国行政法中有特色的是其司法审查制度，日本行政法中有特色的则是其行政作用问题。

第五十二条 各国有特色的内容在他国也可能有一些，但其完整程度则远不如它。甚至在同一个制度中，各国也往往利用不同的手段进行调控。

第五十三条 各国行政法中调整手段的差异，是我国比较行政法学必须予以进一步研究的。

第五十四条 由于手段或者方法是中性的，其中许多地方可以互相借鉴，甚至拿来直接为我所用。通过这种借用对我国行政法治有百利而无一害。

第五十五条 寻求行政法调整手段上的差异性，是比较行政法学最为实惠的任务。

第五十六条 比较行政法学的任务之四是：寻求行政法历史发展的连续性。

第五十七条 比较行政法的比较范畴有下列情形：一是横向比较，即在一个平面上，对不同国家，不同地区，一个国家的不同地方的行政法进行比较研究，横向比较在比较行政法学中占有非常重要的地位，目前我国比较行政法学的范畴也大多在于此，尤其侧重对不同国家行政法问题的比较，甚至有些人把比较行政法学仅限于国与国之间的比较之中，国内出版的比较行政法著作都是以国与国之间的比较为对象的。区域之间的比较，近年来也有所发展，如对我国大陆和台湾地区行政法问题的比较，对内地和港澳地区行政法的比较等。二是纵向比较，即以时间而不是以区域为比较的参照系，遗憾的是这一比较在我国似乎没有将其归于比较行政法学的范畴，但这一方面的比较研究成果应当说还是很具规模的。三是横向与纵向的交织比较，即在以区域为比较的基础上划出不同区域行政法所处的历史阶段，或者在纵向比较时，确定某一特定类型的行政法所归入的法律类型。在上述三种比较中，其中后两种极其有利于探索行政法历史发展的连续性。

第五十八条 比较行政法学把寻求行政法历史发展的连续性作为任务是非常关键的。因为这样可以澄清下列问题，即行政法是静止的还是发展的问题，就是说，一国行政法制度是在静止的基础上建立起来并长期保持这种状态呢，还是在先前历史的基础上形成的并进一步发展的问题。如果不以寻求历史发展的连续性为任务就必然陷于前者的泥潭中，反之，则会得出后者的结论。而后一种结论对于完善一国的行政法治是必须的；行政法有无最高阶段的问题。若从历史联系的角度观察行政法，我们将会发现行政法是没有最高和最后阶段的，任何被称为先进的行政法都是相对先进而已，而绝对的先进是不存在的；我国行政法对国外发达国家行政法的态度问题。如果探讨行政法的历史连续性并认为行政法有继承性，我们大胆吸收和借鉴先进国家的行政法制度就是无可非议的。事实上，一些国家在行政法治方面有诸多非常先进的东西，由于人为地割断历史联系，或者由于抱有某种价值观念，使我们常常对这些先进的东西望而却步。

第五十九条 我们不能因此就忽视方法论在比较行政法学中的地位。

第六十条 在比较行政法学中，方法论的地位比在行政法学的总学科中，比在其他比较法学中显得都更重要，这主要是由于比较行政法学的复杂性和其起步较晚决定的。

第六十一条 我们在研究比较行政法学的方法论时必须对比较法学的一般方法论有一个认识，倪正茂所著的《法哲学经纬》，早对比较法学作了如下分类：一是纵向比较和横向比较；二是宏观比较和微观比较；三是双边比较和多边比较；四是议事比较和理论比较；五是结构比较和反衬比较；六是国际比较、国内比较和国际与国内比较；七是法律背景比较和法律制度比较；八是立法比较、司法比较和守法比较；九是法律价值比较、法律方法比较和法律意识比较；十是同质比较和异质比较；十一是职能比较和目的比较。这种分类是比较全面的，对我们探讨比较行政法学的方法论有参考意义。

第六十二条 作为比较行政法学而言，是比较法学的组成部分，在一些方面要受制于比较法学总体系。同时，比较行政法学还必须有区别于比较法学大系统和行政法学大系统的独立特征

第六十三条 笔者认为，比较行政法学的方法论可以包括下列主要方面。

第六十四条 比较行政法学方法论之一是：分裂比较法。

第六十五条 所谓分裂比较法，是指在对行政法问题进行比较研究时尽可能对行政法中的制度部分和方法部分，以及控制手段部分进行分解、割裂，甚至不要寻找所割裂的各因素之间的关系。

第六十六条 分裂研究的实质在于使行政法律的具体问题多样化、多元化、多极化。

第六十七条 目前，行政法学由于受法律类型思想的影响，使行政法的制度单一化，由于受大陆法系、英美法系思想的影响，使行政法律的一些调控手段单一化，由于受国度界限的影响和区域界限的影响，使行政法的具体行为规则单一化。

第六十八条 分裂比较法有着非常深刻的哲学基础，当代哲学就有一个重要特征，即哲学的分化过程，这个过程一方面表现为哲学在职能上的分化；另一方面表现为不同流派的哲学之间相互疏远，越来越失去思想联系。这种分化

有时甚至会达到非常严重的程度，不仅一个哲学家无法理解另一个哲学家的陈述和论证，而且他对另一个哲学家所从事的是一种什么性质的工作也感到迷惑不解。这说明，思辨领域的多样化已成为一个不可逆转的趋势。

第六十九条　对此趋势从事比较行政法学研究的人应当给予高度关注，因为仅就行政法学的研究来讲无疑是思辨活动。

第七十条　应当说明的是：分裂比较法仅仅是一种方法，而不是一个价值目标，其在研究过程中是非常有意义的，但不能将分裂作为比较行政法学中的一个价值判断。

第七十一条　在分裂比较法之下有各种各样的手段，如可以采用培根的归纳方法，可以采用分类的方法，等等。

第七十二条　比较分裂法适合于对行政法具体规则、调控手段、阶级制度等方面的研究，而不大适合于对行政法价值的研究。如果在价值研究中采用分裂比较法则很可能使行政法学变得捉摸不定。

第七十三条　比较行政法学方法论之二是：趋同比较法。

第七十四条　趋同比较法与分裂比较法有一定的对应关系，它是指在比较行政法学的研究中运用求同存异的方法，判断各种不同国度，不同类型，甚至不同范围的行政法现象中的因果关系和其他相互联系，并因此对行政法价值的同一性作出判断。

第七十五条　在比较行政法学中趋同比较法当然有着自己相对独立的内涵：一则，确定行政法之间的继承性，尤其对继承过程的操作部分作出解释。行政法规范是由有关的机关制定的，而在制定某一法律规则之前，必然存在相类似的规则，这种相类似的规则，是基于什么理由和以什么方式反映在新的法律规范中的，这些都是可以通过趋同法得到解决的。二则，确定行政法现象之间的因果关系，这要求在比较过程中不但要比较法律从前的内容，还要比较行政法规范的社会背景。应当说明，行政法现象中的因果关系与哲学意义的因果关系是不完全相同的。如果说哲学意义上的因果现象是必然的话，行政法现象中的因果关系则是应然的。三则，确定行政法问题之间的相关性，即揭示行政法律同类问题的相关关系，可以说此一方面在我国比较行政法学研究中运用得最为多见。四则，对行政法的价值得出趋同因素的判断，这也是趋同比较法中最主要的。行政法现象无论如何丰富多彩，无论存在何种类型，无论归属于哪一个法系，其共同的东西，质的规定性的东西是必然存在的。否则，人们无法对行政法问题进行研究，国与国之间则无法进行行政法的交流。然而，行政法中这种共性的东西至今却难以完全达成共识。正是由于这一点，趋同比较法则无论如何也不会过时，而且在很多方面需要进一步强化。

第七十六条　比较行政法学方法论之三是：反衬比较法。

第七十七条　反衬比较法指对两种对立的法律体系以及行政法中两种反衬较大的制度或规范所作的比较，并通过反衬烘托一个行政法问题中两种对立因素各自的价值。

第七十八条　反衬比较法在比较行政法学中的运用可体现在三个方面：对立类型的行政法比较，即依法的类型标准对两个不同类型的行政法进行的比较；对立法系的行政法比较，指对不同法系的行政法从宏观上进行的比较；行政法中对立问题的比较，指对一些个别的问题由于不同国家可能采取不同的立法选择而将其予以比较。

第七十九条　反衬比较法的关键之处在于反衬，即寻找行政法律对立的因素，而不在于对所寻求的对立因素立即作出优与劣的判断。

第八十条　比较行政法学方法论之四是：主次比较法。

第八十一条　主次比较法是另一个比较重要的比较行政法学的方法，该方法指在比较过程中需要确定可比物之间的主次关系，当然这一方法不是在所有比较过程中都有同样重要的意义。

第八十二条　在一个可比问题已经发展到较高阶段后，就应当确定所比较问题的主次关系，至于在比较初期，由于资料占有等方面的障碍，该方法则不大适合。

第八十三条　从这个意义上讲，主次比较法是一种较高层次的比较法。在我国比较行政法学中，可以说行政程序的比较研究已经进入了一个较高阶段，因此，应当在行政程序的比较过程中采用主次比较法。

第八十四条　遗憾的是，目前我国行政程序比较研究中很少有人采用这样的方法。

第八十五条　在澄清某个疑难问题时需要确定问题，并因此形成了问题与可比物之间的主次关系。如我们要探讨行政法的理论基础这一较难问题，就必须首先确定行政法的内在价值这一主题，并根据这一主题搜索有关理论基础的描述。我国行政法学界关于行政法理论基础的争论已有数年，各派学者各执一词，谁都难以说服谁，其根本原因在于关于理论基础的争论没有主题或主题不统一，有的把现实基础视为理论基础，有的把功能视为理论基础，有的把行政法发生作用的状态视为理论基础。可见，确定主次对于疑难问题解决的重要性。

  第八十六条 在一国急需制定某一行政法规范或设立某一行政法制度时，必须首先把该国所需建立的制度和所要制定的行政法规范确定为主题，再对不同国家或不同地区的相同法律规范和相同法律制度进行比较，即需要建立的制度是主，而拿来进行比较的东西是次。

  第八十七条 比较行政法学方法论之五是：价值导向比较法。

  第八十八条 价值导向比较方法必须重点提到，因为对于比较行政法学而言，这一方法显得十分重要。一方面是由于行政法的价值观念在世界范围内的极大差异决定的，另一方面是由于我国行政法尚处于发展和正在建立概念系统这一起步阶段决定的。

  第八十九条 我国比较行政法学必须尽快运用价值导向的方法解决一系列的重大问题。

  第九十条 我国行政法中存在本末倒置现象，如行政组织规则与行政编制规则相比，编制规则似乎更重要，但我国只注重组织规则而忽视编制规则。在行政机构体系规则与行为规则之间，似乎行政机构组织规则更重要，但我国更多地关注行为规则。普通监督规则与行政救济规则之间，监督规则更重要，而我国则重视救济规则，等等。这些问题都需要通过以价值导向的方法进行比较研究，行政法概念系统的建立需要以价值导向比较法完成。我国行政法的概念系统存在很大问题，在诸多概念的运用上不大统一，而且没有对相关概念作出非常明确的界定，如行政机关与行政主体、公务员与行政人、公民与行政相对人等。它们都是什么关系，前者能否在行政法规范中运用，都需要通过以确定价值的方法予以解决。

  第九十一条 必须明确，方法论本身不是静止的，即随着社会的发展变化，随着行政法现象的发展变化，研究方法也会有新的变化，就是说研究方法具有很强的时间感，研究方法是相互联系的，此一方法与彼一方法常常交织在一起，不可以人为地割裂开来。

  第九十二条 要给比较行政法学一个满意的体系构架，必须对比较法学的体系作个简单的介绍。笔者认真阅读了六部重要的比较行政法学著作，发现其在比较法体系的构架上大同小异，该体系构架是以法律的地缘和国家形态为基点的，而此种构架方式早已不是太新鲜的东西。德国法学家茨威格特的《比较法总论》则构架了这样的体系："罗马法系""英美法系""德意志法系""北欧法系""社会主义法系""其他法系"，该构架尽管加进了法律规范的特征等特点，但从总体上讲，仍然是以地缘为基点，在考虑历史因素时也以地缘为基础。吴大英的《比较法学》则构架了"大陆法系""美国法系""伊斯兰法系"等，也没有超出地缘构架的圈子。日本早稻田大学比较法研究所的大木雅夫的构架具有一定的创新性，其将比较法的体系分成三大块即"法圈论""法典论"和"法学家论"。这样的构架，超越了前面几种构架方式，其不再简单地以地缘和时间联系为基点构架比较法的体系，而以法圈、法典和法学家这样较为微观的东西进行构架，是值得比较行政法学的体系构架借鉴的。另外，倪正茂的《法哲学经纬》从经和纬两个方面介绍法律哲学的构架方式也有一定道理。总之，上述关于比较法的体系构架，都具有一定的片面性或不完整性。

第九十三条 我国比较行政法学也许是受了比较行政法体系构架的影响，也常常以法系、法律类型、地缘、历史、法典等为基础进行构架。这样实际上所构架的比较行政法学体系，只能算是比较行政法学一个非常小非常小的分支，若将其称为比较行政法则显然不妥。

第九十四条 我们认为比较行政法学的体系应包括下列构成要素。

第九十五条 比较行政法学体系构成要素之一：比较行政法的普遍比较研究。这是比较行政法学最基本的体系构成。

第九十六条 我国到目前为止还没有能够称得上是普遍比较的比较行政法体系，只有一些零碎的普遍比较的问题。该体系的范围主要包括对行政法定义的比较，包括对行政法理论基础的比较，包括对行政法价值的比较，包括对行政法模式的比较。

第九十七条 普遍比较研究从研究主题来讲是有关行政法的根本理念，从比较范围来讲是多元交叉型，绝对不能局限于国与国之间的比较中。

第九十八条 在我国普遍比较研究的概念并不明确，该研究的体系构架并没有引起学者们的关注，因而普遍比较研究还是不成系统的研究。但这一框架必须构架起来，因为它是比较行政法学体系的支柱性构架。

第九十九条 比较行政法学体系构成要素之二：比较行政法的体系比较研究。这是以行政法体系为对象的比较研究构架，显然，该构架以地缘和行政法的法典为基础，并设计一个比较行政法学的体系。

第一百条 在我国目前有两种设计模式：一个是《比较行政法》中的设计模式，该模式由于侧重于行政法学体系的一般问题，因而比较行政法学的特点不浓，但无论如何作为一种模式，它可以为我们提供新的构架思路。该模式的基本设计是"行政法基本原理比较"，其中比较了行政法的概念、行政法的产生背景与过程、行政法的渊源、行政法的理论基础、行政法律关系等；"行政组织制度比较"包括行政组织和行政组织法基本问题、中央政府行政组织、地方政府行政组织、中央与地方行政组织的关系、国家公务员制度等；"行政权运用制度的比较"包括行政立法、行政指导、行政合同、行政许可、行政处罚等的比较研究；"行政程序法比较"包括行政程序法的概念与历史发展，行政程序法的理论基础、行政程序法的基本功能等的比较；"行政法制监督制度的比较"包括行政机关的内部监督、立法机关的监督、司法机关的监督、社会监督等比较；"行政救济制度比较"包括行政复议制度、行政诉讼制度、行政赔偿制度等比较。这一体系构架的因素，是借鉴了行政法基本原理的体系，而没有使比较行政法学成为一个自己独立的体系，这说明，体系比较研究在我国同样是很落后的。另一个是《比较行政法学——二十国行政法评述》中的模式设计。该模式对比较行政法的体系比较研究，是以各国的行政法典和行政法制度为基础的，如该书构架了以中国为首的20国的行政法规范和行政法制度。另外，比较法理论中以法系建立比较法体系的研究对象值得在比较行政法中推广，我国除个别教材对不同法系的行政法作了比较研究外，再没有发现相关行政法法系的比较研究。体系比较研究应当说有非常好的发展前景，因为我国学者对外国行政法的介绍性著作已经比较多了，只是这些介绍由于仅限于某一个国家，因此尚不能归入比较行政法的体系范畴之中。

第一百零一条 一些学者也翻译了大量的外国行政法著述，但其仍然没有比较。但是，这些有体系的外国行政法的内容对我们进行行政法体系的比较研究非常重要，起码我们不再为缺少有关体系的资料而发愁。所要做的是将这些各自的体系变成体系性的比较行政法学。

第一百零二条 比较行政法学体系构成要素之三：比较行政法学的规则比较研究。规则比较研究在比较行政法学的体系构架中是不可缺少的，甚至可以说它是比较行政法体系中最具有实质定义的比较。其对象是对不同国家、不同时期、不同内容的行政法规则。

第一百零三条 在规则比较的范畴中不要人为去筑构体系，因为规则比较只是比较行政法学体系中的一个分支，事实上对规则建立体系是永远也不可能做到的。

第一百零四条 比较行政法学体系构成要素之四：比较行政法学的个别比较研究。个别比较研究与规则比较研究似乎是同一范畴的东西，其实二者是有所区别的，个别比较研究的对象是行政法中的个别问题，而这些个别问题既可能是规则也可能不是规则，可能是规则以外的其他行政法问题。

第一百零五条 在我国的行政法学研究中，个别比较非常多见，只是比较行政法学研究者忽视了此方面的问题。国内绝大多数行政法学教材和专著，几乎无一例外地包含着对行政法问题的个别比较研究，而且此类研究在诸多方面对我国行政法学和行政法治贡献甚大。

第一百零六条 遗憾的是个别比较研究在一些人眼里视而不见，尤其一些构架比较行政法学体系的学者常常将此排除于比较行政法的范围之外。作为比较行政法学者而言应当尽早清理此类研究，使其迅速回归于比较行政法学的大系统之中。

第一百零七条 比较行政法学体系构成要素之五：比较行政法学的案例比较研究。案例或者案件在部门法中的地位是无须证明的。若果，一个部门法或部门法学没有案例的支持，便是非常抽象和空虚的。

第一百零八条 我国学者近年来已经比较重视对案例进行编纂和评说，全国已公开出版了数本行政法案例教材，其中的一些案例很具代表性和典型性，一些学者对案件的评说也有理论价值。外国的行政法案例也引起了我国学者们的重视。

第一百零九条 我国的行政案件已经有了丰富的素材，外国的行政案例也并不缺，而所要做的就是对同类案件进行比较研究。这一比较范畴的开发程度，对我国行政法规范的制定和行政法治水平的提高有决定性意义。

第一百一十条 比较行政法学体系构成要素之六：比较行政法学的区际比较研究。此处所讲的区际比较研究不是国与国之间的比较研究，而是指一国不同地区之间行政法问题的比较研究。例如在联邦制国家不同州之间行政法问题的比较研究。我国的区际比较，包括内地与香港特别行政区行政法之间的比较研究，应当说内地与香港行政法之间的比较并不尽如人意，尚无一部此种类型的专著，甚至论文也很少见。二是内地与澳门特别行政区行政法之间的比较，虽然此一比较引起了学者们的广泛兴趣，但该比较仍然处在发展阶段。香港与澳门的先后回归，既为此二比较提供了良好机遇，又向行政法学研究人员提出了新的任务。三是我国大陆与台湾地区行政法之间的比较。这一范畴的比较，近年来得到了迅速发展，取得了一系列成果。几乎对行政法中的所有重要问题学者们都进行过比较，海峡两岸的比较研究对提高大陆的行政法治水平有较为独特的意义。四是内地地方行政法治与经济特区行政法治的比较，特区行政法治有着区别于其他地区的特征，这些无疑是区域行政法比较的又一重要范畴。

五是我国东部地区行政法与西部地区行政法的比较。自从西部大开发的战略决策作出后,法学研究人员就呼吁西部开发法律必须先行,东部的行政法状况和西部的行政法状况进行比较,无疑对西部大开发的法治水平有重要意义。

第一百一十一条 比较行政法学体系构成要素之七是:比较行政法学的时段比较研究。时段比较研究是以行政法的时间段为对象的研究构架。应当说明,在比较法学和比较行政法学中以时间为对象的研究并不在少数。

第一百一十二条 以往的学者们对以时间为对象的研究,却毫无例外地陷入历史研究的范围中去。

第一百一十三条 历史的比较固然重要,但它不能成为以时间段为研究的核心,因为以历史为对象的行政法学问题基本上都得到了澄清,甚至包括一些较为微观的东西。

第一百一十四条 目前我国比较行政法学的时段研究应确定如下具体范畴:第一,改革开放以来,我国行政法治水平的时间段断代,并对各代之间行政法治的状况进行比较,例如能否以法典出台的顺序划为若干个时间段,并对各时间段的行政法治状况进行比较,若以《中华人民共和国行政诉讼法》(以下简称《行政诉讼法》)为核心断代,该法出台之前的 10 年和出台之后的 10 年行政法治状况就很有可比性。第二,改革开放以来,我国行政法学发展的时间段及其各时间段的比较,例如有人以行政法的统编教材的出版状况为标志,将我国行政法学分为第一代的行政法学、第二代的行政法学、第三代的行政法学和第四代的行政法学,各代行政法学的具体状况就有着非常大的可比性。第三,对行政法学和行政法状态的对应程度进行时间段的比较。第四,不同行政法学研究方法在不同时段对行政法治水平作用的比较。

(七) 行政法学方法论

第一条 行政法学方法论与行政法学方法是两个不同的概念,行政法学方法是研究过程中运用的具体手段,而行政法学方法论则是行政法学研究中的一种价值体系,其更多的是哲学层面的东西,本身就可以定位行政法学的学科性质,从广义上讲,各种关于行政法学理论的描述都是方法论的问题。

第二条 实证行政法学和价值侧重行政法学,是行政法的两种不同的方法论和方法论体系。

第三条 在一定的方法指导下,抛弃一切有关行政法及规范体系的假设和构想，把对行政法的研究仅限于经验考察、规范考察和事实联系的范围之内，这是实证的方法论。

第四条 运用科学预测、评价、理论模型等方法对行政法的规范体系、目标价值以及发展前景作出合乎逻辑的预测性判断，这是价值侧重的方法论。笔者认为，我国行政法学的研究一直在这两种方法的制约之下，因此，我们将侧重对这两种方法予以评介。

第五条 实证行政法学对行政法问题的研究仅限于事实领域。对行政法范围内的各种已存的、客观的规范事实，应用事实和其他已经被国家认可和付诸实践的事实范畴进行论证和证明。

第六条 实证行政法学在事实研究中采用的基本分析工具是：分析研究方法、统计研究方法、归纳研究方法、经验判断研究方法，在一定范围内也运用演绎方法，它反对形而上学的思考方式和寻求行政法终极原理的做法，反对任何超越或试图超越现行行政法规范和制度的经验现实而去估计行政法命运的任何企图。

第七条 实证行政法学所分析的基本事实是：行政立法过程的各社会关系间相互作用和施加影响的事实、行政执法中进行有效控制的事实、行政执法中进行有效控制的事实、被管理对象对行政法所规定权利义务关系作出各种反应的事实。

第八条 价值侧重行政法学则与之相反，认为事实是瞬间性、个别性的和不含有效正义标准的。因此，事实研究具有盲目性和短期效果性，必须把评价作为主要研究方法，自然而然地它把对行政法的研究限制在评价领域。包括对行政法此部门法学前景的评价，行政管理过程中相互接触的社会关系间各方正义与否的评价，行政法施行中执法者素质的社会反映的评价。

第九条 价值侧重行政法学评价的方法含有模型、测试、评估、经验演绎等带有较大主观色彩的分析手段，是对行政法理想性的研究。综而观之，实证行政法学重在行政法是什么的问题，价值侧重行政法学旨在回答行政法应该是什么的问题。

第十条 实证行政法学另一基本构成是对行政法诸问题的分析，即通过分析性研究，指出各种已经生效的行政法律文件和行政法规范的实际社会效果，并指出已经实施的规范的利弊。或者更深一步讲，实证研究的着眼点在微观方面，大多发生作用的是一个一个的行政管理部门法，或一个一个的具体规范和行为准则。

第十一条 实证行政法学在分析过程中包容了对规范的论证。不大感兴趣于对行政法合理结构以及理想体系的设想和构思。

第十二条 价值侧重行政法学是与实证行政法学中的分析相对立的，不但不热衷于分析，反而认为分析只能就事论事，只能解决枝节性问题，而不可能解决行政法大系统及其支系统的构成问题。所以价值侧重行政法学在对行政法进行评价的同时，进行体系的构架，设计行政法的宏观体系，构架行政法制大系统，如行政法作为一个独立部门法的稳态结构。所从属的社会大系统和法制系统，行政法由哪些支系统构成，各支系统的关系和与行政法总系统的联系方式，行政法制系统发展变化的各种主客观动因等。

第十三条 实证行政学对行政法理论和实践问题的解决还有一个重要特征，就是其阐释性，指把解决问题的着眼点放在陈述、说明和阐释的范围内。如运用一定的言词对行政法各关系作出定义性的、公理性的回答。

第十四条 实证行政法学还重视对即将生效或已经生效的行政法规范的解释。

第十五条 实证行政法学对构想、设计、预测本是无趣，价值侧重行政法学对阐释甚至不予以关注，认为阐释是立法者和执法者分内的事情，而不应是行政法学解决的问题。行政法学就是要对行政法的发展进行科学性预测，例如符合中国特色的行政法的行政法学体系的必要条件，完善的行政法体系所应具备的标准，我国行政法在今后一段时间或者未来将是什么样子等。预测包含对行政法发展条件以及各种主客观因素的研究。

第十六条 实证行政法学是对行政法现实性、即时效力性、有效控制性的解释和论证，而价值侧重行政法学则是对行政法未来的设想。

第十七条 实证行政法学由于强调行政法研究过程中动用实证方法对个别的、具体的问题进行陈述和注释，因此，重视行政法学科的建设。

第十八条 从客观实践看，正是由于实证行政法学对行政法范围内各具体问题的研究，使行政法这一部门法和行政法学这门学科有了相应的规模，有了相对稳定的规范体系和学科体系。几乎在所有主要的行政法和行政法学的问题上，实证研究都作出了回答。但是，实证行政法学不注重价值判断和规范预测，使行政法学仅限于问题的堆积，甚至在学科系统内有不一致和矛盾之处。

第十九条 价值侧重行政法学由于强调对行政法目标和最大合理性以及理想模式的设计，因而使行政法学体系有了稳定的质的规定性。价值侧重行政法学的目标就是要在中国建立完整的、适合中国国情的行政法律科学。这一点是二者区别的最高形态。

第二十条 重视实证研究的行政法学家常常指责价值侧重研究的空想性、不切实际性,并认为唯有实证方法才是科学的。而重视价值侧重研究的学者也指责实证研究的目光短浅性,并认为实证研究只是对问题和研究,因此行政法学永远也难以成为一门独立的学科,所以在其看来,唯有价值侧重研究才是科学的。

第二十一条 实证行政法学与价值侧重行政法学既是两个不同的行政法学流派,又是行政法研究中两种互相补充的方法论,由于二者的规则系统、思维定式等不同,对行政法和行政法学的发展所起的作用也有所不同。

第二十二条 价值侧重的方法论得以使行政法成为一个独立的部门法,得以使行政法学具有了初步体系和一定的模式及结构。

第二十三条 价值侧重行政法学的评价、构架、预测、科学等四大特性使其在行政法研究过程中追求某种超乎事实和经验的理想境界,对行政法的价值特征、意识形态属性以及外在环境的感应作出一定的评判,并通过严格的规范系统和方法论设计行政法相对独立的体系构成。显然,这易于使行政法从法制体系大系统中独立出来,具有自己独特的系统属性。

第二十四条 唯价值侧重行政法学,才使行政法这一专有名词问世,唯有价值侧重行政法学使行政法学有了自己的价值体系和完整的规范系统。

第二十五条 实证的方法论促使诸多行政法规范问世,并使行政法学不少具体问题得以澄清。实证行政法学由于重在事实,重在分析,重在阐释,所以它对于解决我国行政法的实际问题行政法的应用问题、行政法的社会控制问题起到了极大的作用。

第二十六条 实证的方法论和价值侧重的方法论有着各自的优点,二者不能互相代替。一个完善的行政法学体系必须以两种方法的有机结合为前提条件,二者偏废不得。换言之,在行政法学领域必须达到实证法学和价值侧重行政法学的均衡状态,行政法学的体系才是完备或趋向完备的。以我国行政法产生和发展的历史论,二者的运用并不是完美的,甚至存在着极度的不均衡。

第二十七条 在我国行政法学产生和发展的初始阶段,价值侧重行政法学占主导地位。一些学者把研究的重点放在对行政法学体系结构的构想上,展望行政法和行政法学的未来。以价值侧重方法的运用而言,尽管还不够完备,然而,其确实已经作为一个完整的方法论来指导行政法学。

第二十八条 20世纪80年代初期以前,我国行政法和行政法学发展缓慢的制约因素，除社会的、经济的、历史的原因外，无疑与轻视实证研究的方法有关，一味的价值侧重方法，使行政法仅限于美好蓝图的描绘与想象，仅构思庞大的行政法体系和行政法学体系。这些体系本身由于欠缺牢靠的基础，欠缺必要的有机素材而难以成为科学的、具有实际指导意义的理论形态，既约束了行政法作为一门科学所需的各种具体的概念系统，更难以使行政法得到有效发展。

第二十九条 实证方法的主导地位和价值侧重方法被冷落所导致的结果，必然有下列四个：一是使行政法沉湎于个别问题的研究，成了问题的学科，而非学科学的学科。近年来的绝大多数的行政法论文，都只讨论行政法理论中的个别问题，如各种具体的规范构成，个别概念在行政法学中的语义等。二是造成了行政法学基本理论的重大分歧和混乱。实证研究者各自所处的社会环境、经济环境、行政环境等不同，他们在对行政法问题进行实证论析时，都不免有一定的狭隘性，因而对同一问题各个研究人员会得出不同的结论。例如，关于行政法有哪些具体原则的研究，分歧很大，甚至相互间截然不同。三是不利于对行政执法的超前指导。"我们生活在以行政为中心的时代"，这一格言已为世界许多国家和学者所接受，它反映了行政的作用，并要求行政具有很大的自主性和随机应变性。因此，行政法和行政法学对行政管理过程除具有现实的指导作用外，还须有超前的指导功能。实证研究严格的事实倾向妨碍实现对行政管理和行政执法的超前指导作用。四是不利于建立行政法和行政法学体系，这一点是无须说明的。

第三十条 行政法学方法论中有实证方法论和价值侧重方法论，这只是对复杂的行政法学方法所作的高度概括，并不是绝对的。甚至难以想象丰富的研究方法会被实证方法论和价值侧重方法论所覆盖。在相对意义上我们是可以做这样的分类和概括的。同时，无论实证的方法论还是价值侧重的方法论，都处在不断发展的过程中，所以任何一者都须自我完善，主动吸收自然科学和社会科学的新成果。也就是说，每种方法论本身都具有相对的意义，并非一成不变。这是我们理解行政法学方法论一刻也不能忘记的，也是达到行政法学方法论均衡的基础。

第三十一条 行政法学作为一个总的体系，必须同时容纳实证方法论和价值侧重方法论，并使二者在行政法问题的研究中具有交叉性，一方面，从行政法的大系统看，两种方法是互补的，同时存在的、同时发挥作用的。当然，在不同的问题上，不同的环境下，甚至不同的历史阶段，二者的作用不能够完全等同。但是，二者主属地位的确定不能是被动的，只能在充分认识的前提下取舍。另一方面，作为行政法学的研究主体，即机构或人员亦应同时掌握和运用两种方法，而不能有所偏爱。

第三十二条 在一个有序的研究活动和研究过程中，要使实证方法和价值侧重方法先后得到运用。以实证方法作为检验和测试研究目标的一个标准，使二者所具有的优点都得到吸收。

第三十三条 完善的行政法体系的建立，必须借助两种方法的和谐性。我国行政法学发展存在缺陷的事实，已经证实了轻此重彼或重此轻彼的严重后果。当然，二者的均衡化或协调性，并不是说二者的运用永远是同等的，因为，行政法研究中一些问题，仅适宜运用两种方法中的一种。

第三十四条 两种方法论的不均衡，在晚近行政法学研究中的主要表现是实证方法的绝对统治地位和价值侧重方法的被遗忘。因此，目前行政法学中存在的一系列严重弊端，都可以从这个不均衡中找到痕迹。

第三十五条 目前行政法学的主要任务，显然不是个别问题的研究和澄清，而是要对行政法体系作重新认识。在这一过程中，尤其要以评价作为研究的手段之一，辨明传统行政法和现行行政法的利弊得失，而只有价值侧重的研究方法才能承担起此任务。

第三十六条 行政法学中实证方法的统治地位，使行政法的立法预测受到了极大挫折。

第三十七条 行政法学作为一个科学概念，必须有一定的素材，必须有若干概念范畴、制度范畴。但主要的是应该具有自圆其说的理论基础、理论框架，有较严格的理论体系。价值侧重行政法学作为总体的理论框架，使行政法能够真正成为一门科学而不是学科。

第三十八条 我们强调目前应给价值侧重方法论以应有的地位，一是因为它在当前形势下有着自己特别的职能，起着市场经济下完善行政法制的重要作用。二是因为近年来它的被忽视，换言之，当我们提高价值侧重研究方法的地位时，要防止另一种极端，即忽视实证研究方法的倾向。

第三十九条 一个完整的、科学的行政法学体系必须是价值侧重方法和实证方法的统一。

(八) 行政法学体系

第一条 关于行政法学科名称以及开课模式在行政法学界和行政法治实践有三种不同的观点，第一种观点认为，这一学科的名称以及开课模式，应以"行政法"为基础。此论认为，本学科的教学是对一国行政法实在制度的讲解，即以讲授一国现行行政法制度为本科教学的基本环节和内容，而不是上升到科学的高度对行政法规范进行预测和研究。

第二条 我国台湾学者的行政法教科书，几乎没有一个以"行政法学"命名。外国行政法学者所编著的行政法教科书，绝大多数也是以"行政法"命名。

第三条 外国行政法教科书很少以行政法学命名，若某学者以"行政法学"命名本学科体系，其在书中所讲授的内容则代表明显的研究性质。

第四条 国内行政法教科书在 20 世纪 80 年代期间，也大多以"行政法"命名。

第五条 这样的命名和这样的课程体现，实质上反映了行政法教学以实证法和实在法为基本教学单位这样一个现实，也反映了行政法教学以注释为主这样的一个格局。所谓注释式教学，就是只对一国行政法的相关制度，行政法的法律规范，行政法的法典类型进行讲解，且这种讲解不能超越基本的行政法框架。

第六条 第二种观点认为，这一学科的名称以及开课模式，应以"行政法学"为基础。此论认为，行政法的教学是对行政法规范的提炼和概括，而这种提炼和概括本身就具有科学研究的色彩，因此，应以"行政法学"为教学基础。同时，以"行政法学"为教学基础，还有一个理由就是，在行政法教学中，不论本科教学还是研究生教学，甚或专科教学，都不应当让学生仅仅了解一国行政法的实在制度，而应当拓宽视野，对一国行政法制度和行政法规范的来龙去脉有所认识，对一国行政法制度和行政法规范的前景有所预测，只有上升到科学的高度来教学才能达到这样的目的，这便是持"行政法学"论的基本观点。

第七条 在 20 世纪 80 年代我国大陆的行政法教科书中少数教材是以"行政法学"命名的，20 世纪 90 年代以后主编的行政法教程，则基本上以行政法学命名。

第八条　第三种观点认为,"行政法"学科体系与"行政法学"学科体系的区分没有意义,只是学者们的叫法不同而已,而且以行政法教学活动看,无论"行政法"的课程体系,还是"行政法学"的课程体系都要讲解或者讲授那么多的东西。

第九条　有学者就认为,人们并不是不懂得二者的不同,只不过在习惯上更愿意将"行政法"和"行政法学"的概念视为同一的东西,即常常用"行政法"的概念表示或取代"行政法学"的概念,或者用"行政法学"的概念代替或取代"行政法"的概念。

第十条　在国内构设的"行政法"学科体系和"行政法学"的学科体系并没有质的区别,即是说从行政法教科书看,无论"行政法"教科书,还是"行政法学"教科书其体系结构都是一样的,无论以"行政法"开课,还是以"行政法学"开课,讲授内容的出入都不太大。

第十一条　"行政法"学科体系与"行政法学"学科体系的澄清有重大的必要性。

第十二条　在国外的行政法教科书中,以"行政法"构建学科体系与以"行政法学"构建学科体系表现出了较大的不同。一般而论,以前者构建学课体系的,重在讲授和讲解一国行政法的基本制度和规则,一般不提出本学科值得研究的问题,不提出每一个制度和规则相关的探讨空间,而以后者建构学科体系时,除了介绍一国实在法的制度和规范外,还对该学科需要探讨的问题进行评价,对每一个制度和规则的研究空间进行拓展。

第十三条　作为一门学科的建设来讲,必须有最为基础的入门路径和学科定位。因此,"行政法"学科体系与"行政法学"学科体系的区分,无论如何都不是多余的。

第十四条　我国行政法学界和行政法治实践,在这个问题上,一方面表现得不十分严谨,当以"行政法"建构学科体系并不一定立足于我国的实在行政法制度,反之,当以"行政法学"建构学科体系时,都常常以实在法为教学和撰写行政法教科书的切入点。

第十五条　将国内有关"行政法"命名的教材和以"行政法学"命名的教材进行对比,其基本的思维进路和体系结构却是雷同的,而且没有指出来"行政法"和"行政法学"的学科体系到底有什么不同。

第十六条　另一方面,在学科命名和学科的实际内容上表现出了极大的出入。国内大多数以"行政法学"命名的教科书,从科学意义上讲并不配称为

"行政法学",因为,绝大多数这样的教科书并没有对行政法制度和行政法规范应当拓展的问题进行拓展,并没有对行政法制度和规范的发展前景进行预测,差不多都是解释中国的行政法现象,对行政法的法律规范进行注释。

第十七条 作为学科建设,必须对"行政法"和"行政法学"的学科体系,"行政法"和"行政法学"的课程模式从理论上予以澄清,从实践上予以合理抉择。

第十八条 "行政法"与"行政法学"的概念是完全不同的,而是两个不同质的事物,不论它们之间有什么样的关联性,它们之间的质差是必然存在的,是不以人的认识状况而转移的,我们从最浅的层次上,也可以对二者作出如下的区分。

第十九条 一是存在形态上的区别。行政法是以法典或法律规范的形态存在的,即它具有规范行政权和行政管理活动的规范外形。当某一个行政法规范是正式的行政法渊源时,这是由有权的国家机关依正式的法律程序制定的行为规则。当某一行政法规范是非正式的行政法渊源时,它则是能够规范行政权和行政管理活动的非国家机关制定的行为准则。行政法学有很多复杂的表现形式,在通常情况下,公开出版的学术著作、公开发表的学术论文,是被社会承认的行政法学观点、论点或者其他推理。还有一些属于行政法学的东西,存在于学者们对行政法问题的思考中,或者存在于尚未公开出版、尚未公开发表的学术著作和学术文章中。存在形态上的区别是"行政法"与"行政法学"区别的最为明显之处。

第二十条 二是保护机制上的区别。无论行政法还是行政法学,都有相应的保护机制,这是必须予以承认的事实。以往的学者仅仅认为行政法有保护机制,行政法学没有保护机制其实是不正确的,只不过是它们的保护机制有所不同而已。行政法的保护机制主要是国家强制力。当一个行政法典颁布以后,就要通过相应的形式予以公布,其中法典中涉及的权利义务,必须通过一定的国家机关付诸执行和实施。一个行政法规范所规定的权利义务,在相关主体不执行的情况下,就会带来法律上的麻烦,手中握有权力并被赋予执行这个规则的国家机关,就有权采取一定的手段予以执行,这种手段常常是国家强制力的体现,常常是以国家强制力为后盾的。行政法规范的保护机制,首先是其他法律规制规定的保障手段。其体现在相关国家机关的权力之中,行政规范制定出来以后,都有负责执行的机关,该机关有义务和责任使法律规范的内容与行政法事实予以结合;行政法学没有类似行政法规范那样的保护机制,但是,行政法学作为一种学术论点，暗含着一定的保护机制。一些学术论点长期被学者坚持的事实就是它具有保护机制的例证。行政法学保护机制实质上是学者们和一些社会成员为某一论点所造之势，若某个论点没有一定社会群体予以支持的势，它的生命力相对来说就要短暂一些，反之，若某一论点有较大范围社会成员的支持，它的生命力也就相对长一些。不同社会群体对行政法学论点的支持就是该论点的保护机制。由此可见，"行政法"与"行政法学"虽然都有保护机制，但是，两种保护机制的实际效果都是不同的，这也正是因为一些行政法学论点始终存在于理论层面，而不会直接影响行政法治实践的原因之一。

第二十一条 三是内在利益上的区别。"行政法"和"行政法学"都体现一定的意志，即其是一定社会阶层或者利益群体意志的体现。"行政法"和"行政法学"都代表一定的利益，即其是一定社会阶层和社会群体利益的反映。"行政法"和"行政法学"所体现的意志和所代表的利益却不总是一致的，依正统的法学原理，法是统治阶层意志的体现，行政法作为法的一种，也必然具有正统法学所揭示的属性，由于我国的社会阶层的划分越来越复杂，法作为阶段意志的本质特征，虽然还具有价值，但其在规范层面上越来越模糊。然而，无论如何，法律作为国家机器的组成部分，是当权者意志的体现却是千真万确的，行政法所体现的也是手中握有国家权力这一阶层的意志，其所代表的利益也是这一阶层的利益。正因为如此，行政法规范的制定，都与这一阶层的利益需求有关，某一方面的社会关系若影响到其对社会的管理和控制，就会根据需要制定此方面的行政法规范；行政法学所体现的意志则是社会意志，这是就一般意义而论的。至少大部分行政法学的论点若能够存在，若有在社会生活中存在的空间，它就必然反映了大多数社会成员的一种法律价值观，而该价值观常常与手中握有权力之阶层的价值观是不一致的。上面我们指出，"行政法"与"行政法学"所体现的社会阶层的意志不总是一致的，是说在一些情况下"行政法"和"行政法学"所体现的意志、所代表的利益都是一致的，此点是由法律的社会属性决定的，又可能是由于法学本身存在的缺陷决定的。

第二十二条 四是涉及范围上的区别。"行政法"与"行政法学"在范围上也存在较大区别，行政法是一个法律部门，与其他部门法相比，它的体系具有群集性，多元性等特点。即是说，其他部门法一般都有一个完整的法典，如刑法、民法等。行政法没有一个统一的法典，是由诸多法律规范构成的法律群。行政法的法典，依各国对行政法的不同理解而有所不同，在限权法的理念下，行政法的法典相对较少，因为行政法仅仅是规范政府组织和行为的那些行政法规范。而在管理法的理论之下，行政法除包括限制政府权力规则外，还包括对行政相对人进行行政管理的那些规则。不论什么样的行政法体系构成，作为一个部门法基本体系和结构都是可以量化的，其范围是可测的；"行政法学"则是另一种状况，它的范围是不可测的，一国的行政法制度和行政法规范只是行政法学体系中一个较小的组成部分。外国行政法，行政法规范背后的社会关系，行政法在运作过程中的逻辑关系等，都是行政法学的范畴，都可以成为行政法学体系的基本内容。

第二十三条　五是价值属性上的区别。"行政法"与"行政法学"都是有价值的，在人类社会中，它们都因为具有价值而成为一种客观存在。所不同的是，二者的价值属性是有区别的，这也是二者区别的最高表现。就行政法而论，它是制度范畴的东西，是一国上层建筑中的制度构成，可以说，任何一个行政法规范，都设计了微观或宏观的社会制度、管理制度、法律制度。行政法学是意识范畴的东西，它是上层建筑中的意识部分。正因为如此，行政法相对确定、相对稳定、相对统一，因为它是一种设施。行政法学则表现出了巨大的反差，以我国行政法的理论基础而论就有十余种，这是因为作为一种意识存在巨大的主观性。

第二十四条　行政法与行政法学是两个不同质的事物，因此，行政法的课程体系与行政法学的课程体系也必然有所不同，从理论上分析是这样的，从教学实践的状况看也必然是如此。行政法与行政法学的课程体系有下列若干方面的区别。

第二十五条　一是教学内容上的区别。行政法的课程体系是以行政法为教学核心的，就是在教学过程中要始终围绕国家制定的实在行政法规范，对行政法典，行政法制度，行政法中的具体权利义务进行讲解。而行政法学的课程体系则是以行政法规范背后的各种社会关系为教学核心的，即不能简单地讲解一国的行政法规范，必须对行政法规范背后所涉及的各种各样的社会关系、利益组合关系进行分析。简单地说，是否走出行政法规范是行政法与行政法学的课程体系的根本区别。行政法的课程体系将教学的视野限制在实在行政法规范之内，行政法学的课程体系则将视野从行政法规范中拓展出来，既包括行政法历史演进的评介，又包括行政法规范发展前景之描述。在行政法学的课程体系之下，一些结论的推导以及相关法律标准的提供在课堂上就可以作，而行政法的课程体系则要求对实在法有一个肯定性的讲解。

第二十六条　二是教学方法上的区别。行政法的课程体系与行政法学的课程体系都必然受一定教学方法的支配，所不同的是，二者在教学方法上表现出了极大的不同。行政法课程体系的教学方法，是受一国教育体制制约的，有时教育行政主管部门对其教学方法作了严格规定，教学过程中除以行政法基本内容为教学核心外，同时，还必须以国家确立的教学方法行事，教学方法本身是行政法教育制度的组成部分。另则，行政法课程体系的教学方法以对规范进行解释为中心，它要求教学过程中，讲授人员对实在法进行解释，揭示行政法规范的基本含义，不要求甚至不允许对行政法规范进行深层次的挖掘；行政法学课程体系的教学方法不受相关制度规则的约束，至少国家有关部门不能够为其确定具体的教学方法，作为一种科学，它应当追求方法上的多样性和灵活性，不能事先对教学方法予以限定，科学本身的无约束性，决定了行政法学课程体系教学方法的非预先设定性。同时，行政法学课程体系的教学方法，是以对行政法规范的论证和预测为基点的，对行政法典和行政法规范作出合乎逻辑的科学判断。

第二十七条 三是教学原则的区别。行政法的课程体系在教学指导原则上是非常清楚的，要求每一个教学过程均受一国国家意识形态的制约、不能超出国家确定的主流意识的形态，法律规范所体现的利益价值，必须在教学过程中得到体现。行政法学的课程体系由于是以规范背后的社会关系为教学核心的，因此，整个教学的原则就是科学原则，受科学方法的指导。科学方法与意识形态是两个范畴的东西，一般地讲，科学方法没有包括价值判断，即没有事先预设是与非的价值标准，问题的是与非，只有通过实践才能予以确定。而意识形态包含某种价值判断，这种价值判断是事先预设的。行政法学的教学指导原则就是以科学的方法论为指导，追求规范或者规则真与假的评价，而不是以规定的标准对规范及其运作进行是与非的评判。

第二十八条 四是教学范围上的区别。如同行政法是有范围限制的一样，行政法的课程体系同样受到范围的制约。一国现有的正在生效的行政法规范是行政法课程体系的基本限制标准，范围的有限性、确定性是行政法课程体系的基本属性；行政法学的课程体系则没有明确的范围限制，当然，在一般情况下，要以一国事实法为轴心，而实在法仅仅是行政法学课程体系的轴心，不是行政法学课程体系的全部。讲授人员对行政法学认识越深刻其教学所涉及的范围也就越广泛，反之，讲授人员的认识水平越低，行政法学课程体系的范围也就越小。

第二十九条 五是教学结果上的区别。行政法的课程体系与行政法学的课程体系，都是要培养合格的法律人才，通过教学活动培养行政法治方面的法律人才。但是，两种教学体系所培养出来的行政法人才则是完全不同的。以行政法建立课程体系所培养出来的行政法人，才是行政法规范的适用工具，即他们能够将行政法规范的规定运用于行政管事事态之中，而对规范的社会价值不一定有深刻理解。此种人才的有用性与否，还决定于一国行政法规范的质量；行政法规范更多的代表社会意志时，他们的行政法行为则是对大多数社会成员一致的，反之，当行政法规范是某一特定群体利益的体现时，他们的行为则不是社会性行为，或者不是大多数社会成员能够认同的行为。一国行政法制度比较完整，比较稳定时，此类行政法人才的行为也相对较合理，因为他们可以将所学之有效规则直接予以运用。而当一国行政法体系尚未建立，行政法规范变化无常时，他们的行政法行为则会表现出较大的政治色彩，因为此时他们所掌握的行政法知识已经对社会事态无所适从，只得选择服从行政过程的政治利益；行政法学课程体系的教学结果则是另一种情况，一则，以此培养的行政法人才不是简单地执行规范的工具，而是对规范有深刻认识的活生灵，规范的变化并不能够引起其对行政法规范与行政法有效结合作出合理判断的能力。如果说，行政法课程体系所培养出来的行政法人才是规范的仆从的话，行政法学课程体系所培养出来的行政法人才既是规范的仆从，又是规范的主人。说他们是规范的仆从，是说他们能够对规范的效力作出认可并予以服从，说他们是规范的主人，是说他们能够将规范的精神与行政管理事态的变化予以恰当处置。

第三十条　行政法的课程体系与行政法学的课程体系是两个不同的课程体系，对于一国行政法的教学而言，究竟建立行政法的课程体系还是建立行政法学的课程体系，就是一个需要抉择的问题。

第三十一条　从目前我国行政法治和行政法教学的状况看，应当选择行政法学的课程体现。

第三十二条　从我国法学教学的现状分析。长期以来，我国部门法的教学基本上是以规范开始到规范结束，整个教学过程以行政法规范为教学核心。然而，从法律制度的实际情况分析，以规范开始而以规范结束的教学方式是极其不科学的，我们知道，法律制度有两套决定机制，一套是法内机制，即一国实证法所规定的法律制度。另一套是法外的制度，即实证法之外所形成的制度范畴。这两套制度范畴，一定意义上都是法律体系的构成部分。法外的制度无论如何是忽视不得的。纯粹的规范教学是关注不到法外制度的，只有上升到行政法学的高度进行行政法的教学，才能既注意到法内的制度，又对法外制度予以关注。

第三十三条　从我国行政法治的状况分析。以行政法规为教学核心的前提之一是一国的行政法治体系已经建立起来。一方面，其行政法典形成了体系，主要的行政法典已经制定出来了，而且每一个行政法典却相对比较完善，如在发达行政法治国家，行政组织法、行政行为法、行政程序法、行政诉讼法、国家赔偿法都制定出来了，并形成了一个有机联系的规范体系。另一方面，行政法的实施已经达到了规范化的程度，有一系列行政法适用的行为规则，执法队伍比较完整，执法者的素质也相对较高。我国的行政法还处于起步阶段，我国主要的行政法规范要么没有制定出来，要么没有形成一个有机联系的整体，甚至在立法进程中存在矛盾之外。执法更是我国行政法治需要解决的问题。在这样的行政法背景下，以行政法规范为核心建立教学体系，本身就存在大前提的失缺。因此，应当以行政法学建立课程体系，将行政法教学的视野拓宽到发达行政法治国家，将行政法教学的内容拓展到行政法规范背后。在社会和法治的大背景之下讲授行政法。这既可以为我国行政法的发展提供参考，又可以使研修行政法的学员从较大的视野中把握行政法的精髓。

第三十四条　行政法学可以分为主动行政法学和被动行政法学两种类型。

第三十五条　主动行政法学，是指通过对行政法赖以存在的社会现象，社会关系的研究产出新的行政法规范或废止旧的行政法规范的全部研究过程。在一个行政法规范即将出台时，主动行政法学的研究过程和特点便会得到充分说明。

第三十六条　被动行政法学，是指通过对复杂的行政法现象进行分析，尽可能使这些复杂的行政法规范体系予以简化，用一个体系结构和相关的概念系统解释行政法现象。

第三十七条　行政法教学和学科体系的建设都是被动行政法学的范畴，这一范畴的存在是合理的，客观的，因为如果没有被动行政法学行政法这一复杂的社会现象，行政法教学和学科体系建设就会成为一个非常零散并无从归纳的个别现象。

第三十八条　反过来说，行政法体系只是解释行政法现象的工具，以此推论的话，最为简洁明了的解释方法就是最为可取的，深而言之，越是能够牵一发而动全身的行政法学体系构架，就越发显得科学。反之，越是复杂的行政法学体系，就越难以巧妙反映行政法这一复杂社会现象。

第三十九条　"体"是行政法中的静态构成因素，指行政机关的组织体系以及行政机关构成分子的组成方式。

第四十条 对"体"作出规范的行政法规范，就是静态行政法的内容。

第四十一条 在"体"的构成因素中有两个部分，一部分是行政机关以及行政机关的构成体系。在单一制国家结构形式之下，行政机关可以分为中央行政机关和地方行政机关两个类型。中央行政机关是在全国范围内行使权力的机关，同时，在行使权力的方式、行使权力的强度等方面都不同于地方行政机关，它有高强度的国家行政管理权。地方行政机关是在一定区域内行使权力的机关，可以根据地域范围的大小和权力的强度分成若干级别，如中华人民共和国地方国家行政机关就分为省、县、乡三级，中间还有一些特殊形态，如市，地区行政公署等。在对行政机关的相关知识作认真领会时，下列这些概念是非常重要的：行政机关的性质和职能，行政机关的构成、行政机关的组织体系、行政机关的工作程序、行政机关的职权范围，行政机关的任期，行政机关的领导体制等。另一部分是公务员和在行政机关工作的其他人员。在发达国家的行政法制度中，公务员一般分为两类，即政务类和事务类，两类公务员的划分是西方国家公务员制度的基础。由于我国的公务员法律规范没有将公务员分为上述两类，因此我们只需按照我国公务员的现行分类把握公务员制度的基本内容，主要应把握如下诸点：公务员的职位分类、公务员的考试录用、公务员的权利义务，公务员的管理制度、公务员的职位变化制度、对公务员进行管理的相关机构。

第四十二条 "用"是行政法中的动态构成因素，指行政机关在行政管理活动过程中所为的行政行为。

第四十三条 对"用"作出规范的行政法规范，就是动态行政法的内容。

第四十四条 在用的构成要素中同样有两个部分。一部分是行政机关所为的抽象行政行为，所谓抽象行政行为是指行政机关在行政权行使中对不特定的人和不特定的事所为的行为，包括行政立法和颁布行政管理规范性文件两个方面。行政立法，是指享有行政法规范制定权的行政机关制定行政法规范的行为。其他行政规范，是指行政机关在管理活动过程中制定或者发布的规章以下具有普遍约束力的行为规则。对抽象行政行为的领会，要从制定主体，效力范围，规制内容，程序规则等方面予以把握，另一部分是具体行政行为，就是行政机关针对具体的人或事所为的发生法律效力的行为。具体行政行为包括行政赋权行为，通过这类行为，行政机关赋予行政管理相对一方当事人一定的权利或利益，它会给行政相对人带来好处；行政救助行为，就是行政机关对行政管理中的弱者所履行的改变其生存境况的行为，此种行为对行为对象而言也是一种有利行为。与前者不同的是，该行为对相对人的利益要大于前者，至少其强度大于前者；行政设定义务行为，通过这类行为，行政主体为行政相对人设定了诸多义务，对行政相对人而言，此种行为对其是不利的，显然，此类行为最容易引起行政管理活动中的纠纷；行政制裁行为，即行政机关对违反有关行为规范的行政相对人，对不履行行政法义务的行政相对人所施行的报复或打击行为，此种行为常常会对行政相对人的利益造成侵害，也是引起行政纠纷最多的行为。此外，在具体行政行为中，还有一种特殊形态，就是变态具体行政行为，非变态的具体行政行为法律都有明文规定，且赋予了行政机关作出该行政行为的权力，而变态具体行政行为，则是法律所禁止的行政行为，对具体行政行为的把握，要从行为主体、行为的职权范围、行为程序、行为方式、行为的法律效果等方面着手。

第四十五条　行政法中的"体"和"用"，既是行政法的基本制度，又是行政法在运作过程中的基本构成元素。

第四十六条　说它是行政法的基本制度，是说行政法中的制度范畴无一不是围绕行政主体和行政行为而展开的，离开了行政主体和行政行为的行政法制度便无从存在。

第四十七条　说它是行政法运作过程的基本元素，是说正是"体"和"用"，决定了行政法的运作过程，离开了二者中的任何一个，行政法便无法运作。

第四十八条　为了保证行政法的基本制度能够实现，为了保证行政法的运作过程能够顺利进行，便需要一些保障手段，这些保障手段不直接对行政权行使过程发生作用，只是通过较为间接的途径对行政权行使过程起作用。这些保障手段在"体"和"用"的正常运作下，就处于一种静止状态。因此，可以形象地把这些保障手段叫做"门背后的枪"，即只有遇到险情时才起作用。我们所讲的行政法中的保障手段，实际上就是"侵权救济"制度。

第四十九条　学者们为了研究方便起见，统一将其称为"侵权救济"，实际上它是由若干具体制度构成的，正是若干类似的制度共同起到了保障"体"和"用"正常运转的作用，由于在保障过程中以对行政相对人的权利保护为根本，而被保护者是行政法运作中的弱者，因此，人们便将这些手段叫做救济，或行政救济，或侵权救济。这些概念本身都是学理用语，并不是法律上规定的制度。

第五十条 在现代行政法制度中，行政侵权救济制度包括：监督救济，是通过专职的、符合法律形式的监督机制进行的救济，行政监察就是一种最为规范的监督救济。复议救济，是通过行政机关内部解决行政纠纷制度对行政相对人权益的救济。诉讼救济，是通过司法权的介入，对行政行为的履行起到督促作用，并救济行政相对人因行政行为造成的不法侵害。赔偿救济，是通过行政赔偿使行政行为对行政相对人的损失尤其是物质损害给予相应的补偿。

第五十一条 行政法中对"体""用""侵权救济"的分析范畴，虽然也是对行政法问题的一种抽象，但是，这些分析范畴一般都以直接的法律制度为基础，如在"体"的范畴之下，有行政组织，公务员，行政编制法，在"用"的范畴之下，有部门行政法、行政程序法等，在"侵权救济"范畴之下，有行政监察法、行政复议法、行政诉讼法、国家赔偿法等。

第五十二条 在行政法的分析进路中，还有一个更加抽象的分析工具，就是行政法中的基本概念系统，它是从复杂的行政法现象中通过高度概括提炼出来的。这些概念系统包括：行政法学，是指研究行政法的学科体系。行政权的概念，即行政法赖以存在的基础，因为行政法是以行政权力为前提条件的，所以行政权的概念就成为行政法分析中必不可少的要素。行政法的定义，即对行政法的概念作一个界定，包括行政法的形式上的特点和实质上的特点。行政法系统，是用法律关系的理论，分析行政法在运作中的关系原理，这一概念是十分重要的，因为行政法作为一个部门法，与其他部门法一样，是在相关主体的参加下进行权利义务交换的行政法渊源，是指行政法的表现形式，它是揭示行政法外延的最基本的手段。行政法原则，是法律原则，有了自己的质的规定性，并使本部门法在运作中有基本的行为取向。

第五十三条 我国传统的行政法体系的外壳已难以包容复杂、多变的行政组织和行政行为，必须发生深刻变化，如体系的分化、调整手段的更新、功能的转变等。

第五十四条 行政法是调整行政关系的法律规范的总称，是规定国家行政机关的组织、职责权限、活动原则、管理制度和工作程序，用以调整各自国家行政机关之间，以及国家行政机关同其他国家机关、企事业单位、社会团体和公民之间的行政法律关系。其由两个方面的法律规范构成：一是规定政府行为即行政机关行为的法律规范，如政府组成、职责、法律责任；二是规定管理相对人一方的法律规范，如国家关于经济、文化、社会事务管理的法规。此为目前我国行政法概念、体系结构的普遍理解和认识，甚至在行政立法中亦有所体现。

第五十五条 我国传统的行政法体系实为二元结构——限权法和保权法的统一。

第五十六条 行政法二元结构的实质在于强调"行政法不仅是行政机关进行管理的法,而且是国家对行政机关及其工作人员进行管理的法,即管理管理者的法"。管理管理者和管理者进行管理统一于一体。

第五十七条 二元结构是一种体系统一的结构,通过一体化,将管理者和被管理者统一起来,把两种作用对象、作用方式、不同形态的法律规范统一于一个体系中。在统一中突出政府权力,突出政府对公民、社会组织、企业事业单位高度的控制作用,而将各种社会力量置于统一体的矛盾的次要方面。

第五十八条 在行政法的特征上,强调"内容丰富、体系庞大、数量众多",认为"包括有关国家事务管理各个方面的法律规定,大到国防、外交,小到公民的衣食住行"。强调"行政立法灵活多变",行政管理根据不断变化的客观形势和环境随时会进行调整。新的情况、新的事物不断出现,需要行政管理及时作出反应以加以适应。

第五十九条 强调"行政立法诸例合体",既包括程序规范,又包括实体规范等,强调行政法渊源的多层次性、各体例的群集性。行政法按颁布制定的机关的不同,可分为众多的层次,不同层次的法律、法规、规章、决议、指示、命令等,具有不同的法律效力和适用范围。突出的重心为行政法的管理性能,即行政机关通过其行为对社会进行法律和行政调整的性能。

第六十条 在行政法关系的特征上,强调行政机关的主导地位,认为行政机关可以决定行政法关系的形成、变更和消灭,可以单独决定行政纠纷的解决手段,就是说,行政法律关系具有不平等性,即法律关系的主体间不像民事法律关系那样平等,而是具有服从性、隶属性,这是由行政机关的职权特点所决定的。可见,并不认为行政法的主要功能在于规范政府行为,因为政府可以单方面决定发生在行政管理活动过程中的任何权利和义务问题。

第六十一条 在行政法作用上,强调其组织性能,通过政府的抽象和具体的行政行为,对国家的"政治方面的事务""经济文化方面的事务"进行全面的管理和组织,如行政法通过有关行政管理法规,实现对各项文化事业的宏观控制和加强管理;行政法通过具体规范保障国营经济的巩固和发展,确保其优先发展的地位,实现国有企业在服从国家统一领导和全面完成计划的前提下,在法律规定的范围内的经营自主权;等等。

第六十二条 目前我国行政法学和行政法体系的基础是"大政府、小社会""大控制、小服务",是以行政机构为本位的。

第六十三条 尽管现行行政法体系也包括对政府行为进行规范和调整的含义,但由于对行政法管理性能的强调,往往不利于规范和调整行政机关的行为,以及法律规范的建立、健全和发挥效能。

第六十四条 行政法制体系包括立法、执法、司法等许多有机联系的环节,任何一方面有缺陷,都可能妨碍行政法制的完善。在现行行政法体系中,由于突出行政法关系的单方面性,使行政执法的民主化、公平化大打折扣。尤其基层政府和经常行使处罚权、强制权、奖励权的职能部门更是权力至上,"地方保护主义""行业保护主义""行业不正之风"都与之有不可割裂的联系。

第六十五条 现行行政法学体系不利于行政诉讼制度的完善。一则,公民、法人和其他社会组织的政府法制观念还没有达到应有的程度,反而认为政府有管理权,行政法有限制和约束管理相对一方当事人的作用,而不是更多地认为行政法也要规范政府行为。二则,人民法院难以很顺手地适用行政法作出判决,法院所汇编的行政审判资料,均属于规范政府行为规范和行政管理规范的大集合,遇到行政案件难以及时找到依据。

第六十六条 现行行政法学方法,不利于行政法学的发展。行政法学的理论构架、主要理论问题尽管有不同程度的发展,但仍没有超出二元结构的框架。它使行政法学的一些理论问题难以澄清,难以达成共识。

第六十七条 现行体系结构的弊端,还表现在行政法的功能和调整手段上。在功能方面,以指挥、控制、调整、组织、一体化为主,在调整手段上,以微观、集中、命令、规制为主,严重妨碍了行政法在政府职能转变中的积极作用。

第六十八条 目前,我国行政法学必须有如下重大发展和突破,才能适应市场经济和政府职能转变的要求,并促使其实现。

第六十九条 行政法作为一个法律部门,已难以容纳两种截然不同的元——调整政府行为的规范和行政管理规范,这两种元必须发生分化,把两种不同性质的规范归化于两个体系结构之下。使限制政府权力和调整政府行为的规范归于行政法体系,使规范公民、法人、社会组织权益和调整行政管理的规范归于行政管理法体系。从而使我国传统意义的行政法分化为行政法和行政管理法两个法律体系和法律部门,与世界各国行政法的发展趋向吻合。

第七十条 行政管理较为发达的国家和地区对行政法的理解多为规范政府

权力的单元结构。例如，行政法乃国内法之一部分，规定行政权的之组织，暨国家公共团体与人民之间关系之法。

第七十一条 行政法所主要关注的，并不是传达任何形式的国家意志。就其最基本的表现形式来看，它关注的乃是对行使这种意志所作的限制。说行政法的任务是列举和阐述授予政府官员与行政机构自由裁量权，那是不正确的。行政法所主要关心的是法律制度对这种裁量权的行使所作的约束。这个定义有一个重大的特征，即认为行政法是对行政机关起作用的法，是调整、规范行政机关行为的法，而非管理公共事务和规范公民权益的法。

第七十二条 行政法从它产生的那一天起，就与限制行政权有着千丝万缕的联系。法国、日本等在此基础上相应建立了行政诉讼制度，美国建立了对行政机构的司法审查制度，其目的都在于有效控制行政权力。

第七十三条 规范政府行政部门的法律规范成为一个完善的法律体系，成为一个独立的法律部门并非主观想象，而是具有深刻的理论依据、实践依据和方针政策上的依据的。

第七十四条 作为这个大行星上的居民，人类在不同人民之间的关系上是有法律的，这就是国际法，社会是应该加以维持的；作为社会的生活者，人类在治者与被治者的关系上是有法律的，这就是政治法。此外，人类在一切公民间的关系上也有法律，这就是民法。此定义认为，国内法有两大范畴，一是调整公民间关系的法律，或者国家对公民进行有效统治的法律，这一部分法律都可以归之于民法。而政治法则为公民或市民社会对政府进行约束的法律，这套法律规范对政体原则、政府组成、政府对公民自由的规定都要加以调整。

第七十五条 一套完整的、成体系的对政府职责和权力规定的法律规范，就成为一个国家民主和法制建设的首要任务。

第七十六条 部门法的构成须具备三个条件：（1）有独立的调整对象，调整特定的社会关系。（2）有独立的法律原则，以限制该部门法的内在规定性。（3）有相当规模的规范体系。

第七十七条 对政府行为进行调整的法律规范和对公民、法人和社会组织行为调整的法律规范，所调整的对象具有性质上差异，各有不同的法律原则，如依法行政，独立行使行政权，行政公开化属于政府法制原则，而服从合法管理，依法监督则是行政管理法原则。规范体系上两套法律都已有相当规模。

第七十八条 两套规范体系的不同，亦限定了对其研究的科学对象的不同，科学研究的区分，就是根据科学对象所具有的特殊矛盾性。因此，对某一现象的领域所特有的某一种矛盾的研究，就构成某一门科学的对象。对限制政府行为规范的特殊性的研究，及对学科体系、对公民、法人、社会组织施行行政管理的规范的特殊性研究，就是天经地义的。

第七十九条 二元结构的行政法体系分化以后，规范政府行为的部分亦有条件成为一个较大的规范体系和部门法，其调整对象显然是政府行政组织和行政行为，其规范包括：行政组织法、行政行为法、行政程序法、行政编制法、行政诉讼法、行政监察法，等等。它们共同规范政府行为，共同在政府职能转变中起作用，把原来行政法中以政府为本位的结构转变为以社会为本位的结构，把政府的指挥、领导等管理中的惯常手法转化为协调、服务。如果上述规范能迅速分化出来，行政法学和行政法治的发展才有希望。

第八十条 部门行政法是指在行政法体系中调整各个领域行政管理关系，主要为管理相对一方当事人设定权利和规定义务的法律、行政法规以及其他行政管理规范性文件的总称。

第八十一条 部门行政法作为一个基本的行政法概念，既是一个学理用语，又是一个法律用语。

第八十二条 从调整的对象来看，部门行政法的调整对象，不能和行政法部门的调整对象同日而语。

第八十三条 行政法作为一个独立的法律部门，它的调整对象是行政机关在行政管理过程中所形成的各种社会关系。一般简称为行政关系。它包括三个范畴：一是政府行政部门的内部管理关系，如有关政府活动原则、行政机关行为准则、公务员权利义务的法律规定；二是政府部门的外部管理关系，如有关行政机关对相对一方当事人行使权利的法律规范，有关行政机关和管理相对人之间纠纷处理的行政法规范；三是涉及有关行政管理相对人之间的权益关系，如相对人有关财产、人身等的不纯属民事内容的纠纷。

第八十四条 部门行政法的调整对象，显然不同于行政法部门的调整对象，在行政关系的三个范畴中，部门行政法调整的主要是后两个，即它不侧重于调整政府及其公职人员的内部行为；它调整的重点是有关行政管理的业务性、技术性事项以及因此而引发的社会关系。

第八十五条 从法律的指向来看，部门行政法以管理对象为主。任何部门法或法律规范都有一定的法律指向。所谓法律指向，是指其发生作用的客体和安排关系的焦点。行政法有时被界定为管理管理者的法，因而其法律指向的重点是行政机关，就是我们通常所说的以行政法限制和约束行政机关，并为行政机关的活动提供规范和程序。

第八十六条　就部门行政法而言，它的法律指向与行政法部门大相径庭。它以行政管理对象，即管理相对一方当事人为主要指向。通过部门行政法为相对一方当事人提供有关的活动原则，设定有关的法律义务，控制有关的冲突。法律指向的独特性使部门行政法有相对独立的作用基点。

第八十七条　从体系范畴看，部门行政法从传统的行政法体系中独立出来，成为独立的规范体系。

第八十八条　部门行政法本身从体系性、规范性、结构性上看，都具备了成为独立法律部门的规格。另外，除部门行政法的总体结构和构架外，几乎每个行政管理领域都有自己的规范体系。

第八十七条　从部门行政法的隶属关系看，其带有明显的双重性。一方面，部门行政法隶属于行政法部门大系统，很难脱离行政法大体系的母体。因为政府行政部门的内部行为和外部行为只是相对意义上的划分，而且外部行为的实现，必须有赖于内部行为和外部关系合理化的前提和基础。显然，部门行政法必须从行政法部门中寻求归宿。另一方面，部门行政法相对独立的质的规定性，使其成为行政法部门立足之本。各个领域的行政管理关系，各个领域内复杂的社会冲突，既为行政部门内部关系的理顺和健全提出要求，又为行政法部门的发展奠定了基础。

第八十八条　行政法制大系统，已难以容纳规范政府行为和规范相对一方当事人行为的两种截然不同的法律规范。加之行政管理关系越来越复杂，各个行政管理领域的技术性越来越强，使部门行政法有了明显的独立性倾向。

第八十九条　部门行政法的独立是行政诉讼制度完善化的基础。

第九十条　行政管理的违法与恰当，不能以行政组织、行政编制、行政程序等基本的行政法规范为权衡的标准。或者说，行政法的诸部基本法律，难以承担鉴定行政管理过程是否合格的职能。大量的部门行政管理的法律、行政法规等是对行政机关行政行为判定的基本标准。

第九十一条　要建立一套完整的、适应市场经济的行政诉讼制度，必须首先形成一部完整的或者趋向客观的部门行政法体系。而这个体系是独立的，内容是明确的，各种规范都是公开的、容易判定的。进而使人民法院和其他诉讼当事人有所依据。

第九十二条　行政诉讼制度较为发达的国家，其行政管理的法律亦相当完善，正是这种体系独立的部门行政法奠定了行政诉讼制度的基础。部门行政法确认的实体性权利义务关系为诉讼过程中的诉讼关系的认定，打下了坚实的基础。

第九十三条 部门行政法的独立是理顺立法权和行政权的关键。

第九十四条 人民代表机关，即全国人大行使立法权，国务院及其各级政府行使行政权，这在理论上是明确的、不易混淆的。但是，由于行政管理的复杂性和行政权的逐渐泛化，使传统的立法权和行政权之间产生了某种微妙关系，即立法机关有时自觉不自觉地行使了行政权，而行政机关则有意无意地行使了立法权。为了解决国家权力的这种错位，立法机关不得不以委托或授权的方式让行政系统名正言顺地行使立法机关事实上难以行使的一部分立法权。然而，由此又产生了新的问题，这就是授权的范畴、内容、领域等。当然，解决此种冲突的途径颇多。

第九十五条 部门行政法是对部门行政管理的规范化。而部门行政管理专业性、科学性极强，立法机关只能确立各领域的管理原则，不可能制定所有的部门性行为准则。唯行政机关有能力制定此种技术性极强的准则。

第九十六条 部门行政法的独立，是政府责任和社会责任有效区分的驱动器。

第九十七条 传统的行政法制系统中，政府责任和社会责任都没有明确的概念与界限。更谈不上用一套法律群来规定二者的责任范围。在一部立法行文中，往往都将政府责任的社会责任混在一起，其结果不利于各主体自觉地履行法律义务。

第九十八条 部门行政法的独立，使规范政府行为的法律规范和规范公民、法人、社会组织行为的法律规范，有了独立的质的规定性。

第九十九条 通过行政基本法确立政府在行政管理中的权利义务关系，从而有效地承担责任。通过部门行政法确立公民、法人和其他社会组织的权利义务关系，进而使其承担相应的责任，亦有利于在行政法关系中对各方当事人的监督。

第一百条 部门行政法的独立，有利于立法技术的改进和行政法制的完善。

第一百零一条 部门行政法的独立，有利于还行政法制系统本来的面目。纵观行政法产生的历史不难看出，它的着眼点在于为政府行政部门的活动提供规范和依据，这一定义以及法律指向都是明确的。如果在我国把部门行政法从传统的行政法制大系统中独立出来，就有了两种类型的行政法范畴和规范构成。一是为政府行为提供规范的行政基本法，它和世界各国的行政法概念吻合。二是规范公民、法人和其他社会组织的，我们称之为部门行政法的这一部分。这样既有了明确的行政法制概念，又有了两套具有内在联系的法制体系，而且轮廓清楚，结构完整。再从立法技术上看，这种区分既有利于划分立法权限，又有利于法律行文中将行政行为和公民行为进行合理划分。

  第一百零二条 任何一部法律的产生，都以一定的社会关系为前提。某个法律体系的形成也不例外。只有当社会的进程达到某一结合点时，与之对应的法律才能形成。

  第一百零三条 法律的制定是通过人的劳作。从而必然存在两个问题：一是一部法律的出台是否既不超前又不滞后，正合时宜；二是该法出台后对社会关系的调整力度是否不偏不倚。显然，出台正合时宜，不前不后，对社会关系的调整恰到好处、不偏不倚的法律，只能是一种主观想象，在现实中是找不到的。就是说，只有最接近客观事实和社会关系的法律才是最合理的。这就要求制定出来的法律对社会关系有高度的敏感性而不是迟钝性。

  第一百零四条 计划经济体制下的部门行政法在敏感性方面，显然不能和市场经济的部门行政法相比。其决定因素除立法技术外，还有政府的法律意识、法律价值、社会控制手段等。另一方面，与行政法部门以及诸部门行政基本法相比，部门行政法对市场适应的敏感度也要高，这是由其所调整的社会关系特性决定的。

  第一百零五条 各个部门行政法还必须构成为一个总的部门行政法体系。

  第一百零六条 部门行政法本身就是一个独立的大系统，并包括了如科技、文化、经济等业务性极强的支系统。

  第一百零七条 部门行政法体系应当分散，部门行政法立法体制的分散性有下列三层意思：一是部门行政法的立法权有序的分散于地方；二是部门行政法的立法权有序地分散于职能部门；三是一些行政管理规范性文件，包括各级政府部门的外部管理规范性文件，将会逐渐成为部门行政法的部分。

  第一百零八条 部门行政法所承担的主要职能是对部门行政管理关系的调控。法律作为一种社会控制手段有各种各样的表现。有的表现为迟滞、错位，有的表现为弱化、乏力，有的则表现为迅速、及时。在后一种情况下，法律的功能才是健全的，对社会关系的调控才是有效的。

  第一百零九条 我国行政法学在飞速发展的同时，具有严重的失衡性。主要表现在部门行政法学与行政法的基础理论和一些行政基本法理论相比，呈现出极大的失缺。甚至可以说，部门行政法的研究仍然没有走出低谷。众多的行政管理领域中的技术规则、调整行政过程中的技术准则还相当空缺。

第一百一十条　今后我国行政法学如果深入发展，首先应当是部门行政法的发展。

第一百一十一条　目前我国的行政法学可以称为"体系统一的行政法学"，即行政法学体系包括了有关政府权力范畴行政法规范的论点、推理和有关部门行政管理范畴的论点和推理，把二者的结合统一称为行政法学。

第一百一十二条　部门行政法学要从行政部门法学体系中分离出来，成为一个完整独立的学科。

第一百一十三条　各个狭小领域的行政法规范的研究也可以相对独立，成为部门行政法学的支系统。

第一百一十四条　行政法学体系的分化是部门行政法和部门行政法学发展的基础条件。

第一百一十五条　部门行政法学成为独立的学科是天经地义的。具体地说，部门行政法学有下列研究对象：一是部门行政管理的指导原则，包括行政管理的总体目标和各具体部门的指导思想。二是部门行政管理机构的设立、活动原则、内部分层等。我国行政机构中部门林立、人浮于事的现象相当普遍，这与此方面的研究落后不无关系。三是部门行政管理过程中各方当事人的权利义务关系，包括行政机关的管理责任和相对一方当事人的法律责任。四是部门行政法的立法技术和调控手段。五是各个行政管理领域中技术规则的研究，尤其是各种技术规则转化为法律规则的研究。总之，部门行政法学有着独立完整的研究对象，足以成为一个完整的学科体系。

（九）行政法学发展

第一条　行政法学与行政法治既可以被视为一个事物的两个方面，具有逻辑上的不可割裂性，又可以作为两个不同的事物进行独立研究。

第二条　我国行政法学界在行政法学与行政法治的处理上，似乎更倾向于它们是一个事物的两个方面，而忽视了行政法学与行政法治各自相对独立的属性。从某种意义上讲，这是导致我国行政法学体系科学属性相对较弱的一个外在原因。

第三条　当代行政法学，是指以现时代行政权行使的行为规则为研究对象并形成学科体系的行政法学。

第四条 当代行政法学的关键词无疑是"当代"与"行政法学",即只有对"当代"与"行政法学"这两个词的内涵作出科学界定,才能揭示当代行政法学的基本概念。

第五条 在我们看来,"当代"是一个历史概念,是在历史发展的过程中确定其空间的。在不同的研究领域和不同的学科中,甚或在不同的社会场域中,"当代"的空间覆盖是有所不同的。由于法与国家、与行政、与政权行使的方式有着千丝万缕的联系,因此,研究法的学科的当代性之确定,必然受制于一定的国家、一定的政权、一定的政权行使方式。我们对行政法学当代性的确定亦必须从上列若干元素出发,这是我们对当代行政法学第一个关键词的说明。

第六条 "行政法学"是一个具有科学内涵的范畴概念,对行政法治状态的个别研究、对行政法规则形成的研究等虽为一种推理和思考,但由于其尚未形成一个研究范畴,进而成为一个研究对象,因而还不能被归入"行政法学"之中。进一步讲,我们所界定的行政法学,是一个能够成为相对独立研究对象和研究体系的学科,此一关键词的厘清是十分重要的,因为它决定着行政法学的品位、决定着行政法学的内在规定性。这是我们对当代行政法学第二个关键词的说明。

第七条 从上列两个关键词的解释,我们可以用四个标准界定我国当代行政法学。

第八条 标准之一是,我国当代行政法学是以特定时期为时段的行政法学。当代行政法学作为历史现象,必然存在于一定的时期之内,对当代行政法学所处特定时期的确定,就成为一个基本的断代事实。若没有这一最为基本的断代事实,当代行政法学的空间就无从知晓。

第九条 我国学界关于当代行政法学的认识,似乎更多地限于目前的时代背景中,即限于政府行政系统正在进行的行政权行使中。

第十条 行政法学作为以行政法现象为对象的学科,是由国家、政权、政权行使的方式决定的,国家、政权、政权行使的方式的特性就决定了行政法学的特性,当国家、政权、政权行使的方式能够相对稳定地形成一个时代时,受其决定的行政法学,也就自然而然地是这个特定时代的产物,打上特定时代的烙印。

第十一条 自 1949 年中华人民共和国成立,我国的政权格局、政权行使方式基本上保持了质的规定性，当然，从 1949 年到 2004 年，我国政权的行使方式虽有多次调整，但基本的权力行使格局是没有发生变化的，且相关的权力行使规则也保持了一定的历史连续性和相对的稳定性。因此，可以说，20 世纪 50 年代的权力性质和权力格局，与 20 世纪 90 年代的国家性质和权力格局相比，并没有发生质的变化，还不足以构成特定的历史断代。以此而论，自 1949 年新中国成立到现时代，都可以被视为"当代"，我国当代行政法学的特定时期，也就在 1949 年至今。任何扩大或者缩小这一历史空间的行为，都必然将当代行政法学的概念确定引入歧途。

第十二条 标准之二是，我国当代行政法学是以特定学术群体为研究主体的行政法学。主体指科学活动的参加者，整个科学活动就是在科学主体的推动下展开的，主体包括科研机构和科研人员两个方面，前者指从事科学研究的科研组织，如瑞典"皇家学院""中国社会科学院"等；后者指从事科学研究的人员，如科学家、学者等。可见，在科学概念之下，研究主体是第一构成要素。行政法学作为科学的一种特殊形式，也必然不能离开相应的研究主体而论之。即是说，对行政法学研究主体的框定，是澄清行政法学内在特征所不可或缺的，当代行政法学的概念界定，亦建立在对研究主体的确定上。

第十三条 我国当代行政法学的研究主体是较为特定的学术群体，一方面，这一学术群体存在于我国行政法治的大环境之下，是对行政法现象最为直接的感悟者。另一方面，这一学术群体以我国当代法学学科队伍的管理格局为基础，如宪法与行政法的博士点、宪法与行政法的硕士点、行政法学家等都是这个群体的构成元素。海外或者境外对我国大陆行政法问题的研究，无论成体系的研究，还是分散的、个别化研究都不能归入我国当代行政法学之中。

第十四条 我国有不少行政法工作者，立法系统中的行政法造法者，政府行政系统的行政法执法者，司法系统中的行政法适用者等行政法工作者都有对行政法问题的认识和见解。然而，以前面指出的可以将行政法学作为独立事物来看待的话，他们还不能够成为行政法学的基本元素，因为行政法工作者和行政法学者是能够合理地予以区分的，这样的区分标准，并不需要作太多的逻辑论证。

第十五条 标准之三是，我国当代行政法学是以特定研究成果为素材的行政法学。知识体系是科学概念的最后一个构成部分，也是科学研究的最终结果，任何科学研究都将以产生最后的知识体系而告结束。科学研究的行为结果是要产生相应的知识或者知识体系，从另一角度看，知识体系是科学体系以及科学概念的基本构成元素。行政法学也不例外,在其构成中也不能没有研究成果,恰恰相反,行政法学的研究成果是行政法学体系的基本元素,是行政法学体系硬件中的硬件。

第十六条 当代行政法学的研究成果也是非常特定的,它既特定于一定的空间之内,又特定于一定的时间之内。

第十七条 作为素材的行政法学研究成果,仅仅限于研究成果之中,而与被立法认可的规则是有所区别的,正如凯尔森指出的:"法学的任务,是以陈述的形式,表达某个社会的法律,换言之,表达法律权力在其立法秩序里所产生的资料,不外指明'当某某条件具备时,某某制裁应当随之而至'。这些陈述,为法律科学用以表达法律者,不得与立法权力所创立的规范,混为一谈,我们最好称呼它们为法律规则。立法权力所制定的法律规范,是规定性的;法律科学所阐明的法律规则,是叙述性的。在这里,'法律规则'一词,必须以叙述的意义予以采用,这是很重要的。"如果我们把规则误认为研究成果,就必然将行政法学研究和行政法工作相混淆,从而降低行政法学研究的品位。

第十八条 标准之四是,我国当代行政法学是以特定的法现象为实在要素的行政法学。法学研究一要注意法现象的历史连续性;二要注意法与社会现实之关系。行政法学的研究同样受这两个因素的制约,或者说,行政法学研究同样要从上列两个方面确定其体系的合理价值。

第十九条 当代行政法学被正确断代以后,作为历史的行政法现象,已经不是它关注的问题。

第二十条 不具有历史的当代行政法学,却不能不具有现实精神。

第二十一条 行政法学能够作为一个独立的学科存在,并不意味着行政法学可以与一定的法现实相脱节。

第二十二条 行政法学体系中的学科要素以抽象主义论之是主观的东西,而作为这种主观东西存在基础的是实在要素。

第二十三条 行政法学的实在要素就是特定的行政法现象。行政法现象是行政法运作的全部要素,而不单单是行政法的规范构成要素。这些要素由行政法规范的产出、行政法规范的存在基础、行政法规范的执行、行政法规范的适用、行政法规范的遵守等若干要素构成。

第二十四条 对行政法学发展脉络的探寻,首先是一个动态性研究,即从动态的角度进行考察,揭示当代行政法学在动态化过程中的历史显现,并对每一次历史显现的独立特性作出确定。

第二十五条 对行政法学发展脉络的探寻,其次是一个宏观性研究,即从整个当代行政法学的全局出发,总体上确定行政法学的属性,其中行政法学某一个环节的问题,则可以忽略不计,若对每一个具体环节的行政法学问题都作出评介,必然会使行政法学失去其全貌,亦须是一个有序的研究。

第二十六条 所谓有序性研究是指研究的宗旨和过程,在于从主观上揭示行政法学由低级而高级的进化过程。有序性研究虽与动态研究有一定的联系,但有序性研究有着自己的独特内涵,它常常以较为乐观的眼光看待行政法的发展过程。有序性研究促使我们不得不人为地为行政法学的发展作出一些断代。

第二十七条 人们关于行政法和行政法学发展的任何断代,都是主观见之于客观的东西,而主观性在其中起了决定性作用。

第二十八条 对行政法学发展脉络的探寻,最后是一个立体性研究。我们对行政法学总体格局的价值断定是沿着单向式的线路展开的,该单向式线路给人一种错觉,当代行政法学发展脉络似乎是一个线性运行轨迹。然而,由于当代行政法学的总体格局使任何线性运行轨迹,都只有表象上的合理性,而不具有实质上的合理性。

第二十九条 各种各样的构成元素,共同反映了当代行政法学的总体格局。这些元素是行政法学发展脉络的基本测评指标,离开了这些测评指标,行政法学就是一个非常空洞的概念。

第三十条 行政法学发展脉络的基本测评指标可以概括为下列方面:研究主体——行政法学研究机构和研究人员的状况;研究成果——行政法学学术著作和学术观点的状况;法学位阶——行政法学在法学体系中地位的状况;法治促进——行政法学推动法治进程的状况;发展前景——行政法学被社会认同和政府承认的状况。每一测评指标的具体情形在下面词条中分别说明。

第三十一条 法学研究机构和研究人员向来就是法学以及法学发展的一个测评指标。当一个国家、一个历史时代法学比较繁荣的时候,就必然有一定的研究机构作为支柱,作为学科的支撑要素,同时必然有一系列出色的研究人员,这些人员或者是法学家,或者是法律学者。在一些法学繁荣的历史时期,这些学者们常常形成了要么观点对立、要么观点相左、要么观点相近的学术流派。反之,当一个国家、一个历史时期法学的发展比较低沉,法律研究机构和研究人员也是寥若晨星的时候。我国当代行政法学发展脉络中第一个重要的测评指标,就是研究机构和研究人员。研究机构由于有相对稳定的硬件设施,可以是一个比较客观的指标。与研究机构相比,研究人员作为一个测评指标相对主观一些，因为，行政法学家乃至行政法学者的称谓，常常是需要历史判定的，即是说，没有经过一定的历史检验，行政法学家的称谓，常常是一个虚在的东西，因为现时代不可能有一个具体的标准确定具备何种条件的人才是行政法学家。但无论如何，行政法学研究机构和研究人员的状况是法学发展脉络的基本测评指标。

第三十二条 没有研究成果的行政法学是不可想象的。当代行政法学的测评指标中若没有行政法学的研究成果，其测评的价值就会降低许多倍。法学研究成果不外乎学术著作和学术观点以及它们之间的相互关系。不论行政法学研究成果的效力如何，它们都是行政法学发展脉络的基本测评指标。行政法学的学术观点是从著述及相关法律文件中表现出来的，但是，行政法学观点作为行政法学研究的成果具有不可取代的作用，从一定意义上讲，正是学术观点促成了法律科学的发展。行政法学研究成果无论是否得到了相应的转化，都不影响其作为行政法学发展脉络的单独测评指标。

第三十三条 法律有部门法的划分，与之相适应，法学亦有不同门类的划分。法学门类的划分常以法律本身的发展为动因，以社会现实的状况为动因。我国传统的法学门类有法理学、宪法学、刑法学、民法学、国际法学等，而近年来，又有一些新的学科门类相继出现，如知识产权法学、环境法学、法社会学、法生态学，等等。一国的法学体系正是由这些传统的和新兴的法律学科构成。但是，各个学科在整个法学体系中的地位是有所不同的，令人遗憾的是，各法学门类在法学体系中的地位，并不是由该部门法在法律体系中的地位决定的。换言之，某一个部门法在一国法律体系中处于较高地位，并不意味着研究该部门法的法学，也必然在一国法学体系中处于较高的地位。某一部门法学在法学体系中地位的决定因素是多方面的，包括一国的法律传统、包括一些外在的因素，其中决定因素之一便是该部门法学自身的发展速率。某一部门法若能尽早形成相对稳定的概念系统、相对完整的学科体系、相对独立的阐释方法，就有可能极早在该国法学体系中寻求到较高地位。各国法学的状况，似乎印证了这样一个事实，即能够尽早达到理性思辨的部门法学，更容易在一国法学体系中处于较高地位。因此，行政法学在我国法学体系中的地位就成为又一行政法学发展脉络的测评指标。

第三十四条 法学作为一个独立的社会现象自有其独特的价值。不过，综观法学的历史，非常清晰地表明法学与法治之间的相互影响关系，法学对法治的促进是衡量法学价值以及法学发展脉络的一个重要指标。在法学能够有效促进法治进程的情况下，就可以说法学的价值和地位是比较高的，而在法学仅仅是一种文化现象，或者不能有效促进法治进程的情况下，就可以说法学的价值和地位相对较低。行政法学对法治的促进可以表现在两个方面，第一个方面是行政法学对行政法治进程的促进，即行政法学对一国法治进程的推动和正面影响。第二个方面是行政法学对整个法治进程的促进，即行政法学对一国法治环境的推动和正面影响。当然，在通常情况下，人们所关注的是行政法学对行政法治进程的促进，是行政法学与行政法治进程的关系，而对行政法学促进一国法治进程的关注相对较少。其实，行政法学促进行政法治进程只是其价值的一个方面。此方面虽是直接方面，但行政法学促进整个法治进程的状况，才是其关键方面。

第三十五条 行政法学发展脉络中还有一个不能缺少的测评指标，就是行政法学的发展前景问题。行政法学的发展前景与其存在的基础有关，显然，社会认同和政府承认是行政法学存在的两个基础条件。所谓社会认同，就是指行政法学能够被广大社会成员所接受以及认可的状况。行政法学与社会认同的关系必然存在两种情况，第一种情况是行政法学能够被社会成员所接受；第二种情况则是行政法学不能够被社会成员所接受。在前一种情况下，法学的基本观点和主张反映了社会意志、代表了社会利益；在后一种情况下，法学的基本观点和主张与社会意志以及社会利益相对立，行政法学亦必然会有上述两方面的表现。所谓政府承认，是指行政法学能够得到政府的承认。当行政法学的基本主张与政府的行政政策一致时，政府则会承认，反之，若行政法学与政府的行政政策相对抗时，则难以被政府承认。还应指出，社会认同和政府承认不总是一致的，如何处理社会认同与政府承认的关系，是一个值得研究的问题。根据公共利益至上和人民利益高于一切的原则，似乎社会认同比政府承认，更应成为行政法学发展脉络中理性化的测评指标。

第三十六条 当代行政法学是一个历史范畴，决定这一历史范畴的是国家、政权以及政权的组织方式。

第三十七条 在这一历史范畴之内，存在着若干发展阶段，而确定这些阶段的要素有三个方面：一是权力行使模式，指一个国家总体上的权力行使格局；二是行政法规范制定的历程；三是行政法学自身的内涵。行政法学具有相对独立的地位，人们关于行政法的理论和观点在某些方面是不受一国行政法治状况制约的，如国外关于行政法治的先进思潮，法学其他学科的先进理念，社会科学新的思想方法等都足以使行政法学成为一个不依赖行政法治而相对独立的知识体系。在对行政法学发展脉络的断代中，行政法学自身的内涵就是一个不可或缺的元素。上列三个要素各自对行政法的断代发生作用，但较为科学的行政法学断代，必须有机地将上列三个要素予以结合。在综合上列三个要素后，我国当代行政法学可作出如下断代。

第三十八条 第一断代：拿来主义阶段。拿来主义的起始时间应当是1949年中华人民共和国成立至1956年中国共产党第八次全国人民代表大会之前。这一时期我国行政法学与行政法治的关系尤为密切。行政法学既没有形成特定的研究团队，又没有职业化的行政法学家。行政法工作者与行政法学者几乎没有予以恰当分离，因此，此一阶段行政法学理论与行政法治实践联系极为密切。此时，苏联行政法学理论和制度直接对我国行政法学产生了影响。一方面，20世纪50年代苏联行政法的基本理论体系已经形成，50年代初行政法学与行政法治的紧密结合使我国以苏联行政法的理念为指导，制定了一系列行政法规范。

第三十九条 第二断代：停滞阶段。停滞阶段应当始于1957年，终于1977年。我们将1957年到1977年的行政法学定性为停滞阶段，并不是主观臆断，而是有着充分的理论和实践依据。前面词条中揭示了行政法学发展脉络的五大测评指标，如果我们将这些测评指标用于评价这一时期行政法学的状况，必然能够得出行政法研究停滞的结论。一则，此一时期行政法学的研究机构和研究人员已不复存在，即便连行政法工作者这样一层次的行政法人也不曾存在，专职的行政法学研究机构和相关研究群体更是无从谈起。二则，行政法学学术著作和学术观点没有任何生存的空间，这一阶段没有一部行政法学论著的事实就是最好例证。法学位阶、法治促进、发展前景等各项指标均无法确定，总之，此一阶段的行政法学既不可以有承上的作用，更不能够有启下的功效。

第四十条 第三断代：造势阶段。这一阶段的起始与终结时间应当是1978年至1988年。这种造势主要表现在：一则，行政法学的理论和观点填补了中国社会关于行政法的知识空缺。一些社会阶层正是从行政法学界的研究成果中深入了解了依法行政和行政法治的一些问题，而这一点，恰好成为后来行政法治发展的社会基础。二则，行政法学的理论和观点，使行政法学在我国法律学科中占有了一席之地。在1983年以前，整个法学界和法学领域中行政法学还是一个非常陌生的学科，至少许多法律院系还没有开设行政法学课程，而行政法学作为独立学科的特色也不十分明显，从这一阶段开始，行政法学在法律学科中有了独立的研究对象和学科构成，行政法学硕士点也得到了教育部的承认。三则，行政法学的理论和观点，使国家有关部门认识到了依法治国中必须包含行政法治。后来中国行政法治的进程表明，行政法学造势阶段取得了非常重大的成就。

第四十一条 第四断代：成果转化阶段。1989年到1999年是我国行政法学由相对理论形态向相对实证形态转化的时期。在1989年《行政诉讼法》颁布之前，行政法学的理论形态是非常明显的，有时甚至可以说，行政法学是行政法学界的事情，是行政法学界的行政法学，学者们多以行政法学的理论观点和研究成果自娱自乐，甚至自我欣赏。而执法者对这种关于法学的理论却不一定有兴趣。而《行政诉讼法》的制定则使行政法学的性质发生了变化。进一步讲，1989年以后，当代行政法学进入了另一个历史阶段，即成果转化阶段。这一阶段，大量行政法学的研究成果要么被转化为行政立法文件，要么被转化为行政执法的指导原则。行政法学研究成果转化为行政法治的势头是非常强劲的，这种转化的最高体现是1999年《宪法》第13条修正案，将"中华人民共和国实行依法治国，建设社会主义法治国家"确立为治国理念。人们在谈到依法治国的时候，自然而然地联想到依法治国的关键是依法行政，而这一论点也在我国党和政府的文件中得到了肯定。

第四十二条 第五断代：理性反思阶段。这一阶段的起始时间为2000年我国加入世贸组织前夕，到目前为止，行政法的发展仍然在理性反思的研究格局中。中国行政法学的发展走的是一条非常特殊的路子，一方面，中国行政法学的基本底土是长期以来实行的计划管理模式，由于行政法被认同为管理法，难免更多地带有行政管理的属性而较少带有规制行政权的属性。依据行政管理学大辞典的解释，行政管理指"国家根据宪法和有关法律，通过行政机关对国家政治、经济、文化、卫生等各方面事务进行管理的组织活动，是国家行政权的运用和实施。"笔者认为，该定义包含如下意思：第一，行政管理代表了国家意志。管理的全部内容是由国家在该时期的任务和职能决定的，即为完成国家任务、发挥国家职能、完成社会发展计划而进行的实际组织活动。第二，行政管理是行政权行使的体现。行政权是相对于立法权、司法权而言的一种国家权力，在三权分立国家，它是主权分割后的一分子，与立法权、司法权平分秋色。在议行合一国家，它是由立法权派生出的一种权力，处于立法权之下，受其监督，对其负责。行政权是由行政主体把握的，它和其他国家权力一样，是要在现实中发挥作用的，主要表现为行使管理职能。第三，行政管理是行政权作用于一定对象的表现。管理的目的是社会的良好秩序状态,而特定结果的获得,是要通过对一定对象的规制才能达到的。由此可见,行政管理的特性突出于行政权的权威性和行政管理关系双方地位的不平等性,或被管理方对管理方的服从性。另一方面,中国行政法学受到外来多股行政法学势力的影响,除苏联行政法学对中国行政法学产生深刻影响外,英美法系的行政法学理念、大陆法系的行政法学理念都不同程度地影响或者感染了中国行政法学。从正的方面看,国外的行政法学理念对中国行政法的发展起了积极作用,若反向分析的话,这种将外国行政法学理念与中国本土行政法学结合的状况,使中国行政法学在诸多方面表现得非驴非马,甚至制约了行政法治的实践。我国行政法学存在的固有弊端,在我国加入世贸组织之际以及加入世贸组织以后表现得尤为突出,不得不使学者们以较为理性的眼光审视行政法学的状况。对行政法基本理论以及基础理论的研究,就成为近年来行政法学研究的重中之重。今后一段时间内,我国行政法学还将处在理性反思阶段,包括对行政法理论基础的反思、行政法价值的反思、行政法模式的反思、行政法基本理念的反思、行政法学方法论的反思等。

第四十三条 我国当代行政法学发展的得失,可作出下列概括:政府推动的得与社会推动的失、实证研究的得与规范研究的失、行为研究的得与体制研究的失、学科化的得与科学化的失。

第四十四条 无论是行政法规范还是行政法学,都有相应的保护和促进机制,所不同的是,行政法规范的保护机制与行政法学的保护机制是不完全相同的,行政法规范的保护机制主要是国家强力。

第四十五条 行政法学的保护和促进机制不是单元的,而是多元的。当一种行政法学理论和观点受到政府的关注和支持时,它的保护和促进机制应在政府一边。反之,当一种行政法学理论和观点受到较大范围社会成员的关注和支持时,它的保护机制就在社会一边。

第四十六条 我国当代行政法学在发展过程中,也受制于政府和社会两个方面的推动机制。而两种机制所追求的法治效果并不是完全一致的,有时甚至是对立的。

第四十七条 政府推动下的行政法治以及行政法学与社会推动下的行政法治和行政法学,在性质上会有较大差别。当然,不是说政府推动的行政法学必然就是不好的,而社会推动的行政法学必然就是好的。

第四十八条 综观我国当代行政法学,笔者认为,我们从政府推动中得到了不少，一些行政法理念甚至包括行政法理论基础就是政府推动的结果。同时，一方面，社会对我国行政法学的推动尚不够强劲和有力；另一方面，就社会推动下形成的一些行政法理念，也难以得到权威部门的认同，这便是一些有制度价值的行政法理念始终存在于理论形态中，而没有被转化为行政法治的原因。总之，我们在行政法学的社会推动中是有所失的。这是我国行政法学界必须引起重视的一个问题。

第四十九条 实证研究与规范研究是两种不同的研究方法。实证行政法学对行政法问题的研究仅限于事实领域。对行政法范围内的各种已存事实、客观的规范事实、应用事实和其他已被国家认可和付诸实践的事实范畴进行论证和证明，其在实证研究中采用的基本分析工具是：分析研究方法、统计研究方法、归纳研究方法、经验判断研究方法，在一定范围内也运用演绎方法。规范研究又称价值研究，它对行政法学问题的研究以评价、构设体系、预测等为基本方法论。规范研究方法不但不热衷于分析，反而认为分析只能是就事论事，只能解决技术性问题，而不可能解决行政法大系统及其支系统的构成问题。所以规范研究在对行政法学进行评价的同时，也进行体系构设、设计行政法的宏观体系、构架行政法治大系统等。上列两种方法论，在我国当代行政法学研究中都被采用过。

第五十条 我们更倾向于实证行政法学，更倾向于从实证分析的角度研究行政法或行政法学问题。当然，我们从实证行政法学研究中得到了不少。实证的方法论促使诸多行政法规范问世，并使行政法学不少具体问题得以澄清。实证行政法学由于重在事实，重在分析，重在阐释，所以它对解决我国行政法的实际问题、行政法的应用问题、行政法的社会控制问题起到了极大作用。

第五十一条 我们在偏爱实证行政法学的同时，也相对冷落了规范行政法学。

第五十二条 近年来，我国行政法学界对行政行为问题的研究取得了巨大成就，既有不少关于行政行为的专著，也有不少行政行为的学术论文。行政行为问题的研究无论是行政行为的基本理论，还是一些特定的行政行为都有成体系的东西。如果把行政法学的体系分成"体"和"用"两个方面，作为"体"的方面常常决定作为"用"的方面。笔者认为，行政体制与行政行为相比是更为重要的东西。

第五十三条 体制行政法至少具有下面四大功能。

第五十四条 一是对宏观体制的补充功能。一国宪法所确立的有关国家权力划分以及各个国家机构之间的关系形式，可以被称之为宪政体制。宪法、法律在一些方面的滞后性、社会发展相对于前者而言的超前性，却使各国不得不在后来的立法中完善宪政体制，其中体制行政法是最能够对不完善的宪政体制进行补充的法律规范，而行政行为法，则不具有这样的功能。

第五十五条 二是对行政权轮廓的勾画功能。行政权的基本范围显然在宪法和法律中作了规定，然而，这些规定离行政权具体的轮廓还相去甚远，如谁也无法对我国《宪法》第89条规定的国务院行使的"管理权"确定一个永远不变的界限或范围。体制行政法便可以在其他法律规范规定的前提下，对行政权的范畴作出进一步规定，对行政权的基本轮廓作出进一步勾画。

第五十六条 三是对行政管理微观体制的设计功能。所谓微观体制，是指行政系统中细小的权力划分形式，它常常涉及两个直接行使行政权的机构之间的权力分配，涉及行政机构与所管理的具体事务之间的关系。此类体制，由于关系到的权益关系比较具体，便被研究行政组织法规则的人所忽略。在行政权行使中，微观体制对行政权的质量影响更大，如行政罚款的处置是一个非常小的问题，而这一问题处理得好则有利于建立良好的政府形象，这一问题处理得不好就会损害政府的形象。以前采取罚没收入与财政支出一条线的微观管理体制，导致了执法扰民等不良行政。而后来通过体制行政法调整为罚没收入和财政支出两条线，则使行政效率大大提高，也树立了良好的政府形象。可见，体制行政法对微观行政体制的设计功能不可忽视。应当说明的是，设立微观行政体制的规则，大多不是以行政组织规则或者公务员规则出现的，而散见于其他部门行政管理法中。

第五十七条 四是对行政程序的间接规制功能。体制行政法间接决定行政程序，是一个具有极大理论意义的问题，它提醒我们在为行政主体的行政行为确立程序规则时，必须与体制行政法的完善紧密结合起来。而我国的法学研究对体制研究明显不足，一些国外的行政法教科书中有关体的部分占到教科书总论的四分之一强，而我国绝大多数行政法教科书中有关体的部分则很少，与行政行为的理论形成巨大反差，一个细小的行政行为，常常可以作为教材的一个专章进行讲授，而行政组织要么不出现在行政法教科书中，要么只有一个章节。这一得失关系，使我们在有些方面的研究本末倒置。

第五十八条 行政法学科与行政法科学是两个不能够同日而语的概念。

第五十九条 在行政法学作为一个部门法学具有相应的规模、相应的研究对象、相应的概念范畴、相应的阐释方法时，我们便可以说行政法的学科已经形成。

第六十条 作为行政法学科，除了具备上述学科要素外，还要具备符合国情、民族精神、主客观环境并能自我修复，只有符合这样的条件才算达到了科学化的格局。

第六十一条 我国行政法学已经形成为学科是公认的事实，从目前情况看，中国行政法学体系和学术范畴已经初步形成，为中国行政法研究的开展和深入奠定了基础，同时，在国家及法学者之间，学者与实务工作者之间，法律人与普通公众之间，已基本发展出一套通用的公共行政法治体系，为中国法治建设提供了知识平台。这是我们作为行政法学科的得。

第六十二条 我国行政法学的科学化，则是一个尚待证明的问题。作为一个学科而言，包括了一定的价值判断，我国行政法学研究中的这种价值判断比比皆是，如主流意识形态必须统治行政法学的研究过程，研究人员必须以主流意识形态为指导思想，否则，相应的研究成果则得不到至少是来自政府方面的承认。作为一种科学而言，所讲述的是科学方法论，是不受任何意识形态或主流思潮制约的思辨方法，只有当行政法的学科体系在科学方法的指导下自觉运行时，才算达到了科学化的程度，而我国当代行政法学要达到这样的程度，还需时日。

第六十三条 我国行政法学的基础研究一向比较薄弱，而作为行政法学以及行政法学科体系特质的研究更是相对滞后。

第六十四条 行政法学体系是行政法学体系全球趋同研究的基本单位，因此，我们必须给行政法学体系下一个简单的定义：行政法学体系是指由行政法学科元素构成的行政法学的基本结构。

第六十五条 行政法学体系是以行政法规范以及行政法规范体系为基础的，但它作为学科范畴，与制度范畴的行政法规范有着质的区别，至少它可以独立于行政法规范而存在，这一点决定了我们可以将其作为一个独立的现象来研究；行政法学体系是以相对确定的行政法学现象为对象的，即我们对行政法学体系的框定必须以一定的行政法事实或行政法学事实为对象，因为，当我们使用行政法学体系这一概念时，大可以指全世界的行政法学体系，次可以指某一法系的行政法学体系，再次可以指某一特定国家集团的行政法学体系；小则可以指某一国家的行政法学体系。由于行政法学体系范围的这种不十分确定性，我们必须将自己使用的行政法学体系范围予以必要限制。

第六十六条 由于行政法制度与行政法规范是以国家为单位的，因此，我们对行政法学体系的考察，也是以一国的行政法学体系为单位，或者说，我们对行政法学体系的研究是以我国行政法学体系为基础和基本对象的。

第六十七条 行政法学体系的全球趋同，是指以一国为单位的行政法学体系的国别属性或者国别特征赋予它的属性越来越小，而作为法系乃至整体法学的特性则越来越明显的状态。我们指的整体法学，是说当我们在谈论行政法学体系时，作为一个完整事物的特性，而不是在这个完整事物中包容着诸多不同部分构成的情况。

第六十八条 行政法学体系全球趋同是对行政法学体系发展的一个描述，只有以动态的、变化的、渐进的眼光观察，才能领会行政法学体系全球趋同的含义；行政法学体系全球趋同是对行政法学体系状态的一个相对化描述，只有从相对意义上才能把握全球趋同的实质，所谓相对化是说，行政法学体系全球趋同并不能否认行政法学体系的国度化特征；行政法学体系全球趋同是对行政法学体系基本价值的一个定位，只有将行政法学体系全球趋同作为其在发展进程中的一个价值取向来看，才能不使这一称谓本身绝对化。上列三方面是我们分析行政法学体系全球趋同需要重点注意的。

第六十九条 若从深层分析，笔者认为，行政法学体系全球趋同有如下内涵。其一，是说行政法学本土特征日益弱化。其二，是说行政法学封闭系统日益弱化。其三，是说行政法学的政治色彩日益弱化。具体说明分述于后。

第七十条 行政法学体系的本土特征，是指行政法学以本国的行政法资源为基础并形成能够解释本国行政法制度和行政法运作的一整套行政法概念，以及相关行政法知识系统的客观状态。一国行政法的资源是多方面的，包括本国政治制度和法律制度的基本格局，包括本国宪政制度的基本结构，包括本国过去的和现在的行政法资料，如行政法典、行政法实施机关等，包括本国制约行政法状态的外在和内在因素，如民族文化、行政传统、自然资源等。这些行政法资源是行政法学体系的底土，也是行政法学形成本土属性的决定因素。行政法资源是构成行政法学体系本土特性的最为实质的因素。然而，这一因素并不直接导致本土行政法学体系，深而论之，一国的主流意识形态以及行政法学人们的行政法学理念，甚至长期形成的行政法学研究方法，才是行政法学体系本土特征的直接促成因素。例如，一国在社会科学研究中占统治地位的指导思想可以促成行政法学研究中格局，而且这种指导思想只能使这样的行政法学格局存在而不能容许那样的行政法学格局存在，正是这种排他性，从一个侧面决定了行政法学与其他国别行政法学区分的特质。又如，一国学者长期形成的行政法学思维定式，或者在所谓权威理论的制约下形成的认知理念，都会使一国的行政法学体系与他国有异。上列若干要素所造成的差异，便促成了本土行政法学或行政法学的本土特征。笔者认为，任何一个国家都有上列因素，因此，任何一个国家的行政法学体系都有其本土特征。

第七十一条　我们可以作出这样的判断：行政法学体系本土特征越明显，各个行政法学体系的差异就越大，反之，一国行政法学体系的本土特征越不明显，各国行政法学的差异也就越小。总而言之，我们不能将差异大的不同国别的行政法学体系叫做全球趋同，即不能认为各国的行政法学体系以本国为特征甚至仅仅以本国为特征是行政法学体系的全球趋同，而应当作出相反的定性，反之，可以将各国行政法学体系差异较小，本土特征相对不明显的行政法学体系以全球趋同定性。

第七十二条　依系统论的基本原理，凡成为系统的东西，都有相对的封闭性，否则就失去了形成本系统的基本条件。这一原理是有一定道理的，各国行政法学体系之所以能够以"体系"来称谓，前提是在它内部形成了一种结构，而这样的结构对本系统之外的东西有相对条件下的排异性，即它不能很方便地吸收自体以外的物质或精神要素，与本系统之外的东西进行能量交换，也是非常严格和受条件制约的。行政法学体系由于存在于特定国度之下，因此，也具有相对封闭性的特征。从广义上讲，作为封闭的行政法学体系，至少有下列方面的排斥：一是排斥不同类型的学科对它的侵入，例如，行政法学体系对其他部门行政法学体系概念系统的不认同。二是排斥被新的科学研究证明有意义的、超前的研究手段，如行政法学研究中对社会学中一些新的调查方法、分析方法就表现出了极大的冷漠。三是排斥不同国家的行政法学理念，如福利国家中给付行政的理念以及其他全新的行政法理念，就为我国行政法学研究所难以接受。四是排斥现代社会变革对社会关系组合方式造成的影响，进而影响到行政法学思辨方式的社会原动力，如社会组合方式的变化，使行政法关系主体理论受到震撼，而行政法学体系对这样的震撼并没有及时予以回应。行政法学体系的趋同状态，我们还可以从其他方面予以佐证。然而，行政法学体系的封闭性与开放性是相对而言的，即是说，封闭性与开放性是一个相互对应的概念，若是封闭性的就必然不是开放的，反之亦然。

第七十三条　不论行政法学体系的封闭性还是开放性，都是一个相对意义的概念。换言之，行政法学体系的绝对封闭或者绝对开放都是不存在的，在有些情况下，其封闭状态占主流，而在另一些情况下则是开放状态占主流。若行政法学体系在封闭状态占主流的情况下，其全球趋同的特性就不复存在，因为这时这一封闭系统还难以与其他国别的行政法学体系交换能量。反之，若行政法学体系在开放状态占主流的情况下，其全球趋同的特性就非常明显。回归到本问题的命题也就是说，行政法学体系封闭系统的弱化，是其全球趋同的内涵之一。

第七十四条 行政法学是社会科学的构成部分。无论实行何种制度的国家，对待自然科学与对待社会科学的态度是有所不同的。此处所讲的对科学研究的态度，是就国家政权体系的态度而论的。一般讲，国家政权体系对自然科学的态度采取的是相对松弛的策略，即强调用科学方法论指导自然科学的研究。而对社会科学的态度则采取的是相对谨慎的策略，即强调意识形态对社会科学的统治作用。根本原因在于社会科学对一国的统治理念和统治制度乃至统治方法有直接影响。当然，社会科学亦可以进一步分为理论性学科和实用性学科。如果说，国家政权体系对社会科学中不同的范畴有所区别的话，对实用性学科则采取的是更加严格的约束态度，因为这些实用研究如果能够进行成果转化，则可以直接对现实政治制度和法律制度产生作用。

第七十五条 行政法学在社会科学中属于实用性学科，因此，国家政权体系对其采取的便是严格的导向性策略，这种导向性，为行政法学研究刻画了政治倾向的命题，亦即不论实行何种制度的国家，学者们构设的行政法学体系或者在长期发展中自然形成的行政法学体系，都具有一定程度的政治色彩。当然，政治色彩只是行政法学体系所具有的色彩之一，至少与政治色彩相对应的还有技术色彩、社会色彩等。

第七十六条 以马克思主义的原理观察，行政法学的政治色彩是由行政法规范的政治属性决定的，以前我国强调法律的阶级属性，这一命题亦可以运用于解释行政法现象。现在我们不说法是统治阶级意志的体现，但我们可以说法是当权者意志的体现，这就是它的政治性。

第七十七条 由于行政法学体系的政治色彩与政权体系和政治实体有关，而政权体系和政治实体都是以一定的国度、一定的地域、一定的政治价值为单位，正是这种相对排他的"单位"性，决定了政治色彩明显的行政法学体系的非全球化特征。

第七十八条 行政法学政治色彩的淡化，标志着其社会化色彩、技术化色彩日益明显，而社会化色彩、技术化色彩是不受严格的政治单位和地域单位限制的，正是在这种意义上，我们说行政法学体系色彩的深化，包含着全球趋同的含义。

第七十九条 行政法学体系全球趋同内涵的揭示,是我们对行政法学体系全球趋同的质的揭示,也就是说,符合上列三个本质特征的一国行政法学体系,具有全球趋同的性质。但是,上列三方面的东西,只是对全球趋同的定性,它并不包括某一国家行政法学体系已经全球趋同的必然判断。如果我们要对一国行政法学体系全球趋同作出必然性的判断,还必须从行政法制度和行政法规范以及其他一些内外在要素上进行考量。

第八十条 由于全球趋同既是对一个国家的行政法学的描述,又离不开全球行政法学体系的总体状况,因此,我们必须从相对较大的外延上确定行政法学体系的全球趋同问题。

第八十一条 以法系和法圈在行政法学体系中的区分逐渐模糊性佐证行政法学体系的全球趋同。

第八十二条 法系与法圈是法学研究中对不同的法律制度和不同法学体系的概括。

第八十三条 法系是指法律规范及其制度的描述。在传统的教科书中,法系的区分是以法律制度和法律规范为基础的。学者们很少在法学及其体系上区分法系或者描述法系的实际情况,但是,法系并不单单是法律制度和法律规范问题,最主要的是法系本身反映了不同法学体系的区分。如大陆法系的行政法学体系就有一整套解释法律现象的概念系统和分析手段,如行政成文法至高无上的地位、强调行政的司法救济等。与之相对应,英美法系的行政法学体系也有一整套概念系统和分析手段,如看重行政程序的价值、重视行政过程中的民主倾向等。可以说,在传统行政法学研究中,不同法系的行政法学体系可谓泾渭分明,我们可以将韦德的行政法学教科书与奥里乌的行政法学教科书进行比较,非常明显的是韦德的行政法学体系是英美法系的必然产物,而奥里乌的行政法学体系则深深地刻上了大陆法系的烙印,而且在诸多问题上,无论作者还是读者都没有很好的方法将一些行政法问题予以调和。笔者认为,不同法系在行政法学体系中的区分,是制约行政法学体系全球趋同的瓶颈。然而,近年来,这种格局发生了深刻变化,亦即在一些根本的行政法理念上,两大法系几乎没有明显区分。例如,关于契约理念在行政法学体系中的引入,两大法系具有异曲同工之妙,我们可以以《法律与行政》与《行政法总论》的论点作为证明,一些行政法学的重大认识问题上两大法系的区分已经相当模糊,在行政法学的一些微观问题上又如何呢?可以肯定地讲,其差别和区分也越来越小。

第八十四条 在法圈问题上也是一样的，人们将一定制度和调控方式范围内的不同国度的法律称为法圈，即具有相同行为模式的法律制度可以归于一个法圈，而与之有别的，则可以划归另一个法圈，现在这样的划分亦越来越模糊，甚至不复存在。对于法系和法圈的这种趋向，人们一方面关注不够，另一方面没有揭示其原因和将给行政法学体系发展带来的冲击。法系和法圈的地域属性、制度属性，说到底是本土化属性非常明显。换言之，随着法系和法圈界限的模糊，也标志着行政法的全球趋同日益明显。

第八十五条 以各国行政法学研究对象的逐渐相近，佐证着行政法学体系的全球趋同。行政法学研究对象是行政法学体系应当率先解决的问题，这在各国行政法学者所编写的行政法教科书中可以看出。

第八十六条 行政法学研究对象虽是行政法学研究中最为基础的问题，然而，传统行政法学中各国学者对行政法学研究对象的确定都千差万别。如，有的认为行政法学以行政过程及其运作的行为规则为研究对象，有的认为行政法学以国家制定的实在行政法为研究对象，有的认为行政法学以行政法规范背后的各种要素为研究对象，有的认为行政法学以行政组织和行政行为以及行政救济为研究对象，等等。当然，不同国家关于行政法学研究对象的不同认识，有时是因为学者们所站的角度不同，所产生的认识上的误差，如果仅仅是认识上的误差，倒不如说明行政法学研究对象不同会给行政法学体系带来什么后果。

第八十七条 传统行政法学体系中关于行政法学研究对象的认识之差距，并非认识问题，而是牵涉到对行政法价值的定位和对行政法模式选择的问题，如奥里乌的规范研究理论与古德诺的司法过程研究理论，就反映了对行政法价值的定位问题。

第八十八条 近年来，行政法研究对象几乎不再成为人们争论的问题，不同国家的不同学者关于行政法学研究对象的表述几乎非常相近，有的完全趋向同一，如沃尔夫将行政法学研究对象概括为十一个方面，而盐野宏虽没有列举，但也作出了基本相同的概括。

第八十九条 如果对近年来人们鉴于行政法学研究对象作一概括的话，几乎都认为行政法就是以行政法规范以及行政法规范的运作过程为研究对象的，我国学者也有同样的描述。

第九十条 笔者认为，行政法学研究对象的相近性，使行政法学构筑了大体相同的体系，并使行政法学具有大体相同的价值定位，也使行政法学具备相近的模式选择成为可能。而谁敢说这不是行政法学体系全球趋同的表现之一？

第九十一条 以行政法学方法论各国的逐渐吸收性佐证行政法学体系的全球趋同。行政法学方法论并不是一个无关紧要的问题，恰恰相反，它在整个行政法学体系中占有非常重要的地位。对于行政法学的方法论可以从不同角度观察，但无论如何，我们必须把方法论作具体的研究方法区别开来。具体的研究方法是指研究主体在研究过程中采用的可供操作的技术手段，在一般情况下，具体的操作手段在不同国家的行政法学体系中、在不同的学者身上并没有太大的区别。但是，行政法学的方法论则有所不同，从一定意义上讲，行政法学方法论是哲学范畴的问题，是处理行政法学与现实行政法制度关系的手段。不同的哲学理念下行政法学对待行政法制度的思路就有所不同。

第九十二条 在传统行政法学体系中，不同国度在行政法学方法论上的区别非常大。正如和田英夫对不同国家行政法学方法论所作的概括，如他认为，英美国家的政治学体系是以程序为基础的，德国的行政法体系是以福利为基础的，所谓"给付行政"之行政法是也，而法国则是责任行政，即法国行政法以行政系统的责任为根本，并以此建立行政法制度。对上述三种制度的区分，实质是对三个国家在行政法学方法论上的评价，这种评价在笔者看来是客观的。它说明，在传统行政法学体系中，不同国家，哪怕是同一法系的国家所选择的行政法学方法论是不同的，不同的选择使各国行政法的本土特征更加明显。

第九十三条 近年来，行政法学方法论发生了革命性变化，最大的变化是一些先进的行政法学方法论各国都无一例外地予以了采用，如行政法必须以宪政制度为根基进行思辨和认识的方法论；行政法作为公法与私法具有同等重要意义，并必须确定其与民法学体系平起平坐地位的方法论；私法中的契约原理用来认识行政过程弃权及行政法体系的理论；等等。行政法学方法论之总趋向是相互间的吸收，而这样的吸收，奠定了行政法全球趋同方法论上的基础。

第九十四条 以行政法学基本理念的诸国逐渐渗透性佐证行政法学体系的全球趋同。行政法学的基本理念既包括行政法的概念系统，又包括行政法中的相关解释方法。我们知道，行政法中有一系列归于理论范畴的概念系统，如行政、行政权、行政法关系、行政法原则、行政法的价值、行政法模式；行政法理论基础中还有一系列归于原理范畴的概念系统，如行政组织、行政行为、行政程序、行政救济；行政责任中还有一些归于运作过程的概念系统，如行政立法、行政执法、行政司法、行政守法等；行政法中还有一些归于分析方法的概念系统，如行政强制、行政决策、行政作为、行政不作为等；行政法中还有一些归于价值确定的概念系统，如行政合法性、行政合理性、行政不当性、行政中的德性；等等。上述概念系统，只是我们从不同的角度所作的一个概括，可以说，整个行政法学体系都包容的概念系统几乎比任何一个部门法都要大，如果把部门行政管理法也算进来，其概念系统超过了其他部门法的总和。

第九十五条 行政法学体系中的概念系统有的相对成熟，有的则不十分成熟，这与民法学中的概念系统形成了巨大反差，造成民法学中概念系统领先于行政法学中概念系统的原因，主要是历史，即民法学经历的历史要比行政法学长得多，当私法已经有一整套学科规范时，公法的概念还没有诞生。

第九十六条 在传统行政法学体系中，一方面，不同的国家在分析行政法问题时使用的概念不同，有些国家的行政法概念相对较多且具有法的属性，有些国家其概念相对较少而且法的属性不明显如美国与苏联。另一方面，对同一问题的分析不同国家运用不同的概念，如同是行使行政权的实体，有的国家叫行政机关，有的国家叫行政主体；同一概念在不同国家有不同的含义，如行政行为在不同国家就有不同的含义。

第九十七条 近年来，传统行政法学体系的状况发生了变化，即在一些基本的行政法概念上以及行政法学分析中各国相互渗透，如司法审查的概念各国普遍接受并在概念的内涵上达成了共识，各国在行政法理念上的相互渗透，几乎每年都有新的进展。这一变化对行政法学体系的闭门造车、自我欣赏有非常大的制约作用，全球化的格局便是在概念系统的相互渗透中得到升华的。

第九十八条 行政法学体系全球趋同，是各国行政法学界面对的共同问题，一个国家要完善自己的行政法学体系，除必须考虑本国的行政法制度外，还要充分考虑世界各国行政法的发展趋势。

第九十九条 行政法的全球趋同是一个不可逆转的趋向，任何一个国家若要使本国的行政法能够在世界行政法学体系中有一席之地，就必须进行重新抉择，在有些情况下，这种抉择可能是十分痛苦的，但如果不对行政法学发展的这种挑战进行非常理性的应对，该国的行政法学体系就会成为一个真空地带，游离于全球行政法学大系统之外。而行政法学体系的这种体系外游离，必然会反映在该国的行政法制度中，即是说，一国行政法学体系的非全球化必然导致一国行政法治体系的闭关自守，而这样的结果，对于一国的法治建设而言是灾难性的。

第一百条 笔者从下列方面分析我国行政法学如何应对行政法体系的全球趋同。（1）反思我国行政法学的发展过程。（2）反思我国行政法学的研究对象。（3）反思我国行政法学的研究主体。（4）反思我国行政法学的研究方法。

行政法时代精神之解构：后现代行政法理论的条文化表达

第一百零一条 要对我国行政法学的未来作出展望，要使我国行政法学体系能够融入到全球趋同的行政法学大系统中去，就必须对我国行政法学的发展过程进行适当反思，因为通过这样的反思，可以使我们对我国行政法学长期以来在发展过程中的得失利弊作出评价。

第一百零二条 我国行政法学最早是在20世纪50年代发展起来的，当时我国行政法学虽没有形成规模和体系，但有关行政法的基本概念以及对行政法认识的一般理论已经形成。可以说，这一时期的行政法学在对国外行政法学先进成果的吸收上具有非常大的片面性，即我们只注重了对社会主义类型的行政法学成果的吸收，尤其是吸收了苏联行政法学研究的成果，行政法作为管理法的理念就是苏联行政法学研究的翻版。由于苏联自身的行政法学没有长期的历史积淀，且对一些人类先进的行政法理念具有排斥的倾向，因此，不能说苏联的行政法学就是全球化的产物或具有全球化的特征，而以其为蓝本的我国行政法学，当然也不能有所例外。

第一百零三条 十年"文革"，使我国行政法学的研究基本中断，我国当代行政法学研究的起始应当是20世纪80年代初，1983年第一部统编行政法教科书的诞生，意味着我国行政法学人对我国行政法学体系有了初步认识。随后出现了诸多关于行政法的价值研究，若干行政法学理论基础的纷纷登台便是例证。学者们以最大的努力构思中国行政法学的独有体系，使行政法学研究更加具有了中国特色，尽管可以说，我们在对行政法学体系的构设中吸收了诸如行政合法性、正当程序、行政的司法审查等先进的行政法理念，但是我国行政法学的发展其本土特色强于全球趋同的特色。一方面，我国行政法学的建立，政府推动的特点非常明显，我国诸多行政法理念的形成，都与政府的决策以及政府的主动行为有关，如我国不能接受全面司法审查的理念就是政府决定的结果，而政府推动，由于更多地考虑了实用理性，因此，系统化的、能够被全球所吸纳的行政法学体系就难以形成。另一方面，我国行政法学体系在构筑过程中，也并非没有研究和吸收先进的具有全球属性的行政法学思想和观念，但是，当我们在吸收这些理念时，不是将其作为一个整体来看待，而常常是取我所需，这样我们对先进行政法学成果的吸收，并不是在把握全球行政法学发展的脉络下进行的，这样的片面吸收，必然会带来弊害。

第一百零四条 综而观之，笔者认为，我国行政法学的发展过程不是一个能够为行政法学全球趋同开辟良好道路的过程，这是必须对我国行政法学发展所作出的基本判断。如果这一点我们没有足够的认识，还沉浸在孤芳自赏中，就会进一步制约我国行政法学对全球先进行政法成果的吸收。

第一百零五条 前面已经指出，行政法学研究对象在行政法学体系中占有非常重要的地位，行政法学研究对象的相近性如何，是衡量行政法学全球趋同化的一个测评指标，当各国行政法学研究对象相近时，行政法学体系的全球趋同化则明显一些，反之，当各国行政法学研究对象相对较远时，行政法学体系则不可能呈现出全球趋同的格局。

第一百零六条 行政法学研究对象的框定，有两种状态，第一种状态是行政法学的研究以实在的行政法为对象，在此一状态下，研究主体主要以本国的实在法为研究的核心，研究过程不偏离行政法规范的制定和执行。第二种状态是行政法学的研究以行政法规范背后的社会关系为对象，在此一状态下，研究主体以行政法规范背后隐藏的各种社会关系以及由这些社会关系构成的行政法过程为核心，规范只是研究过程的一个元素而不是研究对象本身。因此，我们可以用上列两个研究对象的状态对不同国家行政法学研究对象作出判定，或者将其归于前者，或者将其归于后者。我国行政法学的研究对象的主流是前者而不是后者。

第一百零七条 以行政法规范为研究对象和以行政法规范最后的社会关系为研究对象是有巨大区别的，它牵涉到行政法学科体系的状态，也关系到行政法学的社会功能。同时，两种研究对象对行政法学体系的全球趋同不无决定作用。由于行政法规范是一国的实在法，而实在法就总体而论具有固定性和不可更改性，因而，以此为研究对象的行政法学体系的全球趋同概率就相对小些。反过来说，行政法学以规范背后的社会关系为研究对象时，其全球趋同之概率就相对大些，因为决定行政法规范的社会关系在当今社会经济、政治、文化等格局互动性明显的情况下，每国的行政法都有依赖他国之趋向。

第一百零八条 我国行政法学以规范为研究对象，使行政法学体系关注实在的行政法规范，并将这些实在的行政法规范下意识地与其背后的社会关系割裂开来，必然成为行政法学体系全球趋同的一个障碍。由此可见，重新框定我国行政法学研究对象，是促进我国行政法学体系全球趋同所必需的。

第一百零九条 主体与客体的关系是现代哲学原理以及哲学范畴关注的重要问题。一门科学的基本状况是，当主体与客体一致时，这门科学就是理性的。反之，当主体与客体不能够和谐相处时，这门科学就是非理性的。而在主体与客体的关系中，主体是处于主导地位的因素，客体则是处于非主导地位的因素。由于客体是一种客观的现实存在或客观的关系形式，因此，客体是相对稳定的，其可塑性亦相对较小。而主体则是具有较大变数，无论其组合方式，还是在研究过程中的行动方略，都可以在外在因素的作用下予以改变。

第一百一十条 行政法学研究主体包括研究的群体和个体两个方面。群体有研究机构和整个行政法学界的研究团队，而个体则是行政法学研究人员。

第一百一十一条 我国行政法学的研究主体具有相对的封闭性，当然，这不单单是行政法学研究主体的状况，整个法学研究乃至社会科学研究都是这样的状况。这种封闭性，表现在研究人员与行政法运作过程的社会实践形成"两张皮"，研究人员的研究陷于行政法学理论和行政法规范之中，行政法治实践则处在规范和社会的巨大能量交换中，行政法学研究人员既没有精力也没有时间对行政法过程中的各种复杂现象作跟踪研究。而掌握行政法运作过程的行政法实施主体，则没有精力和兴趣研究行政法的基本理论问题。这种"两张皮"的现象，对我国行政法学全球化的制约作用非常大，因为主体与客体分离的行政法学，必然不是理性的行政法学。

第一百一十二条 从主体与客体的关系我们还可以说，主体在研究过程中受到制约的应当是客体，即它应当根据客体的状况决定研究走向，而不应受客体以外其他因素的左右或影响。

第一百一十三条 我国行政法学研究主体在研究过程中受到一些外在因素的干扰和左右较多，如政府的行政政策以及行政系统的行政方略，就常常作为行政法学研究人员的行为导向，有些导向已经不是一个自愿选择的问题，而是具有了明显的强制色彩。

第一百一十四条 研究主体的意识及其行为的超前性与否，几乎决定了行政法学本土化或国际化的格局。

第一百一十五条 目前，我国行政法学研究主体的上列问题，使行政法学体系与全球性社会现实脱离，使行政法学体系与全球性先进理论脱离，最终使我国行政法学难以与全球行政法学变奏合拍。

第一百一十六条 行政法学的研究方法在一定意义上讲，也是行政法学全球化的一个测评指标，至少对于一个国家的行政法学研究而论是如此，即是说一国行政法学的研究方法如果比较落后，其全球化的程度就必然差些，而当一国行政法学研究掌握了比较先进的方法时，全球化的程度也就相对高些，这只是问题的一个方面。问题的关键在于，研究方法本身也是促成行政法学全球化的基本手段，即大量采用先进的研究方法其行政法学体系全球化的步伐就要快一些，落后的研究方法则会延缓一切行政法学全球化的步伐。

第一百一十七条　我国行政法学的研究方法存在的问题可作出三个概括：一是行政法学研究中使用的方法相对较少。我们在若干教科书里看到了一些传统的研究方法，如辩证的研究方法、唯物史观的研究方法等，而在这些研究方法之外，再很难找出新的研究方法，尤其现代科学研究中关于所取得的新成就，基本上没有在行政法学研究中运用，例如，我们没有用坐标理论分析行政法中不同价值的地位，没有用实用心理学的原理分析行政立法人员和行政执法人员的行政法心理机制，没有用现代概率论分析行政法中各种行政法事实的发生概率，等等。如果在其他条件不变的情况下，行政法学研究采用的方法越少，行政法学科体系的科学性也就越低，而行政法学科体系的科学性是全球化的构成要件之一。二是行政法学研究中方法论的分配不均衡。笔者将我国行政法学长期以来运用的方法作了一个简单概括，认为自 20 世纪 80 年代初开始，我国行政法学研究以实证方法和价值侧重方法为主，而两种方法在行政法学研究中交替使用，但两种方法论的分析是不均衡的，即当应当重点运用实证研究方法时，我们却选择了价值侧重的研究方法，或者说，当应当重点运用价值侧重方法时，我们却选择了实证方法，而两种方法的不均衡运用，使行政法学体系难以依靠科学原理构建起来。

（十）行政法学趋势

　　第一条　行政法的时代变奏一直是行政法学界关注的问题，人们常常用诸如"古代""现代""当代"等限定词给行政法冠上它所处时代的名称。这样的称谓，一方面是为了给行政法一个历史发展上的定位，即使不同的行政法与不同的历史时代对应，另一方面，是为了确定行政法在不同历史条件下的本质定在。

　　第二条　有一个难解的问题一直困扰着行政法学界（不论国内还是国外），这就是学界对"现代行政法"概念使用的泛化及其概念的不确定性，当学者们将资本主义的行政法与前资本主义的行政法进行比较分析时，是以"现代行政法"即资本主义行政法的产生为分水岭的；当学者们将进入 21 世纪的行政法与其前时代的行政法进行比较分析时，亦是以"现代行政法"作为当今行政法的时代精神予以描述的，似乎找不到一个比"现代行政法"更为妥当的词给具有新时代精神的行政法进行定性。

　　第三条　这种困惑，对行政法学发展的制约而论已经不单单是一个分析手段问题，而从深层次上曲解了近些年来行政法突飞猛进的历史格局。

第四条 现代行政法既是一个概念范畴，又是人们对某一特定历史时期行政法的一个定性。说它是一个概念范畴，是说现代行政法是人们解释行政法现象的工具，用这一工具将后一时期的行政法与前一时期的行政法予以区分，正是这样的区分使人们能够把握整个行政法发展的历史，当然，至于这种把握是否全面，则是另一范畴的问题。说它是人们对某一特定历史时期行政法的定性是说，现代行政法是一个具有独特内涵，具有相对独立的质的规定性的行政法现象，而这种相对完整的质的规定性，反映了它与历史的对应关系，并在对应的历史进程中形成了自己的定在。

第五条 我们对现代行政法的掌握应当领会的第一点是：现代行政法是自资本主义取得国家政权以后所产生的行政法及其行政法现象。这是它的历史起点，在理论界，长期以来就有前资本主义是否存在行政法的争论，如果把行政法理解成调整有关国家管理关系的行为规则的话，前资本主义国家的行政法规范并不少见，而且无论哪一个封建制国家或奴隶制国家都不能例外，例如，著名的"唐六典"就被视为是非常完整的行政法典，夏商等关于官制的分类及其管理规则，已是行政法的内容，但这时的行政法与资本主义政权以后的行政法存在着巨大的实质反差，人们为了将此二类规则予以区分，便把自后者以来的行政法称为现代行政法，而将前者称为古代行政法。

第六条 我们对现代行政法的掌握应当领会的第二点是：现代行政法是一个分析工具，是一种客观实在，这是无须论证的，正是大量行政法规范、行政法法案、行政法事件等行政法实在的存在，现代行政法才有了物质内容。然则，这样的物质内涵并不能否认现代行政法本身是一个分析工具，是人们认识行政法现象时所采用的手段，这一点是非常关键的，因为若没有上升到这样的高度去认识，我们的分析便无法从哲理上展开。作为分析工具，作为理念范畴的东西，现代行政法从主观方面看存在于我们对行政法现象的认识之中，而我们对行政法现象的这种认识，本质就是一个独立的事物。

第七条 我们对现代行政法的掌握应当领会的第三点是：现代行政法是对行政法现象的断代，而不是依据历史时代的断代进而对行政法所作的断代。我们知道，历史时代的断代是一个政治过程，常常以一些重大的政治事件作为断代的背景，如1640年的英国革命是近代与古代断代的依据，俄国十月革命是现代与近代断代的根据等。行政法与政治是相对独立的，因此它的断代并不必然受政治断代的决定。当然，行政法作为制度范畴的东西与人们给社会历史的断代有不可分割的关联性，而这种关联性，只能起到影响作用而不一定起到决定作用，正是这一点，使我们为行政法进行断代变得十分复杂，也正是这一点，使得现代行政法几乎成了一个无所不包的概念。

第八条 现代行政法时代的终结，是指现代行政法作为一个历史时代其历史使命已经完成，其时代属性已经或者应当结束了。

第九条 我们说现代行政法时代的结束，是针对现代行政法的时代属性而言的，即结束的主要标志是它的时代性标志，而不是说它所包含的个别价值及其个别问题的终结，恰恰相反，现代行政法中的一些理念或现象可能还要持续很长时间，它作为一个时代现象却是处于终结状态中。

第十条 现代行政法的终结，除了现代行政法作为法律实在现象的终结外，还包括人们形成的现代行政法理念的终结，即人们对行政法的传统认知应当予以终结或者已经终结。

第十一条 现代行政法的终结是由其持续时间的不定决定的。

第十二条 从理论上讲，对行政法的历史进行断代有各种各样的方式，例如，我们可以用社会历史发展的进程对行政法的历史进行断代，即我们可以将最早的行政法断代为奴隶制的行政法、封建制的行政法、资本主义的行政法、社会主义的行政法。

第十三条 若我们接受了这样的断代，或者以这样的断代分析行政法问题，那也无可厚非，但遗憾的是，自行政法学成为一个学科以来，似乎还没有人用这样的方式给行政法进行断代。

第十四条 有些学者虽然使用了封建制行政法、奴隶制行政法等这样的概念，而其在使用这样的概念时不是为行政法进行断代，而是分析行政法与政权的关系。

第十五条 我们可以用重大历史事件给行政法进行断代，这些事件可以是行政法以外的事件，但决定了行政法的发展进程。这些事件还可以是行政法之内的事件，如重大的行政法典的颁布，重大行政法案的发生，重大行政法事件的出现等等。

第十六条 我们若用这样的断代方式分析行政法问题也应当是合理的，但人们却没有用这样的方式给行政法断代。有时学者们虽已揭示某种重大事件对行政法所产生的革命性变化，不幸的是学者们并没有将这样的变化与行政法断代结合起来，如《1946年美国联邦行政程序法》的问世，就被认为是人类行政法史上的一件大事，但没有学者用这样的方式给行政法断代。

第十七条　我们可以用重大的行政法学思想为行政法进行断代，即用学者们尤其一些经典作家对行政法问题的见解决定行政法问题的历史时代。

第十八条　在行政法学的认识上，不乏有价值的思想方法和思想体系，但学者们亦没有用这样的方式分析行政法的时代性质。有学者已经认识到了行政法思想和行政法文化的重要性，如不同历史条件下行政法的发展以及行政法所表现的特点，是行政法文化的体现。行政法产生与发展的不同历史背景，实际上是行政法文化的差异。但没有用这样的方式对行政法进行断代。

第十九条　上列方式都是可以选择的，而整个人类行政法的进程却没有选择，所选择的便是古代行政法和现代行政法的断代技术。在学者们作出这样的断代时，是有非常充分的理论根据和现实基础的，即是说，古代行政法由于其精神状况的确定性，足以使其成为一个行政法时代，而现代行政法亦因其含有的内在精神价值，而成为一个行政法时代。

第二十条　现代行政法有着丰富的精神内涵，而这样的精神内涵也包含了当代行政法。

第二十一条　人们所称的当代行政法，并没有能够从现代行政法的精神元素中走出来，因而人们称为的当代行政法不是给行政法的断代，而是对同一精神在不同时期行政法的称谓。

第二十二条　我们所称的古代行政法是一个有限的行政法，即现代行政法以前有限的行政法现象都是古代行政法的内容，这种有限性是合乎情理的。

第二十三条　我们所称的现代行政法则是一个无限的行政法，即自资产阶级革命以后产生的现代行政法，在后续的历史进程中是无限的，历史发展到什么时候，现代行政法就到什么时候，当然，到哪一天行政法现象在人类社会结止则是例外，而这样的终止能否成为现实，则是我们无法预测的。

第二十四条　现代行政法这种后续时间上的无限性，无论如何也是不符合历史断代的哲理，无论从历史可知论的角度看，还是从历史不可知论的角度观察，后续历史发展的无限性却是不能成立的。

第二十五条　现代行政法时代不予以终结，行政法就等于没有质的方面的发展，行政法就永远处于同一的时代特性上。

第二十六条　现代行政法的终结是由其包容的行政法类型不明决定的。

第二十七条　法律类型的划分是法学原理的重要范畴。在行政法学中，法律类型划分是指根据国家类型的状况划分法律类型的分析方法。人们把存在于不同类型国家中的法律及其法律现象称为一个法律类型。

第二十八条 法律类型划分是十分重要的，其之所以重要，是因为法律类型划分是对法律性质的不同认识，就是说，不同的法律类型其法律的性质是有所不同的，而法律的性质又构成了法律中其他问题的基础。

第二十九条 法律的历史断代中考虑的重要因素之一就应当是法律的类型。

第三十条 当我们用现代行政法或用古代行政法对行政法进行断代时，我们超越了法律类型。

第三十一条 对法律类型的超越，在技术以及方式上讲是可以成立的，如法律采取什么样的形式，法律规制选择什么样的模式，法律关系包括什么样的要素，等等，这些技术因素可以使不同类型的法律处于同一个历史代位上。

第三十二条 技术因素、方法论因素只是法律现象中的一个方面，而且是一个非本质的方面。

第三十三条 古代行政法与现代行政法的历史断代则从必须考虑的因素中选择了一部分，甚至是选择了不是决定意义的一部分。这样使同一代位的行政法包括了不同的行政法类型。

第三十四条 当我们谈论古代行政法时，我们是将奴隶制行政法和封建制行政法同日而语的。当我们谈论现代行政法时，我们是将资本主义行政法与社会主义行政法同日而语的，即是说，现代行政法中至少包含了两种类型的行政法及其行政法现象。此两种类型的行政法在技术层面上可能没有代际差别，但在本质层面上，无论如何是不能放在一代而论之的。

第三十五条 由于社会历史发展的复杂性，使两种类型的行政法并存于同一的历史范畴之中，这种同一的历史范畴便给了人们一种错觉，似乎二者是同一代际的东西，而且二者都处在发展甚至完善之中，更进一步加剧了人们对其代际差的模糊认识。实际上，依历史观的基本原理和法律现象的哲学原理，资本主义的行政法和社会主义的行政法不是处于同一代际的行政法现象。

第三十六条 如果我们硬要将二者捆绑在一起作为一代，既否定了二者历史继承性的现实，又否定了二者在运作机制上的兼收并蓄，对于这种充满逻辑矛盾及其错误的代际划分，即使你不承认它的终结，它也是处在一种自然终结的状态中。

第三十七条 现代行政法的终结是由其不能与社会发展进程相对应决定的。

第三十八条 行政法是一个相对独立的社会现象，即行政法是社会系统中的一个支系统，作为一个支系统，它有着相当大的规模，有一整套区别于其他社会现象的客观实在。

第三十九条 行政法学研究对行政法这一特性是过分夸大了的。

第四十条 当我们将前资本主义时代的行政法叫做古代行政法时，我们是完全将此以前的行政法当成一个具有独立知识体系和独立价值系统的事物看待的，同样道理，当我们将资本主义以后的行政法叫做现代行政法时，我们完全给予了此以后的行政法一个一成不变的意义。

第四十一条 将行政法作为一个相对独立的事物看待，有利于确立行政法现象的内在规律、确立行政法现象固有的本质属性。然而，这种绝对化的认识方式，却是一种形而上学的行政法观。

第四十二条 行政法作为社会的支系统具有相对独立的价值，是矛盾的次要方面而不是主要方面，矛盾的主要方面在于行政法受制于社会过程、社会大系统，受制于决定它的其他社会现象的状况。

第四十三条 社会发展的每一个进程都必然对行政法现象产生影响，一个重大的社会事件、社会过程中的某种冲突、社会关系的某种重新组合、社会技术的某种细微更新，都会反映到行政法现象中来。

第四十四条 现代行政法的称谓，没有能够对社会进程的变化造成行政法现象的变化的原理作出揭示。

第四十五条 行政法中的红灯理论、绿灯理论、黄灯理论说明了不同阶段的行政法有着与社会对立的特性，然而现代行政法的称谓，则不会认为上列若干现象的变化会对行政法现象造成实质上的影响，最多只是技术手段上的影响。

第四十六条 社会主义国家的行政法亦是一样的，从计划经济向市场经济的发展就是一个社会过程，而这个社会过程，对行政法现象的影响并不是技术和手段上的单方面影响，而是对行政法格局的冲击。

第四十七条 现代行政法的称谓并不会认为这样的冲击具有什么决定性意义，因为此前和此后都是同一代际的东西。总之，现代行政法是一个稳定或者是人们对一个稳定的行政法现象的描述，而在这一概念的背后，却包含着多种不同的行政法发展过程，这样便出现了行政法过程与现代行政法称谓上的矛盾冲突，这种冲突已经不是一个无关紧要的问题，因为它关涉到行政法现象与其社会背景之间的逻辑关系，如何使复杂的、处在运动之中的社会事态与不能包容它的行政法现象一致起来，最好的方式就是宣告现代行政法时代的终结。

第四十八条 现代行政法的终结是由其存在基础的断裂决定的。

第四十九条 现代行政法随着社会的发展，在诸多方面都体现得比较模糊，如它没有一个历史的结束点、没有一个准确的法律类型的确定、没有一个明确的代际界限、没有一个明确的法律特性，等等。

第五十条 现代行政法在初期，在它符合现代行政法的一般特性的时候，是有相对确定内涵的。从总体上讲，现代行政法是与社会的"现代化"过程相关联的。

第五十一条 我们对社会现代化的认识是从多种路径展开的：若以社会技术作为路径，现代化的过程是一个充满发明和技术革新的过程，工业资本主义的勃兴就是这一过程的开始，而现代工业社会的技术资源、技术利用、技术的产业化是这一过程的延续。技术上的不断革新及这种革新的相对确定和社会认同价值，是现代化在技术上的重要特征。

第五十二条 若以经济背景作为路径，现代化是指商品经济的形成以及进入到全面市场经济的格局。商品化与自给自足的封建经济是相对应的，在封建经济状况下，生活资料的生产和消费是统一于一体的，而商品经济是生产和消费发生了分离，进而将市场机制作为进行商品流通和交换的纽带，整个市场的运作及其机制是传统经济现代化的一个标志。

第五十三条 若以政权机制为路径，现代化是指官僚体系的形成和官僚机构运作的程序化模式。在现代化之前，政权体系是封建皇权制，中央有高度的个人集权，地方则有分封制的权力割据。现代官僚规则建立起了庞大的官僚机构，而官僚机构的运作具有大规模性、程序性等特点。

第五十四条 若以文化格局为路径，现代化是指社会中广泛存在的理性和启蒙的精神，人们相信社会历史的不断进步、社会进程的不断发展、人类不断提高自身的人性和道德性、从外在的压迫走向解放。这些现代特性刻画了现代行政法的基本命题。

第五十五条 在现代化进程中，形成了现代行政法的基本格局，如对行政权的适当控制作为基本理念，在此理念基础上强调行政的程序化、责任化和规范化，并以诸如司法审查、公众参与作为保障机制。

第五十六条 现代行政法的诸内涵都与现代化的若干特性息息相关。如果现代化的若干特性不复存在，现代行政法的社会基础也就宣告断裂了。

第五十七条 社会根基的变化，必然使行政法格局发生变化，即现代行政法必然会在这样的根基断裂中不复存在。

第五十八条 现代行政法作为一个行政法时代的终结已经不可逆转。事实上，现代行政法的诸多理念和制度以及调控方式已经完成了历史使命，进入了一个新的历史时代，只不过我们对行政法旧时代的终结和新时代的来临认识不足而已。

第五十九条 现代行政法的终结，意味着新的符合时代精神的行政法时代的到来，我们将这一新的行政法时代叫做后现代行政法。

第六十条 所谓后现代行政法，是指在现代行政法基础上形成的并超越现代行政法的新的行政法时代。

第六十一条 后现代行政法不是一个对行政法进行研究的时间概念，当代行政法是对行政法现象在时间上的描述，后现代行政法指的是一种行政法精神。

第六十二条 后现代行政法从其概念的构成元素看，一是"行政法"；二是"现代"；三是"后"。

第六十三条 "行政法"是一个相对确定的元素，它的确定性来自现代行政法长期的概念积淀，若没有现代行政法长期的概念积淀，行政法这一用语便至少有两种以上的解释。后现代行政法中的"行政法"，是不需要我们进一步澄清的。

第六十四条 后现代行政法中的"现代"，是在现代行政法的前提下使用的，即后现代行政法中的"现代"，是从现代行政法中延续下来的。

第六十五条 后现代行政法与现代行政法在对待"现代"的问题上却是有所不同的，现代行政法对"现代"是予以肯定和捍卫的，甚至认为行政法仍然处在现时代之下，其精神实质仍然是现代行政法的特性。而后现代行政法则用另一种眼光看待"现代"，即其是对我们日常使用的"现代"概念的一个否定和扬弃。

第六十六条 现代行政法与后现代行政法的根本区别也在于对待"现代"性的态度上。在后现代行政法中有"现代"一词，但后现代行政法中的"现代"是"彼现代"而非"此现代"。

第六十七条 对后现代行政法中的"后"的认识和把握是十分关键的。

第六十八条 这一"后"字，可以有多种含义。在第一种含义上，我们可以将后现代之后理解为现代性之后段的东西，若这样理解，后现代与现代便没有本质区别，二者所不同的仍然是时间上的先后性，即我们把现代性在前一时间段的叫做现代行政法，而将现代性在后一时间段的叫做后现代行政法。在第二种含义上，后现代是指"高度现代"，即后现代行政法是从现代行政法产生的，并在本质属性上对现代行政法进行了升华，是一种比现代行政法更为现代化的行政法。毫无疑问，这一意义上的后现代行政法与现代行政法，并不存在否定与被否定的哲学关系，而是对现代行政法的新发展，给现代行政法一种符合当代世界属性的面孔。在第三种含义上，后现代行政法是指"非现代"的行政法，所谓非现代行政法，是说后现代行政法要与现代行政法在价值理念、规范体系、规制方式等一系列范畴和技术问题上彻底决裂。"后"可以被理解为对旧的行政法即现代行政法进行否定，舍弃现代行政法的基本精神。

第六十九条 后现代行政法之"后"的上列三种认识的选择十分关键，我们选择了第一种含义上的"后"，那便是一种非常保守的行政法认知态度，同时也是对行政法迅猛发展的一个消极应对。若我们选择了第二种含义上的"后"，最大也不过是对行政法量变的一个接受，而不是对行政法质变的肯定和接受，同样对行政法新的时代精神的到来表现出了畏惧态度。因此，第三种意义上的"后"才是我们应当选择的，即是说后现代行政法是与现代行政法对称的行政法时代，它的对称性，体现在时代精神方面。

第七十条 后现代行政法的时代精神与现代行政法的时代精神存在本质区别，这是我们在揭示后现代行政法概念时必须予以澄清的问题。

第七十一条 后现代行政法是对行政法的认知。

第七十二条 现代行政法作为法律实在的出现与作为概念系统的出现，存在着时间上的反差。

第七十三条 现代行政法作为一个法律现象，首先是实在法的问题，即一套法律制度和法律规范以及与之相关的运作机制等。

第七十四条 现代行政法作为一种法律实在，产生的时间较早，且有相对的规范内涵。同时，现代行政法也是人们对行政法现象的认识，是行政法认知范畴的东西。而现代行政法作为一种认知产生的时间，要比作为法律实在的现代行政法晚很多。但是，在当代行政法作为行政法的认知体系形成以后，其已经不再简单地是一种行政法认知，而是一种行政法实在，或者说，在现代行政法的称谓之下，行政法作为实在法的含义高于行政法作为法律理念的含义。

第七十五条 后现代行政法的称谓则不同，即后现代行政法作为法律理念的含义高于其作为一种行政法现象的含义。

第七十六条 当我们使用后现代行政法的概念时，有关后现代行政法的实在，我们还必须重新确定，包括后现代行政法在规范体系上的特性、在时间上的起点等。

第七十七条 后现代行政法的理念则要比法律实在清晰一些,我们可以将能够否定现代行政法的所有新的行政法理论和观念都归于后现代行政法的概念之下。

第七十八条 必须强调后现代行政法是人们对行政法现象的主观认知,它首先是一种行政法理论体系,其次才是一种行政法实在。这一点与现代行政法的含义有质的区别。

第七十九条 现代行政法作为实在法的历史较早,而作为认知理念则产生的时间较晚,在实在法和法律理念中,实在法是现代行政法的主流。

第八十条 在后现代行政法概念中,一方面,法律理念的后现代行政法应当与实在的后现代行政法同步,因为后现代行政法理念形成之前,无论实在行政法,还是行政法理念,都被现代行政法概念所包容。另一方面,在后现代行政法中,占主流的是行政法的认知体系,而实在的后现代行政法,至少在一定时间内还不一定成为主流。

第八十一条 后现代行政法作为对行政法现象的认知,其基础应当建立在后现代行政法的法律实在之上,即没有后现代的实在行政法,就没有后现代的行政法理念,就难以形成后现代的行政法认知。而现实情况却与这样的哲学原理不能完全一致起来,后现代行政法是在作为实在的后现代行政法现象还没有成熟的情况下,其理念便率先形成了,这似乎存在逻辑上的二律背反。但是,这样的背反并不是客观原因所致,而是主观原因所造成的。这种主观原因在于我们对现代行政法中包容的一些非现代的行政法现象既不敢正视,也没有以后现代这样的相对抽象的哲学理念给予解释。

第八十二条 在今后很长一段时间内,后现代行政法作为认知的主流,超过了作为实在法的主流。

第八十三条 后现代行政法是对现代行政法的否定。

第八十四条 现代行政法应当是一个行政法时代,作为一个行政法时代,应当具有两重含义,第一重含义是其有时间上的代际性,即人们可以用对应的历史时期来确定现代行政法的始点和终点。第二重含义是其有确定的行政法精神,即是说,现代行政法所反映的是一种行政法精神。

第八十五条 我们说后现代行政法是对现代行政法的否定,并不是说其与现代行政法没有任何的历史关联,恰恰相反,后现代行政法是在现代行政法创造的客观基础上形成的,现代行政法长期的历史积淀,为后现代行政法的形成提供了底土和温床。

第八十六条　我们在给后现代行政法进行定位时，不可避免地要牵涉到现代行政法问题，包括现代行政法中的"现代"，包括现代行政法中的"行政法"等。

第八十七条　后现代行政法绝对不是现代行政法的简单延续，而是对现代行政法的否定，说它是对现代行政法的否定，主要是说它否定了现代行政法的精神，否定了现代行政法作为一个时代的行政法现象所包容的精神实质。

第八十八条　应当承认，后现代行政法的一些客观因素、技术因素和细节性的东西，是从现代行政法延续下来的，但这样的延续并不能决定新的行政法的精神气质。

第八十九条　后现代行政法对现代行政法的否定是非常关键的，如果我们不认为后现代行政法是对现代行政法的否定，我们就不会认为现代行政法包含的时代合理性已经终结，我们最多只会认为现代行政法是更加有效地体现了现代行政法的精神。

第九十条　后现代行政法之所以能够否定现代行政法的精神，原因在于它的精神特质具有最大的时代合理性。依此而论，后现代行政法与现代行政法是行政法现象的分水岭，后现代行政法之前的现代行政法，因失去了时代的合理性而被否定。而现代行政法之后的后现代行政法，因具有时代的合理性而成为否定者。

第九十一条　后现代行政法是行政法理念的更高升华。

第九十二条　现代行政法虽是人类行政法发展到当今的一个相对较高的阶段，但是其与后现代行政法相比则处于较低水平，后现代行政法是对行政法现象的一个更高升华。

第九十三条　应当注意，我们使用的是对行政法现象升华的概念，而没有使用后现代行政法是对现代行政法更高升华的措词。

第九十四条　后现代行政法是对现代行政法的否定，确切地讲，后现代行政法升华的是整个行政法现象而不是现代行政法现象，即是说，我们只有将后现代行政法放在整个行政法现象的格局中去考察，才能领略后现代行政法的精神风貌，如果我们还仅仅以现代行政法的眼光看待后现代行政法，就降低了后现代行政法的地位。

第九十五条　后现代行政法对行政法现象的升华是全方位的。一则，后现代行政法升华了行政法现象的总体格局，包括现代行政法中的若干元素和测评指标，包括现代行政法体系中的诸关系。二则，后现代行政法升华了行政法的认知理念。现代行政法中人们认识行政法，更多的是将行政法放在法的范畴内来考察，而后现代行政法则将行政法现象放在更大的哲学视野中认识，后现代行政法的概念本身就具备浓厚的哲学色彩。三则，后现代行政法升华了行政法现象的发展观。

第九十六条 行政法现象随着社会的发展而发展这是人们对行政法现象的共识，但行政法现象如何发展，人们却一直找不到答案。依现代行政法的认知方式，行政法现象甚至难以有质的发展，因为时代属性的框定，使其基本上没有了向更高层次发展的可能。

第九十七条 后现代行政法首先肯定了行政法不断发展的事实，同时将行政法现象的发展置于社会大系统之中，这样的发展观，必然使行政法现象能够向更高层次升华。

第九十八条 后现代行政法是行政法时代性的表现。

第九十九条 行政法与其所处时代的关系是一个行政法哲学问题。不可否认，一定的行政法现象存在于一定的时代之中。但是，这只是一个非常抽象的命题，在行政法现象的现实过程中，问题却要复杂得多。

第一百条 行政法具有静态和动态两个范畴，动态的行政法由于处于动态化的过程中，因而，客观上具有和时代发展的变奏保持一致的可能性。静态的行政法其本身就是相对静态的，如一国的行政法规范体系常常在相当长的一段时间内会保持体系上的相对稳定性。行政法体系是由诸多行政法典组成的，行政法典一旦制定，以后在数年甚至数十年内都会保持不变，同一的行政法典在不同时间段就要发生很长时间的法律效力，而且多半是这样的，越是影响面较大，涉及面较广的行政法典，发生法律效力的时间越长，修正和调整的余地越小。行政法的静态特征是行政法现象的一个普通问题。

第一百零一条 行政法现象所处的时代则是另一种情况，它处在不断变化的格局之下。时代的变化是一个未知的因素，即是说，人们难以对时代的发展作出科学预测。时代的不断变迁性与行政法的相对稳定性之关系说明，一定时代存在的行政法，不一定是这一时代精神因素的反映，它可能仅仅与该社会保持同步，还可能已经远远滞后于现时代的时代精神。这一点是我们必须引起高度重视的。

第一百零二条 现代行政法其命题之所以存在巨大错误，就是我们认为能够与现时代精神相符合的有关行政法理念和行政法实在，并不体现该时代的精神风貌，如我们提出的"管理论""控权论"等行政法理念，实质上是19世纪的行政法精神,而不是 21 世纪的行政法精神,但在绝大多数行政法论著中,还将其与当代所需要的行政法理念相对应。

第一百零三条 后现代行政法所体现的是行政法的时代精神,一方面,当代社会已经不是现代社会,换句话说,现代社会已经不能反映当代社会的精神气质,只有用后现代社会概念反映当代社会的精神气质。另一方面,后现代行政法以社会的后现代化为背景。后现代社会与现代社会有质的区别,这种区别既反映在社会结构中,又反映在社会的技术、文化、风俗等各种复合指标中,后现代行政法既是从后现代社会中产生的,又作为一种反作用的机制,对这一社会过程起着调整作用。

第一百零四条 与现代行政法的产生和形成一样,后现代行政法的产生和形成亦具有一定的基础。

第一百零五条 后现代行政法形成的基础可以分为客观基础和主观基础两个方面。

第一百零六条 客观基础指那些不以人的意志为转移的客观条件,以及与这些客观条件相关的因素,如社会现代化过程中的各种客观情况、社会技术的更新和变革、物质资料的不断积累、生产过程中的规模化等,都是这一范畴的东西。客观基础在后现代行政法的形成中起着根本作用,它以一种强大的决定力,使行政法成为此一种格局而非彼一种格局。

第一百零七条 主观基础指那些存在于人们主观认知的条件以及与这些条件相关的因素,如有关人类认知体系的发展、人类文化的进步、人们思考问题和认识问题在思想方法上的进步等,都是主观范畴的东西。该范畴作为后现代行政法的基础亦忽视不得。

第一百零八条 客观范畴的东西对后现代行政法的形成起着决定作用,而这种决定作用在大多数情况下,并不是直接的而是间接的。

第一百零九条 作为主观范畴的东西,则对后现代行政法的形成起着直接的决定作用。

第一百一十条 我们在对后现代行政法的基础进行考察时,既不能疏漏客观基础,也不能疏漏主观基础,必须给二者以同等重要的地位。

第一百一十一条 社会的高科技化,是后现代行政法形成的技术基础。

第一百一十二条 社会技术与法律的关系非常密切,任何社会中的法律体系以及法律规范的构成,都不能不与社会技术发生联系,所不同的是,不同的部门法与社会技术的关系密切程度不同。可以说,行政法与社会技术的关系是最为密切的，主要原因在于行政法与社会生活的关系最为密切。作为国家的行政管理来讲，面对的是方方面面的社会事务，这些社会事务的状况直接或间接决定行政法的状况。

第一百一十三条 任何一种社会技术的出现，都会不同程度地对人类社会的社会结构和社会过程产生影响，这样的影响使人与人之间的关系模式发生了变化，进而冲击了先前通过法律规则尤其通过行政法规则设定的社会关系，而这种冲击的最终结果，将导致行政法格局的变化，这可以说是社会技术对行政法的间接影响。

第一百一十四条 经济的融合化，是后现代行政法形成的物质基础。

第一百一十五条 从较为通俗的意义上讲，决定法律及其相关制度的东西是一些物质因素，因此将其称之为物质基础更为妥当一些。物质基础是一个类的概念或者范畴概念，绝对不能将其仅仅理解为某种具体的物或财富。

第一百一十六条 说它是一个类的概念或范畴概念是说，物质基础包含着物质实力和产生这些物质实力的相关机制、相关制度以及相关的运作方式。

第一百一十七条 不同时代的法律，存在的物质基础必然有所不同，如古代行政法存在的物质基础是封闭的经济结构和小规模的物质形式。

第一百一十八条 现代行政法之所以能够有现代行政法的称谓，一个非常重要的原因就是其建立的物质基础不同。

第一百一十九条 现代行政法的基本理念就是以市场竞争原理构建起来的。然而，世纪之交的一些重大事件以及各国的治国方略，当然还有一些客观方面的原因都改变了人类社会的整个物质基础。我们知道，市场经济是以竞争为经济运作的手段甚至理念的，而现代技术的发展以及市场主体关系模式的改变，竞争已经不是经济制度的主流。各国之间的经济是一种良性互补的关系而不是恶性竞争的关系，竞争最多只不过是经济融合中的一个细节问题、技术性问题和手段问题，而不是经济结构的主流。在一国之内同样如此，各种经济组织之间首先表现出来的是对对方的吸收和接受，而不是对对方的排斥和抵制。我国政府提出的构建和谐社会的理念与经济的这种融合化，是不谋而合的。

第一百二十条 物质基础的这种变化是具有本质意义的变化，是整个经济过程和经济格局的变化，这一变化使现代行政法的物质基础几近消失。在新的物质基础上建立的行政法体系及其行政法理念，只能是后现代的行政法体系和理念。物质基础的改换与后现代行政法的形成并不是两张皮，而是紧密地联系在一起的。

第一百二十一条 交往形式的小空间化是后现代行政法形成的文化基础。

第一百二十二条 一定的行政法存在于一定的文化背景之下。

第一百二十三条 现代行政法所赖以建立的文化基础是"近距离感",所谓"近距离感"是指在人与人之间的交往中物理距离和心理距离都相对比较小。

第一百二十四条 进入 21 世纪以后,现代社会所形成的文化格局发生了巨大变化,我们已经不能用交往形式的"近距离感"描述现代社会的文化特征,而只能用"小空间化"反映这种文化状态。

第一百二十五条 所谓小空间化,是指人与人之间的交往从"近距离"几乎变成了"零距离"。无论你在何处、何地,无论你所处的生活空间在哪个范畴之中,其他同类都可以通过现代高科技与你保持零距离的接触。这种零距离的接触还仅仅是物理上的。心理上的距离感较前亦有较大区别。

第一百二十六条 小空间的交往形式是现代社会的主流,它已经否定了以前的"近距离"的交往形式,这样便使新的行政法格局的形成成为可能,后现代行政法就是在这样的文化基础上形成的。或者说,小空间的文化基础必然孕育出后现代行政法的体系和理念。至于这种小空间文化与后现代行政法形成的具体逻辑关系,本文将不展开讨论。

第一百二十七条 权力运作过程的文明化,是后现代行政法形成的政治基础。

第一百二十八条 行政法由于与国家权力存在着千丝万缕的联系,因此,它与政治的关系必然十分密切。一个国家政治体制以及政治过程的状况是整个法律制度的基础之一,一国的行政法亦建立在这样的基础之上。

第一百二十九条 反过来说,权力格局的状况亦决定一国行政法体系和行政法理念的状况,这种决定在有些情况下是非常敏感的,即一些权力格局的状况,会非常迅速地反映在行政法治的状况中。在有些情况下则不一定十分敏感,即一些权力格局的状况并不会十分迅速地反映到行政法的状况之中。

第一百三十条 后现代行政法存在的政治基础则发生了根本变化,权力运作所突出的是文明化问题,即文明是权力运作的最为本质的特征,体现这种文明状态的是人的价值的高度体现,任何一个程序性的权力运作、任何一个规范化的权力运作,都建立在符合人性的基础之上,这便是后现代行政法的政治基础。

第一百三十一条 后现代行政法与现代行政法的区别主要是精神实质上的

区别。行政法现象之所以能够由现代行政法转化为后现代行政法，其根本原因在于近些年来，行政法在精神气质上发生了巨大变化。

第一百三十二条 对后现代行政法精神实质的把握应注意的问题之一是，后现代行政法的精神实质具有独特性，即是说，后现代行政法的精神以及所反映出来的精神实质是后现代行政法所特有的，它是现代行政法的精神内涵中所不能包容的。

第一百三十三条 对后现代行政法精神实质的把握应注意的问题之二是，后现代行政法的精神实质具有本质性。精神实质是内在的东西而不是外在的东西，作为一种内在现象是事物本质的体现，而不是事物的一种外在现象。后现代行政法中包含了诸多与本质对应的现象，这些现象都是外在的，任何一种这样的外在现象，都不能构成行政法的精神实质。这一点要求我们在对后现代行政法进行解读时一定不能将其中非本质的东西套用到精神实质中去。因为后现代行政法中的一些外在现象具有明显的可变性，而其精神实质则具有相对的稳定性。

第一百三十四条 对后现代行政法精神实质的把握应注意的问题之三是，后现代行政法的精神实质具有时代性。我们将行政法现象置于社会大系统之中，就会发现行政法是一种单体，它将社会作为它存在的母体，而社会无论如何是一个只能从动态上进行把握的事物。也就是说，任何社会都只能与特定的历史时段相对应，我们把与历史时段相对应的综合社会现象称之为时代。行政法的精神实质只有在社会母体中、只有在社会存在的历史时段中才能得到合理阐释。

第一百三十五条 对后现代行政法精神实质的把握应注意的问题之四是，后现代行政法的精神实质具有体系性。后现代行政法的精神并不是一个单一的或具体的精神信条，而是一个结构性的精神理念，即是说，后现代行政法的若干精神气质是构成一个整体的东西，是以体系化的格局呈现在人们面前的。

第一百三十六条 我们对后现代行政法精神实质的寻求，应当考虑各种综合因素，应当从结构化的逻辑原理出发确定后现代行政法的精髓，上列四方面是我们把握后现代行政法的精神实质时应当注意的。

第一百三十七条 还应说明，后现代行政法总体上的精神实质是对现代行政法精神的否定，但是，由于行政法现象的代际之间存在继承关系，后现代行政法是在继承现代行政法的一些理念之后发展和完善起来的，因此，后现代行政法中的一些精神信条，必然能从现代行政法中找到印记。

第一百三十八条 后现代行政法突出了人本属性。

第一百三十九条 后工业社会来临之前的现代社会具有若干重要的社会特征，其中最明显的一个社会特征就是社会的官僚化，所谓社会的官僚化，是指官僚机构包括行政机构以及与行政机构并存的其他官僚机构是现代社会生活的主宰者，整个社会的运行过程是在官僚机构的驾驭下进行的。进入21世纪以后，社会格局的若干方面的变化，使人的地位越来越重要，人与官僚机构的关系也得到了越来越多的人的关注，一些学者进一步提出了社会主体是人而不是非人格化的东西，即是说，官僚机构无论如何是一种非人格化的社会要素，这种非人格化的要素，应当是由人格化的因素所控制，著名的"政府工具论"，就是对官僚机构非人格化及其地位的否定。

第一百四十条 后现代行政法突出了人的地位，认为人是行政法中的本位，而其他任何因素都不能作为行政法中的本位要素。突出人本属性是后现代行政法所包含的全新精神，我们也只有以全新的视角才能把握人本属性。现代行政法中也并非完全没有人，恰恰相反，有时它也强调对人权的捍卫和保障，也强调重视人在行政法治中的地位等。但是，现代行政法中的人是行政法规范设计之下的人，是存在于普普通通的行政法关系中的人。而后现代行政法中的人本属性，首先反映了人与行政法规范、与制定行政法规范的主体之间的理性关系，要求行政法规范的设计以及行政法中官僚机构的状况都要由人来决定，人是整个行政法过程的发动机和最终的归宿。如果我们还从保障人权、给人以行政法上与行政法主体同等重要地位去解释后现代行政法的人本属性，就会大大降低后现代行政法中人的基本价值。

第一百四十一条 后现代行政法突出了私权属性。后现代行政法中与人本属性相辅相成的精神便是对私权地位的强调。

第一百四十二条 在现代行政法理论和体系中，公权与私权是泾渭分明，井水不犯河水的。一般认为，有关民事以及其他法律中所反映和保障的是私权，反过来说，私权是这些法律形成的基础，私权的范围和规模决定了这些法律调整的范围以及法典的规模。有关宪法、行政法和其他能够归入公法范畴的法所反映和保护的是公权。这样，公权也就成为行政法、宪法和其他公法性文件存在的基础，公权的规模、强度、范围决定宪法、行政法的状况。

第一百四十三条 公权成为现代公法的基础似乎是一个公认的且不可以动摇的理论。现代行政法中的体系设计、制度构建、规制方式都以公权的运行状况而展开。

第一百四十四条 然则，社会进入更高阶段以后，情况则发生了变化，如果官僚机构不再成为社会过程的主宰，公权将成为一种没有根基的存在物。

第一百四十五条 笔者认为，后现代行政法的基础已经不是公权而是私权。

第一百四十六条 私权具有特定主体，而每一个私权主体最终都可以具体到一个个的活的生灵中去。公权则没有这样的主体，即便有主体也只能是一些抽象的存在物，而不是具体的生灵。根据功利主义哲学中的快乐与痛苦原理，公权必然陷入逻辑矛盾中。因为社会的幸福要以快乐与痛苦来测评，即能够给社会成员带来快乐之事最终可使其幸福，而这样的事情也就成为合乎理性之事。反之，给社会成员带来痛苦之事最终使其不幸，而这样的事情就成为不合乎理性的事物。进一步推论，公权由于主体的抽象性是无法感悟快乐与痛苦的，既然不能对快乐与痛苦作出测评，就是一个虚幻的东西，这种虚幻的东西最终会成为理论构建的最大障碍。行政法所涉及的是管理规则，这些规则的最终主体是社会中的个体，这些个体以及与这些个体相关的私权才是行政法规则的决定因素。

第一百四十七条 无论我们分析公权也好，分析私权也好，其实质性的东西都是利益问题，权力和权利的始端是利益，权力和权利的末端同样是利益。而利益状况和不利益状况决定了行政法的走势，一个规则被人们承认是利益使然，一个规则被人们反对亦是利益使然，而利益只有得到证明以后才能判断其合理性与否。不幸的是，任何利益的最终证明都必须回归到个体身上，因为任何集合要素都无法对利益的状况作出证明。

第一百四十八条 后现代社会中人们完全领会了公与私的这种关系原理，后现代行政法的基础也构建在私权的基础之上，后现代行政法的运作过程也以私权利为最终的测定指标。

第一百四十九条 后现代行政法突出了民治属性。

第一百五十条 虽然，现代行政法在治理国家的方略中选择的是依法治理的理念，即用法律手段对国家管理过程进行调控，以法规范权力主体行使权力的范围和方法，等等。

第一百五十一条 然而，我们若从深层次分析，法治实质上与民主分不开，法治是治理国家过程中的一种外在形式，而民主则是法治的物质内涵。具体地讲，当现代行政法选择法治理念以及以法规制行政过程时实质上是对民主的肯定，正如托克维尔所论述的："立法者和执法者均由人民指定，并由人民本身组成惩治违法者的陪审团。各项制度，不仅在其原则上，而且在其作用的发挥上，都是民主的。因此，人民直接指定他们的代表，而且一般每年改选一次，以使代表们完全受制于人民。由此可见，真正的指挥力量是人民；尽管政府的形式是代议制的，但人民的意见、偏好、利益、甚至激情对社会的经常影响，却不会遇到顽强的障碍。"

第一百五十二条 若将这种民主与法治的关系具体到行政法治中来，就是政府行政系统的职权行使和国家的行政过程必须在宪法和法律规范下进行，而进行的主体是由人民选举和决定的。进一步讲，现代行政法中的民主精神具有非常进步的意义，它认可了人民对规则的选择权，认可了人民对权力行使者行使权力之资格的承认权。

第一百五十三条 现代行政法中的民主属性在后现代行政法中则以另一种情形出现，即人民已不是间接地决定规则或权力的行使者，而是直接决定自己的权利义务、自己在行政过程中的职责。民主到民治的转化是后现代行政法的精神实质上的一大特性，对于政府行政权的行使来讲，在现代行政法的法治理念之下，人民并不是直接的主体，甚至在绝大多数情况下并不构成行政过程的主体，而只是以第三者的身份参与到行政过程中来，人民对行政权运行过程的间接性，在某些方面制约了行政过程的社会化和人民性。在民主的行政过程中，人民具有的是选择权，既包括对规则的选择，又包括对执行规则的主体的选择，而在民治的行政过程中，人民具有的不单单是选择权，除了有选择权外，还具有一定的决定权，就是直接决定行政权的行使走向，尤其当行政权的作用与自身利益有关时，可以直接决定其中的有关权利和义务。

第一百五十四条 当然，提到后现代行政法的民治属性时，读者千万不能将其绝对化。由于行政权行使的大规模性、结构性等特点，在诸多方面，人民的选择权还将继续发挥作用，作为民治属性体现的决定权在更大的范围内运用，即是说，后现代行政法并不完全否定或者完全丧失现代行政法中的民主属性。

第一百五十五条 后现代行政法突出了科学属性。

第一百五十六条 一个事物是否具有科学属性，一般有五个判断标准：一是该事物是否具有客观性，即是否能够与自然的、社会的客观实在予以对应，若能够与自然的客观实在对应、社会的客观实在对应就是科学的，反之，则是不科学的。当然有些事物只能用自然的客观标准评价而不能用社会的客观标准评价，反之亦然。行政法现象则是既可以用社会的客观性，又可以用自然的客观性来评判的东西。二是该事物是否具有系统性，即是否能够用连贯的方法进行整合以及现在整合的状态是否前后连贯。人们将处于连贯状态下的事物往往与其科学属性相等同，而将前后存在逻辑矛盾的事物排斥在科学属性之外。行政法现象的分析，同样可以用科学属性的这一标准来评价。三是该事物是否具有普遍性。这一评价标准对我们规制行政法现象的科学性与否意义重大。四是该事物是否具有精确性，即该事物的结构和范畴的内容是否确定，该事物是否能够用一定的量化标准来衡量，还有该事物的细节是否包括了一些定量分析的方法等。五是该事物是否具有原则性，就是人们能否用有效的方法对该事物的发展变化作出分析，对其动态化过程作出推论等，笔者认为，上列五个属性都可以用来分析行政法现象，即是说，凡符合上列五个特性的行政法现象，就是具备科学属性的行政法现象，反之，凡不具备上列五个方面的行政法现象，就缺乏科学性。

第一百五十七条 现代行政法具有科学成分，但不一定具有科学性。我们说，现代行政法具有科学成分，是说现代行政法已经具备了上列五个属性的若干方面，或者我们可以用上列五个标准对应现代行政法现象，但是，从总体上讲，现代行政法还不能够完全用科学属性的五大标准来衡量。现代行政法在客观性方面就存在一定问题，笔者认为，在行政法的客观性中，要求行政法现象必须符合自然性和社会性。一方面，它必须对自然现象以及自然科学取得的成就有所适应，与自然现象构成一个和谐的统一体。另一方面，它必须与社会现实相对应，从社会现实中产生，又作为一个手段对社会现实发生作用。现代行政法在这两个方面都没有完全做到，我们知道，现代行政法存续的时间是非常长的，它包容了若干历史时代，而从社会现实看，每一个历史时代都有本时代的规律性，都有本时代的社会现实，一个相对稳定的行政法现象，必然不能同时对应若干个不同的社会现实。此外，在现代行政法中，定量性的东西少之又少，这种不能量化的特性，使我们无法把它同现代科学对应起来。

第一百五十八条 后现代行政法本身就是在高科技的基础上产生的，是高科技社会的结晶，因此，它必然具有科学属性，作为具有科学属性的后现代行政法，其规范内容既符合自然现实又符合社会现实，是自然现实、社会现实以及规则体系三者的有机统一。后现代行政法是在全球趋同的社会格局下产生的，因此行政法的地理特性相对较少；而地理特性常常使人类社会的法律现象难以成为一个体系，后现代行政法由于具有相近的基础，其体系性要比现代行政法强很多，这也是其科学性的一个有力论据。

第一百五十九条 后现代行政法突出了创新属性。

第一百六十条 行政法与其所处社会的关系可以作出这样的概括：当行政法对已经存在的社会关系和社会事实作出认可时，就与社会的发展保持同步，即它能够对现实社会关系有所反映并适应社会的运作过程；当行政法是在过去社会关系和社会事实的基础上产生的，又对当下的社会关系进行调整时，从精神实质上讲是落后于现时代的，即落后于其所发生作用的当下时代；当行政法依现实社会关系和社会事实对未来社会过程和趋势作出预测性规定时，其就具有一定的超前性。

第一百六十一条 现代行政法与社会过程的关系主要体现为，当某一需要用行政法进行调控的社会事实出现时，行政法规则的产生常常与这些社会事实存在着时间差，这样的时间差有时是短距离的，有时则是长距离的，就是说，有些需要由行政法调整的社会事态需要数年的时间才能制定出相应的规则，有些则需要数十年的时间。无论或长或短，都会造成行政法治与社会关系和社会事实的断层。

第一百六十二条 社会过程的发展不以行政法规范的是否制定为转移，其处在非常活跃的发展状态中，社会事实的活跃性是不需要论证的。这样便使制定出来的行政法规范已经不能和新出现的社会事实相一致，即我们根据甲事态制定的行政法规范，往往作用到乙事态或者丙事态上面。

第一百六十三条 在行政法规范具有很长效力的情况下，行政法规范与其所规制的社会事态之间常常是代际之差，即根据前一时代制定的行政法规范对后一时代的社会关系进行着规范和调整。

第一百六十四条 由于在现代行政法的社会背景中，社会事态的变迁相对缓慢，行政法的这种时间差或代际差还不十分突出，这也许是人们对此疏忽的原因之一。

第一百六十五条 后现代行政法所处的社会背景是一种不断组合、不断变迁的动态化格局，行政法规范在这样的社会背景下，已经由被动变为了主动，因而必须对多变的社会关系和社会事态进行不间断的感应，必须通过立法主体的主动行为设计新的社会关系模式，使其所设计的社会关系模式本身具有超前性。

第一百六十六条 后现代行政法就是在这种变性中表现其精神气质的，而其对变化的应对，就是不断地设计新的制度、不断地反映新的社会过程、不断地创新行政法的各种制度和理念,这是后现代行政法的又一精神实质。

第一百六十七条 后现代行政法是一种全新的行政法形态,是人类社会迄今为止最高形态的行政法现象。

第一百六十八条 对于后现代行政法现象的掌握不能全然从零开始。我们如果从最低的起点确定后现代行政法的法律形式,就有可能割断行政法现象的历史。

第一百六十九条 作为一种法律现象,后现代行政法最为明显的地方还在它的法律形式,即是说,后现代行政法与现代行政法在运作过程中的区别主要表现在其法律形式方面。我们在对二者法律形式区分之前,有必要将其相同之处与联系予以澄清。

第一百七十条 后现代行政法与现代行政法必然存在一定的共性,就好像现代行政法与古代行政法也具有一些共性一样。后现代行政法与现代行政法在法律形式上的共性,有这样几点:一曰与行政权的关联性。现代行政法是围绕行政权展开的,当然,前提是在国家政权体系中有行政权的确定范畴及其行政权的专门行使主体。控权论、管理论、服务论等行政法理念都围绕行政权展开。后现代行政法在此点上是没有例外的,也以行政权作为规制和调整的对象,作为发生作用的客体。如果没有这一共性,我们就无法用后现代行政法的概念称谓新的历史时期的行政法现象。二曰法属性。现代行政法是一国法律体系的有机构成部分,是整个法律现象的一个分支,不论将其归于公法也好,还是将其归于国家法也好,都不能离开法律大系统,后现代行政法在这一点上也是一样的,它也是一国法律大系统的一个分支。既然作为法律大系统的分支,它有法律现象的一些共同特性,即能够提供行为规则、能够确定合法行为和不法行为的界限、能够建立一套法律范围内的制裁机制,等等。三曰受社会背景的制约性。现代行政法是现代社会的产物,而后现代行政法是后现代社会的产物,即是说,无论现代行政法还是后现代行政法,都受社会现实的制约,它们难以从社会事态和社会过程中游离出去,社会作为一种母体,是现代行政法和后现代行政法都不能背弃的,所不同的是现代行政法是一社会母体,而后现代行政法是另一社会母体。上列三方面是后现代行政法与现代行政法的共同之处。

第一百七十一条 后现代行政法与现代行政法还存在着一定程度的关联性。关联性之一是,现代行政法为后现代行政法的形成奠定了基础,就是说,没有现代行政法长期的历史积淀,后现代行政法就难以形成。关联性之二是,后现代行政法的一些理念和法律形式与现代行政法具有贯通性。现代行政法中能够继续存在的先进的法律形式是后现代行政法吸收和继承的，此两方面的关联性，对于我们探讨后现代行政法与现代行政法的区别具有指导意义。可以说，后现代行政法与现代行政法的共性、关联性是相对的，而二者的区别则是绝对的，正是二者的区别，才使其成为两个范畴、两种不同性质的东西。

第一百七十二条 后现代行政法与现代行政法在行政法渊源方面的区别：多元性——一元性。行政法的渊源向来有两个层面的意思，第一个层面的意思是指行政法规范产生的根据和源头，此一意义的行政法渊源所要阐释的是行政法规范的最终源头。第二个层面的意思是指行政法规范的表现形式，此一意义的行政法渊源存在于立法技术之上，即看行政法规范是由哪一个造法主体制定的，而这一造法主体所能制定的法律形式在法律体系中处于何种地位。在行政法学界，学者们一般珍视这一定义的后一层意义，而不太珍视前一层意义。在这里是将两层意义统一起来理解的，即所指的行政法渊源，是发生学意义上的行政法渊源和立法学意义上的行政法渊源的统一。现代行政法中的行政法渊源所强调的是一元性，认为行政法渊源从发生学意义上讲，仅仅来源于国家政权体系，或者来源于决定国家政权体系的人民意志。从立法学意义上讲，行政法来源于立法机关的意志以及立法机关制定的法律形式。表面上看，似乎我国行政法的渊源是多元的，但是，我国所有的行政法形式都存在于统一的意志之下，一些不同的法律形式只是整个行政法体系的一个分支，而这个分支与其他分支不可以有哪怕是一点点质的区别，法律渊源的一元性可以说是现代行政法最重要的特性之一，后现代行政法的法律渊源则与之不同，其法律形式以多元性为特征，所谓多元性是指行政法规范从发生学意义上讲除来自国家政权体系之外，还来自于社会过程、自然过程以及政权体系之外的其他因素。

第一百七十三条 在现代行政法的后期，一元法已经难以使行政法体系周延，必须有相应的自然规则来补充。

第一百七十四条 后现代行政法中这种来源的多元性便是顺理成章的。多元性还有一点，从立法学的角度讲，行政法已经不单单包容国家立法机关或者其他国家立法主体制定的规则，一些非立法机关的行为规则也或多或少是行政法的形式，如行业组织的章程、社会联合体形成的典则、社区中的行为规范等，都是行政法的法律渊源。

第一百七十五条 后现代行政法与现代行政法在行政法参数方面的区别：技术性——社会性。所谓行政法的参数，是指行政法体系形成和发展的参照元素以及这些参照元素中质和量两方面的要素。一方面，行政法参数不能和行政法背景相等同，行政法背景所反映的是行政法存在的大环境和行政法规范背后的制约因素，而行政法参数不单单是行政法规范背后的东西，还包括行政法规范自身的内含。另一方面，行政法参数不能和行政法的测评指标相等同，行政法测评指标是行政法价值的判定标准，它常常是一些属于第三者的要素，而行政法参数自身就包含着行政法的价值要素，是行政法的内在构成。现代行政法的基本参数是社会要素并由这些社会要素构成的行政法特性。后现代行政法由于受制于高科技的社会格局，因此，其法律地理学的概念和状态明显减弱，甚至在一些范围内不复存在，而技术因素就成为行政法的主要参数。一则，行政法体系的基本价值不在法地理方面，而在法律的运作技术方面。二则，行政法规则本身就包含了若干不同的技术性准则。这些技术准则在其发端时，并不一定是行政法现象，而是行政法以外的纯技术要素，但由于其对行政过程的普遍调节作用，便由法外要素变成了法内要素，进而成为行政法这一大系统中的基本内存。后现代行政法中的这种技术属性比比皆是，如果现在现代行政法中社会因素是主要参数的话，后现代行政法中技术因素则是主要参数。换言之，在现代行政法中可能有一些技术参数的成分，但它不是现代行政法的主要法律形式，同样道理，在后现代行政法中，也有一些社会因素作为行政法的参数，但它同样不是后现代行政法的主要法律形式。后现代行政法这种参数的变化，使其在诸多方面失去了地理上的界限，我们最多只能以技术地理学划分行政法的类型。

第一百七十六条 后现代行政法与现代行政法在行政法关系方面的区别：对等性—单方面性。行政法关系是行政法和行政法学现象的一个基本范畴，也是分析行政法现象的一个工具。现代行政法中的关系形式是由行政法规范规定或者由行政法主体在职权行使中设计而形成的。人们对现代行政法关系特性作了四个方面的描述，其中最为本质的是行政法关系单方面性的理论，依这一理论，行政法关系由行政主体和行政相对人两个方面构成，现代行政法关系就是在二者的权利义务基础上形成的。而在其权利义务中，行政主体处于主导地位，这种主导性表现在：首先，行政主体可以决定一个行政法关系的成立与否，其通过享有的行政权力可以设定一个行政法关系，而行政相对人则不可以形成一个新的行政法关系。其次，行政主体可以决定某一形成的行政法关系的走向，即可以决定某一行政法关系的变迁甚至消灭。即是说，行政主体可以对一个行政法关系中的权利与义务进行加量或者减量，可以使这一关系中权利义务予以终止。再次，行政主体与行政相对人就某一权利义务产生争执以后，由行政主体决定争执中的是与否，等等。这一理论，有着深刻的根据。我们知道，现代行政法建立在高度发达和空前庞大的行政官僚体制之上，现代行政结构是现代行政法的基本条件，反过来说，正是现代官僚机构才使现代行政法有了存在的必要和价值。这一点进一步决定了在绝大多数国家，现代行政法已成为现代官僚机构行使权力的工具，也是维系现代官僚机制的法律手段，在这样的基础上，行政法的精神是行政主体的权力取向，而不是行政相对人的权利取向，行政法关系单方面性的理论，也就是在这种强大的理论前提下产生的。行政法关系的单方面性，不仅仅是一种行政法理论，实质上是一种行政法实践，整个行政法过程就是在主体双方不对等的权利义务中运转的。后现代行政法则改变了原来行政法关系单方面性的理论基础和实践格局。行政主体与行政相对人虽然同样是后现代行政法关系中的两个基本元素，但行政主体与行政相对人的权利义务形式则发生了质的变化。行政主体与行政相对人是一种对等的关系形式，双方都既是权利主体又都是义务主体。当一方享有权利他方具有义务时，权利主体对义务主体具单方面性，反之，当一方为义务主体他方为权利主体时，义务主体就是受动主体。也就是说，在后现代行政法关系中，决定两个主体地位的是权利义务而不是先入为主的主体资格。一方面，权力体现在社会过程中，而不是某种先入为主的东西，另一方面，权力作为一种力量关系，并不具有专有性和独享性。

第一百七十七条 后现代行政法与现代行政法在行政法过程方面的区别：司法性—行政性。行政法过程是就行政法的运作过程而言的，行政法过程牵涉到的实质问题是行政法的实现问题。关于行政法过程的范围可以有两种理解，一种是广义的行政法过程，包括行政法从制定到实施的全部行政法运作的环节和结果。在广义行政法过程中，行政法规范的产出和修正是运作的有机构成部分，而且行政法的产出是行政法运作的起始环节。另一种是狭义的行政法过程，包括行政法实施的全部过程但不包括行政法产出的环节。我们应当将行政法现象作为一个整体事物来看待。因此，行政法运作的过程应从广义上理解。换言之，我们应当把行政法规范的制定、行政法规范的执行、行政法规范的遵守，以及行政法规范失范以后的救济等都看做行政法的过程。行政法过程的形式表现是行政法的实施，而行政法过程的最高表现则是行政法的实现。行政法体系以及行政法制度的客观存在与行政法的实现是两个不同范畴的问题。没有实现的行政法体系是存在的，这一点不能否认，因为行政法中的有些东西可能基本上不和社会关系发生联系，这种与社会没有关联的行政法现象，必然处在未实现状态之中。以此而论，行政法过程体现着行政法现象的价值。进入现代社会以后，行政法过程可以在两种机制下运行，一种是通过行政性的机制运作，另一种是通过司法性的机制运作。现代行政法的运作机制是行政性的，或者主要是行政性的。所谓行政性运作是指行政法的实施主要是通过行政程序进行的，运作过程中的主导因素是行政系统，而运作的关系形式是行政关系，在这种关系中只有两方当事人，一方是行政主体，另一方是行政相对人。这两个当事人就决定了一个行政法过程中的权利义务格局，行政性运作的最大特点在于整个运作过程没有第三者的参与。行政法的产出在现代行政法中同样只有行政性，一个行政文件的出台、一个行政法典的制定，常与行政命令有关，有时甚至直接与行政首长的个人意志有关。后现代行政法的行政法过程主要是司法性的。这种司法性的表现是：一个行政过程是在三个以上主体的参与下进行的，当行政主体与行政相对人在行政过程中存在认识上的不一致时，就由该法律关系权利义务主体以外的其他主体进行公断。当一个行政过程有多方利益关系人时，行政主体就是这个行政过程的第三者，它可以在没有任何利害关系的情况下对事情作出裁决，行政主体在整个行政法过程中不是一个管理者，而是一个执行者，它要完成的任务是促使行政法规范在行政过程中实现，而不是在行政过程中改变相对一方当事人的意志。行政法的产出过程也具有一定的司法属性，可以将相关的司法机制引入行政法规范的制定中来，如用司法审查的机制约束行政法制定过程。应当指出，我们所说的后现代行政法中行政过程的司法性，是对行政过程价值的一个判断，是就行政法实现过程的总体机制而言的，如果不强调这一点，就很可能将现代行政法中的一些具体的司法审查行为与此相提并论，从而降低后现代行政法中行政法过程司法性的技术含量。

  第一百七十八条 后现代行政法与现代行政法在行政法调控方式方面的区别：数字性—理据性。法律是用来对社会进行有效控制的，法律对社会控制所采用的基本手段，笔者简单地称为调控方式。由于法律的调控方式是一个综合性概念，就是说，我们可以用不同的分类标准对法律的调控方式作出概括，但是，任何一个时代的法律现象都有一个主流性的调控方式，这一理论前提是我们分析行政法调控方式时必须予以注意的。古代行政法调控的基本方式可以简单地概括为规整性，所谓规整性，就是指行政法对社会进程的调控以具有强力性的规整为主要逻辑过程。规则的制定和规则的实现都以规整为最高原则，行政法的功能体现在对社会关系的梳理和社会主体行为的控制上，当然，这种控制或者受最高理念的支配，或者不受最高理念的支配。

现代行政法否定了古代行政法在调控方式上的这种规整性，而以理据性为主要的调控方式。理据性是法律实施过程中理性化的体现。一方面，在理据性的调控方式之下，法律事实是法律过程的核心，这些法律事实包括法律人的行为、法律规则以及由行为和规则构成的法律条件，整个行政法的调控过程，就是在这三者的交互作用下进行的。另一方面，一套严密的推理技术制约着整个行政法过程，如一个行为人是否构成行政上的违法、一个被确认的违法行为究竟应当如何追究责任等，都需要有相关的法律逻辑或者相关的法律逻辑作出判断。另外，行政法的理据性还包含着对证据的重视，证据在一些重要环节上成为法律实证过程的核心。我们说，理据性调控方式使法律由不文明走向文明，使法律调控方式由不规范走向规范，其历史功绩是非常显著的。但是，理据性调控方式所体现的价值理念仍然是定性分析，用确定行为本质以及这种本质所体现的社会价值作为调控机制，不崇尚定量分析的方法。

后现代行政法则不再强调调控方式的理据性而代之以数字性。行政法的调控过程都被数字化、符号化和知识化了。一则，行政法体系中充满了数字化的法律语言，从行政组织规则到行政行为规则都在定质的基础上进行合理定量。人们关心的不再是一个行政法规则中包含何种性质的权利义务，而关键的是这种权利义务对利益所造成影响的数字化估算。二则，行政法事实不再是抽象的事件和行为，而是可以用数字说明的物质利益和精神利益。相关的数据化资料和报表充斥了整个行政行为过程，行政主体甚至不需要再作深刻的逻辑推理，而通过报表就可以完成这样的推理，因为报表中的数据就已经构成了行政法过程。行政法的数字化形态是必然的，主要原因在于社会的数字化，"数字'革命'的说法，仍然是站得住脚的，因为不管用什么标准来衡量，经济带来的变化是惊人的，而数字技术则是这种惊人变化的唯一最大的驱动力。不管狂热者们如何夸大世界将发生的变化，这些变化最终将决定于数字技术的发展。眼下，没有人知道数字技术将如何发展，因为虽然技术本身已经稍稍变得可以预测，但确切的形势将如何变化、以什么速度变化，并不仅仅取决于技术的发展，还要取决于一个国家的主要商业政策和政界要人们。"既说明行政法调控方式数字化之必然，又说明行政法调控方式数字化是整个社会数字化的条件。

第一百七十九条 后现代行政法与现代行政法在行政法规制程度方面的区别：自律性—强迫性。在传统法律理论中，法律与强迫是一个事物的两个方面，法律的强迫性表现在许多方面，法律规范本身都带有强迫的性质，无论这种法律规范规制的对象是谁，它都要求被规制者不折不扣地执行规范本身所设定的权利义务，在相关权利义务不予执行的情况下，有后续的制裁手段为后盾。行政法虽然不像刑法那样具有超乎寻常的强制性，但是，我们不能否认，现代行政法的法律形式的核心之一就是其强迫性。行政法的强迫比其他法律规范的强迫来得复杂。在行政法体系中，涉及行政主体的职权以及行政主体职权对社会的作用过程，此类规范的强制对象便是行政相对人。现代行政法的价值之一是对行政权的控制，笔者认为，控制行政权的过程是对行政主体和行政公职人员进行强迫的过程，有时这样的强迫并不包含对行政主体权威和尊严的认可。一些典型的行政法规范矛头直接指向行政主体，如行政处罚法、行政监察法、行政诉讼法等。现代法律以及行政法的强迫性还能够从法律规则实施的保障机制上得到佐证，法律中的权利义务能否实现是另一范畴的问题。在一般情况下，为了保证法律规则的实现，就需要相应的保障机制，现代行政法中这种保障机制便是非常明显的国家强制力，法庭、警察甚至军队都是这种保障机制的组成部分。现代行政法突出强迫性的理由可能还在于现代国家的权威性、现代政权体系的权威性、现代行政系统的权威性。后现代行政法建立在相对和谐的社会基础之上，因此，笔者认为，强迫性还至少不是后现代行政法规制程度的主流，其主流应当是法律参与者或者法律人的自律性。这种自律性是两方面的，在行政法规则中的义务性条款是针对行政相对人时，就成了自律过程的主要主体，如同强迫性的深层哲理需要用"权威性"解释一样，自律性的哲理则要从和谐社会中的"公众良知"中解释，即后现代行政法中的自律根据是社会的文明化和政治过程的文明化。自律性的基本含义是行政法规范更像是一些伦理条款，其主要功能在于为社会公众的行为指明方向，即便是有强迫，这些强迫也是通过社会主体自我完成的，国家强力性的直接强迫不再那么明显。我们已经指出，后现代行政法中行政主体已是法律人，是行政法过程的权利义务主体。当某一个法律义务与它有关联时，它就是一个自律主体，即通过自我的行为对自己进行自我约束，自我约束或者自我控制其意义要比国家强迫性控制好得多。

（十一）行政法学本土资源

第一条 行政法学研究的资源是行政法学研究一开始就遇到的问题。但是，由于人们展开对行政法问题研究时将侧重点放在行政法问题之上，便常常疏忽了对研究过程中遇到的资源进行审视，对资源本身作出判断和选择这样一个相对外在的问题。

第二条 行政法学研究中所占有的资源对行政法学研究的状况，对行政法学科的构建具有决定意义，即是说，研究过程中所占有的资源不同，得出的结论就有所不同，对资源的处理方式不同，对研究的进路也就有所不同。

第三条 行政法学研究中的本土资源，是指在行政法学研究中遇到的或者必须吸收和处理的属于本国领土范围内具有一定民族属性、一定地域属性、一定人文属性的那些资源。

第四条 行政法学研究中遇到的资源有两个类型：第一个类型是外在于本国范围内的资源类型。如国外有关行政法的规定和行政法文化，全球范围内对行政法起作用的经济、政治、文化要素等。第二个类型是内在于本国的资源类型，如研究者所在国的民族背景、文化背景、社会背景以及其他制约行政法研究的主客观要素。

第五条 本土资源属于后者，前者则是本土资源之外的资源。行政法学研究中本土资源是一个相对的东西，是在两种不同资源相互比较的基础上而论的。

第六条 行政法学研究中的本土资源仅仅是一种资源，不能将它与行政法学研究中需要解决的基本问题同日而语。

第七条 行政法学研究中的本土资源，并不仅仅决定一个行政法制度的量的方面或者非内在的方面，相反，一个本土资源常常决定了行政法学研究中的质的方面和内在方面。行政法学研究中的本土资源，并不是明明白白地摆在我们面前的，并不是我们在不假思索和不加选择的情况下各类资源就可以为我们所用的，事实是，行政法学研究的本土资源是一个需要发掘、需要发现、需要进行选择的东西。此点表明，行政法学研究中对本土资源的考虑和利用，并不是一个无关紧要的问题，它关系行政法学研究中对方法论的态度问题。

第八条 行政法学研究中的本土资源应当包括下列属性：第一，行政法学研究的本土资源是指行政法学研究的那些资源。一方面，某一资源在行政法学研究中对研究过程有直接的制约作用，这时我们就应当将其作为行政法学研究的资源，当然，这些资源存在于本土范围之内。另一方面，某一资源在行政法学研究中对研究过程有间接的制约作用。这种间接的制约作用也有正面作用和负面作用之分，也就是说，这些间接资源同样具有合理利用的问题。第二，行政法学研究中的本土资源是反映行政法学底土的那些资源。如在一国形成的国家管理关系，这些具有强烈底土色彩的一国独有的行政法资源，便是行政法本土资源。行政法学研究中的资源是很多的，有些资源无论如何都不是行政法底土，只是行政法之外或行政法之上制约行政法的资源形式，如我们在研究过程中占有的国外的行政法学研究资源等。第三，行政学研究中的本土资源是以物质或非物质形态出现的那些资源。行政法学研究的本土资源是一个类的概念，在这个较大的类的范围内，行政法的本土资源可以分为物质资源和非物质资源两个方面。所谓物质资源，就是那些外形客观的那些资源，如一国领土和地域范围的状况，行政法的地域范围既是行政法学研究的资源，还可以成为行政法学研究中的直接对象。与物质资源相比，非物质资源也是行政法中非常重要的本土资源，非物质资源指那些无形的具有精神因素的行政法资源，这些资源中最为重要的有三个：一是一国有关行政法的历史传统；二是民族精神；三是一国独有的宗教因素。第四，行政法学研究中的本土资源是由不变要素和可变要素构成的那些资源。在行政法学研究中，一些要素是相对稳定的，其基本情况可以在相当长的时间内保持稳定性，前一代人在行政法学研究中遇到的问题，在后一代人的研究中是同样存在的。行政法学研究中相对稳定的资源包括一国的历史传统、民族属性、行政文化等。如果研究者重视对这些资源的认识和研究，其就是静态的本土资源，反之，若研究者不去认识这些客观存在的资源，其便不可以成为行政法学研究中的本土资源。与相对稳定的本土资源相比，也有一些本土资源是处在发展和变化之中的，其是以一个相对动态的东西展现于研究者面前的，可变资源比不可变资源在行政法学研究中的意义更为重要，每一个时代的行政法学研究都必然面对自己所处时代的历史状况、社会状况和文化状况，这些状况即有时间上的确定属性，又有空间上的确定属性，而每一个时代的这些行政法本土资源，都必然塑造该时代的行政法现象，从这个意义上讲，对行政法本土资源中可变资源的正确把握至关重要。

第九条 对行政法本土资源的研究必须和行政法实在规则背后的关系形式结合起来，这些在实在法背后的关系形式，实质上是行政学研究资源的基本范畴。

第十条 由历史传统构成并决定行政法走向的本土资源。历史传统是指一个国家在其发展中长期形成的具有文化属性和社会属性的东西。历史传统可以有若干层面，一种历史传统是一国政治方面的历史传统，包括这个国家权力分配和行使的习惯，包括人们对国家权力结构的认识等。除上列两个主要方面外，还有其他一些方面，包括一国民众中形成的一些特定的行为方式等。上列历史传统的范围是非常广泛的，其中一些对行政法的走向具有决定意义，例如，大陆法系和英美法系由于历史传统的不同，决定了大陆法系行政法的法源主要是成文法，而英美法系的主要渊源则是判例法。这些传统既然是决定行政法走向的东西，我们在行政法学研究中就应当将这些因素作为本土资源。当然，行政法学研究中的本土资源是一种客观存在，即使我们不认可或者没有注意到，必然也会对行政法的走向产生影响。当我们对这种制约行政法走向的因素予以疏忽时，我们实质上就遗漏了对此种本土资源的利用。

第十一条　由民族特性构成并决定的行政法走向的本土资源。民族精神是指一个民族在其长期发展中形成的独特的精神气质，与民族精神相联系的便是民族特性的概念。民族精神的概念大于民族特性的概念，它是从民族特性的概念中提炼出来的，而民族特性一定程度上讲是形成民族精神的元素。不论民族精神还是民族特性，都是影响和制约一国法律状态的要素。其中民族精神和民族特性中对行政法进路产生影响和制约作用的东西，是行政法学研究中的重要本土资源。

第十二条　由自然条件构成并决定行政法走向的本土资源。法律与自然关系的研究在孟德斯鸠的著作中就比较系统化了，例如，它指出自然环境处于热带的国家法律应当在社会控制过程中严厉一些，而在寒带的自然环境中，法律的控制应当松弛一些。其基本论点是，由于热带气候使人们的秉性中表现出较多的懒惰成分。而当社会成员相对懒惰时，法律就应当严厉一些，以此克服人们的懒惰。在寒带气候之下，人们的精神面貌相对较好，其面对生活和劳动都是非常积极的，在此种情况下，法律就不应对人们进行压迫式的控制，而应当通过疏导的方式劝人为善。自然因素中影响和制约行政法走向的东西在行政法学研究中是一个非常重要的本土资源。在法的制定和实施中，尤其行政法的制定和实施中一些自然因素早就被考虑进去了，这些要素无疑是行政法的重要的本土资源。

第十三条　由宪政形态构成并决定行政法走向的本土资源。国家政权体系与法律的关系在诸多经典作家的著作里都讲到了，究竟国家派生法律，还是法律派生国家，其看法向来不一。如果我们将法律作为一种行为规则来看，作为政治过程的产物来看，国家应当先于法律而存在。国家政权体系则是法律存在的前提条件。这样便引申了不同的政权体制有不同的法律形式。反过来说，国家政权体系是决定法律走向的东西，其作为法律研究中资源的含义也就非常清楚了。现代行政法一方面与国家政权体系中的权力分立和权力的相互制约有关。另一方面，现代行政法是在现代宪法的基础上形成的，正如古德诺所言，宪法规定一个国家政治事务和社会事务的基本轮廓，而行政法则是对宪法的具体化。不论如何，可以肯定地讲，现代意义行政法的形成与现代宪法有着非常密切的关系，没有现代宪法的制定，就没有现代行政法的产生。因此，我们在确定一国行政法的走向时，必须从一国宪政制度的状况入手，不同的宪政体制必然产生不同的行政法格局。宪政制度既然是决定行政法走向的东西，一国宪政制度中具有该国独特性的地方，就必然是行政法学研究中的重要本土资源。

第十四条 由民风民俗构成并决定行政法走向的本土资源。民风民俗对法的状况以及行政法的走向有非常大的影响。行政法除了一部分是控制政府权力的外，还有相当一部分是有关行政管理的具体规则，这些规则主要不是针对政府行政系统的，而是针对行政相对人的。尤其在社会主义国家将行政法作为行政管理法来看待的情况下，部门行政法几乎都是有关行政管理的法律规范。这些法律所调整的对象，是存在于社会管理之中的权利义务关系，而当我们用一个规则设计这样的权利义务关系时，我们应该使这些规则能够对应存在于民众之中的民风民俗。民风民俗既然能够决定行政法的走向，在行政法学研究中它就是一个忽视不得的行政法学本土资源。

第十五条 行政法学研究中的资源具有非常重要的价值，由于本土资源即是行政法学研究的底土，又是行政法学研究中足以对行政实在法产生实质影响的东西，因此，其价值之重要性是无与伦比的。行政法研究的本土资源的价值可以分成三个层次，第一个层次是行政法学研究中本土资源对行政法学研究者的价值。对于各研究机构和研究人员来讲，行政法学研究中的本土资源决定着研究成就的大小。第二个层次是行政法学研究中的本土资源对行政法作为一个学科的价值，即行政法学研究中本土资源对行政法学科体系的功能与意义。第三个层次是行政法学研究中本土资源对国家法治体系的价值。即一国法律体系中行政法学本土资源的意义。上列三个层次中，第一个层次是一个相对微观的问题，第三层次则距离行政法学研究中的本土资源相对较远，将行政法学研究中本土资源的价值框定于行政法学学科之中才是有实质意义的。

第十六条 确定行政法学属性的价值。行政法学的属性可以从两个方面进行确定：一是将行政法作为一个普遍而统一的事物对其属性的确定。行政法作为人类社会的一个共有现象，在所有国家都有着共同的特征，如行政法以行政权为基础，行政法为行政机关的活动提供规范和程序，行政法与行政活动过程有关联等。二是将行政法作为一个国家的法律现象，即其在一个国家法律制度和法律体系中的性质。如有些国家的行政法，其属性在于进行有效的行政控权，有些国家的行政法则主要侧重于行政管理，还有一些国家的行政法是一种二元结构。与行政法具有上列两个特性相适应的是行政法学研究中的资源，也有作为行政法这一社会现象共有的资源和行政法作为一个国家特有法律制度支撑它的那些资源，就是我们所讲的本土资源。行政法学普遍属性的确定与行政法的共有资源有关，即共有资源决定了行政法学的普遍属性，而行政法学的特殊属性则是由本土资源决定的。行政法学研究中的本土资源对行政法学属性的决定，主要决定一国行政法自身的属性。

第十七条 勾画行政法学范畴的价值。行政法学范畴在不同的学者眼里，其含义是不相同的，不同国家和地区学者关于行政法学范畴的认识和理解有巨大差异。

第十八条 不同学者对行政法学范畴的不同认识，实质上都是由其所在国家和地区行政法学研究的资源决定的。

第十九条 制约行政法学格局的价值。行政法学格局，是指行政法学在总体上的结构状况，以及其他技术细节的处理状况与行政法学在一国的结构状况和技术细节上的处理状况。对于行政法学格局的前一层面的意思，我们可以说不同时代行政法学有一个总体的结构性特点和技术细节上的特点，即这种结构上的特点和技术细节上的特点与一定的时代精神有关，当然，这些时代精神本身就是行政法学研究中的重要资源。对于行政法学格局的后一层意思，我们则必须从多方面进行分析和考察，除时代属性对一国行政法格局有制约作用外，政治上的因素、经济上的因素、文化上的因素都可以形成一种特别的行政法学格局。行政法学格局的形成，除了有政府和社会的推动力量外，行政法学研究者都是最为直接的推动者。行政法学研究者的素质以及行政法学研究者对行政法学本土资源的占有和处理的程度，都必然制约行政法学格局。

第二十条 影响行政法学进路。行政法学进路与行政法学格局是两个既有联系又相互区别的概念。一方面，行政法学研究格局是对行政法学既成状况的描述，正如上述是对已经形成的行政法学结构以及行政法学技术细节的反映。行政法学格局是由行政法学的历史发展而来，并在某些情况下形成了一个相对确立的状态，而行政法学进路则是指行政法学新的发展动向。这个动向虽然还不一定成为行政法学的主流，但一国行政法学已经有了一种否定传统而成为新的事物的趋势，即行政法学进路是行政法学未来发展的雏形。另一方面，行政法学进路与行政法学格局有着密切联系,一定的行政法学进路存在于一定的行政法学格局之中,行政法学格局是行政法学进路的基础,而行政法学进路既是对行政法学格局的延伸,又是对行政法学格局的否定。行政法学进路在不同的历史条件下有不同的表现。可以说,在一国政治和经济格局已经形成为一种相对稳定的状态并在短期之内不会有新的转换时,行政法学进路则相对稳定,此时行政法学格局实质上替代了行政法学进路。而在一国政治、经济、社会等处在转型期,人们呼吁新的行政法学能够适应这种社会变迁的情况下,行政法学的进路则表现得比较明显。上面指出行政法学研究中的本土资源,由可变要素和不可变要素构成,如果某一本土资源是不变要素,其对行政法学进路的制约和影响就不一定十分明显,反之,如果某一本土资源是可变资源,其可变性以及在特定历史条件下的变化状态就成了行政法学进路的决定因素。

第二十一条 行政法学研究中的本土资源存在一个认识上和态度上如何处置的问题。就行政法学研究中本土资源的认识而言,本土资源的客观存在并不必然映入学者们的眼帘,即是说,行政法学研究中的本土资源,本身是一个客观的东西,但我们认识这些本土资源则是一个主观的东西。如果我们有较高的认知水平,我们就可能对行政法学研究中的本土资源作出完全科学和正确的认识,并不会在行政法学研究中有所疏漏。反之,在我们认知水平相对较低的情况下,行政法学本土资源即使摆在我们面前,也不一定认识得到。与人们认识行政法学本土资源相比,对本土资源的态度同样是一个不确定的问题,即人们可以将本土资源作为行政法学研究中演绎问题的基础,也可以仅将本土资源作为行政法学研究中的一个参照物,还可以不去考虑我们已经认识到的本土资源。

第二十二条 行政法学研究中的本土资源与行政实在法有十分密切的关系,一些行政实在法的内容必须从本土资源中去探寻,本土资源的此种特性,决定了行政法学研究中的本土资源并不是一个纯粹的学术问题,从一定意义上讲,它是学者们的一种学术责任。

第二十三条 重视行政法学研究中本土资源的开发问题。一方面,我们在行政学研究中应当将所有的本土资源予以穷尽,不能遗留本来就是本土资源的东西。另一方面,我们必须能够确定这些本土资源与行政法以及行政法学之间的关系。

第二十四条 关于本土资源在行政法学研究中的定位问题。行政法学研究中本土资源至少应当有下列定位:一则,行政法学研究中的本土资源优于其他资源。在行政法学研究中除了本土资源以外，还有其他非本土资源，如外国的公法制度、外国的公法理念、外国社会发展的一般趋势，等等。我国近年来的行政法学研究中对非本土资源的重视程度，甚至超过了对本土资源的重视，我国一系列的行政法学理论并不是由本土资源推演而来的，而是由非本土资源而来的，甚至我们构建的一些行政法制度，也是非本土资源的产物。此种倾向显然是不正常的，行政法学研究中的本土资源应当优于非本土资源，即能够从本土资源推演的东西就不应当从非本土资源推演。本土资源的推演与非本土资源的推演有结论上的矛盾性之时，应当以本土资源的推演结论为准。二则，行政法学研究中的本土资源必须成为行政法学研究的始点。前面我们讲到行政法学的本土资源是行政法学研究的底土，我们要在这个底土上建构一个行政法学的大厦，就必须从作为基础的东西开始，如果我们离开了这个底土，行政法学的体系结构将如同空中楼阁。

第二十五条 关于行政法学研究中本土资源合理利用的标准问题。我们仅仅将行政法学研究中的本土资源作为法学研究中的素材问题，还是既作为行政法学研究的素材又作为行政实在法制定的引领规则问题，即我们能否以本土资源中的有用理念引领行政实在法；我们仅仅用本土资源中的一些价值性判断指导法律实施者的行为，还是既用本土资源中的理性价值判断指导法律实施者的行为，又指导立法者在法律制定中的行为，等等。这些问题都牵涉到行政法学研究中本土资源合理利用的标准，我们究竟如何确定这样的标准呢？一方面，要将本土资源的利用价值予以拓展，从最广泛意义上发挥本土资源在行政法学研究中的作用，因为本土资源本身只是一个相对中性的东西。另一方面，要将本土资源的具体内容予以标准化，即将每一种能够作为行政法学本土资源的东西予以量化，使其不但具有质的内容，而且有量上的规定性。

第二十六条 关于行政法学研究中本土资源合理利用的技术问题。行政法学研究中的本土资源有些具有强烈的自然属性，是一国自然物的组成部分。有些则具有强烈的社会属性，是一国人文因素的组成部分。还有一些具有鲜明的政治属性，是一国政治制度及其政治过程的组成部分。资源类型的复杂性，决定了行政法学研究资源的合理利用充满了技术成分。如何用技术手段调控行政法学研究中本土资源的利用，是我们必须予以讨论的。一则，行政法学研究分成不同的层次，有些研究属于行政法哲学范畴的研究，作为行政法哲学的研究可以广泛地运用本土资源，既要从行政法的一般属性中解释行政法现象，又要从相对底层的东西解释行政法现象。二则，行政法学研究中的本土资源既可以说是一个客观的东西，又可以说是一个相对主观的东西。作为客观的东西，诸多属于行政法学本土资源的东西是一种客观存在，如历史传统、民族文化等。作为主观的东西，则必须通过认知才能领悟。学者们在研究过程中必须注意把握行政法学本土资源与行政法问题之间的关系，在这个关系的把握中，我们的行为都应当说是主观的，即是说法学研究一开始就面临着对本土资源的处理问题，其中处理的技术就是尽可能寻求这些资源与法律现象之间的内在关系。

（十二）行政法学体系的全球趋同

第一条 行政法学体系是行政法学体系全球趋同研究的基本单位，是指由行政法学科元素构成的行政法学的基本结构。行政法学体系是以行政法规范以及行政法规范体系为基础的，但它作为学科范畴，与制度范畴的行政法规范有着质的区别，至少它可以独立于行政法规范而存在，这一点决定了我们可以将其作为一个独立的现象来研究；行政法学体系是以相对确定的行政法学现象为对象的，即我们对行政法学体系的框定必须以一定的行政法事实或行政法学事实为对象，因为，当我们使用行政法学体系这一概念时，先可以指全世界的行政法学体系，次可以指某一法系的行政法学体系，再可以指某一特定国家集团的行政法学体系，后则可以指某一国家的行政法学体系，由于行政法学体系范围的这种不十分确定性，我们就必须将我们自己使用的行政法学体系范围予以必要限制。由于行政法制度与行政法规范是以国家为单位的，因此，我们对行政法学体系的考察也是以一国的行政法学体系为单位的，或者说，我们对行政法学体系的研究是以我国行政法学体系为基础和基本对象的。

第二条 行政法学体系的全球趋同，是指以一国为单位的行政法学体系其国别属性或者国别特征赋予它的属性越来越小，而作为法系乃至整体法学的特性则越来越明显。我们指的整体法学，是说当我们在谈论行政法学体系时，是作为一个完整事物的特性而言的，而不是在这个完整事物中还包容着诸多不同分部构成。

第三条 行政法学体系全球趋同是对行政法学体系发展的一个描述，只有以动态的、变化的、渐进的眼光观察，才能领会行政法学体系全球趋同的含义。

第四条 行政法学体系全球趋同是对行政法学体系状态的一个相对化描述，只有从相对意义上才能把握全球趋同的实质，所谓相对化是说，行政法学体系全球趋同并不能否认行政法学体系的国度化特征；行政法学体系全球趋同是对行政法学体系基本价值的一个定位，只有将行政法学体系全球趋同作为其在发展进程中的一个价值取向来看，才能不使这一称谓本身绝对化。

第五条 行政法学体系全球趋同，是说行政法学本土特征日益弱化。行政法学体系的本土特征，是指行政法学以本国的行政法资源为基础并形成能够解释本国行政法制度和行政法运作的一整套行政法概念，以及相关行政法知识系统的客观状态。一国行政法的资源是多方面的，包括本国政治制度和法律制度的基本格局、宪政制度的基本结构、过去的和现在的行政法资料，如行政法典、行政法实施机关等；包括本国制约行政法状态的外在和内在因素，如民族文化、行政传统、自然资源等。这些行政法资源是行政法学体系的底土，也是行政法学形成本土属性的决定因素。行政法资源是构成行政法学体系本土特性的最为实质的因素。然而，这一因素并不直接导致本土行政法学体系，深而论之，一国的主流意识形态以及行政法学人的行政法学理念，甚至长期形成的行政法学研究方法，才是行政法学体系本土特征的直接促成因素。例如，一国在社会科学研究中占统治地位的指导思想，可以促成行政法学研究中的格局，而且这种指导思想只能使这样的行政法学格局存在而不能容许那样的行政法学格局存在，正是这种排他性，从一个侧面决定了行政法学与其他国别行政法学区分的特质。还如，一国学者长期形成的行政法学思维定式，或者在所谓权威理论的制约下形成的认知理念，都会使一国的行政法学体系与他国有异。上列若干要素所造成的差异，促成了本土行政法学或行政法学的本土特征。笔者认为，任何一个国家都有上列因素，因此，任何一个国家的行政法学体系都有其本土特征。由此我们可以作出这样的判断：行政法学体系本土特征越明显，各个行政法学体系的差异就越大，反之，一国行政法学体系的本土特征越不明显，各国行政法学的差异也就越小。总而言之，我们不能够将差异大的不同国别的行政法学体系叫做全球趋同，即不能认为各国的行政法学体系以本国为特征，甚至仅仅以本国为特征是行政法学体系的全球趋同，而应当作出相反的定性。而我们则可以将各国行政法学体系差异较小，本土特征相对不明显的行政法学体系以全球趋同定性。

第六条 行政法学体系全球趋同，是说行政法学封闭系统日益弱化。行政法学体系由于存在于特定国度之下，因此，也具有相对封闭性的特征。从广义上讲，作为封闭的行政法学体系至少有下列方面的排斥：一是排斥不同类型的学科对它的侵入，例如，行政法学体系对其他部门行政法学体系概念系统的不认同。二是排斥被新的科学研究证明有意义的、超前的研究手段,如行政法学研究中对社会学中一些新的调查方法、分析方法就表现出了极大的冷漠。三是排斥不同国家的行政法学理念,如福利国家中给付行政的理念以及其他全新的行政法理念,就为我国行政法学研究所难以接受。四是排斥现代社会变革对社会关系组合方式造成的影响,进而影响到行政法学思辨方式中的社会原动力,如社会组合方式的变化使行政法关系主体理论受到震撼,而行政法学体系对这样的震撼并没有及时予以回应。行政法学体系的趋同状态我们还可以从其他方面予以佐证。然而,行政法学体系的封闭性与开放性是相对而言的,即是说,封闭性与开放性是一个相互对应的概念,若其是封闭性的,就必然不是开放的,反之亦然。同时,不论行政法学体系的封闭性还是开放性,都是一个相对意义上的概念。换言之,行政法学体系的绝对封闭或者绝对开放都是不存在的,在有些情况下,其封闭状态占主流,而在另一些情况下,则是开放状态占主流。若行政法学体系在封闭状态占主流的情况下,其全球趋同的特性就不复存在,因为这时,这一封闭系统还难以与其他国别的行政法学体系交换能量。反之,若行政法学体系在开放状态占主流的情况下,其全球趋同的特性就非常明显。

第七条 行政法学体系全球趋同是说行政法学的政治色彩日益弱化。行政法学是社会科学的构成部分。无论实行何种制度的国家,其对待自然科学与对待社会科学的态度均是有所不同的。一般地讲,国家政权体系对自然科学的态度采取的是相对松弛的策略,即强调用科学方论指导自然科学的研究,而对社会科学的态度则采取的是相对谨慎的策略,即强调意识形态对社会科学的统治作用。根本原因在于,社会科学对一国的统治理念和统治制度乃至统治方法有直接影响。当然,社会科学亦可以进一步分为理论性学科和实用性学科。如果说,国家政权体系对社会科学中不同的范畴有所区别的话,对实用性学科则采取的是更加严格的约束态度,因为这些实用研究如果能够进行成果转化,则可以直接对现实政治制度和法律制度产生作用。行政法学在社会科学中属于实用性学科,因此,国家政权体系对其采取的便是严格的导向性策略,这种导向性,为行政法学研究刻画了政治倾向的命题,亦即不论实行何种制度的国家,学者们构设的行政法学体系或者在长期发展中自然形成的行政法学体系都具有一定程度的政治色彩。当然,政治色彩只是行政法学体系所具有的色彩之一,至少与政治色彩相对应的还有技术色彩,还有社会色彩等。由于行政法学体系的政治色彩与政权体系有关、与政治实体有关,而政权体系和政治实体都是以一定的国度、以一定的地域、以一定的政治价值为单位的,正是这种相对排他的"单位"性,决定了政治色彩明显的行政法学体系的非全球化特征。行政法学政治色彩的淡化,标志着其社会化色彩、技术化色彩日益明显,而社会化色彩、技术化色彩是不受严格的政治单位和地域单位限制的,正是在这种意义上,我们说行政法学体系色彩的深化包含着全球趋同的含义。

第八条 各国行政法几乎都存在全球趋同的情势,应当说明的是,在设定这一命题时,并没有也不必要揭示下列两个内涵:一是行政法学全球趋同的时间表,即我们没有必要作出一个时间上的判断,自何年何月行政法开始全球趋同,而在何年何月前行政法没有全球趋同。不作这样的判断,主要原因是行政法的发展是由一些单个行政法现象共同组成的,离开了任何一个行政法事件和法典等,都不可以作出全球趋同的判断,而我们对这些个别事件的确定,以及个别事件在全球趋同中所起的作用是无法用来说明的,因此,这样的判断在技术层面上几乎不可能。同时,对行政法学体系的全球趋同进行判断,也没有太大意义,只要我们能够作出总体价值上的判断就足够了。二是和行政法学全球趋同的具体进程,即我们没有必要揭示哪一国家已经朝着全球化方面发展,而哪一个国家还没有进入全球化的序列,当然,对这一问题的研究是很有意义的,但这不是本文应当解决的问题,应当是比较行政法学研究的问题。根本问题是行政法学体系全球趋同的表现,即能够说明行政法学体系全球趋同的那些事实,而这些事实必须从行政法现象,尤其行政法学理的现象中确定。

第九条 以法系和法圈在行政法学体系中的区分逐渐模糊性佐证。法系与法圈是法学研究中对不同的法律制度和不同法学体系的概括。法系是指法律规范及其制度的描述,在传统的教科书中,法系的区分是以法律制度和法律规范为基础的。学者们很少在法学及其体系上区分法系或者描述法系的实际情况,但是,法系并不单单是法律制度和法律规范问题,最主要的是法系本身反映了不同法学体系的区分。如大陆法系的行政法学体系,就有一整套解释法律现象的概念系统和分析手段,如行政成文法至高无上的地位、强调行政的司法救济等。与之相对应,英美法系的行政法学体系也有一整套概念系统和分析手段,如看重行政程序的价值、重视行政过程中的民主倾向等。可以说,在传统行政法学研究中,不同法系的行政法学体系可谓泾渭分明,笔者可以将韦德的行政法学教科书与奥里乌的行政法学教科书进行比较,非常明显的是韦德的行政法学体系是英美法系的必然产物,而奥里乌的行政法学体系则深深地刻上了大陆法系的烙印,而且在诸多问题上,无论作者还是读者,都没有很好的方法将一些行政法问题予以调和。笔者认为，不同法系在行政法学体系中的区分是制约行政法学体系全球趋同一个瓶颈。然而，近年来，这种格局发生了深刻变化，亦即在一些根本的行政法理念上，两大法系几乎没有明显区分。例如，关于契约理念在行政法学体系中的引入，两大法系具有异曲同工之妙，我们可以以《法律与行政》一书的论点与《行政法总论》一书的论点作为证明，在一些行政法学的重大认识问题上，两大法系的区分已经相当模糊，那在行政法学的一些微观问题上又如何呢？可以肯定地讲，其差别和区分也越来越小。在法圈问题上也是一样的，人们将一定制度和调控方式范围内的不同国度的法律称为法圈，即具有相同行为模式的法律制度可以归于一个法圈，而与之有别的则可以划归另一个法圈，现在这样的划分越来越模糊，甚至不复存在。对于法系和法圈的这种趋向，人们一方面关注不够，另一方面没有揭示其原因和将给行政法学体系发展带来的冲击。法系和法圈的地域属性、制度属性说到底，本土化的属性非常明显。换言之，随着法系和法圈界限的模糊，也标志着行政法的全球趋同日益明显。

第十条 以各国行政法学研究对象的逐渐相近佐证。行政法学研究对象是行政法学体系应当率先解决的问题，这在各国行政法学者所编写的行政法教科书中可以看出。行政法学的研究对象虽然是行政法学研究中最为基础的问题，然而，传统行政法学中各国学者对行政法学研究对象的确定却千差万别。有的认为行政法学以行政过程及其运作的行为规则为研究对象；有的认为行政法学以国家制定的实在行政法为研究对象；有的认为行政法学以行政法规范背后的各种要素为研究对象，有的认为行政法学以行政组织和行政行为以及行政救济为研究对象；等等。当然，不同国家关于行政法学研究对象的不同认识，有时是因为学者们所站的角度不同，所产生的认识上的误差，如果仅仅是认识上的误差，那倒不能说明行政法学研究对象不同会给行政法学体系带来什么后果。但是，传统行政法学体系中关于行政法学研究对象的认识之差距并非认识问题，而牵涉到对行政法价值的定位问题，对行政法模式选择的问题，如奥里乌的规范研究理论与古德诺的司法过程研究理论，就反映了对行政法价值的定位问题。近年来，行政法研究对象几乎不再成为人们争论的问题，不同国家的不同学者关于行政法学研究对象的表述几乎非常相近，有的完全趋向同一，如上所述沃尔夫将行政法学研究对象概括为十二个方面，而盐野宏虽没有列举但也作出了基本相同的概括。如果对近年来人们鉴于行政法学研究对象作一概括的话，几乎都认为行政法就是以行政法规范以及行政法规范的运作过程为研究对象,我国学者也有同样的描述。行政法学研究对象的相近性,使行政法学构筑了大体相同的体系、行政法学具有大体相同的价值定位、行政法学具备相近的模式选择成为可能。

第十一条 以行政法学方法论各国的逐渐吸收性佐证。行政法学方法论并不是一个无关紧要的问题,恰恰相反,它在整个行政法学体系中占有非常重要的地位。对于行政法学的方法论可以从不同角度观察,但无论如何,我们必须把方法论与具体的研究方法区别开来。具体的研究方法,是指研究主体在研究过程中采用的可供操作的技术手段,在一般情况下,具体的操作手段在不同国家的行政法学体系中、在不同的学者身上并没有太大的区别。但是,行政法学的方法论则有所不同,从一定意义上讲,行政法学方法论是哲学范畴的问题,是处理行政法学与现实行政法制度关系的手段。在不同的哲学理念下,行政法学对待行政法制度的思路就有所不同。在传统的行政法学体系中,不同国度在行政法学方法论上的区别非常大。正如和田英夫对不同国家行政法学方法论所作的概括,如他认为,英美国家的政治学体系是以程序为基础的,德国的行政法体系是以福利为基础的,所谓"给付行政"之行政法是也,而法国则是责任行政,即法国行政法以行政系统的责任为根本,并以此建立行政法制度,对上述三种制度的区分实质是对三个国家在行政法学方法论上的评价,这种评价在笔者看来是客观的。它说明在传统行政法学体系中,不同国家,哪怕是同一法系的国家所选择的行政法学方法论也是不同的。不同的选择使各国行政法的本土特征更加明显。然而,近年来,行政法学方法论发生了革命性的变化,最大的变化是对一些先进的行政法学方法论,各国都无一例外地予以采用。如行政法必须以宪政制度为根基进行思辨和认识的方法论、行政法作为公法与私法具有同等重要意义并必须确定其与民法学体系平起平坐地位的方法论、私法中的契约原理用来认识行政过程及行政法体系的理论,等等。行政法学方法论的总趋向是相互间的吸收,而这样的吸收奠定了行政法全球趋同在方法论上的基础。

第十二条 以行政法学基本理念的诸国逐渐渗透性佐证。行政法学的基本理念既包括行政法的概念系统,又包括行政法中的相关解释方法。行政法中有一系列归于理论范畴的概念系统,如行政、行政权、行政法关系、行政法原则、行政法的价值、行政法模式、行政法理论基础中,还有一系列归于原理范畴的概念系统,如行政组织、行政行为、行政程序、行政救济、行政责任中还有一些归于运作过程的概念系统,如行政立法、行政执法、行政司法、行政守法等；行政法中还有一些归于分析方法的概念系统，如行政强制、行政决策、行政作为、行政不作为等；行政法中还有一些归于价值确定的概念系统，如行政合法性、行政合理性、行政不当性、行政中的德性，等等。上述概念系统，只是我们从不同的角度所作的一个概括，可以说整个行政法学体系都包容的概念系统几乎比任何一个部门法都要大，如果把部门行政管理法也算进来，其概念系统超过了其他部门法的总和。传统行政法学体系中，一方面不同的国家在分析行政法问题时使用的概念不同，有些国家的行政法概念相对较多且具有法的属性，有些国家行政法的概念相对较少而且法的属性不明显。另一方面，对同一问题的分析，不同国家运用不同的概念，如，同是行使行政权的实体，有的国家叫行政机关，有的国家叫行政主体；同一概念在不同国家有不同的含义，如行政行为在不同国家就有不同含义。我们所说的是传统行政法学体系的状况，近年来，这样的格局发生了变化，即在一些基本的行政法概念上以及行政法学分析中各国相互渗透，如司法审查的概念各国普遍接受并在概念的内涵上达成了共识，各国在行政法理念上的相互渗透，几乎每年都有新的进展。这一变化对行政法学体系的闭门造车、自我欣赏有非常大的制约作用，其全球化的格局便是在概念系统的相互渗透中得到升华的。

第十三条 行政法学体系全球趋同是各国行政法学界面对的共同问题，一个国家要完善自己的行政法学体系，除必须考虑本国的行政法制度外，还要充分考虑世界各国行政法的发展趋势。从上面的分析我们可以得出一个结论，行政法的全球趋同是一个不可逆转的趋向，任何一个国家若要使本国的行政法能够在世界行政法学体系中有一席之地，就必须进行重新抉择，在有些情况下，这种抉择可能是十分痛苦的，但如果不对行政法学发展的这种挑战进行非常理性的应对，该国的行政法学体系就会成为一个真空地带，游离于全球行政法学大系统之外。而行政法学体系的这种体系外游离，必然会反映在该国的行政法制度中，即是说，一国行政法学体系的非全球化，必然导致一国行政法治体系的闭关自守，而这样的结果，对于一国的法治建设而言是灾难性的。

第十四条 反思我国行政法学的发展过程。要对我国行政法学的未来作出展望，要使我国行政法学体系能够融入到全球趋同的行政法学大系统中去，就必须对我国行政法学的发展过程进行适当反思，因为通过这样的反思，可以使我们对我国行政法学长期以来在发展过程中的得失利弊作出评价。

第十五条 我国行政法学最早是在50年代发展起来的，当时我国行政法学虽没有形成规模和体系，但有关行政法的基本概念以及对行政法认识的一般理论已经形成。可以说,这一时期的行政法学在对国外行政法学先进成果的吸收上具有非常大的片面性,即我们只注重了对社会主义类型的行政法学成果的吸收,尤其是吸收了苏联行政法学研究的成果,行政法作为管理法的理念就是苏联行政法学研究的翻版。由于苏联自身的行政法学没有长期的历史积淀,且对一些人类先进的行政法理念具有排斥的倾向,因此,不能说苏联的行政法学就是全球化的产物或具有全球化的特征,而以其为蓝本的我国行政法学,当然也不能有所例外。

第十六条 十年"文革",使我国行政法学的研究基本中断了,我国当代行政法学研究的起始应当是20世纪80年代初,1983年第一部统编的行政法教科书的诞生,意味着我国行政法学人对我国行政法学体系有了初步认识。随后出现了诸多关于行政法的价值研究,若干行政法学理论基础的纷纷登台便是例证。学者们以最大的努力构思中国行政法学的独有体系,使行政法学研究更加具有中国特色,尽管可以说,我们在对行政法学体系的构设中吸收了诸如行政合法性、正当程序、行政的司法审查等先进的行政法理念,但是我国行政法学的发展,其本土特色强于全球趋同的特色。一方面,我国行政法学的建立,政府推动的特点非常明显,我国诸多行政法理念的形成,都与政府的决策以及政府的主动行为有关,如我国不能接受全面司法审查的理念就是政府决定的结果,而政府推动由于更多考虑了实用理性,因此,系统化的、能够被全球所吸纳的行政法学体系就难以形成。另一方面,我国行政法学体系在构筑过程中也并非没有研究和吸收先进的具有全球属性的行政法学思想和观念,但是,当我们在吸收这些理念时,不是将其作为一个整体来看待,而常常是取我所需,这样我们对先进行政法学成果的吸收并不是在把握全球行政法学发展的脉络下进行的,这样的片面吸收,必然会带来弊害。综而观之,我国行政法学的发展过程,不是一个能够为行政法学全球趋同开辟良好道路的过程,这是必须对我国行政法学发展所作出的基本判断。如果对这一点没有足够的认识,还沉浸在孤芳自赏中,就会进一步制约我国行政法学对全球先进行政法成果的吸收。

第十七条 反思我国行政法学的研究对象。行政法学研究对象在行政法学体系中占有非常重要的地位,行政法学研究对象的相近性与否,是衡量行政法学全球趋同化的一个测评指标,当各国行政法学研究对象相近时,行政法学体系的全球趋同化则明显一些,反之,当各国行政法学研究对象相对较远时,行政法学体系则不可能呈现出全球趋同的格局。行政法学研究对象的框定,有两种状态,第一种状态是行政法学的研究以实在的行政法为对象,在此一状态下，研究主体主要以本国的实在法为研究的核心，研究过程不偏离行政法规范的制定和执行。第二种状态是行政法学的研究以行政法规范背后的社会关系为对象，在此一状态下，研究主体以行政法规范背后隐藏的各种社会关系以及由这些社会关系构成的行政法过程为核心，规范只是研究过程的一个元素而不是研究对象本身。我们可以用上列两个研究对象的状态对不同国家行政法学研究对象作出判定，或者将其归于前者，或者将其归于后者。我国行政法学的研究对象的主流是前者而不是后者。

第十八条 以行政法规范为研究对象和以行政法规范最后的社会关系为研究对象是有巨大区别的，它牵涉到行政法学科体系的状态，也关系到行政法学的社会功能。同时，两种研究对象对行政法学体系的全球趋同不无决定作用。由于行政法规范是一国的实在法，而实在法就总体而论具有固定性和不可更改性，如此一来，以此为研究对象的行政法学体系的全球趋同概率就相对小些。反过来说，行政法学以规范背后的社会关系为研究对象时，其全球趋同之概率就相对大些，因为决定行政法规范的社会关系在当今社会经济、政治、文化等格局互动性明显的情况下，每国的行政法都有依赖他国之趋向。我国行政法学以规范为研究对象，使行政法学体系关注实在的行政法规范，并将这些实在的行政法规范下意识地与其背后的社会关系予割裂开来，便必然成为行政法学体系全球趋同的一个障碍。由此可见，重新框定我国行政法学的研究对象，是促进我国行政法学体系全球趋同所必需。

第十九条 反思我国行政法学的研究主体。主体与客体的关系是现代哲学原理以及哲学范畴关注的重要问题。一门科学的基本状况是，当主体与客体一致时，这门科学就是理性的。反之，当主体与客体不能和谐相处时，这门科学就是非理性的。而在主体与客体的关系中，主体是处于主导地位的因素，客体则是处于非主导地位的因素。由于客体是一种客观的现实存在或客观的关系形式，因此，客体是相对稳定的，其可塑性亦相对较小。而主体则是具有较大变数，无论其组合方式，还是在研究过程中的行动方略，都可以在外在因素的作用下予以改变。行政法学研究主体包括研究的群体和个体两个方面。群体有研究机构和整个行政法学界的研究团队，而个体则是行政法学的研究人员。我国行政法学研究主体具有相对的封闭性，当然，这不单单是行政法学研究主体的状况，整个法学研究乃至社会科学研究都是这样的状况。这种封闭性表现在研究人员与行政法运作过程的社会实践是"两张皮"，研究人员的研究陷于行政法学理论和行政法规范之中，行政法治实践则处在规范和社会的巨大能量交换中，行政法学研究人员既没有精力也没有时间把行政法过程中的各种复杂现象进行跟踪研究。而掌握行政法运作过程的行政法实施主体则没有精力和兴趣研究行政法的基本理论问题。这种"两张皮"的现象,对我国行政法学全球化的制约作用非常大,因为主体与客体分离的行政法学必然不是理性的行政法学。同时,从主体与客体的关系我们还可以说,主体在研究过程中受到制约的应当是客体,即它应当根据客体的状况决定研究走向,而不应受客体以外其他因素的左右或影响。然而,我国行政法学研究主体在研究过程中受到一些外在因素的干扰和左右较多,如政府的行政政策以及行政系统的行政方略,就常常作为行政法学研究人员的行为导向,有些导向已经不是一个自愿选择的问题,而是具有明显的强制色彩。研究主体的意识及其行为的超前性与否,几乎决定了行政法学本土化或国际化的格局。目前我国行政法学研究主体中的上列问题,使行政法学体系与全球性社会现实脱离,使行政法学体系与全球性先进理论脱离,最终使我国行政法学难以与全球行政法学变奏合拍。

第二十条 反思我国行政法学的研究方法。行政法学的研究方法在一定意义上讲也是行政法学全球化的一个测评指标,至少对于一个国家的行政法学研究而论是如此,即是说,一国行政法学的研究方法如果比较落后,其全球化的程度也就必然差些,而当一国行政法学研究掌握了比较先进的方法时,其全球化的程度也就相对高些,这只是问题的一个方面。问题的关键在于研究方法本身也是促成行政法学全球化的基本手段,即大量采用先进的研究方法,行政法学体系全球化的步伐就要快一些,落后的研究方法,则会延缓一切行政法学全球化的步伐。

第二十一条 我国行政法学的研究方法存在的问题可作出两个概括:一是行政法学研究中使用的方法相对较少。我们在若干教科书里看到了一些传统的研究方法,如辩证的研究方法、唯物史观的研究方法等,而在这些研究方法之外再难找出新的研究方法,尤其现代科学研究关于研究所取得的新成就,基本上没有在行政法学研究中运用,例如,我们没有用坐标理论分析行政法中不同价值的地位,我们没有用实用心理学的原理分析行政立法人员和行政执法人员的行政法心理机制,我们没有用现代概率论分析行政法中各种行政法事实的发生概率,等等。如果在其他条件不变的情况下,行政法学研究采用的方法越少,行政法学科体系的科学性也就越低,而行政法学科体系的科学性是全球化的构成要件之一。二是行政法学研究中方法论的分配不均衡。自20世纪80年代初开始,我国行政法学研究以实证方法和价值侧重方法为主,而两种方法在行政法学研究中交替使用,但两种方法论的分析是不均衡的,即当应当重点运用实证研究方法时,我们却选择了价值侧重的研究方法,或者说,当应当重点运用价值侧重方法时,我们却选择了实证方法,而两种方法的不均衡运用,使行政法学体系难以依科学原理构建起来。

第二部
行政法治篇

（一）行政法治的定义

第一条 法治与其他任何事物一样，必然具有一定的构成元素。学界在探讨法治时，都完全疏忽了对法治构成元素的探讨。所谓法治的构成元素，是指能够支撑法治概念的那些最小单位，它由一些硬件和软件组成，是对法治进行分析的手段和工具。

第二条 法治诸元素间有严密的联结范式。

第三条 法治的元素与法的元素是不同的，正好像法与法治的概念不同一样。因为，法是一个不包括价值判断的社会现象，而法治则是一个包括价值判断的社会现象。

第四条 构成法治的基本元素有：一则，有一个既成的社会。法治存在于相对确定的社会之中，这里所指的相对确定的社会，实质上是可以视为一定经济实体、政治实体和文化实体的人类生存单位，即是说上列三方面的基本状态是相对确定的社会的标准。如果由一群人组成的社会处在政治和文化等都十分不确定的状态下，法治就失去了存在的最低的基础。二则，有一套治理制度。"法律与国家密不可分，法律只存在于某些类型的社会。尤其在原始社会，法律可能就不存在。"这个论点即便是非马克思主义的学者也是坚持的。它的基本意思是只有在存在相对完整的治理制度的情况下，才能够探讨法和法治的问题。若在一个人群中没有任何的治理制度的存在，也就无法探寻其法治的问题。因为，法治是治理的一种方式，治理制度就必然成为法治的基础，成为分析法治的前提。三则，有一套法律规范。法治中最基本的单位是实在法，即国家或者政治实体制定的行为规则。法治中的行为规则已经不是个别的、一般意义上的行为规则，而是相对成为规模的、被抽象化了的行为规则。我们这里所指的实在法，是与潜势法相对而言的。学者们认为除了实在法存在于政治实体之外，还有潜势法的作用，正如日本学者穗积陈重所说："兹之所谓潜势法者，即指为人民公的行为之基础之社会力，虽有发动可能性，然仍伏于法之主体中，尚未形成法规之体裁者也。"法治中的法是不包括潜势法的，因为，潜势法是自然力或道德作用的结果，不像实在法那样具有具体的调整人们行为的功能。上列三个方面是法治的基本元素，法治并不是简单地要求在一个国家的治理过程有这三个元素，而是要求三元素之间保持一种相对严密的关系形式，即必须用一些内存的或者外在的方式将三者严密地联结起来，并形成相应的范式。

第五条　在法治诸元素的联结范式中，最为基本的东西就是法与治理方式、法与既成社会之间的相互促成关系。一方面，只有在一个既成社会中选择了用法律作为主要的治理手段时，法治才有存在的空间，即是说，一个社会中形成了一套治理方式，而在这套治理方式中，如果法所扮演的是非常次要的角色，这个社会中法治就是不存在的。另一方面，这个社会中的一套法律规范对社会所起的是良性作用，而非不良作用。一些社会和国家虽然选择了用实在法进行治理的治理模式，也形成了相对的范式，但其法律规范对社会所起的作用若是不正当的，此种情况下就不存在法治。

第六条　法治的环节与法治的构成元素不同，当我们提到法治的构成元素时，我们所侧重的地方可能在于法治的最小单位和法治的静态方面，反之，当我们提到法治的环节时，则不是指法治的最小单位，而是法治的相对较大的要素，而且这些要素是在动态的眼光下观察的。总之，法治的环节与法治的要素不是一个概念，法治的环节是法治中更深层次的东西。

第七条　法治诸环节间必须有正当的逻辑关系。

第八条　笔者认为，"有法可依、有法必依、执法必严、违法必究"的治国方略，下意识地揭示了构成法治的诸环节。依这个揭示，法治环节大体上有下列顺序：法律相对完备的事实，就是在一个国家中，有法和相应的法律制度，二者缺一不可，这些法和法律制度都存在于法治的大系统之中；法律地位被确认的事实，指法和法律制度在政治机制和社会机制中的地位必须得到确认，在确认它们的地位时，是否淡化法律之外的其他制度，则不包括在这个内容之中，至少其内容与其他的社会治理机制共同存在；法律必须被变为社会现实的事实，就是说，法和法律制度可以作为一个相对独立的社会现象来看待，但在执法必严的理念之下，法必须成为社会过程的一部分，由制度现实和规范现实变成社会现实；法律必须有实效的事实，指法和法律制度不是一个政治实体中的花瓶，不是为了仅仅用来欣赏，而是必须成为一种有更多实体社会价值和政治价值的东西，对人的行为的约束以及被违反以后的责任追究，是它实效性的具体表现。上列环节仅就各环节的特性来看都是单独存在的，甚至有相对割裂的嫌疑。然而，在法治理念中，上列环节应当有正当的逻辑关系，《牛津法律大辞典》对法治诸环节的逻辑关系是这样揭示的："对立法权的限制；反对滥用行政权力的保护措施；获得法律的忠告、帮助和保护的大量的和平等的机会；对个人和团体各种权利和自由的正当保护；以及在法律面前人人平等。在超国家的和国际社会中，法治指对不同社会的不同传统、愿望和要求的承认，以及发展协调权利要求，解决争端和冲突，消除暴力的方法。它不是强调政府要维护和执行法律及秩序；而是说政府本身要服从法律制度，而不能不顾法律或重新制定适应本身利益的法律。"由此可见，法治诸环节的逻辑基础是诸环节本身的治理状态以及规范化问题，而不是简单地由这些环节对治理对象的治理逻辑。罗尔斯对法治诸环节的逻辑关系的法哲学的层面作过一些概括，例如，法治的过程必须和自由结合在一起，法治必须和法的统一性结合在一起。

第九条 学界对法治的探讨，每每从较为宽泛的意义上揭示法治的概念以及法治的相关问题。这样的揭示在一定阶段是有道理的，即是说，在人们对法治认识的初期，可以从相对宏观方面把握。毫无疑问，宏观方面的把握是对法治的质的方面的认识。但是，在法治的宏观方面或者质的方面，只是法治的属性之一。

第十条 法治最终必须成为一个具体的治理过程，如何把握这个具体过程，就是对法治作较深层次的研究，这个研究中法治的侧重点应当放在其量的方面，即法治究竟应当由哪些部类构成，各个部类之间又应当保持一种什么样的关系，其在整个法治大系统中如何对各自的功能进行分配？

第十一条 法治诸部类间必须有合理的功能分配。

第十二条 法治的部类大体上包括：一是作为宪政的结构、国家有关宪政体制的确立、国家有关社会公众权力的总体格局及具体分配等。我国近年来历次的宪法修正案的制定都是对这一部类法治的完善。二是作为行政的法治部类。所谓行政的法治部类，是指有关控制行政权、规范行政过程的法律规范的制定和实施。此一部类中通常有两个部分，第一个部分是用于限制行政权力的规则体系及适用状态，第二部分则是用于对社会事务进行行政管理的规则体系及适用状态。三是作为司法的法治部类，指以司法权运作为轴心的法律的制定、执行和实施的法治范畴。与作为行政的法治部类一样，这其中也包括对司法权进行控制的部分和司法权在运作中对社会进行控制的部分，有关司法管理和司法监督的是前者，而有关刑事的和民事的法律制定和实施则是后者，从大的范畴上看，这两个部分的作用对象不甚相同，但都存在于司法这一总的部类之下。四是作为涉外的法治部门，指有关调整国内与国外诸关系的法律的制定和实施的法治范畴。在目前国内关于法治的讨论中，很少有学者提到此一部类的法治问题。其实，在现代法治概念中，有关国内与国外关系的法治部类是不可或缺的，甚至在法治范畴的比重中有进一步上升的趋势。国与国之间有关公权力的法治，国与国之间有关经济交往的法治、国与国之间有关私权益交换的法治，都构成了本部类的丰富内容。上列各部类之间的功能分配是法治不能回避的问题，深而论之，其是法治最为实质的内容之一，例如，在古代的法律制度中，亦有法律治理的概念和实际的治理过程，但在这个治理概念和治理过程中，没有宪政的法治部类，没有行政的法治部类，没有国与国之间关系的法治部类，仅仅有第三部类中的第二个治理部分，即刑事的治理和小范围的民事治理，在这种治理部类极其不平衡的情形下，根本谈不上真正意义上的法治。

第十三条 在法治诸部类中，各部类承担着自己的责任，都对法治之大范畴进行功能上的支持，但是，各功能之间的分配一定有量上的区别，四个部类之间在对法治总系统的支持上有功能递减的规律性，即作为前者部类的宪政法治其功能是最大的，其他部门对法治大系统的功能则依次减弱，当然，各部类之间具体的量化关系的确定，则是一个非常精细的技术问题，在法治发展的初级阶段，具体的量化指标是难以确定的。但作为法治发展的高级阶段，则不能不考虑诸部类之间的功能分配问题。

第十四条 法治的范畴与法的范畴不是同一意义的概念，法的范畴是就法这一社会现象的基本定在而言的，而法治的范畴除了法的定在以外，还有法在社会过程中的实际运作状况和社会效果。亚里士多德甚至认为良法并不等于法治，人民对法的态度是法治的内容，而这些内容在法的范畴中是没有的。

第十五条 法治诸范畴间必须有规范的调适机制。

第十六条 由亚里士多德的深层哲理作出进一步的推论，笔者认为，法治的范畴由这样一些内容构成。一方面，法治包括法的适用，而且是对法的比较良好的适用。法的适用是指法律实施主体将法和现实中的法案结合起来的行为，即是说法的适用是一个法律行为，而在这个法律行为中，有法律适用主体、实在法和与之关联的法律案件。正如亚里士多德所言，良好的法律如果没有进行良好的适用，没有用良好的法律处理法律案件。这种良好的法律其实所带来的不一定是良好的社会效果，此时我们就不能说良好的法律带来了良好的法治。另一方面，法治包括法律权威的树立。法律权威是法治范畴中最为重要的内容之一。所谓法律的权威，是指法在一国所选择的治理方式上应当占有相对排他的地位。既用法治作为社会生活中的具体标准，又使法治在所有治理手段中具有排他性。"法律需要人去制定，而法律一旦被制定出来，它就变成了客观的标准，并且相当独立地存在于立法者意志之外。"无须证明，在一国的治理过程中，虽有完整的法律规范体系，但法律的权威没有能够树立起来，就不能够说该国已经实现了法治，因为在这种情况下，法治是不和谐的。另外，法治范畴中还包括法律在社会中被自觉遵守的情形。诚然，法是国家意志或者统治意志的体现，其执行是依靠国家强力来保证的。但是，公众自觉遵守法律的情形，却应当成为法治的基本范畴之一，如果每一次的法律执行行为都是靠国家强力来维系，而不是靠社会公众自觉遵行，这个法治过程还不能被认为是理性过程。法治的这些范畴内部以及各范畴之间，都应当具有相应的调适规则，如我们可以确立一些法律适用的导向性规则，我们可以用弱化其他治理方式的手段，强化社会公众对法律权威的认同。公众守法意识中的自觉性普及，用纯粹的法律手段，并不能完全建立起来，法律规范之外的调适规则，例如道德的、传统文化的、乃至政策的法外规则同样可以起到合理调适的作用。这些范畴的科学调适是法治必不可少的。

（二）行政法上的法律优先

第一条 行政优先权与法律优先权或法律优先是两个命题，行政优先权所追求的是行政体系的独立价值，是行政主体在职权行使中的绝对权威性，而法律优先，追求的则是法律对国家政治生活和其他社会生活的统制，立法权对其他如行政、司法、监察等权力的制约。若将两个命题放在一起，所反映的是法律对行政的权威，还是行政对法律权威的挑战？

第二条 行政优先权理论在行政法学中是一个非常重要的理论范畴，它既在行政法关系理论中占有一席之地，又在行政主体及其职权的理论中占有重要地位，其与行政优益权共同构成了我国行政法中行政主体理论的特殊定在，说它是特殊定在，是说无论控权论还是服务论甚或平衡论，都无非是为此二权力提供理论上的支持。

第三条 行政法关系单方面性的理论，实际上是从行政优先权原则中演绎出来的，如果把行政机关的优先权作为一种行政职权看，它是一种独立的理论，若具体到行政机关与行政相对人结成的关系来看，就是行政主体对行政法关系形成、权利义务等的决定，即单方面性。

第四条 行政优先权，是指行政主体在行政法关系中或行政职权的行使中享有的先行处置、推定有效、社会助益等实质性权力。

第五条 行政优先权无论是行政主体的权利还是行政主体和公务人员共有的权利，都是无关紧要的，问题在于行政优先权理论本身是否能够成立。

第六条 行政权是一个大的概念系统，在现代法治国家，行政权的运行都必须依法进行，必须在法律规则的规制下进行，也就是说，法律规则一旦确认了行政权行使的主体、范围、方式，行政权的行使就具有排他性了，就是一个无论如何都可以作出优先解释并优先行使的权力，若法律没有赋予行政主体相应的权力，没有对其职权的相关问题作出规定，其就不应当享有相应权力，更不用说优先权了。只有在行政权与立法权相对立的情况下，只有在行政与法律相对立的情况下，或者只有在行政与法律彼此平分秋色的情况下，探讨或确定行政优先权才有意义。换句话说，行政优先权只能存在于官僚集权制的国家政权体系和权力分割制的国家政权之下，而在议行合一的政权体制之下，这一权力似乎是不存在的。

第七条 我们通过对行政优先权和法律优先的比较鉴别可以得出这样的结论，行政优先权是不能成立的，只有法律优先才是应该肯定的。

第八条 法律与行政的关系一直是法理学中的一个理论问题，问题的焦点集中在法律与行政之间孰正孰偏、谁第一性谁第二性等方面。一种观点认为，法律与行政是两个完全不同的事物，二者既没有血缘关系也没有地缘关系，是井水不犯河水的彼此独立的存在物。另一种比较极端的观点认为，行政就等于法律，由于行政的作用等于法律的作用，因此行政的地盘将越来越大，而法律的地盘将越来越小。第三种关于行政与法的观点，是法律对行政的运行提供规则，法律必须有效控制行政权的行使，这种观点的理论根据是立法或法律是对国家意志的表达，行政则是对表达出来的国家意志的执行，而执行只是对意志的一种实施，本身则不具有独立的意志性。上列三种观点的争论，尽管在现代法治国家中倾向于认同第三者，但它为我们引申出了法律优先还是行政权优先这一重大的理论问题。

第九条 行政优先权中的三种重要权力或者行政优先权的三个表现形式，包括先行处置权、获得社会协助权和推定有效权。在我国行政法学界，此三种权力是一种泛化了的权力，从这三种权力运行中的高度权威性和理论界对其范围确定的深度与广度，均可证明这一点。行政主体遵守法律只是一个原则，不遵守法律程序是例外，而此种例外是规则允许的例外，如果法律没有明确规定例外的情形，行政主体是否可以根据自己的判断对例外情形作出确定？显然，就目前的解释来看，行政主体是可以对这种例外情形作出判断的，"例外情形"的确定和"不受程序"的制约，则成了先行处置权的实质，行政主体足以在这种权力享受中超越法律。

获得社会协助权给了行政相对人一个完全不确定并以行政主体为转移的义务范围，因为这种义务不在法律规范之中，仅仅存在于行政主体的职权行使和行政主体的自由意志之中。行政主体在社会协助过程中超越法律，并可以追究行政相对人不协助之责任的权力，就这样从行政优先权中产生了，它必然使行政权泛化于公民权之上，泛化于立法机关的立法权之上。推定有效权则是一个更加不可忽视的权力。此处有两个问题需要说明，一个是法律秩序和行政秩序的关系。法律秩序是由法律规范确定的秩序，而行政秩序是由行政机关确定的秩序，在这两种秩序中，法律秩序应当为先，行政秩序应当为后，而推定有效理论，则选择了行政秩序为先，显然，法律秩序于后。另一个问题是行政决定和公民权的关系，行政决定与公民权相比是第二性的东西，是从公民权中派生出来的东西，在派生物与派生者的东西冲突以后，应当毫不犹豫地以原物的东西决定派生的东西，但推定理论，则置派生物于派生它的物之上，既有悖于哲理又有悖于法理。

第十条 我国行政法关系中有一个基本原理就是行政法关系单方面性的原理，它是指行政主体在行政法关系中有权单方面决定行政法关系的产生、变更和消灭，有权单方面决定行政相对人的义务和自己所行使的权力范围。这种单方面性的原理，并不单单停留在行政法学理论中，最主要的是它已经深深地反映在行政法治实践中，即在行政机关行使行政权力的过程中，其是权力行使的发动者和权力范围的决定者，一旦与行政相对人结成具体的行政法关系形式，这一关系的发展进路就是以行政主体为本位的。令人不安的是，行政主体的此种本位性近年来在一些行政法文件中也得到了体现，在行政法运作的过程中，行政主体的本位性地位是非常突出的，不同层级的行政机关都可以根据自己手中拥有的行政权力，把这种本位地位延伸到具体的法律关系中，延伸到具体的权利义务关系中。行政主体地位的本位性，首先体现的是行政主体与行政相对人权利义务的不对等性，即行政机关的权利必然是行政相对人的义务，而行政相对人的权利不一定会成为行政主体的义务。

第十一条 行政法治中最本质的东西是依法治理,既包括法律对行政对象的治理,行政活动过程的治理,又包括对行政主体的治理,甚至可以说,对行政主体的治理是行政法治的关键环节。行政主体的本位化是对行政法治的一个歪曲,因为在法律治理行政,还是行政可以延伸法律的问题上,其选择了行政可以延伸法律这样的错误进路。可见,法律优先与行政优先在行政法治中的关系极其重要,它与一国能否真正实现行政法治有密切联系。

第十二条 人们一般认为,计划经济是不以法律进行调控的,而市场经济则是以法律进行调控的。其实就市场经济本身而论,也存在法律调控和行政调控的选择问题,就是说,不是所有的市场经济形态都是以法为根本进行运作的,有些实行市场经济的国家,其行政手段在调控过程中有着巨大的作用。我国推行市场经济的经历很短,而且我国是在长期形成的计划经济的基础上,由人为因素设计的市场经济。计划经济的巨大惯性对我国市场经济的影响非常之大,以致我国市场经济的诸多运作模式都是以计划经济规则进行的。国家对市场经济的调控是必然的,不论市场化程度高的国家还是市场化程度低的国家几乎都是如此,而国家在调控过程中可以用两种手段,这就是法律的手段和行政的手段。所谓法律的手段,是指以立法机关制定的规则调节市场化过程中形成的各种利益关系和社会关系,以法律手段解决市场发展过程中出现的不平衡状态。行政手段,则是指政府通过行政系统内的行为规则,或者通过直接的行政手段对市场主体的权益进行设定,以行政手段平衡市场化过程中出现的各种不平衡状态。

第十三条 国家的调节是必然的,但手段是可以选择的。目前我国在调节市场过程中,采用的手段基本上是行政手段,至少没有给法律手段以应有的地位。此二手段对于市场机制的全面形成,对规范化的市场秩序的建立是至关重要的。行政手段尽管能够在短期内取得良好效果,但无论如何,都不能够以行政手段形成完整的市场经济体系。

第十四条 法律优先与行政权优先若从深层次论之,与宪政思想有着密切的联系,换言之,不同的宪政思想可以得出法律优先或行政权优先的不同结论,合乎现代宪政民主的宪政思想所企求的是法律的优先权而不是行政的优先权,而非理性的宪政思想或者不完善的宪政思想,则有可能自觉与不自觉地得出行政优先权的理论。

第十五条 宪政思想中最为基本的就是公权分配中立法权与行政权的关系

问题。立法权由于决定一个国家的政治生活和社会生活的格局，故而被认为是政治的范围，就是通过相关机构的讨论决定一个国家的重大事务的行为。行政权由于是对被决定的国家事务进行执行故而被称为"行"。议行一体化和议行平分秋色化就成了宪政思想中两种完全对立的思想。议行合一的实质是"议"能够统制"行"，使"行"从属于"议"的头脑之下，其永远是对议的一个具体化。由于"议"中的主要因素是对国家事务的决定，对国家意志的表达，即制定法律的行为，因此，议行一体化必然能够得出法律优先的结论，法律对行政的统制也是从这种关系原理中推导出来的。依后者，"议"与"行"是两个分立的事物，"议"集中在一个头脑之下，而"行"则集中在另一个头脑之下，并由两种完全不同的行为来实施和完成。显而易见，"议"与"行"平分秋色以后，"议"有着自己独立的体系和价值系统，"行"同样有着自己的独立体系和价值系统，各系统在追求着自己的价值，履行着自己的行为，"议"和"行"的优先便在这样的前提下产生了。

第十六条 国家意志问题是宪政思想不能不触及的第二个方面的问题，关于这一问题，亦可以分为两种相对抗的理论，即国家意志的融合论与国家意志的分疏论。所谓国家意志的融合论，指在一个国家，真正意义上的国家意志只能有一个而不能有两个或两个以上，一方面，国家的地方机构只是国家的组成部分，不能有独立于国家这一统一体的单独的意志。另一方面，一个国家可以有机构之间的分工与协作，但各分支机构仅有的是自己职权范围内的职权意志，不能有国家政权范围内的国家意志。如果把一个国家作为一个有机体看的话，其与一个单一的个人一样，意志在任何情况下都只有一个，而其他的因素却是为实现意志而必需的力量。所谓意志分流化，是指在一个政权体系中，应当使意志分流，即不同类型的意志交由不同的机构体系表达或执行。意志的融合与意志的分流作为两种不同的宪政思想，必然带来两种不同的结果，必然会决定一些与它相关的较为微观的问题，行政优先权与法律优先就可以从其意志的此二理论中演绎出来。在意志分流论思想之下，行政具有独立的法律人格，具有独立的表达政策和执行政策的资格，在一定范围内，行政优先于法律也就顺理成章了。意志融合理论则要求一个国家只有一个完整的意志表达机制，至于执行意志机制的多元性则是另一范畴的问题，融合以后的国家意志必然通过成文的、定型化的规则得到体现，法律优先便由此引出。

第十七条 在20世纪中期以前，立法权唯一性的理论几乎无人撼动，这一理论的基本内容是，在一个国家立法权只能由一个单一的主体行使，至于行使这一权力的主体是谁,则有不同的看法。20世纪中期以后,法律多元主义的影响越来越大。多元主义者把政府的立法只看做是法的一个部类,即只要在国家政权体系中存在承担义务和享受权力的实体,这些实体就可以在一定范围内表达国家的意志,其具有独立的表达意志的能力。法律多元主义的基本思想是国家的法律、国家法律的制定权并不具有唯一性。显然,行政机构体系作为国家政权体系中的次级实体,当然有表达法律规范的能力。立法唯一性与立法多元化这一宪政思想的争论可是无止境的,而从这两种思想中引申出来的法律优先与行政优先的说法,却是完全不同的。如果我们认同立法唯一性的理论,法律优先则可以作出合乎逻辑的解释,因为立法的唯一性所突出的是法律价值的至上性,是立法机关地位的不可怀疑性。反之,若我们认同立法的多元化,我们便可以作出行政优先的选择。至少行政主体在自己的事务范围内是可以优先制定规则的。幸运的是,我国的宪政体制所肯定的是立法的唯一性,虽然,法律规则的形式可以是多元的、多类型的,但无论如何都不能怀疑立法权的唯一性。

第十八条 宪政思想中另一重要组成部分就是利益的分配规则,我们知道,行政主体的行政行为和行政过程的最终结果,从另一层面来看是对利益关系的确定,在一个具体的行政行为中是对行政相对人利益的一个分配,当然,利益分配过程中可能带有限制、控制、平衡等手段,这是无关紧要的。关于利益的分配可以有两种宪政思想,一种是利益分配规则化,就是用规则调控利益的整个分配过程,甚至有人认为,是否依规则分配,直接关系到社会正义的实现,规则化的利益分配就是突出法律在利益分配中的主导作用。另一种是利益分配的政治化,就是利益分配由政府的政治机构和行政机构进行控制,政治机构和行政机构控制利益的分配过程和利益的最终归属。在这样的分配思想下,一个社会成员是否能够得到利益,不应从法律规则中去寻找,而应当从其对政治机构和行政机构的服从中去寻求。一般地讲,在此种分配思想下,能够服从政治机构和行政机构的人和组织所获得的利益,要多于不善于服从政治机构和行政机构的人或者组织所占有的利益。在规则化的分配思想之下,作为利益获取者的公众,既是社会中的一个义务主体,也是社会中的一个权利主体,因为规则所面对的是社会中的不特定的人或者事,就一个个体而言,其在此一利益分配中是义务主体,在另一义务分配中则可能是权利主体,因此,个体是利益关系中权利主体与义务主体的统一。而在利益分配政治化的机制之下,公民、法人或者其他获取利益的组织是明显的义务主体,即其利益获取的程度与其服从的程度是成正比的,而服从本身是对自由意志的一个抑制。由于一个国家实现政治目的的主要手段是行政手段,因此利益分配的政治倾向将突出行政权的优先性。

第十九条 行政优先权和法律优先是两种不同的法治理念,反过来说,行政权优先和法律优先可以派生出完全不同的法治内容。

第二十条 一是控权主义与平衡主义的区别。法治必然涉及权力和权利的关系问题。以控权主义的法治概念而论,其目标是对属于政治组织或者国家政治机制的权力进行控制,尤其对行政系统的行政权力进行控制。平衡主义所追求的是权力和权利之间的平衡性,即国家行政权体系与公众之间的平衡关系,行政机构体系与行政相对人之间的平衡关系。此两种不同的法治主义,其实是法律优先和行政权优先的一个舍弃或者选择。法律优先必然要求以公共利益出现的法律能够制约公共权力行使中的成本,从某种意义上讲,行政机构体系等是公众为了实现自身利益所投下的一个成本。行政机构体系无论如何都必须置于由公众制定的法律规则的控制之下。行政优先权则是平衡主义法治观的体现,因为公众利益在平衡主义之下,再不具有绝对的统治地位,行政的优先便由此而来。

第二十一条 二是规范主义与裁量主义的区别。行政法的法律规则是有限的,即社会生活中的诸多事项常常不能够被法律规范所调整,社会运行中的各种各样的关系也常常被法律所疏漏,这种疏漏实际上是法律所留下的真空地带。法律真空出现以后,便可能使权力主体和公众两个方面无所适从,一则,国家行政权主体包括行政主体,其职权范围与社会事务不能吻合,就是现有的职权不能处理新出现的社会事务。二则,公众经常遇到没有法律依据的权益,没有法律调整的社会关系。对待上述情况,不同的国家、不同的政体形式采用不同的处理方式,一般地讲,在民主观念和宪政体制落后的国家,权力主体可以对职权范围外的事务进行推定,可以根据职权演绎调整社会关系的规则和手段,只要法律规则没有明文禁止都可以做。而与权力主体处于相对一方的社会个体,则不能像权力主体那样进行演绎,而必须在法律规则允许做的前提下为某种行为。宪政体制发达、法治化程度较高的国家则是另一种情况。规范主义与裁量主义是针对政府行政系统而言的,法治思想中关于政府行政系统的权力,可以说仍然存在羁束与裁量的问题。我们知道,行政事务日趋复杂,尤其随着高科技的发展,诸多行政事务立法者在制定法律规范时是想不到的,新出现的复杂的行政关系并不可能迅速具有法律上的依据,在这种情况下,行政主体的权力行使便有两种可以选择的模式，一个是规范主义，另一个便是裁量主义。所谓规范主义，就是指行政主体必须依法律规则处理行政事务，若无明文的法律规则，其必须充分考虑法律原则，如果法律原则仍然不能提供解决问题的答案，此时便必须由立法机关作出处理问题的裁定，总之，行政主体根据法律所赋予的职权而为行政行为。裁量主义则要求行政主体一方积极主动地适用法律，大胆地对行政事务进行处理，如果某种事项没有充分的法律依据，便可以根据自己的主观意志作出判断并予以处理。此处的裁量与行政法律讲的行政自由裁量权，是有区别的，行政法上的行政裁量权是一个规范化的概念，即行政主体的裁量余地是十分有限的，是规则化的。不言而喻，行政优先权的法治主义必然是行政职权行使中的裁量主义，而规范主义是与法律优先相对应的。

第二十二条 三是自治主义与权威主义的区别。法治从其字面意义看是一种治理，在法治中内在的治理和外在的治理就是两种不同的治理形式，也是依靠不同力量的两种治理模式。内在治理是依靠各主体自身的力量实现法律规则的治理。外在的治理则是依靠外力而为的治理。在行政法治中，内在的治理是行政相对人的自治，而国家政权机关在其中只能起到引导作用；牵涉到私权利的事务由私人自己决定，只有当私权的行使结果影响到公共利益时，政府系统才会对私权施加相应影响；自治还意味着行政系统的行政行为公民有介入权，作为行政相对人而言，若政府的某个行政行为与其自身利益有关，公民便可以介入其中，对该行政行为的形成起到一定作用。与之相反，外在的治理就是权威主义的治理，指政府行政系统（或者主要是行政系统）作为社会治理的推动者，对行政相对人和其管理的事务进行外在的影响和制约。如果说自治主义是由下而上的治理进路的话，权威主义则是由上而下的治理进路。权威主义与行政权优先是一个事物的两个方面，二者有着密切的逻辑联系，因为行政权的优先所带来的是行政权威的强化，而行政权威的强化也肯定了行政权的优先地位。法律优先所要求的则是行政相对人和公众依既成规则的自治，若我们把规则当做治理的条件，治理者本身则是治理的发动者。

第二十三条 四是竞争主义与干预主义的区别。这一问题与市场机制有关，即法治内容中政府对市场的态度。前者是竞争的机制，即在社会成员之间建立起相互作用的关系模式，政府仅仅在关系模式的建立中或大冲突的控制中起作用。在竞争机制之下，法律当然是最为优先的。在干预主义之下，政府行政系统承担着对人与人之间经济关系的设计职能。其不允许市场主体依靠自身的好恶进行经济活动或其他形式的活动，而必须依行政系统事先确定好的规则，甚至是一些微观的规则而活动。在干预主义之下，市场机制是统一的，人们的行为是统一的，都要统一于行政权的作用之下，行政权的优先也就是必然的了。

第二十四条 行政优先权本身应是行政法学理论和行政法制度中的问题。行政法究竟调控的是行政权、管理权、公民权等，说法不大一致，无论如何我们都不能回避行政法是在对某种社会因素进行调控的过程中完善自身和实现自己价值的。行政法的具体调控方式包括行政立法，就是由特定机关制定规则对社会关系进行调整，对相关权利进行保护，对特定主体设定义务。行政执法，指行政主体把制定出来的法律规范运用到行政过程中，运用到行政权力和公民权利关系中。行政司法，即由行政主体作为第三者调整和解决私权之间所产生的纠纷。随着社会的发展，此种职能将越来越突出。行政救济，在绝大多数情况下，行政救济是由行政主体完成的。我国加入世贸组织后，行政主体解决纠纷的权力将会越来越少。然而，这不能否认行政法在调控行政救济中的作用。上述范畴，一些是行政法调控的外延方面，还有一些既是行政法调控的外延又是行政法调控的内涵。为了将行政权优先和法律优先在行政法调控过程中的两种不同状况表述清楚，下列诸项的比较是必需的。

第二十五条 一是行政立法中的授权模式与独立模式。法律优先肯定了法律在社会生活中的统治地位，因此为了使一国的法律具有较高的权威，非立法主体的法律制定必须经过委任或者授权才能取得法律的制定权。委任立法、授权立法并不单单或者并不是简单地规定某一主体制定某一名称的规则，而是一些具体的行政规范必须有明确的依据，即授权是依客观事态而进行的授权，而不是形式主义上的授权。独立模式则是另外一种情形，就是取得行政立法主体资格的机关在取得某种名称的法律规则制定权时，是由授权而为之的，是授权的结果，而一旦获得了名称的授权，便可以独立地完成法律行为。独立模式从表面上看，似乎有一个授权或委任的大前提，但由于行政主体夺取了较大的本应由立法权占有的地盘，因而，其所反映的必然是行政权的优先。

第二十六条 二是行政裁量中的法律参照与政策参照。行政自由裁量的行使与一般行政职权的行使不同，自由裁量之外的一般行政职权的行使，法律都有明确的程序规则，有时甚至在一些细小环节上也规定得比较具体，职权行为合法与非法的界限是比较容易把握的，而自由裁量权的行使是在法律没有明文规定的条件下进行的，因此，要有效控制自由裁量权就有较大的难度。这里存在一个法律参照与政策参照的问题。法律参照的含义是：行政自由裁量权的行使必须充分考虑法律规定的正当目的,这里所说的法律目的,是宪法和基本法关于某一行政事态的正当目的,如工商行政管理的目的是理顺工商行政管理的正当程序;要考虑与法律规则相关的物理原因和精神原因,而不能考虑法律以外的错误的和不相干的原因;要充分考虑根本法和基本法范围内的事实根据,而不能在法律规则之外无端构造事实;以实现法律目的为宗旨,积极行使自由裁量权,积极将法律的抽象规定与具体的行政事态予以结合,而不能不作为或迟延;要考虑已经存在的行政判例、行政案例和行政习惯而不能违背行政传统。笔者认为,自由裁量权是法律范围内的裁量权而不是法律范围外的裁量权,因此,行政自由裁量权充分参照法律才是最为理性的选择。所谓政策参照,是指行政自由裁量权的行使以政策为指引,这里的政策,既包括一个国家执政党的政策,又包括一个国家行政当局的政策。有人就曾把行政合理性原则中的合理条件限定为执政党的政策。政策参照与行政权优先有着密不可分的关系,因为政策与法律在绝大多数情况下是存在出入的,若选择了政策价值,就必然放弃法律价值,回到法律与行政的关系中就是行政超越了法律。而法律优先的结论,必然是行政自由裁量权必须依法作出。

第二十七条 三是行政行为中内部机制与介入机制。行政法学理论中的行政行为是行政主体权威的一种反映,而不是行政主体执行职能的一个反映。在这种理论的指导下,我国行政主体的行政行为是一种内部机制的行政行为,所谓的内部机制的行政行为,是指这种行政行为是行政主体内部机制的作用结果,是由行政机关单方面而为之。当然,有些行政行为由于与行政相对人的权利义务有关系,行政相对人有可能对这种行为提出自己的看法,而此时,行政行为是由利益关系的两方形成的,是此一利益与彼一利益之间的对抗,其中利益的一方是行政主体,利益的另一方则是行政相对人,而作为其他社会利益的代表主体,并不能介入这样的行政行为中来。易言之,行政主体与行政相对人在牵涉双方利益关系的行政行为中可能存在恶意串通等不当情形,而对这种情形,其他社会因素并没有有效的办法予以纠正。故而,内部机制的行政行为是突出行政权力的行政行为,是由行政权优先原则而引申出的行政行为。法律优先所导致的行政行为则是另一机制的产物,即介入机制的产物,所谓介入机制,是指将行政行为司法化,使每一个或者主要的、关涉社会利益的行政行为在作出时像司法行为那样,由若干主体介入其中,或者至少有一个与行为本身没有直接利害关系的个人或组织介入其中。这样便使一个行政行为的产生不是两方面作用的结果,而是三方面甚至多方面作用的结果。行政行为的介入,既意味着行政行为的司法化，也意味着行政行为的公开化和社会化。在此种情况下，行政主体不再是行政行为的绝对决定者，而规则则是行政行为的决定因素，法律优先也因此得到了印证。

第二十八条 四是行政救济中的申告原则与监控原则。行政复议和行政诉讼是我国的两大救济制度，这两大救济制度是以申告原则为基础的。所谓申告原则，是指行政救济的启动是以行政相对人的诉讼请求为契机的，即是说，没有行政相对人的请求，行政救济制度是不可能的。这样，救济制度在建立时是以推定行政权的有效和正确为前提的，当行政主体作出一个行政行为如果行政相对人不服时，不能视为该行政行为错误，行政诉讼和行政复议中的一系列制度就是以此为基础的，并充分支持了推定行政行为正确性的基本理论。申告原则实际上是对行政权的一个肯定，甚至可以说是对行政优先权的一个肯定，我们知道，行政主体成为被告、被申请人，与行政相对人成为原告、申请人，是一对矛盾着的事物，只有在双方对立的情况下，这种原告与被告、申请人与被申请人的关系才能成立。而申告原则仅仅赋予行政相对人诉权或复议权，而没有相应的前置措施保证这种诉权、复议权进入良性状态，深而论之，在行政原告与行政被告的关系形式、申请人与被申请人的关系形式形成之前，二者可能已经存在着冲突，这种冲突是否能进入复议状态或诉讼状态，并不单单决定于原告、申请人的发动，即对诉权和复议权的行使。事实上，在行政法治实践中，由于行政主体的外力作用，由于行政主体所处的天然优势，常常使一些可以进入复议和诉讼状态的关系消失。显然，该消失是以损失行政相对人的权益、降低行政救济的功效为代价的。行政优先权在这种消失中充分体现了出来。监控原则则是与申请原则对照而言的，当然，其可以在一定范围内对申告原则有所补充。所谓监控原则，至少有两个关键性的东西是要提到的，一个是行政公诉制度的建立，即通过检察机关或者其他国家机关对行政主体的不当行政行为提起公诉，通过这样的公诉，使其他机关能够在行政行为作出时就能够进行制约。从理论上讲，行政公诉制度有着深刻的理论基础。我们知道，行政行为既可能与私权有关系，又可能与公权有关系，且关于私权的行政行为或多或少会侵害公权行使的质量，由于其与公权有关，建立恰当的公诉制度并非多余。应当说明的是，我国行政诉讼法学的研究忽视了此方面的理论。监控的另一种方式就是建立行政拒绝制度，即行政相对人在与行政机关发生关系时，若认为行政机关有不当行为，有权对行政机关作出行政行为的行政决定予以拒绝，在一般情况下，行政相对人拒绝的准确性与否，由行政主体去证明，就是说，行政主体以行政原告的身份起诉行政相对人，这样便使行政救济成为一种双向的监控体制。整个监控过程的运行当然是对行政权的制约，法律的优先性也就得到了充分体现。

（三）行政法原则

第一条 依法行政并非一个时髦用语。自从行政权从国家总权力中分离出来成为一个独立的国家权力时始，便有了行政法的产生，随之亦有了依法行政概念的出现。基于依法行政概念形成的悠久历史，有关其构成要素讨论颇多。学者们从不同的角度，不同的侧面提出了各种各样的观点，概括起来有两要素说、三要素说、四要素说、五要素说。

第二条 依法行政的构成要素我们可以将它作多种分类：主观要素和客观要素、实体要素与程序要素、内在要素与外在要素、内容要素与形式要素，等等。现实中，由于这种实质要素往往是抽象的，无形的，即使有形也难以度量，因而容易被人忽略。上述关于依法行政构成要素的众多观点，就是未能把握依法行政的实质内涵，多数注重于其外在的表现，使依法行政的真正要素游离于诸理论之外。

第三条 衡量一要素能否成为依法行政的内在构成要件，须遵循如下准则：以行政权为视角、以法的实质为基准、从行政大系统整体入手、应用变量的分析方法。

第四条 依法行政构成要素的内涵有：行政权力的从属地位、行政职权行使的公正性、行政系统的整体协调运作、行政手段的超前社会导向作用。

第五条 依法行政的阻却因素，是指对依法行政的实现有制约作用并使其向负面发展或倾斜的主客观因素，该因素或者是物质的或者是意识的。

第六条 作为依法行政的阻却因素，是依法行政得以实现的负条件。依法行政的实现是需要条件的，这些条件可以以良性的作用物促使依法行政在原有的基础上加速进程，在此种情况下，便可以说这些条件是正条件。反之，当依法行政的条件成为依法行政的减速器或其他制动物时，便可将其视为依法行政的负条件，可见负条件是依法行政的一个障碍，而不是一个促成因素。

第七条 作为依法行政的阻却因素，存在于外在和内在两个范畴之下。前者是依法行政概念系统诸构成之外的内部主客观存在，如行政权行使的文化背景、经济基础等，是存在物之中牵制依法行政的东西；后者是依法行政概念系统诸构成的内部主客观存在。

第八条 作为依法行政的阻却因素，既可以以物质的形式表现出来，又可以以非物质的形式表现出来，体制的、联结规则等东西应当认为是物质性的，而伦理准则的、心理的东西则应当说是非物质的。

第九条 目前国内对依法行政的研究有三个比较明显的偏向：一是绝大多数学者关注依法行政概念本身的研究，而鲜为关注依法行政内外在诸条件的研究。二是绝大多数学者重视从正向设想依法行政应当如何研究，而鲜从反向对依法行政障碍因素及其排除的研究。三是绝大多数学者在方法论上倾向于阐释性研究，而鲜从理性揭示依法行政的宏观状况和宏观环境。

第十条 笔者认为，依法行政的内在阻却因素存在下列范畴。

第十一条 一是层级关系中联结模式选择上的阻却因素。现代社会中行政系统的体系结构，多以金字塔形出现，处于塔顶的是行政体制系统的最高机构，处于塔底的则是行政机构体系的最低层次。从最高层到最低层，中间有许多相互联结的地位不同的机构层次。在不同的国家、不同的政治体制之下，机构层次的多少有所不同。金字塔形结构在联邦制国家和在单一制国家又有不同的具体表现，如一般认为的在联邦制之下，呈扁形金字塔，在单一制之下呈尖形金字塔。无论扁形金字塔还是尖形金字塔，各层级之间都是通过一定的规则联结起来的。在联结模式的选择上，有两种可供选择的方案：一是双向联结方案，亦可称为双向联结模式。在双向联结模式下，从金字塔的顶部到金字塔的底部，是通过两套相互对应的规则把各层级的机构有机地黏合在一起的，有着从上至下的命令指示规则，并有着自下而上的请示汇报规则。从上至下的规则和自下至上的规则，都有着独立存在的价值。如果说从上至下的规则给予了上属机构对下属机构命令指挥权的话，而自下至上的联结规则则给予了下属机构独立服从法律和服从管理事态的权利。二是单向联结方案也可以称为单向联结模式，之所以称为单向联结模式，是说在行政机构层级之间的联结线路上是单向的，即强调从一个方向至另一个方向的联结线路。在该联结模式下，自上而下的联结规则是明显的，而自下而上则无明显的规则。上对下的指挥命令权是绝对的，下对上的服从义务同样是绝对的。两种联结模式最大的区别在于下层机构是否有法律上的合法的独立意志、独立服从法律、服从管理事态的权利。下层机构除了选择服从上层机构的命令外，不能有别的、法律范围之内的选择，当然其在法律之外的选择则是另外一回事。笔者认为，我国行政机构体系在上述两种模式的选择上，是选择了后者而不是前者，就是说，在我国行政机构体系中，在上层行政机构与下层行政机构的关系中，是以单线路的联结规则联结起来的。往往突出上层行政机关对下层行政机关的绝对领导地位。上层行政机构不但能够决定、约束下层机构的行为，而且能够决定、制约其本身的结构、构成和具体的行为过程。下级服从上级，在我国已经成为一条永远不可更改的组织原则。行政法学界在讨论行政越权时，有人甚至认为，在我国由于上下级行政机关是一种包容关系，因而上级对下级的越权不是行政越权，认为上级对下级不存在行政越权问题。依此制度和理论，下级行政机关是不能具有独立于上级行政机关的意志的。其在行使职权时，当所执行的行政法规范与上级的意志发生冲突时，则自然而然地选择了上级的行政命令而丢弃了法律规范；当其遇到的行政管理事态与上级的意志矛盾时，便顺理成章地选择了上级的意志而置管理事态的客观规律性于脑后。依法行政的顺利实现，有一个行政执法人员对法律规范的认同问题，这在某种意义上讲，是依法行政的关键环节。在我国目前的单向联结模式下，行政执法人员在法律认同、行政事态认同、上司命令认同上，是以认同上司意志为根本取向的，此种认识无疑是依法行政顺利实现的障碍。以此而论，层级关系中联结模式的单向选择，是依法行政的内在阻却因素之一。

第十二条 二是价值准则上的封闭性与体系板块上的开放性的阻却因素。依法行政是通过一定的法律主体及其对依法行政职能的承担而实现的。就一个国家的行政机构体系而言，是由有形要素和无形要素两者组合而成的，二者缺一不可。行政机构体系的有形要素是指行政机构体系中看得见、摸得着的物质要素，如行政机构的总体构成，行政机构体系中各分系统，行政机构体系中的单个行政机关，行政机构体系中的组成人员等。行政机构体系中的无形要素是指在行政机构体系中看不见、摸不着的非物质要素，如存在于人们观念之中但却调整着行政系统人员的行为、机关行为、机构体系运转行为的价值准则等。前者可以视为行政机构体系的硬件，后者则为行政系统中的软件。此二要素的无论哪一面，都存在于行政机构体系的内部，是以行政机构体系为视角的。与外界必然发生这样那样的关系，包括各种各样的能量交换，如有关价值准则的吸收与排斥，机构体系外人员的吸收和体系内人员的排斥。总之，现代行政机构体系都是以社会这一庞大的环境为母体的，只不过是社会的一个单体。我们可以把行政机构体系与社会的能量交换概括为两种情况，第一种是其与社会的能量交换是频繁的、不间断的、口子敞开着的。在这种情况下，行政系统与社会的关系较近，对社会的关系是一个开放着的系统。第二种是其与社会的能量交换是少量化的、有间断的、口子不是十分开放的,在该情况下,行政机构体系与社会的关系较远。对社会而言应当说是一个封闭着的系统。应当指出,此处所讲的开放与封闭都是相对意义上的,因为行政系统与社会的能量交换是必然的,所不同的是强度和频度上的区别。对于我国行政机构系统与社会的关系向来有两种理论。一曰开放论,认为我国行政系统对社会而言是一个开放着的系统,并认为这种开放已超过了必要限度,由于过分开放而导致行政机构进口是个略微偏大的口径,有人甚至以此来解释我国行政机构体系膨胀化的现象。二曰封闭论,认为我国行政机构体系对社会而言是处于封闭状态的,正是这种封闭性导致了行政机构与社会的相对分离,使一些行政执法行为得到社会大系统的认同。一些学者以此解释行政机构中的腐败现象和其他不法行政行为的根由。笔者认为,对于我国行政系统的开放性或封闭性,不能一概而论,而应对概括行政系统中两个构成因素的具体情况分别论之。我国行政系统在硬件即体系结构板块上是开放性的,而该开放性的本身又是存在缺陷的,即不是进口与出口对等的开放系统,而是进口大于出口的开放系统。行政系统中机构的设立,常常不是由行政事态的必然性决定的,而是由一些人为因素或主观因素决定的。社会各阶层都可以通过一定的途径进入行政系统,一跃成为行政公职人员,行政系统公职人员被淘汰或因其他原因成为其他社会阶层的可能性是微乎其微的。此种现象与对建立行政机构体系时缺乏科学论证,以及没有严格的、现代意义上的公务员制度有直接关系。行政机构体系板块上的这种不健全的开放性,既是导致机构臃肿的直接原因,又是行政系统依法行政障碍的间接原因,因为它制约着行政系统中构成分子对法律规范的理解水平。与上述相反,我国行政机构体系在软件上,即在规范、约束行政人员的价值准则上则是封闭性的。行政系统中上下级之间、平行机构之间都有一定的行为评价准则,该行为评价准则在多数情况下存在于人们的主观意识之中,如马克思讲的法律关系是人们联系的道理一样。尽管其是意识范畴的东西,但却深深地制约着人们的行为,成为行政系统中任何人都在合法范围内不能逾越的鸿沟。我国行政系统中形成的这些价值准则,既有一定的体系,同时又形成了一定的定式,使一些活跃的、健康的、与社会发展保持同步的、被大多数社会成员公认的价值准则难以渗入其中。如行政系统中的权力本位准则、权威认同准则、办事中庸准则不易淘汰,效率准则、程序准则、公正准则等难以渗入行政系统而调适机构整体和行政机关工作人员的行为。造成此种价值准则封闭性的原因,是不可能用几句话解释清楚的。价值准则上的封闭性,使行政系统中的一些无形调节规则与法律规范、与社会、与行政管理等，都处在反向的关系形式之下，从而阻却了依法行政的实现。

第十三条 三是行政权行使政治化的阻却因素。行政权与立法权、司法权等构成了现代国家的国家权力，即是说，行政权与其他国家权力一样是国家权力的基本构成之一。具有其他国家权力的共性：能够改变相对一方的社会地位和法律地位，能够给社会构成主体在社会生活中确定一个地位，使其扮演相应的社会角色，能够决定现代社会生活的一些与全体社会成员相关的事态的发展方向，等等。权力的这些功能或属性，被人们认为是其政治功能的反映。甚至人们在论及权力问题时，都有意无意地将其归于政治或政治学的范畴。在现代社会中，随着政党体系、政权体系等对社会控制的加深，使行政权的政治化倾向有了新的内涵。一般地讲，控制一个国家权力的政治实体，都尽可能使行政权的行使依自身的意志而运行，而不论是短期的意志还是长期的意志，是牵涉局部利益的意志还是牵涉全局利益的意志，是符合所有阶层的意志还是只符合个别阶层的意志。诚然，行政权的政治化倾向，在社会和国家政权发展的一定阶段是必然的，是具有进步意义的。该进步意义表现在使行政权一体化、权威化、运行过程中的总体社会效果等。但是，行政权行使的政治化的弊端也是显而易见的，它常常导致行政权行使因政治环境的变化而变化、因权力行使实体的变化而变化，甚至因权力行使者个人即领导人的变化而变化。最根本的弊端使行政权与社会事态、经济因素、社会技术发生长期或短期的分离。我国行政权行使政治化的倾向较为明显，其一，我国的国家政权体制是议行合一的体制形态。所谓议行合一的体制，是指把议事和执行有机地结合在一起的体制形式。议行合一体制的最大特点是行政机构体系是从属于立法体系的，它必须服从于立法的意志。显然，在该体制下，行政机构体系的独立性是相当有限的，这可以说是其政治化的一个方面，当然，这一方面在我国是必须的，另外，我国在政党关系上一直存在一些问题，有些是大范围的、有些是局部的，若党政关系没有理顺，则会出现党干预行政事务的情形，使行政政治化。再有，高层行政机构的权力认同，亦导致行政权的政治化。行政权的政治化倾向所导致的弊端有：使决策机构和执行机构分离，即作决策的行政机构在大多数情况下不负责决策的执行职能，而执行机构则没有决策的权利。加之行政机构整体是由若干层次构成的，一个决策从根据客观事态的形成到最终作用于客观事态，需要经过两个传递阶段，而每个传递阶段又都有若干传递环节。一个传递阶段是，有关决策的事实依据由行政管理事态到低层行政机构，再由低层行政机构传递到作决策的高层机构。另一个传递阶段是，高层机构形成的决策再层层下传最终作用管理事态。经过两个传递阶段可能导致两个后果，一是决策内容的不真实，这是由于作决策的机构在作决策时所依据的经过若干传递环节的客观事实可能发生变异所致。二是决策内容作用于客观事态时的不真实，因为形成的决策经过若干传递环节后，使决策的本意发生变化。其中还有一个可能导致决定对其作用的客观事态来讲不真实的因素，就是客观事态发展变化的活跃性和决策形成的迟滞性的矛盾，往往把根据甲事态作出的决策作用到乙事态上面。上述行政权行使政治化的倾向，对于依法行政的阻滞是深刻的，且是隐蔽的。依法行政的实质在于考虑客观的行政事态的本来面目，考虑行政法制背后的精神实质，而依政治倾向的行政权所选择的是客观行政事态的外部形式，关注程式化的东西多于关注实体化的东西。

第十四条 四是若干调适规则空缺的阻却因素。行政机构体系内部除了应当具有纵向的和横向的联结规则外，还应当具有与上述联结规则对应的行为调适规则。我们知道，行政机构无论体系有多么庞大，无论其形态有多少类型，终究不过是由人组合成的。上列三个部分，我们是从机构总体上论证各种依法行政的阻却因素的，本部分的着眼点将转移至行政机构中的构成分子上，并以此推论出行政机构体系中的各种利益组合关系，以及这些结合关系因缺乏适当的调整规则而导致的后果。行政机构体系的构成分子和一般的社会成员一样，需要生存，需要和其他人结成诸种社会关系，也就是说，公职人员除具有行政权行使者的身份外，还有着自然人的身份。可以说，他们扮演着相当丰富的社会角色，如家庭成员的角色、社会阶层构成人员的角色、利益组合体中利益体现者的角色。公职人员此种丰富的社会角色身份，或者以比较强烈的程度或者以不太强烈的程度进入行政职权的行使阶段。在市场经济条件下，允许各种市场主体参与激烈的市场竞争，各市场参与主体都从自身的利益关系出发，为获得各种利益而从事社会行为。公职人员社会角色中所体现的利益关系，必然要对其行政权的行使产生影响，当这种影响比较强烈时，行政系统内部就会出现因同一利益关系而组合的利益群。行政系统利益群可概括为下述若干类：第一类是区域利益群，即一定区域内的行政机关工作人员以本地域范围的利益为轴心而结成的利益群体。该利益具有区域性、自然性等特点，此特点决定了区域利益群内部的所有公职人员在行使行政权时，当区域利益与社会利益、与其他群体利益，甚至与国家利益发生冲突时，他们所选择的是前者，即选择区域利益而牺牲别的利益。我们经常讲到行政执法中的地方保护主义，就是在这种区域利益的基础上形成的。理论界总有一种错误的认识，认为地方保护主义或其他保护主义都是由区域内的行政机关形成的，其实是由行政机关中公职人员所扮演的社会角色不同所致。第二类是部门利益群，是指处在同一部门的公职人员因共同的利益关系而结成的利益群。该利益群较前者更为复杂，因为它已经超越了地域范围，具有强烈的抽象性。第三类是层次利益群，即同一层次的行政权行使者因共同利益而结成的利益群。可以说，层次利益群在我国不算突出，其原因是我国在上下层次之间单向的联结规则在一定程度上制约了它。第四类是临时组合利益群。在一定时期、一定阶段、一定的社会环境下，或者面对一个较大的社会事态、一个必须作出决策的行政事务等状况下，行政系统中处于不同区域、不同部门、不同层次的行政机关公职人员，因某种物质或精神利益而组合的利益群体。这种利益群具有临时性、短期性、实用性等特点。行政系统中除亲情关系、裙带关系以外的关系网都属于此类。上列四类是最主要的利益群体。应当说，这些利益群是一个全世界范围的问题，是一定历史阶段的问题，在人类处于现代社会阶段之下，诸种利益群的产生是必然的。然而，对于各种利益群的遏制是有一些有效方法的，并非不治之症。总之，在一些发达国家，是鼓励在社会上出现各种利益关系的，但不论哪一个国家，都不允许把社会上的利益关系渗入政府行政系统中，任其对行政权的行使产生影响。从各个国家的情况看，行政系统内部各种各样的调适规则是否健全，是这些利益群能否存在并对行政权行使产生影响的关键。自市场经济推行以来，我国行政系统中的形形色色的保护主义愈演愈烈，已经成为困扰依法行政顺利实现的一大障碍。根本原因在于，我国缺乏行政系统内部系列的调适规则，如行政内部协调规则，该规则主要调适内部各职能部门之间的关系，包括执法中的协调、行政案件处理中的协调、日常行政管理活动中的协调等；再如行政协助规则，该规则解决不同区域、不同职能、不同层次在行政执法中的协助关系等。作为行政立法来说，亦应当把行政权的一体化，行政执法中的法制统一作为重要的行政法制原则确定下来。上述足见，不健全的行政系统内部的调适规则，是依法行政实现的又一阻却因素。

第十五条 行政机构体系的上述意识与行为变态，是对行政系统若干正当价值准则的否定。纠正行政系统意识变态的目的，就是使行政系统的价值有所回归。甚至可以说，诸种变态之所以会发生，与长期以来不明确行政系统固有的价值准则有密切联系，即由于人们不认识、不注意行政系统的价值准则，因而，在心理上和行为上就不可能向接近价值准则的方面靠拢。可见，研究依法行政主体障碍克服的对策，必须首先确定行政系统的价值准则，行政系统的这些价值准则，主要有下列两个范畴。

第十六条 一是确立行政系统的独立人格。依我国宪法的规定，国家权力分为立法权、行政权、检察权和审判权。宪法关于国家权力的分类和行使中的分工，是对议行合一政治制度的具体发展，它确认了立法权和其他权力对立法权的从属地位，并认同了其他各种权力的独立价值。我国行政权力长期以来是在错综复杂的状况下运行的，它在运行过程中已经超越了宪法当初对它内容的界定，变成为一种范围不甚明确、内容不甚确定、方式不甚规范的交叉物。在我国，对行政系统进行监督和制约的主体数量超过了任何一个国家。错综复杂的监督难以协调，各监督主体的自身价值或多或少要渗入行政机构体系中，使行政机构体系的价值发生变异。遗憾的是，长期以来，无论在理论界还是在实践中都忽视了这一问题，一味强调各社会因素、政治因素对行政权的制约，使行政权在许多方面成了弹性极大的权力。我国行政权在一定程度上讲，已经没有了立法对其所确定的独立人格。作为行政权的独立人格，一是行政权具有独立的质的规定性，是一个区别于他种权力的国家权力，对其不能作任何变通解释。二是行政权除从属于立法权外，对任何权力都不具有从属性。三是行政权自身是强而有力的，不受任何组织、个人、机关的干涉，就像人民法院的审判权不受外界因素干涉一样。四是任何其他国家权力都不得以若明若暗的形式渗入行政权内部，使行政权具有此种权力的属性。

第十七条 二是确定行政系统硬件与软件的规则。行政系统的构成因素可以分为硬件和软件两个方面。硬件是指行政机构体系的板块方面，包括行政机构大系统的层级构成，如层级的数量、层级之间的联系规则，包括一个行政机构内部各部门的构成，即在一个行政机构内部设立了多少主管部门、服务部门等，也包括行政机关中的人员构成等。软件指在行政系统内部形成的联系人们的意识规则或行政伦理准则。这些软件存在于人们的主观意识之中，以一种无形的力量调适着行政机构和行政人员的行为。所指的这些软件，是一些深层次的联结规则，它是通过行政机构体系中人员的心理认同来实现的，与行政系统中联结人们的法律规则有明显区别。法律规则属于行政系统中的硬件，它是被国家强力认可并保证实施的。法律规则是公开的、有形的，而联结人们的伦理准则则是隐含的、无形的。对于行政系统中硬件与软件都可以确定一些规则，通过这些规则赋予其一些属性。笔者认为，在我国行政机构体系中，在硬件与软件的规则选择上出现了错位，把本该属于软件的规则运用于硬件，把本该属于硬件中的东西运用于软件。造成硬件不硬、软件不软的变态现象。我国行政机构的硬件不硬表现如：我国行政机构的板块一直处于开放状态，而且是进口大于出口的开放。行政机构和其他社会阶层在板块上的能量交换是经常的、不断的，其他社会阶层都有进入行政系统的机会和途径，一旦进入行政系统，就获得了一个稳定的职位。在一般情况下，很难再被行政系统淘汰。行政系统组成人员成为其他社会阶层的现象，与其他社会阶层成为系统组成人员的状况相比，前者的绝对数和相对数都远远小于后者。行政系统内部在长期的运行过程中，形成了独立的价值规则，该规则可以叫做行政伦理准则，如行政系统中人们潜意识中的一些服从准则、对上负责不对下负责的准则、权力实用准则，等等。行政系统的伦理准则，必须经常和行政系统之外的一些社会公认的准则发生交换关系。社会成员中健康的、进步的伦理准则，应当能够很顺利地渗入行政系统中。这就要求行政系统已经形成的伦理准则体系应当是一个开放的系统，随时接受来自外界的健康准则。然而，在这一软件上，我国行政系统一直是一个封闭系统，它既不容易丢弃自身已经形成的伦理准则，更不容易接纳、吸收社会上先进的伦理准则。硬件不硬所导致的结果是机构人浮于事和臃肿。软件不软所导致的结果是行政系统与管理事态和社会的分离。基于此，要克服依法行政主体的障碍，必须重新确定行政机构体系中硬件与软件的规则，即应使行政机构体系板块处于一定状态的封闭之下，至少进口不能大于出口；使行政机构体系中的伦理准则能经常性地和社会上进步的伦理准则发生交换关系。

第十八条　对依法行政主体障碍克服的研究，首先要立足于法律角度，因为法律制度之内的东西比法外的东西来得更直接。其次要立足于对克服手段进行宏观设计，因为所有的具体克服措施，都是以手段的宏观设计为前提的。

第十九条　改变层级关系中的联结规则。我国行政机构体系中的伦理变态和心理变态，与行政机构内部层级关系中的联结规则的非正当性有关。我国行政机构体系是一种金字塔式的结构，在此层级结构中，需要用双向的联结规则把高层行政机关和低层行政机关联结起来，使高低层行政机关都有法律上的独立人格。然而，我国行政机构体系中的层级联结规则向来是单向式的，即强调上对下的权力，正是通过上对下的命令指示把二者联结在一起。上级的权力是不容置疑的，下级没有法律上的独立人格，仅是上级手中所控制的一个工具。在此种联结规则之下，下级在行政事态、法律规范与上级命令指示的选择上，自然而然地选择了后者。这种情况必然阻碍依法行政。因此，笔者认为，在强调上对下的命令指示的同时，还必须重视下对上运行中的独立线路，即在一些细小问题上，上层行政机构必须以下层行政机构所掌握的情况为据，不能超越下级行政机关的权力。简单地讲，我国行政机构体系中长期以来形成的决策机构与执行机构相分离的现象必须得到解决。任何一个具有独立职能力与行政管理事态发生关系的机构，都应当是既具有决策职能亦具有执行职能，或者反过来说，既具有对行政事务的执行权又具有对事务的决策权，这样，就可以使行政法规范的运行减少环节，进而减少因无谓传递所造成的误差。该联结规则的改变，必然使行政系统内部形成新型的良性关系形态，由原来的独判式指挥命令权变为相互制约的双向权力。

第二十条 改变静态行政法的价值定位内涵。行政法规范可以用不同的标准予以分类，以行政法对行政主体的作用形态为据，可以把行政法分为静态行政法和动态行政法。静态行政法就是从静态上对行政机关组织体系及其公务人员的规定。动态行政法是对上述主体行为的规定。静态行政法的价值就是指静态行政法所要追求的效果和自身的积极作用。静态行政法的价值选择有两种：静态行政法促成程序化的价值；静态行政法促成效率化的价值。我国的静态行政法在价值选择上以前者为根本取向，在行政系统内部强调机构的大而全、小而全，在机构行为中强调程式化、结构化就是例证。在这样的价值选择之下，行政机构体系对社会的消耗、对社会造成的压力往往得不到法律规则的重视。以行政组织法为例，其采取的是柔性原则，行政机构则有较强的伸缩性，行政机关编制法也不健全，仅有的一些编制规则亦没有严格的量化标准。而公务员法则弱化了社会技术化。笔者认为，要克服行政主体依法行政的障碍在行政组织法的价值选择上应选择效率准则。从行政机构体系的总价值看，其应当是国家政权体系为获得较大利益而投入的一个成本。成本最小化是一个无须证明的经济原理。依此，行政机构体系的规模越小越好。行政组织法必须选择控制行政机构规模的价值准则，行政编制法应尽可能量化，并有权威性的保障手段。公务员法应强化公务员的技术属性。

第二十一条 改变动态行政法的规制技术。动态行政法的规制技术是指行政法规范对行政机构体系的行为、行政机关的行为、行政机关工作人员的行为进行规范和制约的技术。该规制技术手段的科学与否直接关系到行政行为的质量、关系到行政行为与法律规范关系的合理程度。我国在动态行政法的规制技术上存在误区。表现为：其一，动态行政法的规制侧重点放在微观行为上。行政系统中的行政行为可以分为微观行为和宏观行为，前者指行政系统中单个行政机关的行为和工作人员的个体行为表现，这些行为尽管是直接对相对人产生影响，但它常常是另一类行为即宏观行为的派生行为。后者是指行政机构总体的行为表现。在两类行为中后者对前者具有派生作用。行政法规制的选择侧重点应在宏观行为上，而我国在对行政行为规制的选择上多以规制微观行为为主。其二，动态行政法的规制侧重点放在程序行为上。行政行为具有实体行为和程序行为之分，实体行为是能够设定权利义务、改变权利义务的行为范畴。程序行为则是如何作出实体行为的行为范畴。实体行为是程序行为存在的前提，只有以实体行为为据程序行为才具有意义。而我国在对行政系统行为的规制上重程序规制、轻实体规制。其三，动态行政法的侧重点放在外显行为上。行政行为有外显行为和隐含行为之分。所谓外显行为，就是以一定的形式显露出来，容易判断和鉴别的行为。所谓隐含行为，是指具有隐蔽性、行为外形不甚明显的行为。如行政人员直接违反行政法规范的行为属于前者，而间接违反行政法规范的行为则为后者。违反行政规则的行为为前者，违反行政道德准则的行为为后者。我国在对行政行为的规制上，动态行政法多选择对外显行为的规制，而对一些暗含的违法行为则很少有规制，如对行政系统中的权力目的行为、营造私网行为、从属意志行为鲜有规制。笔者认为，要克服依法行政的主体障碍，必须在动态行政法的规制技术上发生变化，以规制宏观行为、实体行为、暗含行为为重心，以规制微观行为、程序行为、外显行为为必要补充。

第二十二条　行政法的另一原则是行政合理性原则，其与上述行政合法性原则被视为现代行政法的两大基本原则。关于行政合理性原则的基本内容则理论界说法不一。难以达成共识的焦点在于合理性原则中的合理条件问题，即符合什么样的条件才算合理。由于法律没有合理性原则的统一规定、理论界关于合理性原则各说也各有根据，正因为如此，在行政法治实践中，合理性原则很难起到规范行政行为的作用，所以，探讨行政合理性原则的合理条件，就成为一个非常重要的行政法学问题。

第二十三条　在行政法学界和行政法治实践中，关于行政合理性原则的合理条件有不同的认识和理解，其中一些认识是存在一定错误的，这种错误从表面上看并不十分明显，但从法理学的角度，从规制行政权的角度看却是十分明显的，因为依此种错误性的理解，行政合理性原则不可能起到规制行政权的作用，更不可能像行政合法性原则那样为行政机关的职权行使提供具体的行为规则。这些误区有下列方面。

第二十四条　道德理念误区。道德理念误区是指以道德规范判断行政合理性条件的理论误区。该论认为，行政合法性原则是解决行政权行使必须合法的问题。由于行政主体在行政权行使过程中很大程度上享有自由裁量权,而合法原则仅能解决法律有明确规定或法律规定为羁束的行政行为,不能对行政主体的自由裁量行为进行调整,也不能为自由裁量行为提供准确的依据。唯行政合理性原则可以规制行政自由裁量权。合理性原则中的合理性及其相应条件在法律规定的范围之内是不可能寻找到的,而必须从高于法律规则的行为规则中去寻找,即从人类公认的道德规则中去寻找。道德理念作为行政合理性原则的合理条件从表面上看是没有错误的,但若从深层次看,此说对于规范行政权的行使是没有意义的。因为法律规则和道德规则是两个不同层次的行为规则,法律规则是以道德规则为基础的,是对道德规则的深化。任何一个法律规则或法律原则中都不同程度地包含了道德规则。在合理性原则中探讨道德规则,从操作层面上讲是没有意义的。再则,合理性原则是行政法的法律原则,其尽管是对行政合法性原则的补充,但不能因此将该原则淡化为法律之外的原则,将道德准则作为合理性原则的条件,有淡化合理性原则作为一项法律原则之嫌疑,以此论之,将道德理念作为合理条件的误区就再明显不过了。

第二十五条 多数认同误区。多数认同误区在对行政合理性原则合理条件的理解上是带有一定普遍性的。所谓多数认同就是指行政机关的执法行为或行政机关作出行政行为的活动,若没有法律的明确依据,该执法活动和行政行为的判定标准就应当是社会成员的认同程度。其一,若一个行政行为作出时得到了社会成员的普遍赞同,这一没有明确法律依据的行政行为就是符合行政合理性原则的,反之,若一个行政行为遭到多数人的反对,则是违背合理原则的。多数认同之所以是对合理原则的错误认识,根本原因在于它的不可操作性。行政主体的行政执法活动和行政行为在一般情况下都是一定地域范围内的行为,除中央行政机关的行为是全社会范围内的行为外,其余绝大多数行政行为都是受严格的地段限制的,一定地段内的多数认同,并不能代表全社会的多数认同。其二,行政主体的执法活动和行政行为在行政法治实践中不可能以精确的方式测定多数认同或少数认同,事实上,行政行为作出后行政主体并不可能采用诸如投票表决等方式测定认同的比率,若每个没有合法原则规制的行政行为都这样,在操作层面上讲也是不大可能的。其三,行政行为的主体是行政机关,行政机关在行政法关系中仅代表一方当事人,而行政行为的对象则可能是不特定的多数人,尤其牵涉到行政主体履行管理职能的执法行为,其往往面对的是一定范围内的多数人,而管理行为在大多数情况下是为相对人设定义务的,相对人对让其承担义务的行政行为当然不会表示认同,此时若用多数认同规则限定合理性条件，则国家行政管理将无法正常进行。同时，有些行政行为是在利害关系人利益冲突的基础上形成的，利害关系人之间的量的对比，并不能证实行政行为实质内容的正确性，即是说，行政行为正确性的一面，恰恰是少数利害关系人认同的，而错误性的一面，则恰恰是多数利害关系人认同的。此时，若以多数认同限定合理性条件，则必然使错误的行政行为付诸实施。

第二十六条 政策导向误区。政策导向误区，是指把政策作为判定行政执法活动和行政行为合理与否的标准。在没有明确法律根据的情况下，行政机关在作出行政行为时依政策而行，当然前提是政策能够提供行政执法时需要的规则；在法律规定的幅度内选择行政行为时，依政策精神而定其行政行为的松弛与严紧性；在行政执法中，法律选择有所冲突的情况下，依政策选择适用哪一个法律规范。政策导向之所以被笔者称为行政合理性原则，合理条件的误区是因为以下理由：其一，政策的灵活性、多变性难以为合理原则提供确定的合理条件。众所周知，政策与法律相比具有极大的灵活性、可变性，其因时间的不同、因其他外界条件的不同而经常性地发生变化，而每一次变化，人们并没有一个方法能够作出准确的预测。这样必然不能为行政合理性原则提供比较恒定的判断标准，长此以往，就会淡化合理性原则对行政行为的指导意义。其二，政策的内容从某种意义上讲，比法律规范还要抽象，即其不是具体的操作规则，难以为行政行为提供可以直接参照的依据。政策都是一些根本性的指导原则，具有非常强的抽象性，其可以作为立法和执法的指导原则，而难以作为行政行为的具体限定标准。换句话说，政策所提供的指导原则，仍然不能解决行政主体的执法选择问题，还必须通过进一步的具体规则才能达到操作层面。其三，法律理论中没有政策的系统理论，因此，对于政策就有诸多不同的理解。一些人认为，政策仅指执政党中央机关的政策，而另一些人则认为，地方党的机构的政策也是政策的组成部分。若如后者所理解，政策还可能存在不同地区、不同部门之间的冲突，相互冲突的政策是难以为行政合理性原则提供执法依据的。

第二十七条 客观规律误区。把符合客观规律作为行政合理性原则的合理条件，在理论界几乎是定论性观点。符合客观规律是行政合理性原则标准的说法与前列三者相同，仍然是对行政合理性原则认识的误区。可以从下列方面反驳：一是什么是符合客观规律的、什么是不符合客观规律的？在行政执法实践中并不是十分明确。客观规律是人们通过多次认识、多次论证、多次推理后总结出来的，某一事物是否符合客观规律，并没有一个明确的答案。二是客观规律是一个相对意义的概念，在一定场合符合客观规律的，在另一场合则不一定符合客观规律，由于此种相对性，就使得执法人员不可能从符合客观规律的标准中得到有意义的行为规则。有的学者为了使符合客观规律的说法具体化，便提出了行政合理性标准的技术准则，即一个行政行为是否合理，应看它是否符合某一方面行政管理的技术准则。在现代行政管理中有很多受技术因素制约的东西，一些行政管理事务带有很强的技术色彩。若行政行为符合该行政事态的技术规则就是合理的，反之则是不合理的。此种将符合客观规律技术化的说法尽管有一定道理，但在行政法治实践中仍然难以操作，因为作出行政行为的机关，并不一定懂得某一事态中的技术准则。

第二十八条 行政合理性原则无论如何是行政法作为一个部门法的法律原则，故而，对行政合理性原则合理条件的探讨不能离开法的范畴。上列诸种关于行政合理性原则的误区，各误区的内容都远远使合理原则离开了法律的范围，所提出的合理性条件都有文不对题之嫌。因而，从法律的范围来看，行政合理原则的合理条件由如下各标准构成，各标准既可以单独规制行政行为在合理范围内的选择，又可以作为一个整体规制行政行为的选择。

第二十九条 符合法治观念的合理性。有学者曾将治理国家的方式分成下列诸种：一曰人治，即以人的力量治理国家。人治的实质在于突出权力行使者的个人意志，而个人在行使权力时不受任何规则的制约，封建社会的王权或皇权治理就是人治的典型代表。在现代社会，突出行政首脑的个人意志也是人治的表现。二曰权治，即以强权治理国家。在权治情况下，治理者借助军队或其他国家强力对社会实行近乎暴力的治理，我们经常提到的强权政治，就是对权治的一种别称。三曰党治，就是借助政党组织的力量治理国家。在一党制国家，执政党往往决定国家大事，凌驾于所设立的国家机构之上，从决策和执行两个方面决定国家事务的状况。四曰群治，就是由广大社会成员自行实现国家治理。五曰法治，即以立法机关制定的法律治理国家。法治除了要有明确的法律规范外，还要有完整系统的执法体系和司法体系，它是一种制度化的治理国家的方式。上列五种治国方式中，唯法治是理性的治国方式。由于我国在行政权行使中，上述五种成分在很长一段时间内是并存的，行政主体或者行政执法人员常常不是纯粹的依法行使职权，有时考虑个人因素，有时则以强制权力对待行政管理相对一方当事人，有时则过多地考虑执政党的政策等。尤其在法律对行政事态没有作出明文规定的情况下，行政执法者更是愿意选择法治理念以外的因素。符合法治理念的法定合理性，就是指行政执法人员必须把合理理念作为合理原则的标准。行政执法人员主观意识必须符合法治理念的要求，不能以人治理念、强权治理念、党治理念等作为支配权力行使的主流观念。行政合理性原则的合理条件，要求执法人员在处理法无明文规定的行政事务时，必须在法治观念的支配下选择相关的行政规则，而不是让法治以外的因素左右其头脑。这是合理性原则合理条件的首要标准。

第三十条 符合宪政民主的合理性。在非宪政民主的政权体制之下，权力行使者握有强大的国家权力，其权力几乎是不受制约的，社会生活的绝大多数重大问题都由权力行使者决定。而处于被支配地位的绝大多数社会成员甚至连参与国家事务的机会也没有；而在宪政民主的政权体制之下，权力行使者的权力是非常有限的。权力行使过程是受到制约的，这种制约既来自国家政体的不同部分，又来自广大的社会成员。权力行使者与社会成员在外在的关系形态方面表现出了一种极大的平衡状态。以对重大的国家事务的决定权而论，在宪政民主制之下权力行使者和广大的社会成员是一种分庭抗争的关系形式。在我国，行政主体在行政权行使中，常常处于至高无上的地位，在法律对执法作出明文规定时，这种至高无上的地位或多或少要受到法律规则的制约，而在法无明文规定或法律规定不明确，并让其作出合理性选择时，这种至高无上的地位就突出地表现出来，即行政主体在突出自身地位的前提下，选择自己认为合理的处理方式。因此，行政合理性原则的合理条件必须符合宪政民主精神，它要求行政主体所认同的合理性，是在行政主体与相对方权益关系平衡以后的合理性，是突出行政相对方地位的合理性。宪政民主除了力量对比这一实质性的内容外，还有一些具体要求，如行政行为公开化的要求，行政行为公众化的要求等。还要说明的是，宪政民主并不是一个抽象概念，它反映在宪法条文中的法治精神、法治内容对行政合理性原则有具体的规制作用。

第三十一条 符合相关实体规则的合理性。一国的法律是一个完整的法律体系，尽管有部门法之间的划分。但这种划分只是一个技术问题：一个具有相对意义的问题，而不是绝对的，更不能将所划分的法律规范予以割裂。这本来是一个不容争辩的问题，然而，在我国法治实践和法学理论中，却人为地将法律的门类予以割裂并绝对化了。似乎一个部门法只对十分狭小的部门关系进行调整，而不可能调整因其他行为而引起的关系。立法者在制定法律规范时，所关注的并不是部门法本身的意义，而所关注的是部门法在规范社会行为中的意义。即它试图将具有相同性质的行为纳入同一规则的调整之下，并使法律规则能够使所有相关行为得到调整。也就是说，只有行为的同一性，或只追求行为调整中的同一性，而不能绝对强调法律部门的同一性。依这一理论，行政法所疏漏的事态，若相对方的行为接近其他部门法所设定的行为，就应当受到其他部门法的调整，或者行政主体参照其他部门法进行调整。其他部门法中的一些实体规则可以直接运用到行政执法中、可以直接为行政合理性原则提供标准。相关法律规范中的实体规则对行政合理性原则的合理条件有着不可取代的价值，而这一点，在行政法学理论中则是被忽视了的。

第三十二条 符合法律形式要件的合理性。行政合理性原则存在于行政自由裁量权之下，在行政自由裁量权的范围内，行政主体行政行为的实质法律要件是难以判断的，甚至可以说合理性原则的准则就是要为实质要件的选择提供标准。而法律的形式要件对行政合理原则却是具有实质意义的。在这里，法律的实质要件和法律的形式要件发生了操作上的矛盾，即实质要件和形式要件不能并存，这是法律在执行过程中的一种比较特别的现象，因为在一般情况下，法律的实质要件和形式要件共同制约着行政主体的行政行为。在合理性选择中，由于实质要件的不可操作性，形式要件就显得尤为突出。行政主体在行政裁量范围内，选择实体内容时，若要达到真正合理，就必须首先符合法定形式要件：一则，行政行为的主体必须是符合法定标准的主体，若其在法律上不合格，就不能实施相关行政行为；二则，行政主体必须在符合法定程序的前提下进行选择，而不应违背法定的程序规则，如若法律规定了行政行为实施的步骤，其在作合理性选择时，就必须按法律规定的步骤选择实体内容；三则，行政主体必须在符合法律规定的具体形式下进行选择，如若需以书面形式进行合理性选择，就不能以口头形式作出行政决定，等等。在符合法律形式要件的内涵之下还有一个问题要强调，就是行政主体在相对人实体权利不能明确决定的情况下，要突出维护行政相对人的程序权利。程序权利的恰当保护，常常可以达到使当事人对实体权利感到满意的效果。

第三十三条 行政合理性原则中合理条件的衡定标准，这些标准对于合理性原则的具体合理条件有指导意义，但从操作层面上看，四个标准仍不能成为可以直接操作的东西。我们研究这些标准的意义在于，一方面为行政合理性原则的实现提出指导原则，另一方面为合理性原则合理条件的具体内容研究提供理论依据，从这些基本标准出发，我们可以进一步构架合理性原则法定合理条件的具体内容，这些内容将为合理性原则的实现提供具体的行为规则。

第三十四条 一是下位规则服从上位规则的合理性。行政法规范体系中排列着不同层次的行政法渊源，在这些渊源中，有地位高低之分，处于高位的我们叫做上位规则,比高位规则低的我们叫做下位规则。在绝大多数情况下,我国行政法中的上位规则与下位规则所规定的内容是一致的。然而,由于行政法规范体系的复杂性,下位规则与上位规则之间的矛盾冲突是经常存在的。在合理性选择中,应以上位规则为准。之所以选择上位规则不选择下位规则,既是基于法理的考虑,又是基于上位规则具有普遍意义而下位规则无普遍意义的考虑。

第三十五条 二是权利保护强于义务附加的合理性。在行政执法实践中,一些需要行政主体自由裁量的事态是在法律没有明文规定的情况下进行的。此种情况对于行政管理相对一方当事人而言,可能从法律没有规定的状态下获得某种利益,也可能从法律没有规定的情况下得到某种义务。当然,前提是行政主体对没有规定的事项行使了行政管理权。在法律没有明文规定合理性选择内容的情况下,两种选择都不为过,但两种选择所得到的实际社会效果却是完全不同的,这是无须证明的事实。但笔者认为,行政主体在作出行政合理性选择时,必须以保护行政相对人合法权益作为合理性的基本内容。一个法律空白的行政事态对于行政相对人来讲,可以变成权利也可以变成义务,行政主体必须从保护相对人的权利出发实施行政行为,而不能以向相对人赋予义务为行政行为。当然,在行政法治实践中,权利和义务有时是交织在一起的,在相对人取得权利的同时,也可能要承担由该权利而引起的义务,或者在履行某一义务时,也享受到了相应权利,在此种权利与义务紧密结合的情况下,此条准则是不大适合的。但就行政主体对行政相对人的行政取向分析,权利保护取向和义务附加取向还是明显存在的,该内容要求行政主体选择前者。

第三十六条 三是无过推定优于过错推定的合理性。行政行为的作出是受一定内外在条件制约的,内外在条件的不同,使行政行为有着不同类型。有些行政行为是基于行政战略的考虑,行政机关依职权主动为之,此种行为一般不受行政相对人状态的制约。而相当一部分行政行为是基于相对一方当事人的行为引起的,有的是由于相对一方当事人对社会有益的行为引起的,有的则是基于相对人对社会有害的行为实施的。基于相对方对社会有害的行为而实施的行政行为在行政法上可以统称为行政制裁。该行为在行政法治实践中运用得颇多,它是行政主体维护行政秩序所不可缺少的。制裁行为的实施有明确状态、需查明状态和不明确状态之分。所谓明确状态,就是指行政相对人实施的有害行为,无论性质还是量度都是不需要查证的;需要查明状态,是指相对人实施的对社会有害的行为,一些事实是清楚的,而另一些事实则不清楚,还需进一步查明，其中的部分事实可能没有有效的手段予以查明；而不明确状态，则是指行政相对人实施的对社会有害的行为主要内容并不明确，而在一定时间内行政主体不可能通过有效手段查明，但违法行为的确存在并需要追究相对人的责任。在三类状态下，后两种状态都存在较大的合理性选择问题，即选择何种制裁手段、制裁手段运用到何种程度才是妥当的，这时，就有两种可供选择的内容：一是过错推定，在过错推定的情况下，行政主体可以凭主观判断、通过对已获得事实与当事人以往的表现作出当事人主观有恶性或客观有恶性的判断，并因此作出行政行为；二是无过推定，在无过推定的情况下，行政主体只能就已获得的事实作出认定，而不能凭主观判断认为相对人有其他过错。作为法治国家的行政而论，应以无过推定作为行政合理性的选择标准。

第三十七条 四是取利优于取稳的合理性。行政主体在行政执法实践中，尤其在作出具体行政行为时，常常面临利益最大化与秩序最大化之间的冲突。利益最大化要求行政主体在行政权行使中必须追求最大利益，此处所讲的最大利益，不是指对行政主体自身的利益，而是行政主体通过行政行为对社会、对行政管理相对一方当事人所创造的利益。在行政主体所创造的利益中，利益关系是分成不同层级的，就是说，有些利益对行政相对人最大、对社会次之，有些利益对社会和行政主体最大而对相对人次之。在这个排列顺序中，应该打破传统观念中社会利益优于个人利益的传统思维定式，应将行政相对人的利益放在首位。因为，行政行为的直接对象是行政相对人，且对行政相对人的利益可以量化而对社会的利益则难以量化；秩序最大化要求行政主体必须把维护统治秩序、维护行政管理秩序放在第一位，使行政管理显得比较平稳。长期以来，我国在行政执法中所选择的是秩序的最大化，一则维护有效的管理秩序是我国政府所强调的；二则行政主体，尤其一些行政首长为了保护自己权力的稳定性而不愿在追求利益方面下工夫。"不求有功，但求无过"，在行政执法中是多数人的信条。利益的选择和秩序的选择应当说都是有道理的，都可以作为行政合理性原则合理条件的内容。而笔者认为，二者不能半斤八两，必须有轻重之分。如果说，计划经济体制下秩序稳定性的选择优于利益最大化选择，那市场经济下利益最大化选择便必须优于秩序最大化选择，因为市场经济的良好秩序，必须从行政相对人的利益中，必须从社会利益中得到反映，也只有坚持利益最大化才会为秩序注入新的活力。可以通过一个例子说明利益最大化对合理原则的有效价值：在行政法设定的义务中，有诸多义务形态。行政相对人必须依法履行义务，但是，由于行政相对人能力和个体情况的不同，对所负担的义务及履行能力亦有所区别。若依传统的秩序最大化，行政主体只能让某一无交粮能力的行政相对人交粮，若以利益最大化为指导，行政主体可以使相对人对交粮义务作出金钱替换。从行政合理性的角度看，选择后者显然更为合理。因为它既照顾到了相对人的利益，亦实现了国家利益和社会利益，并最终稳定了社会秩序。

  第三十八条 五是许可选择大于禁止选择的合理性。行政法上的行政许可，在行政法学界得到了普遍重视，理论界对此问题研究也比较深入。遗憾的是，与行政许可同样重要甚至比行政许可更为重要的行政禁止，在行政法学界则被忽视了。行政法上的行政禁止，是指行政法或行政主体为相对一方当事人设定的不得作出某种行为的状态。它可以来自两个方面：一个方面是行政法规、规章以至于规范性文件中所设定的禁止。另一个方面是行政主体执法过程中设定的禁止，如交通警察禁止某机动车辆从某路段通行。行政禁止和行政许可是行政权行使中两种经常采用的行政方法或手段。此二方法既是相反的又是相辅相成的，说它是相反的，是说两种方法对行政相对人来讲所得到的效果是不同的，一者使相对方获得了权益或利益，另一者使相对方失去了权益或利益。说二者是相辅相成的，则是说没有行政禁止也就没有行政许可，行政禁止是行政许可的前提条件，而行政许可则是对行政禁止状态的解除。在行政合理性选择中，行政主体可以作出禁止性的选择，也可以作出许可性的选择。许可性选择大于禁止性选择，应成为合理原则合理条件的内容构成。之所以这样讲，除深层次的法理学原因外，从行政主体与立法机关的关系讲亦应如此，行政禁止与行政许可在一定意义上讲是一种立法行为，其明确的设定义务性充分证明了其立法行为的性质。行政主体的执法功能，从哲学意义上说是对国家意志的执行功能，而立法机关则是国家意志的表达者，执行者不能超越权限去表达国家意志。从这个意义上讲，行政主体应尽可能选择许可性行为，而少些选择禁止性行为。退一步来讲，许可行为若出现错误，至少不会伤害行政相对方的合法权益，而禁止行为错误后，既有可能侵害相对方的权益，又有可能使行政权对抗立法权。

  第三十九条 行政法原则的实现是指行政法原则中的权利义务规则，由应然变为实然的状态，由存在形态变为实在形态的状态。实现与实施不同，后者指行政法原则在行政权和行政法中的具体运作过程，前者则是通过运作所获得的实际结果，如果说后者是一个实证性概念的话，前者则是一个理性化概念，其中可能包括实证乃至实用成分，而它的最高追求则是一种理性的价值选择；

实现和效力不同，效力指行政法原则对人、对事甚或对空间的规制程度，而实现则不单单包括它的具体规制环节，而是对规制环节的一个高层次的升华。如果说效力是行政法制度范围内的概念的话，实现则是高于行政法制度的一个哲理概念，其中可能包含着一定的效力属性，而实质上，却是对效力的一定理论提炼；实现与执行不同，执行是指行政主体在履行行政管理职能过程中对行政法基本规则内容的贯彻，而实现则是在行政主体和行政相对人双方的作用下，使行政法基本原则的内容归位于权利与义务的关系之中，实现中可能包含着执行，但是它与执行相比是更为周延的概念系统。若要领会行政法原则实现的定义，上列三对关系必须首先予以澄清，否则将会使讨论的问题发生混乱。若从较深层面分析，行政法基本原则的实现，应符合如下理论构成。

第四十条 行政法原则的实现，要求行政法原则，必须由主观规则转化为客观规则。法律规则所包含的权利义务是一种应然性的权利义务，就是尚未物质化的意识性的东西。行政法基本原则既是法律宏观体系中的一个构成，也就应当具有法律的一般属性，即作为主观范畴的存在物，至于该主观范畴对社会和行政权运行的威慑作用则是另一个问题，因为我们无法寻到客观标准来证明这种威慑作用，因此不能断然认为其有威慑作用就是客观的。行政法原则的实现则是其由主观而客观的过程，所谓客观化的过程，就是说原则中所包含的禁止、许可、制裁等由意识上的联系化为了行为上的联系，一定的行为与一定的关系，是规则由主观转变为客观的条件，易而言之，只有在一定的条件得到满足以后，规则方可以由主观而客观，而只有当规则客观化以后，我们才可以说它已经被实现了。应当说明的是，行政法原则的客观化比起一般法律规则的客观化，有着更为特殊的内涵，其客观化中的条件满足，要比一般法律规则条件满足更为特殊一些，这种特殊性，表现在其所需要的条件系数相对低一些，如果一原则制约了行政立法过程，而行政立法主体只有行政主体一方，此时，我们不能认为只有一方主体而事先确立的行政法原则未予以客观化，这是行政法原则实现的特殊性。

第四十一条 行政法原则的实现，要求行政法原则必须由抽象规则转化为具体规则。行政法原则在行政法领域中对所有的规范、关系、行为都应当是适用的。同时，在法律规则中，原则性条款和实施性条款的区别，就在于原则性条款具有较大的抽象性，该抽象性表现为原则所追求的是一个整体，或者整体意志和利益上的一致，既不考虑个别，甚至也不考虑一些特定的部分。行政法原则的实现要求行政法原则由抽象到具体，是指对于整体性的行政关系，一般性的行政事态起作用的规则，必须化为对个案起作用的规则，必须在个案中体现自身所隐藏的科学内涵。作为一个普通的法律原则，所有规则都应当得到遵守。个人在遵守、服从这些原则的精髓时，是对社会行为的一个分割，但不是对原则本身的一个分割，只是原则以同样的要求辐射到各个具体的个案中，辐射到各个人的具体行为中，尤其在对待反社会、反行政管理秩序的人的时候，法律原则所体现的一致性更是如此。当然，对于违反原则的行为或状态应当从另一角度看，即只有这些违反带来制裁的后果时，我们才可以说这一原则得到了实现，也就是说，只有理想状态的实施，才是我们所定义的客观状态。

  第四十二条 行政法原则的实现，要求行政法原则必须由指导性条款转化为操作性条款。行政法原则是对行政法规范的高度概括，它在绝大多数情况下是对行政法规范起指导作用的规则。尽管行政法原则和行政法的指导思想是两个不同范畴的概念，但行政法原则的指导性价值是低估不得的，作为一种指导，它可以成为具体规则实施的灵魂，它可以决定具体规则实施的方向，可以左右具体规则实施过程中的宽严程度等。同时，我们不能因此把指导价值和操作价值等同起来。原则在一般情况下，由于其所具有的深度和分量，使它处在指导地位。在法律体系中，指导性条款如果没有后续的规则证明其已经起了指导作用，便仍然处在未实现的状态，而只有其由指导性条款变为操作性条款之后，才可以说处于实现状态，这便使原则性条款变成了操作性条款。此时，我们便可以说这一法律原则得到了实现。在行政法原则实现中，原则性条款还可以依其他途径变为操作性条款，如指导操作性条款的实施等。

  第四十三条 行政法原则的实现，要求行政法原则必须由广延性条款转化为个案性条款。行政法基本原则是一个有着广延领域的概念系统，一方面，其存在于行政法关系中，即存在于行政主体和行政管理相对一方当事人结成的具体的管理与被管理关系中，另一方面，其存在于监督行政法关系中，存在于有权对行政主体行为进行监督的主体与行政主体结成监督与被监督的法律关系中。它还存在于行政法规范的制定、修改、废止等立法行为中，以及行政法规范的具体实施中，这种非常大的覆盖面，使其在领域上具有广延性，恰恰是这种广延性，导致行政法基本原则从概念本身观察不具有对相关主体权利义务的约束力。作为概括性、广延性的行政法原则，应当说处于未实现状态。而作为实现了的行政法原则，必须在个案中具有意义，而且必须在个案处理中保持其内涵的相对确定。行政法原则的实现对于原则本身的广延是无足轻重的，关键在于这些广延的条款在个案中证明了自身的价值，并促成法律本身所需要的一般性。

第四十四条 行政法原则未实现状态,是指已经存在的行政法原则,因主观或客观的原因而导致的未产生实际效果,未在行政法权利义务的能量交换过程中发生作用的状态。显然,从字面意义上看,它是一个与实现状态相对应的概念。未实现与不存在不同,后者指本该确定的行政法原则由于立法技术的落后或者其他情况而未予确定,前者则具备了行政法原则的外形,而没有发生行政法原则的功效,二者的区别是非常明显的;未实现与失效不同,后者指前法法律文件中确定的行政法原则因时过境迁而失去效力的情况,而未实现状态之下,有效的行政法原则就没有发生过相应的效力,从来没有规制过行政权和行政行为;未实现与未发生作用不同,未发生作用必然包括未实现,而未实现状态的存在是非常普遍的,笔者将对未实现状态及其诱发因素作如下分析。

第四十五条 诱因之一是:因行政法原则的理论错误导致的未实现状态。综观发达行政法治国家行政法理论中的行政法原则理论,不难看出,其行政法原则的确定和运作都有强大的理论支持,其行政法原则的理论一般受其宪政理论和宪法原理的约束,从宪法理论和行政法原理中演绎行政法的原则,英国、美国、德国、日本几乎都是如此,而我国行政法学理论中关于行政法原则的理论存在严重的理论缺陷。一是我国行政法原则绝大多数都是学者们的一种主观认识,而没有相应的法律依据和理论基础,如从来没有人提到我国行政法原则的关系,也很少有人从宪法原则、行政权的特征、行政法治等角度推演行政法基本原则的内容,这便导致了我国行政法原则既是无源之水又是无本之木,由学者们主观意识决定的行政法原则,自然是公说公有理、婆说婆有理,关于行政法原则的具体内容至今尚未达成共识的事实就是例证。当然,有人尽管认为合法性原则与合理性原则,是我国行政法的两大原则,但近年来,也有人提到依法行政原则、程序正义原则、行政效率原则、机构精简原则等。二是我国学者关于行政法原则和行政法指导思想的界限似乎都没有澄清,有人认为,行政法的基本原则就是行政法的指导思想,还有人认为两者是部分重合关系等。指导思想和基本原则的界限不清,基本原则的性质、规制程度也就无法确定。三是行政法原则的渊源形式没有澄清,如行政法的基本原则是以法律理念的形式出现的,还是以法律规范的形式出现的,都没有形成一致的看法,若行政法原则是以法律规范的形式出现的,如此,哪一层次的法律规范所表现出来的渊源形式,才应当是我们所指的行政法原则,宪法规定的关于行政权行使的诸项原则是否就是行政法的原则,还是一般的行政法律中所规定的行政法原则就是行政法原则，或者部门行政管理的行政法规、地方性法规、规章中确定的相关原则，也是行政法的基本原则。由于这些问题没有解决，行政法原则的实现便首先在理论上产生了阻滞，如我们从法律理论出发，将"自然正义""利益均分"等作为行政法的基本原则，便可能永远处于无法实现的状态。理论上的问题不单单在理论的范畴内有效，它必然会影响到行政法治实践。因此，行政法原则理论之不足，是导致行政法原则未予实现的起始性原因。

第四十六条 诱因之二是：因行政法原则高于规范进程导致的未实现状态。行政法原则和具体的行政法规范一样都能够对行政权的行使起到规制作用，但二者的规制特点都表现出了极大的差异，一般地讲，行政法规范可以直接对行政权的运行进行规制，而行政法原则有时直接规制行政权，有时则必须依靠具体的行政法规范对行政权进行规制，就是说，在一些情况下，行政法原则是通过行政法规范而起作用的。故而，行政法规范和行政法原则的高度一致、高度吻合便是行政法原则实现的一个重要条件。笔者认为，原则必然是高于具体的规范和具体条文的，如行政效率原则就是一个对行政主体要高深度要求的原则，然而，它与现实法律规范中的低效率现象形成非常大的反差，原则的内容高于具体规范，既可以说是一个合理现象，说它是合理现象是因为它是对规范目标和规范理想的一个确定，可以帮助规范向高层次发展。又可以说是一个不合理现象，说它不合理，是因为它总是使法律原则中的若干内容成为空中楼阁，解决这一问题的办法就必须是既审视法律原则的现实合理性，又有意识地提高法律规范的质量。

第四十七条 诱因之三是：因行政法原则的稳态结构与行政事务多样性反差所导致的未实现状态。行政法原则的实现和行政法具体规则的实现一样，都需要法律适用这一中间环节作为规则与事态之间的桥梁，就是要把法律的普遍原则适用于具体的事务之中，从而便引申出法律原则与具体事务之间的关系问题。行政法原则的特点之一是其有着相对稳定的内容，并且存在于一定的结构之下，如合法性与合理性就是一个严谨的结构，程序合法与实体合法就是一个严谨的结构，而结构化了的稳态特性能够对付普遍，都不一定能够完全针对个别。而行政权运行过程中所遇到的具体事务是多样化的，甚至是不可以用科学方法进行预测的。因此，在普遍和特殊之间便产生了矛盾和冲突。行政法原则在其结构稳态化的情况下，对行政过程的制约是非常有限的，它可以指出行政人员的行为，必须符合法定程序，但在一个具体案件的处理中，通过这样的程序带来有利的后果。同时，行政事务的变化是无常的，一些新事务的不断出现，使一些较为传统的法律原则显得十分无力，如在民主国家的情况之下，程序至上主义占了绝对统治地位，此时，正当程序的原则也就具有实际的规制作用。然而，在福利国家的情况下，服务行政则是公众所最为需要的，程序至上主义则必为正义、公益至上主义所取代，而正当程序的原则也在相当长的时间内，还不可能在行政法原则中消失。

第四十八条 诱因之四是：因高于行政法规则的法外规则对行政法原则实现的制约导致的未实现状态。对行政法原则实现的研究，不能单单限制在法内或法定制度的研究，更不能仅仅限制在行政法的范围之内。从法内到法内的研究固然是非常重要的，然而，无论如何，法内的制度是不能取代法外制度的。因此，我们在考察行政法基本原则的实现时，必须适当放宽视野，从行政法规范和行政法原则之外看其实现的阻却因素。行政法由于与国家的行政生活和政治生活联系紧密，因此其常常受到政治因素的制约，且是一些法外政治因素的制约。如我国行政法规则和党中央的政策规则之间就经常发生联系，政策规则常常要在法律规范的规定下起作用，但同时也在很大程度上决定着行政法规范的运作方向，行政法规范运作过程中的轻重和缓急程度选择等。在这样的情况下，政策是行政法规范的灵魂，其地位高于行政法规范也是在这种意义上论之的。当行政法理和行政法制度已有原则时，就必然受作为其灵魂的政策精神的左右。对于将程序暂时弃置的行政执法，在政治和行政领域内，甚至在行政法治的领域内都是持肯定态度的，因为弃置程序的行政方式，可能比遵循程序的行政方式在招商引资方面短期效果更为明显。法外规则对行政法运行的影响要比对任何其他部门法的影响都要大一些，它不仅制约了被公认的行政法原则的规制作用，而且还制约了已经有明确内涵的行政法规范的规制作用。这是行政法原则实现的另一阻滞因素。

第四十九条 诱因之五是：因行政法适用主体对行政法原则认识不足导致的未实现状态。在我国行政法治实践中，行政法适用主体或者说行政执法人员对行政法原则和行政法规则的认识不是一个普遍问题，通过一项调查就可以把问题搞清楚。行政主体对行政法原则的认识要比对行政法规范的认识难度还要大，因为行政法原则是高层次的规则，其中包含着深刻的法理和哲理成分。再者，法律文化水平只是制约执法者对法律原则认识的一个因素，社会地位、既得利益、外在环境、传统文化等，都不同程度地制约着行政主体对行政法原则的认识，都会不同程度地导致对行政法原则认识之不足，而不足的认识，必然使行政法原则的实现受阻。

第五十条 行政法原则的实现,在行政法治中的地位是我们在探讨行政法治与行政法原则之实现关系时必须首先回答的问题,该问题可以从两个方面来看,第一,行政法原则的实现是行政法治的内容构成。关于行政法治的内容构成,理论界已有一些研究,如有人将"有法必依、执法必严、违法必究"的社会主义法制原则具体到行政法治中来,认为有完整的行政法规范,就可以做到依法行政、行政责任制、系统的行政救济等,此种观点虽然不错,但却有一定的片面性,或者说社会主义法制原则的内容应用到行政法治中还不大适用,因为社会主义法制原则中的法和行政主体在行政执法中的法不完全是同一意义的概念。法治并不单单包容具体的规则,其中高于规则的原则性东西显得更为重要,如在英国的法治概念中,就包含了效率至上这一非常重要的法律原则,换句话说,如果没有效力至上这一法律原则,就不能说具备了英国式的法治。在行政法治中,也是如此,如没有自然公正原则,英国行政法治便是不存在的,没有正当秩序规则,这一行政法原则就没有美国式的行政法治。当然,当某一国家的行政法原则成为行政法治的内容时,其必然处在以直接或间接形式实现的状态。作为间接形式实现的状态,是通过具体的行政法规则而得到体现的,以为直接的实现状态其是为行政主体和行政相对人提供权利和义务的形式得到体现的。我国《宪法》第 13 条修正案指出:"实行依法治国,建设社会主义法治国家。"与其说是对法治规则的一个定位,还不如说是对法治原则的一个定位。这样的定位在行政法治中更是非常具体的,也就是说行政法治中包含了依法行政这一总原则及其实现的问题。第二,行政法原则的实现过程、程度是检测行政法治的标准。法治概念原本是英国宪法学家戴西借鉴英国宪法的概念,在《英宪精义》一书中,戴西赋予法治三个方面的衡定标准:首先,他认为法律排斥专断权力的思想。认为英国人只能因为违法而不能因其他而受到惩罚。特权和无限的官僚权力的任意处罚是与通常的法治相背离的。其次,法治意味着法律面前人人平等,意味着官吏和平民受到普通法院执行的同等制约。它排斥了政府行为享有的特殊豁免权或对涉嫌政府官吏案件加以特殊制裁。再次,在英国,法治还反映了这种思想:宪法不是公民权利的渊源,而是一般法律所提供的救济措施赐予个人以利益和自由的结果。这三个法治标准都是对某种法律原则和思想的企求,也就是说,这些原则实现的过程,结果可以用来衡量行政法治水平之高低程度。此种关于法律原则的实现,是法治标准的思想对行政法治的关键,具体地讲,行政法规范制定主体的多层次性,行政法渊源效力等级的多级性,使我们难以用具体的行政法规则实现的程度判断行政法治的质量。从这个意义上讲，行政法原则的实现程度是行政法治重要的衡量标准。

第五十一条 行政法原则在行政法治中的地位问题解决后，我们便必须转入行政法原则的实现表现。这一表现，指行政法原则的实现是如何以动态的形式作用于行政法对社会事态的调整过程中的，具体而言有两个方面：一是指，行政法原则的实现在行政法关系设定中的表现。一切法律关系都具有意志的性质，是一种意志关系，行政法关系也不例外，它是行政主体与行政相对人之间的一种意志联系，通过这种联系，行政主体向相对一方当事人发出指挥、命令等信息，而相对一方通过对这种信息的接收，享受权利和承担义务。表明法律关系是法律对社会调整过程中的最低结合点，也是最为敏感的结合点。同时，行政法关系除了法律设定外，行政主体还有一定的权力设定法律关系，行政法关系的单方面性，也就是这样表现出来的。由法律规则设定好的行政法关系，行政主体在其中处于一定的主导地位之下，它可以依据行政权力对已经设定好的行政法关系作出二次设定。无论一次设定还是二次设定，都必然伴随着行政主体的权力行使，伴随着行政主体意志对行政相对人意志的决定，要使这种设定达到一种公正、合理的状态，就必须依靠行政法原则对整个规则过程进行制约。如行政公开化原则，可以使行政主体的每一种设定行为在一定的社会范围内公开。如果行政法原则没有在行政法关系设定中得到体现，没有对行政法关系的设定进行有效规制，行政原则的实现就不是完整意义上的实现。二是指，行政法原则的实现在行政法条款与行政事态结合中的表现。法律条款是指法律规范和法律条文所确定的某种状态，该状态可以是一种禁止，也可以是一种许可，可以是一个奖励，也可以是一个制裁，总之，法律条款对某一特定的行政当事人来讲或者可能是有利的，或者可能是有害的。能否将有害的法律规则套用到实施有害行为的人的身上，或者将有利的规定加诸实施对社会有利的行为人身上，就是一个非常关键的问题。一般实施法律规则与社会事态结合的行为叫法律行为，法律行为是指具有合法权益的人所做的、能够产生特定法律后果的或产生法律上可能且允许的后果的意思表示或意愿宣告。但法律行为既有可能是正当的，又有可能是不正当的，所谓正当的法律行为，是指把法律规则的规定与行政事态或者将法律规则的规定与特定的行为正确结合起来的行为。所谓不正当的法律行为，则是指把法律规则的规定错误地与行政事态或某种行为结合的行为，在这种结合过程，条款本身只是事态的另一面，它与事态处在一个统一体中，二者并不能互相参照，互相制定彼此的正确与否，或者说事态和条款作为一种独立的存在物都是中性的，只有将二者结合以后，才能产生非中性的东西，显而易见，行政法原则是这种结合的最有力、最有效的裁判者。三是指行政法原则实现在行政法不当运作校正中的表现。1976年，英国法学家布莱克提出了法律运作及其运作机制的概念，用分层、形态、文化、组织和社会控制等因素作为法律运作过程中的变量。"分层标志着社会的纵向关系和社会资源的等级性分配。"其中等级性的各种因素都是一个变量；"形态标志着社会的横向关系和分工、亲密度、团结性等人员分布的状态，它的普遍变量是关系距离"；"文化体现了社会的象征性方面，而法具有象征的功能，因此法的变化与文体发达的程度成正比"；"组织体现了社会的集体性方面或者说进行集体行为的能力，集体之间的协调需要政府的规则和管理能力"；"社会控制标志着社会生活的规范性，而法与其他社会控制方式之间的消长成反比。"比如家长制的式微，导致青少年法的繁荣；官治的手段一旦失灵，自治的呼声就格外响亮等。布莱克这一分析有极大的启迪作用，首先，它提出了法律运作的概念，若具体到行政法中，便可以使我们把静态的行政法规则放到动态化的运行过程中考察。其次，布莱克提出的法律运作过程中的五大变量，是很有价值的，尤其对行政法的指导作用不可低估。行政法在其运作过程中必然牵涉到纵向与横向的关系，牵涉到行政主体与环境、文化背景的关系，以行政手段还是以其他手段进行控制的问题，则是牵涉到行政系统内部的组织结构和价值取向问题。这些决定行政法运作的问题，既可以在法律规则之外进行观察分析，也可以用法律之外的手段控制这些运作的变量。但是，法律、法治的发展，都是一个由必然王国向自由王国发展的过程，例如，在行政法运作的初期，人们就尽可能通过外力的作用控制行政权，比如通过行政监督、司法审查等，而随着社会的发展，外力控制已不再是唯一手段或主要手段，而更侧重于行政权的自我控制和行政法在运行过程中自在行为的控制，如此一来行政法原则以及行政法原则的表现则使行政法运作尽可能通过自我控制而主动实现，如依法行政原则、行政效率原则、行政合理性原则，就可以在行政法的运作过程中校正不正当行政行为，而良性的行政法运作是行政法治的核心。

（四）行政主体义务

第一条　行政主体义务在行政法中的地位是一个值得关注的问题，这既是由该问题的性质决定的，又是由现代行政法发展的趋势决定的。

第二条　在行政法的发展过程中，行政主体的有所为和有所不为经历了若干历史性变迁：在行政法制度形成的初期，行政主体在行政法中是以职权的行使为基点的，即行政法所关注的是行政机关的职权问题，我们可以将行政法的这一阶段称为职权主义阶段。后来，随着民主进程的发展，行政法所关注的不再是行政主体在行政法中行使职权的问题，而普遍关注行政主体在行政法中的任务问题，我们将行政法的这一阶段称为任务主义阶段。第三阶段则是在福利国家理念的指导下，要求行政主体在行政法过程中处于为社会服务的地位，国家行政部门是一种公务服务部门，显然，这一阶段我们可以称为义务主义阶段。由此可见，行政法关注行政主体义务，已经成为当代行政法制度的主流，对于这样的主流问题，我国行政法学界似乎还没有给予高度重视，我国行政法制度中的义务尚未成为主流。

第三条 传统行政法学理论和行政法制度中，行政主体义务就是其中的问题之一，然而，在传统行政法理论中，行政主体义务只是行政法学中的一个解释性概念，即在解释某一行政法问题时使用的概念，尤其是在有关的行政法关系理论中使用较多，甚至可以说行政主体义务仅仅是行政法关系概念中的一个子问题。正因为人们将行政主体义务限制在这样的范畴之内，因此关于行政主体义务在整个行政法体系中的认识就显得差强人意，至少在我国行政法学界还没有一部研究行政主体义务的学术著作或者高质量的学术论文，这也是我国行政法学相对落后的一个表现。但是，在行政法教科书中，在一些法理学著作对行政主体义务有所研究，其中一些论文若明若暗地包括对行政主体义务在行政法中地位的阐释。笔者对目前仅有的阐释和仅有的理论观点进行了比较研究，若作一个概括的话，我们可以发现在目前有关行政主体义务的理论中，行政主体义务在行政法中的地位可以概括为下列若干模式，笔者对这些模式分别作一评价。

第四条 一是平衡模式。所谓平衡模式，是指行政主体义务在行政法中可以起到平衡作用，即通过行政主体义务平衡行政法中的若干关系。该论认为，行政主体在行政法中处于主导地位，有学者毫不掩饰地讲，唯有行政主体才是行政法的关系主体，而其他的人或者组织是行政法关系的客体。也就是说，在行政法发展的初期，行政主体在行政法中处于绝对统治地位，尤其社会主义国家的"管理法"理论，更是将行政主体的地位提高到了极致，在我国，行政主体所享有的优先权就是非常明显的例证。我们如何对待行政主体这种至高无上的地位呢？为其设定义务便是一个非常有效的方法，换句话说，通过行政主体义务平衡行政主体与行政法关系其他主体之间的关系。这是平衡模式的主要方面，就是说平衡模式所要阐释的，就是通过行政主体义务建立一种协调的行政法关系模式。另外，行政主体义务平衡模式还反映在通过行政主体义务平衡行政机关内部的关系。我们知道，行政系统一般是由等级制的结构构成的，在这样的等级制下，上级具有高度的管理权威而下级则必须服从上级，然而，现代行政组织内部所要求的是一种相互之间有所制约的关系，而上下级之间如何才能共同对行政目标负责，当然是通过义务规则而不是单向度的权利规则联结行政组织。对于平衡模式还有一种解释，即行政主体在行政法制度中处于承上启下的中间环节，对上必须对权力机关负责，对下则必须对行政管理事态发生作用，如果不强调义务的属性，行政主体不可能将上与下有机地联系起来。我国行政法学界近年来出现的平衡论就代表了这一论点，再如将行政法关系分解为行政管理关系和监督行政关系两个方面就是例证。平衡模式并没有太多的新意，它只是将行政法关系的基本原理作了注释，因为行政法关系本身就是一种权利义务关系，依这一模式，仍难以使行政主体义务在行政法学和行政法体系中发挥新的潜能。

第五条 二是抑制模式。所谓抑制模式，是指通过行政主体义务抑制行政主体的行政行为。这一论点的代表人物是日本行政法学家盐野宏，他认为："行政行为，从效果乃至效力方面看，确实具有相对于法律行为的特色。但是，另一方面，在使法律关系变动、消灭，或者如拒绝申请处分那样不变动法律关系这一消极意义上，都是有关法律关系的形成、消灭的，这与民法上的法律行为相同。并且，在何时看做变动法律关系，或者通过行政行为成立的法律关系在何种情况下消灭，这一点是行政行为效力论之后的问题。"亦即行政行为决定于行政法关系的状态，在行政法中研究行政行为，必须与行政法关系结合起来，通过行政法关系中主体义务阐释行政行为的走向、效力等问题。深而论之，就是通过行政主体义务制约行政主体的行政行为。该论点具有非常深刻的法哲学基础，也就是说，义务在法理学上讲是对行为和动机进行协调的东西，即通过义务使行为人的行为动机与行为人的行为一致起来。从这个角度讲，义务是一个具有强烈抑制色彩的东西，即通过动机抑制行为，而动机属于主观范畴的东西，行为属于客观范畴的东西，法律规则在外在因素上讲要对行为起作用，但同时法律规则还有一个内在的功能就是对动机发生作用。而这种内在与外在的联系，只有通过主体的义务才能得以实现。抑制模式虽然有着深刻的哲学基础，但是，该模式仍然不能说具有较大的理论和实践价值，因为行政法律中除了行政行为之外还有诸如行政组织、行政救济等诸多问题，若将行政主体义务仅仅用来阐释行政行为,那就大大降低了行政主体义务本身所具有的价值,因为,义务是一个范畴性的概念,它可以对行政法律的根本问题、宏观问题等作出解释,而简单通过它说明,行政行为并不会给行政主体义务在行政法中的地位带来突破性变化。

第六条 三是反证模式。所谓反证模式,是指行政主体义务可以用来证明行政主体的职权范围以及行政相对人的权利范围,它的功能也仅仅在于此。持这种理论的学者们认为,现代公共权力在运作过程中有来自两个方面的不确定性,一是行政主体所承担的行政职责或者行政任务的不确定,该不确定性,既由于行政事态的多变性所决定,又由于行政任务的不断发展所决定。行政主体任务的不确定性,不等于行政机关能为或者不能为之的行为状态不确定,恰恰相反,行政主体必须对不确定但须为之的状态为之,行政机关有所作为的前提就是义务,反过来说,行政主体在行使行政职权中,当职权本身无法确定时,其法律上的义务便有了实质意义。这就是行政主体义务对行政职权的反证。另外,行政权是在公民权的相互作用中运作的,至少在一定意义上讲这是正确的,现代国家的宪政体制和宪法似乎更多地对公民权作出了规定,公民权与行政主体义务之间已形成了一种互相反证的关系,即一国法律虽然没有明文规定行政机关有某种义务,但是,公民的相关权利决定了它必然有相应的义务,反之,行政主体承担的义务也就成为公民的权利。总之,反证模式具有一定的动态性,尤其对确定行政机关行使的行政职权、行政机关承担的行政责任、公民享有的相应权利具有重要意义。然而,反证模式若作出进一步的推证,它就会陷入逻辑循环之中,即从一个方面看是行政机关的职责,而从另一个方面看则是行政机关的义务,反之也是成立的。同时,反证模式还会给行政机关的行政职权和行为带来极大的不确定,我们知道,即便在行政法中,也不是行政相对人的每一种权利都必然是行政主体的义务,有时可能是立法者的义务,甚或司法机关的义务,足见反证模式的弊害也是非常明显的。

第七条 四是本位模式。本位模式是指行政主体义务在行政法体系中是一个本位问题,就是说,它是现代行政法的基础,即现代行政法的基础奠定在行政主体义务的基础上,所有现代行政法的相关制度、行为规则等,都必须以行政主体义务为轴心而展开。这一观点的代表人物当推法国思想家莱昂·狄骥。他认为,现代公法的基础是公共服务,所谓"公共服务就是指那些政府有义务实施的行为"。行政主体的职责和范围是行政法中的一个具有普遍意义的问题,而这个问题我们似乎找不出一个非常明确的答案,"公共服务的内容始终是多种多样和处于流动状态之中的，就连对这种流动状态的一般趋势进行确定都并非易事"。言下之意，唯一能够确定的就是随着文明的发展，与公共需求相关的政府义务呈数量上升的趋势。这就是说，行政主体义务已经不是一个行政法关系问题，不是一个简单地对行政行为起决定作用的问题，而是现代行政法这一大厦的基石，是行政法制度中的本位性要素，也是用来解释行政法概念的一个最为基础的工具。本位模式不论它的发展方向和发展前景如何，它都是到目前为止最有震撼力的一个行政法学理论。之所以这样说，是因为长期以来，人们探索了若干行政法的理论基础，如"控权论""管理论""平衡论""服务论"等，这些理论中的一些虽然能够成立并有相应体系，但是这些理论所给予我们的是一些抽象范畴，而行政主体义务本位模式则可以为我们带来行政法中的技术指导，从这个意义上讲，行政主体义务的本位模式应当引起普遍关注。

第八条 正是考虑到行政机关的这种统治地位，自由主义者们才一直试图削弱或限制行政权力。不过，这种努力只有在有限的范围内才获得了成功：法律的限制常常是无效的，这既因为制度的要求被公然忽视，又因为社会的发展使行政无法拘泥制度的文字规定。当然，有些行政机关是软弱的，而另一些不仅是强大的，而且具有不可遏制的权力。这种差别更多地取决于政治制度的运行特点和社会势力的组合，而较少取决于法律障碍的有无。因此，为了如实反映事物的真相，行政法研究必须完全越过正规的权力，进而考察这个国家普遍的实际状况。对行政主体在国家政治生活和法律生活中这种真实状况的描述表明，一方面，行政主体的权力运行并不一定依一国行政权体制的设立状况而沿着既定的轨道运作，更不一定受法律规范已经确定的规则的制约，即是说，行政主体的权力和义务有应然性和实然性之分，所谓实然性，就是指行政主体义务的实际状况，该实际状况是对其在行使行政权过程中的一个真实反映。在实然性状态下，行政主体义务是由法律规范规定好的，并且在实际的运作过程中反映了行政主体的真实意志和行政权行使的实际状态。所谓应然状态，则是行政主体权力和义务的一个理想目标，是政治体制和法律制度对行政主体发生作用时所应当达到的一种境界。另一方面，在行政权运作过程中，行政主体的权力与义务的应然性和实然性，可能是一个永远也难以成为同一体的东西，即进一步讲，行政主体在行政法中的地位是一个应然性和实然性永远并存的状态。对行政主体义务在行政法中地位的探讨，首先必须从应然性出发，通过对应然性的揭示，可以使我们在行政法制度中确立一个行政主体义务的理想目标。行政主体义务的应然表现，可以概括为下列方面。

第九条 行政主体的义务应是行政法规制对象的始点。行政法的规制对象在行政法学界一直有争论，不同的行政法学理论基础对行政法规制对象有不同的认识。在"控权理论"下，行政主体的权力便是行政法的规制对象，行政法对新的关系的设定，主要是外部关系，而不是内部关系，即主要的关系形式是行政相对人之间的关系，这便是管理论对行政法规制对象的描述。当然，还有其他的理论基础对行政法的规制对象也有自己的认识。除了规制对象的不同认识外，在规制始点上的认识同样有所不同，如有人认为，行政法应以行政过程的规制为始点，有人则认为，行政法主要是对行政组织的规制等。上列关于行政法规制对象和规制始点的论点都存在一定的局限性，主要表现在缺乏一个行政法规制对象为何如此的强大理论支撑，且有就事论事之嫌。而行政主体义务作为现代行政法的基石，为行政法的规制始点提供了一个重新审视的理论基础，即义务既然是行政法的基石，行政法规制的始点就应当以行政主体义务展开，反过来说，行政主体作为行政法的规制始点，就成了行政主体义务应然地位的第一个表现。行政主体义务作为行政法规制对象的始点，要求行政法规范的制定必然围绕行政主体在国家政治生活和宪法规则中所承担的义务而展开，把传统行政法规范中主要对行政主体的职权作出规定的方式，转换为行政主体在管理过程中应履行哪些义务。

第十条 行政主体义务应是行政法关系的核心内容。权利义务不对等是传统行政法学和行政法制度中有关行政法关系的基本认识，该认识的实质，可以归结为在行政法关系中最为核心的问题，是行政相对方的义务问题和行政主体的权利问题，行政法学界关于行政优先权、行政优益权等理论也是由此而来。如果我们从行政主体义务是行政法基础角度出发，我们就会得出一个相反的结论，即行政法关系中应以行政主体的义务为核心，事实上，现代国家行政主体所承担的诸多职能，都是通过行政法关系的形式得到实现的，行政主体为社会、为公众等提供的服务，都以具体的行政法关系体现出来，如果我们以行政主体作为权利主体为出发点，行政主体就有可能对自己提供服务的职责进行处分，反之，若以行政主体义务为行政法关系的核心行政主体，则不能够对社会提供公共服务的职责作出处分。从这个意义上讲，行政主体义务作为行政法关系之核心，并不是学理上的一个思维进路，而是现代社会中行政法关系的一个不可逆转的发展趋势。行政主体义务作为行政法关系的核心内容，将使行政法的运作过程呈现出一种全新的面貌。

第十一条 行政主体义务应是行政行为的动因。行政行为是行政主体在行政过程中所为的能够发生行政法上效果的行为，无论行政权、行政职权，还是行政机关其他的职责，都是通过行政行为实现的，由此可见，行政行为在行政法治中有着十分重要的地位。行政行为的作出，其动因为何也就成了行政行为的一个基本理论问题，对于这一问题，可以说有这么几种论点：一是规范主义的论点，该论点认为，行政主体的启动因素或者说启动的决定因素是法律规则，当法律规则将国家意志表达出来以后，行政主体就必须对表达出来的国家意志予以执行，因此，法律规范便成了行政主体对行政行为启动的原动力。二是职权主义，此论认为，行政行为是行政职权的附属物，行政权自然而然地成了行政主体行政行为的决定因素。三是责任主义。该论认为，行政行为本身是一个狭小的概念，它的为与不为，都不能通过它自己来证明，只有通过对行政主体确定后续责任的方式才能促使行政行为作出或者不作出，因为责任为行政行为的状态确定了相应的后果，正是这种后续复加的后果，才促成了所有的行政行为。上列关于行政行为动因的理论虽有一定道理，但是三者都具有一定的错误或片面性，有些仅仅从内在的角度分析行政行为的动因，有些则从外在的角度分析行政行为的动因。若将行政行为动因的内在与外在因素结合起来，唯有行政主体义务才是行政行为的动因。因为行政主体义务既可以将法律规则与行政过程结合起来，又可以将行政职权与行政责任结合起来。在我国行政法制度中，确定行政主体义务的行政行为动因地位，必然会促使行政机关在需要做出行政行为时积极做出这样的行为。同时在不做应当做的行为时承担适当的法律责任。同意义务还意味着行政职权和行政行为始终处于一种制约状态之下，义务的存在或确认，通常意味着对他人权利的确认，权利人有权要求他人履行与他有关的义务或有权取得他人不履行而造成的损失赔偿。由此可见行政主体义务作为行政行为的动因对行政权的制约意义。

第十二条 行政主体义务亦是行政救济的参考系。在我国行政法制度中，行政复议、行政诉讼和行政赔偿被认为是三大行政救济制度，三大行政救济制度有着共同的救济基础，即对公众权利的保护。我国目前行政救济是对行政相对人权利的救济，是以行政相对人权利为中心的救济。这种救济制度虽然具有自己的特点，然而，从世界发达国家救济制度的格局看，救济应当包括两个方面，一是对行政主体在行使职权中对私权造成侵害的救济，所谓对私权的救济，是指行政主体行使职权时若侵害了公众的权益，公众作为一个私人，有权通过法律途径保护自己的权利，我国目前的救济制度就建立在这个基础上。二是对行政主体在行使职权过程中对公权造成侵害的救济，是指行政主体在行使职权时侵害了国家利益、社会利益以及其他公共利益的救济。一些国家的行政公诉制度就是专门解决这一侵权救济的问题的。我国行政主体在行使职权过程中可能造成的侵害，也必然是两个方面，即可能侵害私权，又可能侵害公权。但是，目前我国的行政救济制度由于是从行政相对人权利出发建立救济制度的，因此，我们仅仅将行政救济的范围限制在私权侵害中，而没有对公权受到的侵害引起重视。其根本原因在于救济制度的出发点是"权利"问题，而不是义务问题。如果我们转换一下我国行政救济制度建立的基础，即我们不是从行政相对人权利出发确立救济的范围和规则，而是从行政主体义务出发确立行政救济的范围和规则，我们就必然会将对私权的救济和对公权的救济有机地统一起来。当行政主体不履行法律义务给私权造成侵害时，公民、法人和其他社会组织便可以提起行政复议、行政诉讼或者行政赔偿。当行政主体不履行法定义务给国家和不特定的公共利益或者其他公权利造成侵害时，有关的主体或者公共团体，或者检察机关便可以作为行政公诉人向司法机关提起诉讼和赔偿。由此可见，行政主体义务对于我国的行政救济制度可以带来突破性的变化，将长期困扰我们的行政公诉制度从理论上得到合乎逻辑的阐释，并建立有效的救济机制。

第十三条 在不发达国家，行政权的膨胀同样是存在的，这种膨胀既有行政机构自身的不断增大，又有行政权力的不断扩张。这种状态使行政主体在宪法和行政法中承担相应的义务成了一个非常棘手的问题，行政主体不但难以履行宪法和法律为他们规定的义务，而且还在不断地为公众设定新的义务。对于行政主体义务的这种状态，我们必须引起注意，通过对我国行政法治状态的研究，笔者发现在我国行政法治中行政主体义务至少存在以下显著问题。

第十四条 义务主体的不周全性。义务主体是指能够承担法律义务的行政主体。在法律范畴内，义务主体和权利主体应当是同一个主体，而不能人为地将权利主体与义务主体予以分割。只有当权利与义务统一于一个主体一身时，法律的价值才能得以实现。若法律的权利主体与义务主体分离，我们就可能说，义务主体是不周全的。在我国行政法制度中，义务主体的不周全是非常明显存在着的。一则，我国高层行政主体或者处于最高和较高地位的行政机关一般都是权利主体而不是义务主体。二则，综合执法机关即行使综合权力的行政机关在大多数情况下是权利主体，而职能部门在绝大多数情况下是义务主体。我国有关政府组织法和部门行政管理法把行使综合权力的一级人民政府和行使某一方面管理权力的职能部门都作了区别对待，该区别的结果便是行政法上义务主体的不周全。义务主体的不周全，是困扰我国行政法治向更高水平发展的一个重要因素。

第十五条 义务总量的不定性。行政主体的义务不单单存在于行政法关系中，其在宪政意义上和宪法制度上也存在相应义务，这一义务在行政法某理论中称为互相包括的义务。行政主体义务与行政主体权利在有些情况下是不可以分而研究的，换言之，我们既可以对行政主体所行使的国家权力的总量作出估价和量化，也可以对行政主体所承担的义务作出评价和量化。若当我们将二者分别进行量化性分析时，我们会发现，我国行政主体义务的总量明显不足。一则，我国没有一套完整的对行政主体义务进行规定的专门法律规范，目前我国有关的政府组织规范似乎都是赋权性条款而不是设定义务的条款。我国部门行政管理法在行文中所重点考虑的，也是对行政主体行使国家权力的规定，并没有相应的规定行政主体所应承担的义务，因此，应当说目前我国行政法制度中行政主体义务总量明显不足。从国家政权发展的趋势看，越是先进的政权体制，行政主体的义务总量就越多，反之，行政主体义务总量不足则表明国家政权体系存在一定的弊端，或者法律制度尚处于落后的形态之中。

第十六条 义务与权利的不对等性。行政主体义务中的一部分在法律关系之外，或者说处在由法律规则设置的抽象的法律关系之中。有学者将这种抽象的法律关系称为普遍法律关系，而具体的行政法关系是指由行政主体和行政相对人结成的并发生直接权利和义务的关系形式。在直接的、具体的行政法关系中，行政主体与行政相对人之间的权利义务及其运作过程是一个非常重要的问题。在这个法律关系中，我们可以对双方权利义务及其对等性作出分析。我们知道，我国现行行政法关系理论和实践呈现出了明显的单方面性，所谓单方面性，是指行政主体可以单方面决定行政法关系的产生、变更和消灭，可以单方面决定行政法关系的走向。该单方面性，实际上就是行政主体权利和义务的不对等性。在一个具体的行政法关系中，行政主体享有形成权、处罚权、强制权，等等，而相对一方当事人则没有选择的权利。行政主体的上述权利，并没有与之对应的义务进行约束，使这些权利的行使保持在相对平衡的状态之下。另一方面，行政主体在行政法关系中的权利，是以享有较大的国家权力为后盾的，行政主体的物质实力和行使行政管理权的各项条件，使它从来不会担忧在行政法关系中其权利实现会受到阻滞。深而论之，我们在具体的行政法关系中，以我国现行的行政法制度为背景，行政主体和行政相对人并没有处于平等的关系形态之下，这便导致行政主体的权利是真实的而义务是虚拟的。我国法学界给行政法关系以特定含义，即将行政法关系与私法关系区别对待的理论是难以成立的。正如日本学者美浓布达吉所言："得为权利义务主体的一切团体或人，没有理由因公法和私法之不同而有别，故法主体为双方所共通私法上是人（自然人）或法人的，在公法上仍然是人或法人，无论在公法或私法上，都同样是权利义务能力的主体。"因此，行政主体一旦处于具体的行政法关系中，其所有的特权就不应当再存在，其义务和权利就应当是永恒性的对等。

第十七条 义务实现的非完全制约性。法律上的义务与法律上的权利是两个相反的法律命题，就后者而论，它对于主体而言是有利的，该有利性决定了没有必要在法律权利之后确定责任条款，而且，法律一般都规定，作为权利而言，当事人可以放弃、可以处分。就后者而论，它对于主体而言是有害的或者不利的，即一个主体被确定为义务主体后，其精神上或物质上必然被强加了某种负担。显然，当事人在一般情况下，对义务表现出了极大的消极态度，即能避免则避免、能少履行则少履行，等等。义务的这一特征，决定了在义务之后必须强加一些相应的保障规则或者制约规则。行政主体作为义务主体，对于其承担义务和履行义务的状态也必须有相应的制约机制。而我国行政主体义务实现的制约机制明显不足。我国虽然在行政主体与行政相对人权利义务之间确立了行政救济机构，但是，我们没有确立对行政主体设定规则时相应义务的司法审查制度，便使我国大量的行政规则制定处于真空状态下。行政主体在宪政制度上对国家的义务更是没有一套有效的制约机制。我国法律文件在赋予行政主体广泛的权力时，并没有将相应的责任条款写进去，至少责任条款的量不能和其行使权力的量对应起来。

第十八条 行政法体系的建构，是我国行政法学界和行政法治实践历来关注的问题，改革开放以后，我国行政法制度和行政法学开始发展，初始我们就从国家管理的角度出发对行政法制体系进行了思考。我国第一代行政法教科书从"我国国家行政管理的指导思想和基本原则"出发，构想出了以突出部门行政管理为特征的行政法体系，在该教科书中，部门行政管理体系占了近 1/3 的内容。20 世纪 80 年代中期，有学者提出了行政法的"服务理论"，该论认为，行政法的理论基础是为人民服务，即政府行政系统要为社会、为公众服务，根据这一理论，学者们构建出了一个颇具时代特色的行政法体系，如强调依法行政，强调行政救济等。1992 年我国吹响了市场经济的号角，使我国社会格局和政府管理模式发生了深刻变化，显然，在此之前，行政法的体系构建都具有明显的计划经济色彩，而计划经济体制下的行政法学体系和行政法制度都难以适应新的时代精神。在这样的背景下，我国学者重新探讨行政法的合理价值、重新构筑行政法治体系，"平衡论""控权平衡论""政府本位论"等理论纷纷亮相，学者们从这些理论出发认为，行政法应当是行政管理法与监督行政管理法的统一，即新构建的行政法治体系既要树立行政系统的行政权威，又要把这样的权威置于社会和政府的监督体系之下。总之，从20世纪80年代开始的我国行政法体系的发展过程，就是一个构建或者重构行政法体系的过程。然而，时至今日，我国理性化的行政法治体系还没有建构起来，这既反映在我国行政法规范出台的无序性方面，又反映在行政法在对社会过程调适中的乏力方面。根本原因在于我们没有寻找到一个有效的构建行政法体系的理论前提。行政主体义务无疑为我们构建新的行政法体系提供了一个新的切入点。

第十九条 现代发达国家的社会格局，严格地讲，是受权利义务制约的社会状态，就是说，现代社会是通过权利与义务将人与人之间、人与政府之间联结起来的社会，由此足见权利与义务的重要社会意义。行政主体在民治政府之下，是代表公众行使权力的组织，它的义务特性尤为突出，我们只有从行政主体义务的角度出发构建现代行政法治体系，才能真正形成一个受行政法治原则制约的社会。

第二十条 《宪法》修正案第13条规定："中华人民共和国实行依法治国，建设社会主义法治国家。"该修正案对我国的法律制度作了新的定位，即完成了由"法制"到"法治"的转变。宪法的这一变化，也必然影响到行政法。在此之前，行政法学界对行政法问题的讨论关注较多的是行政法制，而从此之后，行政法学界和行政法治实践也接受了行政法治的概念。但是，行政法治究竟包括什么内容，学者们并没有给出一个合理的结论。在行政法教科书中所使用的有关行政法概念，并没有与传统的行政法制度区别开来，如有学者认为"在行政管理法律关系中，作为关系当事人的行政主体具有下述特征：其一，能依法行使行政职权。一般社会组织、政党、团体、企事业单位不能行使行政职权，从而不能成为行政主体，立法机关、司法机关不享有行政权，也不能成为行政主体。其二，能以自己的名义行使职权。"这一表述是非常明显的职权主义，就是以行政主体行使广泛的行政职权为根本。然而，依行政主体的义务理论设计行政法治的内容，行政法治所追求的是行政主体能够积极地承担各项社会义务，从行政法中的权利主体变为义务主体。行政主体的义务对于我们重新确立行政法治的格局有重要意义。

第二十一条 行政法体系中最为重要的是规范构成问题，不同的行政法规范构成会有不同的行政法治内涵和行政法制度形态。在行政法治发达的国家，行政法规范的构成有两类规则：一类是首要规则，即对行政机关构成及其活动过程规制的规则。二类是次要规则，即救济规则。上列两类规则，无疑都是以行政主体为规制对象的，无疑都是通过权利和义务的形式联结各主体及其关系的。我国行政法的体系构成，却是另一种状态，在我国行政法教科书中，一般将行政法的渊源分成若干层次，这些层次都是依行政法规范的制定主体而确立的。依这样的层级，我国立法机关可以制定行政法规范，一定层级的行政机关可以制定行政法规范，中央机关和地方机关都可以制定行政法规范，这便使我国行政法规范的总构成成了一个诸元构成的组合体。而在这个组合体中，行政系统制定的规则，无论相对数量还是绝对数量都多于立法机关制定的规则。毫无疑问，行政主体制定的规则，大多数情况下是为其设置管理权的规则，而这些规则，都为行政相对人设定了义务，而行政主体通过这些规则所取得的只是权力。因此，行政主体义务理念支配下的行政法体系，要求对行政法规范的总构成进行调整，一方面，将立法机关制定的行政法规范的相对量和绝对量予以提高，通过这样的提高，防止行政主体通过规则制定权将不当利益合法化。另一方面，有效限制行政主体立法的权利，通过这种限制，突出行政主体的义务主体属性，限制行政主体的权利主体属性。

第二十二条 我国行政法学理论和行政法体系中包含了部门行政法。这些法律的排列顺序和排列方式，在不同的教科书中有不同的表现，有的根据部门行政管理所涉及的客观领域而排列这些规范。有的根据部门行政法的执法主体而排列。还有的依据宏观调控理论构建部门行政法，等等。总之，部门行政法在我国的行政法体系中占有重要地位，一些学者甚至将部门行政管理法称为行政实体法，而将专门规制行政法主体的法律称为行政程序性法律。而且认为，这些部门行政法地位在有些情况下高于那些被认为是程序性的行政基本法。目前我国部门行政法的规制模式在大多数情况下是由执行该部门法的行政主体确定的，他们既可以通过提案权而确定，又可以通过直接制定规则的权力而确定，这是一个方面。另一方面，部门行政法的规制以对行政事态和行政相对人管理为根本点，在管理过程中，行政主体具有广泛的权力，几乎每一个行政部门法都赋予了若干行政主体不特定的管理权力，这样，多个行政主体可以从一个行政部门法律获取多项不特定权力。总之，目前我国部门行政法是从赋予管理权力的模式出发进行立法的，而在行政主体义务理念支配下，部门行政法应当以设定义务的模式进行立法，只有完成了这样的模式转换，部门行政法才会真正成为对行政主体进行约束之法，而不是单单对行政相对人进行约束之法。

第二十三条 我国行政法制度乃至于整个法律制度本土化与全球化，是近年来争论的一个热点问题，所谓本土化，是指行政法应根据一国的行政权和行政管理的实践而构设相应的制度，这样的制度所追求的价值目标应当是实用性，即能够最大限度地适应该国的实际情形，符合本国的人文地理、民风民俗、传统文化等。全球化指我国行政法的制度构设应当与世界发达国家接轨，既能吸收发达国家的行政法文化，又能与发达国家的行政法制度衔接起来。可以说，长期以来我国的行政法以本土化为中心内容和价值理念。自2001年我国加入WTO以后，行政法全球化的问题被越来越多的人关注。笔者认为，行政主体义务的理论与行政法制度的全球化是一个较为吻合的问题。有人认为，从世界范围内来看，存在着三种模式的行政法制度：一是法律一体主义模式；二是法律分立主义模式，很多欧洲大陆国家都是这样的模式；三是行政监督模式。主要流行于东欧国家，即通过行政法律规范对行政主体的权力行使进行法制监督。上列三种模式是全球眼光下的行政法制度。每一种模式都以不同的方式以权利与义务为核心建构了行政法体系。上面指出了我国行政法制度本土化的特色十分明显，其在诸多规则体系上都没有突出行政主体义务的法律属性。因此，笔者认为，若从行政主体的义务出发，我国公法必须具有全球化的制度尝试。这样的尝试无疑会指导我国行政法规范的制定与发达的行政法体系接轨。行政程序规则、行政救济规则、行政法制监督规则等先进的行政法制度，都将对我国行政法制度产生影响。

第二十四条 行政主体的义务范畴是一个非常重要的行政法学理论问题，在现代法治政府之下，政府行政系统的责任越来越突出，"责任政府"的概念也成了政治学、行政法以及行政法学解释相关问题的基本概念。在行政法中，所谓责任政府，是指政府行政系统不再以行政权威作为履行行政管理职能的行为取向，而以对社会和行政管理事态负责为行为取向。在责任政府这一现代理论的指导下，行政主体对公民、社会、国家承担义务就自然而然成了行政法治以及行政法理论的核心问题，与之相对应，行政主体义务的基本范畴就成了近年来各国行政法学关注的热点问题。然而，由于我国行政法治起步较晚，对于行政主体的义务范畴还没有给予必要的关注，且我国学者对行政主体义务的认识仅仅局限在一些单一的行政法关系中，尚未使行政主体义务的概念和内容范畴化。而此种现实，严重制约了我国行政法学与世界发达国家的行政法学接轨、行政法治与发达国家的行政法治接近，因此，探讨行政主体的义务范畴就显得十分重要。

第二十五条 行政主体的义务范畴是就行政主体义务的外延而言的，指行政主体在一国行政法制度的框架之下对行政相对人、国家、立法和司法机关等所承担的义务体系。义务范畴不同于某一个义务，某一个义务是行政主体在一个具体的行为过程或具体的行政法关系中所负担的义务，义务范畴则是将义务作为一个整体或抽象形式对待的。

第二十六条 义务范畴与单一义务是有联系的，在哲理意义上，义务范畴是单一义务存在的基础和条件，单一义务则是构成义务范畴的元素，对于二者的联系与区别必须予以领会，否则，我们将无法对义务范畴的概念有所领悟；义务范畴的对应主体是多元主体，我们知道，在法律上，义务一般都有一个对应的权利主体，即一方的义务就是他方的权利。显然，将权利义务置放在一个行政法关系中论之。

第二十七条 我国行政法学界占统治地位的论点是行政法关系是由行政主体与行政相对人结成的社会关系，其中行政法关系的单方面性的理论充分证明了这一点。我们知道，行政机关在管理活动过程中对行政相对人行使权力，当行政机关行使权力时是具有单方意志性的，然而，当行政主体与立法机关结成一种行政立法过程中的法律关系时，行政机关对立法机关就不会含有任何的单方面性。恰恰相反，是立法机关对行政主体具有单方面性。深而论之，我们长期以来，仅仅把行政法关系认为管理活动过程中结成的管理与被管理的关系，行政主体的义务对应主体就只有行政相对人一造。而将行政主体义务作为一个范畴概念看待的话，其对应主体除了具有行政相对人外，还有立法机关、司法机关，甚至作为一个抽象概念的国家。换句话说，行政主体义务中包括对上对下、对国家对个人等诸多内容，这是我们领会行政主体义务范畴时需要注意的第二个方面。

第二十八条 行政主体义务范畴的渊源是指行政主体的义务范畴由何而来，如果说，在传统行政法体系中，行政主体的义务由于仅仅存在于行政法关系之中，因而，对于它的渊源无须作出确定的话，在现代行政法治比较发达的国家和地区，行政主体的义务已经有游离出行政法关系的倾向，在这种倾向之下，行政主体的义务便成了范畴性概念，其范畴由何确定就是一个基本的理论问题。事实上，关于行政主体的义务范畴渊源存在不同的认识，可以将这些不同的认识概括为下列方面。

第二十九条 一是行政主体义务范畴由宪法确定的理论。该理论认为，行政主体义务及其相关范畴由一国宪法作出规定，宪法便成了行政主体义务的渊源。该论是从宪政理论出发的，我们知道，宪政理论强调国家的政治制度、政权体制、行政系统及其结构，以及公民的权利和义务等都要由宪法规定下来。宪法关于公民权利义务的规定从一个角度确认了行政主体所能够履行职责和承担义务的范围。也就是说，整个公民和行政主体的义务体系都存在于宪法之中。宪法关于政权体系以及各机关分工的规定，确定了各机关在政权运作过程中所承担的义务。行政主体义务由宪法确定的理论有着极其重要的科学性，因为，在现代法治社会中，宪法既是公民权利义务的渊源，同时又是各政权机关尤其行政系统权利义务的渊源。事实上，在不同的宪政体制之下，行政主体的义务范畴是有所不同的。我们说行政主体义务范畴由宪法确定是科学的，但我们并不认为行政主体的义务由宪法确定是唯一的路径，因此，可以说此说具有一定的片面性。

第三十条 二是行政主体的义务范畴由立法机关确定的理论。摩尔根对政权的演变过程作了这样的描述："在低级野蛮社会，是一权政府，即酋长会议；在中级野蛮社会，是两权政府，即酋长会议和军事指挥权；在高级野蛮社会，是三权政府，即酋长会议、人民大会和军事指挥权。自从文明社会开始以后，政府权力的分化更有了进一步的发展。起初授予巴赛勒斯的军事权力现在归受更大约束的将军和船长们来行使了。由于进一步的分工，在雅典人中现在出现了司法权，这项权力由执政官和大理官来行使。行政权现在交给了市政官吏。凡可以说成是人民把酋长作为一个代表团体而曾委交给该会议的一切权力，即如上面所述的各项，都随着经验的积累和进步，而逐步地从这个原始的酋长会议所总揽的全权中分化出来了。"可见，政权的发展，使立法机关和行政机关之间的关系越来越清晰。整个国家权力的发展就是一个权力不断分化的过程，进入高级社会以后，立法机关所从事的是一种制定规则的活动，而行政机关所从事的则是执行规则的活动，这一论点在后来古德诺的著作中得到了进一步的发展和完善。古氏将立法职能视为表达国家意志的行为，将行政职能视为执行国家意志的行为。显然，表达国家意志的行为就是对国家相关主体确定义务的过程，而行政机关作为执行国家意志者，其仅仅在于履行立法机关已经表达出来的法律义务。从这一论点出发，便可以认为行政主体的义务范畴是由立法机关确定的。行政主体的义务范畴由立法机关确定的论点同样是有说服力的，但同样具有不全面性。

第三十一条 三是行政主体的义务范畴由行政法关系确定的理论。在行政法关系理论中，一般认为行政法关系的内容就是行政法关系主体双方所享有的权利和承担的义务。也就是说，有什么样的行政法关系内容，就有什么样的行政主体义务范畴，只有在行政法关系中，在行政法关系主体双方之间的权利义务中才能确定行政主体的义务范畴。大陆与台湾学者在表述行政主体义务范畴的来源时，都立足于具体的行政法关系，这也可以说是一个有巨大惯性的论点。这一论点尽管具有一些合理性，但是，其错误之处大于合理之处，因为它将一个本来是非常宏观的问题微观化了。行政主体义务范畴在它发生运作的过程中，处在一个具体的法律关系之中是无可置疑的，而义务尤其义务范畴的来源并不是行政法关系，行政法关系在义务范畴中所扮演的应当是承载者的角色，通过具体的行政法关系承载了一定的义务。我国关于行政主体义务范畴的滞后性与这一错误有着直接的关系，当我们在具体的行政法关系苦苦寻求行政主体的义务范畴时，我们将立法机关的意志，甚至将立法原则置于脑后。显然，所得必然大于所失。

第三十二条　上列三个关于行政主体义务范畴来源的理论，都具有一定的合理性，但同时各说都忽视了一些相关或基本问题。我们应当将上列三个理论合并起来，即从行政主体义务来源的第一层次看，它是来源于宪法的，由一国宪法对行政主体的义务作出规定，并通过宪法形成一个相对概括的义务范畴。而第二层次的来源就是立法机关的意志或者由立法机关意志派生的法律规则，仅仅指法律层面上的规则而不包括行政主体所制定的规则，这一层面的义务范畴更加具有实际的可操作性。第三个层面的来源则是行政法关系，尤其是此关系中行政相对一方当事人的权利，即当事人享有的权利构成了行政主体的义务。在一个国家的宪法和法律制度中，行政主体义务上列三个层面的来源有着不同的表现，若立法对行政主体义务规定得比较具体，而法律则涉及较少的义务来源，反之，若宪法仅规定了义务的最为基本的范畴，立法机关所确定的义务则要相对多一些。

第三十三条　通过上面我们对行政主体义务及其范畴的界定，对行政主体义务来源的分析，可以看出行政主体义务应当包含两大范畴，第一个范畴称为宪政视角下的行政主体义务范畴，所谓宪政视角下的行政主体义务范畴是指从宪政和法治的角度出发所能确定的行政主体义务范畴。对于宪政的行政主体义务我们可以作出如下概括。

第三十四条　推行宪法和法律的义务。在宪政体制下，不同性质的国家机关之间都有职权上的分工，国家行政体系的运作，通过国家政权体系的运作而使社会处于动态化过程中，其保障手段就是各机关都要忠实地履行宪法赋予它的职责。如果立法机关不再制定法律，这个国家将无法制可言，与之相适应，若行政机关不将立法机关制定的法律予以执行，这个国家的法治也将不复存在，因此，行政主体必须承担起执行法律的职责，履行执行法律的义务。行政主体一旦设立，就必须采取积极的行动，把具体的行政事态纳入到一般法律规则之中。行政主体执行宪法和法律的义务，包含着其对宪法和法律的遵守，但遵守仅仅是执行的一个环节，对于行政主体而言，遵守本身并不具有独立意义，因为遵守是对法律的一个被动认可，而执行的义务则要求行政主体对法律要有主动适用的义务。行政主体执行宪法和法律的义务是针对国家和立法机关的义务。国家通过一定的法律形式，在我国是通过国家权力机关设立行政机关，其在设立时，就赋予了行政主体必须执行宪法和法律的相应义务，若行政主体没有履行这一义务，就是对国家权利的侵害和对立法机关权利的侵害，因此，没有履行这一义务就应当承担相应的法律后果，这样的后果在我国一些部门行政管理法中作了规定。应当指出，行政主体不履行执行法律的义务时，并不一定给行政相对人的权利造成侵害，这也从一个侧面反映了仅仅将行政主体义务限定在行政法关系中的弊端。

第三十五条 接受立法和司法监控的义务。一方面，行政主体有义务接受立法监控。所谓立法监控就是由立法机关通过立法行为或者附属于立法的行为对行政主体的监控。在三权分立的政体之下，国家机构之间保持一种均势，即我们常常所说的制衡原则，要求立法机关、行政机关、司法机关保持一种平衡关系，在平衡中，立法机关有法律上的依据和法律手段对行政主体进行监控。立法监控也有着深层的理论依据，我们知道，行政与立法有一种逻辑上的先后关系，即当一个国家的意志被表达出来以后，就必须立即转入对表达出来的国家意志予以执行的阶段，行政主体接受立法监控就顺理成章了。应当指出，在现代国家，由于行政权的膨胀，行政主体除了执行法律以外，有时还有一定范围的造法行为，对于这一行为，立法机关必须重点监控，否则，行政主体则有抢夺立法地盘之嫌疑。另一方面，行政主体有义务接受司法监控。对行政行为的司法审查已成为现代国家政权体系结构的一大特色，在不同的行政权体制之下，司法审查的范围有所不同，但通过司法介入政府行政行为中，通过司法权制约行政权，或者让行政主体在一定范围内对司法机关承担义务，则是衡量行政权是否科学设置的一个准据。显然，行政主体接受立法监控、接受司法监控的义务也都不是针对行政相对人的。它的宪政性义务的特征更加明显一些。

第三十六条 改善社会环境和促进社会发展的义务。我国台湾学者关于行政主体具有概括义务的表述，接近于笔者所讲的改善社会环境与促进社会发展的义务。如张家洋认为："所谓概括的义务，系指国家以其统治权主体的地位，对一般行政法关系当事人所负担的义务。就此种义务的内涵而言，可以包括国家与政府职能的全部，亦即国家应促使政府发挥此等职能，负起增进国家安定繁荣及人民的福祉责任。"这一概括，从内容上讲虽然没有错，但将该义务的对应面作为行政相对人是欠妥当的。行政主体有关改善社会环境和促进社会发展的义务，相对的权利主体既是国家又是全社会，而不是某个具体的行政法关系中的当事人。行政主体改善社会环境的义务，包括改善社会的生态环境和生活环境两个方面。该义务在相关义务中是一个最为不确定的义务，既反映在该义务的权利主体的不确定上，又反映在该义务内容的不确定上，但是，这一义务在现代行政法制度中是最有时代意义的一个义务。促进社会发展的义务与改善社会环境属于同一性质的义务，即其在抽象性、大规模性、不确定性方面与改善社会环境的义务是相同的。但是，这一义务同样是行政主体义务履行效果的一个重要评价指标，难怪乎我国政府行政系统每年在向全国人民代表大会所作的政府工作报告中是将这一义务的履行情况作为汇报的重要内容的，并且将下一年度在改善社会环境和促进社会发展方面的打算写进政府工作报告。

第三十七条 使国内事务与国际事务接轨的义务。一国在制定宪法和法律时，一般都立足于国内事务，立足于对国内社会关系的调整，对于该国与其他国家之关系很少作出规定。笔者查阅了一些国家的宪法，有些国家在其宪法条文中写进了遵守国际条约等规定，并把遵守国际条约作为行政机关的义务。我国在计划经济年代下，对外开放的程度不高，行政主体的义务主要是国内方面的。进入21世纪后，随着经济全球化的不断深入，国与国之间的关系已经不是传统意义上的关系形式，在诸多方面国与国之间具有互动性，尤其经济方面、反恐方面必须进行跨国合作，正因为如此，我国在2001年加入了WTO。我国加入WTO以后，有三套新的规则制约着行政主体的权利和义务。一是《WTO规则》，我们知道，《WTO规则》高于国内法，即国内法与《WTO规则》冲突以后，若没有保留条款，就必须服从《WTO规则》，如有关透明度规则、最惠国待遇规则、国民待遇规则等。二是我国加入WTO时的议定书，我国在这个协定书中作了非常多的承诺，这些承诺的每一个都会不同程度地付诸实施，如我国必须公开中央和地方政府有关对外贸易的规则等。三是我国同其他WTO成员方签定的条约。另外，还有一些外国法也可能对我国有制约作用。由于上列新规则的产生，便使行政主体有了新的义务，即使国内的行政管理事态尽可能与国际接轨的义务。这些义务有些是刚性的，即我们在承诺书中所承诺的，《WTO 规则》所规定的，我们必须使国内的有关事项、有关行为与之相适应。有些规则是柔性的，可以说绝大多数是柔性的，就是法律没有作出明文规定但国际上的规则比我们的更先进，行政主体在行政过程中就必须尽可能使我国的传统与国际先进规范接轨。这一义务之所以是宪政范畴的义务，是因为该义务在一般情况下也没有对应的行政相对人。

第三十八条 在揭示了行政主体在宪政视角下的义务范畴之后，就必须进一步研究从行政相对人权利出发，行政主体的义务范畴。行政主体在行使行政职权的过程中处在对法律负责和对行政相对人负责的特殊地位上，由宪政视角出发的义务范畴是行政主体对上的义务，而从行政相对人权利出发行政主体的义务范畴应当是对下的义务。由于行政权运作中主要表现为行政主体对行政相对人发生作用，因此此一范畴的义务更加具体一些。此一范畴的义务与行政相对人享有的行政权利有直接关系，即行政相对人在行政法关系中所享有的权利体系，构成了行政主体相应的义务范畴。应当说明的是，行政相对人的权利来源亦有宪法层面和行政法层面之分。在宪法层面上，人民的权利实际上是一种由宪法确定的人权问题，行政法层面的行政相对人权利，是从宪法确定的较为抽象的权利中演绎而来的，但绝对不能把宪法层面的行政相对人权利直接运用到行政法以及行政法关系中来，因为宪法权利只有通过具体的法律形式、程序规则等才具有实质意义。因此，我们对行政主体义务在相对人权利视角下的确定，是与具体的行政法规则和行政法关系紧紧结合在一起的，由此决定的行政主体的义务有下列方面。

第三十九条 为行政相对人提供利益和保护的义务。行政主体在行政相对人权利视角下的义务与行政相对人享有相应的权利有关，法律规范确定的行政相对人的权利，决定了行政机关的相应的义务。《中华人民共和国行政复议法》（以下简称《行政复议法》）和《行政诉讼法》关于公民、法人和其他组织可以提起行政复议和行政诉讼的规定，实际上是对行政主体不履行为相对人提供利益和保护义务的责任条款。我国其他行政实体法都对行政主体为行政相对人提供利益的义务和予以保护的义务作了规定。有些规定与行政相对人的相应权利结合在一起，有些则是单独对该义务作出了规定。行政主体对行政相对人提供利益的保护源于行政相对人的受益权。有学者认为，行政相对人的受益权就是行政相对人从行政主体那里得到物质利益和精神利益的权利。上列所指的特定当事人从行政机关及时得到抚恤金就是典型的受益权。有学者认为，行政相对人的受益权包括行政受益权、教育受益权、经济受益权和福利受益权等，换句话说，行政主体为行政相对人提供利益的义务也包括上述对应方面。且这一方面的义务将随着社会的发展内容不断增加，提供保护的义务，指行政主体为保护行政相对人人身权和财产权等应履行的义务，提供利益和提供保护是一个事务的两个方面，难以分开。

第四十条 平等对待的义务。行政相对人享有平等权，虽是现代法理学的一个基本问题，即从"法律面前人人平等"原则提出来的问题，但该问题已经不是一个抽象的法理概念，它在行政法中具有实质意义的内涵，成为行政法中行政相对人与行政主体发生关系时的一个基本的权利义务范畴。要求平等，对于行政相对人来讲是一个权利，对于行政主体来讲则是一个义务。一则，行政主体要为行政相对人提供均等的机会，为行政相对人在社会生活中创造均等的条件，不能根据行政相对人身份等状况的不同而为其提供有差别的机会。二则，使社会财富能够在法律规定的范围内合理分配，这一义务已经成为行政主体的一个必须予以积极履行的义务，它要求行政主体必须采取相应的手段调整分配政策，使收入分配达到最大限度的合理。三则，强化社会弱势群体的保护。所谓弱势群体，就是在经济生活、社会生活以及其他生活中其条件和实质内容低于社会平均水平的那一部分社会成员，他们与其他社会成员相比处于非常明显的不平等待遇之下，因此，行政主体便有使他们的生活以及其他方面接近一般社会阶层的义务。平等对待，在一些国家不仅仅是行政主体的一个具体义务，且把它上升到了行政法基本原则的地位。依法行政中这两方面的含义，实际上要求行政主体对行政相对人要平等对待。

第四十一条 行政行为说明理由的义务。行政行为一旦作出，必然会影响行政相对人的权利，因此，通过行政行为设定行政主体的义务是行政法的趋势之一，即针对每种行政行为规定相应的义务范畴。行政主体的抽象行政行为由于其承受对象是不特定的，因此，一般国家的行政程序制度规定了听证制度、行政公开化制度以对这样的行为进行制约。而具体行政行为所针对的是特定的人和特定的事，一个具体行政行为便产生一个具体的行政法关系，反过来说，一个具体的行政法关系中必然存在一个或者数个具体行政行为。行政机关作出行政行为是对行政职权的适用，当事人在没有特殊理由的情况下有承受的义务。同时，行政相对人对于影响其权益的具体行政行为有要求行政机关作出解释的权利，此时行政机关便必须承担对行政行为作出说明的义务。一些国家的行政程序法对行政主体说明行政行为理由的义务作了规定，行政主体对行政行为说明理由承担义务是现代行政法治向民主化发展的一个必然趋势，它的核心内容是让行政主体不但要有效地做出行政行为，而且要有效地做出使行政相对人满意并服从的行政行为，它是建立行政主体与行政相对人和谐关系的一个重要手段。我国的相关法律制度也将行政主体的这一义务确定了下来。

第四十二条 承担赔偿责任的义务。自由权是宪法和法律赋予公民的基本权利，指公民依法享有自由意思表示、作为与不作为、不受非法干涉、人身和财产不受非法侵犯等权利。公民自由权若作为一个个体所享有，必然是对抗其他个人的，即当一个公民有财产自由权时，其他公民就不能对他的这一权利进行干预或妨碍，这一内涵是得到公认的。然而，公民作为个人，与行政主体经常发生这样那样的关系，在行政法治意识尚不发达的情况下，一般并不认为行政主体没有干预个人自由权的权力，事实上，我国在计划经济年代下，行政主体以行政权力对行政相对人人身和财产进行限制，并不认为是绝对的违法，且这种限制给行政相对人造成财产损失、人身伤害的也不承担相应的法律责任。但是，《中华人民共和国国家赔偿法》（以下简称《国家赔偿法》）的出台改变了这样的状况，该法从根本上肯定了公民个人的人身权和财产权不但具有对平等主体的排他性，也有对处于他权利之上的行政主体的排他性，即行政主体同样不能干预行政相对人的自由权，若有非法干预，要承担行政赔偿责任。

第四十三条 行政主体的义务是归属于行政主体的义务。行政主体与"国家"有着不可分割的关系，它是代表国家行使行政职权的机关或者组织。这就牵涉到行政主体义务与国家行为或国家义务的关系，即是说，行政主体的义务是否就是国家义务，或者反过来说，国家义务就是行政主体的义务。这两个命题的第二个即国家义务就是行政主体义务的说法，显然不能成立，理论界也普遍这样认为，而第二个命题即行政主体的义务就是国家的义务则被理论界认同，而且这种认同并不是个别现象。理论界这样的认识存在一定的错误。行政主体的义务虽为国家通过法律为其确定的义务，但行政主体的义务本身并不能等同于国家义务，也就是说，行政主体的义务不是国家义务，而仅仅是行政主体自己的义务，一方面，行政主体与国家是两个主体，其与国家是一种公法上的契约关系，它代表国家行使行政职权，获得了一定的物质和精神利益，正是这种利益导致它在法律上必须承担相应的义务。另一方面，行政主体所为的是一种法律行为，而不是国家行为，国家通过法律的形式对行政主体定职定责，行政主体本身并不能将自己的行为与国家行为相等同。如果我们错误地将行政主体的义务等同于国家义务，我们便必然陷入在控制行政主体行为和行政职权时控制了国家行为和国家政权的泥塘中去。

第四十四条 行政主体的义务是存在于行政过程中的义务。行政主体的义务究竟是一个静态概念，还是一个动态概念，在行政法学界也是一个争论不休的问题。一种观点认为，行政主体的义务是一个静态概念，所谓静态概念是指行政主体的义务是静止的，如果是不绝对静止也是相对静止，该静止性表现在行政主体的义务是在国家设立行政机关时就已经确定好的，无论该机关如何变化，义务则是相对稳定的，法律规则的稳定性，决定了行政主体的义务的稳定性。行政主体的义务静态性理论虽然有一定的道理，然而，其基本的思维进路是不能成立的，因为权利义务是在复杂的法律关系运作过程中体现自身价值的。因此，便有了第二种关于行政主体义务认识的进路，即动态化进路。该理论认为，行政主体的义务是动态的，处于不断的运行之中。行政主体的义务发生于行政权的运作过程中，也许，法律规则在规定行政主体的义务时并没有考虑它的动态性，然而，一些被写进法律规则时的行政主体义务要有实质意义的内容，就必然发生于行政进程之中。

第四十五条 行政主体的义务是对应多个相关主体的义务。在行政法教科书中或者说传统的行政法学理论认为，行政主体的权利义务与行政相对人的权利义务是相互对应的，即行政主体的权利就是行政相对人的义务，行政主体的义务就是行政相对人的权利，反之亦然。将这种行政主体义务对应物的单一性称之为"义务对应主体单一论"。此论在我国行政法学界几乎占统治地位。之所以形成这样的理论，主要是因为我国行政法学界对行政法关系单一范畴的认识，即我们一般把行政法关系仅仅限定在行政主体与行政相对人之中，而没有将行政法关系拓展到行政主体与其他主体的关系之中。由于行政法关系仅仅是这种单一形态，便顺理成章地得出了行政法关系主体义务的对应一方就是行政相对人。但是，随着我国行政法治进路的不断多元化，行政主体义务的对应主体便不能单单理解为行政相对人。事实上，行政主体义务所对应的多个层面的主体，如行政主体对应于立法机关的义务，行政主体对应于司法机关的义务，行政主体对应于不同层次行政机关的义务。而且，上列每一种对应主体，都可以向行政主体期求这样那样的权利，如立法机关可以向行政机关期求质询权，行政主体便产生了答复的义务，司法机关可以向行政主体期求行政行为司法审查的权利，行政主体便有了应诉的义务。上级行政机关可以向下级行政机关期求指挥的权利，下级行政机关便有了服从的义务，等等。行政主体义务对应主体的是否多元化既可以反映一个国家行政机关法治水平的高低，又能够衡量一个国家行政权运作过程行政主体的责任水平。

第四十六条 行政主体的义务是强制性义务。行政主体的义务有诸多来源，如有传统的来源，就是一个国家长期以来的行政传统形成了行政主体的义务形态，还如行政道德，即人们在法律规则以外对行政主体行为的评价，等等。在行政法中，行政主体道德上的来源也罢，传统上的来源也罢，甚或其他方面的来源也罢，都不是行政主体义务的法定来源，换句话说，我们在行政法上所研究的行政主体的义务，不包括道德义务、传统义务等。行政法所关注的行政主体的义务，仅仅来自宪法和法律以及其他正式的法律渊源所赋予行政主体的义务。行政法上行政主体义务的来源，决定了行政主体的义务不能仅仅依靠行政主体的自主意志决定履行与否，即行政主体自愿也好，非自愿也好，一旦某一行为准则被确定为行政主体在行政法上的义务，就具有必须执行的责任。从这个意义上讲，行政主体的义务若在行政法的范围内论之都具有强制性，都是一种强制义务。行政主体的义务之所以在行政法上具有重要地位，与义务本身的强制性不可分割。

第四十七条 行政主体的义务应当是一个规范概念，所谓规范概念，是指它在行政法上应当具有独立完整且公认的定在。一则，行政主体的义务应当是一个独立的概念，具有独立的解释行政法问题的能力，这一点是非常关键的，若行政主体的义务没有这样的能力，不能扮演解释相关问题的角色，其在行政法治和行政法理中的地位便是十分欠缺的。诚然，我国行政法体系中很早就有了行政主体义务的概念，但是，在我国行政法治和行政法理中，行政主体的义务并不是一个独立的工具性或阐释性的概念，它常常被归化在其他相关的概念之中，如我们常常将行政主体的义务与行政法的关系联系起来，使其成为行政法关系中的一个子概念，似乎离开了行政法关系，行政主体的义务就不具有实质性意义。我们还常常将行政主体义务的概念与行政责任的概念相混淆，这些都使行政主体的义务失去了独立解释行政法问题的能力，失去了独立构建行政法治体系的资格。二则，行政主体的义务应当具有行政法上的定在，所谓行政法上的定在，是在其本身的内涵和外延以及法律形式应当具有相对的确定性，而不能够在此一场合具有这样的意义，而在彼一场合则具有那样的意义。笔者查阅了相关国家的立法，有些国家在其宪法条文中明确规定了行政主体的义务及其范畴，有些国家则以信念的形式规定了行政主体的义务，而绝大多数国家的宪法并无行政主体义务的独立概念，由此可见，行政主体的义务的不规范性是一个普遍性的问题。

第四十八条 行政主体的义务的成立，要求必须具有法律或职权上的依据。作为公义务范畴的行政主体的义务是受公法调整和规范的。该概念揭示表明行政主体义务的第一构成要件是必须有法律或职权上的依据。作为法律依据，是指行政主体的义务由法律规范规定，任何一个属于行政主体的义务的东西都应当从宪法和相关法律规则中找到依据。在行政法治中，行政主体的义务还有一部分不是或者没有直接的法律依据，但具有职权上的依据。所谓职权上的依据，是指该义务是从行政主体所享有的行政职权推演出来的。在这种情况下，法律所规定的是行政主体的职权或权利，而这一职权或权利，包含了相应的义务。行政主体的义务必须具有法律上的依据，也可以通过依法行政原则得到反证。按照依法行政原则，行政主体的职权或者权力必须依法取得，与之相对应，行政主体的义务也必须符合依法行政原则的要求，因为义务的扩大有时可能就是职权或权利的扩大。再则，行政主体一旦与国家形成行政契约关系，这种关系就应当是一种双向约束的关系，既约束行政主体又约束国家，义务的法律准据就是这种双向约束的具体表现。

第四十九条 行政主体义务的成立，要求必须有行政法上的义务形态。法律上的义务无论在什么情况下都有一定的外形，通过这种外形将具体的人或者具体的事套进义务的框架之内。法律的价值就是通过对权利义务的具体化、人格化而体现国家意志或者抽象意志。对于法律规则的具体化而言，其中义务便是一个最好不过的替代物。进而言之，行政主体的义务不是抽象的，而是具体的和现实的，这就自然而然地产生了我们所讲的行政主体义务的第二个要件，即行政法上的义务形态。所谓行政法上的义务形态，是指行政主体义务通过具体的要素和形式体现出来。传统行政法理论认为，行政主体的义务形态可依各种各样的标准进行分类，如可依行政法关系的范围分为概括的义务、对待的义务、特定的义务。可依义务自身的内容分为执法及守法的义务、给付的义务、受理的义务、保护的义务、平等对待的义务等。总之，行政主体的义务必须以一定的法律形式表现出来，否则，便不一定有实质性内容。

第五十条 行政主体义务的成立，要求必须有行政法上的权利主体。法律关系中的义务主体的对应物是权利主体，权利主体最为本质的特征是，它是主观或客观权利的执掌者，即是说，在行政法关系中，义务主体和权利主体是一种平等而双向式的关系形式，当行政主体具有权利时，其就是权利主体，而与它对立的另一行政法关系当事人就是义务主体，行政主体所执掌的权利也正是通过另一方当事人所为的行为而化为实质内容。反过来说，当行政法关系中的另一方当事人为权利主体时，其执掌的权利就是通过行政主体的义务而具有实质意义。然而，这一非常简单的对应关系原理，在我国行政法学界却被忽视了，我们在行政法中甚至将行政主体视为唯一主体，而将行政相对人视为客体，其中行政相对人的提法，就将它置于永远的义务主体之下。我们说，行政主体义务必须有行政法上的权利主体，就是说行政主体义务实际上是另一当事人执掌的权利的物质化，当然，执掌权利者就是权利主体，它们包括在具体的行政法关系中的公民、法人和其他社会组织，还包括立法机关或者司法机关，当我们在谈到立法机关和司法机关时，是就某一具体的机关而言的，因为行政主体的义务是具体的。此一要件对于我们重构体系有着非常重要的指导意义，因为它体现了行政法中的一种公平、平等的价值，而不是传统行政法治中的单方面性价值。

第五十一条 行政主体义务的成立，要求必须有完成义务的行为能力。在法律关系中，不论权利主体还是义务主体，都必须具有法律上的行为能力。我们知道，自然人的行为能力和组织实体的行为能力是不同的。自然人的行为能力一般根据不同的民事法律规定在不同的政权体制之下，其表现有所不同。组织或者实体的行为能力在理论界有不同的认识，一般认为，只要某种组织在成立时具有法人资格，就具有当然的行为能力。然而，在行政法中，问题却不是这么简单，行政主体是否有行为能力，并不是说其行使了某种职权就具有了当然的行为能力。我们知道，在行政法中，除了行政机关外，还有一些特殊的行使行政权的组织，如通过授权而行使权力的主体，通过接受委托而行使权力者，也就是说，在行政法中，不是某一组织行使权力就具有当然的行为能力。即使是一个行政机关，也会因越权、滥用职权等变成无行为能力的主体。在行政主体义务的构成要件中，必须把行政主体自身的行为能力考虑进去，因为对于权利主体而言，获得实惠才是最为本质的东西，这种实惠既决定于有一个行政法上的义务主体，还决定于该义务主体具有实施义务的行为能力。如果在一个行政过程中，当事人有某种执掌权利的可能从而成为权利主体，此时，便必然有一个行政主体作为义务主体与之相对应，若他在不幸的情况下对应了一个无行为能力的行政主体，他实际上是一个虚幻的权利执掌者。在行政系统中，行政组织的不规范，行政过程的越权，行政职权的滥用等都可以使义务主体无行为能力。然而，规范化的行政主体义务，必须是行政主体本身具有行政法上的行为能力。

第五十二条 行政主体义务的法律特征，是指行政主体义务在法律表现上的独特之处，这种独特之处将行政主体的义务与其他组织的义务区别开来，将行政主体的义务与国家区别开来，将行政主体的义务与行政相对人的义务区别开来。

行政主体义务的法律特征是一个非常重要的理论和实践问题，我们要揭示行政主体义务的法律地位，就必须从其法律特征入手，只有澄清了行政主体义务的法律特征，行政主体义务的法律地位才能迎刃而解。对于行政主体义务法律特征的研究，必须和行政主体的法律地位结合起来，行政主体在一国的宪法和政府组织法中都作了规定。在不同的宪政体制、不同的国家政权体系之下，行政主体的地位就有所不同。在三权分立的政权体制之下，行政主体处在与立法、司法对应的地位上，同时，它们又都对公众负有责任，行政主体与公众直接打交道。在这种政权体制之下，行政主体对立法、司法的义务是一种状态，对公众的义务又是一种状态，行政主体是一种多重的义务主体身份。在议行合一的政权体制之下，行政主体起着承上启下的作用，对上其必须对权力机关负责，他的诸多义务既从权力机关制定的法律规则中来，又同时对权力机关负有具体的法律义务。对下其必须对行政相对人和行政事态承担义务。同时，行政主体对作为一个综合概念的国家也承担义务。可见，行政主体义务是一个复杂的链条，笔者通过下列概括，将行政主体义务法律属性的复杂游离出来。

第五十三条 管理义务与服务义务的特征。行政主体履行行政管理职能是不争的事实，行政主体的管理职能具有的性质我们也似乎已经澄清，即行政管理职能是行政主体的一种行政职权，大多数行政法教科书在论行政主体的职权范围时，都将行政主体的管理权放在所有权力之首。在讲解行政法关系时，也将行政管理权视为行政主体在行政法关系中的一个权利，该传统认识从表层分析似乎是合理的，因为行政主体必然具有管理行政事务的权威性。然而，理论界在进一步的分析中却陷入了矛盾之中，因为权力和权利都是可以处分的，不能处分的仅仅是义务。也就是说，行政管理是一个具有双重性质的概念，第一个方面的性质为它是行政机关的一项权利或权力，这既可以对行政事态而言，又可以对行政管理过程中涉及的人或组织而言。第二个方面的性质为，它是行政机关的一项义务，就是行政机关所履行的管理职能相对于立法机关、国家、法律规则是一种义务，只有把它定为义务，将管理作为义务的法律特征确定以后，我们才能顺理成章地得出行政主体不能放弃行政管理职责的当然结论。与管理义务相统一的是行政主体的服务义务，我们所讲的服务义务并不是就行政主体的某一个义务而言的，而是将行政主体的义务作为一个整体看待，其也具有服务的属性。行政主体义务的服务性必须深刻领会，我们知道，当国家或者行政权归属主体设立行政机构时，我们已经付出了一定的成本，因为行政主体既不为一个社会从事物质资料的生产，又不为一个社会从事精神资料的生产，它所从事的是一种特殊的活动，就是将这样和那样的秩序予以理顺的活动，该活动对行政权归属主体来讲是已经或者必须带来利益。他们以一定的经济成本换来行政主体的正当行为，故而，行政主体就扮演着一个服务者的角色，他所履行的义务也当然具有服务属性。

第五十四条 积极义务与消极义务相统一的特征。在行政主体义务的法律特征中，积极义务与消极义务的划分也具有非常重要的意义，尤其对行政主体规范作出行政行为、不超越行政职权有极大的好处。所谓积极义务，是指行政主体依法律规则规定积极而主动地实施行政行为的义务。这一义务在行政法治发达的国家是普遍认同的。在现代社会中，行政主体的积极义务有了诸多新的内涵。与积极义务对应的是行政主体的消极义务，指行政主体在法律对某个事态、某个行为没有认可的情况下，行政主体不得擅自为之的义务范畴。消极义务在行政法学理论中很难找到具体的阐释。如果说积极义务是现代服务政府理念所要求的话，消极义务则是现代责任政府理念的一个具体体现。同时，消极义务和积极义务是行政主体义务两个相互补充的属性，二者处于一个统一体中，不可以人为割裂。

第五十五条 职权义务与行为义务统一的特征。义务的最大属性是"拘束力"问题，义务是对行为的一种拘束，行政主体义务当然也不例外，也是一种对行政主体具有拘束力的法律状态。由此我们便可进一步推论出行政主体义务具有职权义务与行为义务相统一的法律特征。职权义务是指行政主体在履行职权过程中受到拘束作用的状态。法律规则是通过赋予行政机关职权的形式确定行政机关在行政法中之地位的，它们的职权有一部分来自政府组织法，还有一部分来自部门行政管理法。在一般情况下，法律在赋予行政主体职权时便为这种职权附加了义务。职权义务是从较为宏观的角度出发的，它常常使职权与法律责任相对应。所谓行为义务，就是行政主体在作出某种行政行为时受到拘束的状态。行政行为中的作为和不作为都必须受到拘束，这样的拘束条款一般反映在专门调整行政行为的行政法规范之中。行政主体的职权义务与行为义务在发生拘束作用方面，对象是不大相同的，前者是对职权范围的约束，后者是对行为过程的约束。但是，二者在行政主体义务的法律意义上都是不可缺少的。

二者的统一性为现代行政法规范的制定提出了课题，即我们究竟制定以规制职权为核心的部门法体系，还是制定以规制行为为核心的程序法体系，还是我们能够选择一个折中的方法有机地将二者统一在一起？

第五十六条 法规义务与契约义务统一的特征。行政主体的法律义务是指由法律规则、政府规章等派生的义务。每一个层级的规则都可以为行政主体设定相关的义务，我们将这些引起规则所设定的义务称为法规义务。言下之意，这些义务从行政法规则中产生，以法律规范的形式表现出来。应当说明的是，法规义务有时是明确的，有时是隐含的。与法规义务对应的是行政主体的契约义务，此一义务在现代社会是绝对不能被忽视的，这既是由公法受程序法理论制约的客观趋势决定的，又是由公权与私权对等化的状态决定的。行政主体随着社会的发展，行使行政职权的方式也在不断变化，以契约的方式行使行政权就是一个不可逆转的趋势。长期以来，由于我国受计划经济和政府管理权威的影响，并没有将行政主体的义务与契约义务结合起来，其实，契约义务与法规义务具有同等意义的重要性，因为它是政府取信于民之根本。

第五十七条 行政主体义务的法律意义，主要反映行政法运作过程中诸主体之间的关系形式，同时，它还能够决定行政法中其他一些重要问题。遗憾的是，我国行政法学界对行政主体义务的法律意义没有给予必要的重视，导致我国行政法更像是一种政府行政命令构成的单行规则，而不能是一个具有严格法性价值的部门法，我们在行政法中的概念系统、规则构成等方面充分反映了这一点。也就是说，行政法的概念系统和规范体系还没有进入到"法"的主流中来。换句话说，在今后一般时间内，我国行政法的理论应进入"法"的主流之中，而不是进入"行政"的主流之中。若要进入"法"的主流之中，我们就必须以"法眼"认识行政法，其中行政主体义务的法律意义，或者对行政主体义务在法律中的地位的确定就显得不可或缺。行政主体义务的法律意义，应当从下列方面阐释。

第五十八条 行政主体的义务对行政职权定"责"的法律意义。行政职权是由行政主体享有的权力范畴，行政主体通过行政职权完成对行政事态的管理。在一国的宪法和政府组织法对行政主体的职权作出较为细致的规定，当宪法和法律对行政主体的职权作出规定时，并不同时规定这些职权的法律责任，一般将法律责任规定在其他法律规范中，且每一种法律责任也都不针对具体的职权。这样便在行政权行使过程中形成了权责不对等的状况。所谓权责不对等，是指享有权力大的行政主体承担的法律责任相对较小，而职权不大的行政主体承担的法律责任则相对较大。法律责任在理论上有两种认识，一种认识是行为主体对其行为后果应当承担的法律报应义务。另一种认识是行为主体由于从法律上取得了权利，便必须根据这些权利忠实地履行职责义务，必须把自己分内之事做好的义务。笔者认为，行政主体的责任包含了上述两种含义。由于在一国的行政法规范中，常常不能也没有必要对每一种行政职权都规定具体的责任，这便使行政职权和行政责任经常性发生分离，权与责的不对等也由此而来。鉴于这种情况，近年来人们试图寻找一种方法，通过这样的方法将行政主体的职权与责任对应起来，然而，到目前为止，还没有一种灵丹妙药能把二者绝对地对应起来。我们可以通过行政主体义务将行政职权与行政责任对应起来，即我们在赋予行政主体职权的同时，以一种法律上的义务机制使每一个职权都有相应的行为上的约束。正如前面我们所讲的义务是一个范畴概念，通过这个范畴概念，以机制化的约束力给职权定责，这就是行政主体义务第一个非常重要的法律意义。

第五十九条 行政主体的义务对行政法关系定"性"的法律意义。我国行政法学界关于行政法关系有一个近乎达成共识的论点，即行政法关系的特征是一种不对等关系，在该不对等关系中，行政主体处于主导地位，而行政相对人处于服从地位。行政主体在行政权行使中必然享有行政权威，必须具有一定的独立意志。然而，这种独立意志究竟在什么样的范围内才能存在，在符合什么样的条件下才能成立，却是理论界没有给出答案或者给出了一个错误答案的问题。至少在行政法关系中，行政主体的这种优越地位是不存在的。对此我们可以通过行政主体义务的理论进行证明。行政主体负有法律上的义务，这已经在上面得到论证，而义务与权利是一个相对的概念，即一方有义务另一方则有权利。在行政主体与行政相对人形成的行政法关系中，行政相对人的权利就是行政主体的义务，此时，行政相对人就具有法律上的优越地位。由于传统行政法学理论将行政主体视为权利主体，从这一错误的前提便得出了行政法关系不对等的错误结论。进而论之，行政主体的义务对于正确为行政法关系定性具有极其重要的法律意义，在行政主体义务被确定以后，我们便可以毫不犹豫地说，行政法关系并没有超越一般法律关系内涵的独特性，在一般法律关系中，由于权利义务将主体联结在一起，因此，各主体的地位也是平等的。行政法关系亦是通过主体的权利和义务联结的，因此参加行政法关系各主体的地位也当然是平等的。

第六十条 行政主体的义务对行政行为定"量"的法律意义。行政行为理论在我国行政法学理论中是一个较为成熟的理论,同时我们也应当看到行政行为理论的成熟性仅仅反映在行政行为的定性分析中。所谓定性分析,是指从法律属性上确定行政行为的内容,如我们把行政行为分成抽象行政行为和具体行政行为、内部行政行为和外部行政行为、原始行政行为和改变后的行政行为,等等。定性分析固然是必要的,但是定量分析与定性分析具有同等意义的价值。所谓定量分析,是指给行政行为尽可能作出量化指标,使每一种行政行为都能够通过数字来说明,使每一个行政过程的单一行为都有确定的数量标准。由于我国行政行为理论中量化的浅薄,便导致我国行政法治实践中量化之不足,如一个行政机关在做出某一行政行为时,怎样才能使该行为与行政事态、与行政相对人的权利义务达到最大化的对应,没有一套行政法制度,甚至没有一个行政法规则对这样的问题作出规定。在目前情况下,行政主体的义务是为行政行为定量的一个不可取代的路径。行政主体的义务在有些情况下对应行政相对人的权利,行政相对人权利实现的满意程度就决定了这一行政行为中的量。行政主体义务在另一些情况下不可能对应权力机关、司法机关的权利,这些机关对权利的满意程度,便决定了行政行为的量。总之,通过行政主体的义务,我们可以寻找出一个有效规范行政行为的方法,寻找出一个使行政行为能够量化的有效途径,而行政行为的量化,则是行政法治水平的一个反映。

第六十一条 行政主体的义务对行政救济定"度"的法律意义。行政救济是一整套行政救济规则和行政救济制度的总称。目前我国行政救济由三个法律进行调整,即《行政复议法》《行政诉讼法》《中华人民共和国国家赔偿法》(以下简称《国家赔偿法》),此三个法律规范的外形是完整的,但是,我国行政救济制度近年来却遇到了这样那样的麻烦,尤其是我国加入WTO以后,行政救济究竟朝着什么样的方向发展,是人们一直关心的问题。如就行政复议而言,有行政复议强化的说法,也有行政复议弱化的说法。关于行政诉讼讨论最多的是受案范围的扩大问题,而国家赔偿中主要是对精神赔偿国家是否应承担责任的问题,等等。上列重大理论问题和实践问题的澄清,必须建立在一个强有力的理论基础上。其中行政主体义务的理论,就是一个能够解决若干救济制度和救济规则的问题。行政救济从实质上看是对行政主体义务履行状况所进行的行政审查和司法审查,而目前我国建立的行政救济制度,并不是从行政主体义务履行的角度出发的,而是从行政主体职权行使的角度出发的。例如,抽象行政行为没有纳入司法审查的范畴,其中主要原因就是考虑到抽象行政行为是行政主体行为中最为重要、具有普遍意义的行为,似乎认为如果这样的行为被司法审查，行政过程就无法完成，等等。如果我们从行政主体义务履行的情况出发，我们将会建立另一种完全不同的救济制度，如我们不是以行为的性质，即不管是抽象行为还是具体行为，而是以义务履行的状态建立救济规则，只要行政主体不当履行义务或违法履行义务，或者行政主体没有履行义务，我们就可以将这些没有履行义务的主体及其行政过程纳入司法审查之中，如果是这样，行政救济的度则与现在完全不同。

（五）行政职权

第一条 行政滥用职权、行政越权、行政误用职权、行政放弃职权等都属于瑕疵行政行为，行政法学界和行政法治实践给予了前三者足够的重视，或者由法律规范对这些变态的职权运用及制裁措施予以了规定，或者学者们对这些不当的职权行使从理论上予以了阐释。然而，行政放弃职权在行政法学理论和行政法治实践中却是一个相对滞后的问题，该滞后性已经严重地制约了我国行政权的有效行使。

第二条 行政放弃职权由于没有相关法律规则对其责任予以规定，因此行政主体在作为与不作为之中常常选择消极的不作为，不求有功、但求无过在行政执法中的表现就是例证。因为其主动实施的行政行为减少，犯罪而被追究责任的机会也就减少，近年来我国各地不断发生重大事故，与行政主体放弃职权不无关系。

第三条 行政放弃职权是指行政主体对法律赋予他的行政职权擅自处分的情形。

第四条 行政放弃职权是一个法律概念。行政放弃职权作为法律制度，在一些国家的行政程序法中有所反映，例如《美国联邦行政程序法》第551条第13项就作了规定，依照美国法律规定，行政放弃职权可以进入司法审查的范畴，其法律上的属性是非常明显的。行政放弃职权作为一个法律概念还有这样一个含义，即行政职权本身是法定的，而在这种法定职权的情况下，行政主体基本上没有自由裁量的余地。

第五条 行政放弃职权是对职权的擅自处分。行政职权分为归属主体和行使主体两个方面，在行政法制度中和行政法理论中，一般认为行政职权归属于国家或国民，而行政主体不是行政职权的归属者，只是行政职权的行使者。作为行使者，他不能对自己行使的职权进行处分，如民法中不属于自己的财产不能处分一样。具体而言，行政主体的行政职权对于行政相对人而言是一种权力，即它通过这种权力，可以改变相对人之间的关系形式等，行政职权的权威性也由此得到证明。行政主体的行政职权相对于国家或者国民而言，则是它的义务，即它必须行使法律规定的职权，只有在法律规定了其有自由裁量权的情况下，它才能够在一定范围内进行处分，否则，其不能有任何对职权进行私下处分的能力。行政放弃职权从行政机关对职权的态度讲，就是依自己的意志而不是国家的意志对职权的擅自处分，这是行政放弃职权最为本质的属性。

第六条 行政放弃职权在行为上的表现是行政不作为。行政职权是一个范畴概念，它必须通过有关的行政行为才能表现出来，行政职权的正当运用是通过行政行为实现的，行政职权的不当运用，亦是通过行政行为表现出来的。行政放弃职权也不能例外，它也以一定的行政行为表现出来，所不同的是，行政放弃职权是以不作为的行政行为表现自身的。不作为就是行政主体对行政职权不予实施的状态，如果说作为是行政行为的动态表现，不作为则是行政行为的静态表现。同时应当指出，在行政法学理论中，行政行为中的不作为主要反映行政主体与行政相对人之间的关系，如在行政相对人请求行政主体为某种行为时，行政主体不予理睬的情形。然而，行政放弃职权中的不作为，一部分反映行政主体与行政相对人之间的关系，另一部分反映行政主体与国家或者作为一个综合概念的国民之间的关系。换句话说，行政放弃职权与一般行政违法中的不作为相比，侵害的对象主要是国家，而不单单是特定的个人。正因为如此，在没有建立行政公诉制度的国家，行政放弃职权常常成为行政法中的真空地带，因为，这种对职权的消极，既没有一个严格的发现机制，也缺乏严格的责任追究制度。

第七条 行政放弃职权是一种非法行为。行政职权的行使可分为正当的职权行使和不正当的职权行使两类，前者指行政主体依法律规定的权力范围、时效、对象、程序等对职权进行合理化运用。后者指行政主体对行政职权的非正当运用，即不依法律规定的权利义务、程序、期限、对象等行使职权，而变换法律规定的各种职权行使要件。行政放弃职权显然归于后者。同时，在不当行政职权的运用中，有非法行政与不当行政之分，所谓非法行政，指行政主体违反法律规定行使职权的状态，而不当行政，则是指行政主体行使职权没有达到较为理性或恰到好处的状态，如行政处罚中的畸轻或畸重，等等。行政放弃职权由于是以不作为的形式表现出来，因此，笔者认为，它不能存在于后者，即不能存在于不当行政之中，只仅仅存在于非法行政之中。而从行政法治的实践看，非法行政的危害后果常常大于不当行政的危害后果，此点提醒我们，对于行政放弃职权必须给予高度重视。

第八条 将行政放弃职权确定为非法行为之后，我们必须对它所具有的法律构成要件予以确定，只有当某个行为符合我们事先确定好的法律要件时，我们才能将其归入行政放弃职权的范畴。正因为如此，笔者将对行政放弃职权的构成要件作如下分析。

第九条 要件之一：行政放弃职权的主体是行政主体或行政责任人。《行政诉讼法》第12条规定：公民、法人和其他组织"申请行政许可，行政机关拒绝或者在法定期限内不予答复，或者对行政机关作出的有关行政许可的其他决定不服的"；"申请行政机关履行保护人身权、财产权等合理权益的法定职责，行政机关拒绝履行或者不予答复的"，"认为行政机关没有依法支付抚恤金的、最低生活保障待遇或者社会保险待遇的；等等"可以向人民法院提起行政诉讼。该法的这一规定，成为我国学者研究行政不作为的重要法律依据，学者们依这一条的规定，将行政不作为主体确定为行政主体，因为提起行政诉讼的对象是行政主体的具体行政行为，公务员的个人行为不具有可诉性。然而，行政诉讼法的规定，并不能够涵盖所有的行政不作为，这是由行政诉讼法自身的调整范围决定的，也是由司法审查的特性决定的。也就是说，我们不能仅仅依《行政诉讼法》确定行政放弃职权的主体，而要从行政法治的角度对行政放弃职权的主体作出规定。从理论上讲，行政放弃职权的主体既包括行政主体，又包括行政责任人。行政主体是行政职权的当然主体，任何一个行政职权的行使，都以行政主体的名义作出，因此，行政主体也就自然而然成了行政放弃职权的主体，《行政诉讼法》第12条的规定就说明了这一点。行政机关中的工作人员虽不能以自己的名义对外作出行政行为，但任何一个行政行为的做出，都是在行政首长、直接责任人、行政主管人员等多个自然人的作用下形成的，他们对行政职权的消极对待，必然导致行政放弃职权的发生。因此，各国公务员法和其他行政法规范，都规定了公务员放弃职权或消极对待职权的法律责任。在不当行政职权行为中，有些是单一主体，即只有行政主体才成为违法主体，或者只有公务人员才成为违法主体。而行政放弃职权的主体是复合主体，行政主体和公务人员都可以成为行政放弃职权的责任主体。

第十条 要件之二：行政放弃职权在客观上是对行政管理的消极对待。各国宪法和政府组织法都有行政主体与行政职权关系的行为规范，这些规范要求行政主体必须与行政职权在客观上保持一种良性的关系形式。另外，政府组织法和公务员法也有公职人员与行政职权关系的行为规则。这些规则有的是明确的，有的是暗含的，无论以任何种形式出现，都要求行政公职人员与法律赋予它的行政职权保持一种良好的关系形式。一方面，职权本身适合于行政主体的结构和特征，另一方面，行政主体必须善待职权。这些基本的宪法和政府组织法理论，被后来的学者具体到行政法的基本原则之中，如日本学者美浓布达吉所提出的"依法行政"原则就有这样一个基本要求，即行政机关对行政法的适用必须主动为之，它要求行政主体及其公职人员要积极主动地适用法律，将法律规范的规定和行政事态有机地结合起来。而结合法律规范和行政事态的过程，就是行政职权的运用过程。若作进一步的推论，就是行政主体不论在任何情况下，都必须积极地对待行政职权，依法律规定积极做出行政行为，或依法律规定不消极对待行政行为。行政放弃职权的客观表现是行政主体及其公职人员对行政管理的消极对待，这种消极对待是对行政职权的蔑视。行政放弃职权正是由于客观上的这种表现，使人们常常将行政放弃职权的行为忽视了。

第十一条 要件之三：行政放弃职权主观上是由故意引起的。故意和过失是违法和不当行为中的两种心理状态，行政放弃职权作为非法行为的一种，行为人（行政主体或公务人员）亦必然具有某种心理状态。对于这种心理状态的确定，既对我们确定行为性质有重要意义，又对我们确定责任追究的原则有重要意义。行政放弃职权中行为人主观上都是故意的，不存在过失放弃职权的情形，就是说，故意已经不单单是确定责任人承担责任的一个考虑要素，更是行政放弃职权中主观上的必备要件。我们知道，在过失违法中，存在疏忽大意和过于自信两种情形，而这两种情况都存在于作为的违法或者作为的犯罪之中，而在不作为的违法或不作为的犯罪中我们无法确定疏忽大意和过于自信的问题，从这个意义上讲，行政放弃职权主观上是故意而非过失。此点也是我们将行政放弃职权与其他非法职权行使作出区别的主要标志。

第十二条 要件之四：行政放弃职权的行为后果具有不可测性。在其他不当行政职权行为之下，行政主体的社会危害后果一般具有可以量化性的特点，如行政主体吊销企业营业执照而导致企业受损等。可以说，行政主体积极实施的不当或违法行为损害结果的量一般都具有可测性，既可以作出判断和预测，也可以作出估算和评价。但是，行政放弃职权的侵害后果则是不可测的，即行政主体一旦放弃了某种行政职权，其所造成的危害后果在绝大多数情况下不可以作出正确判断。正因为这一点，各国法律关于行政放弃职权没有规定直接以结果进行评判的责任，只要行政主体或公职人员放弃了行政职权，就必须对放弃行为本身负法律责任，而不仅仅对放弃行为所产生的危害后果负法律责任。

第十三条 《行政复议法》与《行政诉讼法》关于行政不作为的规定有三种情况：第一种情况是："认为符合法定条件，申请行政机关颁发许可证、执照、资质证、资格证等证书，或者申请行政机关审批、登记有关事项，行政机关没有依法办理的。"（《行政复议法》第6条第8项）第二种情况是："申请行政机关保护人身权利、财产权利、受教育权利的法定职责，行政机关没有依法履行的。"（《行政复议法》第6条第9项）第三种情况是："申请行政机关依法发放抚恤金、社会保险金或者最低生活保障费，行政机关没有依法发放的。"（《行政复议法》第6条第10项）这三种行政不作为的表现形式基本上成了我国行政法学界关于行政不作为研究的始点和终点。学者们对行政放弃职权表现形式的理解也基本上局限在上列范畴中，这可以说是我国行政法学界关于行政不作为与行政放弃职权研究的偏向。这三种情形实际上只是一个范畴的东西，是一种放弃职权的三个不同表现形式，也就是说，在这三种表现中，行政机关所放弃的仅仅是行政许可权或者行政审批权。而依行政放弃职权的构成要件和行政放弃职权在行政法治实践中的表现，行政放弃职权存在于诸多范畴中，甚至几乎每一种行政职权都有被放弃的可能，为了使问题简单起见，将行政放弃职权概括为下列范围。

第十四条 范围之一：放弃行政处置权。行政处置权是指行政主体及其公职人员在"决定一项政策如何实施时所拥有的抉择自由"。行政处置是政治与行政相互作用的结果，它牵涉到政党政策与行政的关系，牵涉到立法与行政的关系。就前者而言，一国执政党总希望行政权在运作中既能够体现该党的政策，又能及时有效地对紧急性社会事态作出处理。后者而论，立法机关总希望自己能够将行政所做的事项全部表达出来而给行政较少的选择余地，但同时，由于法律的稳定性和对社会事态感应的迟钝性，其不得不留给行政系统一定的对付紧急事态、新近出现的事态的处置权力。由于行政处置权是在没有法律规定的情况下为之的，因此，行政主体行使这样的权力时，有可能带来不利于自己的后果，也就是说，该权力是一种风险权力，一旦行使得当，行政主体或行政人员会因此得到表彰或晋升，反之，一旦不当行使则会给自己带来麻烦。而行政管理的实际情况常常要求行政主体主动行使这样的处置权，若没有行使，可能会给行政管理造成不可弥补的损失，此时，行政主体若没有及时对该事项进行处理，就构成了放弃行政处置权。

第十五条 范围之二：放弃行政制裁权。在传统行政法理论中，认为制裁权包括行政处罚权和行政处分权两个方面。近年来,学者们更多地认为,行政制裁权包括行政强制权和行政处罚权两种。这两种权力是一个事物的两个方面,有学者认为,行政处罚权是行政主体对不可挽救的违法行为的打击,而行政强制权则是行政主体对可以挽救的违法行为的打击。这一论点是正确的。行政放弃行政强制权,行政放弃行政处罚权实际上是对行政制裁权的放弃。我们知道,法律上的制裁是非常重要的,因为制裁决定着法律规范实施的实际社会效果。对于这样的权力,行政主体当然不能放弃。由于行政制裁权从理论上讲是对行政主体有利的权力,即行政主体实施这样的权力只会给自己带来物质上或精神上的好处,因此,这一权力的行使难以出现放弃的情况。然而,行政法治实践的状况却并非如此,行政主体放弃行政制裁权的情况并不少见。有的基于地方利益的考虑而放弃这一权力,有的基于部门利益的考虑而放弃这一权力。有些行政主体不但自己有可能放弃行政制裁权,还有可能阻挠别人行使这样的权力。

第十六条 范围之三:放弃行政许可权。行政许可是现代行政管理的重要手段,关于行政许可在一国的法律制度中有两种设定的情况:一是由法律设定,即立法机关通过立法权对行政许可的事项予以设定。二是由行政管理机关设定,就是行政管理机关在行政管理活动过程中对行政许可事项的设定。在后一种情况下,行政许可是一种行政管制,行政主体通过职权的行使限制公民、法人和社会组织的权益。随着社会的发展,行政许可的事项越来越少,即政府对公众生活采取少禁止的状态。但是,无论如何,行政许可制度都将在一定范围内存在,行政相对人要取得一定的权益,必须通过申请程序取得许可证或者其他证明材料。《行政复议法》和《行政诉讼法》将行政机关没有依法发放许可证、抚恤金,没有办理审批登记等放弃职权的行为纳入了行政救济的范畴,为行政许可中的放弃职权确立了法律责任。

第十七条 范围之四:放弃行政管理权。行政主体根据宪法和有关法律,通过行政行为对国家政治、经济、文化、卫生、环境保护等诸多事务进行管理和组织的权力叫做管理权。行政管理权是一个范围较广的概念,行政机关对法律事务发生作用的全部过程都可以视为行政管理权。但是,此处所讲的行政管理权,是指行政机关强制权力以外,许可权力以外对有关社会事务进行设计、组织的权力,对社会关系进行重新组合的权力。上列三个范畴之外的权力都可以归入行政管理权的范畴。行政主体在行政法治实践中放弃最多的应当是行政管理权。因为我国部门行政管理的法律规范都对行政主体在某些方面的管理权作了规定。

第十八条 行政机关放弃职权的责任是指行政主体及其公职人员对放弃职权行为应当承担的法律责任。《行政诉讼法》和《行政复议法》对行政机关放弃行政许可权的责任作了规定。依这些规定，复议机关和人民法院可以责令或判决具有责任的行政机关依法履行责任。但是，《国家赔偿法》没有规定因行政放弃职权给行政相对人造成损失应当承担的责任。不过，我国法律以下的行政法文件中关于行政放弃职权的规定并不少见，这些规定都在一定范围内确立了行政放弃职权的法律责任。然而，这些规定比较零散，不利于确立行政放弃职权的法律责任，为了在理论上澄清这一问题，笔者将作如下思考。

第十九条 关于行政放弃职权的责任主体。目前我国法律、法规或者行政规章关于行政放弃职权责任承担主体的规定不统一，具体表现在有些放弃职权的行为其责任主体是行政主体，而非公职人员，无论责任人还是主管人员均不承担责任，如《行政复议法》和《行政诉讼法》就将不作为行政行为的责任归结为行政主体，由行政主体对这样的行为负责，没有规定公务人员负责的情形。有些则规定了行政责任人和行政主管人的法律责任，没有规定行政主体的对应责任。行政放弃职权是由行政主体和公务人员双重的违法行为构成的，因此，行政放弃职权的责任主体应当是行政主体和公职人员两造。具体而言，若某一放弃职权的行为给公民、法人和其他社会组织造成了侵害，应当由行政主体负主要责任，行政公职人员负连带责任。若某一放弃职权行为给国家利益和社会利益造成侵害，应当由直接责任人和行政主管人负主要责任，行政主体负连带责任。只有对行政放弃职权确定双重责任主体，才能从根本上杜绝这种放弃职权行为。笔者注意到，《突发公共卫生事件应急条例》在一定程度上确立了行政放弃职权的双重责任主体。

第二十条 关于行政放弃职权的责任形式。行政放弃职权的责任形式包括刑事责任和行政责任等。由于刑事责任是刑法学的范畴，在此不予探讨。关于行政放弃职权的行政责任，目前我国法律制度主要从两个方面作了规定：一是行政主体对行政放弃职权的责任形式，主要是让行政主体承担履行职责的责任。就是行政主体放弃某一职权时，有义务恢复对该职权的行使。如该复议机关通过行政复议，可以裁决没有发放抚恤金的行政机关发放抚恤金。二是对行政机关工作人员行政责任的规定，这一范畴的责任主要是行政纪律处分责任，如《突发公共卫生事件应急条例》第51条规定："在突发事件应急处理工作中，有关单位和个人未依照本条例的规定履行报告职责，隐瞒、缓报或者谎报，阻碍突发事件应急处理工作人员执行职务，拒绝国务院卫生行政主管部门或者其他有关部门指定的专业技术机构进入突发事件现场，或者不配合调查、采样、技术分析和检验的，对有关责任人员依法给予行政处分或者纪律处分。"目前我国行政放弃职权的责任形态比较单一，而且行政主体及其公职人员所承担的责任与违法行为本身不能对应。如放弃行政许可权必然会给行政相对人的财产造成损失，但《国家赔偿法》对这样的损失没有规定赔偿责任。基于此，行政主体及其公职人员，放弃职权行为给公民、法人或者其他组织造成财产损失的应承担国家赔偿责任。行政主体作为一个整体有放弃职权的行为的，应承担集体辞职的责任。直接责任人和行政领导人作为一个个体，也应当承担相应的经济责任，前者建立行政系统内部的罚金制度，后者建立财产没收制度。尽管行政放弃职权造成的损害结果不可预测，但法律还是应当对放弃职权行为科以相关责任并作出量化，做到责任和行为后果最大限度的相等。

  第二十一条 关于行政放弃职权的责任认定。"责任自负"是法学理论和法律制度中责任追究的一个基本原则，行政放弃职权的责任追究也不能例外，即责任应当落实到非法行为实施者的身上，而不能够株连无辜。由于行政放弃职权的主体主要是行政主体，这就导致了责任认定的复杂性。我国行政系统既实行行政首长负责制，又实行一定范围内的集体负责制。这种混合形式的责任制度，使行政决策和行政执行常常分离。本来某一行政决定是由行政首长作出的，但它的执行者则是主管人员或者其他辅助人员。当这一决定被运用到行政执法实践后，若有好处则是行政首长决定有方，若是一个错误的决定，则由执行者负责。在我国行政法治实践中，诸多责任最终都由行政机关中的配角承担，而主角却安然无恙。行政放弃职权中这种情况则更加明显，因为它是以不作为的形式表现出来的，因此，在追究行政放弃职权的法律责任时，必须对责任进行正确认定。一方面，在主体不明确的情况下，行政首长承担全部责任，行政主体作为一个法人承担后续的连带责任。另一方面，在责任者明确的情况下，由直接责任人承担主要责任，行政首长负责管理不力、用人不当的责任，行政机关作业人员整体可以承担轻微的连带责任。

  第二十二条 关于行政放弃职权的责任承担。行政责任是一种特殊形式的责任，而放弃职权的行政责任则更加特殊，这种特殊性主要表现在行政放弃职权是一种不太明显的违法行为，尤其在行政主体放弃行政处置权和放弃管理权的状态下，不明显性显得十分突出，同时，行政放弃职权发生在行政系统内部，常常与行政机关甚至行政机构体系有关。上述两点，决定了行政放弃职权以什么途径承担责任、责任最终归结于谁？在我国责任主体主要是行政主体，这在《国家赔偿法》中作了明确规定。然而，行政组织本是一个集合概念，是一个由诸多无形因素构成的实体，它既没有生命，也不知道责任承担对它意味着什么，从深层次讲，组织的责任最终会汇聚到国家或者公众身上。基于此，对行政放弃职权的责任承担，我们应当建立一种新的理论体系，在这种体系中，将公务人员置于责任主体的焦点，一些国家将与职权有关的责任大多数放在公务员法中，就值得我国借鉴。关于行政放弃职权的责任承担还有一个问题需要说明，在《突发公共卫生事件应急条例》出台以前，行政放弃职权的责任常以是否造成后果或严重后果为承担的前提，显然，此种制度不利于放弃职权行为的责任追究，也不利于提高行政管理的质量。《突发公共卫生事件应急条例》在此方面有了突破性发展。

第二十三条　行政误用职权就是对行政职权的错误使用，进一步讲，就是指行政主体在履行行政管理职能，进行行政管理活动，行使行政管理权的过程中对法律规则为其确定的行政职权作了错误的判断，以错误的行为改变了行政相对人的权利义务关系，并带来了错误的社会效果和法律后果的情形。

第二十四条　如果我们将行政超越职权，行政滥用职权、行政放弃职权以及行政误用职权等当成行政职权的诸种变态情形的话，行政滥用职权等不当的职权使用行为都不能包括行政误用职权，它的表现形式和内在属性与上列诸种不当的职权行使行为都有较大差异，这种差异提醒我们必须对行政误用职权进行单独确定。

第二十五条　若从法律上的构成要件分析，误用职权有如下构成要件。

第二十六条　构成要件之一：误用职权要求行政主体必须有权力行使行为。除行政放弃职权外，行政超越职权、行政滥用职权都应当有行政主体权力行使行为的存在，从这一意义上讲，行政误用职权的这一属性，是行政滥用职权和行政超越职权所共有的。这是行政滥用职权的一个基础条件，或者说是一个最为基本的构成要件，是我们不得不提到的。所谓行政主体有权力行使行为，是指行政主体以积极的作为或消极的不作为运用了手中的行政权力。在作为情况下，其主动地将权力运用于行政管理事态。消极的不作为，指在相对人拥有请求权的情况下，行政主体对这种请求置之不理的情形。应当作为的不作为也是对职权的运用，因为这种内涵通过行政主体的此种不作为行为而得到了实现。同时，权力行使行为的存在与否，还不能就行政主体的一面作出分析，我们知道，权力行使是在两个以上的主体之间进行的，只有当一方的意志改变了另一方的意志,一方的行为改变了另一方的行为,且在另一方不大乐意的情况下实施改变行为时,我们才可以说,此一方向彼一方行使了权力。顺理成章,行政误用职权中行政主体权力行使行为的存在,是说行政主体以其单方意志作出了某种决定,而这种决定改变了行政相对人的权利义务关系,或者使其物质性利益受损,或者使其精神性利益受损。应当指出,行政主体权力行使行为的存在,是以行政主体的名义而为的,而不是以行政机构体系中的个人意志而为的,不是行政机构体系中的个人行为。如果是个人行为实施的,对行政相对人权利的影响则是另一范畴的问题,换句话说,行政主体误用职权行为的行为,主体是具备法律形式的。

第二十七条 构成要件之二:误用职权的成立,要求权力行使行为是职权与事态不能对应的权力行为。这可以说是行政误用职权的一个实质性要件。行政职权是写进法律规范的东西,一般来讲都是比较明确的,出现在法律规则中的行政职权只是管理权的一种存在形式,这种形式是立法者对行政主体行政管理权的主观企求,只有当它与行政管理的客观事态结合以后才会具有实质意义。法律规则中的职权与事态的结合可以有两种情况:

一是职权主体在职权行使中使职权的内容与行政过程中的人、事、时以及权利义务达到了最大范围的合致,如"保护各种经济组织的合法权益"这一职权的行使,行政主体既保护了此一行政相对人的权利,又平等地保护了彼一行政相对人的权利;既保护了作为大型经济组织的权益,又保护了作为小型经济组织的权益;既保护了经济组织的此种权益,又保护了经济组织的他种权益,而且所有保护行为都是主动为之的。此时,我们就可以说法律上的职权与物质化的职权达到了合致,显然,行政误用职权不会发生在此种情况之下。

二是行政主体在职权行使中没有将法律上规定的职权与具体的行政事态对应起来,权力行使行为与立法者在设置这一权力时的本意对抗,权力行使行为与行政事态中的各种主客观因素有出入,此时我们便可以说职权被误用了。

第二十八条 构成要件之三:误用职权的成立,要求权力行使主体的主观动机是良性的。如果说上列两个条件揭示了行政误用职权的客观构成要件的话,行政误用职权的主观动机则是其主观要件。权力行使主体对行政职权的行使必然受主观动机的支配,一切客观的、外在的行为都与主观动机有关,都是在一定主观动机的驱使下发生作用的,正如卢梭指出的:"一切自由的行为,都是各种原因的结合而产生的:一种是精神原因,亦即决定这种行为的意志,另一种是物理原因,亦即执行这种行为的力量。"行政误用职权的行为就相当于后者，而行政误用职权中的动机就相当于前者。行政误用职权是行政职权与社会事态的一种反差或对抗，故而，职权在客观上必然是不当的，但我们不能因客观上的不当性而得出结论说行政误用职权的主观动机也是不当的。恰恰相反，在行政误用职权的主观动机方面是一种完全与行政滥用职权和行政超越职权相反的情形，就是行政主体是在良性动机的支配下而为误用职权行为的。所使用的良性概念是从法制伦理的角度考虑的，而不是从具体的行为过程中分析的，因为依照法律要素的动机理论，只要存在故意和过失，都属于有瑕疵的主观动机，而从法制伦理的角度考虑，行政主体在误用职权情况下，其心理是一种善良愿望的心理，是符合法制或行政伦理准则的心理状态。在误用职权情况下，行政主体的主观动机是符合法治原则的理论爱好和行政伦理准则的。这是误用职权和其他非法职权行为最具有实质部分的区别。恶性和良性是法理学和其他部门法学几乎都会涉及的概念，在主观恶性情况下，行为开始便有违反法律并实施破坏性行为的内心驱动力，而在良性的主观动机支配下，行为人即便实施了有害的行为，但主观上所追求的是实施对社会有益的行为状态。行政误用职权大多是权力行使者对法律和事件的认识错误所致，对此下文还要作进一步分析。

第二十九条 构成要件之四：误用职权的成立，要求权力行使的最终结果是法律上的误差。行政误用职权是对权力的错误运用，就是说，权力的行使必然是有误差的，对这种误差的判断可以有诸多标准。我们可以说，权力，尤其行政权力是从行政权利中派生出来的，来源于公共意志和公众的总的价值取向，要对权力的误差作出判断，就必须和公民权利以及公众利益结合起来，即有害于公民权利的权力行使就是误用职权的表现。我们还可以说，行政机构体系是由人民代表机关组建的，必须对人民代表机关负责，执行人民代表机关的意志，其行为若背离人民代表机关的意志时，就可以定性为对行政职权的不当使用，与人民代表机关意志误差的权力行使，就可以定性为行政误用职权。我们还可以说，行政机构体系本身是一个职权系统，低层行政机构和行政主体隶属于高层行政机构和行政主体，若哪一个行政主体在行使职权时与行政机构的总体目标不一致，低层行政机构的职权行使与高层行政机构的意志产生误差以后，就可以说这一职权行使行为是行政误用职权行为。上述说法，若在政治学、行政学的范畴讲是合理的，然而，行政误用职权只有在法律的范围内探讨才会有合理的内涵。或者说，行政职权是宪政体制的必然结果，至少定量化、定性化的行政职权是现代宪法制度确立以后才有的，而在现代宪法出现以前，在高度集权制的国家结构形式之下，由于行政职权不可能受明文的法律规则制约，因此，行政误用职权便不可能有严格的量化标准。这就是说，我们对行政误用职权的判断，在参照公众意志、立法机关意志、时代精神、选民意向等的过程中，法律规则是最为实质的判断标准。换句话说，行政误用职权中的误差最为本质的是职权与法律规则的误差，是职权所处理的行政事态与法律规则之间的误差。也就是说，合法性与否是行政误用职权最为关键的判定要素。

第三十条 随着社会的发展，政府行政系统的管理技术不断改进，如由全面干预式的管理到宏观调控式的管理，就是这种变化和改进的一个例证，而方法的改变并不必然反映管理领域的减少，在一些发达国家，行政职权客观表现的外延反倒越来越广。美国作为市场化程度较高的国家，政府行政系统有非常广泛的行政职权，而我国行政系统的职权行使则更加广泛，概率论的原理告诉我们，政府职权越广泛，行政误用职权的表现就越宽泛。

第三十一条 对于诸多的误用职权的情形，必须从理论上进行概括，综合我国行政法治的状况，笔者将行政误用职权概括为如下方面。

第三十二条 一是真空地带，行政事务处理中的误用职权。不同的政权体系对国家事务有不同的划分，如有的国家分成三类，即立法性国家事务、司法性国家事务和行政性国家事务。这些事务是否交由专职机关处理则是另一范畴的问题，不过三权分立制的国家都是以这种三类国家活动的理论来划分国家职能的。一般认为，无论对国家活动进行何种类型的划分，其中行政活动以外的国家活动是有明确界限和范围的，一般国家在宪法和相关法律中对这些国家机关的权力进行列举规定，而行政活动的范围则是没有办法进行细化的，在国家宪法和相关法律中，要么采取列举规定和概括规定相结合的行文方式，要么采取概括规定的方式。行政事务面对的是未来的，复杂的、多变的事务，法律规则不可能将行政事务的全部内容都列举出来，也就是说，法律常常对行政事务留有一定的真空地带。这些真空地带从范畴上看是行政权必须发生作用的，是行政机关必须予以处理的，但具体的处理方式却从法律规则中寻找不到相关的根据。而依行政主动原则，行政主体必须依自己的自由意志对事态的处理作出裁量，即必须对真空地带的行政事务行使行政职权。若职权的运用有悖于国家利益，有悖于行政相对人的意志，就是对职权的一种误用。我们知道，此时行政主体误用职权的行为尽管找不到具体的规则作为误用职权的根据，却不会影响误用职权行为的成立，因为行政法规范中除了具体的行为规则外，还有以不同层次排列的行政法原则，即是说，若行政主体依行政法原则出发对空白地带的行政事务行使了权力,就是正当的职权行使行为,若行政主体违背行政法原则对空白地带的行政事务行使了权力,就是对行政职权的误用。此一范畴的行政误用,相对来讲难以把握。

第三十三条 二是职权交叉性行政事务处理中的误用职权。行政事务的错综复杂性使现代国家不得不对行政机构体系的目标进行分类,在行政机构需要管理的行政事务这一总目标之下,又细分了许多二类目标和子目标,并在子目标的基础上进行更加深入的细化。行政机构确定以后,行政机构体系的职能和机构设置也就可以确定了,行政职权便由此而来。也许是由于行政事务的复杂性,也许是由于我国对行政机构体系目标一直缺乏科学而合理的分类,在我国行政系统中,职能交叉现象十分多见。常常一个性质的行政事务有数个行政机关有权管理。在行政职能交叉的情况下,依照行政优化管理必然只有一个行政机关的职权与某一个具体的行政事态是最为对应的,若有两个以上的行政职能机关都可以进行管理,此时单有一个机关的职权对这一事态来讲是一种误用职权的状态。可见,职能交叉问题不解决,误用职权就难以避免。

第三十四条 三是利益对立的相对人赋权中的误用职权。行政赋权行为是行政行为中最为基本的一种,它是指行政主体在行政管理活动过程中赋予行政相对人权益的一种具体行政行为,抽象行政行为的赋权严格地受到了相关程序规则的控制,因此在这里免予探讨。行政赋权可以说有两种情况:一种情况是,法律规则本身设定了一种禁止状态,行政相对人要获得禁止状态下的权利,必须通过请求行为从行政主体那里取得许可。行政主体颁发许可证等证件的行为就是具体的赋权过程。另一种情况是,行政主体以其据有国家行政权力的优势,对有关的行政相对人给予物质利益或精神利益的状态。对此种利益,行政相对人本身不是当然可以获取的,是否获取,取决于行政机关的行政决定权。行政赋权行为在行政行为体系中有着自己的特殊性。其中最为重要的属性是行政主体在赋权中所面临的不是单一的行政相对人,而是若干不同类型的行政相对人。其中一些行政相对人之间的利益是相互对抗的,即行政主体赋予此一行政相对人权利,可能会不同程度地影响和制约另一行政相对人权益的实现。如在行政许可的赋权行为中,行政主体可以将许可证照颁发此一行政相对人而不颁发彼一行政相对人,而此一行政相对人获取该项权利后,会对彼一行政相对人的权益产生影响,在行政相对人利益对立的情况下,行政赋权中的职权运用就显得十分重要。如果本该赋予此一行政相对人而行政主体没有赋予,反而赋予了彼一行政相对人,此时就是对职权的一种误用。我们知道,在法律规则禁止的情况下，行政相对人权利的取得是受一定的数量限制的，正是这种量的限制使行政许可制度成为必要，如何按量的要求，恰当地赋予行政相对人权利，就是职权运用时必须重点考虑的。再则，在赋权行为的第二种情况下，将利益分配给哪一个行政相对人也是至关重要的，本该取得相应救助的行政相对人由于行政机关的认识错误而没有取得，不该取得利益的行政相对人由于行政机关的认识错误而取得了不当利益，这两种情况下都是对行政职权的一种误用。

第三十五条 四是冲突规则选择中的误用职权。法律冲突原本是国际私法中的概念，指不同国度之间在有关法律规定中的不一致或矛盾，即法官在确认权利时遇到困难的情形。近年来，这一概念也在国内法中被广泛运用，行政主体行政立法权的不断扩大，致行政法规范之间的冲突无论绝对数还是相对数都有进一步上升的趋势。法律规则之间的冲突最根本的原因是行政法制定主体的多元性，如果一国的法律规则由一个单一的立法机关制定，就不可能出现冲突问题，即使出现也是非常少的。然而，行政事务越来越复杂，单一的立法主体已经不可能将所有的行政事务规定下来，对于行政事务的规范必须分层次进行，如法律调整的行政事务与行政法规调整的行政事务就是有所不同的，地方性法规与行政法规调整的行政事务也有所区别，规章和地方性法规调整的行政事务也有巨大差异，彼此之间的不一致，是法律冲突存在的基础。法治化水平较高的国家都力求对该国范围内的法律冲突进行控制，《立法法》在控制这种冲突方面已经有所细化，并将起到非常好的作用。但是，行政法规范之间的冲突在立法多元化的格局之下，人们只能在一定范围和一定程度内进行控制，而不可能完全杜绝，这既是由于行政事务在不同层面上的表现所致，又是因为行政事务的地方性、区域性、职能性所致。一个国家的法制体系是一个统一的整体，在这个体系之下，法律规范之间的冲突当然是不合理的，进一步讲，只要存在法律规范之间的冲突，一国的法律体系中就必然存在不良法律。细而论之，法律规范之间冲突以后，冲突双方便是一种矛盾状态，这种矛盾状态表明，其中只有一个与法治大系统的目标是一致的，而另一个则与法治大系统的目标不会完全一致，此一与法制大系统不完全一致的规则一旦被行政主体在职权行使中选择，结果便是行政误用职权的出现，但就目前的立法技术看，我们还无法确定若干具体标准为法律冲突的选择提供依据，我们所能够做的，只是当这种选择引起异议时，以一定的法律程序予以处理，事实上，大多数错误的选择并不一定立即产生异议，就是说，只要有法律规则之间的冲突存在，行政误用职权便会在这种冲突中出现。

第三十六条 五是法律援用中的误用职权。法律援用有两种情况：一是立法中的法律援用，指立法机关或其他制定行政法规范的机关在制定行政法文件时对此法援用彼法状况的规定。我国现行法律规范中的援用比比皆是，有的是实体法援用程序法，有的是主法援用从法，有的是后法援用前法，有的是法律援用规章，等等。在立法援用的状态下，行政职权的误用是存在的，即是说，在法律适用主体援用法律中，若援用错误便可能误用行政职权。二是执法中的法律援用，指执法机关在行政执法过程中援用有关的法律规则对行政相对人处理的情形，此一法律援用行为，应当说同行政法的适用是一个意义概念。行政主体对相对人行使权力，无论是强加义务的行为还是赋予权利的行为，都应当依法而为，此时便牵涉到援用法律规则的问题，若行政主体对法律规范的选择正确，行政误用职权行为便不复存在，若行政主体没有选择适当的法律，便有可能导致误用职权。法律援用问题本来无可非议，因为有些程序法中不一定有实体规则，有些实体法中则不一定有程序规则，有些义务性条例中不一定有制裁性条款，而有些赋权性条款中不一定有保护性条款。不幸的是，我国立法中的援用存在着非常大的问题，如某一管理领域的基本法反而要援用规章才能使其实施过程中的内容得到确定，有些法律规范本是某一方面一个基本的程序规则，但在施行时还要援用其他程序规则才能最终运行。法律规范的援用问题看似细小，实质上是一个关系到行政主体职权能否一次性得到确认和规制的问题，就是说，援用的状态越多，行政主体的职权越不容易得到确认，行政职权的误用也就越普通。对于行政法适用中的援用问题，我们可以通过相应的制度予以解决，而对于立法中的援用，则是一个在短期内难以解决的问题，而这一问题，对于行政职权的误用起到了推波助澜的作用。

第三十七条 马克思·韦伯1922年根据对他所十分重视的普鲁士行政机构作的分析，首先提出了现代官僚制的理论，这种理论同他对行政机构体系的三种类型，尤其是权力行使的类型有关，即基于风俗习惯之上的传统权力，基于传统个人威望之上的特别权力和建立于一套合乎逻辑的合法规则之上的合法权力。

第三十八条 韦伯的理论充分说明，行政误用职权已经不单单是行政机构体系中职权行使者的个人问题，也不单单是某个行政主体的问题，而是一个与行政机构体系有关同时与行政主体、具体的权力行使者等都有关联的、全方位的问题，基于此，我们对行政误用职权的原因分析也不能限制在某一个方面，而必须全方位进行考察。

第三十九条 原因之一：规则制定权混乱的立法体制未完善原因。行政职权的直接来源是法律规则，既反映在宪法和政府组织法对行政机构体系和行政主体的赋权之中，又反映在行政管理法规则对各种事态中行政主体权力进行细化的行为规则中，可见，规则不但与行政主体的一般性职权有关，而且与具体的职权运用有关。作为规则来讲，贵在统一、一致和相对集中。只有当一个国家的立法制度成为一个前后连贯的体系时，其行政职权就会相对明确，误用职权的情形就会相对减少。我国行政法规范的体系中至少有六个层次的行政法源，各个法源之间并没有在规制事态的分工中作非常合理的划分，如同一个行政事态，有时法律规则中有相关内容，有时行政法规中也有相关内容，有些规章也对该事态作出了规定。还如同一个完全相同的行政事态在此一地区是由地方性法规调整的，而在另一地区则是由规章调整的。有时上位规则已经调整的管理事务，下位规则再作出重复调整，且设定的权利义务关系不一致。在这样的情况下，行政机关在行使职权时，必然会出现误用职权的行为。

第四十条 原因之二：行政职权定性不确定的宪政不足原因。职权分配一向被认为是宪政问题，国家政权体系中不同部类机构的权力分配是如此，某一职权系统中的权力再分配亦应属于宪政问题。我国行政机构体系中不同层次，不同部门的权力分配应当是政治制度和宪政制度范畴内的问题。《宪法》实际上对行政职权的内部分配作了一些规定，如该法第 89 条对国务院行使的职权作了列举规定，有 18 项之多，第 107 条则对地方行政职权作了规定。也就是说，从法律形式看，我国行政职权的定性和划分已被纳入宪政的范畴，具有了宪政体制的形式要件。然而，若从深层分析，我国行政职权的定性与宪政的一般要求还有较大差距。宪政的基本内容之一是相当详尽地描述了各种结构，以及有秩序的合法的方式达到其各种目的的个人和团体应该遵循的专门程序。这样一种对各种不同的机构和职员分别要以专门职责的规定，可能有助于减轻通常在阅读由主管复杂的法人团体的管理部门公布的组织机构表时产生的那种沉闷感。职权的分配在宪政内涵中的地位是显而易见的，其中最为根本的是行政职权定性必须确定，而目前我国有关行政主体的职权分配中，职权不确定的状况普遍存在。如《宪法》第 107 条规定中的"发布决定和命令"的行政职权，其内涵就是非常不确定的，行政主体既可以发布程序性的行政命令，也可以发布实体性的行政命令，既可以发布保护行政相对人权利的行政命令，也可以发布限制行政相对人权利的行政命令，总之，这样的职权可以作出无数种解释。

在《宪法》《政府组织法》和其他法律文件中，行政机关职权的不确定状况非常普遍地存在着，这样的不确定性，使职权行使中对行政事态的处理常常无所适从，这是导致行政职权误用的又一重要原因。

第四十一条 原因之三：行政权柔性化的限权不力原因。发达国家的行政法治有一个共同的特点，就是这些国家都认为，如果行政机构体系滥用了行政决定权，行政机构行使这种权力时其行为就是违法的。他们认为，任何一个法定权力都必须受到法律的限制，否则会导致独裁。特别需要指出的是，在行政自决权的行使必须与法令的基本原则相适应，并为正当的目的而行使，而且不能以不合理的方式行使等方面，法律具有很大的作用。换句话说，每一种行政自决权都可能被滥用，而法律的基本作用，正在于防止这种情况的发生。行政权必须受到行政法的控制和约束，已成为发达国家行政法治的趋势。而我国行政权长期以来处于一种柔性化的状态之下，其与我国长期实行计划经济有关，计划经济是突出政府行政权的一种经济形态，"大政府、小社会""小政府、小服务"的理念由来已久。在这样的基础上建立起来的行政法制，主要是针对行政相对人的法制，我国行政法的管理法属性就是明显例证。在2001年通过的20余件行政法规和40余件部门规章中，其中以管理命名的就占到80%以上，而其中关于行政权范围的规定更是具有较大的柔性。一些低层次的法律常常有权设定行政主体的管理权限，部门规章、地方政府规章都存在设定行政权的状况，而对于这种设定，既无立法上的制约，更不能进行司法审查，即是说诸多方面的行政管理权都是由行政机构体系或者行政主体自己确定的。此种既缺乏明确的法律依据，又不受相关机关制约的行政职权，必然会出现行使过程中的误用。

第四十二条 原因之四：规则认识不足的行政意识低下原因。行政意识是指行政主体在行政权行使中的心理要素以及行政执法人员在行政管理活动过程中的心理因素。意识是一种属于主观范畴的东西，作为行政意识，可以说包括两个相互联系的方面，第一个方面是行政系统中的组成人员作为公民对行政事态和行政法规范的认识水平，此一方面与一个国家的总体法律文化、行政文化有关。第二个方面是行政系统作为一个独立的社会构成部分其职权行使主体和行政人员的法治认识水平以及对行政事态的判断能力。行政主体和行政公职人员实际上是一个对法律规则进行适用的法律人物，康德对此作了论证，他指出："公正的科学所研究的对象是：可以由外在立法机关公布的一切法律原则。如果有一个这样的立法机关，在实际运用这门科学时，这门科学就成为一个实在的公正和实在的法律体系。专业法学家就是精通和熟悉实在的外在法律知识的人，能够运用这些法律来处理生活中的案件。关于实在的公正和实在的法律的实际知识，可以被视为法理学。可是，关于公正和法律原则的理论知识，不同于实在法和经济知识，而属于纯粹的公正科学，所以，公正的科学指的是有关自然公正原则哲理的并且有系统的知识。从事实际工作的法学家和立法者必须从这一门科学中推演出全部实在法的不可改变的原则。"执法者无疑是这种公正科学的主体，在他的行为过程中必须对法律作出正确的判断。而在我国行政系统中，行政主体和行政执法人员的主观意识基本上还是受政治意识制约的意识，而不是从法律原则中推演出的属于公正科学的法律意识。该政治意识常常使行政主体对行政权行使中的法律规则作出失误的判断。事实上，由于我国立法技术上的原因，诸多法律规则在适用过程中还必须进行正确判断。行政主体所作的判断不同，行政职权的内容、行政职权对行政相对人的影响也就有所不同，例如《行政处罚法》第24条规定："对于当事人的同一个违法行为，不得给予两次以上罚款的行政处罚。"这一规定在行政法治实践中叫"一事不再罚"，什么叫"一事"，什么叫"不再罚"，就需要行政执法人员在执法过程中作出判断，同一个违法行为，若不同的行政机关作出了不同的判断，行政职权也必然有所不同。由于我国行政主体的行政意识普遍不高，而法律规则留有的判断余地又相应较大，由此而导致的行政误用职权也就必然存在。

第四十三条 原因之五：行政管理具体规则欠缺明确的部门行政法。法律是一个动态概念，行政法治也不能例外，也不是一成不变的，如果说在初期的行政法治概念中，人们所追求的是较为抽象对行政权的控制的话，后来人们便认为行政法治必须具体到单个的行政职能中去，必须将行政法治反映在立法、司法、行政三个有机整体中去，必须把主观的规则与客观的规定结合起来。在我国的行政法治中，行政权发生作用的诸多部门，行政法规则十分欠缺，尤其以高层法律渊源出现的部门行政法规则远远不能与非常广泛的行政事态相对应。显然，在没有法律规则规定的前提下，行政主体的职权行使则带有很大的或然性，误用行政职权便在所难免。

第四十四条 我国行政法学界和行政法治实践中对于行政越权，行政滥用职权等违法的职权行使较为关注，而对行政误用职权关注较少，其中最为根本的原因在于，似乎行政误用职权的危害相对较小。其实，笔者认为，行政误用职权对全面实现行政法治的危害性是巨大的，可以说，行政越权、行政滥用职权等违法行为的数量要比行政误用职权的数量少得多，同时，行政误用职权比其他违法使用职权的行为更加隐蔽。再则，行政超越职权、行政滥用职权国家已经建立了相应的救济制度对其进行校正和补救，如行政诉讼制度、行政复议制度都有相应的制度校正行政滥用职权等，而行政误用职权还没有较为完善的法律制度对其进行补救。因此，就全面实现行政法治而论，治理行政误用职权显得更为重要一些。

第四十五条 行政误用职权的对策探讨可以有多种思维进路，而在所用思考中，将其与行政法治结合起来的思考，将其纳入行政法治大系统中进行分析，似乎是最为适当的，即我们不能就事论事地探讨行政误用职权的解决办法，而必须构架出一个能够从根本上根除行政误用职权的规则体系，该体系应当由下列要素构成。

第四十六条 一是关于行政立法权合理划分的问题。必须说明的是，此处所使用的行政立法概念是就行政法作为一个部门法的体系构成而言的，而不单单指有关行政机关制定行政法规范的行为。在现代社会中，行政机关通过授权，或者通过委任即取得制定行政法规范的权力使行政法具有了双重属性，即控制权力的属性和对权力行使的属性。行政机关在一定范围内取得了行政立法权以后，便使行政法中的一系列规则由控权规则变成了直接的权力行使规则。由于目前行政主体制定的一些行政法文件是对职权的运用，便导致了行政法渊源中诸多渊源是对行政职权的具体运用，这便使行政法的价值发生了一些变化，且其前景是非常可怕的。因此，有必要对行政立法权进行合理划分。可以把行政机关制定的行政法文件与立法机关制定的行政法文件对照起来，对行政机关制定行政法文件的行为进行必要的限制。在行为属性上，立法机关制定的行政法规则是具有一定预测性的行为规则，而行政机关制定的行政法规则则应当是不具预测性的短期规则；在调整方式上，立法机关制定的规则可以创设行政职权和法律关系，而行政机关制定的规则则是对职权的运用和对行政法关系的促使实现，不允许绝大多数行政机关的立法创新的行政法关系；在法律依据上，立法机关的立法权限具有原初性，而行政机关则必须有授权依据才可以制定行政法文件，且低层行政机关必须有双重授权；在作用客体上，立法机关制定的行政法规则可以调整广延领域的行政法关系，而行政机关制定的行政法文件仅具有专门职能；在社会效果上，立法机关可以进行宏观调控性立法，而行政机关只能制定显著的社会效果性立法。通过这样的划分，将行政主体行使的行政职权尽可能集中在立法机关手中，行政误用职权亦会有所减少。

第四十七条 二是关于行政职权的定性与分配问题。对行政职权的准确定性以及作出合理分配，是解决行政误用职权的又一重要对策。纳入行政法治中的行政职权必须符合下列条件，也只有符合这样的条件以后，行政误用职权发生的概率就会相对减少。第一个条件是行政职权必须依法赋予，即行政主体要取得行政职权必须有法律上的依据，此处所指的法律是指由最高立法机关制定的法律规范，而不是行政机关制定的规章或其他行政管理规范性文件，或者依法赋予行政主体行政职权，或者依法授予行政主体职权，总是要使行政主体的职权有据可查，而不能由行政主体根据其机关性质进行自我演绎。第二个条件是行政职权的赋予必须以特定的行政机关为对象。行政权虽然是一个大的权力系统，但在运作中是分职能和层次进行的，行政机关之间在职权行使中的分工，显得比确定行政权的大范围更为重要。我国目前一些法律规范中在行政赋权问题上存在较大问题，常常没有把特定的职权赋予特定的行政主体，今后的立法必须将某一方面的行政职权清清楚楚地赋予一个特定的行政机关，在一个机关有一种职权、一种职权只有一个机关行使的情况下，行政误用职权出现的可能性就会大大减少。第三个条件是职权应具有确定的范围。行政职权的整体既须分配予众多机关行使，则个别机关的职权均有其确定范围，以求事权专一，避免重复混淆，始不致引发争议。此种确定范围的规定，具有保障及限制两方面的作用。第四个条件是行政职权的地域范围必须明确。除上述4个条件外，在现代法治政府中，职权的定性大多与行政客体有非常密切的关系，就是在立法机关把各个行政机关所管理的行政事务对象确定以后，再根据这些具体对象确定行政机关职权的具体范围。职权的定性与分配在某种意义上讲已经超出了法学的范畴，因为其牵涉到许多管理的技术问题，但其最终必须归于法治体系之中。

第四十八条 三是关于行政法规范的操作技术问题。行政法规范的规制对象包括行政主体和行政相对人两个方面，行政法的内容也由此两部分构成，有些法律规范是专门规范行政主体的，如政府组织法、公务员法、行政编制法等，有些则是专门规制行政相对人的，如具体的部门行政管理规则，还有一些行政法规范中既具有规制行政主体的内容，又具有规制行政相对人的内容。规制行政主体的规则与规制行政相对人的规则在立法中应有实质性的差别。一般地讲，行政主体的权利和行使的权力只能从明确的规则中去寻找，换句话说，依法对行政主体的权力必须作出明确规定，使行政主体不能在立法规则之外再作出新的解释。而行政相对人的权利则是相对广泛的，除法律禁止的以外，都可以去作，这正是两种规则之间的本质区别。而目前在我国行政法文件中，对行政主体的职权常常采取概括规定，而对行政相对人的权利采取列举规定。因此，部门行政管理法规则中的权力细化是非常重要的。

第四十九条 四是关于行政主体法律认识的提高问题。行政误用职权在一些情况下与行政主体以及行政执法人员的法律认识有关，即错误的法律认识导致错误的职权行使。因此，我们在探讨行政误用职权的法律对策时，不能不将提高行政主体的法律认识作为一个重要的对策予以探讨。行政主体承担着执行法律的职能，承担着将行政法规范与行政管理事态结合的职能，法律规则中所反映的职权，是通过行政主体及其公职人员的行为得到实施的。行政主体的法律认识应当由两部分构成，一部分是行政主体作为一个整体的法律认识，在我国，行政主体应当是行政行为的独立单位，或者说行政行为是以行政主体的名义出现的，因此，行政主体的法律认识决定着行政职权的行使状况。作为行政主体的法律认识而论，必须做到：

一则，行政主体对法律规则的认识与对行政事态的认识必须达到最大限度的合致，我们知道，一个行政事项的处理是行政主体将法律规则与行政事项结合以后而产生的，法律规定的内容与行政事件的高度一致才可以说这一法律适用行为是正确的。二则，行政系统对相关的法律知识必须有一个深刻领会，至少要高于一般社会成员的法律知识。三则，行政行为的作出实际上是一项行政法推广行为，就是说，行政主体在对行政相对人行使职权时，应将行使职权的行为视为一个宣传法律知识、推广行政法治的行为。随着社会的发展，行政行为的此一属性将越来越明显。四则，行政主体对行政法规则中确立的行政职权要有足够的认识，既不能作出扩大解释，也不能作缩小解释，当对规则不能作出正确判断时，便必须考虑法律原则。

第五十条 行政滥用职权，是指行政主体在行使行政权力或履行行政管理职能的过程中对法律赋予的行政职权不规范或者超常规的使用。

第五十一条 行政滥用职权不仅仅停留在行政主体行使行政自由裁量权的领域内。在英国行政法制度中对滥用行政权力是这样解释的：行政主体在立法机关授权范围内实施行政自由裁量的行为时"（1）不符合法律规定的目的，例如教育局由于教育上的原因可以辞退职员，但不能利用这个权力来达到节省经费的目的；（2）不相关的考虑，即把不应该考虑的因素作为依据；（3）不合理的决定，即行政决定看起来明显不合情理"。美国行政法学家施瓦茨也将行政自由裁量权滥用的形式作了列举，并受到了学术界的关注。由于传统行政法教科书中关于行政滥用职权大多在行政自由裁量权理论中界定，这就给了人们一种错觉,似乎行政滥用职权仅仅发生在行政自由权的范围内。其实,行政自由裁量权中的滥用职权只是行政滥用职权概念中一个非常小的部分,绝大多数的行政滥用职权发生在行政主体行使自由裁量权的范畴之外。

第五十二条 行政滥用职权的成立,要求行为主体必须是行政主体。从广泛意义上讲,权力的滥用包括两种情况,一是行政机关中的个体对权力的滥用,或者行政首长滥用职权,或者以直接责任人出现的滥用职权,或者部分工作人员在工作过程中对权力的滥用。二是行政机关以组织或法人出现的对行政职权的滥用。这里所指的行政滥用职权的主体是以组织名义出现的对行政权力滥用的情形。行政法上行政滥用职权的概念是就后者而论之的。具体而论,行政法上的行政机关或者经过法律授权行使行政权的组织是行政滥用职权的主体,而行政机关中个人对行政职权的滥用至少不能归于行政法上行政滥用职权的概念之内。个人在行政主体中若对行政职权进行了滥用,此时,行为性质就发生了变化,或者转入民事范畴之中,或者转入刑事范畴之中,若使不发生这样的转换,行政滥用职权的责任则是由行政主体以法人的名义承担的。为什么行政滥用职权的主体是行政主体而不是行政组织中的个人,主要因为行政滥用职权的法律关系是行政外部法律关系,即行政主体和权力对象之间的关系,而不是行政主体和其雇员之间的关系,而在外部行政法关系中,主体一方只能是行政机关,而不能是行政机关中的个人。

第五十三条 行政滥用职权的成立,要求行为主体主观上必须是故意过错。行政法上所有违法活动或者不当的行政行为都存在主观上的过错。所谓主观过错是指行为人主观上故意或过失的心理状态。行政主体在行使行政权时存在行政超越职权、放弃职权、滥用职权、误用职权、蔑视职权等违法或者不当的职权行使行为。任何一种这样的行为,都是在行政主体主观意识作用下形成的,当然,行政主体的主观意识不像个人作为违法主体那样可以作出非常具体的分析,即使说,行政主体的主观过错可能是行政主体中所有成员共同作用的结果,也可能是核心领导成员作用的结果,还可能是主要负责人或行政首长作用的结果,不论什么样的作用结果,其主观意识都是以集合形式出现的。即使是这种集合形式,我们同样可以作出具体分析,一般而论,在行政超越职权、误用职权、放弃职权、蔑视职权的情况下,行政主体的心理状态既有可能是故意过错,也有可能是过失过错,而行政滥用职权的行政主体在实施行政行为时主观上都是故意过错,就是其希望自己所实施的行政行为发生并知道实施这种行政行为是法律所禁止的。行政滥用职权与其他不当行政行为的差别主要表现在这一方面，甚至行政违法之概念也难以具备这样严格的条件，我们知道，行政违法既存在违法者的故意违法，也存在违法者的过失违法。从这个意义上讲，行政滥用职权是非常容易和其他对行政职权不当运用的行为区别开来的，遗憾的是，我国行政法学界对于行政滥用职权这个独一无二的构成要件并没有给予必要的重视，导致行政滥用职权与其他不当行为难以合理区分。

第五十四条　行政滥用职权的成立，要求行政行为必须是绝对有侵害性的行为。行政主体实施的违法或不当行政行为，尤其对行政职权的不当运用，其侵害结果可以从三个方面分析：一种情况是行政主体实施了不当的行政职权，或者对行政职权作了不当使用，而结果是造成了相对侵害后果，所谓相对的侵害后果，即是说不当职权所侵害的对象是一定范围和一定程度的，如行政主体在超越行政职权的情况下，其侵害后果可能仅仅限于对另一行政主体职权的侵犯，这样的侵犯同样是一种侵犯，即只要此一行政部门行使彼一部门的行政权力，对彼一部门而言就是一种压制。但在这种不当职权中，行政相对人并不一定受到了实质意义上的侵害，因此，这样的侵害具有较大的相对性。另一种情况是，行政主体实施了不当的行政职权，或者行政误用职权，或者行政蔑视职权，或者行政超越职权，但实际上，这种行为没有给行政相对人或行政法上的其他利害关系人造成侵害，如行政主体虽然误用了职权，但误用的结果却给社会创造了财富。第三种情况是行政主体实施了不当的行政职权，其结果给社会、给行政相对人等造成了绝对的侵害，如行政主体滥用职权而剥夺了行政相对人的权益等。笔者认为，其他的不当职权行使所造成的侵害后果是相对的，或者有时甚至并没有造成某种侵害。而在行政滥用职权的情况下，行政主体的不当职权行为所造成的侵害后果是绝对的，即每一种滥用行政职权的行为、每一次滥用行政职权的行为，必然会给行政相对人或者法律秩序造成侵害，这一特性与第二个特性有一定的关联性。

第五十五条　行政滥用职权的成立，要求行为本身必须是职权的不当延伸。行政法上的诸种不当职权行为，如行政超越职权、误用职权、放弃职权、蔑视职权和滥用职权等，都与"职权"有着千丝万缕的联系，都只有放在职权范围内进行讨论。然而，上列诸种不当职权行为中的"职权"，我们首先是在抽象意义上使用的，即我们把职权视为由立法机关赋予行政系统的，但是，就某一具体的行政不当职权运用而言，每一种职权都必然对应一个行政主体。换句话说，行政职权是特定行政主体的职权，每一特定行政主体都行使相应的行政职权。但是，在上列不当职权行使中，职权与主体的关系却表现出了非常大的相异状态。在行政超越职权的情况下，行政主体的行政行为与自己的职权无关，是对他人职权的侵占，在行政放弃职权的情况下则是对自己的职权不以为之。唯有在行政滥用职权的情况下，行政机关所实施的行政行为是对自己职权的一个延伸，它既没有超越别人的职权，也没有蔑视自己的职权，而是对自己职权的一种延伸，如实施行政行为时，本不该考虑相关因素而考虑之。行政滥用职权的这一属性是最为本质的，如果说故意过错是行政滥用职权与其他不当职权行使行为最为本质的主观区别的话，行政职权的不当延伸则是行政滥用职权与其他不当职权行使最为本质的客观区别。

第五十六条 我国学者关于行政滥用职权的理论，深受国外相关理论的影响，对行政滥用职权表现形式存在巨大的迷惘性。因此，有必要从理论上对行政滥用职权的表现形式予以重新确定，笔者认为，行政滥用职权的形式应当包括下列范畴。

第五十七条 一是行政职权不能对应承受主体的滥用状态。职权关系的真正意义在于它发生于两个相互对立的主体之间，如果只有一个主体或者只有一方的行为，职权就没有实际意义，因为职权所反映的是一方能够将自己的意志强加于对方。施加影响的一方在法律关系中称为权利主体，而被影响的一方则称为义务主体。由于行政职权是一个非常大的概念范畴，法律规范在对行政主体的职权进行表述时，常常不指明具体的权利主体和义务主体以及他们在某一法律关系中的关系，法律规则的这种表述方式，使人们往往将行政滥用职权仅仅放在行政系统内部和行政机关自身的行为中讨论。而实质性的东西是每一个行政职权在运作过程中都必然对应一个特定的义务主体，为了把对应主体与一般的行政法关系区别开来，将此称为承受主体，就是受到行政职权作用的个人或者组织。如果行政主体的行政职权与恰当的承受主体对应时，行政主体的职权就是一种合法而正当的职权行使，反之，当行政主体的职权不能对应承受主体时，我们就可以认为行政主体滥用了行政职权。

第五十八条 二是行政职权不能对应法律义务的滥用状态。"如果法律程序决定某人负有做出某种行为的义务，它同时也决定另一个人，享有做出对待行为的法律权利，在这种意义上，每个义务都有一个相对待的权利。这种意义的'权利'，只是义务的对待物。"这是凯尔森关于权利与义务对应关系的一个描述，在行政法中，行政主体的权利实际上被转化为了行政职权，也就是说，每一种行政职权在运作和施加于被管理者的过程中，都必然相应地对待了一个义务，该义务就外部行政法关系而言是个人、组织等相对一方当事人，就内部行政法关系而言，则是下级行政机关或行政机关的工作人员。从法理学的角度看，法律义务有相对义务和绝对义务之分，行政主体的职权若能与相对义务或绝对义务对应时，我们就可以认为其是正当的职权行使行为，反之，若行政主体的职权既不能与相对义务对应又不能与绝对义务对应，我们就可以说，行政主体的这一职权行使是对职权的滥用。此种形式的滥用职权在行政法治实践中是最为多见的。

第五十九条 三是行政职权不能对立法律权利的滥用状态。法律权利是与法律义务相对应的一个概念，行政主体的职权不能与法律义务对应时我们认为这样的职权是滥用职权，行政主体的职权若不能对应相关权利时，其职权同样是可以归入滥用职权范畴的。美浓部达吉在界说"依法行政"概念时认为："行政权没有法律依据不得使人民负担义务"，这一内容要求行政主体的职权要与行政相对人的义务对应。他同时还指出："行政权没有法律依据不得为特定人设定权利。"显然，行政职权与行政相对人权利的对应同样是职权正当与否的衡量标准。行政主体若通过行政职权将不该赋予的权利赋予了某个行政相对人，将不该剥夺的权利予以剥夺，导致其职权不能和行政相对人的权利对应，同样是行政滥用职权。

第六十条 四是行政职权不能对应正当程序的滥用状态。"正当法律程序"是《美国宪法第五修正案》率先确定的，它的最原始的意义是任何人不经正当法律程序审判不被追究法律责任。在1891年的第十四宪法修正案中，美国将正当程序法则拓展到了行政职权的领域，它要求任何行政机关没有通过正当法律程序不得剥夺公众的人身权和财产权。后来正当程序的理论在各国的法律制度中被普遍采用，在行政法中叫"行政性正当程序"。依正当程序理论和相关原则，行政机关在行使行政职权时，要依严格的程序规则为之，若背反了程序规则，无论实体如何都应视为对职权的滥用。事实上，在绝大多数行政行为中，程序和实体的关系是相辅相成的，即程序瑕疵必然导致实体上的瑕疵。一方面，正当程序与公正的结果有关，当某一行业申请执照的人很多，而批准数额又有限时，这种既可批给甲又可批给乙的权力，无疑给某些官员进行合法谋私提供了机会，而通过正当程序规则，恰恰给这种合法谋私的可能性予以控制，它要求在申请人面前创造一个公正的机会，要求行政机关以各申请人的理由陈述的依据批准申请。另一方面，正当程序对利害关系人的权利有直接影响。行政程序并不是一个简单的摆设，它与行政相对人以及行政利害关系人的权益有直接或间接关系，即使说，程序一旦错位，行政相对人或利害关系人获得的权益的量就有所不同，因此，我们可以把行政机关对程序颠倒归入行政滥用职权之中。

第六十一条 广泛意义上的行政滥用职权既包括行政自由裁量权行使中的滥用职权，又包括行政自由裁量权之外的滥用职权，都应当承担相应的法律责任。

第六十二条 从我国理论界来看，关于行政滥用职权的追究途径似乎已有一些探讨。但是，行政滥用职权究竟应当承担怎样的责任形式，或者责任如何分配等十分关键的问题，在我国行政法治实践和行政法学界却是不甚明确的。《国家赔偿法》是一部非常重要的行政责任和刑事赔偿责任的法律，其中在确定行政赔偿责任时是以"非法""违法"等为依据的，而没有对"行政滥用职权"的责任作出具体规定，在一些单行的有关行政机关法律责任的法规中，也没有滥用行政职权的专门规定，而"行政放弃职权""行政蔑视职权"等非理性职权的使用行为已经有了单行的责任追究制度。基于此，必须从理论上澄清行政滥用职权的责任问题，如下范畴是重要的。

第六十三条 关于行政主体的直接责任。行政滥用职权是由行政主体为之的，是行政机关从法律赋予他的权力中扩张出来的，因此，行政滥用职权的责任，尤其直接责任应当由行政主体承担。所谓行政主体承担，指由行政主体以行政机关的名义承担。《行政诉讼法》第70条规定："具体行政行为有下列情形之一的，人民法院判决撤销或者部分撤销，并可以判决被告重新作出行政行为：（一）主要证据不足的；（二）适用法律、法规错误的；（三）违反法定程序的；（四）超越职权的；（五）滥用职权的；（六）明显不当的。"依该条的规定，在司法审查中，行政主体对滥用行政职权的行为可能要承担所作出的滥用职权的行政行为无效、所作出的滥用职权的行政行为部分无效、重新作出非滥用职权的行政行为等责任。然而，这样的责任规则过于笼统，并不足以起到制裁行政主体的作用。换句话说，应当将行政主体的责任形式与行政相对人或者利害关系人权益受损的情形结合起来确定行政主体的责任，如可以在《国家赔偿法》中确立行政主体对滥用职权行为进行物质赔偿和精神赔偿的责任。在该法还不能很快修改的情况下，可以制定一部单行的法律规范规定行政主体滥用行政职权的法律责任，责任的具体形式还可以再探讨。

第六十四条 关于行为实施者的行政连带责任。行政连带责任在一般情况下是指行政机关对行政机关工作人员的违法失职行为，或行政机关工作人员对行政机关违法作出行政行为承担互动性连带责任的制度规则。由于行政主体是由行政公职人员构成的，行政行为即使是以行政机关的名义作出的，也不能排除行政公职人员在行政行为所起的作用，因此，在法律规则设计有关的责任时，常常将行政主体的责任与行政机关工作人员的责任联系在一起。行政连带责任在我国行政管理的部门法中也有一些规定，在行政滥用职权的责任中确立行政连带责任，亦应当是情理之中的。行为实施者的连带责任人应当是滥用行政职权行为的直接责任人，行政主权负责人和行政首长三个方面，要根据每一个滥用职权行为的决策过程而定，看谁在某一行为的决策过程中起的作用较大，谁就应当负主要连带责任；行政行为实施者连带责任的形式以金钱赔偿和行政纪律处分责任为主，我国关于公职人员的行政纪律处分责任规定得比较明确，但关于行政公职人员承担金钱给付责任的形式还没有形成一套完整的机制。可以通过在行政系统内部建立财产罚的形式，让个体承担经济上的连带责任。

第六十五条 不当受益者的权益返还责任。行政滥用职权由于是在行为人主观故意的支配下而为之的，又由于行政主体在滥用行政职权时有一种表现形式是其行为不能和行政相对人的权利对应，亦即行政主体从各种各样的动机出发常常将不能剥夺的权利予以剥夺，将不该赋予的权利予以赋予。在"权钱交易""权色交易"等行政滥用职权中，行政主体滥用职权的行为不是给特定行政相对人造成了伤害，而是给特定行政相对人带来了利益，当然，行政主体则通过丧失原则的做法使自己同时获得利益，这时行政主体和行政相对人都获得了利益，而法律秩序或者更大范围的利益都遭到了侵害。针对这种情况，一些国家制定了对滥用职权者以及通过行政机关滥用职权而获利的行政相对人的《非法利益没收法》。在我国行政滥用职权的责任追究中，也应当建立一种不当受益者的权益返还责任，让通过行政主体滥用行政职权而获得利益的行政相对人返还所得到的权益。

第六十六条 关于行政机构体系的恢复原状责任。行政机构体系、行政主体以及行政公职人员构成了现代国家行政权主体的三个基本要素，就行政系统内部而言，三者是一个有机的统一体。某一个具体行政行为的做出是由行政主体完成，而行政行为的形成过程是在行政公职人员的作用下被确定的，但当行政决定或行政行为面向社会成员时，就形成了行政机构体系与社会成员之间的关系，人们常常对某一个行政决定的评价都与行政机构的总体联系起来，现代责任政府的概念非常生动地体现了这种抽象而又政治化的关系。依《布莱克维尔政治学百科全书》的解释，责任政府是"一种需要通过其赖以存在的立法机关而向全体选民解释其所作的决策,并证明这些决策是正确合理的行政机构。在议会政府中,不管是大臣整体,还是大臣个人,都要向议会负责"。依这一解释,责任政府,指政府行政系统作为一个整体既要对议会负责,又要对选举它的选民负责,同时更为重要的是,必须对全体社会成员负责。依此而论,行政主体的行政滥用职权不单单是某一个行政主体的问题,更不单单是某一或某些公职人员的问题,而是整个行政机构体系对待社会成员的态度问题。这便决定了一旦行政机构体系中出现了滥用职权的行为,行政机构体系就必须对公众负责、对选举它的选民和代议机构负责。具体地讲,行政机构体系在行政主体滥用行政职权给不特定的人带来利益而招致法律受损时,便必须对法律负责,行政机构在行政主体滥用行政职权的行为给相对人权利造成侵害时,必须对公众负责。据此,我们便可进一步推出行政机构体系对行政滥用职权所应承担的恢复原状的责任,就是以这样和那样的形式将行政滥用职权以后的后果,尽可能恢复到滥用职权以前的状态,而这一点在我国以前的行政法律制度中还未曾强调过,《国家赔偿法》法规定的恢复原状,与此还不是同一意义上的概念。

第六十七条 行政指导是行政主体在实现行政管理职能时采用的基本手段,由于行政指导与其他行政行为相比不具有直接的强制力,因而理论界普遍认为,即便是错误的行政指导行政主体,对其亦不负法律上的责任。此论无疑为行政主体的误导行为提供了依据,亦为行政主体规避法律提供了说法。

第六十八条 行政误导从行政权运行过程观察属于行政指导,是一种特殊的、变态的行政指导行为,然而,行政误导本身可以成为一个独立的行政法问题,可以独立地成为一个行政法学问题,即是说可以将其从行政指导行为中独立出来进行研究,若将行政误导作为一个独立的行为范畴看的话,它的成立需要以下构成要件。

第六十九条 构成要件之一:行政主体实施了行政指导行为。这是行政误导成立的第一要件,行政主体的误导行为的首要环节是对行政管理相对一方当事人实施了属于行政指导范畴的行政行为:可能是向相对一方当事人发出了一个信息,如行政主体向当事人提供有关具有经济价值的情报,并因此让当事人做什么或不做什么;还可能是书面或口头说服相对一方当事人为某种行为或不为某种行为,等等。应当指出,行政误导中的行政指导行为,是由行政主体实施的而不是由行政人员以个人名义实施的,本身是一种职权行为而非个人行为,之所以要指出这一点,是因为在行政指导制度中,行政首长或行政领导人员的指导行为亦包括在内。行政误导中的行政指导行为常常是正式的、具有严格程序要件的，甚至是要式的指导行为，这也是使行政误导行为成为行政法制度关注的前提。

第七十条 构成要件之二：行政主体实施的指导行为是仅符合主观要件的行为。行政指导成立的一般要件，可以分为主观要件和客观要件两个方面。主观要件包括两项内容，一是实施行政指导的机关必须具有法律上的能力；二是实施行政指导行为的机关所指导的事项属于该机关的职权范围，不是越权指导的状况。客观要件包括三个方面：行政指导行为的内容必须合法，若行政机关授意相对一方当事人实施法律禁止的行为，其所指导的内容就是不合法的；行政指导所涉及的具体事项具有实现的可能和发生法律效力的可能，若行政主体所指导的事项不能实现或不能完全实现，就可视为内容不合法。行政主体的一些指导行为有可能实现但法律不予保护，不能发生正当的法律效力，此时亦可视为内容瑕疵；行政指导行为的内容必须确定，即必须在一定地段、一定时段或针对一定事件，若不确定，就不符合客观要件。行政误导行为须具备两个构成要件，就在于行政主体在实施行政指导行为时，仅符合主观要件，即属于其职权范围内的事项，符合法定的决定程序，而不符合客观要件，行政误导中的行政指导其客观上要么内容不合法，要么内容不可能实现，要么内容不确定。此一要件尽管不是首要条件，但都是实质性要件。

第七十一条 构成要件之三：行政主体实施的指导行为客观上影响了相对一方当事人的权益关系。行政指导行为作出以后，行政管理相对一方当事人既有可能根据所指导的内容为一定的行为或不为一定的行为，也有可能对所指导的事项不予理睬。是否理睬决定于两个方面，一个方面是行政指导行为的强弱程度，如果行政指导行为具有较大的强度，则相对一方当事人选择的权利就小一些，实施行政指导内容的可能性亦大一些，反之，若行政指导的强度较小，相对人实施行政指导内容的可能性亦就较小。第二个方面是，相对人对行政指导的认同态度，认同的程度高其实施指导内容的可能性就大一些。行政主体实施了行政指导行为，相对一方当事人不为所动，或者依所指导的内容而行为时，获得了利益此时便不为误导，属于误导的行政指导是在当事人依该指导行为而行使权利或承担义务时带来了权益关系上的不快，甚至对其权利造成了侵害。误导行为所造成的侵害，仅指接受误导行为的相对一方当事人的侵害而言，而不包括被指导人获益后对另一当事人造成的侵害。应当说明的是，行政主体的行政指导既可能是对权益倡议人的指导，又可能是对被保护人的指导。前者是指行政主体对某一要求实现某种权利的人的指导，在其倡议权益后，行政主体依其倡议的权益所为的指导。后者指受行政机关保护的相对一方当事人在没有任何倡议的情况下，行政主体为了给其带来利益而对其实施了指导行为。上述两种情况，都有可能使接受指导者受到损害，对上述两种情况应同样看待。指导行为对被指导人造成伤害是行政误导成立的结果性条件。

第七十二条　构成要件之四：行政主体实施的指导行为与相对方的损害有直接的因果关系。因果关系是追究法律责任时必须考虑的因素，无论在刑法理论还是在民法理论中，因果关系都占有非常重要的地位，行政法中同样必须重视这一理论。行政误导能否成立，必须考虑错误的行政指导行为与相对一方造成侵害间的因果关系。在这一因果关系中，要求行政指导行为必须引起相对一方当事人的行为，进而使依指导行为而实施个人行为的相对方造成了侵害。这一过程有三个相互联系的环节，第一环节是行政主体的指导行为，第二环节是相对一方当事人的行为，相对一方的行为是由行政主体的指导行为引起的，并且是按照行政主体指导行为的内容而为之的。一般地讲，指导行为都有一个相对确定的内容，这一内容制约了相对一方当事人的行为，行政主体就对相对一方当事人的行为负有责任，若没有制约，或只是部分制约，行政主体就不应负责或不应完全负责。就是说，相对一方当事人在依行政主体的指导行为而作为或不作为时，改变了原指导行为的内容，此时其所改变部分的内容就不应视为与指导行为有因果关系。此一点在行政法制实践中一定要认真把握。第三个环节是相对一方的物质或精神损失，该损失是由第一环节和第二环节派生出来的，若该损失具有单独存在的价值，就不应视为与前二环节有因果关系。同时，指导行为与相对方的损害结果之间必须有直接的因果关系，《国家赔偿法》在确立行政赔偿的范围时，仅限于相对方的直接损失，而不赔偿间接损失。依此笔者认为，行政误导中的因果关系必须是直接的因果关系，即指导行为造成的间接损失不应视为指导行为的结果。行政主体的指导行为与相对方当事人损害结果的因果关系要件，应视为行政误导中的程序性要件。

第七十三条　为了对行政误导有一个全面了解、为了在行政法治实践中准确把握行政误导，对行政误导进行理论分类是十分必要的。试以下列标准对行政误导进行分类，也许这些分类标准以及所作的分类并不十分周延，但至少在理论界对这一问题尚未研究的情况下，下列分类都是十分有益的。

第七十四条　以行政误导与行政执法的关系来分，可以分为决策性行政误导与执行性行政误导。相对立法机关的立法行为而言，行政主体始终处于执行的地位，正如有学者认为的行政是对国家意志的一种执行，而对于执行的理解，不能片面地停留在具体的执行阶段，而必须把它看成一个有机的整体，如此看的话，行政执法分为行政决策和行政执行两个方面。前者是指行政主体为了实现法律内容和法律精神而从可供选择的方案中进行选择的行为；后者指在法律规定明确的状态下行政主体付诸行为的状态。行政误导无论在行政决策中，还是在行政执行中都有可能发生。具体地讲，所谓决策性行政误导，是指行政主体在行政执法的大环节上选择了错误的方案，并以此方案指导相对一方当事人的行为，如行政主体制定一个具有普遍约束力的行为规则，其中指导相对一方从事错误的行为，决策性误导涉及的面要大一些，因为决策行为常常是具有普遍意义的行政行为。所谓执行性行政误导，是指行政主体在某一已经有法律根据的执法行为中错误地引导相对一方当事人从事某种具体的活动，或者不从事某种具体的活动。决策性误导尽管影响面大，但较易判断，因为误导行为是由行政主体选择错误的方案引起的，当事人可以在与其他方案比较的情况下判断指导行为所涉及方案的正确性，而执行性误导由于法律依据明确很难判断真伪，常常只有当相对一方当事人造成损失后，才能认清误导行为的错误性。

第七十五条 从行政误导与行政主体心理动机的关系来分，可以分为善良愿望的行政误导与不良动机的行政误导。行政主体尽管是一个集合概念，即是由两个以上公职人员组成的一个集合体，但丝毫不能否定行政主体在权力行使过程中具有主观动机。行政主体的心理动机可能是组成行政主体的每一个公职人员的共同动机，因为在绝大多数情况下，行政主体作为一个构成，其成员之间有着共同的利益关系，该利益关系往往促成其心理上的一致性，也可能是行政主体中多数成员的动机，还有可能是行政主体中主要领导成员的动机。若把行政主体实施行政指导行为的动机当成一个与社会、与管理相对一方当事人对应的总体来看，可以是善良动机，此时实施的行政误导尽管是错误的，但属于善良愿望的行政误导，即行政主体实施指导的动机是好的，想给社会、给相对一方当事人带来利益，而由于认识的误差或者外部原因，导致指导行为给当事人带来了损害。不良动机的行政误导是指行政主体的指导行为对社会、对相对一方当事人而言是恶意的。不良动机的行政误导应当具体分析，有些是行政主体仅从自身利益出发考虑的，以利于行政主体组成人员的生活而伤害相对方的利益，有些是行政主体玩弄权术的结果，如某县政府曾误导农民修建所谓的方块田，旨在使主要行政领导能名垂青史。善良愿望的行政误导与不良动机的行政误导是同样性质的不法行为，不能因为前者是出于善良愿望而否定其成立的主观要件，误导行为的成立就标明其有主观上的故意。甚至可以说，善良愿望的行政误导危害更大一些，因为其有较大的隐蔽性，综观我国行政法治实践中重大的错误指导，大多是出于良好愿望，不良动机的行政误导由于其具有主观恶性，较易被相对一方当事人发现。

第七十六条　从行政误导与行政管理权行使诱因的关系来分，可以分为实现行政战略的行政误导，即是说，刑法、民法常常是在案件发生以后执法才将其付诸实施，而行政法在绝大多数情况下，行政机关必须主动为之，必须把法律规定积极地适用于管理事态，如税务机关必须主动适用《税收征管法》以收取税款。行政法的此一特点，决定了行政权在行使中常常是具有诱因的。行政主体在实施一个行政行为时，常常是在某种因素的引诱下进行的，依此可将行政主体的误导行为分为实现行政战略的行政误导与获取狭隘利益的行政误导。行政主体以实现行政权的战略目标为出发点而实施指导行为，由于认识错误或对行政战略领会不深。而导致发生行政误导而在获取狭隘利益行政误导情况下，行政主体实施误导的诱因是为了对其所保护的区域利益、部门利益、地方利益带来好处。误导行为本身是与行政权的战略目标背道而驰的。获取狭隘利益的行政误导是一种较为特殊的行政误导，因为此种行政误导可能在一时一事或短期内给被指导人带来利益，而被指导者在获取利益后，必然对误导行为采取默认态度。只有站在行政权的总体构架之下，坚持行政法制的统一才能正确辨别获取狭隘利益的行政误导。

第七十七条　从行政误导与行政主体误导行为形成的原因的关系来分，可以分为主观主义的行政误导与经验主义的行政误导。行政误导的发生与行政主体的不良行政权有密切联系，甚至可以说，行政误导就是由不良行政引起的。行政主体在履行行政管理职能作出行政行为时，一般以法律为依据，以行政管理的客观状态为基准，并对需要处理的行政事项作出准确判断，选择适当的行政行为，此时便是一种良性的行政状态。若在依据上、认识上、采取行为上有误差，其行为必然有不同程度的不当。显然，作为行政误导行为而言是一种不当的行政行为，必然具有某种外在的或内在的原因，或者是行政主体主观认识上有误，或者是采取的客观行为不当。主观主义的行政误导，是指行政主体依据某种抽象理论指导本来就十分复杂的行政事态，并独断的指示相对一方当事人依行政主体的主观认识而为一定的行为，是哲学上的"形而上学"在行政指导行为中的表现。经验主义的行政误导，则是指行政主体从先前处理一些行政事态的经验出发，用先前的处理方式指导新的行政事态的处理，并引导相对一方当事人依其指导行为而活动,是哲学上的"机械主义"在行政指导中的表现。主观主义的行政误导与经验主义的行政误导效果是一样的,不能简单地说哪一个危害大些哪一个危害小些。

第七十八条 从行政误导与行政误导结果的关系来分,可以分为为行政首长创造政绩的行政误导与尝试新的管理方法的行政误导。行政误导行为的结果可以从两个方面看,一个方面是行政误导对于相对一方当事人来讲带来了精神或物质损害的后果,此一结果由指导行为转移到被指导者身上。另一个方面是行政误导对机构乃至行政权带来了后果。此方面有两种情况,有时行政误导的结果是为行政机关中的主要领导者创造了政绩,而该政绩是以损害相对一方当事人的权益为代价的。在行政执法中,为行政首长捞取政绩的错误行政指导非常多见。如某市让全体市民修建现代化厕所,一些贫困农民亦不得不拿出数千元筑建厕所。尝试新的管理方法的行政误导,是指行政主体在实施管理过程中,为了使管理更有效而大胆尝试新的管理方法,并指导相对一方在法律之外,在脱离实际的情况下从事某种活动,结果给相对人造成损害。尝试新的管理方法的行政误导与其他类型的行政误导一样,属于不当行政行为,因为任何新的管理方法的尝试,都不能以损害行政相对人的权利为代价。

(六)行政行为

第一条 行政处罚是行政主体行使行政管理职能的一种重要手段,也是行政相对人承担行政法律责任的主要形式。我国《行政处罚法》出台以前,行政法学界关于行政处罚相关问题的争论非常激烈。如关于行政处罚概念的讨论就有上十种;关于行政处罚的原则,学者们也提出了十几项原则,包括处罚法定原则、公正适当原则、客观公正性原则、处罚决定权与执行权分离原则、一事不再罚原则、无救济便无处罚原则、处罚与教育相结合原则、充分保障当事人权利原则、监督制约原则、程序及时性原则、程序民主化原则、行政处罚不得和解原则等。除此之外,还有诸如行政处罚性质、行政处罚程序、行政处罚具体制度等的讨论。1996年《行政处罚法》出台以后,行政处罚中的一系列问题已有了明确的法律规范和具体说法,因此,对行政处罚相关问题的争论趋于缓和,但这并不等于说行政处罚的探讨已经终止,相反,其中个别问题的探讨正朝着更深更广的方向发展。随着《行政处罚法》的实施和国务院相关文件的颁布,也出现了许多值得研究的新问题。

第二条 目前值得讨论的问题之一：行政处罚适用中的"一事不再罚"。

第三条 《行政处罚法》第24条规定："对当事人的同一个违法行为，不得给予两次以上罚款的行政处罚。"此规定第一次在我国行政法制度中确立了一事不再罚原则。尽管一事不再罚只适用于罚款这一特定行政处罚中，该原则确立以后，在行政处罚实践中常常遇到一些似是而非的问题，不同的行政机关对一事不再罚有不同的认识，而且理论界在阐释这一原则时观点也不一致，因此，至今是人们争论的焦点。笔者认为主要原因在于立法本身的模糊性。从表面看，《行政处罚法》规定的"对当事人的同一个违法行为，不得给予两次以上罚款的行政处罚"很容易理解，事实上，从不同的角度看会有多种不同的认识。笔者试将该条文进行剖析：其中，违法主体的"当事人"是否"同一主体"在进行行政处罚时是比较好认定的。但"同一个违法行为"即是否"一事"认定起来似乎就有些麻烦，因而用于衡定同一违法行为的"同一事实和理由"便存在较大分歧。

第四条 我们再看看学界关于一事不再罚中的"罚"。有的学者都从《行政处罚法》的字面意义出发，认定为"罚款"，意即金钱的给付。而大多数学者认为，应该对这一条文作广义理解，因为罚款是最常见和最容易被重复处罚的种类，所以在条文中才会被指出。一事不再罚原则应适用于所有处罚种类而不仅仅是罚款。这里的处罚就不仅仅指罚款了。

第五条 "一事不再罚"被普遍认同为行政处罚的一个原则，这是毫无疑问的。但"一事不再罚"到底应归入《行政处罚法》的立法原则范畴还是应归入行政处罚的适用范畴，也有不同理解。尽管人们在谈"一事不再罚"原则时，都是和其他原则放在一起讨论，然而我们可以看出，普遍认为"一事不再罚"是作为行政处罚的适用原则来对待的。有的学者则认为应作为立法原则。

第六条 基于上述研究状况，笔者认为，应对"一事不再罚"进行"再认识"。

第七条 一事不再罚涉及三个概念，一是"事"；二是"罚"；三是"事与罚的关系"，若此三个概念得到了澄清，该原则的内容亦就明了了。

第八条 一事不再罚的第一要素便是"事"，对于事的认定是一事不再罚能否正确把握的关键，一事不再罚中的"事"是受如下条件限制的，也只有在以下关系的基础上才能确定"事"的性质，即为"一事"或"两个以上的事"。

第九条 一事不再罚中的"事"，是受行政相对人制约的事。简单地说，"事"所指的是违法行为的事实或行政主体主观认为违法行为的事实，该事实是由一定的违法行为人实施和完成的。当行政主体介入到"事"的追究以后，违法行为人的身份就变成了行政相对人，与"事"的关系是"事"的首要环节。"事"与相对人的关系可有下列情形：一是一人一事，即一个行政相对人实施了一个违法行为，如某个体商贩在禁止地点摆地摊，仅在一个地点而没有第二个地点。二是一人多事，但该事是同一性质的"事"，若是两个不同性质的"事"就不会引起争论。例如，某个体商贩在禁止地点摆地摊，一定时段内在三个不同禁止地点摆设，或不同时段内在同一地点摆了两次以上的地摊。三是多人一事，就是两个以上的行政相对人就同一对象、同一事态共同实施了违法行为，其主观上有共同的认识，各方都已经领会了另一方的意图。如兄弟5人达成协议在法律禁止的责任田上修一栋楼房，然后一人分住一层。四是多人多事，即相互有共同认识基础的多个行政相对人实施了两个以上的违法行为，如3个香烟贩子联合起来在3个不同的地方实施了贩卖香烟的行为。上述四种情形中第一种为"一事"是无可争议的，第四种情况是"多事"亦是无可争议的。而第二与第三种情况则比较特殊。在第二种情况下，尽管行政相对人是一人，违法行为亦为同一性质，但应视为"二事"而非"一事"，因为行为人的若干行为都是独立存在的，每一个行为都有相对独立的价值，甚至其主观上的故意亦是两个以上。第三种情况从表面看行政相对人有多人似乎是多个事实，其实若把一事不再罚中的"事"当成一个整体看，多人仍然可以为一事，因为多人之间的主观意识不可分割、多人之间的行为亦不能分而论之，若分而论之，将会变成另一种形态的事实，因此，第三种情形应视为一事。行政主体在实施行政处罚时也只能追究一个事实责任，根据事实的"量"而不能根据行为人的"量"追究责任。第三种情形的行政处罚在操作过程中存在一些问题，既包括法律规定中的误差，又包括行政主体在实施行政处罚时主观认识上的误差。

第十条 一事不再罚中的"事"是受时段制约的事。违法行为的事实与时间段有着非常密切的联系，以致几乎任何一个违法行为事实上认定时都要确定其发生的时间或时间段。与一事不再罚中的"事"有意义的时段可以作这样的理论划分：

其一，霎时性行为，在霎时性行为状态下，违法行为是在一个难以量化的时段内实施的，行为状态常常以突出的性状表现出来，如治安违法中的打架斗殴，行为人在事先没有准备的情况下，与人发生口角并立即实施殴打行为。行为人自己对自己的行为亦很难说有预测。霎时性行为由于时间段较短，因而在大多数情况下容易判断其事的一或二，此种情况下大多数是一事。

其二，瞬时性行为，在瞬时性行为状态下，违法行为的时段可以量化，且行为人在实施行为时，亦认识到该行为在一定时间内可以完成，如倒卖车船票的违法行为。对于瞬时状态下的违法行为，绝不可简单以一事确定，如倒卖车船票者在很短的时间段，既可能实施倒卖车船票的行为又同时实施诈骗行为，此时绝不可将"二事"认定成"一事"。

其三，循环性行为。违法行为人的行为有时以周期性的状态出现，整个行为过程是一个循环状态。有的循环周期较长，有的循环周期较短，如违法摆地摊的可能选择每天傍晚5时至7时在禁止区域摆地摊。还如有些违法行为仅在周末实施，而不可能在其他时间实施。周期性的行为若是实施一次抓获一次，则不存在"一事"与"二事"以上的争议问题，在行政执法实践中，常常是当行政主体发现某个违法行为人时，在调查取证以后，才知相对人的行为不止一次而是周期性的出现，如某摆地摊者被抓获后，竟查出其连续一周都在每晚5时至7时在某一禁止地段摆地摊。循环性的行为状态，不能以行为的同一性、行为主体的同一性将"事"认定为"一事"，尽管在循环周期的每一次，主观故意都是一样的，行为状态也是一样的。因为当事人每一次的行为都是独立的，当事人的主观故意每次都有独立存在的价值。此一状态在行政处罚实践中遇到的最多，争议也最多，许多当事人以《行政处罚法》规定的一事不再罚原则为自己循环性违法行为状态开脱，且请求行政主体最多处罚自己一次，这是不能成立的。

其四，持续性行为。在持续性行为状态下，违法行为持续了较长时间，或数天，或数月，或数年。在行政处罚实践中，持续性违法行为状态最难把握，由于其时间跨度长，很容易使人产生一种错误，似乎此种类型的违法行为为多事而非一事。其实，持续性违法行为状态中的事都是"一事"而非"二事"或"多事"。例如，某违法建房者，在建房过程中逃避了房管部门和其他部门的管理，房子建成后便搬了进去，一年半以后被房管部门发现，此时，既不能因为其已经住进新房而将违法变为合法，亦不能因为其持续了一年半时间而将其行为认定成多个违法行为，应以一事论之。

第十一条 一事不再罚中的事是受地段制约的事。对于一事不再罚中事的讨论，不能不涉及事与地段的关系。任何违法行为的发生都与一定的地点、一定的地域有关。地域和地段状况是制约事态的基础条件之一，在行政违法行为中存在下列诸种情形：违法行为在一地就可以完成。行为人实施一个违法行为时，只需要一个地段就可以完成，若其他条件不变的情况下，此时行为人的行为应视为一事；违法行为在一地不能完成，只有两地才能促使该违法行为完成，此时，两地是一个违法行为成立的必要条件而非充分条件，如非法长途贩运，利用地区差价实施投机倒把，此时若其他条件不变的情况下，不能因为行为人的行为跨越两地而认定成"二事"或"多事"，此一状态是行政处罚实践中较易将"一事"认定成"多事"的；同样违法行为在多地实施，如倒卖车船票者，在同一天内可以在一个城市的数个车站实施。在该情形下，行为人在每一地的行为都是一个单独行为，都是一个不依赖他地也可以完成的行为，因而每一次的行为应视为一个事实，在处罚过程中不适用一事不再罚原则；同一违法行为跨越了数个地段，此种情形比较特殊，其在一地这一行为是一个独立行为，有独立价值，牵涉两地后，仍然是一个具有独立价值的行为，后地对前地没有决定性的意义，只是一个补充条件。如货主在河北省的香烟走私者从广州市走私香烟运往河北省，沿途经过湖南省、湖北省、河南省等地，对其行为起决定作用的只有一地，即广州市，而其他地段只是其行为成立的一个补充条件。对于此种跨越多地的同一违法行为切不可因"多地"而将其定为"多事"。

第十二条　一事不再罚的"罚"，是仅次于"事"的第二构成要素。从行政处罚的决定阶段看，"事"比"罚"重要，因为只有将"事"的性质判断正确才能施行"罚"，而进入处罚的量罚过程中，"罚"则比"事"显得更为重要。尤其对于行政管理相对一方当事人来讲，"罚"的意义比"事"的意义要重要得多，因为只有"罚"才能最终改变其权利义务关系，才能对其施加物质或精神负担。

第十三条　"一事不再罚"中的"罚"是受下述因素制约的：

第十四条　一是行政主体对罚的制约。行政主体与罚的关系可以表述为：

首先，同一主体的一罚，即同一个行政主体对同一个违法行为进行一次处罚，让行政相对人承担一次违法行为的责任，该种情况中的罚是正当处罚，没有什么争议。

其次，同一主体的二罚，即同一个行政机关对于相对人一个违法行为处罚二次以上，所指的二次是就同一处罚种类而论、是针对罚款的处罚形式而言的。同一主体的二罚既可以是同时进行，也可以是在一次处罚之后再处罚一次或多次。同时进行二次处罚时所基于的理由大多是相对人一个违法行为同时触犯了两个以上的法律条文，如砍伐林木时既可能违反森林法的此一条款，又可能违反了彼一条款。后来加罚时大多是由于认为前罚不足以制裁违法行为或前罚没有达到与违法行为相互对应的量，故再加罚一次，上述对同一主体两次以上处罚的两种状态都是多罚而非一罚，就是说，两种两次以上，处罚行为都是违背一事不再罚精神的。

再次，不同主体的二罚，即不同的行政主体对相对人的违法行为各处罚了一次或各处罚了两次以上。若各处罚了两次以上其违背一事不再罚精神的事实是很明显的。而各个主体在各自的职权范围内处罚一次，究竟是一罚还是多罚就是值得引起注意的，因为此种情况都于每一个行政主体而言，只实施了一次处罚行为，而对违法行为人其事而言，则处罚了两次以上。如在《行政处罚法》颁布之前，在某市就曾发生过一个工厂的排放废水行为先后被16个行政管理职能部门罚款。现实中，由于行政管理的职能交叉，违法行为人的行为可能触犯了两个以上的法律或法规或规章，牵涉两个以上职能部门的管理权限，对此，笔者认为，多个执法主体应组成一个联合处罚机关对当事人的违法行为合并处罚。我国刑法中就有牵连犯的规定，即犯罪人一个行为触犯两个罪名，此时采取重罪吸收轻罪的原则只追究一个罪名的责任。《行政处罚法》在确定一事不再罚原则时也是针对违法行为中的事而论的，而不是就某一单一行政主体而论的。应当指出，相对人同一个违法行为触犯两个行政法规范由两个行政机关共同处罚时，不可将各部门法中规定的罚款额加而处之，若加而论之对相对人来讲仍可视为多罚。如某违法行为人无证出售猪肉，既违反了工商行政管理法可处1000元罚款，又违反了食品安全法可处1500元罚款，绝不可由卫生防疫机关和工商机关以共同名义合并对相对人处罚2500元，而应选择其一罚之，即或处1500元或处1000元。由于我国行政法没有确立重罚吸收轻罚的原则，因此执法机关应从行政合理性原则精神出发对当事人选择适中性处罚。

第十五条　二是处罚规则对罚的制约。对此将用一个案例予以说明，1997年12月，黄某等驾驶一辆东风牌汽车，进入某省森林保护区。黄某事先伪造了木材出山证、准运证等虚假证件。进入林区后，其以付高价的手段从林区农民处购买了30立方米木材，后用伪造的出山证骗过林区检查人员将木材转移出山，又用伪造的假准运证企图蒙骗设在林区公路的运输检查站，假证件被发现并查获。某县林业局根据《中华人民共和国森林法》（以下简称《森林法》）和《某省森林管理条例》等对黄某进行了处罚。处罚机关认为黄某的违法行为有三个事实，这三个事实是从《某省森林管理条例》的三个规则中推导出来的：第一个事实是依《某省森林管理条例》第11条规定禁止任何人从林区农民处收购木材，黄某有收购行为；第二个事实是依《森林法》木材出山必须有出山证，黄某无出山证将木材转移出山；第三个事实是依《森林法》，运输木材必须有准运证，黄某无证运输。依上述三个事实，某县林业局分别对黄某处罚 3000 元罚款；2000 元罚款；3000 元罚款并合并执行 8000 元罚款。此案例，充分反映了处罚规则对"罚"的制约作用。若上述三个行为即收购木材、将木材转移出山、无证运输木材是由三个违法行为人实施的话，某县林业局的处罚将是无可非议的，因为三个人实施的违法行为是可以割裂开的，可分别对其进行处罚。然而，依本案的情况，黄某所追求的仅一车木材，对黄某的行为不能简单地套用《森林法》和《某省森林管理条例》的一些条文，应对其采取重罚吸收轻罚或折中处罚的方式选择三个处罚手段中的一个。行政处罚规则对罚的制约，一是由于立法的疏漏造成的；另一是由于处罚机关对法规的不当理解造成的。因此，建议对一事不再罚应由国务院作出行政解释，并附有相关的一事不再罚适用原则。

第十六条　三是处罚的种类对罚的制约。行政处罚的种类除《行政处罚法》列举的六种之外，还有上百种没有被列举的，但在行政处罚中都运用颇多。其中绝大多数处罚种类都与当事人的物质利益和经济利益有关，有些甚至从实质上讲与罚款是完全相同的。如加征利息、滞纳金、停止贷款、停发工资、停发奖金，等等。依《行政处罚法》第 24 条"对当事人的同一个违法行为，不得给予两次以上罚款的行政处罚"之规定，显然，罚款可以与上列诸如滞纳金、加征利息、加征养路费等处罚手段并用。这是《行政处罚法》在确立一事不再罚原则时的一个严重疏漏。若如该法规定的一事不再罚原则处罚，相对人仍然可能对一次违法行为承受两次以上的处罚后果。因为行政处罚机关可以罚款处罚之外，还可以选择其他对相对人造成经济负担的处罚手段。事实上，在行政处罚实践中，由于该规定的不周延，恰好成为一些行政主体规避法律的借口。因此，建议一方面在《行政处罚法》修改时，将目前的狭义一事不再罚原则改成广义不再罚原则，就是牵涉经济内容的行政处罚只能选择一种。另一方面，行政主体对《行政处罚法》规定的诸种处罚种类之外的处罚种类在使用中要慎之又慎，不能以换汤不换药的方式向违法行为人收取金钱。

第十七条　上面我们讨论了一事不再罚中的事与罚，而且我们是把事与罚分而讨论的，要对一事不再罚原则全面认识必须把事与罚有机地结合起来。一事不再罚中的事与罚是一个相互统一的事物，若把一事不再罚原则作为一个事物看待，事与罚则是这一事物的两个方面，双方作为一个矛盾着的对立面共同存在于一事不再罚中，二者谁也不能离开对方而独立存在。

第十八条 一事不再罚中"罚"与"事"具有对应性。"罚"与"事"的对应性表现在事是决定因素，正是由于事，即相对人违法行为的存在决定了"罚"即行政主体处罚行为的存在。"罚"与"事"的关系从外在表现看体现了行政主体与相对一方当事人的关系。从这个意义上讲，"罚"与"事"是由法律规范联结在一起的，亦是在行政法关系的基础上形成的。这一点要求一事不再罚的实现是在法律规范之内进行，也是在行政法关系主体能量交换的基础上进行的。因此，一事只能导致一罚，若一事被处以两罚，就超出了法律规范的规定。事实认定是否清楚，是罚与事能否对应的决定因素之一，若错误地把一事当成了二事，则必然使罚与事不能对应。"罚"本身是由行政主体实施的，在"罚"的实施过程中，可能有两个以上的意志，就是说，当相对一方当事人的违法行为触犯两个以上的行政管理法规范、被两个以上的行政主体追究责任时，一事就产生了罚的过程中的两个意志。此二意志融合程度是"罚"与"事"能否对应的另一决定因素。若二意志能够合致，则可以使一事受到一罚而做到"罚"与"事"的对应，若二意志不能合致，则"罚"与"事"难以对应，因为两种意志分别对一事施行"罚"。在事与地段、时段发生在两种场合下，更易出现此种情况。当然，若事本身是以违法牵连的形式，即一个违法行为触犯两个法律规定时更是如此。所以，"罚"与"事"能否对应对行政主体的处罚行为提出了新的要求，行政主体若从狭隘的局部利益出发，"罚"与"事"一致的概率就非常小，若行政主体从行政权的全局出发，"罚"与"事"一致的概率就会很高，此点表明加强法制统一是"事"与"罚"一致必不可少的。应当指出的是，现有的行政法规范并不从根本上解决一事不再罚中罚与事相互对应的关系，即使每个行政机关都以依法行政作为执法的指导原则也不可能解决事与罚的对应关系，这是由于事的复杂性决定的。"事"不总是与法律规范的规定和行政主体的职权对应，一事涉及数个部门法规范，一事对数个部门行政管理机关触动的情况非常多见。基于此，行政法规范应当确立新的调整罚与事对应关系的规则，这些规则包括执法裁决规则，当行政相对人对两个执法部门的权力、对两个以上不同部门的行政处罚行为提出质疑时，应由其上级机关进行裁决，通过裁决将处罚过程中双重主体变为单一主体，随着主体的单一化行为的单一化亦就迎刃而解；行动统一规则，当一个违法行为触犯两个部门管理的法律规范时，两个部门管理机关可统一行动，合并成一个行政处罚主体，实施一个处罚行为，我国一些城市设立的综合执法机关就很有意义，其可能大大减少一事多罚行为，因为一个综合执法机关常常行使多个行政管理部门的权力；责任连带规则，当行为人的一个违法行为受到两个以上行政机关处罚时，若通过正当途径救济时，两个处罚机关应承担连带责任。我国行政法规范，甚至像《国家赔偿法》这样关于纯粹责任的法律都没有规定连带责任，依此种责任，若应两个机关实施处罚而没有使当事人遭受多罚时，两个主体无论孰是孰非都应承担责任，至少要承担不予联合的责任。

第十九条 一事不再罚中罚与事具有因与果的二次转换性。行政处罚中的因果关系原理，虽然不像刑法中的因果关系原理那样形成一个因果关系理论，然而不能因此忽视或轻视行政处罚中的因果关系。行政处罚中的因果关系可以从若干层次上认识。

首先，行为人的违法事实与其主观认识和客观行为有因果关系，说它与主观认识有因果关系，是该行为人主观上追求已经发生的事实，说它与客观行为有因果关系，则是说行为人的行为带来了已经发生的事实，此点在行政违法理论里有学者已作过研究。

其次，行为人的违法事实与行政法规范的禁止规则有因果关系，如《湖北省实施〈中华人民共和国城市规划法〉办法》第35条规定："建设单位或者个人从取得建设用地规划许可证（含临时建设用地规划许可证，下同）之日起一年内不办理征拨用地手续，以及从领取建设工程规划许可证之日起一年内不动工兴建，且未办理延期手续的，上述两证自行失效。"若某许可证持有者一年之内未动工的事实发生，其作为的"因"必然带来许可证丧失的"果"。

再次，行为人的事实规定与行政机关行政行为之间的因果关系，即事实存在、法律规定存在此两项作为"因"带来行政机关对其作出处罚行为的"果"。在一事不再罚中，当事人的"事"可视为"因"，而"罚"则是"果"。但是，以行政处罚中一事不再罚中罚与事的关系而言，此一因果关系只是第一层次的因果关系，其没有能够全面反映罚与事的关系原理。罚与事的关系是一种"因"与"果"的二次转移关系，前面指出，第一次关系应当是事作为因导致了罚的果，第二次转换关系则是"事"作为一个综合因素在法律规范的规定下，将若干个事与若干个行政主体之"因"转换成一个能够统一二者的"果"。对此必须作深刻理解，我们可以这样分析：依第一次因果原理，即违法行为事实起"因"带来责任追究的"果"，若不发生转换一个违法行为可能带来多个行政主体的处罚行为，且每一处罚行为都会有根据。因果关系转换后，将使一些事或者"事"的一部分不再与"罚"发生关系，"不再罚"三字并不是对违法行为及违法行为者的赦免，而是因果关系转换后进入的另一个较深的层次。

第二十条 在一事不再罚中，罚与事具有合理性。一事不再罚中罚与事关系原理的实质在于使罚与责能够保持量上的一致。行政处罚行为和其他行政行为一样有"质"和"量"两个方面。诚然，行政处罚一事不再罚中存在罚与事的质的对应性，如违法行为必须承担法律责任，不论什么样的"事"，只要违法就应当以"罚"报应之。但是，一事不再罚原则所贯穿的核心内容是量的方面：一个违法行为事实被处罚一次，其中一与一的对应就是典型的量上的对应，若"一"对应了"二"或"二"对应了"一"，就会使量的内容出现变态。具体地讲，若两个违法行为被处罚了一次，显然相对人占到了便宜，一旦此种便宜被占到，既不利于报复其违法行为，也不利于以儆效尤，同样，若一个违法行为被处罚了两次，就向相对人加重了负担，此种负担的加重既可能导致其进一步实施同样违法行为，又可能在其内心深处对行政权形成逆反心理；一罚对一事亦是一与一的对应，行政主体的一次打击行为只对准一个违法事实，若对准两个违法事实，显然起不到打击的作用，因为打击不力，若以两个行为打击一个违法事实，则会给行政权自身带来消耗；一事一罚还存在罚本身的量，《行政处罚法》把一事不再罚确定到罚款，此种行政处罚中就是基于罚款是完全可以量化的这一考虑。因此，若两个以上行政机关作出同一个罚款决定时，必须考虑所决定的罚款的量与违法行为的量的关系。我们常说"就那么大个事"，就是说事情不大的情况下事中人不担心会导致严重后果。同样，行政处罚机关对于违法行为人事的量要作出充分估计，并给予与其量相应的罚。上面所举某县林业局对黄某运输木材作 8000 元的处罚，就是较为典型的量大的处罚，等于将当事人一车木材的价值计算了三次，即两个 2—3 倍外加 3000 元。我国在行政管理法规范制定时，一般都有定量化的分析，并根据行为的量作对应规定，如《医疗机构管理条例》对在核准范围外从事医疗活动的违法行为罚款数额为 3000 元，对医疗机构使用非技术人员的违法行为罚款为 5000 元，因为在核准项目外进行医疗活动，比使用非技术人员从事医疗活动的量轻，其罚款数额亦要少些。行政处罚操作过程中罚与事的合理性则要难把握一些，这需要我们在今后研究一事不再罚原则时必须作为重点考虑的问题之一。

第二十一条 一事不再罚中还有一个不能不讨论的概念就是"不"，"不""不再""不再罚"可以作为三个概念来看待，亦可作为三个不同的层次分析。但"不再"和"不再罚"都与"不"有着密不可分的关系，若澄清了"不"的概念，"再"和"不再罚"的概念亦就迎刃而解了。

第二十二条 一事不再罚中的"不",可以从三个方面认识,或者说其对下列三者的意义最为密切。

第二十三条 对行政主体的意义,毫无疑问,"不"对行政主体而言有三层法律意义,一是它是一种规则,即对行政主体实施行政处罚的一种法律规则,该规则既规范了行政主体实施处罚过程中的行为,也制约了其后续行为,即处罚行为完成以后的其他法律行为。二是它是一种禁止,是对行政主体行政权运行中重复运用的一种禁止,该禁止旨在保证行政权的统一性、连贯性。三是它是一种责任,不再罚是个假定规则,若行政主体违反了该规则,就会带来相应的后果,如撤销处罚决定、赔偿相对人的损失等。

第二十四条 对行政相对人的意义。行政相对人在一事不再罚原则之下,对于再罚者可以说"不",如《行政处罚法》和一些行政实体法的处罚规则中规定了行政相对人有抗辩权、有拒绝权等。这些权力就是"不"在实现公民权中的意义。"不"对行政相对人最根本的意义在于,其违法行为的量和受到相应打击的量应当始终保持同一。

第二十五条 对救济机关的意义。复议救济机关在"不"的精神指导下,可以纠正处罚机关的具体行政行为。人民法院则可以撤销重复处罚的处罚行为。

第二十六条 "不"对上述三者的意义是非常清楚的,无须多加讨论。然而,从深层次看,"不"的意义是一种法律上的意义,它所要求的是一种法律状态,此种法律状态是"不"在行政法治理论和行政法治实践中的一种升华,可将"不"的法律意义表述如下。

第二十七条 一事不再罚中的"不",是以行政法关系为前提的"不"。对于"不"的认识,只能限制在行政法关系的范围之内,行政法关系是确定"不"的内涵的大前提。也就是说,罚对于相对人来讲有诸种形式,如赔偿损失、刑事中的罚金等。行政相对人的一个违法行为实施以后,可能会形成三种法律关系,即行政法律关系、民事法律关系和刑事法律关系。一事不再罚中的"不",是仅对行政法关系而言的,相对人只能在行政法关系中说"不",而不能在行政法关系之外说"不"。当事人的行为若同时引起了民事责任、刑事责任,将不可以对民事部分的赔偿和刑事部分的罚金说"不"。

第二十八条 一事不再罚中的"不",是要求行政主体权力转让的"不"。一事不再罚中的"不",不是单单地对一个行政主体而论的,而是把行政权作为一个整体来看待的。在行政处罚实践中,职能交叉现象颇多,加之行为人行为的复杂性，一个违法行为者在实施违法行为时，并不是先将哪一个行政主体作为选择的目标，而是以自己是否能获得利益为出发点。利益的综合性决定了其违法行为可能侵害了若干行政管理客体，若干个行政管理机关都有处罚权。此时，依据"不"的精神，若干机关必须转让其部分权力，作为一个组合性的行政主体实施共同行政行为。权力转让以后使可能发生的数个以上处罚行为简化为一个，当然对于行政权整体或一个行政机关都体现了一种禁止状态。

第二十九条 一事不再罚中的"不"，是被处罚人有说明理由义务的"不"。行政处罚中的再罚或是一个行政主体的再罚行为，或是两个以上行政主体的再罚行为，无论哪一个行为，后罚与前罚是相互割裂开来的。若不是相互割裂，而是一个处罚过程的有机延续，则很难将其定性为再罚。正是由于各次处罚无论从处罚主体的处罚决定形式还是从处罚的具体内容看，都是可以独自成立的。事的"一"与罚的"再"是不再罚中"不"存在的前提，由于行政主体的再罚都单独可以成立，一些行政主体并不能够准确判断再罚行为是第一次处罚或第二次以上的处罚。《行政处罚法》对此并没有作出进一步的详细规定。而且《行政处罚法》中的"同一事实与同一理由"并不是一个能够准确把握的概念。正因为这一点，"不"所反映的是相对对应的权利义务关系。就是说，不能仅仅把"不"理解为行政主体的义务和行政相对人的权利，各方的权利是都附带相应的义务。行政主体"不"的义务，对应相对人提供不所需要的事实和证据的义务。相对方说"不"的权利，亦对应其提供事实和理由的义务，笔者此处所讲的说明理由是在再罚实施过程中对再罚机关说明的，而不是进入救济状态以后向救济机关说明的。

第三十条 一事不再罚中的"不"，是行政相对人对被告有任选权的"不"。再罚行为一旦发生，行政相对人就有权利提起行政复议或行政诉讼。在复议阶段，行政相对人可以选择第一次处罚机关或第二次处罚机关。在行政诉讼中，行政相对人则可以既将第一次实施行政处罚的机关作为被告，也可以将第二次实施行政处罚的机关作为被告。有时，由于相对人一个违法行为违反了数个部门管理规范，那数个机关则可能同时分别对其实施处罚，在此种情况下，行政相对人同样可以任选一个为被告。当然，也可以将各处罚主体分别作为被告起诉，由于此种起诉方式对相对人来说需要成本大，其可能不会选择。由于一事多罚中并不是所有的处罚都是错误的，根据一事不再罚中的"一"，当事人承担一次法律责任总是应当的。因此，就可能出现这样的问题，行政相对人所起诉的处罚可能是合法处罚，而没有起诉的处罚则可能是非法处罚。由于一事不再罚所追求的是处罚过程中的"一",故人民法院可以灵活掌握撤销哪一个或哪几个处罚行为。再则,可以将所有处罚机关列为共同被告,以普通共同诉讼审结案件。

第三十一条 目前值得讨论的问题之二:相对集中行政处罚权问题。

第三十二条 相对集中行政处罚权在我国经过了一个发展过程,1996年制定的《行政处罚法》第16条规定:"国务院或者经国务院授权的省、自治区、直辖市人民政府可以决定一个行政机关行使有关行政机关的行政处罚权,但限制人身自由的行政处罚权只能由公安机关行使。"该条是对相对集中行政处罚权制度的一个确立和限定,是对我国现行行政执法制度的重大改革。在此基础上,1999年国务院发布了国务院《关于全面推行依法行政的决定》(国发[1999]23号),对行政执法中的若干重大问题作了指导性的规定,尤其对相对集中行政处罚权作了重点规定,强调了"相对集中行政处罚权"的概念,并指出"继续积极推行相对集中行政处罚权的试点工作,并在总结试点经验的基础上,扩大试点范围"。在这一法律精神的指导下,国务院开始了相对集中行政处罚权的试点工作,逐步使这一法律制度落到实处。1999年前后,我国一些省市制定了规范行政执法的地方立法(如湖北省、湖南省等省制定了《行政执法条例》),但对相对集中行政处罚权都采取回避态度。而在"试点"城市的试点过程中,也遇到了一些问题,针对这种情况,2000年9月8日,国务院办公厅发布了第63号文件,即国务院办公厅《关于继续做好相对集中行政处罚权试点工作的通知》,对相对集中行政处罚权制度作了进一步的强调和肯定。2002年8月22日国务院发布了第17号文件,名为国务院《关于进一步推进相对集中行政处罚权工作的决定》,对在我国推行相对集中行政处罚权作了新的规定。然而,这并不意味着我国行政综合执法与相对集中行政处罚权的制度和理论就已经完善,恰恰相反,推行该制度的诸多理论和操作层面的问题还需进一步深入探讨,也就是说,相对集中处罚权的研究从某种意义上讲只是一个开始,有着巨大的研究空间。

第三十三条 "相对集中行政处罚权,是指将若干行政机关的行政处罚权集中起来,交由一个行政机关统一行使,行政处罚权相对集中以后,有关行政机关不再行使已经集中由一个行政机关统一行使的行政处罚权。"这是我国学者对相对集中行政处罚权概念的一个界定,笔者认为,这一定义合理地揭示了相对集中行政处罚权的概念。下列三个方面是相对集中行政处罚权的基本内涵。

第三十四条 相对集中行政处罚权所集中的是行政处罚权。在我国行政机关享有非常广泛的国家权力,如行政命令权、行政强制权、行政处罚权、行政奖励权、行政指导权、行政裁决权,等等。在诸多国家权力中最为重要的一种就是行政处罚权,因为行政处罚权与行政相对人的权利是最为密切的,也是最容易引起当事人注意的。正因为如此,我国行政法治率先解决的具体行政权力就是行政处罚权,国家制定专门、系统行政处罚法的事实就是明显例证。通过行政处罚法使行政机关的行政处罚权达到最大限度的规范化。在相对集中行政处罚权的概念之下,所集中的不是诸如行政强制、行政许可、行政指导等类型的国家权力,而单单是行政处罚权。行政执法过程中其他方面权力的集中不在相对集中行政处罚权的概念之下。

第三十五条 相对集中行政处罚权是对行政处罚权的集中。所谓集中就是指将较为分散的行政处罚权化零为整,由诸多事物变成一个相对单一的事物,如果相对集中行政处罚权概念中所集中的是处罚权反映了该概念的外在特征的话,相对集中行政处罚权概念中对行政处罚权的相对集中,则反映了该概念的内在本质。

第三十六条 相对集中行政处罚权是对行政处罚权行使主体资格的重组。任何一种行政权的行使、任何一个行政行为的作出,都与一定的行政主体有关,是合法主体而为之行为。相对集中行政处罚权的行为过程是与行政主体资格重组分不开的。对行政处罚权的相对集中,实际上就是对所集中的行政处罚行为主体的资格重组。新的处罚主体取代了原来的行政处罚主体,获得了新的执法主体资格。

第三十七条 有学者关于目前相对集中行政处罚权的模式作了非常巧妙的概括,认为相对集中行政处罚权从宏观上讲是授权集中模式,从微观上看则是委托集中模式,就是通过各职能行政机关的委托,从而使各职能行政机关的行政处罚权归并于特定执法机关行使的状态之下。认为行使相对集中行政处罚权的行政机关的内部结构决定了委托行政处罚权的存在。若从相对集中行政处罚权的运作方式和管理体制等角度出发,有学者将相对集中行政处罚权划分为下列三种模式。第一种是授权新建专门机关集中行使处罚权;第二种是授权现有职能部门行使集中行政处罚权;第三种是授权现有职能部门的下设机构或代管机构行使集中行政处罚权。

第三十八条 到目前为止,就所掌握的材料来看,相对集中行政处罚权立法的研究中,关于政府组织法和行政行为法的相对集中行政处罚权的问题,还没有学者进行过系统研究，甚至无人提出要在政府组织法中规范相对集中行政处罚权问题，而更多的学者关注以专项立法规范相对集中行政处罚权问题。

第三十九条 相对集中行政处罚权对我国行政系统而言，无疑是一个新出现的事物，但可以说已经基本上形成了规模。相对集中行政处罚权在我国的基本状况可作出如下基本评价。

第四十条 一是推行广度的集聚性与分散性并存。相对集中行政处罚权是我国行政大系统内部的事物，其与行政大系统的基本管理属性相对应，因此，对它进行探讨必须从我国行政权和行政机构体系的总格局出发。我们所讲的相对集中行政处罚权的广度，是基于行政大系统而论的，因为试点城市本身无法进行广度的分析。就是说，所试用的广度概念是就我国行政权所辖的地域范围而言的。目前所确定的试点城市以及推行的状况告诉我们，相对集中行政处罚权既有集聚性的一面，又有分散性的一面。前者指目前相对集中行政处罚权是以试点的形式出现的，而试点本身又集中在一些经济和文化比较发达的城市，经济和文化相对落后的中西部城市尚未被列为试点。该集聚性是有一定道理和优势的，一是它有推行该制度的文化基础，二是有一定的成本可对推行过程中的问题进行经济性调整。后者指各试点城市之间并没有建立起一个完整的、有序的试点链条，而是相对分离的，国家有关部门也没有对试点城市在试点过程中工作的侧重点作出合理分工，也就是说，试点城市的确定并没有完全集中在一个头脑之下，没有把所有的试点城市当做相对集中行政处罚权大系统的一个支系统和子系统，因而导致同一性质的问题在不同试点城市有统一的表现，各试点城市存在的问题也是同一性的。笔者认为，试点的目的在于总结经验和寻求不足，而分散性的试点城市设立很难达到这样的目的，并最终使试点失去尝试和试验的意义。

第四十一条 二是实施宽度的综合性与职能性并存。行政处罚既是一个重要的行政法制度，又是一个普遍运用的行政行为。它的制度属性可以从《行政处罚法》对它的全面规制中体现出来。作为行政行为的普遍性，行政处罚可以从任何一个向相对人行使管理权的行政主体运用中体现出来。以此而论，行政处罚是行政主体行使行政权的一个不可或缺的手段，它几乎是所有行政管理行为之首。我们所讲的宽度，就是将其与行政管理权和行政机关的行政行为联系起来考察的。相对集中行政处罚权的宽度可以概括为综合性与职能性的并存。所谓综合性就是指相对集中处罚权是从将特殊变为一般、将个别变为普遍这一思维进路出发，相对集中行政处罚权追求的目标就是一种综合。与之相对，目前相对集中行政处罚权还有职能性的一面,即它集中反映在一些单一的行政职能之下,按职能权限进行集中,固然有一定好处,但它没有从行政权行使的宏观范畴入手,导致目前所集中行使处罚权的宽度与整个行政处罚行为相比是十分狭窄的。

第四十二条 三是规制力度的规范性与实用性并存。行政处罚权相对集中行使是行政处罚制度中的一个变革,同时,相对集中行政处罚权又是我国行政法治大系统的基本构成,不能从行政法治的大环境下游离出去。对此作者在第二章已作过分析。因此便导致了一个变革、革新与合法化之间的矛盾关系,即是说,任何行政法治中的革新都不能对抗宪法和法律,都必须具有形式上和实质上的合法性,如果这一问题处理不好,既有可能对抗《宪法》,又有可能对抗《行政处罚法》以及其他部门行政管理法。而《行政处罚法》的现实情况,又必须使行政处罚权相对集中,如何解决这一问题,便成了我们必须作出抉择的一个问题。相对集中行政处罚权的试点工作表明,在当前情况下,对该一问题的规制尚是规范性与实用性的并存。其规范性表现在政府行政系统尽可能使相对集中行政处罚权有章可循、有据可查,并尽可能形成一个规范化的系统,使相对集中行政处罚权的问题严格依规范进行。同时应看到,规范化只是问题的一个方面,与其并存的还有实用性的一面,该实用性主要表现在大多数相对集中的行政处罚权都是就事论事的,而没有从行政处罚运作的总体构架中寻求出路。

第四十三条 四是实现深度的主动性与被动性并存。相对集中行政处罚权是城市行政管理的重要组成部分,推行这一制度并不是一个权宜之计,而应当是行政管理的一个战略目标,事实上,一些省市已经将其纳入政府的行政决策之中,如南京市在确立新的行政编制时,专门为综合执法机构留了一个位置,使其在将来成为行政系统中的一个职能机构,而且是常设性的。作为一个战略目标,其在试点城市实施中的主动性与被动性就必须引起注意。所谓实现深度的主动性就是指行政系统、行政决策人员、行政主体以及相关的组织,都自觉认识到了相对集中的意义,并主动地予以配合。我们知道,相对集中行政处罚权必然会使一些既得利益者在经济利益等方面受损,若在受损的情况下采取不配合、不支持的态度就是被动性的表现,若在利益受损的情况下还能积极支持就是主动性的表现。笔者认为,主动性和被动性可以充分佐证相对集中行政处罚权的深度。只有当任何一个行政主体、任何一个行政执法人员都主动地支持该项工作时,其实现的深度便是可以肯定的,反之则是浅层次的。

第四十四条 相对集中行政处罚权的主观趋势，是相对集中行政处罚权所要达到的预期目标，相对集中行政处罚权将会给行政法治带来冲击，若没有主观趋势，相对集中行政处罚权就不会有独立的价值构成，因此，对相对集中行政处罚权趋势的探讨必须从主观趋势开始。这些主观趋势可以作出这样的概括。

第四十五条 相对集中行政处罚权与行政综合执法一体化。行政综合执法，是指由一个集中若干行政机关权力的超权限机关行使若干机关转让权力的执法行为，特点是执法主体是具有一定执法资格的主体，资格由省级人民政府以上的国家机关决定，所行使的权力是复合性的或者是超权限的，即其权力超越了一般的行政机关。行政综合执法的实质在于对行政职能进行集中，将分散的管理职能集中在一个行政机构之中。行政综合执法的范围相对较大，包括行政执法行为中的各个环节，如调查、取证、许可、制裁等。由此可见，相对集中行政处罚权是行政综合执法的有机构成部分，行政处罚行为与行政相对人权益的密切关系，使人们常常将相对集中行政处罚权作为独立行政综合执法的一个事物来看待。当然，这样的独立有利于强调相对集中行政处罚权的重要性，有利于突出相对集中行政处罚权在行政综合执法中的地位。然而，无论如何，相对集中行政处罚权都不能完全从行政综合执法中独立出去，我们在建立相应的制度时，必须将相对集中行政处罚权与行政综合执法一致起来，使二者成为一个有机的统一体。另一方面，我们必须清楚，相对集中行政处罚权不能成为行政综合执法的代名词，因为执法行为要比相对集中行政处罚权的行为广泛得多，而在一些地方制定的有关行政综合执法规范性文件中，仅仅规定了相对集中行政处罚这一集中执法行为，如何使概念进一步周延，这是今后立法应当引起注意的一个问题。

第四十六条 相对集中行政处罚权与加入WTO后的行政执法衔接。加入世贸组织与其说是政府的一种经济行为，还不如说是一种行政行为，世贸组织规则只有一小部分是有关经济法和国际法的规则，绝大多数是有关行政法的规则。加入WTO后对我国经济的发展是一个机遇，而对政府行政管理则是一个巨大的挑战。行政执法在规范化、集中化、公开化等方面都必须有新的突破。以前被下放了的分散的行政行为必须作相应集中，行政主体也必须由多元性、多头性变为规范性和相对单一性。行政处罚权相对集中行使，就是要解决执法主体的多元性问题。加入WTO以后，我国行政执法在公开化、监督的制约机制方面都应有所提高，而相对集中行政处罚权作为加入WTO以后的一种特殊形态的执法行为，也必须在实施的程序化方面以及在权力救济方面有所突破。

这一客观趋势，要求我们在设计相对集中行政处罚权的制度时，必须将其放在世界发达国家行政执法的总体水平之下，而不能单单从区域性、部门性出发。

第四十七条 相对集中行政处罚权与行政效率原则共容化。行政效率是现代行政学和行政法学非常重视的问题之一，在一些发达国家，提高行政效率已成为行政法治中的一项重要原则，也是一些国家的行政法制度所重点考虑的。行政效率可以有两个方面的内涵：一是行政机构的设置要是最小成本的；二是行政活动必须迅速简捷，当事人的请求权能很快得到满足。此两方面的内涵充分印证了相对集中行政处罚权对行政效率原则的体现。一则，相对集中行政处罚权使行政机构大幅度精简；二则，行使相对集中行政处罚权后，处罚行为较以前迅速、简捷。今后有关相对集中行政处罚权的制度设立，也必须以行政效率原则为指南，有必要将其容于行政效率原则之中，若遵循效率原则建立相对集中行政处罚权制度，其他相关难题便会迎刃而解。

第四十八条 相对集中行政处罚权与行政法价值统一化。行政法价值在不同的层面有不同的认识，所站的角度不同，内容表述也有所不同。在哲理层面上，行政法是效率和程序的一种和谐，因为行政法反映行政权行使主体和归属主体之间的关系，是归属主体对行使主体的一种约定规则，作为一种约定，它要求行使主体必须是最小成本的，活动必须是有序的，这便是效率与程序的一致。在政治层面上，它是一种平衡，是行政主体和行政相对人之间的一种平衡规则，即既要赋予行政主体相应的权力，同时要充分保护行政相对人广泛的权利。在法律层面上，它是一种控权规则，是以法律规范控制行政权，防止其对公民、法人和其他社会组织进行侵害。在伦理层面上，它是一种服务，是通过行政法规则达到行政主体对行政相对人服务的目的。上列各层面的行政法价值，都必然对相对集中行政处罚权有所制约。深而论之，我们在设立行政处罚权相对集中行使的制度时，要考察程序和效率的关系问题，将程序和效率的内涵贯穿于相对集中行政处罚权的规则之中；要考虑行政主体和行政相对人的平衡关系，只有在行政主体和行政相对人的平衡关系之中，相对集中行政处罚权的运作才会是适时的、可行的；要考虑相关的法律规则对集中以后的行政处罚权的控制，如现行关于行政处罚权相对集中行使的规则，就有效地控制了相对集中行使中的行政行为，考虑了相对集中行政处罚权过程中对公众和社会的服务。总之，相对集中行政处罚权只有和行政法的价值保持一致，才有资格成为行政法中的一个基本范畴，否则，将永远处在政策层面上。

第四十九条 相对集中行政处罚权客观趋势就是指在实施过程中不受主观

因素制约，但朝着一个普遍性的格局发展的状况，这些客观趋势有下列方面。

第五十条 客观趋势之一：被行政职能取代的相对集中行政处罚权。相对集中行政处罚权存在的前提条件是法律规则本身的不周延，如城市管理领域，依法律、行政法规的规定包括市容环境卫生管理、城市规划管理、城市绿化管理、市政管理、环境保护管理、工商行政管理、公路交通管理、文化管理等若干方面。每一个方面都有相互对应的法律规则为根据，正是大量的分部类的法律规则形成了多头的城市管理格局，就这些法律规则本身来讲是没有错的，都是从本部门行政管理的实际出发制定的。然而，若放在法治这一客观体系中考察，法律规则对城市行政管理规制的疏漏就充分体现出来了，换句话说，正是这些大量的法律规则，形成了部门之间的打架现象。而目前解决法律规则打架的办法是对各部门管理规范进行协调，行政综合执法和相对集中行政处罚权，就是通过协调使相关的行政管理部门放弃一些权力，将权力集中于一个新的行政管理机构手中。从理论上讲，这不是一种长久之计，因为行使相对集中行政处罚权的机关，进行综合执法的机关并没有在法律上取得经得起论证的名分，即是说，人们很可能将这些综合执法机关、相对集中行政处罚权的机关视为临时机构，其非驴非马的状态若不得到解决相对集中行政处罚权的问题，就永远是一个权宜之计。因此，若要让相对集中行政处罚权符合客观规律，若要该相对集中行政处罚权客观地发展下去，就必须使相对集中的行政处罚事项归于一定的行政职能之下，也就是说，只有符合行政职能特点，才能归于同一的行政职能之下，这就对目前一股脑儿地将所有城市行政管理处罚中的事态集中在一个综合执法之手的做法提出了疑问，这样归类符合行政职能的一般原理吗？所归于一个行政机构的事项是一类吗？等等。总之，相对集中行政处罚权职能化是其发展的一种客观必然。

第五十一条 客观趋势之二：被法律规则认可的相对集中行政处罚权。不言而喻，相对集中行政处罚权是对权力的一种分配，虽然这种分配只是在行政系统内部进行的，没有超出行政系统之外，但是，作为权力分配来讲，必然牵涉到行政权与公民权之间的关系，可以设想相对集中以后行使的行政处罚权与没有集中的行政处罚权对公民权益的影响，必然是两种完全不同的结果，从这个意义上讲，相对集中行政处罚权是一个宪政问题，属于宪法范畴内的问题，或者至少是法律范畴内的问题。而就现阶段我国法律规范对相对集中行政处罚权的规定看，最高层次的法律规则是《行政处罚法》，而该法的规定十分简单，甚至简单到使你难以寻找出行政综合执法与行政处罚权相对集中行使的概念。

而绝大多数关于相对集中行政处罚权的规则，都是以规范性文件的形式出现的，如国务院《推行关于继续做好相对集中行政处罚权试点工作的通知》、国务院《关于全面推进依法行政的决定》等。在地方机关制定的规则中，也大多是由行政机构体系制定的。笔者认为，相对集中行政处罚权处在试点阶段进行这样的规制是可以理解的，也可能是必须的一步。但是，相对集中行政处罚权的试点，无论如何也只是一种过渡，最终必须由试点而全面推开，而当前情况下的进程却是让人担忧的，至少反映了一种不平衡水平，如就试点城市看，与之对应的法律规则还停留在原来的水平上，既没有一个完整的行政法规对相对集中行政处罚权作出规定，更没有一个系统的法律调整这一制度。今后一段时间，相对集中行政罚权试点工作应进一步扩大，与之对应的规制它的法律规范级别也应当越来越高，这是一个不可逆转的事实。

第五十二条 客观趋势之三：被机构调整的相对集中行政处罚权。相对集中行政处罚权是以行政系统的行政行为为契机的，它的外在反映是行政法中的动态因素，就是通过政府的管理行为而表现的要素。它的一些规则，也似乎是针对行政主体的行政行为的，应当说，这只是综合执法和相对集中行政处罚权的极其外在的要素，若从内在化分析，相对集中行政处罚权是一个体问题，即行政机构体系的问题，反过来说，相对集中行政处罚权的推行，必然和行政机构的调整联结在一起，相对集中行政处罚权的成果也将通过机构调整得到巩固。例如，试点城市集中行政处罚权的机关是本级人民政府的行政机关，而不是政府部门的内设机构，集中行政处罚权的行政执法人员当然是公务员编制，相应地被集中起来的行政处罚权，原先的行政机构将不再保持，或者直接予以精简，或者归化到其他行政管理机构中去。

第五十三条 客观趋势之四：被全方位运行的相对集中行政处罚权。行政处罚权的相对集中是城市政府行政管理的一个构成部分，其大前提是行政管理，而行政管理是全方位的。相对集中行政处罚权目前仅仅是就行政处罚而论的，且只限定在城市建设等方面的行政处罚中，若干重要的行政处罚并没有被集中行使。随着相对集中行政处罚权的深入，一方面，相对集中行政处罚权将由个别行政处罚领域拓展到所有应当集中处罚的领域，如卫生检疫、知识产权、文化管理等。另一方面，相对集中行政处罚权不再单单限制在行政处罚行为之中，不单体现在行政权的一个方面，而是在绝大多数行政管理权中都进行相对集中，如果需要的话。作为全方位的相对集中行政处罚权，比限于个别环节的行政处罚权更具有规范化和系统化的色彩。

（七）行政执法

第一条 行政机关是通过采取三方面的活动来实现行政目的的。这三方面的活动是指：行政机关所采取的抽象行政行为，即制定规范性文件的行为，这是行政机关为了执行国家权力机关制定、发布的法律、决议，依照法定权限和程序制定行政规范性文件的活动；行政执法行为，即行政机关为了执行法律、法规、规章和其他具有普遍约束力的决定、命令，直接对特定的相对人和行政事务采取措施，影响相对人的权利义务，实现行政管理职能的活动；行政司法部行为，即行政机关作为争讼双方之外的第三者，按照准司法程序审理行政争议或民事纠纷，裁决特定案件的活动。广义的行政执法，包括上述三方面的活动；狭义的行政执法，仅指第二种行政行为。我们所指的行政执法，即狭义的行政执法。

第二条 行政执法的主体是行政机关，是法定的执行法律、法规，行使行政权力的国家机关。

第三条 行政执法的对象是特定、具体的相对人或行政事务。

第四条 行政执法的目的是执行、实施法律、法规，将法律、法规适用到具体的人和事，使法律规范的要求在现实生活中得以实现，完成国家行政管理职能。

第五条 行政执法内容是行政机关依法实施具体行政行为，直接影响相对人的权利和义务。

第六条 行政执法的形式可以分为三类：一类是行政机关通过下达命令，制作决定，采取措施等形式，依法将法律、法规和规章等具有普遍约束力的决定、命令适用于具体的人和事；第二类是行政机关通过告诫、希望、建议等形式，将法律、法规等具有普遍约束力的决定、命令适用于特定公民、法人；第三类是行政机关与相对人通过合意形式，确立双方的权利义务，以实现行政机关为公益而设定的目标，具体适用法律法规和其他具有普遍约束力的决定、命令。

第七条 行政执法是行政机关实施的主要行政行为，是产生行政法律效果的行政行为。因此行政执法具有一般行政行为的特征。除此之外，与行政立法、行政司法活动相比较，它还具有自身具体的特征。

第八条 行政执法的特征之一：效力的一次性。行政机关实施行政执法行为所作出的决定或采取的具体措施，不具有普遍的多次适用的约束力，其效力仅及于该决定或措施所针对的特定相对人或行政事务。而且仅一次有效，一次性适用。即使同一对象再次出现同类情况，原决定或措施一经执行完毕即失去法律效力，需另行作出决定或采取措施。

第九条 行政执法的特征之二：对象的确定性。行政执法行为所针对的对象是特定、明确的，不具有广泛性和非特定性。

第十条 行政执法的特征之三：性质的执行性。行政执法行为的目的，是使法律、法规得以执行和适用。行政执法行为是使抽象的法律规范转化为相对人具体权利义务的中间媒介，法律规范只有经过行政执法行为，才能得以贯彻和执行。

第十一条 行政执法的特征之四：方式、方法的多样性。行政执法行为的措施和手段，种类繁多，形式灵活。行政机关从国家行政管理的实际需要出发，根据具体情况，采取它认为适当的措施和手段，对上述措施和手段的采取，有较大的选择余地。

第十二条 行政执法的特征之五：与相对人关系的单一对应性。在行政执法中，行政机关与相对人发生的关系为单一且直接的权利义务关系，属于双方关系。不同于行政司法行为中行政机关作为第三方的裁决双方纠纷的三方关系。

第十三条 行政执法以执法主体的身份为标准，包括：职权主体执法、授权主体执法、委托主体执法和综合主体执法。

第十四条 职权主体是那些基于宪法和组织法的规定，在其成立时就具有行政职权并取得行政主体资格的组织，它们的执法行为就是职权主体执法。

第十五条 授权主体是因宪法、组织法以外的法律、法规的规定而获得行政职权，取得行政主体资格的组织，也就是说，一个机关或组织在其设立时无行政职权，或无该行政职权，事后通过法定程序赋予其行政职权或某种新的行政职权。它们的执法行为就是授权主体执法。

第十六条 委托主体执法是某组织或个人得到法定行政主体的委托而以委托方的名义实施的行政执法行为。在委托主体执法中，其行为效果由委托方行政主体承担。

第十七条 综合执法主体执法，是指在行政执法过程中，当行政事态所归属的行政主体不明或需要调整的管理关系具有职能交叉的状况时，由相关机关转让一定职权，并形成一个新的有机的执法主体，对事态进行处理或对社会关系进行调整的执法活动。行政主体的执法行为若有明确的法律规范规定，行政事态的管理和管辖若有清楚的职能承担者，行政管理关系若是一个单一的关系形态，就没有行政综合执法可言，在这个意义上讲，行政综合执法既是出于对行政管理事态有效处理的考虑，又从一个侧面反映了行政机关组织体系中职责范围不健全这一事实。

第十八条　行政执法主体以执法主体的地位为标准，包括：高层行政机关的执法和低层行政机关的执法。

第十九条　高层行政机关和低层行政机关是一个相对而言的概念，是层次高低的区分。

第二十条　高层行政机关的执法，是指省级以上的行政机关所为的执法行为。

第二十一条　低层行政机关执法，是指其以下的行政机关所为的执法行为，低层行政机关的执法是一种更为贴近社会生活实践的执法行为，直接影响到管理相对一方的状况。

第二十二条　行政执法以执法主体的活动区域为标准，包括一般执法和职能执法。

第二十三条　一般执法，是指行政执法主体的职能涉及的事项非常宽泛，包括的领域很多。

第二十四条　职能执法也可以称为专业执法，即由各级人民政府的职能部门所为的执法行为，它们一般涉及某一行政管理领域的专门事项，负责某一方面的专门业务。

第二十五条　行政执法以执法主体的组建形式为标准，包括权力机关产生的执法主体执法和行政机关组建的执法主体执法。

第二十六条　行政执法主体的组建有两种方式：由权力机关产生和行政机关自行组建。一般而言，国务院和地方各级人民政府及其职能部门都必须由权力机关产生。而行政机关自行组建的行政主体，是指有关行政机关或组织的设立可以由相应行政机关决定，无须经权力机关的同意。

第二十七条　行政执法以执法的依据为标准，包括依法律、法规的执法和依规范性文件的执法。

第二十八条　依法律的行政执法是指行政执法行为是依据全国人大或全国人大常委会即最高国家权力机关制定的法律而作出的。

第二十九条　依法规的行政执法是指依地方国家权力机关根据本行政区域

的特点和需要的地方立法作出的行政执法。

第三十条 依规章的行政执法，是指依据法定的地方各级人民政府所制定的地方政府规章或国务院各部委制定的部门规章而进行的行政执法。

第三十一条 依规范性文件的行政执法，是指依各类国家行政机关为实施法律、执行政策在法定权限内制定的除行政法规、部门规章以外的具有普遍约束力的决定、命令及行政措施而为的行政执法行为。

第三十二条 行政执法以执法对社会事务的作用为标准，包括积极执法和消极执法。

第三十三条 执法对社会事务的作用，是指行政执法的结果给社会事务带来的影响。行政主体的执法行为是行政主体执行国家法律和政策的外在行为表现，在执行过程中，受行政主体自身素质、执法环境、执法对象和执法条件等因素影响，行政主体的执法行为带来的结果不都是同一的。

第三十四条 积极执法指行政主体的职权或公务行为给相应社会事务产生了良性影响，使之运转达到了较以往更佳的状态或趋势。

第三十五条 消极执法，是指行政主体的执法行为不仅没有使社会事务朝良性化方向发展，反而因这种行为导致社会事务良好状态的破坏。

第三十六条 行政执法以执法对法律关系的作用为标准，包括创造性执法和保护性执法。

第三十七条 创造性执法，是指行政主体通过其执法行为而产生了一种新的法律关系，导致行政机关与公民、法人之间，或公民、法人之间，或公民法人与国家之间等的新的权利义务关系，而这种权利义务关系是以往法律关系中所不存在的。

第三十八条 保护性执法，是指行政主体的执法行为既不创设新的法律关系，也不变更或消灭已有的法律关系，而是对现存法律关系的维护，使之继续存在和发展。

第三十九条 以执法对相对人的权益为标准，包括有利于相对人的执法和不利于相对人的执法。

第四十条 有利于相对人的执法，是指行政主体的执法行为对相对人的权益产生了积极作用，即通过这种行为，赋予相对人实现某种愿望或获得某种权益的可能性，对相对人而言，意味着它可以为某种行为或得到了一定的物质待遇等。

第四十一条 不利于相对人的执法指行政主体的执法行为给相对人的权益

产生了消极作用，即通过这种行为赋予了相对人必须作出一定行为，不得作出一定行为的责任或剥夺了相对人的某种利益。

第四十二条 行政执法以执法的启动因素为标准，包括政策启动的执法和法律启动的执法。

第四十三条 政策启动的执法指行政主体的行为是为了贯彻党和国家的大政方针或上级行政机关的命令指示等，如国务院指示地方各级人民政府必须加强行政综合执法，地方国家行政机关所开展的行政综合执法工作就是以此政策为动因的。

第四十四条 法律启动的执法就是行政主体为了贯彻实施国家法律而为的执法行为。行政机关作为与权力机关相对的执行机关，其主要职能就在于将立法运用于具体的社会事务而使法律规范的内容得以实现，法律规范的效力得以体现。应该说行政主体大多数情况下的执法行为都是以法律为启动因素的。

第四十五条 行政执法以执法与法律关系的内容为标准，包括赋权性执法与设定义务性执法。

第四十六条 赋权性执法，是指行政执法主体通过一定的行为赋予相对人的某种权利。

第四十七条 设定义务性执法指行政执法主体通过一定的行为为相对人设定某种义务。

第四十八条 赋权性执法与设定义务性执法都是站在相对人的角度观察的。因为权利和义务是一相对概念，权利相对义务而言，义务相对权利而言，如果换一角度可能赋权性执法与设定义务性执法就会向相反的方面转变。

第四十九条 行政执法以执法中的法律关系客体为标准，包括以物为客体的执法和以行为为客体的执法。

第五十条 以物为客体的执法，执法行为针对的是与相对方有关系的物。

第五十一条 以行为为客体的执法，执法行为针对的是由相对方实施的行为。

第五十二条 行政执法以执法过程的物质要件为标准，包括运用执法工具的执法和不运用执法工具的执法。

第五十三条 行政执法以执法的作用对象为标准，包括内部行政执法和外部行政执法。

第五十四条 行政系统内部，行政机关对内部事务包括机构、编制、人事等的管理和监督，行政系统内上下级行政机关和同级行政机关之间发生的各种工作关系等，都属于行政管理的内容，我们称为内部行政执法行为。

第五十五条　外部行政执法行为是指行政机关对行政系统以外的，即对被管理的个人、组织所作的执法行为。

第五十六条　行政执法以执法过程中行政主体的意志为标准，包括羁束性执法与裁量性执法。

第五十七条　羁束性执法指严格受法律的具体规定约束、行政主体没有一点自己选择余地的执法。

第五十八条　裁量性执法，是指法律只规定原则或一定的幅度或范围，行政主体根据原则或在法定幅度内，根据具体需要和实际情况，可以自主作出的执法行为。

第五十九条　羁束性执法和裁量性执法分别运用于不同事务，前者通常针对需要严格统一控制、稳定性较强的事务，后者通常针对情况比较复杂、变化多、需要灵活处理的事务。

第六十条　行政执法以执法过程中涉及的规范性质为标准，包括实体性规范制约的执法和程序性规范制约的执法。

第六十一条　行政法律规范是由实体规范和程序规范两部分构成的，实体规范主要指那些涉及公民、组织等的权利义务的规范。

第六十二条　在行政执法过程中，行政主体有时是以实体性规范为标准的执法，有的是以程序性规范为参照物的执法。但行政法规范的实体内容和程序内容相互依存，不存在没有实体内容的行政程序，也不存在不通过程序就能实现的行政实体内容，两者是同一行政执法行为的两个方面。前一种行为一般受实体性规范制约，后一种行为则受程序性规范制约。

第六十三条　行政执法以执法空间范围为标准有：涉外执法和境内执法。

第六十四条　涉外执法是指执法对象涉及中国以外的其他国家和地区的执法，如被管理的相对一方当事人为具有外国国籍的自然人或依外国法律登记注册的法人，或者行政执法的某些事项牵涉到外国公民或组织。

第六十五条　境内执法，是指被管理的相对一方公民、法人或社会组织均具有中国国籍，而且执法对象与外国没有构成相应利益关系的执法。

第六十六条　行政执法以执法的时间范围为标准，包括经常性执法和临时性执法。经常性执法，是指行政主体的执法行为已溶入公民的日常生活和法人、社会组织等的日常经营活动中，它具有执法机构、人员的稳定性、执法行为的长久性和连贯性等特点。行政执法中绝大多数属于经常性执法。

第六十七条　临时性执法是因为某一临时事件的发生或某一特殊时期的需要而开展的执法活动,它具有短暂性、突发性、不连贯性的特点。

第六十八条　行政执法以执法中涉及的行政行为性质为标准,包括制裁性行政执法、许可性行政执法和奖励性行政执法。

第六十九条　制裁性行政执法是行政主体对违反行政管理秩序或不履行法律、法规赋予的某种义务但尚未构成犯罪的个人或组织予以制裁的行政行为。其通过制裁而剥夺或者限制违法行为人的一定的权利或利益,使其人身权或财产权受到一定的损失,从而达到预防、警戒和制止违法行为的目的。

第七十条　许可性执法是行政机关根据相对人的申请,以书面证照或其他方式允许相对人从事某种行为,确认某种权利,授予某种资格和能力的行为。

第七十一条　奖励性行政执法是指行政机关或者法律、法规授予奖励权的组织依照法定的条件和程序,对为国家和社会作出重大贡献的单位与个人给予物质或精神鼓励的具体行政行为。其目的是表彰先进、鞭策后进,充分调动和激发人们的积极性与创造性。

第七十二条　行政执法以执法所追求的伦理目标为标准,包括文明执法和普通执法。

第七十三条　文明执法是法律规定的执法主体不仅严格依照法律规定的职责权限、管理事态、程序和形式实施法律,而且执法中贯穿了一种高于法律理念的伦理道德责任。

第七十四条　普通执法,是指行政机关及其组织的通常状态的执法行为。它不能完全等同于文明执法的一个相反概念,因为行政主体在一般情况下没有违背法律的规定或主观上没有有意要违背法律规定,只是普通执法中行政主体没有贯彻那么多的行政伦理意识或观念,即在行政系统和公民之间缺乏"人性"因素。

第七十五条　行政执法以执法过程的刚柔性为标准,包括强制性执法和说服性执法。

第七十六条　强制性执法,是指公民、法人或其他组织不履行行政机关依法所作行政处理决定中规定的义务,有关国家行政机关依法强迫其履行义务或达到与履行义务相同的状态的行为。强制性执法一般基于两种情形:一种是相对方从事法律所禁止的行为;另一种是不履行规定必须履行的义务。

第七十七条　说服性执法是行政执法主体在公民、法人等不积极履行义务时,采取宣扬国家法律、政策,教育公民等自觉守法的方式来促使公民、法人等主动履行义务的行为。它与强制性执法的主要区别在于并不对相对方的人身、财产采取强制措施,而是通过口头上说服的方式让相对方自己去履行义务。

第七十八条 行政执法以执法是否使用法律文书为标准,包括使用法律文书的执法和不使用法律文书的执法。

第七十九条 行政执法以执法者的个人素质为标准,包括熟悉法律程序的执法和对法律程序似是而非的执法。

第八十条 行政执法以执法是否与经济利益挂钩为标准,包括行政收费性执法和非行政收费性执法。

第八十一条 行政收费性执法,是指执法以管制为手段、以收取一定的费用为目的。

第八十二条 非行政收费性执法,是指执法以维持良好的社会秩序为目的,其采用的管制手段与执法的目的是一致的。

第八十三条 行政执法以行政执法与经济秩序的关系为标准,包括调控性执法和管制性执法。

第八十四条 调控性执法,是指政府对经济秩序并不采用强制手段施加任何压力,而是从宏观方面进行政策、法律等的灌输、引导,为经济发展提供各种信息等。

第八十五条 管制性执法,是指政府对经济秩序并不从宏观方面引导,而是从微观上进行干预,如对企业的生产、经营等具体环节进行管制等。

第八十六条 行政执法以行政执法的财政来源为标准,包括财政拨款制行政执法和独立核算制行政执法。

第八十七条 财政拨款制行政执法,是指行政主体的财政来源是由国库支付的,通过一定的财政制度将行政执法所需要的费用拨给行政机关。

第八十八条 独立核算制行政执法,是指执法过程中行政主体所需经费由行政主体自己通过一定的渠道解决,一般以先前的执法行为养后续的执法行为。

第八十九条 行政执法以行政执法的社会效果为标准,包括在社会上造成声势的执法和处理个别问题的执法。

第九十条 造成社会声势的执法,是指该执法行为主要是营造一种社会氛围并在社会上造成一种声势,使相关的社会成员引起足够重视。

第九十一条 处理个别问题的执法一般就事论事,其对社会的影响仅在于个别环节甚至个别成员等狭小方面。

第九十二条 行政执法以是否能够进入诉讼程序为标准,包括可进入诉讼程序的执法和不能进入诉讼程序的执法。

第九十三条 可进入诉讼程序的执法是指司法机关可以进行司法审查的执法行为。

第九十四条 不能进入诉讼程序的执法,是指司法机关不能够进行司法审查的执法行为。

第九十五条 行政执法以是否能够引起行政赔偿责任为标准,包括引起赔偿责任的执法和不引起赔偿责任的执法。

第九十六条 行政执法以在行政管理中所处的环节为标准,包括决策性行政执法、执行性行政执法、咨询性行政执法、信息性行政执法和监督性行政执法。

第九十七条 决策性行政执法,是指行政主体的执法行为本身就是一种行政决策。

第九十八条 执行性行政执法,是指执法行为本身不具有决策性,是对已决定的东西的一个执行。

第九十九条 信息性执法,是指行政主体为公众提供某种信息的执法行为。

第一百条 咨询性行政执法常常发生在一些特殊的行政管理活动中,其与行政相对人的了解权有关,与立法机关的质询权有关,在此种执法行为下,行政主体要对有关的事项作出答复。

第一百零一条 监督性行政执法则,是指行政主体对行政相对人履行义务行为的督促,它常常附着于另一个行政执法行为之下。此一分类对健全和完善行政执法机制有重大意义。

第一百零二条 行政执法以行政相对人的类型为标准,包括对公民的执法、对社会组织的执法、对企事业单位的执法和对外国人的执法。

第一百零三条 行政执法以运作模式为标准,包括常规执法和突击执法。

第一百零四条 在常规执法的情况下,行政主体追求一种理性的、严格的程序价值,并依法律规定的具体环节进行和缓式运行,并达到对某方面社会事务作出理性处理的目的。

第一百零五条 突击执法则是以临时性的政策理念等为指导的,并采取一些较为极端的方法而为之。笔者认为,作为一国的行政执法,应当是一个有序的、循序渐进的过程,不是非常时期、不是非常事态都应该强调常规执法的作用。因为行政法治秩序的形成在常规执法的情况下才是有可能的，而不是非常时期和非常事态应尽可能避免突出执法，因为突出执法所起的作用常常是一些短期效果，甚至会使执法对象产生逆反心理。

第一百零六条 行政执法以行政主体投入的方向为标准，包括全盘执法和专项执法。

第一百零七条 在行政执法中，行政执法机关在力量分配下便可以有两种情况：一是将力量分配于其职权之下的所有行政管理事项，兼顾各个方面的工作环节和执法环节，称为全盘执法。二是将力量集中于某一具体方面的执法之中，其中包括人力、物力、财力等方面的投入，称为专项执法。

第一百零八条 行政执法以执法过程受到的监控程度为标准，包括独立执法和受到监控的执法。

第一百零九条 行政执法以发生法律效力的状况为标准，包括发生终局效力的执法和可进入救济程序的执法。

第一百一十条 终局效力的行政执法指行政执法主体的执法行为一旦作出，就约束行政相对一方当事人，当然对行政主体也具有约束作用。

第一百一十一条 可进入救济程序的行政执法指行政主体作出执法行为后，还不能对行政相对人产生拘束力，其在行政相对人对此种行为提出异议的情况下，也就是说，行政主体的执法行为是否生效，需进入另一个法律程序，我们将这一程序叫做救济程序。随着社会的发展，应当说，行政主体作出一行政行为能够发生终局效力的将越来越少，而可进入救济程序的则越来越多。

第一百一十二条 行政执法以执法的自主程度为标准，包括自主执法和请求执法。

第一百一十三条 在行政执法中，有些执法是由行政主体自动决定并自动为之的。我们把这些行政主体自动决定并自动为之的执法叫做自主执法。对于自主执法，行政主体可以自行决定执法行为的开始和终结。

第一百一十四条 有些执法则是在行政相对人的请求下而为之，即行政相对人没有请求，行为执法活动就不可能展开，此种执法一般与行政相对人的私权有关。

第一百一十五条 行政执法中的法服从，是行政主体在行政执法过程中的一种行为取向，这种行为取向以对法律的认识、判断、实在内涵的确定为始点，以行为过程对相关法律规则的认可和遵从为终点。行政主体法的服从是在对法律存在自我判断的前提下，无条件遵循法律而为之的一种行为状态。

第一百一十六条 行政主体之法的服从与行政主体行为过程中法之遵守，不是同一意义的概念，二者的主要区别是：行政主体的法律遵守是就行政主体与法律规则的单一关系出发的，行政主体若认同法律，依法律规则中的权利义务而行为就是法律的遵守，而行政主体服从法律中的服从则是一个中介概念，即一方是法律规则，另一方是行政管理相对一方当事人，在其中间的就是行政主体，因此，法律服从是一个对他人后续权利有影响的概念，而法律遵守的落脚点则仅仅在行政主体一方；法律遵守从遵守者的主观意志看是一种自我而为的意志状态，是由自我意志支配的，故此，在法的遵守状态下，行政主体的行为是主动的，而法律服从之中却隐含了行政主体意志的被动性，该被动性也带来了其行为不同程度的强迫性；行政主体在法的遵守状态下，对法律的规定没有异议，也不会提出异议，在法律服从状态下，行政主体对法律规则存在一定的认识保留。

第一百一十七条 行政执法中的法服从是特定主体的法服从。行政执法中法服从之主体不是一般意义上的法主体，也不是一般意义上的法律关系主体，更不是一般意义上的行政权行使主体，而是受到严格条件限制的特定主体。

第一百一十八条 行政执法中的法服从是动态化的行政主体的法服从。行政主体既有静态的存在形式，又有动态的存在形式，当我们讨论某一行政主体的法律形式时，我们是在静态的意义上考察行政主体的，当我们讨论行政主体履行行政管理职能实施行政职权时，我们便是在动态的意义上考察行政主体的。法服从中的行政主体是在履行具体管理职能中的行政主体，换句话说，某一行政主体若在一定时间或瞬间没有行使职权，就不能算作法服从中的行政主体。

第一百一十九条 行政执法中的法服从是处在具体的行政法关系中的行政主体的法服从。行政主体的存在，并不必然形成某一法律关系，至少不必然形成具体的行政法关系，就是与行政管理相对一方当事人结成现实的权利义务关系。法服从中的行政主体是在具体而现实的行政法关系中的行政主体，因为只有这样的行政主体，其法律行为才直接对行政相对人有后续化的结果。

第一百二十条 行政执法中的法服从是特定行为的法服从。行政执法中法服从若以外在要素观察，它便是对行政主体行为方式的要求，即要求行政主体在履行行政行为的过程中服从的法律。然而，行政主体法服从的行为却是特定性的行为，既不是一般意义上的政府行为，也不是一般意义上的行政行为，更不是公务员的个人行为。此种特定性表现在：它是与执法行为紧密联系的行为，也就是说，行政执法是行政主体法服从中的限制性条件。

第一百二十一条 行政执法中法服从的行为，是指从具体行政行为和抽象行政行为中游离出来的那些具有直接执法属性的行为，行政主体法服从中的行为，也只有限定在这样的行为之中，才不至于使概念泛化，行政法治实践中对法服从的规制才会有较强的操作性。

第一百二十二条 行政执法中的法服从，是指对特定行为规则的服从。行政执法中的法服从的规则是特定的行为规则，不是所有能够规制行政执法人员行为的规则。在法律形式层面上，《立法法》所规定的行政法渊源的体系以及层级之间的效力关系是法服从的普遍性规则，或者说，大的方面必须以该法规定的法的体系构成为行政主体法服从的首要参照系，在服从过程中，冲突性规则的选择该法也作了明文规定。可以说，《立法法》以外的相关规则，即使其有规制执法行为的功能，也不能作为法服从中的行为规则。

第一百二十三条 行政执法是发生在特定场合的行政行为，是对特定事件而为之的行政行为，这就存在一个空间和时间方面的限制条件，只有在特定空间和特定时间段的行政执法行为才是确定法服从的要素，而行政法中的行为规则，也都有着强烈的时空属性，即是说一些行为规则仅在此一空间和时间内有意义，而另一些行为规则，则在彼一时间和空间内具有意义，行政主体法服从中的行为规则仅是某一单一执法行为中存在或发生法律效力的行为规则，这是必须强调的，因为不强调这一点，行政主体便可以以服从法律规则之名而为对抗法律之实。

第一百二十四条 行政主体法服从中行为规则的特定性，还表现在该规则是与行政主体此次执法行为的行为属性对应的行为规则。法律或法是一种行为规则，这里所突出的就是行为和规则两个概念，便自然而然地引申出行为和规则的关系，规则是以行为为存在之归宿，并通过行为体现它存在的价值，而行为是以规则为逻辑前提的，规则既可以演绎行为，也可以制约行为，甚至决定行为的方向。这就是说，行政执法中法服从的规则，与行政主体当下的行为必须有强烈的对应关系，只有与当下的行为对应的规则，才是行政主体法服从中的准则。

第一百二十五条 行政执法中的法服从是对法之价值的肯定。

第一百二十六条 行政执法中行政主体有诸多的价值判断，并通过这些有意义的价值判断指导自己的行为，处理具体的行政事务。依靠智慧是价值选择的一种，行政主体通过群体的价值判断才智对执法事项予以处理其效果，可能是显著的。而此种效果，可能在下次行政行为中就是另外一个结果，即破坏性行为后果的出现。因此，智慧就长远来看是靠不住的。同时，行政主体还可以有其他的价值选择。

第一百二十七条 对法的价值的肯定，存在以主动方式出现和以被动方式出现两个方面或者两种情形。前者是指行政主体自觉地服从法律规则进而使法的价值得到体现，使法对自己的执法行为以自觉自为的状态予以规制。后者则是行政主体主观上不认同法律规则的状态，其内心对执法的法律规则有保留之嫌，但在执法行为作出过程中，必须选择自己所有认同的法律规则。此二者都是法律服从中对法价值的肯定，我们的立足点在行为的结果方面，在法律实现过程中的客观方面。在行政主体主观上对法价值的接受是另一范畴的问题。从这一意义上讲，行政主体的法服从是一种职责。

第一百二十八条 法律服从并不是一个绝对理性化的概念。法律服从的形式要素和法服从的理性价值之间并不是一个绝对的对应关系，并不是一个成正比例的关系。在行政执法实践中，形式主义的法服从与实质意义的法服从、表象的法服从与理性的法服从若存在反差，我们就可以说出现了法服从的误区。

第一百二十九条 由于我国行政法治的程度较低，再加之诸多内外在因素的干扰，在行政执法中法服从的误区是非常严重地存在着的，这也正是我国依法行政长期以来不尽如人意的原因之一。

第一百三十条 误区之一是：只追求宽泛概念的法服从。"有法必依"的概念是我国20世纪70年代末提出来的，在当时的社会背景下有着强烈的社会意义和针对性。它所强调的是执法人员在以法律规则治国和以行政命令乃至个人意志治国的选择中，要无条件地选择法律规则，而摒弃行政命令和个人意志，显然，选择法治而放弃其他手段的治理是有进步意义的。但是，当初在提出这一概念时，由于受当时历史条件和法制背景的限制是不可能揭示其所包含的其他内在精神的。此概念以后在行政法治中也得到了纠正和延伸，就是依法行政或在行政执法中服从法律，但是，无论理论界对该问题的探讨，还是法治领域对该问题的实施，都基本上限于宽泛的概念之中。笔者认为，行政主体执法中的法服从，在实质意义上讲是一个具体概念，是由一些具体的、可以操作的行为规则构成的规则系统，正是这些规则，系统确定了行政主体法服从的具体运作过程，如果法服从不能成为操作规则，便必然限于"有法必依"的抽象概念之中，必然仅仅停留在概念的讨论和争论之中。

第一百三十一条 误区之二是：以政令为指导原则的法服从。法服从的本质是对法之价值的肯定，在这里，法律应当具有至上性，其地位应当高于法律之外的行为规则。而以政令为指导原则的法服从，则是对该价值的一个否定，或者将法的价值置于政令的价值之下。以政令为指导原则的法服从，就是在所服从的法律规则之前加上一个制约法律规则的东西。

第一百三十二条 在我国行政执法中，以政令为指导原则的法服从是普遍存在的；要么以行政政策和其他政策规范行政执法人员的法服从行为，要求以行政命令规范行政执法人员的法服从行为。

第一百三十三条 误区之三是：不理解法律层次的法服从。在现代社会中，法的唯一性属性基本上不复存在，而代之以法律的多元性。所谓法律的唯一性是指法的制定机关在全国只能有一个，法的规范形式只能有一种，法的效力不存在层级之分，该理论是从国家作为主权者的唯一性演化出来的。法律的多元性是指法律规则的制定主体是多个的，法律规则的表现形式是多层次的，法律的效力等级是有序排列着的。

第一百三十四条 法律的形式是多元的，但无论如何，一国的法律却是成体系的，在该体系之下有序地排列着若干等级的规则。行政执法中的法服从，也必须依规则的效力等级逐级服从，尤其在上位规则与下位规则不一致或矛盾的情况下，必须无条件地服从上位规则而舍弃下位规则。目前我国的行政执法中法服从的误区之一，就是违背效力等级的人为选择。

第一百三十五条 误区之四是：未领会法律之精神的法服从。法律规则在实施过程中有两个重要因素，且是法律自身的，不以人的意志为转移的因素，执法者在执法过程中必须予以考虑。第一个因素是既成的法律规则是一定时代的产物，它在制定过程中，考虑更多的是自己所处时代的时代背景，而对未来的情势只能作出有限的预测，这样便很可能导致法律规则与现实社会情况不一致之弊害。执法者一味追求法律在制定时的考虑，而忽视现实状况，便会适得其反。这就要求执法者必须领会立法者在执行这一法律规则时的主观愿望，即通过这一规则达到什么样的目的，执法者对立法者意图的把握，就是对法律精神的一个理解。若执法者一味考虑规则本身的机械内容，以前一时代的处理方式处理新的时代的社会关系，尽管从形式上讲服从了法律，但仍然是对法律服从的一个误解。第二个因素是法律规则中的一些规则具有抽象性，尤其是行政事态的多变性、复杂性决定了行政法规则中的此种现象更为明显一些，此时便要求行政执法主体在法律服从中考虑法律精神。而我国行政执法中法服从的又一误区，就是在没有领会法之精神的情况下，生搬硬套具体的操作条款。

第一百三十六条 误区之五是：限制服从主体的法服从。行政执法中的法服从是行政主体的法服从，即只要你是行政主体，只要你承担行政执法职能，你就有服从法之义务。法律面前人人平等的原则，在行政执法中同样具有非常重要的意义，在行政主体一方，要求不论何种类型或者何一层次的行政主体，在行政执法过程中有平等的服从法律的义务。限制服从主体的法律服从的误区，则在行政执法主体中区分不同的服从对象，具体而言，对不同地位的行政机关有不同的法律服从要求，对不同身份的行政机关有不同的服从法律要求。这一误区人为造成了行政主体之间的不平等关系，使行政主体法律服从具有较大的片面性。

第一百三十七条 误区之六是：仅选择有利规则的法服从。在行政法规则中，有些规则对行政相对人来讲是有利的，而对行政主体则是不利的，反之，有些规则对行政相对人是有害的，而对行政主体是有利的。法律规则中存在此种有利与不利的情况是很自然的，因为行政主体作为一种社会关系的代表与行政相对人作为一种社会关系代表在利益组合关系中的利益表现是不同的。但是，在行政执法过程中，法律规则是一个整体，尤其某一方面的行政管理规则是一个完整的体系，执法者应从该法律体系的全部构成出发，或者必须服从法律规则中的全部内容，而不能选择对自己有利的规则，放弃对自己不利的规则。它对法律规则作了片面理解，破坏了法律服从中法律体系的平衡性。

第一百三十八条 行政执法中法服从的诸误区，严重地制约着我国行政执法中的法服从，进而制约着我国行政执法的水平，正是由于诸多误区的存在导致行政执法水平低下。同时我们还应当看到行政执法中法服从的若干误区本身均是形式性的东西，是由某种本质性的东西决定的现象，是由某种第一性的东西决定的第二性的东西。这便提醒我们，要从根本上解决行政执法中法服从的误区，必须进一步探讨决定它存在的第一性的东西。

第一百三十九条 造成行政执法中法服从误区的是一些深层次的障碍因素，对于这些障碍因素，可以从如下方面予以概括。

第一百四十条 不敢服从法的权威意志障碍。由于我国行政系统内部没有严格的程序规则，因而行政系统中的联结模式基本上是靠权威维系的，行政系统中的权威维系若外化到行政系统外的行政执法中，就是服从长官意志，服从行政权威取代法律规则。因为，若低层行政人员选择服从法律而抵制服从长官意志就有可能丧失进一步晋升的机会。在这样的情况下，具体负责事务处理的行政执法人员便不敢服从法律。

第一百四十一条　不知服从法的法律认识障碍。法律意识和法律认识两方面水平的低下是对法律的一种无知，而在不能领会法律规则的情况下，自然而然地会妨碍法律的服从。

第一百四十二条　不愿服从法的利益制约障碍。行政系统内部的利益和社会的利益、行政执法机关的利益和行政相对人的利益永远是一对难以调和的矛盾。行政主体在执法过程中对自己利益的追求就成为其不愿服从法律的另一障碍因素。而且，其与相对人的利益冲突而导致的不愿服从法律仅仅是诸多利益现象中的一种。

第一百四十三条　不便服从法律的传统理念障碍。行政主体的法服从必须在与行政相对人相互制约的关系中才能得到有效实现。换句话说，行政相对人的法律理念对行政主体的法服从有重要的制约作用。行政主体自身的法理念也对行政执法中的法服从有制约作用。在我国，行政相对人作为公民的一种特殊形式，也具有普通公民在法律意识上的共性。由于受传统国家权力理论的影响，我国公民常常把国家机构体系和行政公职人员视为自己的父母官，其深层理念中有一种潜意识的服从本能，行政相对人这种特殊的服从本能，塑造了行政主体对其进行命令指示的行为状态，而这种命令指示由于前提是相对人的无条件服从，便使行政主体不看重命令过程中的法律选择。把行政相对人的行政法服从和行政主体的法服从当成一个常数来看，二者将处于一种相互消长的状态之中，即是说，行政相对人过分的逆来顺受，必然导致行政主体法服从意识的低下，相反，行政主体的法服从意识提高则有助于行政相对人对错误的行政命令盲目服从概率的降低。长期以来，行政管理在我国被认为是官事，政府的权威也从这种官事中得到了强化。

第一百四十四条　不服从法律的多元市场规则障碍。世纪之交，我国正处在社会结构等的转型期，一是由计划经济全面转入市场经济；二是由本土型经济转化为国际性经济。加入世贸组织的现实，使这种转型显得进一步突出。而经济的转型必然带来社会结构、法律格局、政府管理方式的变化，更重要的是全民市场意识的变化。这样便产生了执法中的法律选择问题：法律的既定规则与市场运作中的市场规则冲突以后，行政主体的选择、效率与程序冲突的选择、效益与公正价值冲突的选择，等等。这些问题都实实在在地摆在行政主体面前，若上升到行政执法中法律服从的角度来认识，便是一个制约行政执法中服从法律的障碍因素。这一因素尽管是客观的、必然的，但就目前情况来看，它无疑是行政主体法服从的一个障碍因素。

第一百四十五条 我们对行政执法中行政主体法服从的理论探索,若从实用角度讲,最终必须落实到行政法治中去,让其成为我国依法行政的重要组成部分,并能够有效规制行政主体具体的执法行为。目前我国行政执法中法服从存在的诸多问题,也只有通过构架相关的制度才能得到彻底解决。

第一百四十六条 行政执法主体重组的法服从塑造。行政主体是行政执法中法服从的第一要素,因此解决行政执法中的法服从问题,必须从行政主体的重塑入手。

第一百四十七条 首先,要对行政主体在执法过程中一个价值上的定位,是将其定位为在行政执法中,尤其在法服从中有较大的权威呢,还是不具有较大的权威只有选择法律的义务?是给其在执法中较大的创造性、超越性呢,还是让其严格地依程序规则而为之?这些问题是十分关键的。

第一百四十八条 上列两种价值选择都是合理的,但要根据各国法治进程的状况而定。一个社会的法治进程较快、行政法治化程度较高,便可以选择前者,因为在此种情况下,整个行政系统的运转机制已经形成,执法人员较大的主动性能提供较好的社会利益。而依一个国家的法治进程较慢,行政法治的水平还不高的情况下,选择后者为上策,因为,通过行政人员较小的选择余地,可以遏制武断行政。

第一百四十九条 其次,要对行政主体形态进行重新组合。由于我国行政系统的职能划分十分复杂,且有些职能之间还存在着矛盾和冲突,更由于各个职能机构基本上都形成了一个独立的权力系统,而且有一定范围的立法权,如部委有权制定规章,而规章的绝对数已远远超过行政法规和法律的数量,这样便很可能导致不同职能部门之间在权力行使中的冲突,相对于各职能部门的低层行政机构而言,在执法过程中可能都做到了服从,而由于各职能部门相关规则的冲突,使这种法服从只是局部的。在市场经济下,由于利益组合关系的复杂化,这种现象将会进一步突出。如果对行政机构体系中单一行政主体进行重组,将分散化的职能相对集中起来,必然会纠正分散的局部的法服从,而重现法制一体化、职能统一化的法服从。

第一百五十条 再次,要对行政主体的职权进行重构。法服从与行政主体行使权力的广度与深度有一定的关系,可以说,行政主体行使权力的强度越大,发生法服从障碍的机会就越多,反之,若进行宏观调控,法服从的质量会提高。

第一百五十一条 弱化政令规制作用的法服从塑造。政令可以分解为两个部分，一是政策，即执政党的政策，包括中央机构和地方党政机构的政策。二是行政命令，指上级行政机关或行政首长发布的临时性、突发性的指示。此二因素与法服从的关系有两面性，一方面，有效的、良好的政令可以帮助行政主体提高法服从的意识和规范法服从的行为；另一方面，一些政令将会使行政主体偏离法律轨道，这种偏离造成的结果就是对法的不服从。从总体上讲，在我国，政令对法服从弊大于利，不好的政令必然破坏法服从，而一些良好的政令也会给法服从带来障碍，尤其是政令造就了行政主体一种把法律放在第二位的行政意识，而这是较为关键的。可见，弱化政令对行政主体行为的规制作用，是强化法服从的又一有效对策。

第一百五十二条 提高法律规制技术的法服从塑造。法律规制技术由于是最为具体的东西，因此，对改善法服从的作用显得更为直接。

第一百五十三条 我国行政法的规制长期以来受行政权威原则的制约，在对行政权运行过程进行规制时，所选择的是这样的思维进路：在行政主体方面，采取凡法律没有禁止的都可以做的原则，而在对行政相对人进行规制时，则是凡法律允许的才可以去做，而法律没有允准的就不能去做。在行政立法文件中，绝大多数采取行政主体可以做的事情概括规定。这种规制技术是导致行政执法中法服从不足的重要因素。故而，提醒我们必须对行政法的规制技术进行改革，尤其要将原来关于禁止与许可的规定方式予以倒置，即对行政主体采取法律允许做的才可以做，没有允许做的其无权去做，这是对法服从的实质性体现。面对行政相对人则采取法律没有禁止的都可以做，尽管法律没有作专门的许可。当然，行政法规制技术的提高还有其他方面，如确立上下级之间的法律关系等。

第一百五十四条 本土法制与世贸组织规则接轨的法服从塑造。就目前我国行政法治而言，本土化应当与世贸组织的相关规则接轨。也就是说，行政执法中的法服从已经不是简单地对本土行政法的服从，对本土行政法的服从只是今后行政法服从的一部分，还必须对世贸组织的相关规则予以服从。这要求我们在行政立法方面必须下大工夫，要理解立法权的最终目的。

第一百五十五条 行政法中强调法制统一原则，既是社会主义法制的客观要求，又有充分的实践依据。

第一百五十六条 它是行政权威原则的必然要求。行政权威原则，是指行政权作为代表国家的一种公权力，其地位和威信是不能受到任何威胁和动摇的，要充分保证它在把个别的、特殊的意志有效地集中起来的功能。很显然，行政权威原则的此科学内涵，是与其在运行过程中的法制统一原则息息相关的，或者没有行政权的运行过程的法制统一，就没有行政权运行的高度权威性，这已基本成为一个没有多少人争议的问题。所以，为了维护行政权威原则，就必须强调行政执法中的法制统一。

第一百五十七条 它是行政法制体系化的法律表现。行政法制在我国并不是人们普遍熟悉的名词，它在我国出现没有很长的历史，只是近年来社会主义法制逐渐完善和发展过程中的产物。行政法律的制度化、体系化的提出更是近年的事情。然而，行政法律制度化、体系化这一大的社会主义法制趋向还没有得到全面实现，就受到了市场机制、利益多元化、竞争原则的冲击，使本来就体系化程度不高的行政法制受到了强烈的震撼。地方化、区域化、分散化、多样化的行政法制观点几乎占了主导地位。与之相适应行政法制统一和行政规则亦被忽视。诚然，市场经济是多样型、竞争型、多元型经济形态，但不能因此而否认行政权的体系性和统一性。因为经济形态和对其起保驾护航作用的行政形态、法制形态乃至政治形态是两个不同的事物，经济上的分散，并不等于法制与政治也必须分散，经济上的多元化，绝不必然导致行政管理的多元化，行政管理主体作为竞赛规则的制定者和裁判者，应保持一种恒定化状态而不可以瞬息万变，否则竞争参与者便会失去约束或限制的相应标准。即使是纯经济性的东西也应有较大的共性，这一点，市场化程度发达的国家和地区的立法为我们提供了范例。行政法制系统化的内容，不外乎要保持全国各地的行政执法有统一或大体一致的原则、规划和标准。可见，行政执法中法制统一原则是对行政法制体系化从一个侧面所作的阐释、是行政法制体系化的法律表现。

第一百五十八条 它是防止行政权松散化的有效手段。行政权在行使过程中有两种变态倾向必须防止。一是行使过程中过分集中的倾向，主要表现是在全国及其行政大系统只强调一个独立的行政人格，行政管理活动过程中的决策、执行、咨询、监督没有明确的功能上的划分和组织上的划分。在此种情况下，行政权的外在表现是迟钝、滞后、没有活力和效率。二是行政执法权行使过程中过于分散的倾向，表现为政出多门、行政决策没有前后连贯性、行政执法中此一标准或彼一标准、管理对象难以适从。如果说前者使行政权缺乏活力、迟滞、僵化，那后者则使行政权松散、零乱、似是而非。这两种倾向都有害于行政管理和人为降低行政权的质量。

第一百五十九条 市场经济在我国推行之前，尤其在改革之前，我国行政权的弊病主要表现为前者，而在市场经济全面推行以后，分散化则是我国行政权的主要弊端。此种分散化的倾向，使行政权具有了强烈的松散性和混乱性，各种地方保护主义、行业保护主义、部门保护主义、层级保护主义、共同经济利益保护主义近年来不断滋生和蔓延的事实，充分说明了我国行政权目前的分散化、松散化倾向到了令人不能容忍的地步。强调行政执法中的法制统一原则是防止、纠正行政权过分集中的有效手段，就好像从实际出发，灵活管理是纠正行政权过分集中的有效手段一样。通过统一的行政法制原则，使部门之间、地方之间、行业之间、行政层级之间有共同的利益和统一意志。

第一百六十条 行政执法中的法制统一原则作为一种法制精神，对行政权的行使和行政管理活动过程具有规制和指导作用，而且有客观的、具体的要求，也就是说，行政执法中的法制统一原则有法律上的内在外在表现。作为内在表现，它调整着行政执法人员的行为，作为外在表现，它规范着管理相对一方当事人的行为。

第一百六十一条 在目前情况下，行政执法中的法制统一原则的法律表现或科学内涵主要包括如下诸点：

第一百六十二条 义务设定统一。行政管理活动过程从某种角度观察是在行政机关代表国家行使权力的过程中完成的。行政机关为了执行法律，贯彻党和政府的方针政策，要经常性地对管理对象发号施令。把首先表现为抽象形态的法律、政策精神变成物质内容。该活动体现在行政机关向当事人设定义务，体现在行政机关和相对一方当事人的行政法关系中。行政机关向当事人设定义务和行为，尽管是一种法律行为，但它是一种单方面的法律行为，行政机关是该行为的主导因素。因此，该行为不可避免地带有浓厚的主观色彩。感情的、环境的、意识的以及其他外在因素，都会影响义务设定行为，进而导致义务设定中法制不统一，政令不统一，行为属性不统一。在行政执法实践中，本不该承担义务的人被逼承担，本该承担义务的则被免除，同一法律义务在不同当事人身上会有不同法律效果，普遍存在这些现象。可见，行政执法中的义务设定统一，要求行政机关和行政执法人员要以统一的义务标准对待同一类型的义务人，不论部门、地区、行政环境等。当然有些客观上的限制因素可以例外。笔者认为，大体相同的区域，大体相同的时间段，大体相同的义务行为，应在全国范围内有统一的义务设定标准，绝对不能使管理相对一方当事人在不同环境，不同地区对行政法制有完全不同的感受。从客观上讲，义务设定统一的全面实现，还须行政法规范乃至法律规定来完成，但就执法人员来讲，至少应保证自己在义务设定行为中的前后连贯、一视同仁。

第一百六十三条 权利赋予统一。现代行政管理中随着民主意识的深入和民主制度在行政管理中的广泛运用，行政法关系的性质较前有了质的飞跃。一方面，行政机关的行政行为中赋予相对一方当事人权利的行为的绝对数和相对数都有所增多；另一方面，我国的市场经济机制正在逐步形成。许多方面的行政管理还没有严格准确的行政法规范予以调整。所以，行政机关在权利赋予、权利确认、合法行为认可等方面只能凭市场原理和以前的法律规范为标准。其结果自然使权力赋予行为具有强烈的任意性。基于此，在行政执法中，必须强调权利赋予的统一性，具体地讲，行政机关应首先遵循法律，尤其要以1992年市场经济推行以后出台的法律、行政法规为行为指南。如果各地行政机关都以这两个主要的行政法源赋予相对一方当事人权利，就会使权利在绝大地区得到运用。应当说明的是，各地在地方性法规和地方政府规章的制定中应谨慎处理行政机关权利赋予行为，甚至有必要限制规章以下行政管理规范性文件对行政机关权利赋予行为的认可。

第一百六十四条 后果承受统一。法律上的后果，一般是指自己的行为触犯了某个法律而造成了相应的社会损失，当事人应承担的民事上、刑事上或行政上的法律责任。在行政执法中，行政机关及其工作人员每日每时都会遇到相对一方当事人违反法律的行为。有可能每日每时都在追究违法行为者的行政责任。尤其与管理对象直接打交道的政府职能部门其基本职责就是要校正出现的违法行为。从某种意义上讲，这种行为既是行政行为又是司法行为。作为一种司法性行为，对当事人的社会权益、法律权益乃至政治权益有很大影响。此点表明，行政机关的责任追究行为比其他行政行为有更大的敏感性和更大的社会效果和政治影响。因此，相对一方当事人对法律后果的承受应有统一的标准，这就是行政执法中后果承受统一的基本含义。

第一百六十五条 裁量尺度统一。在行政自由裁量权存在的地方，要达到行政执法中的统一是有很大难度的，甚至是不大可能的。但是不能因此而否认行政自由裁量权中的法制统一。随着经济多元化和市场特征的日益明显，裁量的范围，余地等比以前有所增多而不是减少，如果不强调裁量行为中的法制统一，就等于否认行政执法中的行政法制统一原则。而以什么为尺度使行政自由裁量权趋向统一呢？这牵涉到一个法律渊源的构成理论。法律渊源的构成有两个部分，即正式的法律渊源和非正式的法律渊源。前者是指体现在权威性的法律文件中，具有明确内容的被国家认可的行为准则；后者是指没有被权威机关认可，不以条文形式出现，但确实规制着行政管理活动过程的行为准则。非正式的行政法渊源对于确立裁量尺度,裁量规则有正式渊源不能取代的作用,如行政政策,行政习惯,行政管理活动过程中的推理,思考对于自由裁量权行使的尺度有很大的指导意义,而对此点,正式渊源是不可能做到的。所以,在我国建立行政法非正式渊源的体系,有效规制行政自由裁量权,使其走上统一化,已成为行政法制建设的当务之急。

第一百六十六条 行政执法中的法制统一是一个相对意义上的概念,永远不可能有执法过程中的绝对统一。所以行政执法中的法制统一原则必须以一定的例外规则作为必要补充。只有这样,法制统一原则才具有科学性,真正达到统一行政管理活动过程的目的。笔者认为这些例外有下列方面:

第一百六十七条 经济成分上的差异引起的例外。由于我国经济地理条件极其复杂,不同省份、不同区域、甚至不同县市经济成分上有很大差异。有些地区是典型的多元型经济,各种经济成分和构成指标共同存在并有合理的格局。有些省份其经济结构单一。各地在经济上的巨大差异,是影响行政执法中法制统一的首要因素。在这种情况下,即使是由最高国家行政机关制定的行政法规也不能绝对强调统一执行。

第一百六十八条 文化特性上的差异引起的例外。广义上的文化概念包括各方面的知识性状,文化累积和市民知识结构、觉悟程度、文化水准等。我国内地与沿海、南方与北方、东部和西部,边疆与内陆等在文化特性上存在很大差异。一则总体文化意识不同,有些地区总的文化意识相当高,包括识字率和受教育程度以及总体文化素养都呈现出高指标,有些地区的上述因素指标则相当低。二则文化侧重点不同,如有些地区笃信宗教,有些则崇尚技术,等等。三则市民个性不同。上述三个方面文化特性上的差异,是行政执法中法制统一原则的又一例外,行政机关在执法过程中,不能把同一标准运用于不同的文化地区。国家对文化特性不同的地区应采用不同的法制原则,不能过分强调法制统一原则。

第一百六十九条 市场进程上的差异引起的例外。在我国,全面推行市场经济的速度在各地也有所不同,一些地方的市场化程度相当高,已在接近市场经济较为发达国家的水平。在这些地区,行政执法应尽可能强调与国际行政法制接轨。我国绝大多数内陆地区市场经济起步晚,发展缓慢,不能够与国际普遍认可的市场经济同日而语。因此,其行政执法便有较大的内部特征。市场进程上的差异,对行政执法中法制统一原则的影响不可能是永恒的,但在我国市场经济没有全面实行以前,绝对的行政执法统一似乎是不可能的,这对我国的行政法制来讲也提出了一个不大不小的课题。

第一百七十条 在承认例外的前提下，应有若干普遍性的限制条件。一方面把各种例外限制到最低程度；另一方面，不允许以例外为理由践踏我国法制的尊严、破坏社会主义法制大系统。笔者认为，下列诸点是例外的主要限制条件。一是宪法原则，即不能因例外情形而否定宪法原则。换言之，不同经济构成区域，不同市场进程地区，不同文化特性省份都应以统一的宪法原则为指南；二是法治精神。就目前来讲，我国行政法治精神无疑由如下诸因素构成：行政民主化、公开化、管理效率化、权力有限化、程序连续化、过程规范化、组织合理化、人员知识化等。这些因素，作为一个整体，体现了行政权力的性状，并为行政权规定了内在特征。这些精神是行政法治统一的支柱，不论哪一个地区、哪一个部门、哪一种性状的经济构成、哪一种文化特性都必须捍卫上述法制精神。避免行政法治统一中无原则的例外；三是市场规律。行政体制和行政行为只有以市场规律为转移，才能体现对经济的合理反作用。可见，行政执法中法制统一的例外，不能违背市场规律这一大的经济前提。

第一百七十一条 行政执法承诺制是保障行政执法实效性的一种辅助制度，它是指行政机关在行政执法活动中对公民、法人和其他社会组织就有关的行政执法行为所作的信守性许诺。它尽管不是行政法制的主要制度，但对促进行政执法的效率性和促进行政执法取信于民具有不可替代的作用。

第一百七十二条 以行政法治的精神而论，行政执法是行政机关的职权和职责，是行政机关义不容辞的法律责任，不存在承诺问题。行政法制度中的各种规范，一般都具有明确的行为规则，甚至履行规则的方式、方法、期限等，似乎也没有承诺的必要。然而，行政执法有着自己的固有特点，与民事、刑事执法相比，具有广泛性和主动性。就前者而言，它牵涉到社会生活的各个方面，覆盖的领域极广，此点进一步导致行政执法较之其他执法复杂多变。就后者而论，行政执法在绝大多数情况下，是由行政机关主动为之，是一种积极的权力行使，此点进一步导致行政执法难以预测和社会效果难以判别。广泛性和主动性使行政执法领域建立执法承诺制十分必要。同时，绝大多数的行政执法行为的一般特点，即有严格的法律规范规定。此种受严格法律规范规定的行政执法，在行政执法总构成中占的比重是很大的。行政执法可以由两部分构成，一部分是具有严格法律规定的行政执法，其执法过程中的行为规则明确，执法行为的规范性强，此类行政执法是没有必要建立承诺制的。另一部分是伸缩性极强的行政执法，此类行政执法或者具有极强的裁量余地，或者受执法者主观意识和外在环境的较强制约，行政执法承诺制在此类行政执法中才具有意义，也就是说，行政执法承诺制仅存在于伸缩性极强的行政执法中。一是请托性行政执法，是一个泛指概念，其中包括两种不同性质的行政执法，一是依请求的行政执法；二是依委托的行政执法。这两种行政执法虽然在执法行为的性质上有所不同，但在与行政执法承诺制的关系上却有着共同意义，正因为如此，笔者将二者归于行政执法承诺制的一种类型的范围之下。依请求的行政执法，含义是相当明确的，是行政机关在相对一方请求下而为的执法行为。相对一方当事人的请求是该类行政执法的前提条件，即相对一方当事人的请求行为是依请求行政执法的行为为基础，政执法行为是围绕请求行为而运行的，当然运行的规则和运行的线路受行政法规范约束，而不是受相对一方当事人的请求行为制约。依委托的行政执法，指具有一定资格的主体在行政机关的委托下而履行行政执法职能的情形。二是服务性行政执法。所谓服务性执法，是指为社会提供公共服务并创造物质和精神财富的执法。三是由其他行为准则调整的行政执法。凡受规范之外或规范之上行为准则调节的行政执法，就属于由其他行为准则调整的行政执法。四是期限规则不明确的行政执法。行政法包括行政实体法和行政程序法两个部分。在程序规则不完善，尤其程序规则中期限制度和其他制度不明确的情况下，承诺制就有存在的必要，因为它可以补充期限制度的不足。

第一百七十三条 行政执法承诺制在行政法制体系中的地位如何，还需理论界进一步探讨。目前对其在行政法律体系中的定位为时尚早。但无论如何，政执法承诺制至少有三个方面的作用：一是对行政执法规则具有弥补作用。二是对执法作风具有转变作用。三是对执法效能具有提高作用。

第一百七十四条 在明确行政执法承诺制作用的基础上，必须进一步揭示行政执法承诺制的若干属性。所谓属性，就其内在特性而言的，而不是其在行政法上的本质属性或在行政法上的地位。行政执法承诺制的内在属性包括下列诸方面。

第一百七十五条 一是规范性。行政执法承诺制的规范性有三层意思：第一层意思是行政执法承诺制应以规范的形态表现出来，至于是以什么性质的规范表现的，则不是具有决定意义的问题。第二层意思是所承诺的内容应当规范，承诺应当承诺的事项，而不承诺不应当承诺的事项。第三层意思是行政执法承诺应接近现行的行政法规范，可能弥补现行行政法规范的不足，而不能完全脱离行政法规范，成为极端超前的制度。

第一百七十六条 二是非广延性。行政执法承诺制不能同一般意义的行政法制度同日而语。从承诺的本质属性观察，它应当有特定的主体，即此一主体与彼一主体，而且是比较明确的双方主体之间才能达成某种承诺。可见，承诺主体是限制承诺范围的主体因素。承诺还必须是就某种事实和具体内容的承诺，而不能是泛泛而谈的承诺。就是说，承诺内容是限制承诺范围的又一因素。上列两因素决定了行政执法承诺首先是一定区域的承诺，就是一行政管理辖区内的承诺。

第一百七十七条 三是敏感性。行政执法承诺制还有一个内在属性，就是最容易体现行政执法主体和行政管理相对一方的关系，对一般的行政执法行为，行政机关只承担行政法规定的法律责任，只对行政法的法律规范负责。如果说也要对管理相对一方当事人负责，也是极其间接的。而行政机关一旦在行政执法中对管理相对一方作出了承诺，就有了两个方面的责任：一个是法律规范上的责任；另一个是对承诺对象，即管理相对一方当事人的责任。其在原来法律义务的基础上加进了一个新的义务，就是信守诺言的义务。如果没有许诺，即便在执法中有所疏漏也不会带来直接的麻烦。而承诺以后，如果没有依承诺而履行职责，则会带来直接的社会后果，最终降低执法威信。这一属性，一则要求行政机关所承诺的内容有十足的可实现性，不能超越行政执法的实际能力。二则行政机关在建立行政执法承诺制的同时，应当建立相关的配套制度，以保证所承诺的内容能够得到兑现。

第一百七十八条 四是自愿性。行政执法承诺制以我国行政法制的发展水平而论，还不可能成为行政法制中的一个基本制度。只是行政机关为了提高执法水平、改善执法环境而有意识、自觉建立的对行政执法有保障作用的一种特殊制度。该制度的最大属性之一就是自愿性。行政机关建立行政执法承诺制不是它的法定义务。由承诺制的基本制度到承诺制确立的具体承诺内容，行政机关都有权自主决定，无须受外界的干扰和约束。行政机关在承诺制的建立和承诺内容的确定上，都具有极大的主动性。该特性可以导致一系列的承诺原则，如承诺行为和承诺内容公开化原则，承诺制原则等。承诺自愿性仅指承诺行为和承诺内容的自主性，绝对不包括承诺行为后果的自愿和自主。就是说，一旦承诺关系成立，这种自愿、自主性就要发生变化，就要由单一的自愿、自主关系转化为自愿、自主和责任承担的双重关系形态。公民、法人和其他社会组织从承诺关系中得到利益是理所当然的。

第一百七十九条 行政执法责任制，是指行政机关及其公职人员在行政执法过程中的一种岗位责任制，即用法律或其他规范性文件的手段明确规定每个机构实体、每个行政职务、每个权力行使者的职位范畴、工作性质、职责范围等，以便能够使每个行政机关和公职人员各司其位、人尽其能、各负其责的一种行政法制度。

第一百八十条 行政执法责任制应区别于我们通常讲的行政责任，应当说行政责任是行政执法责任制的内容之一，是被行政执法责任制所包容了的，是行政执法责任制的最后一个环节；行政执法责任制应区别于行政执法，行政执法是相对于行政立法或行政司法而言的一个外延十分广泛的概念，而行政执法责任制是确保行政执法理性实现的一项制度，归于制度范畴之下，行政执法责任制应区别于行政法制，行政法制是国家有关行政立法、行政执法、行政司法等制度的总称，而行政执法责任制则是行政法制的基本构成之一，是行政法制这一宏观制度中的一个微观制度，是行政法制这一宏观概念所能够包容的一个微观概念。作为一个微观的行政法制构成，必然建立在一定的理论基础和法制基础之上。

第一百八十一条 行政执法责任制包括两个元概念：首先是行政执法，即行政机关对法律、法规和规章的执行；其次是责任制，即行为的规范化表现以及对行为后果负责的诸制度。

第一百八十二条 行政执法责任制所包含的内在精神有下列各点。

第一百八十三条 一是行政行为规范律，是指行政机关的行政行为以及行政公职人员代表行政机关所为的与职权有关的行为必须符合规范化的标准。首先，行政主体在做出行政行为时不参照任何标准，有两方面的情形：一方面是法律规范没有确立此行为的标准，致行政机关以自己的判断而为之，此点说明行政行为的规范化必须以一定的行政法制规范为前提。另一方面，法律、法规确立了某行政行为的标准，而执法主体在法律、法规确定的标准之外行事，致行政行为不规范。其次，行政主体在做出行政行为时考虑的是法律之外的因素。在行政执法中，为了达到规范化，必须做到两点：一方面考虑必须考虑的因素；另一方面不考虑不应考虑的因素。

第一百八十四条 二是行政行为同一律，主要内涵有：在全国范围内，同一职位、同一部门的行政行为应当保持同一。不同地域之间尽管有地域差别，但行政行为的基本状况还是应当保持基本一致的。就一个行政机关而论，行政行为应保持前后连贯，不能针对一类事态作出前后不一致的行政处理决定。一个行政管理事态如有一个行政机关已经实施行政行为，别的行政机关只能就同一事态、同一理由作出相似的行政行为，行政机关之间应保持一致。

第一百八十五条 三是行政行为定量律，是指应以行政机关所处的地位确定其行政行为的总量及其相关性质，高层行政机关履行行政行为的量应有别于低层行政机关的量；应以行政机关的人力、物力、财力配备确定各机关行政行为的总量，财力、人力、物力都较为充足的行政机关，行为的总量就应当大于配备较差的机关。行政系统中的职务、职称都要有相应的数量确定，可以通过行政编制确定相应的数量。在行政系统中，一个机关、一个公职人员所完成的工作项目以及各项工作所占的时间比例应当用数字说明。履行一定行政行为的行为主体所需要的资格，如专业知识、文化程度、工作资历应用数字反映。各行政机关、行政机关工作人员在人事、财务等方面的权限亦应用数字表述。通过上述若干方面的量化内容确定每个行政机关、行政机关公职人员的责任范畴。

第一百八十六条 四是行政行为制约律。制约律要求受行政行为影响的相对一方当事人，能够通过正当的法律途径介入到对自己有直接影响的行政行为之中；其他国家机关能通过法律手段有效监督行政机关的行政行为。这种监督不单单是法律形式的，而主要是能够发挥实效的；各种社会舆论可以非常有效地通过合法途径对不当行政行为予以曝光等。通过制约，使行政权的行使达到某种程度的平衡以强化其责任心。

第一百八十七条 五是行政行为自负律。行政行为自负律是指行政行为如果发生过错以后，应当由相关机关和公职人员承担一定的法律责任的一条定律。国家应把行政行为的责任归于行政机关的法定代表人和直接责任人，在大多数情况下由他们承担责任，各自对各自的行政行为负责，只有当其没有能力承担责任的情况下，为了达到某种平衡，才由行政机关承担一部分责任。

第一百八十八条 行政执法责任制是行政法治中的一个微观制度，与整个行政法治大系统相比，行政执法责任制是具体的且有实效的，是能够对行政管理活动和行政权的行使进行规制的。正因为如此，我们必须探讨行政执法责任制的具体内容。这些具体内容是能够被操作的，并指导行政执法实践。

第一百八十九条 一是关于法律规范和行政手段的分类落实问题。建立行政执法责任制，必须科学合理地对行政法规范进行分类，对行政手段进行分类，通过分类使每一个行政机关熟悉与自己的管理行为相关的法律、法规和规章，熟悉自己能够运用和不能运用的行政手段。行政法规范和行政手段可以分为四大类：第一类是通则性或普遍性规范和手段，对任何行政机关及其公务行为都具有规制作用。第二类是类别性规范或手段，只适用于某一门类或某些部门的行政管理领域。第三类是个别性规范和手段，只能对特定行政机关或特定的行政管理事务起作用。第四类是区域性规范和手段，仅适用于一定的行政区域之内，每一个行政管理部门都应当以上述标准对法律规范和行政手段进行分类，并在本系统内予以落实，一些地区的法规上榜、行政手段上榜的做法，就很能体现行政执法责任制的内涵。

第一百九十条　二是关于执法项目和权力行使的分块负责问题。执法项目和权力行使的分块负责，是指通过确定每一个行政机构实体的执法项目及其执法项目的数量，具体的权力范围明确每个具有板块状的行政机关的职责。行政机关的执法项目可以分为三类：第一类是主动执法的内容。第二类是被动执法的内容。第三类是折中执法的内容。与此三类执法相适应，行政机关行使的权力也有同样的划分。通过这种板块上的分类负责，使行政执法中行政机关的权利义务达到最大限度的一致。

第一百九十一条　三是关于命令指示和请示汇报的线路畅通问题。在行政机构体系的纵向关系上有三个范围的关系，第一个是政党体系、政权体系与行政机构体系的关系；第二个是行政机构体系与社会管理事态和相对一方当事人的关系；第三个是行政系统内部上下级之间的层级关系和一个行政机关内部领导者与被领导者的关系。我们经常谈到政令畅通，就是要求政党体系和政权体系的意志能够通过行政机构系统贯彻下去，而行政系统内部的命令指示和请示汇报关系是否完善具有决定意义。一则，行政系统内部的命令指示和请示汇报必须逐级进行。下级行政机关要经常对上级行政机关汇报工作，提供管理事态的信息并反馈有关行政决策的实际效果。由下至上的传递应当遵循明确的线路，一般情况下，应按行政系统设立的层级关系运行。如果下级超越某个级别向更高一级的机构请示汇报，必然会导致误差，而视为行政越权。自上而下存在着命令指示问题，即上级把有关的行政决策传递到下级。此一传递线路亦应逐级进行，不能超越职权。只有在非常情况下才可以越级请示汇报、越级命令指示。行政系统中命令指示和请示汇报关系中还有一个必须指出的问题，就是下级行政机关必须具有一定的相对独立性，因为他们距行政管理事态最近，应让其如实地汇报有关情况，并能够独立处理有关事务。上下层机构之间、上下级公职人员之间，要求以法律规范明确各自的职责范围和相互联系的途径。

第一百九十二条　四是关于不法确认和制裁规则的对应问题。行政执法责任制必须有最后一道防线作为保障，此道防线既有制裁作用，又确实能够矫正行政违法和行政越权。笔者认为，建立不法行为确认制度和制裁规则就是这道防线的基本内容。首先，对于不法行为应当进行科学分类；其次，应正确认定不法行为；再次，不法行为的制裁应及时；最后，不法行为和制裁手段应当对应。

第一百九十三条 行政执法工具本来应当是一个法律用语，至少在规范行政执法的法律规范中应当对行政执法有一个界定，然而目前，我国规范行政执法的法律规范中却没有行政执法工具的概念。笔者认为，可以给行政执法工具下这么一个定义：所谓行政执法工具，是指行政执法机关在行政执法活动过程中使用的，能够对相对一方当事人权益产生影响的物质性器具、器械和其他达到目的的物理手段。

第一百九十四条 我国关于行政执法工具的立法与其他加强行政法治的立法相比，显得十分薄弱，到目前为止，规范行政执法工具的立法仅有五六件，如《中华人民共和国警察使用警械和武器条例》（以下简称《武器条例》）《公安机关警戒带使用管理办法》等。此外，在一些行政法文件中还有一些零散的规范行政执法工具的规则，如《中华人民共和国人民警察法》《保税区海关监管办法》等，这些规定还不足以对运用频率极高的行政执法工具进行合理调控。

第一百九十五条 行政执法工具目前存在的问题可以概括为下列方面。

第一百九十六条 行政执法工具尚未作为行政执法的明确规制对象。首先，学界关于行政法的定义中，尚未有人认为或明确提出行政法必须对行政执法工具作出规定。有学者列举了行政法的若干功能，但行政权力及其如何运用的规范并不必然包括对行政执法工具的规定。近两年来，学者们在讨论行政强制执行法时，几乎都没有提到行政主体在强制过程中强制工具的使用问题。其次，行政法治实践也疏于对执法工具进行规范。

第一百九十七条 仅有的行政执法工具规则大多是就事论事式规定，即没有将某一规制行政立法工具的规则当成一个系统化的规则，并引起行政执法者的高度注意。这是一方面，另外，法律规制的行政执法工具是极其个别的，在广泛的行政执法工具中仅仅选择了数量和形式极小的一部分，更使其陷入了就事论事的泥潭之中。此种就事论事的、作出严格选择的规范方式，只能让广大公众感到立法所关注的是敏感的东西，不是牵涉绝大多数人权益的普遍的东西。

第一百九十八条 行政执法工具规则内容的无序性。有关行政执法工具的规则无疑是控权性规则,而不是赋权性规则,这是不需要论证的问题,因为任何一个行政法文件,不论对行政主体还是行政管理相对人都有一个明确的行为取向,或者是有利的行为取向,或者是不利的行为取向。而目前有关行政执法工具的规则,都难以判定其对行政主体或当事人是有利取向还是不利取向。如《武器条例》第2条规定:"人民警察制止违法犯罪行为,可以采取强制手段;根据需要,可以依照本条例的规定使用警械;使用警械不能制止,或者不使用武器制止,可能发生严重危害后果的,可以依照本条例的规定使用武器。"显然,这对行政主体而言是一个赋权性条款,而实际上这一赋权是不必要的,因为人民警察使用执法工具是必然的,并不以赋权为转移。实质性问题是要对使用器械作出严格限制。而此法中的限制性条款并没有得到充分体现,最大不过与赋权性条款保持相当比重。无序性的立法技术,必然不利于对行政执法工具的规制。

第一百九十九条 行政执法工具规则操作性较弱。行政执法工具的规则在所有行政法规则中应当是最为具体、最容易操作的,因为工具的使用本身就是操作层面的问题。而我国现有的立法文件关于行政执法工具的规定操作性不强,还以《武器条例》为例,其第3条给警械下了这样一个定义:"本条例所称警械,是指人民警察按照规定装备的警棍、催泪弹、高压水枪、特种防暴枪、手铐、脚镣等警用器械;所称武器,是指人民警察按照规定装备的枪支、弹药等致命性警用武器。"如此一来,人民警察在行政执法中使用的第3条以外的执法工具就不一定受到规制,而此条之外的,甚至比此条所指执法工具更为敏感的执法工具,同样是人民警察经常使用的。而依此条,它们在使用过程中就可以不遵守任何规则,这显然有悖于立法宗旨。再则,行政执法工具的使用是在行政主体和相对人发生接触的一刹那发挥作用的,作为规范执法工具的规则,必须对接触过程中相对人如何保护自身权益,如何对所使用工具作出反应应有所规定,但目前关于工具使用的规定,都是一种单向式规则。

第二百条 从表面看,行政执法工具只是一个极其具体的问题,是一个手段问题,在行政法治中的地位似乎不值一提。然而,行政执法工具由于处于行政权作用主体和作用对象的交合点上,使其显得比行政执法中的其他问题更加敏感。甚至可以说,行政执法工具的规范化程度反映了一国行政执法的文明程度。在粗暴执法的概念之下,往往是行政执法工具的不合理使用,而在文明执法的概念之下,则是行政执法工具的合理化运用。正因为这一点,探讨行政执法工具的规范化,无疑对行政法治具有重大意义。笔者认为,行政执法工具的规范化有下列内涵。

第二百零一条 一是行政执法工具名称的规范化。可以说，目前我国关于行政执法工具的概念既不是一个学术用语，更不是一个法律用语。就前者而论，理论界并没有关于行政执法工具或执法工具的一个概念界定，国内尚无一部行政法教材对行政执法工具展开讨论，也没有学者发表相关论文探讨行政执法工具，这样便使行政执法工具缺乏确切的概念界说。就后者而论，尚无一部法律或法规专门使用行政执法工具这一概念。也就是说，目前我们对行政执法工具的称谓只是一个日常生活用语。而这样低层次的用语，远远唤不起人们对行政执法工具的重视，远远不能使行政执法工具成为行政法规范和调整的对象。我们所讲的行政执法工具名称的规范化的第一层含义是，应使行政执法工具的概念尽快成为法律上的称谓，成为一个具有严谨法律意义的术语。在规范行政执法的行政法规范中应明确提出："行政执法工具"这样的概念。第二层含义是，应使行政执法工具的名称有严格的时空限制，正如前述行政主体每日每时地与一定的工具发生联系，每日每时地使用着一些工具，我们必须在行政主体使用的复杂的工具概念中，确定行政执法工具的时间范围和空间范围。

第二百零二条 二是行政执法工具类别的规范化。在行政执法工具名称规范化以后，便应以一定的标准划分并在行政法规范中确定行政执法工具的类别。行政执法工具的使用主体是不同的，行政执法工具对相对一方当事人的权益影响是不同的，行政执法工具在行政主体与行政相对人的接触方式上是不同的，可以依这样的区别对行政执法工具的类型作出确定。通过对行政执法工具的分类，可以解决一系列执法工具运用过程中的具体问题，诸如哪些执法工具只能由执法机关使用、哪些执法工具只能由特定行政机关使用、哪些行政执法工具只有在特定条件下才可以使用，等等。工具作为一个范畴概念，包括诸多甚至无法详尽列举的物质器械或械具，如果不作科学分类，如果不将科学分类以法律规范的形式确定下来，必然在行政执法中盲目而无规范运用。

第二百零三条 三是行政执法工具使用环节的规范化。这应当是行政执法工具规范化的关键。行政执法工具本身是一个静态的事物，是一个没有任何人格要素的机械品，而作为这样的机械品，相对一方当事人是不会对其提出疑问和抵制的。而在行政机关对其使用以后，就赋予了其新的含义，使其由静态的、中性的东西变成了动态的或有所偏向的东西。行政主体对行政过程的实现，就是在这种动态化过程中完成的，行政相对人的权益如果被侵犯，也是由于这种动态性引起的。以此而论，行政法必须对行政执法工具的使用环节作出规定，使行政执法工具与相应的行政管理环节对应起来。

第二百零四条 四是行政执法工具承受对象的规范化。行政执法工具是由行政主体使用的，这是不需要讨论的问题，因为行政主体就是行政执法的主体，整个行政执法活动就是在其启动和运行的过程中完成的。而行政执法工具最终是要作用于行政管理相对人的，从这个意义上讲，行政相对人是行政执法工具的承受对象。这样便产生了行政执法工具和行政相对人对应的问题，即是说，特定的行政执法工具只能由特定的行政相对人承受。行政执法工具承受对象的规范化，是行政执法工具规范化中最具有实质意义的部分，因此通过这一规范化，可以使不该承受某一执法工具的公民、法人和其他社会组织免遭侵权。

第二百零五条 行政执法工具的规范化所揭示的，是行政执法工具的一种理想的法律状态，而这些规范化的内涵要得到实现，还必须通过有效的法律手段进行控制，笔者试结合我国行政法治的实践，对行政执法工具的法律控制作如下构想。

第二百零六条 应使行政执法工具的使用制度化。以我国行政执法的实践观察，似乎有一个不成文的规则，或者不需要论证的认识，那就是行政执法工具是行政执法权的附属物，也就是说，某一行政主体取得了某一方面的行政执法权，同时就伴有实现这些权力的无限手段，运用所有应当运用的执法工具，也是其权力的延伸和必然结果。正由于这一点，在我国，行政主体对任何工具的使用似乎都是顺理成章的，不需要取得法律上或政策上的依据。因此，必须建立行政执法工具使用制度规则，要有一个明确的价值取向，就是行政执法工具的使用必须受到相应的控制，必须由规范化的制度对其进行约束。目前的行政执法制度、行政处罚制度、行政强制执行制度、行政许可制度都没有包括行政执法工具的使用制度。在这样的立法环境下，我们再不可能在一些已经制定出来的法律规则中塞进行政执法工具制度化的内容，而我们恰恰可以制定一个单一的行政执法工具使用的法律、法规或者规章，尽快将这一制度建立起来。

第二百零七条 应使行政执法工具与行政主体的职权对应化。行政执法工具与行政主体职权之间的关系应当成为行政法对行政执法工具进行控制的另一重要方面。行政机关的工作与行政主体职权的关系在目前并没有对应起来，即是说一项行政职权可以派生无数行政执法工具使用的机会，这样便使行政执法工具的使用成为一个无底洞，即怎么使用都行。我们说行政执法工具必须与行政主体职权相对应，一方面要求一定的职能权限机关只能对应一定的行政执法工具，另一方面要求特定的行政权力对应特定的行政执法工具。如果我们能够在不同的行政权形式之后确定附属性的行政执法工具，将既使不同类型的行政权形式不会滥用，又使不同的行政执法工具得到合理运用。若能使行政权的不同类型与不同行政执法工具相对应的理论框架建立起来，对行政法学理论也是一个巨大的贡献。此种对应一旦澄清以后，就应在行政法文件中予以反映。

第二百零八条 应使行政执法工具的运用程序化。我国行政立法中的程序规则并不少见，但这些程序规则的着眼点都在行政行为方面。因此，今后有关行政程序的立法应侧重对行政执法工具使用程序的规定。对行政执法工具使用的主体、范围、时效，使用过程中应当终止的事项等作出具体规定。我国正着手制定行政程序法，应当利用这样的契机，使我国行政程序立法有一个质的飞跃，由规范较为原则的行为过程转化为，既对行为过程又对具体的执法工具使用同时作出规定。还应指出，对行政执法工具的使用确定程序规则，并不是不可能的，《武器条例》尽管对执法工具使用的程序规定还不甚具体，但这种对使用程序进行规定的立法尝试，就证明了它存在的可能性。

第二百零九条 应使行政执法工具的不当使用责任化。法律责任规则是法律规范中权利义务是否得到实现的最后一道屏障。因此，在我们探讨行政执法工具的法律控制时，必须把行政执法工具使用的责任放在最后一环。显然，此一环节的确定必须与前面若干环节衔接起来。在确定行政执法工具不当使用的责任时，必须把行政主体应当承担的责任和行政机关工作人员的责任合理区分，并把相对一方当事人所受的精神损害和财产损害等予以合理区分。就《国家赔偿法》的规定看，关于行政执法工具不当使用的责任条款明显不足，今后在确定执法工具不当使用的责任追究时，应加大责任追究力度。只有如此，才能有效控制对行政执法工具的滥用。

（八）权力清单

第一条 权力清单是指通过一个文本（该文本或者是正式的规范为本，或者是非正式的内部文本），对行政系统的行政权，包括行政系统作为一个机构体系的权力范畴，以及各职能部门作为一个非系统的职能范畴，乃至作为一个机构所享有的职能范畴予以明确的列举，并成为依据的行政法文件，或者不具有行政法效力的相关文本。

第二条 在法治发达国家，也许在其法律概念中还不曾设置权力清单，但他们的行政法典则往往针对行政机关在某一事务管理中所承担的义务和责任作了较为细致的列举规定，其所列举的事项就具有权力清单的性质。例如，《美国1974年私人秘密法》就规定了行政机关在搜集、制作、保持、使用和公开个人的档案记录时，应当遵循以下相关义务："（1）个人的档案记录内容应当尽可能由本人提供，如果是第三人提供的，必须进行多方面的核实；（2）每个机关只能保存与实现本机关的宗旨有关和必要的个人档案记录；（3）机关应向提供个人档案记录内容的人说明机关要求其提供个人档案记录内容的法律依据、用途、常规使用以及拒绝提供的法律后果……"

第三条 对于权力清单定义的认知和理解，应当注意下列因素：

其一，权力清单可以作为法律用语，也可以作为非法律用语。我国目前所提出的权力清单的概念应当是一个非法律用语，它更像是一个行政系统在日常行政工作中为了有效行使行政权而提出的一个对行政权范畴引起注意的概念。由于该概念大多是由行政首长或者行政主体提出来的，所以它与行政权是天然联系在一起的，但在目前情况下，它还不具有正式的法律形式，是一个非正式的法律用语。然而，权力清单完全可以由非法律用语转换为法律用语，或者说我们可以用相关的行政法文件如政府规章、行政法规或行政规范性文件确立概念，如果该概念被行政法规范所确认，它就应当是一个法律用语。

其二，权力清单可以作为内部文本，也可以作为外部文本。仅从权力清单的名称来看，它应当是一个文本。至于这个文本是什么性质的，则要根据实在法的规定来确定。一方面，权力清单应当是一个内部文本，尤其在我国目前行政权的行使中，似乎更多的是从内部文本的角度理解权力清单的。也就是说，通过在行政系统内部对权力清单的内容予以列举，在行政系统内部规范行政权的行使。另一方面，权力清单中的权力绝大多数是行政主体对行政相对人所发生的，而权力清单本身也可以像政府所行使的处罚权、强制权那样对社会予以公开，一旦这样的公开能够成立，它就是一个外部文本。概而论之，我国目前对权力清单的认知和理解属于前者，而从权力清单的实际效果和价值来看，应当属于后者。

其三，权力清单可以由控权主体制定，也可以由行政系统制定。就目前我国权力清单的形成来看，是由行政系统自身发动的，即是说，行政系统可以从自律的角度制定相应的权力清单，这在我国是可行的，也是符合我国近年来的行政习惯的。同时，从权力清单的价值来看，它所体现的是对行政权的约束和控制，而要达到或实现这个理想价值，权力清单似乎由相应的控权主体制定更加妥当，例如可以由全国人民代表大会或者其常务委员会制定行政系统中的总的权力清单，在司法审查实践中，人民法院也可以结合行政救济的范畴和内容制定行政系统的权力清单，上面两个路径是可以进行选择的。

第四条 权力清单属于行政权的范畴。抽象地讲，凡是行使公权力的国家机关，或者相应的组织，其权力都应当以清单的形式体现出来，即是说，广义上的权力清单应当包括所有公权主体所行使的权力，通过权力清单将所有公权的权力列举或者是展示出来，但是从国家权力运作的实践来看，立法机关的权力清单或者是明确的，或者是无法用权力清单的形式表示出来的。因为《立法法》关于立法权行使的范畴有明确规定，而一个具体的立法行为，则是无法用权力清单的形式予以梳理的。同样道理，司法权也是一个非常规整和严格的权力，例如审判权和检察权都通过相关的程序法和实体法作了非常具体的规定，因此，它不需要专门的权力清单将这些权力予以规范。基于上述，权力清单应当从狭义上理解，即是说权力清单所适用的范畴仅应限于行政权，它是对行政主体的行政权作出的专门规范。事实上，当我国目前强调权力清单的概念时，也仅仅限制在行政系统内部，当然国家机关之外的社会团体或者其他组织的权力清单则是另一个范畴的问题。这一点，我们必须予以明确，因为如果我们将权力清单的概念进行非常广泛的处理，权力清单就成为一个无法琢磨的概念及其概念系统。从我国行政权的实际状况来看，由于行政机关行使着行政管理权、执法权、审批权、制裁权等非常复杂的权力范畴和内容，而且不同的权力在行使过程中常常是互相交织的，这些交织的权力有些可能来自行政实体法，有些来自行政程序法，还有些来自行政首长的主观臆断，这就决定了权力清单就是有关行政权的清单。

第五条 权力清单使行政权概念明确。把行政权和其他国家权力放置在一起，行政权的概念是容易被界定的，例如我们可以把广泛意义上的行政管理权都界定为行政权。但是一旦介入到行政权的概念之中，它究竟包括哪些具体内容，则是一个内涵非常模糊的概念。例如对我国《宪法》第 89 条关于国务院行使的行政权的规定，就有诸多非常不同的理解和认知。从逻辑上讲，一个概念应当由内涵和外延所构成，在其内涵无法确定的情况下，或者在其内涵难以确定的情况下，我们通过揭示外延的方式将其表述出来，对于其内涵的理解也就迎刃而解了。权力清单不一定明确揭示行政权的内涵，但它却非常明确地列举了行政权的外延，通过对其外延的揭示，不同行政主体所行使的行政权便由抽象到具体，由一般到个别，由普遍而特殊，二者恰恰是我国当下理解行政权概念所必须的。

第六条 权力清单使行政主体与职权对应。行政主体是学界对行使行政权的行政机关或者其他组织所作的一个概括性的称谓，凡是能够以自己名义行使行政权的机关组织或者机构体系，都能够成为一个独立的行政主体。由此可见，行政主体在行政法治中是非常具体的，也就是说，只有当一个机关或者组织与行政相对人发生联系的时候，它才具有行政主体的属性，如果我们抽象地理解行政主体的概念是没有多大价值的。我们可以将问题再深化一步，那就是行政主体只有当它具有职权时，它才能够对公众、对社会、对行政相对人产生影响，这是一方面。另一方面，行政法典则设定了诸多的行政权，这些权力往往与特定的行政主体相对应。当然，不同的行政法典可以设定不同的行政权，如部门行政法就可以设定部门行政职权，而行政组织法则可以设定一般意义上的行政职权。行政职权在行使上是抽象的，但当它对作用客体发生作用时则是具体的。现代法治思想要求任何法律的运行都必须能够找到相应的责任人，即是说，对相应的行为具有责任，这就要求行政职权必须是具有一定职权的主体，行政职权与行政主体的关系是现代行政法治所要解决的基本问题之一。目前我国的行政组织法和部门行政法在对这个问题的解决上都存在一定的缺陷，主要就是相关主体和相关职权的对应不那么周延，而权力清单则可以补充行政组织法和部门行政法在这方面的不足。即是说，权力清单既具有一定的权力范围，也局限了主体，这种主体与责任之间的对应，是权力清单的另一个本质属性。

第七条 权力清单是对行政权的体系化处理。行政权本身是一个庞大的概念系统。在行政权的概念系统之下，有相对宏观的权力范畴，有相对微观的权力范畴，还有相对更微观的权力范畴。此外，在行政系统内部，有关的机构设置也有着不同的划分。以我国国务院为例，就分为职能机构、直属机构、办事机构等。从横向上看，不同层次的机构又有很多不同的职能划分，如工商、税务、物价、环保等。在一个国家的行政职能划分中，往往都有数十种以上。这些都表明抽象的行政权概念对于行政法治而论，是非常空虚的。换言之，行政法治必须将抽象的行政权予以具体化。在行政法治体系中，包括诸多不同的行政法典则，仅特别行政法就可以分为外交行政法、交通行政法、经济行政法、财政行政法、法务行政法、教育行政法、国防行政法、侨务行政法、蒙藏事务行政法，等等。可以说，这些典则都或多或少地与行政权有关。然而，我们同样无法通过这些典则对行政权有一个较为具体的认知和把握，而权力清单则可以对行政权的这个庞大系统作出体系化的处理。例如，就一个县的行政系统而论，我们可以通过权力清单将县政府的权力清理出来，我们可以通过权力清单将县政府各职能部门的权力清理出来。通过这样的清理，使得行政权有一个相对完整的系统。

第八条 权力清单从其最为具体的法律效果来看，在于对行政权进行有效的控制。行政法作为控权法，是一个较为长久的法治特征，虽然近年来学者们提出了服务行政，给付行政和参与行政等新的行政法治理念，但这些行政法治理念是对控权理论的一个转换形式。

第九条 20世纪70年代以后，在德国的行政法价值转换中突出了福利行政下的社会给付理念，并制定了《社会法典》，该法典是部门行政法的构成部分之一，但它突显了给付行政的特点，然而该给付行政仍然体现了强烈的控权特色。也就是说，行政法的最高价值还在于对行政权进行有效的法律控制。

第十条 就权力清单而论，它对行政权的控制主要表现在下列方面：

一是使控权对象明确化。行政法对行政权的控制首先是对行政主体的控制，权力清单中的基本内容就包括行政主体，而权力清单中的主体则行使具体的权力。在我国传统行政法治中，控权所针对的是行政系统，这从概念上讲是正确的，但又是模糊的，因为它没有置于控权之下，而权力清单是将每一个控权主体作具体化的处理。

二是控权方式具体化。行政法对行政权的控制是通过一定的方式为之的，从广义上讲，行政程序最能够体现行政权控制的方式，因为行政程序设置了行政权力的顺序、期限、法律效力等。然而行政程序是针对不特定的行政主体而设置的程序规则，因为行政程序法是一个普遍意义上的行政法则，不可能对个别行政机关的形式作出个别化的处理，从这个角度上讲，行政权力操作性并不十分明显和具体。而权力清单将一个单一的行政主体所行使的权力作针对性的处理，这便使得控权方式更加方便操作。

三是使控权过程严格化。行政控权的实施可以从静态和动态两个方面进行理解，静态的控权集中于对行政权行使的点状控制，就是将控制对象集中在一个点上，而动态的行政权控制则是一个线状的控制，就是对整个行政过程进行控制，显然，线状的控制比点状的控制更加科学。由于权力清单将行政权作了体系化的处理，通过对行政权中系统权力清单、支系统权力清单、子系统权力清单的列举，使行政权的控制呈现出一个线状的控制过程，而这种线状的控制过程，要比传统的点状的控制过程更加严格，使控权内容明晰化。行政权行使中存在着非常复杂的类型划分，有些行政权的行使是羁束性的，而有些行政权的行使则是自由裁量性的，毫无疑问，权力清单对行政权的控制主要体现在对羁束的行政权的控制上，因为在羁束的行政权的行使中，行政主体没有裁量的余地，所以权力清单对这种权力的控制是非常有效的。

第十一条　权力清单具有行政组织规则的属性。行政组织规则是从静态上对行政机关的构成及其连接方式的规定，它或者应当对行政主体的产生方式作出规范，或者对行政主体的认知期限作出规范，或者对行政组织中不同的机构和人员比例作出规范，等等。行政组织规则并不一定应当包括行政职权，如果包括行政职权的，也应当仅仅包括行政职权内部的行政分配。然而，我国的行政组织法虽然从目前来看还不够完善，还存在很多立法上的缺陷，但是无论我国的国务院组织法还是地方各级人民政府组织法都规定了相应的行政职权，当然，目前的规定还是非常简单和概括的。行政组织法规定一定的行政职权并不多余，因为在我国行政程序法和其他行政行为法还不够健全的情况下，行政组织法涉及相应的行政职权是合乎逻辑的。但是，由于目前我国行政组织法对相关的职权规定还存在操作上的巨大缺陷，因此权力清单通过对各级人民政府所行使权力的梳理和列举规定，便补充了我国目前行政组织法在此方面的不足。从这个角度讲，权力清单是行政组织法的构成部分，至少可以说，它是对目前我国行政组织法的有效补充。在我国行政组织法不完善的情况下，权力清单所扮演的这个角色，对我国实现行政法治有着非常大的价值。

第十二条　权力清单具有行政行为规则的属性。行政权对行政相对人的作用就是通过一个一个的行为而为之的，反过来说，行政行为法就是行政职权运用之法，就是行政主体对行政相对人发生作用之法。权力清单清理出来的必然包括一个一个的行政权力，而这正是行政行为法所要规范和调控的问题。因此，权力清单是行政行为法的有机构成，它具有非常明显的行政行为法的属性。

第十三条　权力清单具有行政实体法的属性。在行政法中，究竟哪些法属于实体法，似乎是一个有较多争论的问题，我们可以概括地将行政组织法称为行政实体法，但行政组织法绝对不是行政实体法的全部。客观地讲，有关部门管理法才是真正意义上的行政实体法，例如《中华人民共和国土地管理法》《中华人民共和国税收征收管理法》《中华人民共和国产品质量法》《中华人民共和国治安处罚法》《中华人民共和国道路交通安全法》等等。之所以说这些法律是实体法，是因为它直接设定了行政主体与行政相对人之间的权利义务关系。行政相对人能做什么不能做什么，行政主体能做什么不能做什么，往往都在这些部门法中得到体现。显然，行政主体在行政法中的权利义务是以行政职权的形式表现出来的，所以凡涉及行政主体职权行使作出规范的行政法，都是行政实体法。权力清单既清理了行政主体改变行政相对人利益关系的行为方式，也清理了在这个改变过程中行政主体所采用的手段的行为方式，从这个角度讲，权力清单必然是实体性的，把它理解成实体法的构成也是顺理成章的。

第十四条 权力清单具有监督规则的属性。我国的行政监督制度是一种多元化的制度构造，它包括由国家权力机关主导的权力监督，由检察机关主导的权力监督，或由人民法院主导的权力监督，也有行政系统内部所存在的监督制度，如上级行政机关对下级行政机关的监督，或下级行政机关对上级行政机关的监督，还包括行政系统内部所设立的专门的监督制度，如审计监督和监察监督。从法律典则的角度来讲，我国也制定了相应的监督法，其中包括调整人民代表大会常务委员会的法律典则和检察机关的法律典则。但是我国学界和实务部门普遍认为，我国的行政监督制度是相对比较滞后的，主要在于我国的监督制度没有整合成一个完整的体系。这就影响了监督过程的操作，说到底，行政监督是对行政权行使的监督，是对行政权行使过程中程序化的监督，等等。权力清单由于将行政系统行使的行政权作了具体的列举，并且使所列举的行政权公之于行政相对人和其他公众，这样，行政相对人、利害关系人就可以作为有效的监督主体对行政权行使的过程及程序化进行有效的监督。由此我们可以说，权力清单非常好地补充了我国行政监督法律体系的不足，我们把它理解为行政监督法也是完全正确的。

第十五条 权力清单具有行政程序规则的属性。行政程序包括行政上的内部程序和行政上的外部程序两个大的范畴。前者是指行政系统内部不同行政机关在工作过程中的联结方式，当然，这些连接方式主要是通过程序规则予以支撑的，例如下级对上级的请示和汇报，上级对下级的命令和指示，在一个行政过程中，上下级之间的联结都必然是围绕行政职权而展开的。换言之，如果没有行政职权，上下级之间的关系就会称其为无源之水和无本之木。后者是指行政主体在对行政相对人以及其他社会主体发生作用时的行为方式，例如，当行政机关对行政相对人的请求作出审批时，就应当按照一定的行为方式为之，当行政主体对违法的行政当事人进行处罚时，也应当以一定的行为方式为之，这些行为方式包括具体的工作方法、相关的期限，以及采取行为的顺序，等等，而这些内容实质上就是有关程序。我国尚未制定统一的行政程序法，这导致绝大多数的行政行为的作出，都是在没有程序的情况下而为的，而我国行政系统内部的行政程序，也尚未建立起来，所以在我国行政权行使中，上级对下级的控制似乎是绝对的、无条件的。行政系统内部的联结方式和行政系统对外发生作用的方式，都集中在行政权的问题上，目前之所以会出现行政不当和行政滥用职权的问题，与程序的不健全天然地联系在一起，权力清单无论在行政系统内部还是在行政系统外部，都将相关的职权予以明确，而且让职权与主体有了对应的关系，这就使得每一个具体的行政职权的行使都受一个行政规则制约。由此可见，权力清单在某些方面弥补了行政程序的不足，所以说，权力清单在某些情况下也具有了行政程序法的属性。

第十六条 我国的行政法治与行政法律体系相比，具有一定的滞后性。之所以会形成这样的格局，关键在于行政法本身有主观与客观之分。

第十七条 我国行政法治的滞后性可以概括为下列三个方面：

一则，我国长期以来都是从相对静态上理解和认识行政法治，当 2011 年宣布我国社会主义法律体系已经形成时，笔者也是从静态上对我国的行政法治作了一个判断。行政法治作为国家法治的构成部分，也具有这样的静态性，即是说，我们只注重了行政法典则的制定，并没有重视行政法典则与行政法运行的关系，就是没有将行政权运行的过程纳入行政法治的体系中来，这种静态的行政法治，使我国行政法的形式有着非常大的反差，也就是说，我们虽然有行政法治的形式要件，但是相对于形式要件，行政法治的实质要件则不够完善。

二则，我们长期以来基本注重从价值上认知和理解行政法治，行政法治既是我国法律制度的组成部分，也是我国治理体系的组成部分，而我国的治理体系是建立在宪法制度的基础上的，尤其是我们常常用社会主义的价值判断来构造行政法治体系的内容。由于社会主义的行政法是以管理法为价值取向的，管理法的核心功能就在于行政系统通过高权对社会过程予以干预和调控，这与西方的控权行政法有较大的反差。具体来看，我国传统行政法将规范的作用基点放在行政相对人一方，而不是放在行政主体一方。诚然，行政法重视价值体系的构造是没有错的，但是进入 21 世纪以后，各国的行政法治都由侧重价值转化为侧重技术指数，就是使行政法治的运作更加符合相应的技术指标，我国近年来在这方面虽然有一定的重视，但总体上讲，我国的行政法治仍然牢牢贴上了价值的标签，这非常不利于我国实现行政法治。

三则，我们长期以来都是注重用政策精神对行政法治进行指导乃至规范，在我国法理学中，有关政策与法律的关系有一个基本的理论体系，那就是政策是法律的灵魂，在我们建构法治国家的过程中，也强调了政策的导向作用。在新一届政府提出法律思维之前，我们甚至不可以在行政执法中理直气壮地强调法律问题，似乎更愿意用政策的精神指导行政法治过程。近年来，在我国行政执法中出现的诸多非理性执法，例如选择性执法、专项执法，乃至于钓鱼执法，都与政策对法律的导向作用有一定的关联性，新一届中央政府提出了法治思维及其运用问题，这对于改变政策对行政法治的统帅作用是非常有好处的，但不争的事实是，政策作为一个惯性，还必然要对我国行政法治的实现过程产生相应的影响。

第十八条　我国行政法治存在的上列三个方面的问题并不是一个局部性的问题，而是一个关系到我国行政法治的进程和质量的问题，令人欣慰的是，党的十八届三中全会提出了社会治理的概念，就是将原来的社会管理的概念升华为社会治理的概念，该概念的提出，意味着我国的行政法治也要发生相应的变化，例如，原来我们强调在行政法治中行政主体是绝对的主导者，而社会治理的概念则将行政法治的主体予以了非常大的拓展，即允许其他主体加入到行政法治中来，在传统的社会管理之下，行政法治突出社会高权的作用和功能，而在社会治理的概念之下，行政法治必须体现公平价值、广泛参与的价值，等等。

第十九条　应当说，权力清单概念的提出与我国行政法治所发生的这种背景上的变化是紧密地联系在一起的，反过来说，权力清单也为行政法治的内涵更新开拓了空间。

第二十条　权力清单概念的产生及其清单本身的形成，使行政法治由抽象发展到具体。1999年《宪法第13条修正案》，确立了我国建设法治国家的方略，与这个方略相适应，行政法治也在行政法学界和行政法治实践达成了共识，这个共识就是由传统的高权行政向平权行政过渡，由行政管理向行政执法过渡，由行政法关系的单方面性向行政法关系的对等性过渡等。应当说，我国行政法治作为一个新的概念系统已经被普遍认可，而且行政法治若干大的原则和指导思想也已经形成。然而，这些关于行政法治的原则和指导思想，对于行政法治的实现而论，还处在相对抽象的层面上，还是一个在行政执法实践中需要对具体的规则和具体的行为方式进行探讨的问题。从总体上讲，我们应当将行政法治的原则和指导思想转化为具体的治理方式和方法，而在行政法治实践中，在行政法学界对这些方式和方法的思考，似乎在行政程序的制度和理念中打转转，而权力清单概念的提出，和我们今后对权力清单内容的构造，使我们眼前一亮，使我们从某个方面找到了行政法治如何具体化的新路径。

第二十一条 权力清单概念的产生及其清单本身的形成，使行政法治由运作而至操作。行政法治的实现，是靠诸多主体的共同作用来完成的，例如，国家立法机关通过制定行政法典则，介入到行政法治的运作中，国家司法机关通过对行政权的法治监督，介入到行政法治的运作中，而行政主体则通过自己的执法行为介入到行政法治的运作中，其他社会公众和行政相对人通过行政参与而介入到行政法治的运作中。因此，社会主体关于我国行政法治的运作已经有了普遍认识，但是行政法治的运作同样是一个较大的概念系统，即是说行政法治要真正实现对社会的治理，它是由若干主体的具体行为而为之的，正是不同的主体在这个过程中的不同行为，促成了行政法治的实现。而这些行为实质上所涉及的是一个操作的问题，就是说，每一个行政法治的实现都是通过相应的技术指标来实现的，以行政强制的实施和实现而论，国家立法机关通过立法上的操作，在2011年制定了《行政强制法》，而行政主体则根据《行政强制法》的规则实施对人身和财产的强制，行政相对人在这个过程中，为了维护自己的权益，也需要通过对授权的行使来制约强制过程。我国相关的行政法典则对行政法治的这个运作似乎都有认可，但正如上述，只有进入到操作层面上，运作才是具体的。权力清单概念的产生，使我们改变了对传统行政法治中运作概念的扬弃，而将注意力集中在一个行政过程的具体操作上。说到底，行政法治的实现必须通过具体的操作才能得到保障。

第二十二条 权力清单概念的产生及其清单本身的形成，使行政法治由二元到一元。现代行政法从它产生的那一天起，就带有明显的一元化的色彩，所谓行政法治的一元化，是指行政法的治理主体只有一个而非两个或者更多个。现代行政法是由自然公正原理派生出来的，该原理表明，政府公权是从私权中派生出来的，也就是说，私权是固有权力，而公权是派生的权力，这实质上是法国大革命所提出的有关人权的观念在行政法中的延伸。但是社会主义制度建立以后，由于要通过公权对社会持续进行设计，对社会关系进行设定，对社会过程进行调控，因此，行政公权在这个过程中起了主导作用。以苏联为首的社会主义国家在行政法产生的初期，就强调它的管理属性，认为行政法是行政主体在实现行政管理过程中的总称，但同时，行政法也要在某些方面管理行政系统，如通过行政组织法管理行政机关，通过公务员法管理行政公职人员等，这就使得社会主义国家的行政法有着明显的二元化的倾向，正如我国平衡理论所表达的，行政法既要治理行政相对人，也要治理行政主体乃至于行政系统，可以说，我国近 30 年的行政治理都凸显了这种治理过程中的二元化状态。中共十八届三中全会提出的社会治理概念在一定程度上调整了传统的治理模式，因为广大公众本身就是社会主体，国家公权就是从社会公众中来的，基于此，作为公权的治理，只能够治理手上握有权力的主体，而不能治理作为权力来源的社会公众。权力清单概念的提出，将治理的核心和焦点集中在行政系统、行政主体和行政公职人员身上，他们共同承担着作为公权的行政权的行政职能。对于行政权而论，他们不是多元而是一元，深而论之，权力清单非常清晰地将治理的重点集中在行政系统身上，这就改变了我国传统治理模式的二元结构，是其对行政法治内涵的又一个重大拓展。

第二十三条 权力清单概念的产生及其清单本身的形成，使行政法治由过程到效果。在行政学理论中，有一个过程管理和效能管理的问题，这两个管理也被视为行政权管理中的两个哲学或者管理的方法论。所谓过程管理，是指当行政权对行政相对人和行政事务发生作用时，将注意力集中在动态的运作过程之中，就是说，行政权在每一个环节上都不能有所疏漏，过程化的管理有利于强调行政程序在行政执法中的地位和价值，即是说，行政主体在执法和管理中，只要不在具体的环节上发生阻滞，只要是一个完整的行政过程完成，其行为就是合法和合理的。这就是过程管理的基本内涵。与之相比，效能管理则是另一种管理哲学和管理方法论，它所强调的是行政权运行的实际效果。我们知道，行政权在运作过程中存在一个投入与产出、投入与效益的问题，依据效能管理，只要行政主体有较少的投入有较大的产出，较小的成本产生了较大的效能，其管理就是合法和合理的。显然，效能管理没有在管理的程式、环节和其他次要方面大做文章，而在管理的最终结果上大做文章，这便是效能管理的基本含义。与行政管理的这种过程理论和效能理论相比，行政法治也存在一个过程控制和效能控制的问题，即是说，我们可以把行政法治的侧重点放在行政过程和行政环节上，而不是放在行政效能上，我们还可以将行政法的治理放在行政主体对权力行使效果的权衡上，而不去考虑权力行使的细节问题和枝节性的问题。毫无疑问，现代行政程序理论所强调的就是行政法治理中的过错而非效能。权力清单则改变了这样的治理模式，权力清单将侧重点集中在行政主体的权力范畴和权力类型上，它所监控的不是某个一环节，而是整个权力的运行质量，这对行政法治而论，显然具有新的内涵，而这个内涵与现代行政效率及其行政法治的社会化是一脉相承的。

第二十四条 权力清单概念的产生及其清单本身的形成，权力清单在行政法中究竟处于什么样的地位、具有什么样的法律属性，以及权力清单究竟具有什么样的效力等关键问题，即便是在对权力清单进行规范和调整的行政机关或者政府法治部门也不是很明确，这便导致不同地方的行政机关在构造权力清单时，不同部门的行政机关在对权力清单进行构造时，不同层级的行政机关在对权力清单进行构造时，都有着不同的方式和方法。总而言之，权力清单既是我国目前政府法治实践中的一个热点问题，又是一个较为混乱的问题。

第二十五条　权力清单概念的产生及其清单本身的形成，无论我们如何对权力清单进行规范和调整，都不能够否认权力清单本身就是一个行政法上的问题，是一个行政法治问题，即便我们要通过权力清单对行政权的行使进行有效规范，也必须用行政法的相关理念和制度对其进行构造。其中诸多问题只有上升到行政法学乃至整个公法学的高度，才能使权力清单成为改变我国行政法治的一个重要路径。

第二十六条　权力清单的行政法构造，是指用行政法手段对行政权行使中的具体类型进行列举或者概括规定，予以许可或者禁止规定的一个行政法手段，通过该手段，使特定行政主体所行使的行政权力反映在一个具有细目的清单之上，使这个清单能够为行政主体的权力行使提供依据，并能够通过该清单对行政主体的非理性权力行使给予约束。

第二十七条　对权力清单行政法构造定义的认识必须注意下列三个切入点：第一个切入点是权力清单，这是一个法律问题。权力清单仅就字面意义来看，是将行政系统的有关行政权力写在一个文件上，并形成系统的文字，这个文件或文字究竟具有什么属性呢？可以有两个选择：一个选择是将这个列有权力名称的文件作为行政系统的内部文书，该内部文书是行政系统对自身或者下属的一个要求。从这个角度讲，即是说从其内部性的角度讲，它所反映的是行政系统中上下级之间的关系，是一个行政法上的事实行为，也就是说，在这个选择中，权力清单并没有行政法上的效力，因为它本身并不是法律文书或者法律文件。另一个选择则是将写有行政权力的文件作为一个正式的行政法文件，使这个文件本身具有法律上的约束力，而这个文件所体现的行政行为，并不是纯粹的内部行政行为，更不是行政法上的事实行为，而应当是一种将内部行政行为与外部行政行为予以统一的行为，而且使这个清单本身具有法律上的拘束力。显然，权力清单从行政法构造的角度讲，应当体现后者的精神，即是说，它应当具有正式意义上的法律性质，是一个法律文件。从这个角度讲，权力清单的行政法构造是一个法律问题而不是事实问题。

第二十八条 第二个切入点是,权力清单是一个有部门法归属的问题。目前,我国一些地方或者一些国家机关或者一些党政领导所提到的权力清单是一个非常宽泛的概念,当它们讲到权力清单时,可能将其与程序规则结合在一起,也可能将其与实体规则结合在一起。当然,行政法有关权力控制的问题的程序规则与实体规则的界限本身就是模糊的,可将其与公法结合在一起,也可能将其与私法规则结合在一起;或将其与行政权的行使结合在一起,也可能将其与司法权的行使结合在一起;等等。事实上,目前我国所讲到的权力清单都是相对模糊的,权力清单的行政法构造将权力清单的广延概念作了相对聚焦,使一个在法律属性上非常宽泛的问题,成了一个具有部门法上归属的问题。广义的权力清单能够包括有关立法权行使的权力清单,有关审判权行使的权力清单,有关检察权行使的权力清单,有关行政权行使的权力清单,等等。但是对我国公权行使的体制机制而言,真正需要具有权力清单的是行政权而非行政权之外的其他国家权力。之所以这样说是因为我国的立法权、审判权和检察权都有一套严格的程序规则,在这个程序规则中,基本上都为它们的范围和行使方式规定了相应的清单;与之相比,行政权具有非常强烈的概括性与权宜性,而且我国尚未制定出一部统一的行政程序法,这便决定了行政权是真正需要通过一定的清单予以厘清的,因此权力清单的行政法构造的第二个关键点,就在于使权力清单有一个部门法上的归属。

第二十九条 第三个切入点是权力清单是一个治理体系问题。权力清单所清理的是一些具体的行政权力,是一些具体的行政权行使的类型,是行政权行使中的一些具体程序,等等。从表面上看,这些内容都是非常具体和个别的,甚至具有一定的碎片化,因为权力清单必然是通过列举规定的方式将政府行政系统可以为之的和不能为之的予以细化。然而,若从深层次进行观察,我们则会发现,权力清单实质上是一个治理体系问题,而不是治理过程中的一个权宜之计。之所以这样说,是因为权力清单一旦形成,它就必然发生在社会治理体系之中,一方面,行政系统可以利用权力清单所清理出来的行政权力对行政相对人及其他社会公众发生作用,另一方面,权力清单也有利于其他社会主体对行政主体的权力行使发生制约作用。进一步讲,在没有权力清单的权力行使格局中,治理过程往往具有单方面性,往往具有单向性,这种单向性,充分体现了行政系统的行政高权。权力清单则使这种传统的单向性变成了双向性,变成了治理过程中的相互督促和相互约束,这便使社会治理成为一个治理体系和系统。上列三个方面,是我们理解和认识权力清单及其行政法构造的关键之点。

第三十条 权力清单的行政法构造涉及的首要问题是行政权的主体资格问题。任何权力及其行使都与一定的主体发生这样或那样的联系，没有主体资格的权力是不存在的；反过来说，任何一个行政权力都应当有对应的主体来行使。在行政法学理论中主体资格问题是一个非常关键的问题，是行政法制核心的问题之一。我国行政执法中长期以来就存在着主体资格不规范的问题，这既表现为若干不同的主体都能够行使有些权力，而有些主体则行使着非常广泛的行政权力，而且有些并不具有行政主体资格的组织或者个人也在有些情况下行使着行政权力。在我国制定《行政处罚法》之际，人们就对行政处罚主体资格问题有着极大的社会关注，在这样的关注下，《行政处罚法》出台之后，我国政府的行政系统便形成了一个制度，叫"处罚主体资格上榜制度"，该制度的内容是：哪个行政机关有资格行使行政处罚权，必须上榜公布，必须以行政公开化的方式让社会公众知晓。当时人们并没有认为这与权力清单有什么关联性，但是用当下的视野来观察，行政处罚主体上榜公布的制度，实质上具有权力清单的性质，因为它将行政处罚权的行使与具体的行政主体作了合理对应。沿着这个逻辑进行演绎，便可以说在权力清单的清单之中，行政主体资格是不可以回避的一个问题，因为清单上的权力必须为特定的行政主体所享有。与其说权力清单所清理的是行政权力，还不如说它是用行政法手段来明确一个行政过程中的行政主体资格。近一段时间，我国多地都出现了农民工、临时工执法的问题，或者其他具有非行政主体执法的问题，通过权力清单，就必然会将没有行政主体资格的组织或者个人从行政权行使的资格中剔除出去。这对行政法治的建构是极其重要的，同时也为我们构造权力清单提供了一个非常好的思路，就是首先从权力主体资格的角度进行构造。

第三十一条 权力清单的行政法构造涉及的第二大问题是用行政法明确行政权力的概念。行政权的概念问题既是一个理论问题，又是一个非常复杂的行政法治实践问题。首先，行政权本身可以有一个相对抽象的概念，在这个概念中，可以将它与立法权、司法权等国家权力予以区分，著名的"权力分立"理论就"暗含着将立法、行政和司法这些不同的职能分配给不同的政府部门"。其次，行政权力会随着层级的变化而变化，会随着职能的变化而变化。例如我国《宪法》第89条就规定了最高国家行政机关的国务院所行使的近20项行政权力，它包括行政管理权、预算编制权、提案权、行政保障权、行政保护权、行政监督权、救济状态决定权，等等。而《宪法》第107条则规定了县级以上地方行政机关所行使的近10项行政权力，例如行政执行权、公务员管理权、行政规则形成权、行政预测权等,同时规定了乡镇人民政府所行使的5项行政权力,如行政执行权、行政管理权等。由此可见,不同层级的国家行政机关行使着不同的国家权力,我国从国务院开始就对行政系统的内部职能进行了相应的划分,这些划分最终体现在行政权力的区分上,如土地管理权、税收征收权、环境管理权、工商管理权、交通管理权等。行政权的层级划分和职能划分将广延的行政权概念作了相对细化。再次,行政权的行使还与具体的行政过程紧密地结合在一起,不同的行政管理或者行政执法过程行使着不同的行政权力,如行政许可权、行政处罚权、行政强制权、行政裁决权等,这些都表明,行政权力的概念是极其复杂的,即便我们能够从理论上将行政权的概念界定清楚,也并不等于在行政执法中、行政机关作出行政行为时每一种行政权力都有一个准确的内涵和外延。作为权力清单而论,就是要对行政权在不同状况下的或者不同层面上的概念作出界定。通过这样的界定,使一个具体的行政过程中行政权的行使都具有内涵上的共识,也具有外延上的相对确定性。

第三十二条 权力清单的行政法构造涉及的第三大问题,是用行政法明确行政权力的微观内容。应当说行政权的概念界定通过权力清单予以明确所解决的只是行政权在宏观上的问题,因为任何概念界定从逻辑学的角度讲都是一个抽象,即是说,我们即便能够在权力清单中将一个具体行政权的概念解读清楚,并不等于说该权力的行使在行政法治实践中就不会遇到这样或那样的阻滞;恰恰相反,行政主体所面对的行政事态的复杂性必然会导致同一意义上的行政权力在不同的行政事态中会有不同的表现。以行政处罚权为例,我们可以抽象地讲,行政处罚权是行政主体在行政相对人违法的情况下所行使的一个制裁权力,但是行政处罚权分布于数十个行政职能部门之中,会与无数行政违法行为发生对应关系,这就要求每一个具体的行政处罚都必须与职能性的或者区域性的行政违法行为相对应,我国行政处罚法出台之后,诸多职能部门结合本部门的实际状况对行政处罚权重新作出规范就生动地表明了这一点。随着行政权行使中技术化程度的日益提升,权力清单必须能够清理出行政权行使中的一些微观内容,如时效、当事人的状况、附加条件等。

第三十三条 权力清单一旦作为一个法律文件被公布施行,就必然会在行政相对人与行政主体之间产生某种联系,就能够把行政主体与行政相对人予以有机的联结。即是说,权力清单的作用既可以表现在行政相对人方面,也可以表现在行政主体方面。从目前我国有关权力清单的构建来看,权力清单的根本之点在于有效保护行政相对人的合法权益,但是从权力清单所起的直接作用方面考察，则可以说主要是对行政主体发生作用的。

第三十四条　权力清单对行政主体的作用可以概括为三个方面：

一是对行政主体的指导作用。我国行政组织法和部门行政管理法关于行政机关的职权行使已经作了一些规定，但不争的事实是这些规定还是相对抽象的，尤其是在实施过程中诸多权力的边界还不那么清晰，而这样的模糊性有可能为行政权力的滥用留下一个空间，当然，这个空间不是我们有意识地留给行政主体的。通过权力清单，则可以弥补目前行政组织法和部门行政管理法有关行政职权的疏漏，这便使得权力清单能够指导行政主体的行为，让行政主体在行政执法中除了按照行政组织规则和行政程序规则行使权力之外，要将自己的注意力集中在权力清单之上。权力清单不仅指导了行政主体对行政权行使的总的指导方针，更为重要的是，它还指导了每一次具体的权力行使行为，每一个具体的权力行使过程等。

二是对行政主体的告诫作用。我国行政法学界和行政法治实践近年来一直关注着行政系统对行政自由裁量权的行使，学者们为自由裁量权的行使，尤其对控制行政自由裁量权的行使提供了诸多建设性的理论观点，而行政系统也为行政机关的自由裁量权行使制定了相应的规则，尤其形成了一定的裁量基准。对自由裁量权的控制之所以会形成一个普遍关注的热点问题，决定因素还在于我国行政权行使过程中的不规范性。由此可见，使行政权行使更加科学和合理是我国行政法治所追求的目标之一，通过权力清单对行政主体进行相应的告诫，使其在下意识中明确自己手上所握有权力的范围，所享有的权力的内容，所能够行使的权力的界限，等等。即是说，权力清单在某种意义上讲是对行政主体权力行使中主观意识的改造，它的告诫作用也便由此得到了体现。

三是对行政主体的督促作用。在行政权的行使中，有消极和积极之分，所谓积极的权力行使就是指行政主体在行政权行使中是一种相对积极的态度，必须主动地做出行政行为，必须主动维护相对人的合法权益；而消极性的权力行使则是指行政主体在有些情况下，不应当积极介入公众生活之中，不应当通过实施行政行为而侵犯行政相对人的合法权益。正是行政法哲学中的这种积极性和消极性构成了行政法中作为的违法和不作为的违法。在行政法治进入服务理念的时代以后，行政法中的不作为违法成了违法行政行为的一个重要类型，如何矫正不作为违法，也便成了行政法治的内容之一。通过权力清单让行政主体明确自己手上握有的权力，明确什么样的权力应当保持消极态度，什么样的权力应当保持积极态度，这便从下意识上对行政主体的权力行使有一种督促作用。权力清单对行政主体的上列作用与权力清单在行政法上的法律属性密不可分。

第三十五条 权力清单在行政法上的性质究竟是什么？它实质上反映的是权力清单的法律效力问题。如果权力清单没有相应的法律效力，就难以在上列三个方面对行政主体起到作用；反之，当权力清单具有行政法上的效力，便能够积极促成上列三个方面作用的实现。

第三十六条 权力清单具有行政法上的规范力。权力清单虽然是写在纸上的一个有关权力细目的东西，但是这个写在纸上的东西是一个正式的法律文件，也许在我国目前的政府法治中，该文件还只是一个行政规范文件，甚至连政府规章的地位也没有，但从长远来看，权力清单必须作为行政法渊源的组成部分，而且这个行政法渊源具有非常大的特殊性，与其他行政法渊源相比，它的内容并不一定很多，可能只有数个法律条文，但是它对行政权力的规定却是非常集中的，它可以将分散于行政组织法、行政程序法和部门行政管理法中的相关内容予以统一和整合，从这些相关的法律典则之中提炼出一个行政过程中的行政权力。从这个角度讲，权力清单将以前相对分散的行政权力作了集中。显然，这种集中化的过程，实质上是使行政权规范化的过程。从这个角度讲，权力清单最初的法律形式是静态的，而这样的静态性并不影响它的规范力，并不影响它将不成体系的行政权力予以体系化这样一个事实。这是我们对其规范力的第一个解读。另外，权力清单一旦制定出来，它与一般行政法渊源相比，就应当是一个特别法渊源。之所以说它具有特别性，是因为它集中规范了某一领域或某一范畴的行政权力。权力清单如果能够起到特别法作用，它就与行政法上的其他行政法典则有了质的区别，它的规范力就要高于其他行政法典则。换句话说，行政组织法和行政程序法所涉及的行政权力是具有规范性的，但它们的规范程度却是远远低于权力清单的。我们还应指出，权力清单所清理出来的行政权力必然能够强化行政权的规范化行使。权力清单在对有关行政权力的列举规定时必然超越目前所制定出来的行政实在法，这一点是不能够否认的。因为，权力清单的内容并不是对原来已经存在的权力进行简单的梳理和集中，而是要为行政机关的权力行使规范新的内容，这充分表明，权力清单从它制定的那一刻起就具有动态化的过程，它能够从动态上将政府行政权行使和质量予以强化。

第三十七条 权力清单具有行政法上的公定力。在行政行为效力的理论上有一个公定力的理论，该理论是指行政行为一旦作出，它就公定了某种状态。

这种状态将原来存在的争议作了一致化的处理，而这种状态所包含的内容无论是局内的行政主体或者行政相对人，还是局外的其他法律关系主体，都必须认可这种状态。而这种状态说到底也是认可行政主体与行政相对人行政关系的基础条件，权力清单虽不是行政行为，但它也梳理出了行政权行使中的某种状态，将行政权行使过程中的某种复杂状态予以机制化。同时，在我国行政组织法和其他行政法典则中所确立的一些行政权力本身就存在着非常大的争议，以"行政管理权"为例，我国宪法和政府组织法都规定了不同层级的行政机关普遍享有行政管理权，但是行政管理权绝对不是一个空筐子，绝对不是一个什么都可以包容的权力系统。即是说，行政管理权无论如何都应当是具体的，都应当与特定的时间和空间联系在一起，都应当受到一定内外在条件的制约，而权力清单可以使一个抽象的行政权具有具体内容，而在一个抽象的行政权状态下，就无法形成公定力，局内的主体和局外的主体都无法对其达成共识。权力清单通过细腻化的处理为各个社会主体对一个权力行使达成共识提供了基础。这就表明，权力清单一旦形成就处于一种公定状态，它的公定力便由此得到了证明。

第三十八条 权力清单具有行政法上的拘束力。权力清单与行政法关系究竟是什么关系，是需要从行政法理论上予以回答的问题。在我国传统行政法关系理论中，有一个单方面性的理论，该单方面性也叫做非对等性，该理论认为，行政主体有权单方面形成行政法关系，有权单方面改变行政法关系中的权利和义务，甚至有权让行政相对人服从行政主体在行政法中设定的权利和义务。如果将这个单方面性理论上升到效力的角度来认识，则可以说在传统的行政过程中一旦行政主体和行政相对人进入行政法关系之中，其法律效力就是针对行政相对人的。学界和实务部门也可能不会承认行政法效力的这个解读，但行政法关系单方面性的这个理论必然能够得出这样的结论。权力清单如果能够引起相应的行政法关系则完全是另一种情形，是对传统行政法关系理论的一个否定，即是说，当行政主体和行政相对人都进入到了权力清单所设定的关系之中，它既要对行政相对人发生法律效力，也必然要对行政主体发生法律效力。由此可见，权力清单具有行政法上的拘束力，而这种拘束力是全方位的、双向性的。尤其我们要强调，权力清单所列举出来的权力内容对行政主体有着严格的约束力：一方面，权力清单中所没有列举的权力行政主体是不可以行使的；另一方面，权力清单所赋予行政主体的权力，行政主体就应当予以行使，而且不应当在行使过程中人为地进行选择。

第三十九条　权力清单具有行政法上的追责力。权力清单究竟应当包括什么具体内容，应当是一个继续探讨和澄清的问题，仅从字面意思来看，权力清单似乎仅仅与行政权的概念、范围和类型有关系，而与行政过程中的其他问题没有关系。具体讲，似乎权力清单并不包括行政救济、监督问题和责任承担问题等，但是这种对权力清单从字面上的解读具有一定的形而上学性，换言之，权力清单正如上述，存在于行政法治体系中，存在于社会治理系统之中，等等。因此，权力清单是行政法治体系中的一个并非孤立的问题，而是与其他行政法制度发生关系的问题，例如，权力清单应当与行政监督建立合理的关系形式，应当与行政救济建立合理的关系形式。更为重要的是权力清单中所列举的行政权力成为判定行政主体违法执法与合法执法的一个标准，若行政主体没有按照权力清单的内容进行行政执法，便有可能造成行政违法或者行政不当；反之，若行政主体严格依权力清单的内容行使行政职权，必然使其行为符合行政法规范的要求。因此，权力清单成为对行政主体进行追责的一个重要依据。也许我们还不能够在权力清单中规定具体的行政问责，但行政问责要通过权力清单而展开则是无须论证的事实，因此笔者认为，权力清单具有行政法上的追责力。

第四十条　任何权力的行使都存在于一定的关系之中，因为权力本身就发生在不同主体的关系形式之中，行政权也不例外，也是在与其他主体发生关系的过程中呈现出来的。所以我们用行政法构造权力清单，就是要梳理行政系统与其他主体在行政权运作中的相关关系。

第四十一条　权力清单要处理行政主体与行政相对人之间的关系。这是权力清单所反映的实质内容，即行政主体对行政相对人能够发生什么样的作用，行政相对人能够对行政主体的权力行使起到什么样的作用等，都是权力清单应当予以体现的。当然，行政主体与行政相对人之间的关系是与行政执法过程和行政行为有机联系在一起的，如何从技术上用权力清单将这一对范畴的关系清理出来，是一个十分关键的问题，也是一个不能回避的问题。

第四十二条　权力清单要处理行政主体与其他国家机关的关系问题。最为主要的是行政主体与国家权力机关间的关系。我们知道，行政主体的有些职权是法定的，有些职权是由国家权力机关授予的，或者国家权力机关通过委托关系而赋予的，这些复杂的行政权取得的形式都与行政法治精神有着密切联系，权力清单必须将行政主体从权力机关取得权力的诸种方式梳理出来。当然，也包括行政主体与审判机关和检察机关的关系形式，这些关系同样是我们在构造权力清单时应当予以谨慎对待的。

第四十三条 权力清单要处理行政主体之间的关系问题。行政权存在于行政系统之中,而行政系统既有纵向上的层级划分,也有横向上的职能划分。这种层级划分和职能划分必然涉及行政权的分配方式,必然涉及权力清单如何清理不同形态的行政权内容。我国在 2002 年就在城市管理领域对相关职能权力进行了整合,把原来由多部门进行管理的城市行政管理职权整合在了一个行政部门之下,像这样的行政管理现象,在我国普遍存在,这是在涉及行政权力的过程中必须予以处理的问题。一旦处理不当,便会对行政权力清单起到负面作用。

第四十四条 权力清单要处理行政主体与其他社会主体的关系问题。行政主体在行政执法中除了与行政相对人发生直接关系之外,还要与其他社会主体发生间接关系,而且在有些情况下,这样的间接关系并没有发生在行政权的具体处理中,而是就已经涉及行政主体与其他社会主体的关系。正因为如此,我国学界近年来将探讨行政权行使过程中涉及的利益作为了一个热点问题,这便导致公共利益、公众利益、国家利益、社会利益,乃至行政利益等成了行政法研究中的几个热点词汇。这都表明,权力清单仅仅涉及行政主体与行政相对人的关系还是远远不够的。如何在权力清单中将行政主体与其他社会主体间的关系理清楚,便是不能回避的问题。

第四十五条 权力清单的行政法构造应当厘清行政权的职能权限。行政权有综合权限和职能权限的划分,所谓综合权限,是指一个行政系统所行使的行政职权具有综合性,例如我国各级人民政府所行使的行政职权。就大多数行政权力而论,则是由行政系统的职能部门行使的,这便形成了行政上的职能权限。对于综合权限而论,通常具有综合性,这种综合性行政组织法并不刻意地作出具体规定,而是通过概括规定的方式让管理机关在管理过程中具有灵活性。与之相比,职能权限则是另一种情形,它是在行政系统内部严格分工的情况下所形成的职权。我国有数十个职能部门的划分,每一个职能部门都有自己特有的职能权限,应当指出的是这些职能权限的划分都具有相对性,也就是说,在一个行政权的具体行使中,职能权限有时候与其他相邻权限交织在一起,甚至有界限上的模糊性。例如食品管理和药品管理就存在职能上的相对性;还如,环境管理中就有诸多职能权限交织的问题。这种职能上的相对性,在行政法治实践中很容易导致权力行使中两种不利情况的发生:一是行政越权,就是此一主体超越权限行使彼一主体的权力;二是行政推诿,就是一个权力本该由一个机关行使而发生了两个行政机关推诿的情形。这两种情形，对我国行政权的行使所带来的负面效应是非常明显的，因此作为权力清单而论，就应当将每一个职能部门的职能权限予以厘清，在一个清单中将一个职能部门的权限予以集中，而且禁止其他部门行使该权力。可以说，职能权限的厘清是权力清单内容构造的核心内容。

第四十六条 权力清单的行政法构造应当厘清行政权的地域权限。从理论上讲，行政权的地域权限应当是非常清楚的，因为我国行政系统在权限的地域划分上还是比较明确的。例如我国有省与省之间、市与市之间、县与县之间和乡与乡之间的地域划分等，这些划分目前仅是一个区域划分的问题，似乎还没有一个行政法典对不同地域的权限作出严格规定。但是从我国行政权行使的实践来看，不同行政区域管理本区域范围内的行政事项似乎是明确的，也就是说，总体上区域权限的争议不存在太大问题。然而，在行政执法实践中，一个行政行为的做出却往往有着复杂的地域关系要素。正因为如此，我国《行政处罚法》就对地域管辖作了规定，学界也提出了行政违法发生地、实施地、结果地等相关概念，这些概念均表明地域上的权限划分同样非常重要，权力清单便应当对行政执法中不同的地域管辖、权力行使中的不同地域状况作出严格规定，仅仅通过行政区划的相关内容来区分地域管辖，区分行政权的地域界限似乎是不够完善和严谨的。当然，行政地域权限的厘清放在行政执法中进行控制是一个较难的问题，通过权力清单如何进行具体规范，还需要我国在行政执法实践中作进一步探索。

第四十七条 权力清单的行政法构造应当厘清行政权的层级权限。我国的行政体制是一个大系统，而且由于我国是实行单一制的国家，因此行政权的层级划分就显得非常重要。我国宪法将行政层级分为中央、省、市、县、乡等若干级别，这样的划分使我国行政机构体系呈现出一个金字塔式的结构。显然，这种结构性，使不同层级的权力划分成为一个难题，例如国务院和省政府究竟怎样区分职权，国务院能不能够直接行使省政府的权力，国务院能不能直接行使县政府的权力等，都是有争议的问题。我国学界就有人提出，国务院与省以下地方行政机关是包容关系，就是说国务院有权行使这些机构的权力。当然也有人认为，上下级行政机关之间是一种法律关系，应当通过行政法规范予以联结，它们都具有独立的法律主体资格，作为一种法律主体，每一层级的行政机关都有其独立的职能权限，并且该职能权限具有排他性。后一种观点是有道理的，是相对科学的。如果在我国认可这种观点具有科学性以后，不同层级行政机关权限的列举规定就成了权力清单的内容之一。我国宪法和政府组织法在不同层级行政权行使的规定中是相对概括的，目前的规定，并没有把不同层级行政机关的权限梳理出来，所以通过权力清单厘清层级权限是其另一范畴。

第四十八条 权力清单的行政法构造应当厘清行政权的事态权限。权力清单的本质在于让行政系统或者行政主体所行使的权力能够清清楚楚明明白白，因此权力清单如果要达到比较高的境界，就必须对行政主体所管理的具体事项作出规定，对所面对的具体行政事态作出规定，并能够让任何一次权力行使都能够与具体的行政事态相对应。我们注意到，我国行政权在法律典则中所体现出来的状况，与行政事态的对应性是相对较差的，绝大多数行政主体究竟对哪些事态行使行政权力，我们并没有一个清单。当然，有些部门法关于行政权与行政事态的对应关系作了比较好的规定，这主要体现在一些部门行政法中，例如《治安管理处罚法》就对治安违法的行为作了列举规定，尤其在分则部分，将治安违法作了类型化的处理，对每一个类型又进行了较为详细的列举。治安管理机关在治安管理中就有了特定的对应事态，只能在该事态发生时进行权力行使。《道路交通安全法》关于交通管理职权的规定，《土地管理法》对土地管理的规定，都反映了这种职权与事态的对应。但我国目前典则体系中有关这样的对应性实在太少，这应当是权力清单所要解决的一个难题，而且可以说随着社会的发展，行政机关所面临的行政事态也处在不断地发展和变化之中，这进一步为权力清单在此方面的内容构造增加了难度。

第四十九条 权力清单的行政法构造应当厘清行政权的幅度权限。行政权的行使分成羁束的状况与自由裁量的状况两种情形。前者是指行政权在行使中没有上限和下限的选择，只有一个标准答案，行政机关必须严格按照法律所规定的标准答案去行使职权。这种羁束的权力行使在行政法中究竟占有多少比重，我们不得而知。后者则是指法律对行政权的行使规定了上限和下限，在这个上限和下限之中，行政主体有权进行选择，有权根据实际情况进行裁量。但是对这种裁量的行政执法或者权力行使，行政法典则常常规定了上限和下限，既不存在无穷大的问题，也不存在无穷小的问题。应当说，行政法对上限和下限的规定无论其幅度多大，都是符合权力清单之要求的。但应指出，根据行政权相对恒定的定律，如果立法机关在对行政权的幅度进行规定时做得细一些，行政机关行使的权力就要小一些；反之，若立法机关对行政权的规定中表述相对宽泛一些，行政机关所行使的权限则要大一些。近年来，随着我国行政法治的不断推进，人们通过自由裁量基准的制度尽可能压缩行政机关自由裁量的空间和余地，以此减少和降低行政权行使的风险。

第五十条 我国行政法治实践中相当一部分由行政机关进行裁量的权力，立法机关要么没有规定上限和下限，要么规定了上限而没有规定下限，要么仅仅规定了下限而没有规定上限等。在这三种情况中，作为裁量性的权力实质上是没有幅度的，没有幅度的权力是导致行政权滥用的主要原因。因此，在我国行政法治实践中，这种情形即便不一定是主流，也应当引起高度重视。我们应当通过列举上限和下限的方式使行政权行使的幅度应当尽可能压缩，包括时间上的幅度、行政机关所选择手段上的幅度、行政相对人承受能力的幅度，等等，都应当作出严格规定。

第五十一条 目前我国权力清单的行政法构造是由行政系统内部通过行政文件的方式进行的，这种构造方式是有很大缺陷的。因为它是将权力清单作为一个事实行为、内部行为、一个政策导向来看待的，等等。

第五十二条 事实上，权力清单具有严格的行政法属性，而它发生作用也是反映内部和外部关系的，不仅仅反映行政系统的内部诸关系。更应当强调的是，权力清单不应当与行政政策相等同，如果仅仅将其处理成一种权宜之计，就会大大降低权力清单在行政法治中的价值。

第五十三条 权力清单必须和我国行政法治的完善紧密结合起来，从法律形式上看，权力清单的构造应当有下列路径：一是修改行政组织法。我国的行政组织法主要有《国务院组织法》和《地方各级人民代表大会和地方各级人民政府组织法》，这两个组织法分别对国务院的权力和地方各级政府的权力作了规定，从行文方式上看，这些规定都是以列举方式进行的，似乎具有权力清单的性质，但这样的列举还不能与权力清单所要求的境界相等同。因此，如果要提高权力清单的地位，就应当修改政府组织法，除了修改《国务院组织法》和《地方各级人民代表大会和地方各级人民政府组织法》之外，还要对每个职能部门的相关组织规则进行修改。通过这样的修改，将行政系统中的综合权限和职能权限都予以了厘清，使其具有权力清单的效果。当然，对我国行政法治而论，此一途径在较短的时间内还是难以完成的，但从提升行政法治的质量和强调权力清单的重要性角度来看，修改组织法是构筑权力清单所有方式中最为重要的。

第五十四条 二是对相关部门行政管理法进行修正。行政权在行使中都与一定的行政执法联系在一起，而行政执法的具体依据主要是部门行政管理法。事实上，行政机关对许可权、处罚权、强制权等权力的行使都必须依据部门行政管理法的规定，如行政主体要作出食品卫生方面的行政处罚，就必须依据有关食品卫生的部门行政法，行政主体要对环境违法行为进行处罚，就必须依据环境部门的行政管理法。由此可见，部门行政管理法所规定的部门行政权力，都是具体的，要建立权力清单，便可以针对每一个部门管理将该领域的权力以清单的方式列举出来。此一路径对权力的职能部门来讲是有很大难度的，因为我国部门行政管理法的法典分布的范围和领域的确十分复杂。

第五十五条 三是制定专门法典，列举相应的权力清单。这样的专门法典也有多种可以选择的模式，例如一个行政区域可以制定一个专门的权力清单，一个职能部门可以制定一个专门的权力清单，一个层级政府机关可以制定一个专门的权力清单，甚至一个行政机关也可以制定一个专门的权力清单，等等，它可以作为一个路径供我们选择。我国目前的权力清单构造中都以此种方式为主，这是我们从行政法典则的角度对权力清单行政法构造的方式所作的分析。若从深层观察，权力清单的行政法构造是一个具有强烈技术色彩的问题，包含丰富的法律内容，这都使权力清单行政法构造的方式并不那么简单。

第五十六条 通过实体规则和程序规则构造权力。行政权力一旦处于运行状态，便已将实体性和程序性统一起来，即是说，我们如果把权力清单当成一个静态的东西来看，权力清单中的权力内容就具有强烈的实体性，因为这些权力都能够为行政相对人设定义务，都能够对行政相对人实体上的物质和精神利益造成影响，所以权力清单中的权力无论如何都具有实体上的属性。然而，任何行政权力无论其怎样发生实体上的作用，都必须有主体、方式、顺序、期限、后果等形式上的要素，这种形式要素实质上是行政权运作的程序内容。当我们从字面上来讨论权力清单时无疑是基于实体而论之的，但当权力清单中的权力付诸实施时，它又是程序性的。这就说明权力清单的行政法构造既不纯粹是实体问题，也不纯粹是程序问题，而是实体和程序的统一。作为权力清单的制定者，必须下意识地将实体规则与程序规则予以统一，使权力清单中的内容既具有实体上的权利和义务，又具有权力行使过程中的程序规则，这也是权力清单科学性的必然要求。

第五十七条 通过行政法典则和行政命令构造权力。权力清单在构造过程中可以有两个路径选择：一个路径选择是目前诸多地方所普遍为之的，就是将其作为行政系统的内部问题；第二个路径选择就是将权力清单作为行政系统与社会系统发生交换关系的问题，即是说把权力清单看成行政系统对其他社会主体的一个承诺或者一个有关权力行使的态度。这两个路径都可以进行选择，当然我们应当选择后者而非前者。这两个路径在实施过程中都有着不同的方略，乃至不同的方式和方法，例如如果选择前者，就可以通过内部行政命令的方式对权力清单进行构造，即通过上级行政机关对下级行政机关设定行为准则的方式制定权力清单；如果选择后一种路径，则应当将权力清单与其他行政法典相等同，将权力清单作为行政法的一个基本渊源。从行政法治追求最高境界的角度讲，我们应当通过制定行政法典的方式构造权力清单，但在目前权力清单还在进行探讨和尝试的情况下，可以把用行政命令对权力清单进行构造作为一个必要补充，这样的补充在短期之内更加能够体现它的价值和有效性。

第五十八条 通过常态性与个案性构造权力。我国行政法治的进程是将纲领性与权宜性作了有效处理的，即是说，我们在完善我国行政法治的过程中，一方面，强调了行政法治的长远目标和总体构建，我们将行政法治作为一个总的体系进行构建，并使我国行政法体系基本上得以形成；另一方面，我们在建设行政法治中，也常常从实际出发，解决那些急需解决的问题，制定那些需要及时制定的法典。我国行政六法的制定并没有完全强调立法过程中的逻辑性，而是哪个急需就先制定哪一个，哪个制定时条件相对成熟就先制定哪一个，哪个在制定过程中得到了社会的普遍认同就先制定哪一个，所以我国在行政行为法尚未制定的情况下却制定了行政诉讼法。当然，这种权宜性的立法方式是违背立法逻辑的，而且也会对行政法治带来诸多负面效应。但我们可以说，这样的立法路径也是不得已而为之的，而且从另一个角度看，并非一定违反科学。这种将纲领性和权宜性相结合的行政法治建设方式对于权力清单的构造也有一定的借鉴意义，即是说，我们应当将权力清单的构造作为行政法治中的一个常态行为，甚至用一个或者一些专门的行政法典来规范权力清单，使权力清单成为行政法治中的一个常态性的行为。同时，由于我国行政权行使的无序性常常集中在一些较为敏感的领域，例如粗暴执法、选择执法、钓鱼执法等非理性行政执法，主要集中在两三个行政执法部门，这便提醒我们权力清单的制定是有轻重缓急之分的，有些敏感部门需要尽快出台相应的权力清单，而其他绝大多数行政执法部门则需要将权力清单的制定作为一个长期行为。因此我们在权力清单行政法构造的方式中应当正确处理常态性与个案性的关系，可以先通过个案性的权力清单构造解决公众反应比较大的权力行使问题，然后再形成一种常态性的权力清单制度或者机制。

第五十九条 通过羁束性与裁量性构造权力。上面我们已经分析了权力行使中的两种行为方式，即羁束的权力行使方式和自由裁量的权力行使方式。行政法究竟要将侧重点放在羁束的权力行使中还是放在自由裁量的权力行使中，向来就是有争议的问题，在我国行政法治中，除了裁量性的权力行使之外，还有大量的羁束权力行使状况。基于此，权力清单的构造应当将羁束性与裁量性予以有机结合，可以通过相应的裁量规则构造权力清单，通过这样的清单使行政主体有关裁量权的行使受严格的上限和下限的制约，并有相应的参考系数。同时，也要对那些羁束性的权力行使构造清单。上列两个方面对一个完整意义上的行政法治来讲是不可偏废的，这是权力清单行政法构造的又一个方式。

第六十条 通过立法机关与行政机关构造权力。行政法的制定主体包括立法机关和行政机关两个方面，依《宪法》和《立法法》的规定，立法权是由立法机关行使的，而且当立法机关行使立法权时具有专属性和排他性，法律保留原则实质上认可了这样的属性。同时，在现代法治国家，为了强化行政权行使的积极性和主动性，为了解决行政权行使中的技术问题，行政机关也行使着一部分行政立法权。我们还要指出，在法治发达国家行政系统承担着非常广泛的行政法制定权，而且这几乎成了现代行政法的一个特色或者发展趋势。我国作为行政法治不断进步的国家，行政系统所享有的立法权也在不断扩展，行政法规和政府规章在我国行政法体系中已经占有了非常大的比重，这种行政法现实，为我们提出了一个不能回避的问题，那就是权力清单的制定究竟主要由立法机关行使，还是主要由行政机关行使，这是必须予以解决的问题。近年来，我国行政系统制定约束行政权行使的行政法典则的情形越来越普遍，表明我国行政系统已经重视了对行政权行使的自律性，如果以这样的逻辑推论，权力清单由行政系统制定似乎是合理的。然而，牵涉到行政权行使的机制、方式和程序的立法准则似乎由立法机关制定更加合乎逻辑，所以，权力清单应当通过法律和地方性法规的形式出现，即由全国人民代表大会或者地方人民代表大会来制定似乎更为合理。但同时我们也没有必要完全否定行政系统自身制定权力清单的行为，如果我们能够将两种立法路径结合起来，便真正能够体现行政权的他律性和自律性。

（九）行政权力的维度

第一条 行政法是以行政权力为存在基础的，这是一个无须争论的问题。然而，行政法不仅仅与行政权力发生关系，它还牵涉到行政相对人的权利与义务、有关构成行政秩序乃至社会秩序的规则等。

第二条 行政权力不单单存在于行政法之中，行政管理学以及不受行政法制约和规制的行政管理同样存在行政权，有关政治学理论和政治机制中行政权也是不可回避的核心问题之一。

第三条 行政法与行政权力的关系并不是通过观察和认识行政法规范就可以进行科学考量的。同样，行政权力与行政规则的关系也不是通过认识行政权力的进路就能进行质的规定性的。

第四条 分析行政法中行政权力的维度是一个相对独立的研究课题，这个课题既可以在行政法学研究的范畴之内展开，也可以在有关行政管理学乃至政治学的范畴之内展开。当然，在现代法治国家中，行政权在其基本的价值定向和运作过程中与行政法难以割裂成为"两张皮"。因此，行政法中行政权力的维度只有被确立在行政法学的研究中才有实在意义。

第五条 行政法中的权力，是指由行政法规范设定归由特定行政主体享有并实施的行政立法、行政执法以及其他行为方式体现出来的行政权力及其范畴。

第六条 行政法中的行政权力区别于政治学中的行政权力。在政治学中，行政权力是一个基本概念，是现代政治学分析的重要对象，也是其分析的工具之一。政治学中的行政权力是相对于立法权力、司法权力乃至监督权力而言的，即是说，在政治学分析中，行政权力的参照物是立法权力、司法权力等。同时，政治学中的行政权力是一种真正意义上的权力，或者是一种国家强制力，或者是一种以其他物质手段为后盾的实力，该实力既可以受规则的约束，又可以存在于规则之外。

第七条 行政法中的行政权力则不是与其他权力相比较而存在的，如果说其有比较物，这些比较物主要是形成它的那些规则。同时，行政法中的行政权力都是以规则作为存在的基础和依据的，它自身在未授权或未委托的情况下是不可以独立形成规则的。

第八条 行政法中的行政权力区别于行政学中的行政权力。在行政学或者行政管理学中行政权力大多是一个技术问题，毫无疑问，现代行政学的核心问题是行政权问题，但行政学中的行政权是技术化了的行政权，是以技术或相对科学的眼光对行政权的分析。与其说在行政学中关注行政权力的行使，还不如说其主要关注行政权的运行规律和运动过程的合理构成，如行政学中，行政权力分为决策、执行、咨询、监督、信息、绩效等环节。这些环节无一不首先在规则之外进行分析和考察。相比之下，行政法中的行政权力主要不是技术层面的东西，或者主要不关注它在运作过程中的技术构成，而主要关注它在运作中的人文构成，尤其受既成规范制约的那些人文因素。

第九条 行政法中的行政权力区别于普遍意义的行政权力。行政权力除了从政治学、行政学和行政法学中进行界定和分析外，还有一个相对中性的概念，这个中性的概念是指人们不去用学科化或科学化的理论去阐释行政权，而是用日常生活中的常识对行政权下定义并揭示其内涵。此一分析，不使行政权的分析带有学科化的印痕，不使行政权的分析带上某种学派的偏见，诸多哲学著作或社会学著作乃至经济学著作，也常常有行政权的定义。在这些定义中，行政权力要么是一种管理活动，要么是一种组织活动，要么像黑格尔所言是一种特殊从属于普遍的活动等。与一般意义上关于行政权力的宽泛理解不同，行政法中的行政权力具有确切的领域和相对严格的存在范围。

第十条 行政法中的行政权力是规则化了的权力。权力所反映的是两个以上行政主体之间的关系，行政权力也不例外，亦是此一主体与彼一主体之间在相应的关系形式中体现出来的。权力关系的本质是一方能够通过单方意志改变另一方的行为，而被改变的一方无法用自己的意志力从事自己愿意从事的行为。被另一方支配的主体在权力关系中处于困境，这种困境的主要表现是其意志与行为的分离，即被动的一方无法用自己的意志力支配自身的行为，其行为是主动方意志力的表现。具体到行政法中，行政权力便是国家行政系统的意志力对行政相对人行为的支配，而行政相对人在这种被支配的状态中只有服从的义务。人们基于权力关系的这一本质属性界定行政权力的概念，认为行政权力在行使中的关键因素是行政系统的意志力，该意志力的核心是力而不是力以外的其他东西。既然是力的一种体现，行政权力的运行便以力的使用效果为评价尺度，而这种效果与规则是没有必然联系的。这是人们在政治学中和一般意义上对行政权力的理解。然而，在行政法中，行政权力的第一要素并不必然是力，力只是行政权力在运行中的分析手段之一，最为核心的东西则是形成行政权力的规则，即是说，在行政法中，行政权力是规则化了的权力，是以相关的行政法规范出现的权力。

第十一条 行政法中的行政权力都存在于一定的行为规则之中，这种规则或者是正式的法律文本，或者是具有法律性质的行政文本。例如，《宪法》第89条关于国务院权力的规定，就使国务院的权力基本上是以规则化的形式出现的，规则赋予此种权力以相应的名称以及其他存在的条件。

第十二条 行政法中的行政权力在运行过程中是受行为规则限制的,正是一系列行为规则的存在,使行政权力的运行成为了模式。行政法之外的行政权力不一定具有相应的规范模式。从一定意义上讲,行政权力与规则的关系是区分行政法中行政权力与其他行政权力的关键。如果笔者的论点正确,便可以说行政权力若在行政法之外,就具有形成规则和改变规则的能力,甚至可以凌驾于规则之上,反之,若存在于行政法之中便难以通过自己的力量形成规则,是对既成规则的遵守。之所以这样说是因为,行政权力中的力作为一种本质,在行政法中也不具有绝对意义,而其运行的模式则是行政法中最为本质的东西,构成模式的若干环节便是对规则的具体体现。

第十三条 行政法中的行政权力,是由法定主体行使的权力。权力的行使必须有相应的物质承担者,如果没有对应的物质承担者,权力本身就是非常虚无的。我们所说的物质承担者,若放在法理学的范畴分析,就是权力行使的主体。应当指出,权力行使的主体与权力关系主体是两个性质不同的东西。权力关系主体中既包括权力主动者一方,又包括权力被动者一方,权力行使主体则只有其中的一方,即权力的主动者。在政治学之中,权力的行使主体并不必然具有实在意义上的地位,尤其对行政权力而言更是如此。例如,在罗马帝国统治时期,权力行使主体只有神法上的合法性而不具有世俗法上的合法性,进一步讲,便是不具有实在法上的合法性。一些行政权力主体可以通过武力夺取国家机器进而支配行政权,或者通过其他法外方式支配行政权。总之,法定性并不是行政法以外行政权力的必然要件。非法的主体常常行使着国家行政权力,问题一旦进入行政法之中便有了不同的情形。换言之,行政法上的行政权力,其主体都是法定的,是通过国家宪法或者行政法而取得法律地位。行政权行使主体的法定性在行政法学分析中也非常具有意义,以我国行政法典则为例,某一机构实体是否能够行使行政权,并不能以该机构的性质而论。

第十四条 我国行政系统中的诸多行政机构都有行政机关的名分,但并不行使行政权,在行政系统中管理内务的行政机构就是这样,其有行政机关之名但无行政机关之实,还有一些组织本不是行政机关,但由于某些特殊原因却行使着国家权力,行政法中授权的机构就是这样。例如,《中华人民共和国铁路法》就将有关铁路行政权的权力法定化于铁路运输企业。这些企业虽没有行政机关之名,但却有行使行政权之实。

第十五条 行政法中的行政权力是以特定形式出现的权力。权力的存在及其行使是一个非常复杂的问题,既有存在于政府之外的权力,也有存在于政府之内的权力；既有以非暴力出现的权力，也有以暴力出现的权力；既有受规则约束的权力，也有不受规则约束的权力；既有受到监控的权力，也有没有受到监控的权力；既有在社会公众参与之下运行的权力，也有在相对封闭状态下运行的权力，等等。复杂的权力状态使权力行使的形式显得非常重要。

第十六条　进入行政法之后，行政权力已经不再具有抽象意义，任何一种能够在行政法中讨论的权力都具有了特定的权力形式。此种特定的权力形式被大多数学者误读为行政权行使中的程序。

第十七条　我国在有关行政行为的规制中都以行政行为的具体状况为基准。《中华人民共和国土地管理法》中有关行政权的行使形式仅仅针对土地，而《中华人民共和国草原法》就没有将土地管理的形式运用于草原管理之中。

第十八条　行政法中行政权力的特定形式是行政法治的一个变量，之所以这样说，是因为在行政法治水平相对较低的情况下，行政法中行政权力的特定形式的水准也相对较低，以我国计划经济年代为例，行政权仅仅是一种带有强制色彩和政府指令的权力，行政权力的形式基本上由行政主体自由选择。行政法治达到相对较高的水准以后，行政法中行政权力的特定形式化水准则相对较高，一些形式已经深入到行政权行使中的细节方面。

第十九条　行政法中的行政权力，是指产生行政法上效果的权力。权力行使的效果有实质上的和法律上的两个分析进路。实质上的权力效果，是指对于权力行使者而言所产生的心理上的预期，任何权力的行使者在行使权力时都有一个主观上的希望值，主观上所追求的目标通过权力行使行为得到有效实现，如果这样，可以说权力行使的效果是良好和显著的。反之，如果权力行使行为没有达到相应的预期，即事先确立的目标没有实现，其权力效果就是不显著的。对于权力行使的实质性效果在政治学范畴中分析较多，而在法学研究的范畴中则不作这样的分析。一般权力有这种实质上的分析，行政权力同样有这种实质上的分析；法律上的权力效果是指权力在法的范围内运行的状况，分析的主要着眼点在权力运行的规则方面。如果某个权力运行行为在规则规定的范围内运行并产生了规则所认可的效果，就是有效的权力行使。与其相对应的是权力在运行中与规则相悖，则不被视为有效的权力行使。

第二十条　我们说行政法上的行政权力是产生法律效果的权力，是说行政权在运行中能够用法律规则分析它的实质后果。对行政权法律后果的分析大多反映在行政权行使的拘束力、强制力、公定力、确定力等方面。诸种效力是以行政法上若干当事人为分析对象的，其中包括行政权行使主体、行政权力承受对象和行政权力中的第三人。一个行政权力行使以后,就会对上述三个当事人产生公定力、强制力、确定力和拘束力等。

第二十一条 在行政法学研究中,对行政权力在行政法中效果的分析基本上是一个成熟的行政法学问题,即行政法中行政权力具有行政法上的效果是学界普遍认同的论点,也成为行政法教科书中的一个主题。

第二十二条 在行政权力拘束力的作用主体上,一些论点却有失偏颇,如有学者仅仅将行政权力所产生的行政法上的效果与行政相对人联系在一起,而没有与行政主体和其他第三人联系在一起。易而言之,行政法上行政权力的效果对行政主体、行政相对人、行政第三人都有密切联系。一个行政权力一旦在行政法的范围内作出,首先要约束行政相对人,主要对其起到强制力和拘束力之作用,这种拘束力所体现的是行政主体意志的法律化,而不单单是行政主体意志的形式化。其次要对行政主体产生约束力。行政法上行政权力对行政主体的效力主要体现于确定力方面,所谓确定力,是指行政权力在作出以后,就宣告了该主体在法律上的一种确定状态,该确定状态不允许行政主体随意改变与权力行使相关的行政事项,进而也成为行政相对人对行政主体后续行为的正当期待。再次,要对第三人,亦即其他社会公众产生效力。该效力体现于公定力方面,就是行政权力行使以后设立了一个权利义务关系或确立了一个秩序,其他社会公众必须认同行政权力所设立的秩序。

第二十三条 当我们分析行政法上的行政权力时,就必须将行政权实质上的效果放置一旁,而着重看其在法内对相关主体的公定力、确定力、拘束力和执行力,这些效力内涵无一不是法形式方面的。因为用诸种效力眼光我们无法判定行政权行使中的物质后果。而此种物质上的影响作为分析标准的进路,的确构成了行政法上行政权力的基本属性之一。当然,行政法上行政权力的法律效果的法形式方面是否能够与实质上效果的分析统一起来,是需要进一步探讨的问题。如果我们能够将行政法上行政权力相对形式方面的分析与实质方面的分析统一起来,那就是最为理想的。在行政法学研究中,有一种理论是值得引起注意的,即对行政法上行政权力效果的主要形式分析能够直接或间接判定一国行政权力的实质效果,如果这种说法能够成立的话,法治行政无疑是现代行政法治的最高或最后判定标准。

第二十四条 行政法中行政权力的维度有实然和应然之分。前者指一国行政实在法对行政权力在行政法中价值的确立,该价值确立虽然不是行政权力维度的全部,但它为行政法中行政权力维度的分析提供了理论基础,后者指一国行政实在法所应当具有的对行政权力性质和价值的确立。实然的行政权力维度与应然的行政权力维度并不是一个事物，而且在性质上也不是相同或相通的。正是应然与实然的相异性，构成了人们对行政法中行政权力维度分析的基础，更为重要的是，此种实然与应然的区别，使人们对一国行政实在法有诸多的评判，而根据这些评介设想行政权力维度的价值走向。我们对行政法中行政权力维度的分析，其目的在于能够对行政权力在行政法中的应然状况有所认识，理清一个行政权力在行政法中应然状况的基本格局，进而对我国行政法治在今后的进路有所构想。而应然性的任何分析都必须依赖实然性的状况。

第二十五条 我国行政法中有关行政权力价值确定的基本内涵可作出如下概括。

第二十六条 一是行政权力主体具有绝对行政权威的价值。行政权威是行政权行使中的一个正当价值，其含义是行政主体在行政权的行使中具有一定的行政权威，这个行政权威是保证行政权运作的基本条件。换言之，一国在设计它们的行政权时，都在行政法上肯定了行政主体的权威，并将这种权威予以法律化，用以保证行政过程的顺利进行。例如，美国1946年《联邦行政程序法》就对行政机关在行政法中的地位作了认可，肯定了行政机关的规章制定权等。《西班牙行政程序法》也有这样的规定。

第二十七条 行政权力权威性的正当价值与行政权威绝对价值是有质的区别的，我国在行政法中设计行政权时所走的不是正当价值化的道路，而是绝对价值化的道路。对于行政法中行政主体具有绝对权威的价值，我们可以作出这样的描述：一方面，行政权力在行政法中的设计不是依权力本身的需要与否而为之，而是依行政主体的地位和行政主体的需要而为之的，包括1982年《宪法》在内的我国诸部宪法以及中央层面的政府组织法与地方层面的政府组织法，都首先规定设立行政机关并赋予行政机关较高的地位，然后，再根据每个行政机关的状况确立其行使的权力。一些法律行文中的行政主体与其权力关系是"两张皮"，就是说当某一法律规范赋予行政机关行政权力时，并没有指明其行使权力的具体范围，而一些具体权力的范围也没有被特定的主体承担。这样便形成了行政机关权力无限化与行政权力范围无对应化的格局。行政机构体系在此种法律的行文中所享有的权力范畴广而又广；另一方面，行政法规范赋予行政主体自由裁量权的领域和强度非常之大，以致诸多行政主体都在权力行使中享有自由裁量权，且没有一套相应的控制行政自由裁量权的制度。我国行政法上行政主体绝对行政权威的价值就是这样体现出来的。绝对行政权威是我国行政法上行政权力的一个基本价值,该价值虽然自1989年制定《行政诉讼法》到2003年制定《行政许可法》,期间受到了一定的制约和控制,但就我国目前行政法治的总格局看,行政权力主体的绝对行政权威价值仍然是普遍存在的,仍然是我国行政法现象中的一个基本事实。

第二十八条 二是行政权力具有高度独立性的价值。行政权力主体具有绝对行政权威是我国行政实在法关于行政权力价值的首要方面,与之相联系的是行政权力具有高度独立性的价值确定。在第一个价值之中,反映了行政权力对社会公众的支配地位,反映了行政权力对社会过程的主导作用。而在这第二个价值之中,主要反映行政权力与其他国家权力的关系所体现出来的强势性。现代代议民主制使国家政权有了类型上的划分,而且这种划分在绝大多数国家都由法理形态变为法律形态或者制度形态。与代议民主制下的行政相对独立不同,我国行政法上所确立的行政权力价值是一种高度独立的价值,正如《宪法》第27条规定的,国家行政机关具有管理行政事务的权威,在管理行政事务中不受其他任何个人、组织和团体的干涉。宪法所确立的总的原则在行政法中得到了具体化,我国包括《国务院组织法》在内的绝大多数组织法都确立了行政权力高度独立的价值。一方面,在1989年《行政诉讼法》制定之前,国家行政权力完全不受司法权的制约,现代司法审查的基本理念和制度在我国没有得到认可。该法制定之后,应当说改变了行政权力游离于司法审查之外的格局,但是,我国目前的司法审查仍然是非常有限的司法审查,在行政主体若干倍的行政行为中只有极少数的行政行为在司法审查之列,绝大多数还不能进入司法审查的程序之中,这表明,行政权力相对于司法权力而言是独立的。另一方面,在我国《各级人民代表大会常务委员会监督法》出台之前,我国立法机关对行政机关的监督仅存在于宪法之中,行政法中立法机关无法用一套机制制约行政权的行使。2000年制定、2015年修订的《立法法》,在立法机关对抽象行政行为的监督中设计了一些不错的制度,但就目前总的状况看,我国行政法中的行政权力仍然是高度独立的,尤其在国家政权机构的体系之内这种独立几乎得到了行政法规范的认可。我国行政权相对于其他国家机构实体而言是独立的,相对于社会公众与行政法关系中的当事人亦不例外。一个行政行为的作出被封闭在行政主体与行政相对人之间的事实就是例证。

第二十九条 三是行政权力具有客观上的优先价值。行政优先权和行政优益权是我国行政法教科书中关于行政法上行政权力价值的一个带有普遍意义的判断。所谓行政优先权,是指在行政系统的权力行使中如果发生了诸种不同性质权力之间的冲突或者发生了行政主体与行政相对人之权力与权利上的冲突，要首先保证行政权的正当行使。其他任何权力都要让位于国家的行政权力。该价值判断的理论基础是这样的，一则，行政权是一种国家权力，行政主体是代表国家行使行政权力的。作为国家权力是一种公权，而归属于社会组织和其他相对人的权力是一种私权。个体的私权与作为集体的公权之间冲突以后，当然应当将公权放在率先考虑的地位上，其次再考虑私权问题。二则，行政权力在行使中能够灵活处置、与时俱进，而其他国家机关的行政的权力则往往滞后于时代，且在行使中有相对迟滞的表现。因此，必须让行政权发挥优先性之特点。

第三十条 行政权优先，无论在理论基础上还是在行政法治实践中都只有部分的合理性，而不具有完全的合理性，对于这个只有部分合理性的命题，无论如何是不能作为行政法中行政权力基本价值之一的，但遗憾的是，我国行政法的的确确将其作为行政权力的一个基本价值。为什么说这个命题只有部分的合理性，从理论层面分析，行政权力优先的相对概念是法律优先。行政权力优先一旦被肯定，就意味着法律优先的被否定，因为在现代法治国家中，行政合法性的核心问题是行政与法的关系，而行政合法性理念中的核心，便是法律优先于行政而不是行政优先于法律。就行政法治实践而论，如果无限制地肯定行政权优先，便有可能颠倒行政权归属主体与行政权行使主体的关系原理。我们知道，行政权的主体分为归属主体和行使主体两个，归属主体是行政权行使之本，而行使主体则是行政权行使之末，依美国学者弗里德曼的论点，行政权行使主体始终是一个工具，即由归属主体掌握和控制的一个工具。行政权优先的理论将行政权两个主体的关系原理颠倒了，其在行政法治实践中造成的麻烦必然是行政权对私权的无原则干预。

第三十一条 公权始终是私权的一个集合，公权本身并没有独立的价值。因此，行政权优先应当只是行政法中的一个例外，即在紧急状态下，在突发事件的处置中行政权优先才是成立的。把这个非常例外的命题作为行政法中行政权力价值的基本构成，在认识上和制度设计上都是不幸的。

第三十二条 行政优益权和行政优先权使有关权力带有物质内容上的一个转换，即是说，当某种行政权力具有物质内容从而与某种利益关系联系在一起时，要率先考虑归属主体的那些利益，行政主体的利益是国家利益的化身，个体利益让位于它也就是顺理成章的了。其实行政优先权理论如果不成立，行政优益权的理论同样不能成立。

第三十三条 四是行政权力具有多重保护性。行政法上行政权力的保护机制在不同的行政法制度中有不同的表现。法治发达国家在其行政法制度中设计了不少有关行政权力的保护制度,例如,在一定范围内赋予行政机关行政自由裁量权的制度,赋予行政机关强制执行的制度,确立行政法律效力的手段,等等。综观诸多法治发达国家行政法上行政权力的保护制度,笔者发现,这些国家都使行政权力在行政法上的保护仅仅限定在行政法的范围之内,即用行政法上的手段使行政权能够有效实施。通常情况下,以赋予行政机关执行权力为保护制度的核心。笔者发现,诸多国家都制定了行政执行法,虽然行政执行法的有些条款是对行政主体履行行政职能的约束,要求行政主体在履行执法职能时严格依程序规则为之。但是,不争的事实是行政执法首先确立的是行政主体的执行权,包括一般意义上的执行权和强制意义上的执行权。

第三十四条 行政权力保护机制的法律化是行政法治成熟的标志之一,进而言之,一国行政法制度能够将行政权力的保护规则限定在行政法的范围之内,为此这个国家的行政法制度将是比较成熟的。反之,一国行政法中行政权力的保护不单单限制在行政法之内,该行政法治就处在非成熟化的状态之中。

第三十五条 我国行政法中行政权力的保护是以多重保护的形态出现的,除了行政法上有诸如行政自由裁量权机制、行政强制执行制度,甚至行政权力优先制度等都能够起到对行政权力的保护作用。除这些法内的保护制度之外,我国行政法之外还有诸多的保护机制,例如,以行政首长指令为核心的行政命令制度,以党政机构联合办公的行政公文制度等。这些制度对行政法中行政权力的保护在我国是十分重要的。应当说,法外的保护制度是一把双刃剑,即其既能使行政权的运作更加有效,又能使行政权由于其强势地位而侵害公众的权益。法外的保护常常使行政权力的法律价值在法外进行运作。这便赋予了行政权力行使中一些非理性化的东西。

第三十六条 如果行政权运作中有非理性的东西,就必然会降低行政权力本身所固有的法治价值。我国行政权的法律保护手段将行政法中行政主体与行政相对人之间的关系原理有所颠倒,之所以这样说,是因为行政主体与行政相对人之间的关系在实际运作中处于行政法关系之中,而在一个具体的行政法关系中,行政主体的权力优先即便受权力优先理论的支配也难以存在,因为行政相对人可以用诉权以及其他个体所享有的权利对抗行政主体的权力。而法外保护行政权运作的制度则使行政法关系中本身所固有的平衡发生了变化,行政主体可以利用法律手段使行政权力更加强势。如何在行政法治中取消和限制行政主体行政权力的法外运作保护机制，是我国行政法治任重而道远的一个任务。

第三十七条　行政法中行政权力的维度是可以进行量化分析的，因为维度本身是一个量词。若我们对行政法中行政权力维度的指数作一个概括，就可以看出，行政权力的硬度、深度、宽度、厚度、广度等五个方面是最为重要的指数，是行政法中行政权力的量的方面，这是不争的事实。然而，若干量的方面都以一定的质为基础，或者说量是构成行政权力的外壳，而决定这些量的方面的质，则是行政权力的内核。正是这些作为内核的质的方面决定了维度指数的量的方面。其中行政权力的硬度指数由行政权力的物质基础决定，行政权力的深度指数由行政权力的意识基础决定，行政权力的宽度指数由行政权力的宪政基础决定，行政权力的厚度指数由行政权力的体制基础决定，行政权力的广度指数由行政权力的文化基础决定。

第三十八条　行政法中行政权力的指数及其客观基础与行政法规范，并不是没有直接或间接关系的，一些行政法规范本身就包含着一定的基础或指数。例如，行政法中行政征用和征收规范就与行政法中行政权力的物质基础有关，这些构成物质内容的规范，又对行政法中行政权力的硬度产生了直接影响，这其中的逻辑联系是可以作为一个非常大的课题进行研究的。

第三十九条　行政权力的宪政基础及其行政权力的宽度指数。行政权力在一国行政实在法中的存在与宪政制度有着密切联系，从一定意义上讲，正是现代宪政制度反映了行政权力这一事实，也决定了行政权力在行政法中作为实在的事实。在一国实行现代宪政制度之前，国家权力可以被称为官僚集权制。所谓官僚集权制，是指在一国的政权体系中对国家权力不作理论上尤其实在法上的划分，一切权力都只有一个行为主体范式，而一个高度集权的机构，既能够行使这样的权力又能够行使那样的权力。以中国古代封建社会为例，皇帝集国家立法、行政、司法权于一身，它是任何一个权力的主体。当然，在这样的政治体制中，国家权力本身就没有类型学上的划分。一个县官既负责本县的行政管理权能，又处理本县的所有民刑事案件，县官本身是一个权力主体，在它身上并无类型上的划分。显然，官僚集权的政治体制是没有行政权力的。依此推论，现代行政权力作为一国法律制度中的实在是由宪政制度决定的，这是宪政制度决定行政法中行政权力宽度的前提。具体到一个国家的宪法典和重要的政府法典之中，行政权力究竟有多宽，必须以该国宪法和宪政制度为基础，即是说，同是实行宪政制度的国家，但宪法和宪政的一些新变化都会使行政权力的宽度有所变化。

第四十条 行政权力的物质基础及其行政权力的硬度指数。行政权的行使必须依赖一定的物质实力，正是这些物质实力支撑着行政权的其他方面。一个国家行政权的行使，在对外关系上需要有物质实力的支撑，大凡物质实力雄厚的国家，其行政权在对外关系中也表现出较大的坚韧性，而物质实力相对较差的国家，其行政权在对外关系中也表现得相对较弱。对于国内的行政权力行使而言更是如此。某一政府行政部门如果其行政权力建立在充足的物质基础之上，在进行社会控制中的能力也相对较强。近现代福利国家中行政权所承担的行政援助和社会救助功能就充分证明了这一点。行政权力的物质基础由三个内容构成：一是经济基础，即该国在经济上的硬实力，如国民财富总量、人均收入值及其他可进行测算的经济指标。二是国家强力，即一国的军队、警察、法庭等国家机器，它们是一个国家诸种权力的硬件，有些直接与行政权发生关系，有些则间接与行政权发生关系。它们是行政权行使的直接决定因素。三是社会技术，即行政权力行使所依靠的各种技术因素。随着科学技术的发展，在技术水平相对较高的国家其行政权的效率和能力也相对较强。上列三个方面的物质基础对行政权的硬度而言是基本的测评指数。所谓行政权的硬度，是指行政权在行使中所表现出来的坚挺与疲软的状况，行政权的行使如果非常坚挺，我们便可以说其有较大的硬度。与之相反，行政权的行使若比较疲软，我们就可以说其有相对较低的硬度。当然，我们对行政权硬度的具体测评，可能主要会放置在行政权力对国内事务进行管理和处置的能力上，对行政权在对外关系上的能力我们一般不在行政法的范围内作软与硬的分析。应当说明的是，行政权的能力是理性化的能力，是在法治范围内处理事务的能力，因为不赋予这种能力以理性化的含义，就得不出行政权硬度由物质基础决定的作用。

第四十一条 行政权力的体制基础及其行政权力的厚度指数。行政权力存在于一国的政治体制之中，即便行政权力具体到行政法的范围之内，仍然不能离开它们所存在的政治体制。政治体制既决定行政权力的总体状况，又会对行政权力在中观和微观方面的状况产生影响。一方面，它的政体理论对于我们框定行政权在不同政体中的地位有指导意义，如行政权力在贵族制之下的划分，就是一些国家行政权行使的理论基础。另一方面，它的政体理论对一国确立行政权行使的原则具有指导意义。我们通常所说的政治体制，包括政党体制、立法体制、行政体制、司法体制等的总称，这些体制与其说是政治体制的基本元素，还不如说是政治体制在理论上的构型。事实上，政治体制在理论上的构型可以分为官僚集权的政治体制、权力分割的政治体制和议行合一的政治体制三种。除这三种之外，再没有别的政治体制。依此划分的政治体制类型可以清楚地看出它们作为行政权力厚度的测评指数。所谓行政权力的厚度，是指行政权力在其行使中的稳定状态和可变状态的事实判定。在行政权力相对稳定的情况下，我们便可以说其是有厚度的行政权力，而在行政权力变化莫测的格局之中，我们便说其厚度不够。在上列三种体制中，权力分割体制和行政权力行使厚度指数最高，因为行政权力与其他国家的权力形成了一种机制化的控制和制约态势。正是此种制约机制，帮助行政权让社会公众可以作出事先判断。而其他两种体制的行政权力的厚度指数则相对较低。

第四十二条 行政权力的意识基础及其权力的深度指数。行政权在行使过程中只在一定程度上受规则决定和制约，而不是全部受规则决定和制约。与司法权的行使相比，行政权所面临的是未来的、多变的、复杂的社会事务，因此，对于任何一个行政机构体系而言，都不是完全的依规则的内容行使行政权的，即是说，在行使行政权的过程中要将规则灵活运用，将规则与其他行为准则有机结合。规则有时只决定行政权相对浅层次的东西，而对一些深层的东西规则是无能为力的。如何处理规则与规则之外其他行为规则的关系，如何对规则之外的其他规则之间的关系作出权衡，牵涉到行政权力的意识基础问题。所谓行政权力的意识基础，是指对行政权力的行使起支配作用的行政系统及其公职人员的认知水平。在行政法学界，人们不太关注行政权力的意识基础，一些教科书仅在行政自由裁量权的理论中提到行政人员的认知问题。与物质基础相比，意识基础是主观的，但其主观性对行政权的行使有着极大的决定作用。这个决定作用可以用浓度指数来评说，一方面，一个国家的总体意识如果较为理性，其行政权力的行使就可能更深刻一些，另一方面，在一国行政公职人员知识素养较高的行政系统中，就要比行政人员知识素养较低的行政系统中的行政权力行使深刻一些，这个深度指数在行政法治的初期可能还没有被吸收，只是一个法外的要素。但是，随着法治水平的不断提高，人们将行政权力的意识基础及其浓度指数渐渐引入了行政法治之中，诸多学者在行政行为法理论、行政自由裁量权理论、行政组织法理论中都讨论了意识基础作为行政法中行政权力深度指数的重要性。

第四十三条 行政权力的文化基础及其广度指数。行政权力的法内分析是否有考虑社会因素？回答是肯定的。因为行政法本身就与一定的社会因素有关，就是由社会因素决定的，如果离开了社会这个底土，行政法将不复存在，也就无法进行深层次的探究。行政法的社会基础有非常多的元素，其中的文化因素，是最为重要的。所谓文化因素，是指任何一个社会都可以对其作出文化上的测评和相关的判断。一则，不同社会的文化水平有不同的表现，即一些社会形态的文化水平相对较高一些，另一些社会的文化水准相对较低一些。二则，不同的社会文化会表现出不同的异质性。三则，此一社会侧重此一文化构成，而彼一社会则侧重彼一文化构成。上列三个方面的文化内涵都存在于行政系统之外，但行政权的行使作用基点在社会之中，决定了行政法中行政权力的基础不能离开文化要素而论。进一步讲，如果一个行政系统的权力行使不考虑相应的文化因素，只考虑权力规范所规定的内容，行政权力的有效性与合法性之间就会出现背反。在行政权力有效性与合法性两个价值选择中，无一可以放弃，甚至可以说，有效性的价值判断高于合法性的价值判断，合法性如果离开了有效性，就会成为纯粹形式化的东西。四则，行政权力无论如何依法而行，其目的都在于让社会公众能够接受，因为行政权力所要改变的不是法律规范，不是行政法本身，而是社会及其社会成员。行政权力在高度适应社会文化的状况下运行，就是有效的，反之，则是无效的或者仅仅有形式意义而无实质意义。行政权的文化基础牵涉到社会公众对行政权力的认同、接受、参与等细节问题。在不同文化格局的状态下，公众对行政法治过程的参与有不同的程度，正因为如此，我们便可以将行政权力的文化基础与行政权力的广度指数结合起来。

第四十四条 现代行政法在其兴起的那一刻，就与对行政权力的控制有密切联系。

第四十五条 我国作为社会主义国家是引进现代行政法理念最早的，1989年《行政诉讼法》的制定，标志着现代行政法的制度在中国有了初步进展，后来制定的《行政处罚法》《行政许可法》《行政复议法》《政府采购法》以及大量控制行政权力的行政法规及规章，使现代行政法再不是资本主义国家的独有之物。

第四十六条 我国行政法对有关现代行政法的理念和制度的引入，意味着中国行政法有全球趋同趋势。

第四十七条 中国行政法的基本潜质还是管理法，现代行政法的控权理念和精神实质与管理法有着本质区别，二者在价值取向、规则设计、追求目标等关键方面都是两个不同性质的东西。因此，我国行政法中要正确确立行政权力的维度，就必须将我国的行政法回归到现代行政法即行政控权法的基本理念和制度构造中来。

第四十八条 确立行政权力主体具有法律人格的规则。法律人格是法理学中一个非常重要的概念,指某一主体要在法律所设定的关系中取得地位——这个地位既可以是主动主体,也可以是从动主体,主动主体具有影响他人的能力,从动主体具有被他人影响的能力——就必须获得一定的法律资格,而这个法律资格是其在法律上展开活动的基础。民事法律关系中的自然人和法人就是两个很有特点的取得法律人格的主体。某个人若没有法律上自然人的概念,就不能在民事法律关系中为某种行为或者不为某种行为,某个组织若不是法人,亦不能在民事法律关系中享有权利和承担义务。换言之,没有法律人格的任何主体对某一部门法所设定的法律关系而言都是非法的,都游离于法律规范之外。

第四十九条 法律人格在现代法治中有非常重要的地位。现代行政法作为部门法的一个分支,与其他部门法在法的机理上是一致的。其中法律机理中的主体论对行政法中行政权力主体具有同样的重要意义。正因为如此,现代行政法赋予行政权力主体法律人格的地位,即一个行政权力主体进入行政法规范之后,已经不再是政治学上的行政机构或行政管理学上的行政组织,而是行政法上的行政主体。当然,从诸国行政法制度的设计看,一些国家就直接使用了行政主体的概念,一些国家则使用行政机关的概念,还有一些国家是使用行政机构的概念。概念的不同,并不影响行政权力主体在行政法中的地位和资格,即是说,不论什么称谓,只要某一行政权力主体存在于现代行政法之中,它就获得了行政法上的法律人格。行政权力主体作为独立的法律人格,就会像法人在民事法律关系中一样,既享有一定的权利又承担一定的义务,而联结这些权利和义务的是行政法规范,而不是行政法之外的其他行为规则。

第五十条 现代行政法通过典则赋予行政主体法律人格,既是现代行政权的一大趋势,也是现代行政法在确立行政权力维度方面取得的巨大成就。行政权力主体在行政法上取得法律人格以后,便由政治性的组织变成了法律性的组织。在法律人格的支配下,行政权力主体进可以独立于政党组织和其他组织而从事行政行为,退可以在社会机制和司法机制的作用下承担有限的法律责任。同时,法律人格的规则,还导致行政权力主体与行政相对人的联系是法律上的联系而不是法律之外的联系,导致行政系统之间的权力主体之间是法律关系而不是传统意义上的行政关系。

第五十一条 确立行政权力范畴类型化规则。行政权力在与其他国家权力对比的情况下是一个整体,在一国的宪政制度中也是以一个整体事物对其进行设计的。行政权力进入行政法以后则发生了变化,整体意义上的行政权概念甚至已经不复存在。行政法典则对行政权作了类型上的划分,社会公众在与行政系统的关系中,几乎都是以某具体的行政权类型为对象的。可以说,行政权范畴的类型化是现代行政法对人类社会行政权力行使所作的一大贡献,因为此种类型化解决了行政权行使中的一系列技术问题。同时,使社会公众面对的是被相关规则分解了的行政权,而不是一个强大的行政权力机器。正是这样的分解,减轻了行政权力对社会公众所造成的压力。而行政法究竟如何将行政权力类型化呢?一则,行政法典则针对行政权力的强度对其进行分类;二则,行政法典则针对行政权力在处理社会事物中的功用和社会事物的类型对其进行划分。

第五十二条　确立行政权力超越无效化规则。所谓越权无效,是指行政主体在行政权力行使中一旦超出了自己所行使的职权范围,不论这种权力行使是正确的还是错误的,不论这种权力是能否给行政相对人带来益处,都不能发生法律效力,更不能得到法律的保护。越权无效是一个非常深刻的行政法问题,在其背后隐藏着诸多具体的行政法问题,如没有行政权力的法定化,就无从确立行政主体的越权与否,没有行政权力的类型化,也无从确立行政越权的具体状况,即通过行政法规范对每一个行政主体行使的行政权力进行定位,并使一定主体对应一定的行政权力是越权无效存在的基础条件。越权无效的理论核心问题有两个:一是越权;二是无效。越权无效中的"无效",是越权无效中的关键词,即越权无效中最为本质的东西是行政主体的某些权力行使被宣告为无效。作为无效的权力行使,是不可以对行政相对人产生法律效力的,这是一个方面。另一方面,宣告某种权力无效的过程,实质上是相关主体对行政主体进行制约的过程。我国行政法制度中亦确立了越权无效的原则,只是在我国的行政法制度中,越权无效还没有被作为一个明确的法律原则确立下来,我们甚至也没有建立起越权无效的初步机制。

第五十三条　确立行政权力放弃积极补救规则。行政放弃职权是指行政主体对自己行使的行政职权消极对待的不当权力行使状态。在行政法学理论中,有关行政放弃职权的研究是相对滞后的,甚至落后于行政法治对放弃职权的规制。发达法治国家的行政法中有关行政放弃职权的规定是比较完整的,其在相关行政法规范中确立了放弃职权的行为类型和放弃职权以后的相关补救措施。

第五十四条　放弃职权与其他瑕疵行政权力行使相比,有诸多不同之处,在其他瑕疵行政职权行使中,侵害的主要对象是行政相对人,而放弃行政职权既有可能侵害行政相对人，可能侵害国家权力的总体。为了让行政系统积极行使行政职权，诸国行政法制度都赋予了行政主体权力行使中的主动规则，即行政主体不能像司法机关那样待事情发生之后再采取行为，而必须主动地将行政法规范运用于行政过程中。行政权行使中的积极理念，是行政放弃职权的理论基础。行政放弃职权对国家权力总体格局造成侵害，必须通过一定的措施进行补救，便形成了行政法中的行政监察制度和行政监督制度等。行政放弃职权若对行政相对人的利益造成侵害，则运用行政法上的不作为理论及其不作为违法的理论进行补救。所谓行政不作为，是指行政主体对行政相对人的请求不予理睬或者没有依照法律规定保护行政相对人的权益，而此种不作为被行政法规范定位为违法。目前我国行政法规范确定的行政不作为违法，在《行政复议法》和《行政诉讼法》之中有所规定。

第五十五条　行政放弃职权进行补救在行政法治中具有双层意义。一方面，确立了行政主体作为行政责任的承担者必须忠实地履行法定义务。另一方面，放弃职权无论对国家权力体系造成侵害还是对行政相对人造成侵害，都应当通过一定的制度进行补救，而这正是现代责任政府所必须做的。

第五十六条　确立行政权力滥用责任追究规则。行政滥用职权是现代行政法关注的核心问题之一，如果说，现代行政法在其起步阶段主要关注行政越权问题的话，而到了相对成熟阶段关注的主要问题则是行政滥用职权问题。行政滥用职权在不同法系的行政法理论中有不同的认识，英美法系的行政滥用职权理论，似乎主要限于行政主体对行政自由裁量权的不当行使中。之所以在普通法系中将行政滥用职权限制在行政自由裁量权之中，问题的根本在于普通法系的行政法主要用于控制行政自由裁量权，而不是主要控制行政自由裁量权以外的权力。与普通法系不同，大陆法系的行政法理论中的行政滥用职权，主要不是行政自由裁量权行使中的职权滥用，而是一般意义上的职权滥用。我国行政法上的滥用职权概念，最早出现于《行政诉讼法》之中，其中列举了诸种行政权力行使中的瑕疵状况，滥用行政职权就是其中之一。行政救济制度中确立行政滥用职权，虽然显得对行政滥用职权的责任追究力度不够，但人民法院通过判决撤销滥用职权的行为，甚至让其赔偿行政相对人的损失本身，就是责任追究的形式之一。在后来制定的《中华人民共和国各级人民代表大会常务委员会监督法》中，规定了其他一些追究滥用职权的制度。

第五十七条　行政法中的行政权力，说到底牵涉到法与行政权力之间的关系。从辩证逻辑讲，行政法越发达，在法与行政之间的博弈关系中法就越能够占有优势地位。反之，若在行政法相对不发达的情况下，行政则有比法更加优势地位的可能。因此，对行政法发展历史的研究就显得非常重要，如果能够从纵向上确立行政法的发展轨迹，行政法中行政权力的维度便可以有一个动态的分析。

第五十八条 可以肯定的是，行政法中行政权力在行政法不同历史阶段是有所不同的。

第五十九条 20世纪末21世纪初，行政法总体上的时代精神发生了深刻变化，该变化的主要表现是后现代行政法时代的到来。后现代行政法是对现代行政法的否定和发展，行政权力在后现代行政法中的状况与在现代行政法中的状况有了巨大的变化。

第六十条 在现代行政法中，行政权力通过形成若干规则，构成了现代行政法一道非常亮丽的风景线，使现代行政权力的行使非常理性。责任政府、服务政府、民主政府等权力行使理念，反映了这时行政法的基本精神气质和行政权力被行政法规则规制的法治格局。到了现代行政法的后期，即自一些发达法治国家宣告进入福利国家的时代以后，情况则出现了微妙变化。其中核心问题是行政法规范与行政权力之间的张力日趋严重。"福利国家"的理念所支配的行政权行使是政府行政系统权力行使的积极精神和主动精神。作为一个负责任的行政系统，就必须积极地为社会公众创造福祉，或者采取给付行政的手法，或者采取行政对社会渗入的手法等。服务理念对社会福利的创造本身是无可厚非的，然而，正像任何事物都有它的两面性一样，后现代行政法中的行政权力在积极服务的同时，也带来了对社会生活新的全面干预。行政权力在一些方面已经与行政法规范成了一个不甚协调乃至相互冲突的东西。但是，社会公众对行政权力必须进行调控的总的价值理念，却没有发生质的变化，即是说，公众既企求行政权力为自己创造更多的福祉，又不希望行政权力能够以任何借口游离于行政法规则之外。在这样的情况下，后现代行政法的一些基本理念便形成了。

第六十一条 在后现代行政法之中，行政法对行政权力的调控方式发生了深刻变化，即由规则化的行政法调控变为机制化的行政法调控。具体地讲，发达法治国家再不以现代行政法中行政权力的规则机械地束缚行政权力，而是将行政权力放在一个法律化的机制之中，让行政权力在这个机制中既受到规则的设定，又能够回归到行政权自身的本质之中。对行政权力在后现代行政法中以机制调控的格局，斯图尔特在《美国行政法重构》一书中有一个非常精辟的评说。但是，就绝大多数国家的行政法而论，行政权力调控的机制还处在构型之中。这个构型有两个进路，第一个进路是对行政权的调控形成一个机制化的系统，即由若干分支机构构成一个机制化的体系，哪些机制可以归于行政系统之中、哪些机制不能归入该体系之中各国尚处在探索之中。第二个进路是一个独立的机制究竟应当如何构建，在这个问题上，一些国家已经在某些机构的构建中取得了高度成功。例如，美国行政法治中的正当程序机制就相对成熟，且成了美国近年来行政法的一个核心。

第六十二条 在后现代行政法中，随着社会格局的变化，行政主体资格的单元格局必须发生变化，即行政主体的资格必须由单元主体向多元主体发展。该发展并不是刻意进行的，而是对现代行政权的行使格局在法律上的认可。进一步讲，在后现代社会中，行使行政权力的主体已不仅仅只有行政机关和法律、法规授权的组织两种。其他一些本不是行政机关或授权的组织行使着大量的公共权力，这些公共权力虽不是标准意义上的行政权，但作为公共性的权力与行政权并无质的区别。早在 2000 年制定的《中华人民共和国国民经济和社会发展第十个五年规划纲要》中就提出了行政职权剥离的概念，就是将原来一些仅归行政机关行使的权力予以剥离，交由其他社会组织行使，行政职权的剥离既不是行政权在行政系统的转移，也不是真正意义上的法律授权，而是行政权发展中的一个自然流变。行政法应当应对社会发展中行政权的剥离。易而言之，行政法典则应当建立一种行政权力主体的多元机制，在行政法中认可其他主体行使行政权力或其他公共权力的资格，或者将行使其他公共权力的主体都定位为行政主体。这样的机制一旦建立，行政法的内涵将发生深刻变化，即行政法不是以主体为根据对行政权进行规范的，而是以权力的性质对行政主体进行规范。毫无疑问，如果这样的机制能够建立起来，行政法的调整范围将大大扩充。

第六十三条 行政权力行使中的潜规则是破坏我国行政法治的最主要因素。基于此，在行政法制度中，尤其进入后现代行政法以后，必须构建一个行政权力潜规则的无效机制。就是在行政法中建立一个任何潜规则都不具有法律上的效力和道义上的效力的机制。若某个潜规则对行政权力的行使起了作用，只要能够证明是潜规则的作用，就应当宣布其为无效。对于超前的潜规则，应当建立同样的机制，因为某个潜规则究竟对行政权力行使的规则所起的是滞后规则或超前规则的作用，我们并不能用一个科学的标准作出判断。我国在行政执法实践中，常常对超前潜规则予以认可，这可以说是破坏行政法治的一大障碍。因为，无论何种潜规则，最终都是法律和法治之外的东西。其实，行政权力潜规则的无效机制的建构并不复杂，只要以一些制度确立对行政法之信仰，就可以起到宣告潜规则无效的作用。

  第六十四条 行政自由裁量权在后现代行政法中的地位显然要比在现代行政法中的地位更加突出和重要。因为，既然我们认可了行政权行使的职权理念，就不得同时承认行政主体在权力行使中的高度自由裁量权，而行政自由裁量权一旦泛化，制约它的行政法机制就显得十分重要，如果一面是行政自由裁量权的无限膨胀，另一面则是行政法制约自由裁量权的水平停滞甚至倒退，行政法在后现代社会中则必然比在现代社会中有所滞后，并使整个行政法治承担更大的压力。因此，笔者认为，对行政自由裁量权的行使进行机制化建构是行政法必须或在就近解决的问题，一旦这个问题无限期地拖延下去，就会带来不堪设想的后果。行政自由裁量权的行使与行政主体的自由心证有关，所谓行政主体的自由心证，是指行政主体在行使权力时根据自己的良知和认知水平作出合理选择，其存在于行政人员的内心深处，对此，行政诚信的理念和机制是调整行政自由裁量权的最好机制，因此应当制定行政诚信法，通过这样的法律改变我们以前只用有关进行行为规范的典则调适行政权力的格局，将规制的方面从行为转入意识之中。这个转化若能得到实现，哪怕是部分实现，也必然会为行政权力的行政法规制提供另一个新的思路。

  第六十五条 正当程序在现代行政法中起着非常重要的作用，但正当程序的理论如今已有了新的突破和发展，而这个突破已使正当程序在行政法中具有了后现代的精神气质。一方面，行政正当程序在其初期始终附着于行政上的实体规则，即行政正当程序还没有独立的价值，只有当它在实体规则的作用下才有自身的价值。而近年来，行政程序基本已经成为一个独立的测评指标，完全可以离开行政实体规则而独立存在。对此推动最大的是罗尔斯的理论，罗尔斯认为，程序本身就包含正义，并不需要通过实体规则就可以证实它的价值。具体地讲，程序价值的独立性是后现代行政法中正当程序的重要表现。另一方面，行政程序在行政法中已经不仅仅对行政机关的行为过程起作用，它对行政的约束几乎是整体性的。而且有关程序的内涵已经有很大的拓展，原来的行政程序主要关注行政行为的顺序和序列，而后现代行政法中的程序，除了包含此种相对浅层次内容外，还包括行政系统中的结构及其模式化的联结规则，上列两个方面均表明，行政法中的正当程序已经不是一种规则而是一个机制，作为机制化的程序，对行政权力的规范技术要比作为规则的程序高出许多倍。

第二部　行政法治篇

第六十六条　行政权力与社会的能量交换是一个永无止境的过程，在不同的法治格局下，行政权与社会交换能量的方式有所不同，在西方行政法治发达国家，行政权在行政法运作中与社会交换能量以社会对行政权的渗入为主要特征，而行政对社会的渗入为次要特征。控权的行政法理念设计的诸多行政法制度中就包括了社会公众对行政系统的渗入规则，例如，一些国家的行政公开化制度、公民了解权制度、公众通过各种形式对行政权进行监督的制度等，都反映了社会系统对行政权力的渗入具有规则上的保障。在所谓行政管理法作为行政法理念的国家，则是相反的情形，由于此类国家的行政权具有非常强势的地位，对社会的渗入基本上是单向度的，即行政系统通过行政管理行为对社会过程施加影响，而社会机制没有法律之内的路径对行政系统的执法过程进行渗入。现代行政法在一些发达国家的构建中，主要的渗入方式是在突出行政控权的基础上，也认可政府行政系统通过行政管制对社会系统的渗入。在后现代行政法中，行政系统与社会的角色交换是在行政权的自然运作中形成的，是一种相互支持和相互约束的渗入机制。对于现代行政法中传统的行政控权式渗入是予以进一步肯定的，而且把此种渗入作为新的行政法体系构建的核心。例如包括我国在内的诸多国家，都用行政公开化和其他约束手段对行政权的行使进行约束，而且这种约束已经从原来的规范式约束变为机制化的约束。我国近年来就建构了一系列约束行政权力的制度，在这些制度构建中，突出了社会公众对行政权力行使的参与度，一些参与方式是在传统行政法中不存在的。社会对行政的渗入和控制，只是新的渗入机制的一个方面的内涵。与之对应的是行政权力对社会的渗入，其实，行政权力与社会过程、与社会生活是不能对立起来的，两者从表面上看是两个事物，但从质的方面看则是一个事物的两个方面。正如康德所讲的，行政权力来源于社会，来源于社会公众，存在于社会公众中的权力是固有权力，而存在于行政系统中的权力是后来获得的权力。对于一个社会过程而言，这两种权力是联系在一起的。因此，行政权行使中的社会渗入无论行政法治如何发展都是不可缺少的。问题在于我们要在新的行政法体系中形成一种行政对公众的渗入、社会对行政的渗入的双向机制。该机制使行政权在行政法规范之中进一步理性化。

第六十七条　我国行政法要获得相对较高的公正价值，就必须改变目前行政法关系中仅有双方当事人的格局。建立行政权力发生作用的司法模式机制。所谓行政权发生作用的司法模式，是指在行政法制度中构建类似司法权行使的制度，并使新的制度形成一种机制。例如，任何一项行政权力的行使都可以在三个主体的作用下进行，让行政主体、行政相对人以及其他主体共同存在于行政法关系中。以行政处罚行为为例，我国以将行政处罚行为与三方都参与的行政法关系结合起来，让与行政处罚没有直接利害关系的社会公众或者相关国家机关共同作出行政处罚决定。《行政处罚法》中设立的听证制度的意图本在于此，但是，行政处罚听证制度既受到适用范围上的限制，又受到参与主体的限制，因为行政处罚听证中的第三方，实际不是真正意义上的第三方，主持听证的机关只是行政处罚机关的转换形式而已，它们既有隶属关系又有利害关系的事实就证明了这一点。行政权行使的司法模式的建构，并没有太大的体制障碍和操作过程中的技术障碍，如果我国能够建立这样的机制，行政法中行政权力的维度将会是一种全新的局面。

（十）行政责任

第一条 行政责任是我国行政法学界一直以来没有过多关注的一个问题，少数学者涉及过此一领域，然而形成的观点极不一致。这与没有揭示行政责任赖以存在的法律基础有关。此种状况不利于行政法治实践对行政责任的定性、定量、定型和定制。

第二条 行政责任在行政法学中是一个认识不统一的问题，相当一部分学者认为，行政责任是一个政治学或行政学上的用语，故而行政法学不应当关注这一概念，这也正是国内绝大多数行政法不涉及这一概念的原因。

第三条 在行政法学界，承认行政责任概念存在的学者中有三种关于行政责任的不同论点，一种论点认为，行政责任是行政机关在完成行政管理活动时应当承担的行政职责，此一意义上的行政责任与行政主体在行政法上履行的职责、承担的法律义务没有质的区别。另一种论点则认为，行政责任与刑事责任、民事责任相并列，应当是行政相对人对于行政违法行为承担的责任形式，这一论点将行政责任的主体归到行政相对人一方。还有一种观点认为，行政责任是行政主体对其没有很好履行法定职责或者构成行政违法以后应当承担的行政上的法律责任。关于行政责任的后一种论点应当是合理的。然而，行政法学界关于此一意义行政责任的基本理论是十分单薄的，这主要因为我国长期以来将行政责任与相关的政治责任联系在一起，没有揭示行政责任赖以存在的法律基础，正是基于理论界的这种状况，有必要从理论上揭示行政责任的法律基础。

第四条 在行政责任诸解释中，最后一种解释是合乎理性的，依此解释，行政责任是指行政主体及其公职人员对其违法或者不当的抽象行政行为和具体行政行为应当承担的法律上的制裁形式。

第五条 行政责任与行政主体的职权行使和义务履行有关,当行政主体行使职权或履行义务时发生了行为方式和行为结果上的阻滞时,就应当对这样的阻滞负起相应的责任,但责任本身并不是职责的履行和义务的承担,它是责任履行和义务承担的法律结果。

第六条 由于在我国行政权行使实践中,行政主体的职权行使常常被作为政治问题或行政管理学问题看待,因此,关于行政责任的基础就有诸种不同的解释方法,这诸种阐释方法,都可以被视为关于行政责任基础的诸种论点:一是权利义务平衡,此说认为,行政主体在行政法上既是一个行使国家权力的主体,又是一个在行政法体系中的权利主体,由于其行使非常广泛的权力,因而亦应承担相应的义务,行政主体的责任便是权力和义务平衡的结果,进一步讲,通过行政主体权利和义务的平衡关系解释行政责任存在的客观基础。二是契约中的制裁规则说。行政主体权力行使的资格在卢梭的社会契约理论提出以后,向来被认为是从公民权利中转化过来的,即民众将相关的权利予以转让,行政主体在这种转让中获得了精神上或物质上的好处,同时,它必须付出与其得到好处相同的利益,这样的利益对行政主体而言是一种不利,而对民众来讲则是一种有利。其不利因素的付出是基于一种契约关系,而在契约关系中都有违约的制裁条款,行政主体的行政责任的基础就可以通过这种契约制裁规则予以解释。三是行为报应说,此说认为,行政权行使主体的行为必须与一定的行为后果联系在一起,当一个行为对于承受者来讲是有利的时候,行为主体便可以获得诸如奖励这样的报应方式,反之,当行为主体的行为对行为承受者是有害的时候,而且这种有害性能够被有效证明是非理性的情况下,就应当遭到诸如制裁等报应。行为报应说被一些学者用来解释行政责任存在的基础。

第七条 上列关于行政责任基础的诸种说法,都从不同层面上揭示了行政责任存在的理论或实践基础。然而,在笔者看来,行政责任的法律基础是必不可少的,因而,究竟如何理解行政责任的法律基础,下列含义是最为基本的。

第八条 行政责任受制于一国的宪政制度。宪政制度是对权力进行制约的制度,这一点是没有争议的。但是,关于权力的制约方式却有两种不同的认识,一些西方经典作家将宪政中的权力制约理解为不同国家机关之间的制约,将三权分立视为宪政的最佳模式便是例证。另一些学者则认为,宪政中的权力制约主要是民众对政府机关尤其行政机关的权力制约，这才是最为理想的权力制约模式。显然，民众能够使行政系统对不当权力行使承担责任是宪政最为本质的要素之一。行政责任既是不同国家机关之间权力分立的结果，更为重要的它反映了民众与行政机关的一种理性模式，即当行政主体的权力正当行使时，它具有法律上的优先地位，而当它对权力不当行使时，必须对转让权利于它的社会公众承担责任，这是行政责任法律基础最为核心的含义。

第九条 行政责任是一国法治大系统的组成部分。法治是将民众的法律责任形式和政府的法律责任形式一致起来的一种法律理想。我国既然选择了法治，行政主体在法律上的权利义务与社会公众在法律上的权利义务统一便是必然的，由此我们可以看出，行政责任是我国法治大系统的组成部分，它不可以从法治大系统中游离出去，这是行政责任法律基础的第二个含义。

第十条 行政责任符合公法的一般原则。公法涉及两个大的范畴，一是人民与国家机构体系之间的法律规则；二是此国与彼国之间的法律规则。公法的这两层含义表明，公法在社会生活中的地位比私法更加重要，因为公法涉及一国基本社会秩序的设计。由于这一点，人们对公法也提出了区别甚至高于私法的原则，一方面，公法强调对政府组织体系及行为的规制；另一方面，公法中行政主体的权威相对较高，这两个方面也是公法的总原则。对于前者容易理解，而对于后者则应当全面认识，即便说我们在强调政府权威性的同时，亦应当看到政府的权威与其责任是相称的，它之所以具有高度的权威，就因为它承担了较大的责任，或者反向论之，它之所以要承担较大的责任，是因为它具有高度的行政权威。公法的这两个原则，使行政责任比私法上任何主体的责任都更加敏感，这是行政责任内涵的第三层含义。

第十一条 行政责任归属于行政法上的行政制裁制度。制裁是法律的本质属性。换言之，法律规则是与一定的制裁机制联系在一起的，没有制裁的法律体系是难以想象的。行政法作为法律体系的构成部分之一，必然有制裁性条款。事实上，在行政法学理论中，行政制裁的概念向来就是不被怀疑的。然而，我国行政法上的行政制裁对象主要是行政相对人或者行政系统中的构成分子，而基本上没有将行政主体归入制裁的体系之中。这是一个巨大的理论错误。行政责任是以行政制裁的形式反映出来的，它从制度归属上应当归于行政制裁制度之中。我们说行政责任具有法律基础，便是包含着行政制裁是能够包容行政责任的一项行政法制度。

第十二条 行政责任是一个多视角的概念，归纳起来存在于两个范畴之

下,一个范畴的行政责任是法外的行政责任。而法外的行政责任又有两个可以分析的路径:

一是将行政责任放在法律理论之外进行阐释。我国一些重要的政府文件或者执政党的文件都谈到了行政责任问题。当这些文件提到行政责任时不具有任何法律理论上的意义,或者可以用政治学原理进行解释,或者可以用行政学的原理进行解释,有时还可以用伦理学的原理进行解释。

二是将行政责任放在法律制度之外进行解释。我国在行政运作或者其他公共权力的运作中,也常常用行政责任的制度对行政主体或者其他公共权力主体进行约束,但是,这些所谓的责任约束并不是法律制度范畴上的约束。另一个范畴的行政责任是法内的行政责任,指存在于法律制度之内的行政责任,然而,目前我国法内行政责任还存在一些问题,一方面,有关责任形式的界定不明确,常常将一些本属于其他法律制度的东西视为行政责任。另一方面,有关行政责任的责任主体存在偏失,即在一般情况下将责任主体完全确定为行政相对人。基于我国行政法学界和行政法治实践的状况,笔者认为,确立行政责任的法律形式有非常重要的价值,它可以将行政责任从其他范畴中剥离出来,使其归于法律理论的范畴,还可以将行政责任从法外的制度形态中解脱出来,使其归于行政法制度之中。具体而论,确立行政责任法律基础的价值有下列方面。

第十三条 对行政责任定性的价值。在我国行政法制度中,行政主体及其公职人员对不当或者违法的职权行使是要负一定责任的。我国目前法律关于行政主体及其公职人员法律责任的规定,除了对相关的刑事责任作了定性以外,其他的责任形式基本上没有一个定性,只是笼统地提出了应承担相应的法律责任。笔者认为,对行政主体和公职人员在行政法上的责任必须予以定性,即必须指出行政主体及其公职人员对不当行政行为应当承担的责任的性质。通过确定行政责任的法律基础,可以为行政责任作出性质上的确定。上面我们已经提出,行政责任从制度归属上讲属于行政制裁制度的范围,如果我们对行政责任定性的话,其基本性质便是一种法律责任,而这样的法律责任是公法上的责任,必须将其与私法责任的性质予以有效区分。

第十四条 对行政责任定型的价值。行政责任是一个类的概念,在这个类的概念之下,包括各种各样的具体责任形式和责任类型。由于我国行政法治中行政责任的法属性还不十分明确,因此,我国行政责任的类型就显得非常不规范。然而,该法除了有关金钱赔偿外,还规定了赔偿中的其他行政责任形式,如返还财产、恢复名誉、赔礼道歉等，当然，国家法律对这些形式的规定应当是比较规范的，而我国行政法规范中的其他条款则没有将行政责任的一些重要类型予以合理划分。对于行政责任来讲，一些重要的责任类型必须予以确定，在笔者看来，这些需要通过法律定型的责任类型有：一是行政主体和行政公职人员的责任类型应当划分清楚。凡主体是作为一个机构实体应当承担的责任类型，而行政公职人员的责任则是行政系统中个体应当承担的责任，这两个类型的划分，牵涉到行政公职人员与行政系统之间在权力行使中的关系。二是行政上的物质责任类型与精神责任类型的区分。物质的责任类型是与财产权有关的责任形式，如金钱赔偿，返还原物等都属于此类。精神上的责任类型则以精神上的利益关系为准，上面提到的国家赔偿法中确立的恢复名誉、赔礼道歉都属于精神责任的范畴。更为重要的是行政责任的类型还可以视行政主体职权范围的情况而定，例如，行政主体行使一般管理权而引起的责任类型，就要与行使强制权、处罚权引起的责任类型区分开来。《行政许可法》和《行政处罚法》对行政主体在这两个行为过程中的不当职权行使承担的责任类型就作了区别。当然，行政责任的类型是一个非常复杂的问题，究竟如何确定和划分还需进一步探讨，但行政责任的法律基础，为行政责任的类型划分提供了依据。

第十五条 对行政责任定量的价值。行政责任对行政主体而言是最为敏感的，即是说，当行政主体行使的权力相对超前时，并不感到依此履行行政行为时的不适，而当其承担的行政责任超过了一定的量时，就会感到有某种不适。因此，笔者认为，对于一个包含行政责任内容的行政法规范来讲，责任中的量是不可以回避的，而行政责任的法律基础则可以为行政责任作出具体的量化性规定。目前我国有严格法律形式的行政责任几乎都有一些量化指标，例如《国家赔偿法》第 27 条第 2 款的规定，而没有这样严格法律形式的行政责任则缺乏严格的定量性。

第十六条 对行政责任定制的价值。行政责任作为行政法领域的组成部分，必须赋予制度形式，这样的制度形式对国家追究行政主体及其公职人员的责任，对行政主体及其公职人员的权利救济都是有意义的。行政责任定制是一把双刃剑，对有关的国家机关来讲，是一个有效的法律武器，使它们能够通过法律规定的制度形式追究行政主体的责任。对行政主体及其公职人员来讲，也是一个保护自己合法权益的手段，因为行政责任制度化以后，承担法律责任的行政主体及其公职人员亦有了相应的权利救济途径。通过为行政责任确立法律基础，可以使行政责任成为一种规范化的法律制度。

第十七条 行政责任法律基础与一国现实法律制度有两种关系形式：

一是实然的关系形式，是指一国法律制度对行政责任制度确立的实际状况。我国行政责任在行政法治中并没有取得它应有的法律地位，即是说，在我国行政法制度中行政责任的实际情况并不十分乐观。在我国，行政责任既缺乏理论基础，又缺乏制度基础。我国一些重要的法律文件并没有给行政责任一个确切的说法，更谈不上用法律规则确立行政责任的具体形式，2004 年制定的《全面推进依法行政实施纲要》对行政责任只有一个粗略规定，这一规定中的行政责任，实质上具有政治责任和法律责任的多重属性，不是一个严格的法律规范制度。

二是应然的关系形式，是指行政责任在一国法律制度中的理想格式。一则，法律应当成为一切行政责任存在的基础，行政责任奠基于宪法、政府组织法、行政程序法等法律或者法规之上。二则，行政责任应当通过法律规范的规定具体地表现出来，使其具有相对稳定的法律形式。由于我国行政责任的实然性相对滞后，因此，只有从行政责任法律基础的应然表现，对这一问题的法制建设予以展望。

第十八条 行政责任确定权归属于立法主体的法律表现。行政责任具有宪政制度的性质，至少可以说行政责任是宪政制度的必然结果。即是说，它是在国家权力予以划分以后形成的，在官僚集权制国家有个别官员的责任形式，但是并没有一种作为行政主体的责任形式，因为在这样的体制之下，真正意义上的行政主体并不存在。权力分立格局的形成，使不同的国家权力实体有了不同的职责范围。显然，权力分立以后，行政系统的责任不能由行政系统或者行使裁判权的机关确定，作为一种制度设计，行政系统的责任应当归属于立法系统，这应当是行政责任法律基础的重要表现。此点提醒我们，我国目前一些行政责任立法主体主要是行政机关。近年来，国务院、各部委甚至一些地方行政机构，都有设立行政责任的情形。这样的设立方式，使立法权与行政权相混淆，使行政系统不但行使直接的行政权力，而且也为自己行使权力的侵权行为设计规则，这当然不利于强化行政责任的法治化。

第十九条 行政责任形式规范化的法律表现。行政责任的法律形式是一个非常严肃的问题。在刑法中，有罪刑法定原则，在行政法中，有依法行政原则，这些规则都刻有一个命题，即相关主体对自己承担的法律上的责任必须以正式明确的法律形式体现出来。然而，在我国行政法制度中，行政主体责任的法律形式显得非常混乱。据笔者观察，一则，我国宪法和政府组织法中有一些零散的责任形式条款，这些条款虽然是对一些责任形式的原则性规定，但它们仍然是行政责任制度的组成部分。二则，我国部门行政管理法中规定了行政责任形式，到目前为止这是我国行政责任最广泛的法律形式，此一层面的行政责任形式相对分散，没有形成一个体系。三则，一些专门规定行政行为的行政法文件中对行政责任的规定。四则，有关行政救济法中对行政责任的规定，最为典型的是《中华人民共和国国家赔偿法》中关于行政赔偿责任的规定。上列规定，虽反映了我国对行政责任的逐渐重视，但是，这种不统一的法律形式同样是与法治建设的总体目标不一致的。行政责任法律基础的应然表现要求行政责任在一个国家中应有一个相对集中的法律形式。甚至可以制定一部专门的"行政责任法"，将目前有关行政责任的分散规定予以统一，如果能够制定出这样的法律，对我国行政法治的作用甚至比制定一部行政程序法来得更实惠一些。在统一的行政责任法一时还不能够制定出来的情况下，可以由全国人大及其常委会将目前有关行政责任的所有规定集中起来，可以将无资格确立行政责任的法律形式予以撤销。

第二十条 行政责任主体人格化的法律表现。由于行政权力的相对敏感性，使人们在探讨行政权力时常常加进了不少感情色彩，再加之在一个行政责任追究的过程中承担责任的是一个具体的机构、一个具体的人，这就使人们将责任与特定的行政主体、特定的公职人员对号入座。实质上，当我们这样分析和研究行政责任时，我们本身也陷入了非理性之中。从法学原理观察，责任主体必须具有法律上的人格，即是说，当法律对某一主体规定责任时，它不是针对一个具体的主体的，而是针对一个符合某种法律人格的抽象存在物的。行政责任的规制对象是以法律事实、法律上的权利义务为基础的，只有当某一主体符合这样的法律事实和权利义务状态时，它才是责任主体，这一点非常关键，从某种意义上讲，它是法治文明的体现。责任主体的法律人格要求我们在对行政责任主体进行法律上的称谓时，必须符合法律规范的一般要求。行政责任主体究竟通过什么样的称谓使其符合法律人格的一般要求，这是一个需要探讨的问题。目前我国行政法中有"直接责任人""赔偿义务机关""责任承担主体"等称谓，但这些称谓的法律人格化属性还不算十分突出。

第二十一条 行政责任追究符合程序要件的法律表现。与行政权行使中的程序规则相比，我国行政责任追究的程序规则显得更加不完善。我国法律在规定行政责任的时候并没有规定具体的程序规则，国务院在20世纪90年代就制定了《特别重大事故调查程序暂行规定》，可以说责任主体是一个责任追究

（包括一部分行政责任）的程序规范，然而，其中一些规定仍然忽略了对具体操作程序的规定。程序在法律运作中的重要性是不言而喻的，当实体上的权利义务确定以后，程序规则就具有了决定意义，本来实体规则和程序规则就是不可以分开的。如果行政责任有明显的法律基础，就必须有相应的责任追究的程序规则，这些程序规则不涉及行政责任中具体的权利义务状态，但它是促成这些权利义务实现的不可缺少的手段。

第二十二条 行政责任效力具有保护机制的法律表现。行政责任与私法上的责任不同，它的对象是行政主体或行政公职人员，即手上握有权力的那些机关或人，这些机构或人的存在本身就是对民主政治的一种威胁。因此，当我们为行政主体和行政公职人员的行政责任设计好了实体规则和程序规则后，还必须注意这些责任的实效性问题。就是说，行政责任即使被实体规则和程序规则认可，也面临如何使其真正能够发生法律效力的问题。我国行政法治实践的状况已经告诉我们，法律责任的实效性并不是一个可以随意回避的问题，例如，我国行政诉讼制度就为行政主体规定了诸多的责任形式，然而，一些行政主体以各种各样的方式使诉讼程序中的责任发生阻滞的情况并不少见。如何强化行政责任的实效性，是我国行政诉讼制度、行政赔偿制度所关注的问题之一。行政责任应当通过确定法律效力的方式保证它的实效性，一方面，行政责任一旦被确认，行政相对人和其他的社会主体就应当受到它的约束；另一方面，作为责任承担者的行政机关，更应当不折不扣地履行已经确认的权利义务。当然，对于负有责任追究的相关权力主体而言，这种约束力同样是存在的。

第二十三条 权责关系既是一个行政法治实践问题，又是一个非常重要的行政法学理论问题。对于权责关系的解释可以有广义和狭义两种，广义的权责关系，是指行政主体以及行政公职人员在履行职责时的权力行使和责任承担关系，而狭义的权责关系，则单指行政公职人员在履行行政管理职能时的权力行使和责任承担关系。我们立足于后者来理解权责关系以及权责对等。

第二十四条 权与责仅从字面意义上理解是两个事物：一个是权，即行政公职人员在履行行政职能时所行使的权力，就是公职人员所能够作出的影响下层或管理相对一方当事人的行政决定，以及这种行政决定所体现的单方意志的程度。具体言之，一个行政公职人员能够作出的行政决定越多、作出的行政决定所体现的单方意志越多，他的权力就越大，他行使的权力就越完整。还应指出，权责对等中的权不是行政公职人员相对于国家而言所享有的权利，而是其作为国家的代表所行使的权力。另一个是责,即行政公职人员对履行职务行为及其行为后果所应承担的责任,其中一个方面是其对行政决定负责的程度,另外一方面是行政决定错误以后其被追究的法律责任,此两方面都是责的范畴。然而,权与责是不能分而论之的,尤其不能将二者割裂以后让其孤立存在。二者是一个事物的两个方面,谁也不能离开谁,若哪一国的行政法制度将权责割裂开来,该国公职人员的权力行使和义务承担就必然失衡,其行政法治就必然是不完善的。

第二十五条 权责对等的行政职位基点。行政职位是权责以及权责对等的第一个基点。职位中包括了职务和责任两个基本范畴,其中的职务可以理解为行政公职人员所从事的全部管理活动,而其对该全部管理活动的进行,就是在不受外界因素的约束下而为的,此种不受约束性,意味着事务管理者所具有的权力。行政公职人员的权力和责任就首先反映在行政职位之中,是行政职位将公职人员的权力具体化、责任明确化了。在公务员制度较为发达的国家,一般都有职位分类法,从两个方面对公职人员的权力和责任作出确定:第一个方面是根据事态的性质将公职人员分成不同类型,例如在德国,分为特别职和一般职,两种不同职务中的权力范围和责任承担方式均有不同表现;第二个方面是根据事态的强弱程度将公职人员分成不同的级别,如《日本国家公务员法》在第三章第二节中确立了"职级制",根据行政事态的重要程度把职位分成从高到低的若干职级,不同职级中的权责关系有所不同。行政职位既确立了行政公职人员的权力范围,也规定了承担责任的内容和方式。

第二十六条 权责对等的法律关系基点。法律关系是指法律上的权利义务关系。在行政法这一部门法中,同样存在许多法律关系,如行政机关与对行政主体进行设计的权力机关之间的关系,这一关系有人把其叫做行政监督法律关系,其实是不准确的,严格地讲,此种法律关系反映了权力机关对行政机关控制、行政机关对权力机关服从的关系形态,监督只是此种关系的次要表现形式。该关系把行政主体置于义务主体的形态之下,因为在这一法律关系中,权力机关是当然的、基本的主体,在该法律关系中具有单方意志性。还有行政机关与作为行政机关构成分子的公职人员的关系。这一关系在理论界有多种表述,有的认为是单方面的法律关系,有的则认为是双方面的法律关系,还有的认为是一种同意条件的单方关系,等等。此外,还有行政主体与行政管理相对一方当事人的关系、行政主体与其他机关的关系等。在上述关系中,权力机关与行政机关的关系、行政主体与公职人员的关系,最能够用来说明行政法上的权责对等。首先，权力机关在赋予行政机关职权时，常常是以法律规范的形式进行的，通过法律规范使行政机关与权力机关以一定的规则联结起来，这种规则的实质是权力机关作为权利主体而行政机关作为义务主体。各国宪法一般对此种权利主体和义务主体的不对等性都作了明文规定。表明行政机关作为一个整体出现的职责是与其享有的法律授予的权利相吻合的。职责性和权利性两个方面构成了其与权力机关固定的关系形式。其次，行政主体对行政管理职能的实现是以个别行为进行的，是由一定的物质承担者进行的，因为在行政主体之中存在的只不过是一些抽象的职位，只有通过公职人员的行为才能具有具体的物质内容。每个公职人员与行政主体之间的权利义务关系就体现在公职人员行使的管理权力和承担的行政职责之中，行政管理权力是其与行政主体关系中的权利取向的外化，该外化使行政人员在行政机构中有独立的价值。而其承担的义务则是行政主体价值对公职人员价值的约束，约束的外在表现就是让其承担各种各样的责任。行政法关系中权利与义务对等的原理就表现在权责的对等之中。

第二十七条 权责对等的行政权运行基础。现代行政权的运行是在被马克思·韦伯称为官僚体制之下进行的。就是说，行政权必须依赖一个庞大的行政机构体系才能实际运行，而合理的行政机构体系都是以等级制的形式出现的。现代国家行政机构体系的等级制已经十分完善，一般都具有明确的分层，同时，各层次之间又有严格的职权分配，并有相互制约的行为规则。等级制的行政机构体系较之高度集权没有形成内部约束的纯官僚制要科学得多。最大的特点就是使行政权在运行过程中达到一种平衡。这种平衡对行政机构的总体而言，要求上层机构和下层机构有一定的平衡关系。当然，上下级之间是一种指挥命令和请示汇报的关系形式，这是无可厚非的，但是，上级对下级的指挥命令、下级对上级的请示汇报本身就体现了平衡精神：一方面，上级必须从下级获取信息、获取行政权行使中最具体的资源，在获取过程中，下级对上级有一种或明或暗的制约作用。另一方面，上级对下级进行命令指示，使下级在一些原则性问题上必须依照上级的意志行使，上级以此制约了下级。行政机构体系中的职位联系，亦在等级制之下进行。此种联系亦充分反映了制约关系，一些国家的法律对这种制约关系规定得十分明确。总之，行政的运行必须在非常平衡的状态下进行，而此种平衡就反映在职级之间的权责关系上。

第二十八条 行政法治的一个重要内容就是行政系统中的权责关系对等问题，如果一个国家行政机构体系中的权责关系达到了最大程度的对等，就可以说这个国家的行政法治水平是比较高的。反之，若一个国家行政机构体系中权责失衡，权责严重不对等，就可以说该国行政法治水平还有待提高。

第二十九条 20世纪80年代中期以来，我国的行政法治水平不断提高，但距离所要求的行政法治还相去甚远。权责关系在一定程度、一定范围内的不平衡就是例证，为了表达方便的需要将这种不平衡性称为错位，就目前我国行政系统中的权责关系而论，其错位性表现如下。

第三十条 表现之一：权力清晰化与责任模糊化错位。权力与责任的对等关系必须反映在立法和执法两个方面，不论哪一方面，都要求权力与责任在基本的表现形式上应当是一致的，如关于权力的规定是清晰的，同时要求关于责任的规定应当是清晰的。权力规定是具体的，同时要求责任的规定亦是具体的。甚至在立法行文中将二者对应起来规定。例如，规定某一行政职位的权力时，同时规定该职位中该权力的责任。而在我国行政法治中，权力的清晰化与责任的模糊化形成了巨大反差。立法中权力的清晰化与责任的模糊化必然导致执法实践中行政公职人员权力的清晰化与责任的模糊化。

第三十一条 表现之二：高位职级命令化与低位职级服从化错位。在一个行政机构体系中有职级的高低之分，如各级人民政府中就有高层职级与低层职级之分；在一个行政机关中亦有高职位与低职位之分。高低职位之间的关系应当是法律上的权利义务关系。从广泛意义上讲，在高低职位的权利义务关系中，双方都应当是权利主体和义务主体的统一。而在权责不对等的状态下，高位职级所表现出来的是命令取向，而低位职级所表现出来的则是服从取向，在我国这种取向表现得十分突出。甚至可以说，高位职级的命令取向是绝对的。高位职级的命令取向表明了高位职级的单方意志性，对重大的或者具体的行政事务都有至高无上的决定权，而低位职级只有服从的义务。在一个行政机构中，正职与副职甚至都存在着正职的命令取向与副职的服从取向。我国正职的命令化实际上是权力的绝对化和义务的免除化，而副职的服从化，也意味着其义务的绝对化和权力的有限性。而在一些发达国家，高职级和低职级的命令和服从关系则是以另一种形式表现出来的，即高职级的命令同时承担着责任，低职级的服从同时享受着权利。高位职级命令化与低位职级服从化若表现在行政机构大系统中，则会带来更大的弊害。它常常抹杀低职级的独立意志，使低职级除了消极的应付高职级以外，也不敢在履行管理职能中有所作为。权责对等的实质内容之一就是高职级要比低职级承担更多的责任，甚至对低职级权力行使中出现的问题也要间接承担责任。

第三十二条 表现之三：权力占有与义务赦免型错位。占有权力、享受权力、行使权力是行政主体和公职人员完成行政职务所必须的，然而，权力的占有、权力的享受、权力的行使并不应意味着义务的赦免，恰恰相反，还是行政公职人员对权力的占有才产生了其在法律上广泛的义务。而我国权责对等中的又一错位，就是行政主体和公职人员对权力的占有和义务的赦免。在一些地方立法中，行政法律规范在赋予行政主体和公职人员权力的同时，却赦免了他们的义务。很多立法性文件关于行政主体和公职人员义务没有规定一条，当然，你可以说，其对权力的行使意味着对国家承担了履行管理职责的义务。但这只是问题的一个方面，此种履行管理职责的义务对行政主体和公职人员来讲并不会有太大的精神或物质负担，而法律上的义务是与负担紧密联系在一起的。应当是在对相对人行使权利的同时，也承担相对人自身权利对行政主体所附加的义务，此种义务是真正可以为行政主体和公职人员代表负担的义务，而该法却将此种类型的义务完全赦免了。尤其应当指出的是，在行政规章中此种赋予行政主体权力而赦免其义务的状态更为多见。上面列举的只是立法文件中有关权力的占有和义务赦免的规定，在行政执法实践中，行政公职人员占有权力、行使权力而同时赦免其义务者更是比比皆是。

第三十三条 综观我国行政法治中权责对等的失衡，不难发现基于两个原因：一是立法上的原因，即在行政法制度中没有相应的权责对等制度，甚至以法确定了行政公职中的权责不对等关系。二是执法上的原因，即行政主体和行政公职人员在法律执行中忽视了权与责的正当关系，无限制地扩大了权力的内涵，而缩小了责任的内涵。

第三十四条 为了解决我国行政法治中的权责对等关系问题，必须构建权责对等的法律制度，因此，探讨权责对等在行政法中的构成要件就是当务之急，从如下方面探讨权责对等原理的构成要件是有必要的。

第三十五条 一则，权责同一职位律。前面已经指出，权与责对等的基点之一是行政职位。反过来说，行政职位便是权责统一权责关系的首要因素。权和责是两个不同的概念，既可分开研究和论证，也可以放在一起研究。而作为行政法律权责对等中的权与责，是无论如何也不能分开的。二者具有哲学上的同一性，即如果把二者作为一个矛盾的事物，它们处在同一个有机体中，统一它们的、给它们同一性的便是行政职位。同时，二者矛盾的一面也只有在行政职位中才能体现出来。我们已经指出，权责关系能够反映上下级关系和行政主体与管理相对方的关系，但是不能因此而认为权责关系只能从上下级关系中去探讨，严格地说，上下级关系只是权责对等与否的一个间接测定，而直接的权责关系必须统一于行政职位之中，使每个职位都是一个权责关系的统一体。

第三十六条 二则，权利义务统一律。此处所讲的权利义务，是指公职人员依法所享有的权利和承担的义务。公职人员的权利不是指公职人员代表国家所行使的权力，而是其相对于国家而言应当享有的权利，它是公职人员担任公职以后的个人权利。同样，公职人员的义务也不是代表国家或行政机关对相对一方当事人承担的义务，而是其相对国家而言所应负的个人义务。公职人员的权利义务尽管不是权责对等原则的具体内涵，但其作为权责对等的构成要件，是其他要件所不能替代的。权利和义务的统一是指公职人员所享有的权利和所承担的义务应当是一致的、相互对应的。如果权利和义务关系不平衡，权责关系也难以对等。如果某个公职人员只关注法律规定的所享有的权利而不去关心他所承担的义务，必然是权力大于责任。《公务员法》将公务员的义务与权利专列一章规定是有道理的，且在规定的法律形式上也是比较严谨的。但是，该法关于公务员权利和义务的规定，在很多方面还需进一步完善，如关于公务员权利的规定，其中的物质内容较为鲜明，而对义务的规定则较为抽象。在公务人员履行管理职能的实践中，权利与义务的不统一更为多见。因此，应使公务人员的权利和义务尽可能统一化：首先，权利的法律规定对应义务的法律规定，在立法中不能在形式上厚此薄彼。其次，物质性的权利对应物质性的义务，即公务人员通过某一物质权利获得了利益，就应当因此承担物质性的义务。再次，任何一种权利都应有相应的义务制约，任何一种义务都应当来自一定的权利。最后，若义务没有办法具体规定时，权利亦不作具体规定。公职的创设、公职人员担任公职都是必须的，公职人员从公职中获取利益也是必须的，而其创造的价值和其获得的利益必须受一定原则的支配，至少其创造的价值应等于其获得的利益，这便是权利义务统一律的理论根据。

第三十七条 三则，权力内容定量律。量化原理是现代政治学和行政学所关注的问题之一。权责对等原理的又一标准要件就是公职人员权力的量化问题。所谓定量化，就是要尽可能用数量的方法说明公职人员行使的权力范围。当然，公职人员的权力首先是质的问题，然后是量的问题。而我国的行政立法中一向过分关注权力的质的方面，忽视量的方面。由于立法上关于行政主体行使的权力的量不明确，行政公职人员便可从自己的利益出发，或者从自身的个人因素出发确定自己所行使的权力范围。权力内容定量化要求行政主体和公职人员应有明确的权力范围，而不能是笼统的权力范围，如果能够用数字来说明，尽可能用数字来说明，如一个行政领导可以有多大权限的财政审批权，尽可能用金钱数量说明，不能用还要再作出重新确定的量词来说明；权力内容定量化要求行政主体或公职人员应有明确的权力客体，权力客体可以理解为权力所涉及的客观对象，包括事和物两个方面。可以管理什么样的行政事务、一个公职人员可以支配什么样的财物，都应当有明确的内容。应当说明的是，权力行使定量化中的量应当由立法机关确定，不能由行政主体确定，或者行政主体只在非常有限的情况下确定，行政主体承担立法职能的膨胀化趋势是令人担忧的。随着我国行政法治水平的不断提高，授权立法、委任立法都应当严格限制。

第三十八条 四则，责任追究系统律。首先，任何一种权力的错误行使都应当配置对应的责任形式，这在规定公职人员的权力时就应当明确规定。其次，公职人员承担责任的形式应当形成一个有机联系的机制。目前我国在此方面的立法还较为滞后，公职人员由行政处分责任直接转化为刑事责任，而没有处罚的责任形式，常常使一些应予处罚和制裁的公务违法行为被疏漏，而在一些发达国家的行政制裁中，包括处罚的制裁形式，我国应当尽快建立健全职务违法行为的行政处罚制度。最后，行使的权力越大，该权力发生的失职行为承担责任也就应当越大，如负有决策责任的机关对决策失误，就应承担大于因执行失误而应承担的责任。

第三十九条 权责对等既是行政法治的重要内容，又可以通过完善行政法制度和提高行政法治水平来促进和实现。从权责对等实现的外在因素讲，完善行政法治是全面实现权责对等所必须的。

第四十条 权责对等与立法体制的完善。根据《立法法》的规定，我国的法律渊源包括规章以上的有关行政管理规范性文件。在这些渊源中，立法主体有两个：一是权力机关，它包括全国人民代表大会和常务委员会制定法律的行为；包括省、自治区、直辖市人民代表大会，较大的市的人民代表大会和省会城市的人民代表大会制定地方性法规的行为；包括少数民族自治地方的国家权力机关制定自治条例和单行条例的行为。二是行政机关，包括国务院制定行政法规的行为，部委制定规章的行为，省、自治区、直辖市人民政府、较大的市的人民政府和省会城市的人民政府制定规章的行为。依《立法法》的规定，有一个重要问题要澄清，权力机关作为立法主体和行政机关，有什么实质性区别，二者对行政管理事态的规范权有什么不同等。到目前为止，这么重大的理论和实践问题并没有得到澄清，导致同一事态存在有些地方是由权力机关制定规则，而在另一些地方则是由行政机关制定规则。纵观权责对等在立法上的原因，不难发现由行政机关制定的行政法规范中权责不对等的情况十分明显。正如前面已经指出的，行政规章中对行政主体和公职人员的权力规定是非常到位的，而对其责任的规定却是凤毛麟角。故此，立法机关应牢牢控制立法权，控制行政主体的立法行为，防止行政主体以行政立法的形式使其权力最大化而责任最小化。

第四十一条 权责对等与行政法规范内容表述的完善。行政法规范的术语与行政权有非常密切的联系，行政机关在行使行政权时，其权力就是从法律规范的规定中推演出来，法律规范是行政权的根据。然而，由于我国法律规范在行文中的不考究，导致不同的行政主体对同一法律规则有不同的理解，甚至有些行政权力是由行政主体自身对法律规范的理解得来的。目前行政法文件的行文方式必然导致权责的不对等，因为这些法律规范的执法主体是行政机关或执法人员，其在大多数情况下是将法律条文作为工具而行使管理权的，而不是作为权责关系的依据而行使管理权的。笔者认为，作为今后的立法行文来讲，必须明确权力范围，尤其在权责关系的行政法行文中更要使权责关系有严格的量化标准。

第四十二条 权责对等与行政执法体制的完善。权责对等的真正实现是在行政执法中表现出来的，因此，要实现权责对等，必须建立合理、科学的行政执法体制。近年来，我国一些地方已经引起了对行政执法的重视，许多省都制定了行政执法条例，对执法主体作了诸多限制性规定。但执法体制的科学化、合理化还应包括执法机关上下级之间、执法人员上下级之间的制约关系，上面已经指出权责不对等的重要性，即上下级之间在权力行使和责任承担上的失衡，而有效的上下级之间的制约关系，是解决这种失衡的有效措施。

第四十三条 权责对等与行政行为的法律约束。我国行政法体系中关于行政行为约束的规则已有许多，而且有些约束已基本接近行政法治较为发达的国家。例如，1996年制定的《行政处罚法》就有效地约束了行政主体的行政处罚行为，2003出台的《行政许可法》，亦对行政许可行为进行了有效的法律约束。但就权责对等原理的实现来看，目前的约束机制是不完善的，一些重要的最易产生权责不对等的行政行为则没有受到有效约束，因此笔者提出下列建议：

一则，必须约束行政决策行为。行政决策行为是行政行为中最主要的，然而这一非常重要的行政行为却一直被行政法学界和行政法治实践所忽视，行政决策行为是其他任何行政行为的起始行为，一个行政决策行为可以导致或产生无数其他具体行政行为。由于我国的行政决策机制不够完善，一些行政公职人员常常主观臆断，随意拍板，此时其权力是非常巨大的，而当这一行为发生错误以后，责任追究则显得苍白无力，主要原因是没有行政决策行为的法律规则。因此，应当使决策主体规范化、决策程序规范化、规策后果测定化、决策失误责任化。通过对决策行为的调整，限制决策者的权力，强化决策者的责任，使决策过程权责对等。

二则，必须约束内部行政行为。行政法学界向来不重视对行政系统内部行政行为的研究，导致该行为的行政法制度不够完善。其实内部行政行为与责权关系极为密切，因为内部行政牵涉到行政系统内部上下级之间的权力分配、不同职级之间的权力分配。甚至可以说，内部行政行为是外部行政行为的发动机。例如，行政会议的召开行为是内部行政行为，而一些重大的外部行政行为就是在行政会议行为的基础上形成的，如果有严格的行政公议程序法，外部行政行为的错误将会降到最低点，因为公议程序必然会对重大行政行为的决定过程、决定程序、表决方式作出规定，防止个别行政公职人员随意决定。内部行政行为的约束包括对行政会议的约束、命令指示和请示汇报中权利义务关系的约束、行政人员工作交接关系的约束、行政执行过程中期限的约束等，此种约束无疑能从源头上解决权责对等问题。

第四十四条 行政公开化是指行政机关在履行管理职权过程中依法定程序向管理相对人和利害关系人公开自己的有关行政活动、行政决定、文件材料及其依据，相对人有权了解或查阅并获取有关材料或证据的一项行政法制度。美国、德国以及其他有完整行政程序法的国家，都把公开化作为重要的行政程序之一写进了行政程序法典中。我国宪法尽管有有关行政公开化的立法精神，但由于长期以来，我国行政管理的法制化程度不高，行政公开还没有成为一项行政法制度。

第四十五条 行政公开化是竞争这一市场原则的必然要求。市场经济是崇尚鼓励竞争的经济，竞争作为一项市场原则，被实行市场经济的各国所普遍重视。它作为"一只看不见的手"，解决一系列复杂的经济问题和社会问题。竞争原则的实质在于：一方面政府对经济和各市场参与者的控制有限化、间接化，允许市场主体充分发挥自己的优势。另一方面，各市场主体的机会是均等的，不允许有政府方面的偏袒行为和竞争中的欺诈行为。公平无疑是市场经济下政府行政行为的基本宗旨，即政府只能作为各市场参与主体激烈竞争的裁判者，依据客观规律和市场经济的本质，对公民、法人和其他经济组织的行为作出裁决，依法打击和制止不正当的竞争行为。竞争原则的最终保障是靠两种相互补充的制约机制实现的。一是政府对行政法关系相对一方的监督和约束，促使其公开竞争，忠实履行法律义务。二是作为市场参与者的管理相对一方对政府行政行为的监督和约束。公民、法人和其他经济组织通过一定的媒介和手段，对行政系统及其职能部门进行监督，并通过法律程序救济有关行政侵权行为。后一种监督机制的实现，必须以行政行为的公开化为前提条件。就是说，在市场经济体制下，行政控制职能逐渐减少，而协调职能、裁判职能逐渐明显和必要，这两种职能把行政过程和行政行为置于社会和公众的控制之下。市场参与者对政府行为的广泛了解行使自己的经济权能。并在行政公开的基础上承担义务。结构单一的计划经济模式反映在行政权行使上，必然是半封闭的职权系统和隐秘化的行政过程，而结构多样、灵活的市场经济，必然要求行政权具有开放性和多方位的公开化。

第四十六条 行政公开化是市场经济下公民诸权利实现的前提。《宪法》关于公民和社会组织民主权利和自由的规定有35项之多。如财产权、言论自由权、平等权、受益权、了解权、参与行政管理权、隐私保密权、要求保护权，批评、建议、控告、揭发权，等等。在市场经济下，这些民主权利的深度、广度、宽度都将较前深刻。但由于一系列的原因，这些广泛权利的实现途径和实现过程中的保护机制还不甚完善。笔者认为，这些权利实现的质量对市场经济有直接影响，它既可以促进经济的发展，又可以阻碍经济的进程。为了使这些权利有效实现并促进市场经济的进程，这些权利必须有相应的实现条件，而行政公开化无疑是所有条件中最主要的。理由是公民的所有权利必须上升到法制高度，即享有什么样的权利，怎样取得这些权利，取得权利的途径、期限、环节都应依法予以公布。作为承担法制执行职能的行政机关，如果对公民的权利不予以公布、不通知利害关系人，相对一方就难以知道自己的权利，从而难以取得这些权利。在计划经济体制下，由于一些所谓"内部规定"和行政权优先的借口，常常湮没了公民的一些民主权利。可见，广泛的行政公开化的实现，对于公民其他民主权利的实现是前提和基础。国家行政机关通过公开自己的办公时间、地点、方式，为行政管理相对一方当事人提供情报、档案、服务等，使公民积极主动地行使各项民主权利。

第四十七条 行政公开化的科学内涵是指行政机关可以公开的事项或公开的范畴。由于各国政治、经济、文化、行政管理的历史等的不同，实行行政公开化的国家在公开的范围上存在较大差别。但是，下面几个方面是具有共性的：一是行政机关的机构设置和工作情况；二是决定问题的一般程序和方法；三是有关行政决定的文件资料和其他依据；四是行政机关根据法律授权而制定的实体性规章，及其他决定和通过的有关行政政策和有关的行政解释；五是有关个案的行政裁决等。根据我国的实际，我国行政公开化的科学内涵是否应从下述方面予以考虑。

第四十八条 行政人员的职务范畴公开化。行政人员的职务范畴指行政人员职权行使过程中的相关因素，包括与职权行使有关的职务环节、财政开支、个人收入以及其他对管理相对人产生物质和精神影响的情况与事实。具体地讲，一是行政人员的职权范围，就是一个行政人员享有多大的指挥、命令、制裁的权能。含有财产支配权、人员调拨权、公物享用权等。这些权利公开以后，可以使公众有效约束行政领导人员和主管人员对上述权利的行使，防止超越权限实施指挥、命令和制裁。二是担任公职的行政人员的个人收入状况。公民如果不了解公务人员收入和支出的反差，就无从制约各种腐败行为。三是行政机构的体系和分支机构的设置状况。行政系统是怎样组成的，机构的分支如何，各行政机构的编制状况，尤其目前行政机构的人员数量等与有关编制法规规定的反差等。行政人员职务范畴公开化是行政公开化科学内涵的首要一环，因为职务范畴是所有其他行政事项和行政行为的基础。在当前反腐败斗争和廉政建设中，一定要使职务范畴公开化、法制化，国家应制定有关行政法规和规章，对公开的事项予以列举规定。公务员制度较为发达的国家，正是通过规定行政行为的责任制以实现全面的职务范畴公开化的，保障了文官系统的相对廉洁和高效性。

第四十九条 行政决策公开化。行政决策是指行政机关在职权行使中，为了实现行政功能、完成行政目标，从可供选的各种方案中任意选择一种行动方案的行为。它是行政机关所有行政行为中最重要的一种，对行政措施、行政强制、行政制裁、行政许可等具体行政行为具有决定意义。正因为如此，行政管理规范化程度较高的国家，除把行政决策纳入法制的轨道以外，还尽可能使行政决策科学化、民主化。而保障之一在于行政决策的公开化。我国理论界一向把行政决策视为行政性行为，而非法律行为，因而不主张依法调整该行为。此论不利于行政决策的科学化和民主化。行政决策的失误率与行政决策的公开程度，是一种反向的比率关系。越是隐秘的决策失误率越大，越是公开的决策失误率越小。这几乎成为一种无须证实的事实。在市场经济下，行政决策的相对数和绝对数都将有所增加，决策的难度也将有所加大，这是由市场经济下的新情况、新问题、新的行政管理关系所决定的。此社会背景对行政决策行为提出了更高的要求。

第五十条 行政过程公开化。行政活动过程是行政决策行为的继续。它是对行政决策行为的执行。包括行政执法、行政复议、行政强制、行政处罚等环节。所谓行政过程公开化，是指行政机关应公开各行政执行环节和活动过程。行政机关是靠许多行政措施保证行政决策实现的。各种措施只要没有牵涉到国家秘密和个人隐私就应当公开，以便其他社会成员对行政措施的实施起到监督和支配作用。行政强制、行政制裁这种直接对行政管理相对一方当事人的权益产生影响的行政行为更应公开。公开的主要方式是建立相应的行政听证制度，即行政机关在履行强制、制裁等行为时，应通过一定程序允许各利害关系人就有关事实和法律适用问题进行论辩，各自提出对自己有利的主张，行政机关在听取各方陈述的基础上，作出最终裁决。行政行为所占比重最大的是具体行为，而具体行政行为中决策之外的行为为数最多。如果这些行为都能够通过一定的制度和手段公之于众，就能够大大提高行政过程的质量。

第五十一条 应制定有关的法律、法规或规章。行政公开化的实现需要一系列法律手段、行政手段或其他手段予以保障。在各种保障制度中，立法保障是第一位的，因为没有相应的法律机制，其他保障手段便无从实现。立法保障的内容是：国家应使行政公开化成为一项法律制度，将其纳入法制的轨道。显然，当务之急是制定有关行政公开的法律、法规或规章。从其他国家的立法经验来看，有两种立法技术，第一种是把有关行政公开化的制度规定在行政程序法典中；第二种是制定有关的单行法规，确立公开化的原则和具体事项，它的优点在于使行政公开化成为一种独立的行政法制度。我国应吸收两种立法技术的优点，一方面尽快制定行政程序法典，并在其中设立行政公开化制度。另一方面应制定有关单行法规或规章，尤其要适应市场经济下反腐败斗争的形势，颁布有关公职人员财产申报、职位说明、岗位责任、权力范畴的专门性法规或政府规章，为廉政建设提供必要的行为规范和准则。同时，行政职能部门应结合本部门的行政管理实际，制定有关处罚、强制过程中的听证准则。总之，通过立法的形式确立公开化制度已刻不容缓。

第五十二条 应建立健全司法审查制度。《行政诉讼法》的颁布意味着我国有了初步的司法审查制度。人民法院在审理行政案件中，对行政机关的职权行使和有关行政决定进行审查，并纠正行政部门不当或违法的行政行为，可以保证政府行为的公开化。然而，完整意义上的司法审查制度在我国并没有建立起来。表现之一是人民法院对行政行为的审查权限仅限于具体行政行为，而对有关带有决策属性的抽象行政行为无权审查。就是说，抽象行政行为的公开与否，人民法院无权过问。表现之二是作为法律监督机关的检察机关，对行政行为的约束法律没有作详细、具体的规定。《行政诉讼法》只规定人民检察院可以参与行政诉讼，但参与的深度、广度、方式等则无规定。在市场经济下，随着法制化程度的提高，法院和检察院对行政机关的约束必须有所加强。对行政权进行司法审查的内涵将越来越深刻。应允许人民法院在一定范围内审查行政机关的抽象行政行为，并提倡人民检察院对行政过程进行必要的约束。

第五十三条 应完善社会保障机制。行政公开化的全面实现是一个社会系统工程，必须依靠全社会的努力。因此，除制定有关法律，建立、健全司法审查制度外，还应完善社会保障机制。加强全社会对行政机关的监督。允许企事业单位和有关经济组织对行政机关的行政行为进行批评和建议，并且通过正当途径监督行政决策以及行政活动过程。更重要的是发挥新闻媒介和其他社会舆论的主渠道作用。在确立舆论导向的基础上，给新闻媒体一定范围的自由权，使其少受有关政府行政部门的干涉。近年来，新闻媒介在揭露一些大案、要案方面起到了非常重要的作用。总之，通过各种社会力量和因素对行政系统起作用，应逐渐使全社会对行政公开化的保障形成一种完整的运行机制。

第五十四条 提高管理相对人的自我保护意识。行政公开化的宗旨之一在于保护公民、法人和其他社会组织的合法权益。因此，作为行政管理相对一方的当事人，必须能够自我保护，敢于同行政侵权行为作斗争。对于行政机关及其职能部门的乱摊派、乱罚款、乱收费等行为提出异议。根据行政复议制度，敢于请求有关行政机关予以保护，尤其要敢于行使行政起诉权，请求法院保护自己的权益。国家应针对近一两年我国行政诉讼案件急剧减少等客观事实，结合市场经济的实际，再一次广泛宣传《行政诉讼法》。提高公民、法人和其他社会组织的自我保护意识，使行政公开化能够成为市场经济下行政法制的重要一环。

第五十五条 诚实信用原本是调整私权关系的一项重要原则，它的内容最早出现在私法领域，如罗马法中的"契约应严守"，就是对诚信原则在合同关系中的一个具体反映。然而，到了近现代，诚信原则逐渐从私法领域拓展到公法领域，行政诚信的概念被人们所广泛接受。

第五十六条 现代国家在行政法制度中对行政诚信原则的确立，不外乎两种模式：第一种模式是在《行政程序法典》中将行政诚信的原则和相关制度规定下来，第二种模式是用单行法律规范将行政诚信原则和制度规定下来。当然，上列两种模式并不是绝对的，即在一国的行政程序法典中规定诚信原则，并不排除其在某一方面制定专门的诚信准则。我国在行政立法的技术上，一向以灵活性、针对性见长，在我国统一的行政程序法还不能出台的情况下，制定有关行政诚信的单行法律规范，就是一个非常适时的立法选择。

第五十七条 行政诚信法，是指对行政诚信原则进行确认和对行政诚信规则作出认可的法律规范的总称。行政诚信法是行政法的一个分部，在一般情况下属于行政程序法的范畴，而不是行政实体法的范畴；行政诚信法所涉及的内容是有关行政权的诚信问题，侧重点是行政机关的行政过程和行政行为；行政诚信法的实质是对诚信的追求，是对行政权力行使者良知的要求，这是我们把握行政诚信法的概念时必须首先掌握的内容。如果把行政诚信法放在行政法治大系统中考察，我们便会发现，其所扮演的角色是行政法规范的其他任何分支所不能取代的。

第五十八条 行政诚信法是调整公权与私权关系之法。20世纪中期以降，公权与私权划分的理念被越来越多的人所接受，被越来越多的国家所认可，被越来越多的法律制度所规范。公权是一种为公的权力，与之相反，私权则是一种为私的权力，牵涉到某个人或者某个团体，关涉到某个人或某个团体在相对特定下的利益。这是公权和私权概念的基本定义。在现代法治国家，公权的代表者是一定的国家机关，其中行政机关是公权最主要的代表者，在行政法治的实际运作中，行政机关实际上是公权之本。而私权则归于单个的个人或单个的组织。这两种权力的相互交织关系，构成了现代法治尤其行政法治的最基本的内容。人们一般将公权占上风而私权占下风的国家称为非法治国或不完全法治国，而将私权占上风的国家称为法治国。不管这种公权的合理程度如何，它反映了这样一个事实，即公权与私权的关系构成了现代国家中社会的关注点，公权与私权的协调与否成为法治的一项重要指标。行政诚信是协调公权与私权的重要手段，之所以这样说，因为公权的合理程度是判定公权与私权关系的根本，而公权是否合理，在极大程度上是一个主观性的东西，是一个由私权主体对其作出认同的东西，如果私权主体主观上对公权及其公权主体有强烈的认同感，此时，公权与私权就会呈现出协调状态，反之亦然。可见，公权主体取信于私权主体是问题的关键，正是从这个意义上我们认为，行政诚信法能协调公权与私权的关系。

第五十九条 行政诚信法是协调行政组织与行政行为之法。行政组织与行政行为是行政法的两个范畴,行政法学界关于这两个范畴的研究在不断深入。但是,学界关于行政组织与行政行为的研究似乎是分而为之的,即或者对行政组织的理论和规则予以探讨,或者对行政行为的理论和规则予以阐释,而忽视了行政组织与行为关系的研究。行政法作为一个统一体,其状况必须统一于行政组织和行政行为的关系之中。行政行为的规范化不能代表行政法治的水平,行政组织的规范化亦不能代表行政法治的水平。二者的统一性和协调性,才是行政法治规范化的表现。政府行为作为一种外在的东西对公众起作用,公众对政府评价最多的也是政府的行为,而政府行为的控制又必须借助行政体制本身的控制,这种自身控制可以通过两个政府对它的作用完成,还可以通过各个政府自身对体制的控制完成。也就是说,一个合法的,让公众满足的政府,必须有机地将行为控制与组织控制结合起来,并最终达到组织与行为的高度协调。显然,在组织与行为的协调关系中,行政诚信如果说不是唯一手段,也是最为重要的手段,行政诚信的出发点是让行政系统"自己控制自己",而结果则是同时控制了其作用于社会中的行为。

第六十条 行政诚信法是统一实体规则与程序规则之法。行政法中的实体规则和程序规则是两个不同的规则范畴。在行政法治实践中,二者并不是必然联系在一起的,在我国行政法体系中,二者大体上表现为以下状况:一是在一部行政法典中,既有实体规则又有程序规则,其中以实体规则为主,程序规则为辅。二是在一部行政法典中,既有实体规则又有程序规则,其中以程序规则为主,以实体规则为辅。三是某一部行政法典中,是行政法的实体规则,基本上不包含程序规则的内容。四是在某一行政法典中,所反映的都是行政程序规则,而没有实体规则。行政法中实体规则和程序规则的关系非常复杂,既表现在形式上的复杂性,又表现在内在价值上的复杂性。我们知道,行政权的行使,以效率的追求见长,诸多学者甚至认为,提高行政效率是行政法的一项基本原则。还有的学者将行政效率视为行政法的一个基本价值。然而,程序法是不强调效率的,至少程序具有区别于效率的单独价值。可见,效率与程序的关系就成为行政法中实体规则和程序规则的一对矛盾。实体规则和程序规则在运作过程中是否一致,便成为行政法质量的一个根本问题,而行政诚信法则能够将实体规则和程序规则有效地协调、统一起来。在行政诚信原则之下,有一个非常重要的要求就是"行政承诺的践行"。"承诺合法作成后,行政机关自当积极践行承诺。若行政机关不践行承诺,自当承担责任。即使承诺违法,若信赖利益大于公益，亦应承认违法承诺有拘束力。"我们可以进而将这一论点理解为，若行政法中的程序规则阻碍公众实体权利义务的实现时，通过诚信原则可以将实体上的合理性与程序上的不足予以统一。

第六十一条 行政诚信是行政法治的价值之一，甚至可以与公正价值，公开价值、效率价值，行政的公正价值相并列。

第六十二条 如果我们就有关行政诚信制定法律规范的话，行政诚信法的价值则是另一层面的东西，即行政诚信法作为一个法律规范的价值准则，它不是行政诚信作为行政法的价值。不言而喻，行政诚信法的价值概念要比行政诚信作为行政法的价值更加微观和细密。两个概念的区别无论如何不能混淆，若予以混淆后，就会使行政诚信法过于形式化，行政诚信作为行政法的价值，在一定程度上制约着行政诚信立法的价值，而行政诚信立法的价值又能够充分体现行政诚信作为行政法的价值。从这个意义上讲，行政诚信立法的价值研究同时也是对行政法价值的研究。

第六十三条 行政诚信法的立法价值概括为下列方面：其一，弱化行政强迫意识的价值。行政权的行使集中在两种不同的行政手段之下，第一种手段是强制的手段，就是行政主体借助国家权力对行政相对人采取的改变其意志的法律行为。第二种手段是劝说的手段，即行政主体通过行政指导或者其他非强制性手段，使行政相对人认同行政主体并服从行政主体决定的行为，该行为不一定完全受到法律规范的调整。与此二手段相适应，行政主体在行政执法时，主观意识也有两个方面：一是行政主体在主观意识上倾向于使用强制手段，倾向于把行政相对人当成一个服从的对象和被支配的因素。二是行政主体主观方面乐于通过柔性手段让相对一方当事人服从行政意志。这两种行政意识，虽然都是不可缺少的，然而，观察两种意识在行政人员执法中所占的比例，却能够反映一国行政法治化程度的高低。换句话说，一个国家中行政主体乐于采用强迫手段，并在主流性行政意识中以强迫为取向，这个国家行政法至少对政府行政系统的制约不十分有力。反之，一个国家的行政主体乐于将自己视为完成国家任务的工具，乐于以说服意识支配自己的行政行为，这个国家行政法治的水平就相对较高。因为行政法治要以广大社会成员的认同为依据，在强迫意识的支配下，公众的认同程度相对低些，在说服意识的支配下，公众的认同程度则要高一些。

第六十四条 其二，重塑政府威信的价值。政府的威望，是指政府在社会成员心目中的地位，具体地讲，政府的决策以及政府行为能够在社会成员中得到有效执行，政府的威望就是比较高的，反之，政府的决策，政府的执行行为在社会成员中得不到有效执行，政府的威望就可谓较低。我国行政系统的威望，近年来有下降趋势，主要表现在一些政府决策常常得不到有效执行。据美国思想家弗里希曼的理论：政府的威望一般情况下来自三个方面，一个方面是传统，就是在一个国家若老百姓有服从的传统，政府便可以从这种传统中树立自己的权威，使自己的行政决策得到有效执行。另一个方面是来自暴力，即政府手中所控制的国家强力，如警察、军队、法庭等，这些强力同样可以帮助政府确立威望。还有一个是政府自身的威信，就是社会成员对政府的支持意识。政府威望的上述三个方面的来源，也能不同程度的反映一个国家治理方式的文明程度，即是说，由于传统和暴力而树立威望的政权系统，文明化程度较低，而由政府自身的威信而树立威望的政权系统，其文明化的程度则较高。而政府的威信与政府自身能否取信于民有着十分密切的关系。政府尤其政府行政系统不能够取信于民，就必然不能在公众心目中树立起威信，进而弱化其权力行使的欲望。以此论之，政府行政系统的威信便是政府行政系统威望的首要来源，尤其在现代文明社会中，政府的行政诚信无疑是文明的重要源泉。可见，行政诚信法另一非常重要的价值，便是重塑政府行政系统的威望。

第六十五条 其三，确立服务理念的价值。在西方发达国家，行政权力的运行经历了一个由"管制"到"服务"的发展过程。所谓管制，就是指政府行政系统对其所管理的行政事态采取严格控制的态度，要为其划定范围、要为其制定规则，尤其在资本主义市场经济形成初期和资本主义经济危机的关键时刻，政府管制常常是运用最多的手段，当然，政府管制也在行政系统内部潜移默化地形成了一种管制意识。所谓服务，则是指政府行政系统把为公众提供广泛的公共服务作为行为取向。我国长期以来，实行计划经济，行政权对经济和其他社会事务的作用几乎是全方位的，与行政权全方位作用相适应，行政权也以管制意识为主要的行为取向，我国行政审批项目的巨大数据，就非常生动地反映了行政管制的意识特征。1992年我国推行市场经济以后，行政管制的不适应性充分暴露出来，服务意识被正式写进相关的法律文件。然而，服务意识在我国还处于起步阶段，我国正在不断深入进行的审批改革，就是要使政府行政系统少一些管制多一些服务。我国长期的行政管制意识具有巨大的惯性，全方位的服务意识并没有在行政系统中确立起来，到目前为止，我们的行政程序法等还没有出台，真正能够体现服务性行政的法律规范少之又少。行政诚信使行政法关系会发生深刻变化，通过行政诚信，可以使行政主体与行政相对一方当事人建立起公平的理性化关系，也只有在这样的基础上才能树立服务意识，这便是行政诚信法所能够包容的又一价值。

第六十六条 行政诚信法作为一个单一的行政法规范究竟应该包括什么样的内容，理论界还没有人对此进行阐释。我们试就行政诚信法的内容作出如下构设。

第六十七条 有关行政道德规则。行政诚信可以用法律形式体现出来，可以用行政法规范设立若干具体的行为准则。同时，若从深层次分析，行政诚信具有两面性，即它既是法律层面的东西，各国行政程序法对此予以规定就是基于行政诚信的此一属性。又是道德层面的东西，行政诚信所要求是行政系统中的诚实和信用，而诚实和信用是对行政系统中有关意识的约束，绝大多数属于意识范畴的东西都与道德有关。因此，笔者认为，行政诚信法在外在形式上要充分体现法的属性，如行政主体或者行政人员对其行为负责。行政诚信法对道德的反映必须有充分的道德内涵。有关行政道德的规则是行政诚信法的首要规则，这些规则应体现在两个方面：第一个方面是有关行政主体伦理准则的规则。伦理准则是一种面对群体的准则，就是面对行政机构体系或者行政机关作为一个组织的道德准则，该准则对行政机构体系和行政主体的行为起作用。如笔者就曾提到，行政权的经济价值准则、行政权的服务价值准则、行政权的民主价值准则等。这些具体的行为准则我们都可以对其进行法典化式的规定，抽象的不可操作的准则变成具体的、可操作的规则。第二个方面是公职人员的道德准则。此一层面的准则是针对行政人员个人执法诚信而展开的。忠诚义务虽然不能与诚信规则划等号，但对公职人员进行专门的道德规范却是一致的。行政诚信法中的行政道德准则在行政诚信法中地位不容忽视，而它所涉及的内涵也十分关键，其中绝大多数内容要从宪法原则和时代精神进行演绎。

第六十八条 有关执法承诺的规则。笔者曾经对行政执法承诺制进行过研究，认为我国行政执法的相关制度不甚健全，如我国虽然颁布《行政许可法》，而行政禁止原则又非常非常多，行政相对人要在法律没有准予的行政事项下，在法律禁止的行政事项下从事一定的行为就必须提出请求，待行政机关审批后，才能取得相应的权利。许多行政禁止的事项并没有规定相应的程序，包括期限、具体环节等。在这样的情况下，若没有相应的行政承诺制度，行政相对人的权益保护就会由于期限的不足而化为乌有，基于此，应当设立行政执法承诺制，就是在行政相对人的请求下，行政主体给予答复或者不给予答复，给予权利或者不给予权利，应向行政相对人作出一个承诺，并且使这个承诺受严格的期限限制。有学者认为，行政诚信的重要内容之一就是行政承诺的践行，承诺也系一种约定，是行政机关单方面约定将来作为或者不作为，是行政机关自我课以某种义务。承诺合法约定后，行政机关有职权践行承诺。若行政机关不践行承诺，对人民造成损害，应当承担责任。即使承诺违法，若信赖利益大于公益，也应承认违法承诺有拘束力。在合法承诺因情事变更而被行政机关收回时，应给当事人以补偿，不能因承诺未实现而抹杀相对人之信赖保护和政府之信誉。笔者认为，行政诚信法必须对有关承诺的内容作出规定，除了对行政许可事项的承诺外，还应就有关的行政合同事项作出承诺，有学者认为，我国目前的行政合同在绝大多数情况下属于假行政合同，即只对行政相对人有拘束力而对行政主体没有拘束力。行政合同中的政府诚信必然构成行政诚信法的重要内容。另外，在有关非强制性的行政管理事项中，在公益性的行政事项中都可以引入承诺机制。

第六十九条　有关积极行政的规则。积极行政是现代行政法治的重要内容，甚至被有些学者视为依法行政原则的基本内容。所谓积极行政就是指行政机关对行政管理事项、对行政执法任务必须主动为之。积极行政的来源是相对于民事活动和刑事活动中的不告不理而产生的。我们知道，民事法律和行政法律的执法行为一般采取不告不理原则，也就是说，只有当民事纠纷和民事案件发生以后，司法机关才有必要适用民事法律规范，只有在刑事案件发生以后，司法机关才有必要适用刑法的规定，在两类法律适用中，法律适用机关是被动的。行政法则不然，它不待行政案件而发生行政主体，就必须将法律规定和有关的行政管理事态结合起来，如税收征收管理机关必须积极主动地将税收法的规定适用于税务行政管理事项。这种区别的根源在于司法权是排解纠纷的权力，是最后一道防线，因此只有当纠纷发生以后，执法主体才起作用。而行政权是所有国家权力的核心，正如卢梭所指出的行政权相当于人的大脑，就是说它具有强大的主动性、活跃性。各国行政机关都负有宪法规定的广泛义务，其中一些义务不一定有明确的定量，如改善社会环境、提高人民生活水平等，对于这些没有严格客观性的东西，行政机关同样必须予以认真对待，积极行政就是在上述理论和法制前提下产生的。因此，在行政诚信法中，这些积极行政的内容应当被肯定下来。积极行政的诚信准则肯定比其他类型的行政诚信准则在操作层面上难度更大，因此，这类准则以及对该范围问题的规范的研究，应成为行政诚信法解决的难点问题之一。

第七十条　有关诚信责任的规则。行政诚信与对行政自由裁量权的约束有着密不可分的关系，行政诚信是行政自由裁量权行使的重要保障，行政法基本功能之一就是对行政自由裁量权的控制。因此，行政诚信并不单单是对行政机关行政行为或行政权行使的一种期待，并不仅仅停留在意识范围之内，而是对行政行为和行政权行使的一种理念和行为上的约束。因此，在有关行政诚信法的内容中，就不能没有责任条款，在某种意义上讲，公权诚信本身就是一种责任。行政诚信法中的责任条款是对不诚信行为的报复性条款，因此，这样的条款中应当包括下列内容：一是行政不诚信的确认条款，就是对行政主体及其公职人员的不诚信行为作出确定，可以通过一些标准和相应的机制制定不诚信的具体内容。二是行政不诚信与行政主体法律责任、公务员责任的对应条款，即将行政不诚信归入行政责任和公务员的纪律责任中去，给这样的责任在法律上一个定性。三是行政不诚信责任的追究条款，让行政不诚信行为的主体承担若干行政制裁形式。

第 三 部
行政法典篇

(一) 行政成文法的危机

第一条 行政成文法主义是对行政法法律形式的一种主张,该主张认为,行政法应当以制定法作为其主要或唯一的法律形式。行政习惯、行政惯例甚至行政案例和判例等都不能作为行政法的法律形式。

第二条 行政成文法主义是一种理想化的模式。该模式所强调的是行政法法律形式的正式化和规范化,要求一个国家的行政法应当具有符合法律一般特性的规范文本,其中的权利义务关系都可以通过行政典则而得到设定。

第三条 行政成文法主义的理论有两个发展阶段,第一个阶段是现代行政法诞生之际,就是资本主义国家的行政法制度形成之际。当时的学者们认为,在封建专制时代,国家权力归属于专制主权,包括行政权在内的国家权力的行使不受成文法的制约,以行政习惯为之即可。而资产阶级革命的胜利意味着国家由专制形态变为民主形态,在民主国家之下,一方面权力之间应当有界限,另一方面,权力的行使应有制定法的依据。显然,制定法成了对权力进行约束的重要手段。第二个阶段为现代行政法相对发达之时,就是资本主义由自由民主制向更高层次发展阶段。在前期行政法虽有诸多规范,但是,这些规范还相对比较零散,行政成文法主义者便主张行政法应当有严格的法典形式,20世纪30年代在全世界出现的行政法法典化潮流,就是这一主义的最高表现。此点也表明,行政成文法主义从初期的制定法到后期的法典化,是经过了一个理论升华过程的。

第四条 行政成文法主义虽是一种行政法主张,但它对行政法治的影响也是非常深刻的。在行政成文法主义的两个阶段上都有对行政法治进程的促成性效果,资本主义初期大量行政法文件的涌现,以及第二次世界大战以后各国行政程序法典和一些重要行政法典的制定,都对行政成文法主义的巨大影响力作了佐证。

第五条 上列三个方面,是我们认识行政成文法主义必须率先予以领会的,如果我们不作这样的领会,就有可能对行政成文法所带来的行政法治的变革认识不清。进一步讲,行政成文主义不单单是一种行政法的主张或认识,更重要的,是行政法作为社会现象也具有的属性。

第六条 若将行政成文法作为一种理想和行政法治实践的统一审视的话,有如下一些基本含义。

第七条 行政成文法主义的内涵之一便是立法机关的独立性。所谓立法机关的独立性是指在国家政权体系中设立了专门的立法机关,而立法机关的地位是相对独立的,即立法机关具有独立的系统、独立的法律地位、独立的主体资格。可以说,立法机关的独立性是行政成文法主义的逻辑前提。我们知道,行政法规范本身是某种主体的行为及其行为结果,其中的法律规范的决定因素是主体,即是说造法主体是法律规范形成的决定性因素,因此,主体的定位就成为行政成文法主义所强调的核心问题之一。与其他国家机关在行为范畴和行为方式上有非常明显的界限,甚至其地位在一定程度上高于其他国家机关,立法机关的独立性的目的是强调其造法行为的权威性。

第八条 行政成文法主义的内涵之二是立法权的唯一性。行政成文法主义涉及的另一个核心问题是立法权问题,包括立法权的范围、立法权的行使方式等。康德对立法权唯一性的理论基础作了这样的解释:"立法权,从它的理性原则来看,只能属于人民的联合意志。因为一切权利都从这个权力产生,它的法律必须对任何人不能有不公正的做法。如果任何一个人按照他与别人不同的意志去决定国家的事情,他就可能经常对别人做坏事;但是,如果由大家决定并颁布他们自己的法律,就绝不会发生这种事情。"意思是说,立法权之所以是一种唯一性的权力,因为这样的权力的基础只有一个,这个基础就是人民的联合意志。基础的唯一性便决定了立法权行使的唯一性。行政成文法主义关于立法权唯一性的论点与现代行政法渊源的层级排列存在一些悖论,即在强调立法权唯一性的时候,另一现象则是行政法渊源是由若干权力作用的结果,现代行政系统造法行为的普遍性便是例证。为了解决这一悖论,有学者作了这样的解释:"立法职能为国家管理的主要职能之一,包括制定、订定和颁布在正常情况下普遍适用的、促进政策实施的法律规范。立法职能在正常情况下,由某个大会行使,例如议会或国会。但经授权,亦可由政府、法院、地方权力机关、公共团体以及其他人或机构行使。因此,在联合王国,枢密院具有非常有限的剩余立法权。立法职能主要由颁布法律的议会、发布法律性文件的政府、颁布细则的地方权力机关、制定法院规则的法院等行使。尽管法院判决可能会起修改法律的作用，但在裁决案件时，法院不是在行使立法职能。"非常明显，立法权的行使过程可能有一些非常态的表现，即其他机关（如行政机关、司法机关）有行使立法权的状态和格局，但这种权力的唯一性是不变的，一则，其他主体只能通过授权或者委托而行使立法权；二则，立法权的源头和行为的性质仍然为"一"，而不是"二"或"三"。依我国法律规定，我国所奉行的同样是行政法的成文法主义，《立法法》就规定了立法权的唯一性。

第九条 行政成文法主义的内涵之三是法律形式的排他性。法律的形式就是指法律的渊源和表现形式，无论成文法体系还是不成文法体系，法律的形式都是法律的基本问题之一，所不同的是两种不同主义对法律形式的要求是有所区别的。在行政非成文法主义的法律理想中，行政法形式是多元的、习惯的、惯例的、案例的甚至道德的等，都是行政法的法律形式。行政成文法主义则要求行政法有正式的法律文本，即行政法只符合一种严格的规范形式，对于其他形式有排他性。成文法的法律形式的排他性有着深刻的思想基础和历史渊源，正如勒内·达维德所指出的："由于普通法是严格按照形式主义的程序形成的，它面临双重危机：其一，不能充分自由地发展以满足时代的需要；其二，由于法律界人士因循守旧而形成的僵化。普通法经过 13 世纪的显著发展后，无法摆脱这两种危机，因而经受着一次极大的风险：面临一个正在形成的匹敌体制，在时间的推移中，普通法将被它窒息和取代，就如罗马的古老民法在古典时期被大法官所取代一样。"这虽然是对一个法系状态的描述，而且作者也已经看到了法律形式主义的弊害，但最终解决法律形式主义的出路还是要通过形式化的法律。可见，成文法主义关于法律形式排他性的论点是根深蒂固的。毫无疑问，在法律形式排他性的理念下，成文法的法律形式必须通过国家的相关规则予以确立，例如，《美国联邦行政程序法》对规章地位及其规章概念的确立一样，还如像《立法法》对各个层次法律文件、文本样式的确立一样。文本样式的确立，只是法律形式排他性的一个方面的内涵，对其他能够调整人们行为的行为规则的法律功能的否定是其根本点。

第十条 行政成文法主义的内涵之四是造法过程的程序性。行政成文法主义要求立法过程不是个人意志的某种专制意志的体现，而是对属于公众的普遍意志的反映。由于社会意志在统一起来以前是分散的、个别的、特殊的，要将这种相对零散的意志集中起来就需要通过一定的机制，这样的机制就是造法过程的程序。这样的程序包括这样一些要素：一是造法主体的资格问题，即一个造法主体应当具有相应的造法主体资格，这是第一要件。二是造法过程的具体环节，这一般由相应的行为过程组成，例如，我国 2001 年制定的《行政法规制定程序条例》对行政法规的制定过程作了立项、起草、审查、决定与公布等环节性规定，而每个环节都有具体的操作过程。三是制定过程中的利益协调机制，例如《行政法规制定程序条例》第 25 条规定："行政法规草案由国务院法制机构主要负责人提出提请国务院常务会议审议的建议；对调整范围单一、各方面意见一致或者依据法律制定的配套行政法规草案，可以采取传批方式，由国务院法制机构直接提请国务院审批。"总之，在行政成文法的理论和制度下，程序规则是决定实体规则的一个机制，它的有效性比实体内容的有效性甚至还要重要。

第十一条 行政成文法主义的内涵之五是典章内容的恒定性。行政成文法主义主张法律以典则的形式出现，而典则的内容具有恒定性，所谓恒定性，是指法律典则中的内容是明确而确定的，要求行为规则仅仅能够对应它所能对应的事态，而不具有较大范围的包容性，更不是一个规则能够调控诸多不同的法律案件。同时，要求法律典则中的权利义务具有较大的稳定性，不能随着环境等的变化而易其内容。

第十二条 行政成文法主义的危机是本节的基本命题，对于该命题本身，没有必要去寻求诸多理由去论证，我们简单地从这样几个方面就可以说明这一命题的合理性。

第十三条 其一，现代行政过程有诸多调控手段，即行政主体对行政管理关系的调控手段是多方面的，其中行政法或者归属于法律范畴内的手段只是这种手段之一，在行政法规范之下，还存在着大量其他的调控手段，如政策的手段、经济的手段、道德的手段等。在行政过程中，这些手段的使用主体不是别的，正是行政系统以及行政主体。我们常常认为他们是行政法的适法主体，但是，对行政法的适用和执行只是其行为中很小的一部分。有学者认为，人们的关系形式是一种外在的东西，它是由内心的冲动和动机决定的，而法律与道德的区别就在于法律调整外化了的关系，道德则调整人们的内部关系，如支配人们的内心生活等。行政主体对行政过程的调控，无疑是对外化关系和内在行为的双重作用，若依上列原理，行政成文法只是行政主体调控手段中外在化的一种，此论虽有偏颇，但对于我们分析行政成文法的危机状态是很有说服力的。

第十四条 其二，在现代社会过程中，人与人之间关系的设计规则和调整规则呈多元化倾向。在资本主义的自由民主阶段，成文法作为一种最为基本的权力约束手段，曾经起过重要作用，但那时的社会背景以及人们的关系形式相对简单，成文法在提供有关的行为规则时的作用是非常大的，而进入了"福利国家"时代以后，政府行为由消极而积极、由单一而多样、由明朗而模糊，在这样的情况下，人们关系的设计模式有了巨大变化，如一些技术、社会准则都可以设立一种新的关系形式。同时，人与人之间关系的整合也以法外的规则占主流，至少法外规则在起初是主要的设计规则。两个方面的基本事实足以说明行政成文法处于一种危险的状态之中，而行政成文法的危机在行政法的法律形式中表现明显，是行政成文法的一种先天不足状态。反过来说，行政成文法先天不足是造成危机的一个诱因，对此我们将从下列方面予以分析。

第十五条　行政权不定界限与行政成文法内涵有限性反差所导致的不足是诱因之一。行政权是国家权力的一种，它是在权力分立的基础上形成的。在这个概念诞生的初期行政权，被定义为是执行国家意志或者执行法律的权力，界限和范围似乎是明确的，然而自古德诺出版了《政治与行政》一书后情况则发生了变化。古德诺认为，表达国家意志和执行国家意志很难找出一个确切的分界点，即是说，表达国家意志的立法机关也承担着一部分执行职能，而执行国家意志的行政机关也承担着一部分表达国家意志的职能。古德诺提出这一概念后，没有再作进一步的推论，若我们把古德诺的理论再作进一步推演的话，就可以得出这样一个结论，即使从政权体系划分的角度看，行政权就是一个不定界限的权力，即是说行政权作为一个大的范畴，并不容易用一个确切标准将它的所有内容都囊括进去。行政权还有另一层面的意思，就是它存在于单个行政主体的行政过程中，归属于一定的行政主体，此一范畴的行政权同样也存在着不确定性的问题，如我们说交通行政机关有权对交通行政事务进行管理，而交通行政机关究竟有多大的权力，在行政法治实践中并没有十分确切的标准。但是，行政成文法的内涵都是清楚的（当然，此处所讲的"清楚"也是一个相对意义的概念），如一个行政法条文所提供的事项常常是具体的，至少其涵盖的事态的范围是有界限的。我们说，行政法是控制行政权的法律，行政法本身的内容具有确定性，而用它来控制的行政权则没有一个确定的范围，这样就使行政成文法在控制行政权中表现得非常乏力。这种乏力是先天性的，即我们并没有一个有效的手段能够在行政法范围内解决这种不足。而其导致的后果是使一些行政权能无法受制于行政法规范，行政成文法的危机也由此而来。

第十六条　行政关系不定形态与行政成文法设定关系确定性反差所导致的不足是诱因之二。所谓行政关系，是指行政主体在行政过程中所形成的各种各样的关系形式。行政关系与行政法关系不是同一意义的概念,行政关系是一个未被法律强化的关系,这是从理论上讲的,然而,在行政过程中,客观的行政关系有两种情形:一种是它虽未被法律强化,但它存在于法律规则设计的关系形式之中,这种关系的理论和实践是有冲突的,即其理论上未被法律强化而实践上则存在于法律过程之中。另一种是纯粹游离于行政法规则之外的关系,既没有法律对这一关系作出规定,更没有使该关系得到法律规则的强化。此一范畴的关系在行政过程中并不少见,行政主体对"空白地带"行政自由裁量权的行使,就因此一关系而外加。总之,行政关系的形态是不确定的,而行政成文法设定的行政关系既有数量上的限制,也有形态上的限制,各国一些主要的行政法典所规定的行政关系的形式,几乎都可以用一个并不太大的数字来说明,如行政程序中的关系、行政判裁中的关系、行政救济中的关系都有具体的关系形态。部门行政法是行政法规范中设定关系最多的部分,但无论如何多的数量都是确定的,如美国,包括行政系统的机构和一些专门委员会所规定的关系种类,也只有50多种,在我国,以国务院的职能机构和直属机构的职权范围为行政关系的划分标准,也只有不到100个。在行政法治实践中,实质上是一个剪刀差的格局,即行政关系的形态越来越多,而行政成文法规范设定关系的形态则越来越有限,这样的剪刀差,使行政法对社会事态的感应迟钝,进而使自身处于危机状态之中。

第十七条 行政事态多变性与行政成文法调整手段稳定性反差所导致的不足是诱因之三。行政事态的多变性,是指行政主体在行政过程中面对的客观事态处在不断地变化之中,这种变化表现在:新的事态经常出现,所谓新的事态,是指行政主体在职权行使中从未遇到过的事态。现代社会的变奏较以前快了若干倍,而每一个新的变奏都足以产生一个新的行政事态,这样的事态存在于行政过程之中,行政主体对这样的事态必须作出处置,否则,行政过程也就是一种无序状态;同一事态会以不同的形式表现出来。法律规则为了应付行政过程中的客观事态,常常根据事态出现的频率将有些事态纳入行为规则之中,部门行政法中关于一些事态的处理方式都作了规定。然而,法律只能对先前出现的且类型相对简单的事态作出规定,而事态的出现,都不以规则为转移,一个事态在先前是以一种形式出现的,在后来则可能以另一种形态出现;不同形态的事态可能具有同一的法律类型,此种情况亦为事态多变性的表现,即在同一性质的法律行为中,包容的事态类型常常是不同的,而且这种不同性是在事态发展过程中产生的,而不是原来法律规范规定的。依法律对事态的处置方式而论，不同的事态在处置过程中的手段亦应当有所相异。然而，行政成文法在规定对事态的处理手段时，一方面，这种手段是先前设定的，即法律在制定时是根据制定以前的事态性质选择处置手段。另一方面，法律规范规定的处置手段是十分有限的，诸多手段只能应对已经出现过的行政事态，而不能够在不加修正和充实的情况下应对新的事态。行政成文法与行政法调整手段是一个反比例关系，即是说，行政成文法的内容越少，行政主体进行行政处置的手段也就越多，反之，行政成文法的内容越多，行政主体进行行政处置的手段也就越少，因为，行政成文法作为程序规则和实体规则的统一体，是不允许其他规则规定的手段合理存在的。规则越严谨，行政手段的稳定性也就越强，而行政事态的多变性却顾不得规则规定手段稳定性之现实。这一反差同样表明，行政成文法的先天不足，同样是行政成文法危机的诱因。

第十八条　行政行为具体化与行政成文法规则抽象化反差所导致的不足是诱因之四。行政行为是行政主体在行政过程中实施的，无论是行政主体面对不特定的人所为的抽象行为，还是其面对特定的人和特定的事所为的具体行为，其行为的性质都是在特定条件下为之的，都具有一定的具体性。尤其行政主体实施的具体行政行为更是具有严格的时空性。行政成文法规则则是另一种情况，是一些较为抽象的条款，每一个条款都不是针对一个具体的个案的，立足点是抽象的人或事，它的定位是一种归属于类的现象，一种归属于类的行为，在它之下可以包容无数个案。换言之，行政主体可以在这一条款中实施无数个体行政行为。而每一个行政行为都是具体的，这样便使抽象的规则和具体的行为之间出现了反差。每一个行政成文法的抽象规则，都不一定能够将具体的行为予以包容。事实上，行政行为中还有一些并不存在于既成的规则之中，这样便使本来就抽象的规则更加抽象，这一反差也使行政成文法的先天不足凸显，进而成为危机的诱因。

第十九条　行政法作为部门法之一，有着非常独特的内涵和特性。其他部门法对社会过程的控制不可或缺，但它们更像是"门背后的枪"，就是在日常情况下派不上用场，而在关键时刻起着不可取代的作用。行政法则不同，当然，它同样是社会过程中不可缺少的，所不同的是行政法不是门背后的枪，而是在日常行为过程中都必须运用的。用通俗一点的话来讲，行政法与社会生活和社会过程的关系是所有部门法中最为密切的。如此一来，社会过程与法以及行政法就形成了作用与反作用的关系原理。一方面，社会状况决定法及行政法的状况，另一方面，法与行政法又会对社会过程产生这样那样的影响。"法律规范排除一些不协调或多余的成分,使实际做法变得条理分明起来。它浓缩应予考虑的材料,使人们对法的认识简易化。它表明这些材料的意义,指出它们怎样协力保证更合理的社会公道,更可靠的经济或道德秩序。它使公众舆论与立法者得以更有效地进行干预以纠正某些行为,甚至把社会引向指定的目标。给予法的这个任务是符合传统的,按照传统,法被看成社会组织的模式。在现阶段,法的作用得到了确认与加强的是在政治与组织方面,而不是严格的诉讼方面,人们期待原因法的是它有助于建立一个同过去社会非常不同的社会。"在这一关系原理中,社会现象是法和行政法发生变化的原动力,社会过程的任何变化都必然不同程度地对法和行政法体系产生冲击,正因为如此,我们对行政成文法主义危机的深层原因分析,必须以社会机制以及行政法与社会机制的关系为切入点,由此我们可以对行政成文法主义危机的深层原因作出如下概括。

第二十条 从国家权力全球化倾向的角度分析。在传统的政治学和法学理念中,国家与城邦是同一意义的概念。一个城邦既是一个生存单位,又是一个政治实体,这个政治实体的功能在于使其范围内的居民过上优良的生活,正如亚里士多德所言:"但是城邦不仅为生活而存在,实在应该为优良的生活而存在……城邦的目的也不仅为寻求互助以防御一切侵害,也不仅为便利物品交换以促进经济的往来。……凡定有良法而有志于实行善政的城邦,就得操心全邦人民生活中的一切善德和恶行。所以,要不是徒有虚名,而真正无愧为一'城邦'者,必须以促进善德为目的。不然的话,一个政治团体就无异于一个军事同盟,其间唯一的差别就只在空间上,一个'城邦'内的居民住在同一空间,而另一个'同盟'内的人民则住在互相隔离的两个地区。"传统国家概念中的这种地域性特征并不单单是一个地理性差异,更重要的是价值上的差异,即不同的国家在政权体制和权力运作模式上都有巨大的差别。这种以国家为单位的权力机制,使一国范围内的调整权力行使的法律规范以实在法为主,因为只有实在法才能确立不同的权力机制,尤其是行政权的行使机制。国家权力越封闭、独立性越强,其成文法的作用和地位也就越突出,这是一个无须再作论证的原理。然而,自我国加入WTO以后,国家权力的本土化特征的单一价值已经被本土化和全球化的双重价值所取代。这一取代过程可以以国家权力越来越与世界格局接轨,以及国家政权越来越能够吸纳其他不同权力模式为证。就前者而论,国际性的行为规则,如联合国宪章、WTO规则、国际多边条约等,几乎成了所有参与国的行为准则,我国的权力格局也要受这些规则的约束;就后者而论，不同国家的先进权力行使模式我们并不是完全排斥的，恰恰相反，在诸多方面，我国都能够吸收不同政治实体先进的权力行使方式，地域性等已经不再成为障碍。与国家权力行使的全球化格局相对应，调控权力格局的行为规则也发生了深刻变化。国家不再将成文法作为权力行使的全部依据，而是要在很大程度上将人类文明进程中的优良规则予以认可。这些规则有些是不成文的法律，有些则不是法律。反过来说，国家权力格局的全球化，必然使行政成文法在调适行政权中的滞后性凸显出来。

第二十一条 从利益组合多元化倾向的角度分析。行政法规范或多或少与利益的分配有关。行政法规范的内容不同，其与利益的密切关系也就不同。社会性的行政法规范是对社会过程的调控，因而，利益调节属性相对淡一些，而经济性行政法规范本身就包含着利益的分配问题，因而与利益的分配就相对密切一些。由于我国长期以来强调国家对经济的管理和干预，因此，社会利益关系相对简单，无论从组合方式看，还是从需要进行调控的规则看都是如此。然而，自我国全面推行市场经济以及强调责任政府、服务政府、法治政府的理念以来。社会利益组合关系由简单化到复杂化，由单一化到多元化、由政府计划到市场调节等。利益关系组合的多元化，使以前仅仅能够提供守夜人职能的行政法规则感到不适，因为这样的规则仅仅能够调控具有强烈行政色彩的利益关系。利益关系组合的多元化，则使利益关系不单单具有行政性，还具有市场经济下的多元属性。纯粹的行政成文法只是调整复杂利益关系的一个手段，其他的行为规则似乎更能够起到调整不同利益关系的作用。罗伊德对道德作为法律基础的理论，为我们的这一论点提供了佐证："何以法律与道德间会有广大的共同范围，原因不必远求。因为它们两者都在热切地推行某些行为标准，没有它们，人类社会将难以存续，而在这许多基本标准中，法律和道德彼此声援补充，构成社会生活的经纬。假如我们不制止对别人身体的攻击、对别人财产的盗用，生命与交易行为就没有保障，这种保障原可以促进生活与人类社会中的福祉。由于道德规范，认为我们应该制止这种行为，从而强化同样在禁止这种行为的法律。同时，由这种行为所引起的道德上的非难，也借着法律上的制裁或其他处分而更形有力。道德规范本身大部分先假设有一套法律制度支撑着它们的内容，因为道德规范要求我们尊重别人的财产，当然是假设法律上已有关于财产应该在何种情况下存在的规定。正因为大家认为'法律制度的存在，大体上，是在维系这项法律适用地区内的道德规范'，所以'守法是道德责任'的观念才能被一般人接受，并在建立法律的权威和确保法律受人遵奉方面扮演非常重要的角色，特别是在大多数未经实际引用强制手段的案例中，尤其如此。"除道德外，还有一些行政成文法之外的规则，亦有这样明显的利益整合功能。

第二十二条 从人类行为规则技术化倾向的角度分析。人类社会中的有序生活是通过相应的行为规则来实现的。人类的行为规则是一个概念极为宽泛的概念，在人类进入由法律调整的社会生活之前，就有一些规则调适着人们的行为，如习惯的、道德的等。一般而论，从大的范畴上讲，人类的行为规则有两大类，一类是社会性行为规则，另一类是技术性行为规则。所谓社会性行为规则，是指包含强烈人文色彩的那些行为规则，它体现在人与人之间的伦理性关系之中，如人们对道德的维护、对社会群体的关爱以及由此而形成的规则，都属于此类。所谓技术性规则，是指这些规则具有强烈的技术属性，是由一些不以人的意志为转移的客观要素决定的。上列两类规则在行政法规范中都是存在的，也就是说，法律规范中既包含了相应的社会性规则，又包含了相应的技术性规则。在一般情况下，无论社会性规则还是技术性规则，都不是当下就被法律规范认可的。常常是这样，一些社会性规则或者技术性规则起初是一种个别现象，只在非常小的范围内规制着人们的行为，此时这些规则对人同样具有约束作用，但它是靠自然的或者自发的因素约束人们行为的。当这些规则形成一定规范后，就有可能被法律所认可，从而成为法律规则。这样便有一个时间差问题，就是技术性规则或社会性规则产生以后还不必然成为法律规则，若要成为法律规则，必须经过一些外在条件的作用。现代社会是高技术化社会，技术性规则几乎无时不在、无处不在，而且每天还有大量这样一些新的规则产生。在当今的日常生活中，人们每天遇到的没有法律化的技术规则比法律规则甚至还要多，如当我们打开电脑时，道德要考虑今天电脑有无感染病毒的可能，对病毒的清除以及遵守一些程序规则就是必须做的。技术的行为规则本应适当转化为行政成文法规则，但是，立法者无论如何主动，都不可能使所有的技术规则迅速成为法律。质言之，技术规则和法律规则的并存是一个基本事实，而且前者有进一步膨胀的趋势。上列论证表明，行政法成文法的地位在降低的同时，也留下了巨大的空间，使诸多社会关系的调整处在相对真空的境况之下，这便是行政成文法主义危机的又一深刻原因。

第二十三条 从法律理念的非权威化倾向分析。法律理念是一个发展变化着的事物，随着人类社会的不断发展，法律理念也处在不断地发展之中。例如，在奴隶制和封建制的国家，法律现象也是存在的，诸多法典存在就是例证。然而，这时的法律理念以工具论为主，所谓工具论，是指国家政权体系或者国王和皇帝将法律作为治理国家的工具，一切为我所用、一切为我的统治过程服务。在这样的社会意志中，法律只是工具的一种，甚至不是最为重要的一种。例如，中国封建社会礼的地位就高于法的地位，德主刑辅就是对这种法治理念的最好诠释。进入资本主义社会以后，新的法律理念产生了，法律至上、法治高于其他手段的治理就成了资本主义国家最基本的法律理念。社会主义制度建立后，法治理念也经过了若干次的调整。应当说，起初我们仍然强调法治的工具价值，法是统治阶级意志的表现，是对这种法治理念的精妙揭示。社会主义制度进入相对稳定的阶段后，人们又重视起法律的功能，而且认为法律不能单单地被理解为一种工具，而应当强调法律的权威性。在法律权威性理念的指导下，法律的若干重要机制和价值被视为治理国家中的最高手段，刑事上的制裁、民事上的制裁、行政上的制裁都是法律权威性的表现，也就是说，不单单法律本身是具权威性的，更重要的是法律还要给社会主体以威权，并使蔑视法律者就范。而自进入福利国家以来，权威性的法律理念已经不复存在，或者仅仅在一定范围、一些部门法中存在。在行政过程中，由于行政法的主要职能是向公众提供公共服务，其以权威的手段对社会进行震慑既成多余，又没有太大意义。行政法规范的劝导成分要比制裁成分多得多，行政指导在诸国行政法理论中占有重要地位的事实就是例证。而这种变化，对于行政成文法来讲是至关重要的，在现代社会中，随着人们在社会过程中的组合关系越来越多，人们不再采取以前那样仅仅靠国家权力的作用遵守规则，人们已不再像以前那样仅仅限于遵循国家所制定的规则。当人们参与了某一利益组合群体后，其出于对自己所参与的利益组合群体的认同，自然而然地会选择遵循该组合群体内部的行为规则。例如，一些行业协会的规则，对其成员的行为约束中的自觉性要比法律规范来得更为实在。当人们一旦将法律仅仅视为一种行为规则而不是规制手段时，当人们不是出于恐惧而是出于自愿而遵守规则时，规则的性质也就发生了变化。正是人们对法律的非权威化认同，使成文法独有的价值发生了危机，这是成文法危机的又一深层原因。

第二十四条 行政成文法主义的危机是行政法治格局发生变化的一个信号，上列关于行政成文法主义危机的表现及深层原因的分析，足以表明行政成文法主义的危机并不单单是行政法形式的变化，更重要的是这种危机对行政法的总体格局有着巨大的冲击作用。一则，行政成文法的危机使人们在传统思维方式中关于行政法的理想模式发生了变化，即以法典为基本结构和规制方式的行政法理想已不复存在。二则，行政成文法的危机使人们对行政法治中"法"的属性发生了认识上的变化，原来人们认为法就是由统治者制定的行为规则构成的规范体系，这种规则的最大特点是国家意志性和受国家强力的保护性。而行政成文法主义危机，必然使行政法中的法属性有了新的内涵，法不仅仅是国家意志所为的行为规则，而是一种复合性的行为规则，这样的复合规则，使行政权行使的约束机制有了革命性变化。总之，行政成文法主义的危机对一国行政法治提出了新的课题，如果一国行政法治能够迅速应对这样的现实，该国行政法治便会沿着健康的轨道发展，反之，一个国家的行政法对行政成文法主义的危机无所反映，该国行政法治也就必然会遇到来自各个方面的阻滞。

第二十五条 为了应对行政成文法主义危机的客观现实，试对我国行政法治的走向提出下列新的进路。

第二十六条 行政法理念应当符合时代精神。行政法理念有两个层面的含义：第一层面的含义是指存在于社会个体中的行政法认知以及对最佳行政法理想的判断。这一层面的行政法理念是分散的，以不同的形式存在于与行政法有关联的人们之中；第二层面的含义是指存在于一个主权国家的理想行政法治意识，它是一国总体意识形态和主流意识形态的组成部分。这两个层面的行政法理念都是非常重要的，社会个体的行政法意识关系到公众的行政法责任心与行政法守法精神。一国的总体行政法意识是行政法个体意识的集合，但不是个体意识的简单相加，但无论如何，上列两个层面的法律理念是不可以分开的，它是一个物的两个方面。上列两方面的行政法治理念同样存在于我国，这两个方面的行政法理念在我国究竟是何种内涵需要澄清。现代行政法的基本精神是对行政权力的控制，即是说，对行政权进行有效的控制和约束，无论是总体的行政法意识还是个体的行政法判断都予以包容的。这一理念的结论无疑是强化行政成文法对行政权力的约束功能，这样的理念的合理性是比较明显的。但是，在笔者看来，行政成文法主义的危机都是对这一理念的空前排斥。

第二十七条 行政法治大系统应当相对开放。说到底，行政成文法主义的危机是行政法系统与社会大系统关系形式上的一种不协调。我们知道，社会系统是一个非常大的系统结构，在这个结构之中存在着诸多的分系统。每一个分系统除受社会总系统的制约外，还有自己相对独立的系统属性。这种相对独立的系统属性是一把双刃剑，既可以是一种良性的状态，也可以是一种非良性的状态。当它为前者时，它丰富了社会系统的内涵，并对社会大系统有非常好的整合作用。当它为后者时，它便与社会大系统有所隔分，并在一定程度上制约着社会大系统的发展。行政成文法主义的危机只有在社会大系统中才能作出正确判断。换言之，我们视行政成文法出现了危机，是说行政法治大系统与整个社会系统出现了裂痕，它已经不是社会大系统的有机组成部分，至少不是良性运作的组成部分，而是从社会大系统中派生出来的一种异化系统。正是它的这种异化性，使社会大系统再不能对它予以容纳。社会大系统对行政法治系统的排异性，使其处在严重的封闭状态之中。我们对行政系统封闭性的研究是很不够的，甚至在学界有一种观点认为，行政法系统越封闭，系统质量也就越高，系统的系统化属性也就越明显，这一基本命题是非常错误的。因为封闭与开放的两面特性使其得失利弊的评价并不像我们日常认为的那么简单。综合上列论点，行政成文法主义的危机是在行政法系统与社会系统的比较中断定的。而它之所以处在危机状态中，是因为它本身的封闭特性对社会过程所感应的不足。因此，笔者认为，行政成文法主义的危机对行政法的进路之一，就是要求行政法治大系统向社会总系统开放。只有在行政法治系统开放的情况下，才能对行政成文法主义危机带来的行政法调适不力有所缓解，也只有这样，行政成文法之外的行为准则才能够进入行政法治系统。

第二十八条 行政法体系应当予以分解。行政法体系与行政法治系统不同，行政法治系统是由行政立法、行政执法、行政司法、行政守法等若干较大范畴的元素构成的，其囊括的东西是非常大的。而行政法体系则是就行政法的规范体系而言的，其所包括的元素相对单一，涵盖的内容相对比较具体。我国长期以来，由于从行政管理的角度界定行政法，并从行政管理关系的特性中确定行政法规范体系，为此便把规范内部管理关系和规范外部管理关系的行为规则都视为行政法体系的构成部分，这样就使我国行政法规范体系包括了两个元。一元为控制政府行政系统的行政法规则，另一元为管理行政相对人的行为规则，即是说我国行政法规范是二元结构。行政法就法律现象而言，是一个有着自身质的规定性的事物，其规范体系的同一性是其体系统一性的前提。然而，在二元结构的行政法体系中，两个元不是在同一性基础上形成的。任何一个同质的法律规范体系都难以同时容纳两个不同质的事物。行政成文法主义的危机从另一个侧面看是其调适水准较低的表现。换言之，若行政成文法在调适社会关系中是非常得力的，就不能说行政成文法处于危机状态中，只有在其调适阻滞时其危机就表现出来了。二元结构的行政法由于在一个体系之下包容不了两个元，因此，其在调适过程中就表现出了极大的不力。也就是说，提高行政法体系对社会事态的感应程度，强化行政法规范对社会关系的调适程度是解决行政成文法危机的有效方法，也是应付行政成文法危机的一个非常好的思维进路。通过分化行政法体系就能够在一定程度上提高行政法对社会事态的规制质量。行政法体系的分化不是行政法学体系的分化，这种分化的主要作用点在行政法学实在中而不在行政法理论中。分化后的行政法体系，在立法技术和执法方略上都会较前有所变化。

  第二十九条 行政法渊源应当多元化。法律渊源向来有一元主义和多元主义之分。一元主义主张法律应当只有一个形式规范，而这个行政规范就是国家通过正式立法形式制定的行为规则。多元主义则主张法律除了一个确定的形式性规范以外，还须有其他规范作为辅助，甚至在有些情况下，这种规则之外的形式应当与正式的法律形式有同等效力，特别是在法律性质上。多元主义者这一名称很可能与自然主义者是同义语。这就是说，多元主义者可以把政府的法规和法令看做只是法的一个部类。它还可能信仰一种来自上帝在教会的敕谕中或许表现出来的更高的法律。或者它可能把历时长远的习惯当其被某些社会或职业团体采用的时候看做是法律的根据。它甚至可能想到某些抽象的东西如正义、权利观念或者仁慈的社会目的，认为是法律的必要基础。总之，多元主义者在对待法律的态度上，既可能是实证主义者，也可能是自然主义者。一元论者信仰一个权力无限的国家，承认只有一个主权者，因此也就无例外地是一个实证主义者。可见，多元主义已经成为一种法律渊源。行政法渊源中也存在一元和多元的问题，行政成文主义就是行政法一元论的核心内容，或者说是对行政法一元论的写照。上列我们分析了行政成文法主义的危机，实质上也从不同侧面对一元主义理论的提出进行了证伪。显然，行政成文法主义危机，使我国行政法学中以成文法为主要渊源的理论和制度受到了冲击。整个行政法渊源体系应当是一种多元状态，除了行政成文法之外，其他相关的行为准则亦应当成为行政法的渊源。行政法渊源的多元化，为行政过程中行政主体的权力行使依据和行政相对人的权利保护依据提供了非常充实的准则，能够以这样的准则调适相关主体的行为必然能够应付行政成文法主义的危机。

（二）行政法渊源的类型

  第一条 行政法的渊源有两个层面的含义，第一个层面的含义是指规范行政主体以及其他社会主体行为规范的根本来源，也就是行政法规范的最终源头。这一层面的行政法渊源理论所关注的是行政法的自然主义以及行政法的造法者。例如，在行政法规范中，有些规则原来是道德规则，后来被正式的法律规范所认可，法律规范所认可的这一行政规则的渊源就是道德准则。在行政法规范中还有一些规则原来属于社会技术规则，由于后来在行政过程中普遍使用并因而被行政法规范吸收，因而行政法规范所吸收的这一规则渊源便是行政技术准则。此一理论的基础是自然法主义，所谓自然法主义指法律是一个社会历史现象，有其产生和发展的历史基础和社会基础，行政法作为一个重要的法律部门，它的规范既与历史有关，又与社会有关，故而，每一个规范都可以寻找历史的或者社会的源头。第二个层面的含义是指规范行政主体以及其他社会主体的行为规范是以何种形式表现出来的，表现行政法规范的那些形式就是行政法的渊源。如我国行政法学理论中就普遍认可了我国从法律到自治条例和单行条例的六种重要的行政法渊源。

第二条 行政法渊源是上述两个方面含义的结合，当我们在分析行政法渊源的定义时，必须将源头理论和形式理论有机地结合起来，而不能有所偏废。如果我们仅仅从法律源头的角度分析行政法的渊源，就会忽视对我国现实行政法制度和行政法现象的研究。反之，若我们仅仅从法律形式的角度分析行政法的渊源，我们就会忽视行政法基础条件的研究。两方面结合以后，笔者认为行政法渊源有下列本质属性。

第三条 有相对确定的形式。行政法的渊源的第一属性就是具有相对确定的形式，行政法的渊源与其他法律渊源一样能够规制人们的行为，而规制人们行为的前提便是具有确定的形式，所谓确定的形式，是指其在法律外形上是非常清楚的，并能具体地确立法律上的权利义务关系，如我们说，执政党的政策是行政法的非正式渊源，而政策本身都有着确定的形式，以执政党中央或地方党委的文件出现。

第四条 有相对明确的来源。法律是第二性的社会现象，只是一个社会手段，只是一个让社会因素简化的工具。作为第二性的社会现象，是受某些第一性的因素决定的。行政法规范也不例外，每一个调整行政过程诸关系的规则都有着相对明确的来源。例如，行政不超越职权的行为规则就来源于行政与立法之间的关系前提。

第五条 有相对程度的行政关联。行政法是以行政权、行政过程、行政关系为轴心而运作的，与之相适应，行政法的渊源都具有相对的行政关联性。一个行政法渊源要么与行政权有关，要么与行政管理活动过程有关，要么与行政关系有关。若某个行政规则与行政的上列方面没有关系，就不能成为行政法渊源。行政法渊源与行政的关联是一个相对意义的概念，即不同的行政法渊源与行政权、行政过程、行政关系关联的程度有所不同，有些规则与行政法方面的关联是直接的，如行政法正式渊源中的行政组织法、行政行为法；有些则是间接的，如部门行政管理中相对人之间的一些规则，这些规则是通过行政权而将不同的当事人联结起来的；有些则是通过其他中介环节与行政权有关联，如行政法非正式渊源中的技术准则，是以国家政权机关为中介而对行政过程进行调控的。

第六条 有相对严整的体系。法律规则最为本质的特征之一是具有普遍性，所谓普遍性就是指法律规则所涉及的不是某种个别的社会现象，而是不特定范围的众多社会现象，某一规则在制定时，并不是针对某一个人或某一件事，而是针对某类事件，或某些人群，甚或所有相关人群。与规则的普遍性对应的是规则本身的成体系性，即规则一般都是一个规则系统，有相关的机制。行政法渊源同样具有法律规则的这一属性，我们称某一行政法渊源时都是基于规范本身的严整或者相对严整的体系而言的，例如，笔者认为，行政管理规范性文件是行政法的正式渊源，是因为行政规范性文件确实是调整行政过程的一个成体系的规范系统，我们说行政法理是行政法的非正式渊源，是因为行政法理是由一个较大的规则系统构成的。

第七条 行政法渊源经历了一个复杂的演进过程，具体有下列几个阶段。

第八条 一是自然法主义阶段。现代行政法是资产阶级革命的产物，这在行政法学界是一个没有争议的问题。资产阶级革命取得成功以后，建立起了以三权分立为机制的政权体制。权力分立以后，各机构都追逐着自己的利益和在政治生活中的地位，因此，各机构内部以及各机构之间都必须通过规则联结起来，行政法实际上就是在各个机构的联结关系中形成的。无论机构内部如何联结、机构之间如何联结，机构与人民的关系仍是问题的根本，即任何一个机构的权力都必须从人民那里找到来源。资本主义前的主权在民论以及权力分立论都具有明显的自然法色彩，因此，我们可以说，行政法法律渊源发展的第一阶段是自然法主义阶段，1776年《弗吉尼亚权利法案》第1—3条规定："（1）所有人都是生来同样自由与独立的，并享有某些天赋权利，当他们组成一个社会时，他们不能凭任何契约剥夺其后裔的这些权利，也就是说，享有生活与自由的权利，包括获取与拥有财产、追求和享有幸福与安全的手段。（2）所有的权力都属于人民，因而也来自人民；长官是他们的受托人与仆人，无论何时都应服从他们。(3) 政府是为了或者应当是为了人民、国家或社会的共同利益、保障和安全而设立的;在所有各种形式的政府当中,最好的政府是能够提供最大幸福和安全的政府,是能够最有效地防止弊政危险的政府;当发现任何政府不适合或违反这些宗旨时,社会的大多数人享有不容置疑、不可剥夺和不能取消的权利,得以公认为最有助于大众利益的方式,改革、变换或废黜政府。"其关于行政法控权的自然主义色彩表露无遗。

第九条 二是习惯法主义阶段。在学界,行政习惯法有广义和狭义之分,广义行政习惯法包括三个方面的内容:一则,行政判例法,是司法机关在判决行政案件时形成的调整后来行政过程和司法过程的判例,以及判例中所包括的权利义务规则。二则,行政先例法,指行政机关或者行使行政职权的其他组织在作出先前行政行为、处理先前行政案件时形成的处理规则。它也由个案构成,与判例不同的是该个案存在于行政过程中,仅在行政系统内部,尚未司法化。三则,纯粹习惯法,所谓纯粹习惯法,是指行政系统在处理行政事务时所遵从的习惯做法,存在于公众社会中大量的习惯准则对行政过程的制约,等等。狭义的行政习惯法仅包括后者。我们知道,资本主义国家的建立并不意味着现代民主国家的完全形成,亦即在资本主义国家建立以后很长一段时间,国家政权仍处在相对专制的状态下。与专制权力相对应,行政权的行使更多地考虑行政的方便性和行政自身的利益,习惯法对行政过程的约束,将对行政主体更有利,因此,习惯法曾经一度对行政权起着主要的规制作用。现在一些国家崇尚判例在法律规制中的作用与前述历史渊源不无关系。

第十条 三是制定法主义阶段。正如大多数行政法学者所认为,20世纪之前18世纪以后,资本主义国家进入了自由资本主义阶段,人民主权在国家政治生活中的地位越来越突出。加之产业革命和近代社会技术的日益发展,使社会关系变得比以前复杂起来,各种各样的社会组合关系不断出现。对社会生活中的这种巨变,行政系统单靠习惯法是无法进行调整的,因此,为社会生活和社会过程、为行政权和行政过程设计规则,并要求规则在整个社会过程中占主导地位就成了国家和公众的一个普遍要求。制定法的迅速发展,就是对上述社会背景的回应。一些重要的行政法制度、重要的行政法典、重要的行政法规则,就是在这个时期产生的。

第十一条 四是行政造法主义阶段。曾经发生过这样一件事,在艾森豪威尔担任总统以后,发现在诸多方面缺乏规范政府行为和行政管理关系的规则,就向国会提出要求国会制定一些新的调整行政管理关系的法律。当艾森豪威尔的意见反映到国会后，一些议员说，在我们这里的做法不是先由国会制定规则而是先让总统制定规则或者提出具体的立法案。这一事件说明，在现代国家行政的造法功能已成为一个不可逆转的事实。一些学者对此作了这样的解释，即现代国家的性质已由民主国家进入了福利国家，在福利国家时代，一是社会关系组合方式越来越多；二是新出现的事物越来越多，而立法机关对这样的社会过程的反应常常是迟钝的，只有行政部门才能作出适时反应并作出有效应对，即法律对行政过程的规定应当是概括性的，而行政系统对行政过程的规定才是具体的。行政造法阶段便必然成为现代行政法的一大特色。

第十二条 我们对行政法的渊源可以作理论上的分类：

第十三条 以行政法渊源的客观范畴为标准，分为正式渊源和非正式渊源，在下文将以此分类为线索，对我国行政法渊源进行讲解。

第十四条 以行政法渊源的适用范围为标准，分为中央行政法渊源与地方行政法渊源。中央行政法渊源在全国范围内适用，如全国人大及其常委会制定的法律、国务院制定的行政法规、职能部门制定的部门规章；地方行政法渊源在区域范围内适用，如地方性法规、地方政府规章等。

第十五条 以行政法渊源的造法主体为标准，分为立法机关制定的行政法渊源，行政机关制定的行政法渊源和司法机关制定的行政法渊源。立法机关制定的有关国家行政关系的分为规则是前者；行政机关在行政权行使中在立法机关的授权和委托下所制定的行政法，就是行政机关制定的行政法渊源；司法机关在审判和检察活动中针对监督行政关系或者行政的司法审查所制定的规制，就属于司法机关制定的行政法渊源。

第十六条 以行政法渊源对行政权的作用性质为标准，分为积极行政法渊源与消极行政法渊源。凡属于保护社会安全和抵御外侮的行政法渊源便是消极行政法渊源；凡促进社会事务发展，增加社会福利的行政法渊源便是积极行政法渊源。

第十七条 以行政法渊源的作用对象为标准，分为内部行政法渊源与外部行政法渊源。调整行政系统内部法关系的行政法渊源形式就是内部行政法渊源；调整行政主体与行政相对人关系的那些渊源形式则是外部行政法渊源。

第十八条 以行政法渊源涉及的管理客体为标准，分为一般行政法渊源与部门行政法渊源。一般行政法渊源指调整行政系统中的一般行政关系，适用于所有行政管理主体；部门行政法渊源指调整部门行政管理关系，适用某一特定行政机关。

第十九条　以行政法渊源是否包含实体权利义务为标准，分为行政程序法渊源与行政实体法渊源。行政程序法渊源仅仅调整行政过程中的程序关系，不包括行政主体和行政相对人实体上的权利和义务；行政实体法渊源调整行政过程中的实体关系，包含行政主体和行政相对人在实体上的权利与义务。

第二十条　以行政法渊源的事态性质为标准来分，分为普通行政法渊源与特别行政法渊源。所谓普通行政法渊源，是指其涉及的一般行政管理事态，针对一般的人或事；所谓特别行政法渊源，是指其涉及的是特定或特别的行政管理事态，针对特别的人或事。依《立法法》的规定，特别行政法的效力高于一般行政法的效力。

第二十一条　以行政法渊源的对象为标准，分为行政组织法渊源、行政行为法渊源、行政救济法渊源。行政组织法渊源所规制的对象是行政组织，如国务院组织法、公务员法、行政行为法；行政行为法渊源规制的是行政行为，如行政程序法、行政处罚法、行政许可法；行政救济法渊源的规制对象是行政权益救济，如《行政诉讼法》《国家赔偿法》等。

第二十二条　行政法的正式渊源，是指体现于正式的法律文件和行政法文件中，经国家权威机关认可或制定规范行政主体行政过程的行为准则。行政法的正式渊源有下列本质属性。

第二十三条　行政法的正式渊源有正式的规范文本。行政法正式渊源具有正式的规范文本。各国法律制度对行政法的规范文本一般都有规定，如美国政府的联邦登记就将所有政府行政法文件纳入其中，某一行政法文件若能够调整某方面的社会关系，就必须进入联邦登记。我国《立法法》对我国各个层面行政法律文件的文本都作了规定，如行政法规一般必须以"条例""规定"和"办法"的文本形式出现。将正式渊源的文本叫规范文本而没有叫法律文本，是因为在正式的行政法文件中，除了法律性规则外，还有非法律性规则的行为规范。因此，行政法正式渊源的文本一般都是规范化的，有相关的条文、有相关的权利义务设定、有相关的制裁条款、有相关的发生法律效力的构成要件等等。

第二十四条　行政法的正式渊源有权威性的造法主体。造法主体是对法律渊源进行分类的又一标准，行政法也不例外，其造法主体的状态直接关系到渊源本身的性质，正式的行政法渊源都有权威性的造法主体。一方面，正式渊源的造法主体是明确的，并承担着一定的权力行使职能，它所行使的权力既可能是国家权力也可能是社会权力。另一方面，正式渊源的造法主体具有权威性，权威性行为与国家行为有关，可对社会过程产生实质性影响。在民主和法制健全的国家正式渊源造法主体可以是国家以外的组织，如教会、政党，等等，因此，我们不能将行政法正式渊源的造法主体仅仅限制在国家机关之中。

第二十五条 行政法的正式渊源有相对稳定的规制方式。人类社会中的行为规则是多种多样的，不同的行为规则在规范人们的行为时所表现出来的方式也是有所不同的，例如，道德准则和法律准则对人们行为的规制就有明显区别。道德的规制没有正式的规制方式，至少规制方式所要达到的最终结果不十分明确。行政法的正式渊源有相对稳定的规制方式，所谓稳定的规制方式，是指它的规制对象、规制手段、规制所要达到的预期目的都十分清楚。行政法的正式渊源依法理学，其规制包括主体性条款、假定性条款、制裁性条款等等，正是比较规范的规制方式使正式的行政法渊源在对行政管理关系的调整中起着最为重要的作用。

第二十六条 行政法正式渊源的效力表现在时间效力、空间效力、对人的效力和对事的效力。

第二十七条 行政法的正式渊源都有时间上的效力范围，从生效到终止的时间段都有法律效力。一些法律文件在制定时明确规定了生效或终止的时间，例如《中华人民共和国职业病防治法》（2016年修订）规定：本法自公布之日（2016年7月2日）起施行。其法律上的时间效力起始于2016年7月2日。正式行政法渊源的失效时间有时为后法制定以后前法自动失效，有时为该法被废止以后其时间效力也随之终止。有些行政法文件制定需要有权的机关批准，此时只有当批准程序完成以后其时间效力才开始。正式法渊源生效以后仅仅对生效以后的人或事发生作用，而对生效以前的人或事不发生作用，这在法律上叫无溯及力。若某一法律具有对生效前的事或人有约束力的情形就叫做具有溯及力。具有溯及力的行政法正式渊源必须在立法文件中作出明文规定，否则不能认为有溯及力。

第二十八条 空间效力指行政法正式渊源所能够约束的地域范围。依行政法正式渊源的状况，若某一行政法文件是全国性的，它就在中华人民共和国范围内有效，若某一行政法文件是地方性的，它就在本地方有效，而在其他地方不能发生法律效力。例如《规章制定程序条例》是由国务院制定的，它就在全国范围内发生法律效力。《某市标准化条例》是由某市人民代表大会制定的，它仅仅在某市具有法律效力，而在某市以外的其他地区不具有法律效力。

第二十九条 某些国家行政法对人的效力原则，即以属地原则作为对人的效力依据。我国行政法对人的效力是这样的，若某一行政法规范在某一地域或区域内有效,在这一地域或区域的所有人都必须受该规范的约束。若某人具有某地之户籍,其不论是否在该地域之内,都有遵守该地行为规则之义务。

第三十条 行政法规范都是以行政管理事态为基础,产生某一行政法规范的事态必然要受已经产生出来的行为规则的约束。在行政法治实践中,常常会出现行政法规范对某类事态作出概括规定的情况,在概括规定的情形下,该规范所涉及的事并不十分具体;某些事情是否受此规范的约束,要由行政主体自由裁量之。

第三十一条 行政法正式渊源的内容有下列方面。

第三十二条 宪法中的行政法渊源。宪法是国家的根本大法,是所有其他部门法的母法。宪法所规范的内容是国家制度和社会制度中最为基本的内容,它包括公民的权利义务、政治制度、经济制度、社会制度、文化制度、国家结构等。宪法的上列内容与行政法都有着直接和间接的关联性,具体讲有下列方面。

第三十三条 宪法关于行政权与其他国家权力关系的规定是行政法的渊源。行政权与立法权、行政权与审判权、行政权与检察权之间的性质区别和范围区别,必须通过宪法规定,宪法规定的关于行政权和其他权力的界限是行政权在运作中遇到的首要问题,因此,这些规定也就是行政法的渊源。

第三十四条 宪法关于行政系统在国家政治体制中地位的规定是行政法的渊源。国家的政治体制包括政党体制、政权体制、行政体制、司法体制若干分支,各分支共同构成了一国的政治体制。各分支之间的关系决定一国政治体制的状况。如有些国家实行多党制、有些国家实行一党制,宪法对政党在政治体制中的地位都有规定。行政系统在政治体系中处于什么样的地位是宪法不能回避的问题。我国宪法规定,我国实行人民代表大会制度,行政系统是人民代表大会意志的执行者,它必须对人民代表大会负责并报告工作,这些规定是宪法的内容,也是行政法的基本渊源。

第三十五条 宪法关于行政系统内部构成的规定是行政法的渊源。行政系统的内部结构在《宪法》中都有规定,包括行政系统的分层,包括行政系统中中央与地方的关系,包括行政系统的职能划分,包括一个行政支系统中所包含的子系统,等等。

第三十六条 宪法关于行政机关所能够行使的行政权的规定是行政法的渊源。行政系统中主要机构行使的权力一般都是通过《宪法》规定的,《宪法》关于主要行政机构行使权力的规定是行政法的渊源。

第三十七条 宪法关于公民权利义务的一些规定是行政法的渊源。公民权利在宪法中有数十个方面，其中一些权利义务属于纯粹的宪法权利义务，如公民有参与各级人民代表机关选举的权利，公民有热爱国家的义务，等等。另一些权利义务则具有多重性，亦即它既是公民的宪法权利和宪法义务又是公民在行政法上的权利和义务。

第三十八条 宪法关于国家基本国策的规定是行政法的渊源。在法制进程较快的国家，国策都必须通过立法规定，或者通过类似宪法的法律文件规定，由于我国是发展中国家，法治进程还没有达到理想境界，因此，我国的国策一部分在宪法之外，如有些国策由党和政府的政策确定。而绝大多数国策我们认为还是通过宪法的形式确定的，宪法确定的国策都是行政法的渊源，只不过是国策作为行政法的渊源与其他形式的渊源相比要间接一些。

第三十九条 宪法以及宪法性文件关于行政区域划分的规定是行政法的渊源。我国行政法教科书没有讲授行政区划问题，也许多数学者认为行政区划的问题是宪法问题。但是，笔者认为，行政区划应当是行政法的一个基本问题。我们知道，行政权的划分除了职能和层级划分外，还有空间划分的问题，尤其我国地方行政权的行使，都以区域为单位，此省的行政机构不能到彼省行使权力，此县的行政机构不能到彼县行使权力，此乡的行政机构不能到彼乡行使权力。对行政权区域界限的划分当然应当是行政法范畴的问题，只不过行政权区域划分具有一定的历史传统，而传统法学理论又将其归于宪法规范之下，才使人们产生了错觉。基于上述，我国宪法和宪法性文件关于行政区划的规定是行政法的一个间接渊源，说它是间接的是因为它间接地确定了行政权的空间范围。

第四十条 宪法由于具有母法的体位，因此，宪法和行政法还存在着深层次的逻辑关系，一则，宪法是行政法规范的制定依据。一国要制定行政法规范必须间接或直接从宪法中找到依据。二则，行政法是对宪法的扩充规定。宪法是对国家制度和社会制度总体框架的设计，不可能包容国家制度和法律制度的一些具体内容，行政法则会对宪法规定的基本轮廓予以具体化。三则，行政法所规定的内容不能与宪法相抵触。宪法在国家法律体系中具有最高的法律效力，是所有部门法的上位法，行政法作为宪法的下位法，不能同宪法规定的内容相抵触。这里有一个问题需要讨论，就是部门行政法和宪法在发展过程中的变化原理问题。宪法是行政法之母这是无可争议的，同时还应该看到，宪法由于制定需要通过特制程序，内容又相对原则和稳定，决定了宪法在对应社会生活中出现的新事物时，常常有一定的滞后性。

第四十一条 宪法与行政法是一个普遍与特殊的关系，若把宪法作为一个普遍的、一般的事物，行政法则是一个特殊的、个别的事物，依唯物论的变化原理，个别的、特殊的变化才能引起一般的、普遍的变化，因此，在宪法规则与社会发展变奏不和谐时，行政法可在一定条件下作出超前规定，当然，这样的超前规定应当依照严格立法程序进行。

第四十二条 法律中的行政法渊源。法律是一个特指概念，指全国人民代表大会及其常务委员会制定的对社会事务进行规范的行为规则。法律在我国分为两个部分，一是由全国人民代表大会制定的基本法；二是由全国人民代表大会常务委员会制定的一般法，上列法律的范畴中前者的效力高于后者，它们都可以对刑事、民事、行政以及其他社会问题作出规定，其中涉及行政权行使、行政关系设定、行政管理事务的规则就是行政法的渊源。法律中的行政法渊源包括：

第四十三条 有关行政权分配的规则是行政法渊源。宪法所分配的行政权只是一些大的原则，而行政权的一些具体分配规则还必须通过法律进行。

第四十四条 有关行政机关组织体系的规则是行政法的渊源。行政法中的"体"是行政法的基本构成，所谓体，就是行政机关的组织体系问题。有关行政机关组织体系的规则，绝大多数反映在法律层面的行政法渊源中，例如，《中华人民共和国国务院组织法》《中华人民共和国地方各级人民代表大会和地方各级人民政府组织法》（以下简称《地方政府组织法》）《中华人民共和国警察法》等。

第四十五条 有关行政主体造法行为的规则是行政法渊源。立法权本属于人民代表大会及其常务委员会，但由于现代行政事务的复杂性，立法机关常常将一些行政规则的制定权赋予行政机关，或者叫授权立法，或者叫委任立法。例如，《立法法》就赋予了国务院制定行政法规的权力。

第四十六条 有关部门行政管理的行为规则是行政法的渊源。这可以说是行政法律渊源层面中最大的一种，这些部门行政管理的规则既设定了行政管理关系，又赋予了行政主体一定的行政管理行为。我们所研究的行政行为绝大多数都从部门管理法中来，例如，《中华人民共和国海洋环境保护法》《中华人民共和国文物保护法》《中华人民共和国药品管理法》《中华人民共和国居民身份证法》。

第四十七条 有关行政程序的规则是行政法的渊源。行政程序规则在有些国家是行政法最为基本的规则。行政程序法规则是通过外在的因素为行政主体的行为过程设计规程，以法律的形式出现是顺理成章的。行政程序规则的立法选择在不同的国家有所不同，如有的国家通过完整的行政程序法对行政机关的行为过程作出全面规定，有些国家则针对行政机关的某种行为设计规则。我国没有完整的行政程序法，只有相关行政行为的程序规则，如《中华人民共和国行政处罚法》《中华人民共和国行政许可法》等。

第四十八条 有关行政救济的规则是行政法的渊源。行政救济制度指当行政权行使对相对方权益造成侵害时相对方可以通过一定形式维护自己权益的制度，或者保障行政权行使不发生偏差的制度。行政救济对行政权的约束是十分关键的，若从深层次观察，行政救济牵涉到权益分配问题，因此，有关行政救济的行为规则亦是以法律的形式出现的。如《中华人民共和国行政复议法》《中华人民共和国行政诉讼法》《中华人民共和国国家赔偿法》等。

第四十九条 行政法规。行政法规是一个特指概念，它是指由国务院制定的有关调整行政过程中出现的各种关系的行为规则。行政法规作为行政法的渊源，可以规定三类事项：第一类是为执行法律的规定而规定的事项。国务院是全国人民代表大会的执行机关，具有执行全国人民代表大会意志的义务，为了完成这样的义务，它必须享有一定的权力，制定行政法规，使全国人大的意志得以实现便是其权力之一。这里有一个问题，就是什么样的事项才算是"执行性"事项，是一个需要通过立法行为解决的问题，全国人民代表大会及其常务委员会要求其执行的事项才应当认为"执行性"事项，如果全国人民代表大会常务委员会对某方面行政管理事项已经规定得非常具体，此时，国务院只能以具体行政行为实施这样的事项。《宪法》第89条关于国务院的职权作了列举规定，但是，许多所列举的内容还是十分抽象的。国务院是否在每一种属于《宪法》第89条规定的事项中都能制定行政法规，同样应当通过立法予以解决。否则，一些本应通过法律调整的社会关系和行政管理关系，可能会降格为由行政法规调整，既损害我国法制的权威性，又不利于国家对社会关系的调控。第三类是制定法律尚未成熟的事项。《立法法》第56条第3款规定："应当由全国人民代表大会及其常务委员会制定法律的事项，国务院根据全国人民代表大会及其常务委员会的授权决定先制定的行政法规，经过实践检验，制定法律的条件成熟时，国务院应当及时提请全国人民代表大会及其常务委员会制定法律。"该条使国务院有制定行政法规的较大自主权，但是，对于该条的规定，同样应当通过立法行为予以解释。因为"尚未成熟"是一个非常难以确定内涵的用语，某一种事态可能在此一角度被认为是不成熟的事态，而该事态在彼一角度则可以视为成熟的事态。

　　第五十条　地方性法规中的行政法渊源。地方性法规是指由省、较大的市、省政府所在地的市的人民代表大会及其常务委员会制定的、调整地方社会关系的行为规则。地方性法规所规定的事项既有行政管理的部分，又有行政管理以外的其他事项。属于行政管理事项的才是行政法渊源，而行政管理以外的事项不是行政法的渊源。地方性法规有三种形态，即省、直辖市、自治区人大及其常委会制定的，较大的市的人民代表大会及其常务委员会制定的，省政府所在地的市的人大及其常委会制的。在三种类型的地方性法规中，效力最高的是省级人大及其常委会制定的，即地方性法规之间存在一个效力等级问题，这是地方性法规的一个特殊之处。地方性法规就有关的行政事项可以作出下列规定：一是为执行上位法的规定而对行政事项作出规定。地方性法规的上位法依次包括宪法、法律和行政法规，但它不能直接为执行宪法而制定规则。换言之，宪法对某一事项作出原则性规定后，留有需要细化的空隙，对这样的空隙地方性法规无权填补，只有法律才能填补宪法留有的空隙。二是属于地方性的行政事务。地方事务是指仅仅在某一行政区域内发生的事务，且这样的事务具有严格的区域性，它只能是某一区域独有的，具有排他性。这是笔者对地方事务的理解。我国法律对地方事务没有以正式的法律形式规定下来，人们对地方事务也没有一个统一的认识，一般将本区域管理权涉及的事项，即使在其他地方存在亦认为是地方事务，这样的理解值得商榷。如文化管理、科技管理、教育管理全国各地都必然存在，而且我们很难将此一地方的文化管理和彼一地方的文化管理作出实质性区分，尤其我国作为单一制国家更是如此。然而，我国地方立法实践中，都将只要存在于本地的事务以地方事务论之，都以地方性法规规范，其结果却造成了立法上的浪费。总之，地方性的事务既应当是中央立法难以涉及的，又应当具有区域上的排他性。三是中央立法空缺因地方行政权的行使必须予以应对的事项。中央立法若对某一事项作出普遍规定的时机尚未成熟，地方性法规可以率先作出规定。这样的地方性法规除了受地方性法规本身的条件限制外，还有两个附属条件，第一个条件是有关国家主权，政府组织、相关的国家制度、限制公民权利、国有财产的征收、基本经济制度等重大事项的不能作出规定。第二个条件是一旦上位法制定出了新的规定，地方性法规的规定与上位法新的规定不一致时应立即予以修正或废止。

　　第五十一条　自治条例和单行条例中的行政法渊源。自治条例和单行条例是由民族区域自治地方的国家权力机关制定的有关调整该地区范围内社会关系的行为规则。它包括自治条例和单行条例两种，前者是指调整民族区域自治地方的自治组织和活动原则、自治机关的组成、自治机关的职权以及自治地方有关重大问题的综合性行为规则。

第五十二条 自治条例和单行条例中有一些是行政法以外的规则，绝大多数是行政法规则。它们对行政事态的规定在基本方面与地方性法规的规定相类似，而在下列方面区别于地方性法规的规定。

第五十三条 一则，自治条例和单行条例规定的事态有非常明显的民族性，在一些方面可以结合当地民族的特点作出规定。

第五十四条 二则，自治条例和单行条例可以对法律、行政法规的规定作出变通性的规定。这是地方性法规不可以作的。当然，变通规定的内容不能违背法律、行政法规所确立的基本原则，不得违背宪法和民族区域自治法的基本内容。

第五十五条 三则，自治条例和单行条例要实行特殊的批准制度。自治区的自治条例和单行条例，报全国人民代表大会常务委员会批准生效。自治州、自治县的自治条例和单行条例报省、自治区、直辖市人民代表大会常务委员会批准后生效。

第五十六条 行政规章。行政规章包括部门规章和地方政府规章两种，我们分别予以讨论。部门规章是指由国务院各部、委员会、中国人民银行、审计和具有管理职能的直属机构制定的有关行政管理规则。部门规章的制定主体包括国务院的职能机构，即部委级机构和直属机构两种。部门规章所能够制定的事项仅仅涉及执行法律、行政法规、国务院的行政规范性文件等需要规范的具体事项、规范事项的具体性是部门规章最大的特点，部门规章在制定时只能涉及本部门的行政管理事项，不能超出本部门的事项。地方政府规章指省级人民政府、较大的市的人民政府，省政府所在地的人民政府制定的有关调整行政管理关系的行为规则。地方政府规章因制定主体有三个，故而，本身存在效力等级的高低，即省级政府制定的规章高于较大市的政府和省政府所在地的政府制定的规定。地方政府规章必须是为了挂靠法律、行政法规、地方性法规的需要而制定，这是它的第一个条件。另一个条件是属于本行政区域内的行政管理事项，本行政区域内和行政管理是地方政府规章的两个基本前提。

第五十七条 行政规范性文件。行政规范性文件在行政法学界称谓不一，有的称为行政规范，有的称为行政管理规范性文件。它既然称为行政规范性文件，依已有行政法规范的称谓似乎要妥当一些。行政规范性文件，是指行政主体在行政管理活动过程中制定的规章以外的或者规章以下的行政管理行为规则。行政规范性文件的制定主体有两类：一类是具有规章以上行政法文件制定权的行政机关，如国务院、省、较大的市的人民政府、省会市人民政府。国务院既有权制定行政法规，又有权制定行政法规以外的行政管理规范性文件，如国务院每年都要发布一些通告或行政措施，这些通告或行政措施所面对的是不特定的人或事，具有普遍约束力，但它本身又不是行政法规。部门规章制定权的机关和地方政府规章制定权的机关除了制定规章外，也制定行政规范性文件，这是行政规范性文件的另一种类型。另一类是不具有规章以上行政法文件制定权的行政机关。我国各类行政机关都有权制定行政规范性文件，如乡镇人民政府、各级人民政府职能部门等。行政规范性文件的制定依据是非常明确的，《宪法》第89条、第90条、第107条都有赋予各级人民政府及其职能部门制定行政规范性文件条款。《地方政府组织法》第59条、第61条都有同样的赋权行为。

第五十八条 法律解释中的行政法渊源。法律规范的规定与法律所涉及事态的结合并不像人们想象的那么简单，也并不像立法者制定法律时所考虑的那么简单。换句话说，法律规范的规定与客观事态之间往往存在着较大的差距，导致执法者将法律规范运用于它所规制的客观事态时，会遇到这样那样的障碍，如何排除这种障碍呢？法律解释就是一条比较简捷的途径。在法治实践中，法律解释具体而言会有下列情形：一是法律条文的内容需要重新确定；二是规范冲突的解释。在法律运作中，前法与后法之间，此一部门法与彼一部门法之间，此一层级的法与彼一层级的法之间，此一地的法与彼一地的法之间都会有内容上的不一致，而有关的事态都在这些不一致的规范调整之列，执法者究竟选择哪一个规则处理这样的事态，需要对法条作出解释。三是有些法律上的事件具有极大的折中性，它既接近于此一个法律条文，又接近于彼一个法律条文，该法律事态究竟以哪一个法律条文处理，亦存在一个解释问题。

第五十九条 行政法适用中需要解释的情形比其他部门法更为多见，有权的机关对上列问题所作的解释由于能够对行政主体和相对人的权利义务产生影响，因此亦是行政法渊源的一种，具体包括：

第六十条 立法解释。立法解释是指由立法机关对相关的法律条文及其含义所作的阐释。法律由全国人民代表大会常务委员会解释，它的解释大体上有两个范畴，即"法律的规定需要进一步明确具体含义的"；"法律制定后出现新情况，需要明确适用法律依据的"。其中涉及行政法问题的阐释就是行政法的渊源，具有和其他法律层面行政法渊源同样的效力。地方性法规的制定主体对地方性法规内容进行阐释的行为，也应当属于立法解释的范畴。

第六十一条 行政解释。行政系统内部对有关自己制定的行政法文件的解释就属于行政解释。行政法规的解释权属于国务院，这种解释包括三个方面：一是需要明确适用中的界限，即某些条文涉及的权利义务范围；二是需要作出补充规定的情形；三是对行政工作中具体应用的问题予以说明，此一部分的解释由国务院授权国务院法制机构解释。规章解释权属于规章的制定机关，它所需要解释的情形与行政法规基本相同。

第六十二条 司法解释。在行政法中，司法解释指司法机关在行政审判中对有关法律适用和法律内容所作的阐释。另外，在司法实践中，人民法院常常要对法律规定的内容作出确定，一旦确定，就对行政主体和行政相对人有拘束力，这同样是行政法渊源的构成部分。

第六十三条 我国参加的国际条约中的行政法渊源。所谓国际条约是指我国同外国缔结或我国加入并生效的国际法规范，它不属于国内法的范畴，但具有与国内法同样的法律效力。国际条约所涉及的事项是多方面的，它包括政治、经济、贸易、法律、文化、军事、科技等若干方面。无论单边条约还是多边条约，只要我国加入其中，就成为了我国的法律渊源。如果我国加入的国际条约涉及政府行政权的行使、涉及行政系统与其他相对人的关系，它就自然而然地成为我国行政法渊源的组成部分，既对行政主体有约束力，又对行政主体以外的其他社会主体有约束力。

第六十四条 《联合国宪章》和《WTO规则》中的行政法渊源。从广义上讲，《联合国宪章》和《WTO规则》也是国际条约。但是，《联合国宪章》和《WTO规则》与一般的国际条约相比有它自身的特点，一方面，《联合国宪章》和《WTO规则》具有较高的地位，它们所涉及的内容以及各国对它们的认同度要高于一般的国际条约。另一方面，《联合国宪章》和《WTO规则》涉及的范围甚广，有关政治方面的事务在《联合国宪章》以及联合国的一些其他文件中普遍包容，而涉及经济性的事项则在《WTO规则》中普遍包容。同时，《联合国宪章》和《WTO规则》具有非常严整的规范文本。正因为如此，《联合国宪章》和《WTO规则》在诸多方面远远区别于其他的国际条约，故而，我们将其单列出来并介绍其中涉及的行政法渊源。

第六十五条 《联合国宪章》中的行政法渊源。《联合国宪章》从其文本看，是一个有关联合国的组织法，但其涉及的内容却与人类政治文明以及其他文明有关，它对各国（加入联合国的国家）权力行使的价值取向有非常重大的影响，它既使各国的权力行使朝着国际化的趋势发展，又使各国的权力行使朝着文明化的趋势发展。仅序言中所规定的和平、进步、正义、自由、发展等价值对各国行政权有着不可争议的约束力。其中一些条款的约束力更加具体。应当说明的是，《联合国宪章》的约束力并不仅仅在国与国的关系中体现出来，它更多的是对一国行政权行使的价值取向有深刻影响。

第六十六条 《WTO规则》。《WTO规则》的条款不能直接适用于行政主体的行政过程，但是，它对行政系统的制约至少有下列方面：一是它制约着行政主体的行为原则。《WTO规则》最为基本的原则包括最惠国待遇原则、国民待遇原则、透明度原则、自由贸易原则、公平宪章原则等，这些原则对我国相关行政主体的行为原则有着深刻的制约，在这个意义上看是我国行政法的渊源之一。二是它制约着行政主体的行为过程，例如《进口许可程序协议》要求："为使其成员方政府贸易及贸易商知晓有关进口许可程序规则，成员方应在已向世界贸易组织通知的官方公报、报纸、杂志等出版物上，公布进口许可证申请程序规定及有关信息，包括个人、企业和机构提交这种申请的资格，需要接洽的行政机关，以及需要申领进口许可证的产品清单等。公布的时间应不迟于上述规定生效之日起前的21天，特殊情况最晚不得迟于生效之日。如有其他成员方对所公布资料提出意见，成员方应予以考虑。"三是它制约着行政主体的行为性质。"成员方应指定一个中央政府机构负责履行通知义务，将拟实施的、缺乏国际标准或与国际标准有实质不同，并且对其他成员的贸易有重大影响的卫生与植物卫生措施通知世界贸易组织。通知的具体内容是，采取措施所涵盖的产品以及涉及的特定法规，简要说明特定法规的目标和理由。"行政主体为行为性质因《WTO规则》而发生了变化。

第六十七条 党和政府联合发布的文件。党的政策以及相关的文件曾对我国行政法有指导意义，但政策和党的相关文件依《宪法》的规定不是行政法的正式渊源。而党和政府联合发布的具有拘束力的文件，则是行政法的正式渊源。我们说它是行政法的正式渊源，是因为它在我国行政法治实践中具有同其他正式行政法文件同等的规制效力，且涉及的是行政管理中的一些具体事项，我国地方党政机关也经常联合发布具有行政法渊源性质的文件。

第六十八条 行政法非正式渊源是指那些具有行政法意义的资料，而此资料尚未在正式的行政法文件中得到权威性的、规范性的，或至少是明文的阐述

和体现。其有下列内在属性:

第六十九条 行政法规范的非认可性。行政法是诸部门法中体系最为庞大、内容最为复杂、表现形式最为多样的一个分支。尽管不可能有一部完整、统一的法典,但其在调整行政管理关系的普遍而基本的行为准则中却得到了国家有权制定行政法规范的机关的认可,使其具有了规范人们行为的强制力,从而也使被认可的行为规范成为行政法的正式渊源。而非正式渊源突出特点之一,就是没有得到国家的认可,缺乏与正式渊源同等的效力,有时虽然调整着行政管理中的一部分关系,但始终没有成为现行行政法规范的有机构成部分。此属性是研究非正式渊源的前提条件,又是区分两种性质不同的行政法渊源的依据。

第七十条 对行政权的规制性。非正式的行政法渊源之所以能在一定条件下调整行政管理关系,在于其与行政权有千丝万缕的联系,或者反映了行政权行使中的逻辑,或者体现了行政权的实质,或者为行政权的行使提供了符合公意的、符合客观规律的范式。换言之,行政法的非正式渊源有规制行政权的取向,其规制作用有时并不亚于正式渊源。当然,非正式渊源对于行政权的规制方式、程度、客观效应较之正式渊源要复杂得多。社会环境、行政文化、价值观念、民风民俗都是其规制作用的决定因素。行政法非正式渊源的规制性,使其对行政权的行使、制约和效果有了与正式渊源相似或相近的功效,进而决定了其可以成为行政法渊源的一部分,也决定了何种非行政法规范的行为准则可以成为调整行政行为的规范,何者不可以。可见,该属性对于确定非正式渊源的体系有重大意义。

第七十一条 对行政管理的普遍覆盖性。行政法规范是由行政权的行使和行政管理活动过程中抽象出来的,绝非个别的、单一的存在形态,为行政法的一般原理和法学理论所证实。非正式的行政法渊源既要成为行政法渊源的另一种形态,故需有法律规范的共性。显然,覆盖行政管理活动的全部或部分非正式的规范,才有升格为行政法非正式渊源的可能。同样道理,只有对行政管理活动中具有普遍指导意义的非正式行为准则,才符合法律原理而成为指导行政管理的准则。普遍性、全面覆盖性作为行政法非正式渊源的属性之一,对于从复杂的人类行为准则中确立非规范性文件的行为准则是至关重要的。进一步讲,如果没有普遍覆盖性这一特征,行政法的正式渊源将成为无源之水、无本之木,成为各种行为准则的大集合,而反映在行政执法中则是任意行政和主观行政。

第七十二条 上述三属性又可视为行政法非正式渊源的规格和标准，三者缺一不可，要判定某一个正式渊源之外的行为准则是否可以成为非正式渊源，必须把三个标准结合起来予以权衡。

第七十三条 行政法的非正式渊源是行政法理论和行政执法实践的客观存在，不以学者、行政管理人员的意志为转移。行政法、行政管理的发展趋势都证实了这样一个事实：非正式渊源在行政法律体系中的比重越来越大，对行政管理和行政权行使的指导意义亦越来越深刻。可以下述方面为证：

第七十四条 以行政法渊源及渊源理论的演化观察。在法制尚不发达时，行政民主化还未被普遍接受，行政人员多以传统习俗而行，以习惯法为主要法源。而在行政法进一步发展、行政的法律化和民主化提高以后，单一的习惯法已难以适应行政管理的态势，而不得不以制定法为主要的行政法渊源。1992年以后，由于我国处于从计划经济向市场经济发展的过渡阶段，政府职能发生了一系列变化，现在也并未结束。因此行政体制、行政管理和行政权力运用都需要新的观念指导。单一的制定法，甚或行政习惯法均不能完全承担约束、指导、监督行政权的任务，便不得不辅之以非正式的行政法渊源。我国台湾著名行政法学家张载宇将行政法的渊源演化过程叙说为："由习惯而制定法，由制定法而条理。"张氏所指的条理，显然是正式渊源之外的渊源范畴。

第七十五条 以行政权的社会功用观察。行政时代的社会特性必然是行政机构的权力日益庞大，行政的权威日益强化，行政管理的自主性日益强烈。在这一时代中，无论政府行为规范的制定还是公共政策的执行，或者是"政府的效能从根本上说都是取决于行政领导"。政治与行政相互交织、不可分割也表现得极为突出。这些都使行政管理难以被几个简单的法条约束和提供规范，更难以用写在纸上的法律条文提高其效率。在我国由计划经济向市场经济过渡的社会条件下，许多行政事务、行政问题具有复杂性和技术性及连续控制的要求，而法律规范所固有的滞后性，导致许多行政处置权不得不授予行政管理机构。此时要对行政提供规范和进行有效控制，非成文法之外的渊源不可。

第七十六条 以行政法产生和发展的动力观察。行政权与行政法并非同步。从历史过程看，行政法（指正式渊源）的产生远远落后于行政权，行政为国家统治作用之一种，有国家即有行政，故行政伴随国家而产生……唯行政与行政法不能混为一谈，有行政并非即有行政法的存在。一些学者把行政法的产生与发展归为五大原因：一是民主思想的激荡和民主进程的发展；二是行政事务的增繁和行政管理的复杂化；三是科学技术的高度发达，尤其行政管理中专业技术知识的运用和行政系统内部的分工细密；四是社会观念的影响，即以个人为权利本位的权利思想渐为以社会为本位的义务思想取而代之；五是国际关系的增进，使各国行政管理都趋向国际化、规范化。显然，这五个因素既促进了行政法的法典化、规范化，又为行政人员提供了广泛的正式渊源之外的参考系和行为指南。综而观察，行政法的非正式渊源具有必然性，但其并不否定正式渊源的主要规范作用。要防止非正式渊源的虚无主义和绝对主义。

第七十七条 行政法的正式渊源无疑是行政法的主要渊源，是提供行政准则的主体要素和主导因素，这是一方面。另一方面，正式渊源并不是十全十美的，其在对行政权的监控和行政管理的指导作用中还有一些缺陷，例如，立法中的空白地带；执法中自由裁量权的行使依何原则；等等。正式渊源是无能为力的，只有通过非正式渊源，才能把握立法者的意图，才能领会法律的精神，才能对付各种空白地带和剧变状态。

第七十八条 非正式渊源承担着正式渊源永远也不可能承担的职能。

第七十九条 行政法非正式渊源的行政法条空白的弥补功能。正式渊源要达到高度完善，难度还是很大的，其阶段性、暂时性决定了作为正式渊源的行政法条，常常会出现缺位和空白，而非正式渊源恰好弥补了正式渊源的空缺。非正式渊源体系的稳定性、恒久性、抽象性决定了其对行政法条文的弥补是及时和易到位的。应指出的是，非正式渊源弥补功能的实现与一定的外在条件有关，如行政环境、行政意识等。

第八十条 行政法非正式渊源的行政自由裁量权的参考系功能。行政自由裁量权的行使有客观上的依据，受一定原则的约束；这些原则和依据共同构成了自由裁量权行使的参考系。正式渊源由于较强的直接规则性，难以直接成为自由裁量权的参考系，唯有非正式渊源符合此特征，正如博登·海默所言，如果没有非正式的渊源，执法必然表现为：一个行政措施的作出和合理程度，取决于管理人员在政治上是保守、自由还是激进；取决于他在立法上是信仰传统还是信仰改革；取决于他是资方还是劳方的朋友；取决于他是倾向于强有力的政府还是倾向于无力的政府；抑或取决于他所具有的独特主观信念是什么。非正式渊源作为自由裁量权的参考系可能是模糊的，不甚明确的。但不管怎样，它们还是给执法者裁决提供了某种程度的规范性指导。

第八十一条 行政法非正式渊源的行政管理新规则的产生功能。行政机关及其公职人员的管理行为是一蕴含多层社会意义、法律意义和政治意义的行为。一则，该行为是一种执法行为和行政司法行为，即对国家活动的执行，对行政违法的确认和制裁；二则，该行为是一种技术行为和科学行为，即巧妙的管理艺术、丰富的科学知识，直接影响行为结果的质和量，如黑格尔所言："行政事务带有客观的性质，它们本身按其实体而言是已经决定了的，并且必须有个人来执行和实现。行政事务和个人之间没有直接的联系，所以个人之担任公职，并不由本身的自然人格和出生来决定。决定他们这样做的是客观因素，即知识和才能的证明。"行政管理的客观性、技术性和知识性决定了正式渊源与管理对象和行为间差异性的存在。换言之，行政管理需要每日每时地产生新的规则，淘汰旧的规则，甚至旧的管理体制和模式；新的规则与旧的正式渊源的反差，只有非正式渊源能够调和，从非正式渊源中寻求新的规则。

第八十二条　行政法非正式渊源的行政执法的超前指导功能。政治是国家意志的表达，行政是国家意志的执行。表达国家意志与执行国家意志之间暂时的冲突、恒久性的不协调是经常而普遍的，其表现形态和原因是多方面的。其中之一是，立法的相对稳定性与行政权行使的活跃性的质差造成的，"法律永远落后于行政"。解决这一矛盾的方法之一，就是对行政执法、行政管理活动进行不断调整，以使行政活动不至于因为法律的滞后性而阻碍管理对象和客体的发展。非正式渊源以它的预测、推理、普遍性能对行政的超前性予以指导，使行政机关和管理人员实施正式渊源尚未认可的行政行为时，同样有客观上的依据。从某种角度讲，非正式渊源对行政执法的超前指导功能具有发展正式渊源的意义，具有创造性。

第八十三条　行政法非正式渊源与正式渊源之间的关系是指二者在法学理论上的逻辑关系，而非执行和运用中的关系。二者可表现为下列关系形态。

第八十四条　二者不总是一致的，但共容于行政法的渊源体系中。行政法的正式渊源与非正式渊源在绝大多数情况下是一致的，没有矛盾和冲突，例如，行政要充分体现公共意志这一国际上公认的公共行政政策，可被视为一条非正式渊源，而这一渊源与各国行政法关于行政合理性原则的规定、关于公民权利义务的规定均具一致性。但是，二者经常会表现出不一致，甚至对立。例如，行政学理论中的效率原则，就与行政法一向强调的"严格程序化原则"有一定出入，即效率和程序的反差。再如"小政府、大社会""小政府、大服务"已成为人们普遍接受的一项非正式渊源，而其与"行政权威原则""行政机关统一行使行政权原则"正式渊源亦存在反差。行政法正式渊源与非正式渊源一致与反差的关系是矛盾着的两个方面，一致是二者有了相似的、质的规定性，使其可以共容于行政法渊源体系中，反差则使二者相互补充，互为前提条件。

各自从不同的侧面指导行政过程。

第八十五条 后者是主要的行政行为准则，但前者有时会表现出更高的效力。我国行政法与发达国家和地区的行政法相比，还较为落后，处在不断完善和逐渐发展阶段，建立较完善的行政法体系，制定各阶层的行政法规范是完善行政法的首要任务。换句话说，我国行政法渊源仍然处在"制定法时代"，即以制定法为主要的行政法渊源，以及为主要的调整手段，突出正式渊源在行政管理中的作用。另则，这种正在发展和完善的过程，使非正式渊源发挥作用有了机遇。它既可以为正式渊源的完善提供材料、依据和准则，又可以直接指导行政活动，在一定条件下，其所表现出的效力可能要高于正式渊源，诚如美国政治学家亨廷顿所指出的：从一种观点看，"政府行为的合法性在于这些行为能与'公众哲学'保持一致。根据民主理论，政府行为的合法性来源于它们对人民意志的体现"。显然，亨廷顿是对非正式渊源效力的高度肯定。在某些情况下，行政法非正式渊源的效力还可能高于正式渊源的效力，非正式渊源的比较高效力性，可以发生在某一件行政事务中，或发生在某一行政活动过程中，抑或发生于某一行政管理阶段，甚或较长一段时期。

第八十六条 后者有较强的体系性，但前者的个别准则可转化为后者。在行政法渊源体系中，正式渊源结构性强，各国都有自己的正式渊源体系。正式渊源的发展与完善总是依赖非正式渊源，或者为其提供理论上的依据，或者直接由非正式渊源转化为正式渊源。随着科学技术的发展，社会信息化程度的提高，新型社会、新型政府需要新的规范作为指南，一些技术性、专业性的非正式的行政准则将被国家权力所确认。

第八十七条 行政法的非正式渊源有下列基本范畴。

第八十八条 行政的正义标准。"统一法理学"把法律的普遍本质叙说为两个：一个是秩序，并认为它是侧重社会制度的形成结构；另一个是正义，认为其所关注的是法律规范与制度安排的内容。它们对人类的影响，以及它们在人类幸福与文明建设中的价值。足见正义所体现的是某种实质性的倾向。可以成为行政法非正式渊源的行政正义可包容：一是行政中的合理化，即趋于正式渊源之外的、被社会普遍公认的价值准则。该准则在有些场合是客观规律的反映，在有些场合则是多数意志和利益的体现。它往往对行政决策的形成有着比正式渊源更为强烈的调整意义。二是行政中的平等倾向。社会主义行政权与平等的正义观是浑然一体的。三是行政中的有恒化。此有恒性既包括个人对行政职权忠诚的心理状态，又包括行政组织对行政事务持久性、有序性的认识。通过有恒化这一正义行政准则,提高行政主体的主动性和履行非正式渊源规定义务的自觉性。四是行政的福利与安全倾向。现代行政有两大目的,即为促进社会福利的实现和与司法部门共同维护公共安全。行政人员除依成文法办事外,还要考虑此两个因素。另外,自由、宽厚、果断亦是正义的标准。

第八十九条　行政过程中的推理、思考。英国哲学家约翰·密尔把政治组织和政治体系中的行政组织视为人的劳作,并认为由于它是人的劳作,其运转就不是自动的,也不是靠几个法条可以实现的,"而是在人们积极地参与下",并适应"现有人们的能力和特点"。说明行政权行使中行政人员的主观能动性具有决定意义。因此,行政过程中的推理、思考也不失为主要的非正式渊源。包括行政人员和行政组织运用演绎方法、归纳方法、类推方法所提出的合乎逻辑的结论,包括依据现代"思维术"以及系统论、控制论、信息论所作的判断。

第九十条　行政客体的本质、原则。行政客体或曰行政对象,指行政权发生作用的所有事物,根据主体与客体关系的原理,行政权制约因素的根本方面不在主体本身,而在于客体,包括客体的性质和内在关系等。行政客体的内在关系有下列四种:其一是管理的物质自然界所具有的必然的关系特性,如交通行政管理机关就面临着各种交通工具和交通环境的自然关系。其二是某种固定的和必然的人的自然状态,如工商、税务、物价、计量等行政机关面临的各种人的关系模式和行为状态。其三是某种政治和社会生活制度所造成的人及自然的关系性状。其四是不同意识形态和文化结构下的关系性状,等等。四者皆有其客观性质和关系原则,该性质和关系原则,无论如何,正式的行政法渊源都不可能全面覆盖和包含。亦即正式渊源与上列原则不一致的情形是经常存在的,此时,行政客体的关系性质、原则就自然而然成为行政法的非正式渊源。

第九十一条　行政政策。行政作为一种管理活动,被认为是对国家意志的一种执行,而政治则是对国家意志的一种表达。所以,政治与行政具有天然的联系,且二者的关系极为复杂,有时行政甚至承担着政治的职能。但从总体上讲,行政从属于政治,这便决定了各种政治力量对行政的渗入和左右,突出表现在对行政政策的决定和影响上。当政治施加于行政的政策还没有被立法机关以法律形式认可时,这一行政政策就是行政法的一种非正式渊源。

第九十二条　行政技术准则。20世纪五六十年代发生在美国和日本的行政管理革命,开辟了一个新的行政管理时代,该时代是对传统行政管理的否定。主要特征是:专业化、职能化、科学化和技术化,系统理论、行为科学、信息论、控制论以及一系列自然科学中的运算过程和技术规范体系在行政管理中的广泛应用。行政技术准则在行政法制度较发达的国家,已逐渐转化为法律规范,成为调整人们行为的行政准则。我国近年来的行政立法亦有此趋向。但是,由于行政管理定量化、技术程度的飞速提高,行政法不可能完全将这些准则予以认可,成为正式渊源,只能甚至必须作为非正式的渊源调整行政行为。

第九十三条　行政习惯和惯例。行政习惯指的是行政过程中的惯常做法,并未有充分的成文法上的依据;惯例则是行政机关在处理先前行政案件时一贯遵循的准则。由于我国是非判例法国家,因此,在将习惯和惯例作为行政法的非正式渊源时,必须与其他非正式渊源结合起来。

第九十四条　外国行政法。行政法作为统治阶级意志的体现,有阶级性的一面;作为一项社会控制手段,它又有技术性和社会性的一面。后者决定了不同类型的国家,不同类型的行政法,有着相通的内容。无论哪一国的行政法,都把依法行使行政权作为行政的一项基本原则就是例证。以此类推,行政法制发展较快的国家的一些行政法准则,可以作为我国行政法的非正式渊源。随着各国经济、科技、文化的日益交流,行政法的发展有国际化的倾向。

第九十五条　"辅助权威"是一个总的名称,包含论文、法律期刊、百科全书以及其他有助于寻找和解释诸如法律和案例这种"基本权威"的一些辅助读物。带有权威性的被普遍承认的行政管理和行政法学的理论、观点、学说,亦为非正式渊源的一种。

第九十六条　探索行政法非正式渊源的适用原则,既可以填补该问题的理论空白,又有利于指导非正式渊源的适用。行政法非正式渊源的适用应遵循下列原则。

第九十七条　限制原则,指对非正式渊源的适用应适当予以限制,甚至应规定一定的标准,列举出各种限制因素。如正式渊源有规定时便不得适用非正式渊源。该原则是处理正式渊源和非正式渊源关系的依据,通过它,突出行政法制思想,突出正式渊源在行政法制体系中的主导地位。当然,对非正式渊源如何限制,具体标准还需理论界进一步研究。

第九十八条　附条件原则。非正式渊源本身是一个庞大的体系,包括各种类型的行为准则,因此,对其适用必须附加一定的条件。一方面,排列各非正式渊源的等级与层系,何者在适用中应优先考虑,何者仅作参照,如当行政政策与行政惯例发生冲突时,就应优先适用行政政策。另一方面,各非正式渊源还须规定具体的适用条件。总之,通过对非正式渊源附加条件,使其适用与我国的法制原则和行政权行使的合理性保持最大限度的一致。

第九十九条 从属原则，是指行政法非正式渊源适用时既要受行政范畴的限制，从属于行政管理活动过程，又要受各行政支系统的制约，附属于行政管理职能部门。要求行政机关及其公职人员以最相近或邻近的、最符合本部门实际和客观情况的渊源适用之。从属原则是对限制原则和附条件原则的必要补充，通过它可以防止非正式渊源适用中的过分政治化和非行政化。

第一百条 主动原则，是指"社会的需要和社会的意见常常是或多或少走在法律前面的"，为了使法律适应社会需要和社会意见，就需要诸如"抑制""衡平""立法"等手段，而抑制和衡平实际上是对执法人员主动性的认可，允许其在一定范围内灵活掌握。非正式渊源的适用大多数没有强制性，不是以国家强力直接作用保证实施的，主要靠行政人员的主观能动性。主动原则则要求行政人员进行综合平衡，自主的以非正式渊源解决正式渊源没有认可的行政事项。

第一百零一条 灵活原则，是指法律非正式渊源的效力靠内在价值，其实施主要靠劝说，此特性决定了行政法非正式渊源适用中的因时因地制宜。与正式渊源的适用相比，其有很大的伸缩性，本身就是自由裁量的而非羁束的，行政人员可根据不断变化的客观事态自由选择。

（三）行政立法抄袭

第一条 行政立法中的抄袭，是指有行政立法权的行政机关在制定行政法文件时，在该文件的章节设计和条文设计上以及在具体的行为规则的确定上，以其他法律文件和非法律文件为具体内容或蓝本的行为。

第二条 一则，行政立法抄袭行为的实施主体是享有行政立法权的机关，《立法法》确定的行使立法权的机关包括最高国家行政机关、职能机构和直属机构、地方的省级或较大的市的人民政府。可见，行政立法抄袭行为的主体和一般的行政主体是有区别的，其法律地位高于一般意义上的行政主体。

二则，行政立法抄袭行为的客体是所制定行政法文件以外的行政法文件，这里牵涉到抄袭的行政法文件和被抄袭的资料两个文件之间的关系，抄袭的是制定的行政法文件，而被抄袭的是已经制定或生效的法律文件和其他非法律文件。

三则，抄袭的范围既可以是某一文件的蓝本，又可以是某一文件的具体行为规则，包括文件的章、节、条、款等事项。

四则，行政立法抄袭应当是行政权的不当行使。由于我国《立法法》和其他法律文件没有对行政立法抄袭进行定性，因此，笔者认为，就目前来讲，我们还不能将行政立法抄袭行为作为行政违法行为看待，但可以将其视为对行政立法权乃至行政权的不当行使。

第三条 从行政立法实践看，行政立法抄袭有下列表现。

第四条 一是抄袭上位法的行政立法。《立法法》以法律的形式提出了上位法和下位法的概念，一个法律在法律形式和法律效力上处于另一个法律的相邻关系之上，其对另一法律文件而言就是一个上位法，而这一部法律规范就是一个下位法。在我国立法学理论中上下位法的关系除了相邻性之外，还包括不相邻的上下位法关系，即一个最低层次的法律规范对一个最高层次的法律规范，亦可以归于下位法概念之中。法律的位次不同，所调整的社会关系的性质亦应当有所不同，在行政立法实践中，存在下位法抄袭上位法的情形，例如，1996年第八届全国人民代表大会第四次会议通过了《中华人民共和国行政处罚法》，在该法制定以后，国务院诸多职能机构在本部门制定了相关的行政处罚规则，到目前为止，这样的处罚规则还有十多个，而这些规则绝大多数都是将《行政处罚法》的内容照抄一遍，也有些是抄了《行政处罚法》的大多数或一些条款，例如，《农业行政处罚程序规定》第23条的内容大体上与《行政处罚法》第34条的规定相同。总之，下位法抄袭上位法的情形在行政立法抄袭中非常普遍。

第五条 二是抄袭异域行政法文件的行政立法。自1982年《宪法》规定地方的省、较大的市以及省政府所在地的市的人民政府有权制定地方政府规章以来，我国地方政府制定规章的行为就成为行政权行使的一个重要手段，据不完全统计，每个有地方政府规章制定权的地方政府规章的数量都在20件以上。地方政府规章成了地方政府行使行政管理权的重要手段，在《行政处罚法》出台之前，地方政府规章设定处罚的现象十分普遍，在《行政许可法》颁布之前，地方政府规章设定行政许可的事项亦非常普遍。地方政府通过这一权力，常常使自己的诸多管理行为合法化了。当然，地方政府规章若具有明显的地方特点，也能够起到有效调控社会关系的作用，但是，若仔细研究一下地方政府规章，尤其将我国不同地域的地方政府规章放在一起进行比较研究以后，我们会发现，我国绝大多数地方政府规章并不具有明显的地方性，而是在全国绝大多数地方都可以通用。这便说明，地方政府规章是相互抄袭的。

第六条 三是抄袭相邻行政法文件的行政立法。此处所指的相邻行政法文件,是指没有上下位关系的、处于平行地位的行政法文件,如部门规章与地方省级政府规章之间的关系、不同部门规章之间的关系、部门规章与地方性法规之间的关系等,都属于这样的相邻关系。行政立法中的抄袭,在这种相邻关系中非常多见。一方面,我国行政职能的划分具有相对性,而且行政职能的划分,是以行政机构所行使的实体权力为依据的,如土地管理部门与税务管理部门的区分是由实体权力的不同决定的,而这不排除二者在程序权力上的同一性。另一方面,我国国家权力的划分具有职能交叉性,如从纵向上,国务院职能部门可以管理某一方面的国家事务,而从横向上讲,这样的事务也会存在于省级甚或较大的市的人民政府的职权之中,这便导致某一行政事态在纵向和横向上的重合。上述两方面也可能导致相邻的行政法文件之间相互抄袭。例如《交通行政复议规定》和《国土资源行政复议规定》在行政复议受理范围的规定上,行文基本上没有什么区别,最大只是一个适用于交通行政复议机关,另一个适用于国土资源行政复议机关,其他的内容都基本相同。此外,同一事项也存在地方省级政府与国务院职能部门在制定规章时的照抄问题。地方性法规与职能部门规章之间的照抄在行政立法中亦不少见。

第七条 四是抄袭政策性文件的行政立法。党的政策在我国政治生活中起着非常重要的作用,我们常常将政策作为调整社会生活的灵魂,亦作为法律在制定过程中必须予以充分考虑的因素。为了行使权力的方便,我国也常常在行政法文件中将政策与一般的行政法文件予以融合,以党和政府联合发布的文件调整行政行为的事实就是例证。当一个行政法文件是由党和政府联合发布时,它是行政法的另一种形式,而不能说是一个立法抄袭。1982年《宪法》和后来制定的一些党的文件,将政策和行政法文件作了有效区分,指出了二者在性质和调整社会关系等方面的质的区别,这表明,行政法文件不能直接成为政策的转化形式。然而,在行政法治实践中,行政立法文件抄袭政策的情形非常多见。政策和法律之间是有区别的,行政立法直接照抄政策的内容必然降低行政法文件的质量,因为它使行政法文件相对不稳定。

第八条 作为一个正常的法律体系,内部不但在形式上有一个合理的排列和组合关系,更为重要的是其必须具有实质上合理的排列和组合关系。《立法法》确立了由宪法到法律、由法律到行政法规、由行政法规到地方性法规、由地方性法规到政府规章的形式上的法律体系,这是我国法律走向科学化的重要一步,然而,在目前的行政法体系中,同一层次或者不同层次排列着非常雷同的规范内容,这必然使行政法仅仅有形式上的合理性,而没有实质上的合理性,缺乏实质合理性的行政法文件的组合关系,必然不能使行政法乃至整个法律形成一个体系,这可以说是行政立法抄袭对我国行政法的最大障碍。我们知道,法律除了统一还有一个尊严问题,在一个法律体系中,若有无数雷同的内容排列其中,它的尊严便是难以保证的,除此之外,行政立法中抄袭行为还有其他诸多弊害,从行政法治的角度讲,下列弊害是我们不能不提的。

第九条 行政立法抄袭必然造成立法浪费。立法是否需要注意成本,这是一个存在巨大争议的问题。美国在建国初期,《联邦党人文集》的作者就提出了行政权必须讲求效率的政治理念,而在立法权的行使上,则更多地强调民主理念,这也是美国为什么在立法中实行委员会制而不是实行责任制的原因。此后人们就一直认为,提高效率、降低成本是行政权的专属物。我国似乎也受了这一理念的影响,《立法法》在确立了民主理念、统一理念、科学理念的价值判断后,并没有同时将效率理念作为立法的政治理念。但是,我国学界近年来也提出了降低立法成本、提高立法效率的论点,而且这个论点被越来越多的人所接受。行政立法抄袭的弊害之一便是加大了立法成本、造成了立法浪费。笔者认为,立法同样是一个资源、都是一个政治资源、一个经济资源、一个文化资源,总之,其是有限的而不是无限的。立法抄袭行为就是非常不珍惜立法资源。例如,《行政处罚法》对行政处罚的事项和程序规定得十分清楚,而且处罚作为一个重要的法律制度,只能由立法机关规定,然而,该法出台以后,全国处在规章层面的行政处罚规则和处在地方性法规层面的行政处罚规则有上百个,这既使立法过程中人力、物力、财力处于浪费的格局中,又浪费了《行政处罚法》作为基本法的成本地位。

第十条 行政立法抄袭必然降低立法权威。在专制制度的国家政权体制之下,国家权力不作性质上的区分,不同的国家权力亦不会交由不同的国家机构行使。然而,在国家政权进入民主时代以后,不同性质的国家权力从理论上和法律上作了区分,再将不同的权力通过宪法交由不同的国家机构行使。不同的权力在行使中都有着相应的专属性。立法权归于立法机构行使,就是立法权专属性的体现,这种专属性,既强化了权力行使的责任感,又使权力的行使有了高度的权威性。20世纪以来,立法权的专属性受到了冲击,委任立法、授权立法不断出现,我国也不同程度地受到了影响,正如《立法法》规定的,在我国行政立法权是多主体的,除全国人大及其常务委员会外,还有地方省级人大、地方省级政府等。这种现象可以认为是行政立法权的一种转移,这种转移的效果肯定是降低立法权威。行政立法的权威性应当从形式上的严肃性得到体现，行政立法抄袭肯定是一个非常不严肃的立法行为。我们知道，抄袭行为在学术上讲是一种学术腐败现象，因为抄袭者将他人的研究成果占为己有。同样的道理，立法抄袭也是一种不正当的行为，一个同一内容的法律规定在不同的行政法文件中反复出现，必然会使人们怀疑这一规定的真实性和有效性。正因为如此，《立法法》将各个层面的行政法文件所能够规定的事项都作了限制，旨在指明不同层次的行政法文件内容设计应当是有所区别的，而抄袭行为则混淆了界限，从而降低了行政立法的权威。

第十一条 行政立法抄袭必然泛化立法内容。《立法法》对下位法抵触上位法的情形作了严格的限制性规定，而且规定了一套防止否定上位法效力的程序规则。然而，《立法法》没有规定下位法重复上位法内容、此法重复彼法内容属于什么性质的行为这一重大事项。笔者认为，一国的法律是一个以梯形结构或者我们通常讲的以金字塔形式排列的体系，每一个层级都有它确定的内涵，内涵的相对确定，既使法律体系相对严整，又使行政法规范的内容相对集中。《立法法》没有规定下位法重复上位法的情形，必然造成法律行为中的泛化现象，所谓泛化现象，是指一个本该通过一个机构完成的立法事项，结果存在于多个机构之下，一个本该在行政法体系中承担一种职能的行为规则，结果承担了诸种职能，一个本该在法律调整中出现一次的法律表述结果出现了许多次。立法泛化在我国相关事态的调整中非常多见，例如，有关土地管理的规则，几乎在每一个层次的行政法文件中都出现过，法律层面上有《中华人民共和国土地法》，行政法规层面上有《中华人民共和国土地法实施条例》，地方性法规层面上有各省的土地管理条例等，规章层面的土地管理规则更多。泛化性的行政法文件，常常使这一事态的调控没有真正的法律规范所依，或者相关当事人选择对自己有利的规则，我国土地管理曾经一度失控的事实，在某种意义上讲就是土地行政立法泛化所造成的。

第十二条 行政立法抄袭必然模糊行政立法层次。《立法法》第87条规定："宪法具有最高的法律效力，一切法律、行政法规、地方性法规、自治条例和单行条例、规章都不得同宪法相抵触。"此条确立了宪法作为根本法的地位，依这一规定，《宪法》既是所有法律和法规之母，又是我国法律体系中的龙头。该法第88条规定："法律的效力高于行政法规、地方性法规、规章。行政法规的效力高于地方性法规、规章。"除这一条规定外，该法第8条还规定了法律保留原则，所谓法律保留原则，是指一些重大事项或特定事项只能由法律进行调整，法律以下的其他法律文件不能调整这样的事项。这些规定表明，法律在我国法律体系中处于二级地位。该法第89条规定："地方性法规的效力高于本级和下级地方政府规章。省、自治区的人民政府制定的规章的效力高于本行政区域内的设区的市、自治区的人民政府制定的规章。"通过这一条规定，将法律以下行政法文件的地位也作了适当排列。从上面的规定可以看出，我国法律规范是分层次的，不同层次的法律规范调整不同的事态。但是，《立法法》在作出法律体系层次确定的同时，在行文上存在一个容易引起误解的地方，如第73条规定行政法规可以为执行法律而作出一些规定。如此一来，是否在执行法律而对某一事态作出规定时，这些不同层次的法律都有权利作出规定？这是一个我们无法回答的问题，也许正是由于这样的规定，导致同一事态的规定在不同层次行政法文件中都能找到，它实质上是一个立法过程中的抄袭问题，这样的抄袭，使一个内容在不同层次的行政法文件中常常同时出现，这样便使《立法法》设计的行政法规范层次被模糊化了，这是行政立法抄袭的又一弊害。

第十三条 行政立法的抄袭在我国行政立法中已经不是一个个别现象，它几乎成了行政立法中一个普遍性问题。以《行政复议法》为例，自该法制定以后，我国部委机构和直属机构就有15个以上的机构制定了行政复议的相关规则，一方面，这些规则都抄袭了行政复议法的内容，绝大多数将行政复议法的内容重复一遍，有些部门虽然在复议的前面加上了本职能部门管理权限的性质，如"交通行政复议""税务行政复议""劳动和社会保障行政复议"等，但从条文的形式上讲，还是一个立法抄袭行为，因为《行政复议法》规定的行政复议在每一个部门都能够顺利实施，或者应当能够顺利实施，该法肯定没有必要在前面冠以每个部门的管理职能名称。事实上，任何一个部门在对行政复议作出与本部门相适应的规定时，都不可能也没有权力突破行政复议法的内容，抄袭也就是必然的了。另一方面，不同部门在制定行政复议规则时，亦存在相互抄袭的情形，一般以第一个制定出来的为蓝本，进而制定本部门的复议规则。《行政复议法》抄袭还只是一个方面的问题。我国诸多地方人大或者地方有规章制定权的人民政府，亦制定了本地方的行政复议规则，全国有数十个省市制定了本地方的行政复议规则，这些内容同样是将行政复议法的内容抄袭一遍。

第十四条 行政立法此种普遍性抄袭的情形有着非常深刻的原因，我们只有将这些原因找到以后，才能寻求科学的解决对策，在笔者看来，下列方面是行政立法抄袭形成的原因。

第十五条 立法体制不健全是造成行政立法抄袭的根本原因。立法体制是一国宪政制度的组成部分，它是指一国政治体制和政权体系中有关立法权行使的分配问题。机构设置只是立法体制中一个方面，即是说，立法体制中最为主要的是立法权的分配问题。我国从能够行使行政立法权的国家机构的设置看是清楚的，我们都知道行政法规只能由国务院制定。能由地方省级人大制定，而规章的制定主体也是明确的，这些硬件在《立法法》中都规定得非常清楚。但是，有关软件，即具体的权力分配，《立法法》则没有有效解决。例如，究竟对什么样的事件，行政法规才可以作出规定，含义非常不明确。《立法法》关于国务院制定行政法规的事项有三个规定：一是为执行法律的事项；二是《宪法》第89条规定的行政管理事项；三是制定法律尚未成熟的事项等。这三个范畴的内容若细细解读，没有一个是有确切答案的。而国务院职能机构和直属机构制定规章的事项与行政法规能规制的事项的区别亦不清楚。在相关概念不清楚的情况下，上位法规定了一个事项，下位法将这样的事项照抄一遍，不但不是违法，反倒成了对上位法的贯彻，这必然导致立法过程中的抄袭。地方立法也是相同情况，例如有关计划生育的行为规则，在有些地方是由地方性法规调整的，有些地方则是由政府规章调整的。这种权力划分上的不明确，使最低层次的制定行政法规范的机关在制定政府规章时，完全可以不考虑其在事态范围上受到的限制，而职权的没有限制性，使立法行文的表述就越发大胆，抄袭也就无法避免了。

第十六条 行政领导制造立法政绩，是造成行政立法抄袭的主观原因。我国立法规划的形成有两个非常重要的特点，一是长期以来立法规划具有工程立法的属性。所谓工程立法，是指立法机关或者享有行政法文件制定权的行政机关，将行政法文件的制定作为一个工程看待，常常在一个特定的历史时段制定若干个法律规范，而这些法律规范是否一定是社会生活所必需则不同。例如，我国一些地方政府，每届上任期间都作出一些本政府在任时的立法规划，这些规划一般都是一个相对宏观的工程。二是长期以来，立法规划被一些领导人员作为自己任职期内的政绩。一般考虑的是所制定的法律规范的规模，即所制定的行政法规范规模越大，其政绩就体现得越明显。二是所制定的法律规范对有关上级指示贯彻执行的程度，当然，这些上级指示也包括某一时期国家强调的立法。例如，2003年《行政许可法》被当成政府的一件大事来抓，一些行政领导为了体现其立法政绩，便在2004年以后将出台的《行政许可法》的内容在下位法律文件中重复一遍，表明该领导在立法上和国家的战略方针政策保持一致。政绩立法已经成为我国部门立法和地方立法中一个具有普遍意义的问题，政绩立法使行政立法更具有形象工程的意义，而不一定具有实实在在的调控价值。笔者注意到，中央某一重要行政法文件制定后，各个地方都在随后的一段时间内制定本部门和本地区相应的行政法文件，我国部门和地方在同一行政法文件制定时间上的相近性，就很能说明这一问题。

第十七条 行政调控过程中的古板性，是行政立法抄袭的基本原因。行政立法中一大部分是产出于行政系统的，据统计，我国自1982年《宪法》赋予国务院制定行政法规和国务院部委制定行政规章的权力以来，我国中央立法大体上是这样的比例关系：全国人民代表大会及其常务委员会制定的中央行政立法仅占全部行政立法的3%，国务院制定的行政法规占15%，其余82%都是由部委制定的。由此可见，行政立法中行政系统本应当有较大的立法裁量权，所谓立法裁量权，是指行政系统中制定行政法规范的机关有权在其自由意志支配下，在不违反宪法和法律规定的前提下制定行政法文件，而这些行政法文件或者是对法律文件的有效实施，或者是对法律文件的良性具体化。然而，我国行政系统在对社会事项进行规制时，却表现出了较大的古板性。以食品卫生管理的立法为例，全国人民代表大会很早就制定了《中华人民共和国食品卫生法》，但是，食品卫生是一个社会性极强的问题，一方面，原来的立法在一定范围内不能够有力地调整食品卫生事态；另一方面，食品卫生会随着社会环境的变化而变化，例如以添加剂催化某瘦肉型猪，就是食品卫生管理行政行为的新问题。这样的问题在出现时呈现为区域化、个别化，显然，要调整新的食品卫生关系，就要求行政立法要从特殊到一般，从个别到普遍，有些甚至必须有强烈的地方色彩、部门色彩。但是，我国行政系统对法律事务的调控却相对比较古板，一般只有上位法对某一事态作出规定时，部门和地方才制定相应规则，这种从上到下的行政立法逻辑，必然导致行政立法抄袭。

第十八条 行政系统认识水平偏低，是造成行政立法抄袭的技术原因。抄袭行为就其本质而论，是抄袭者对所抄袭事项的无知所导致。抄袭行为的前提是一个知识问题，即当人们对某一范畴的东西有足够认识时，其在这个范畴的事态处理就不会有抄袭行为。进一步讲，只有当人们对某一范畴的事态缺乏足够的认识，对该范畴之事态处于无知状态时，才会通过抄袭弥补认识上的缺陷。行政立法抄袭亦符合抄袭行为的这一本质要件，就是说，行政法文件制定者对需要制定的行政法文件与其所调整客观事态之间的关系没有足够的认识，便有可能以人云亦云的方式处理。行政立法是由行政系统制定行政法规范的状态，因此，行政立法中的认知，主要是行政系统对自己所管理行政事态的认知，一般地讲，一个非常好的行政法文件，首先是行政系统对这一文件所调整的事态有非常深刻的认识，即在这一事态的调整中表现出了明显的知识化倾向。例如，2003年国务院制定的《突发公共卫生事件应急条例》的制定，既是当时社会实践的产物，又是制定机关在对公共卫生事态充分认识的基础上形成的，这一规范在制定中就没有抄袭行为。我们知道，我国诸多部门规章和地方政府规章制定以后，并没有非常高的利用率，我们将一个行政法文件没有较高利用率的情况叫做行政立法闲置。之所以会造成闲置，一是这一法律文件规定的事态是多余的；二是这一法律文件规定的事态已经被其他法律文件调整，而这两个方面都是由行政立法的无知决定的，这种无知与行政立法抄袭的关系是很清楚的。笔者注意到，为了防止因行政立法无知而导致的行政立法抄袭，《行政法规制定程序条例》和《规章制定程序条例》都规定了行政立法中的立项论证制度。

第十九条　我国在行政责任的制度建构中，比较重视行政执法责任制度的建构问题，在部门行政管理法和专门规范政府行政行为的法律规范中，行政执法的责任制度相对完善，2006年8月27日通过的《中华人民共和国各级人民代表大会常务委员会监督法》(以下简称《监督法》)，对行政执法的责任追究规定了相关的制度和程序，《行政处罚法》和《行政许可法》也都有相应的规定。在行政救济制度中，行政执法中错误行为的救济，也反映在《行政复议法》《行政诉讼法》和《国家赔偿法》之中。与之形成明显反差的是我国行政立法制度的责任追究制度，一直没有建立起来。

第二十条　《行政诉讼法》将政府行政系统的立法行为排除在司法审查的范围之外，这就失去了对错误行政立法行为的司法权监督。

第二十一条　《立法法》第100条第3款规定："全国人民代表大会法律委员会、有关的专门委员会、常务委员会工作机构经审查、研究认为行政法规、地方性法规、自治条例和单行条例同宪法或者法律相抵触而制定机关不予修改的，应当向委员长会议提出予以撤销的议案、建议，由委员长会议决定提请常务委员会会议审议决定。"该规定不是有关行政立法的责任追究制度，而是一个行政立法与上位法相抵触的处理制度，这样的处理制度只能解决一事一案的问题，而不能够将行政立法的规范化纳入一个总系统之中。

第二十二条　《监督法》虽规定了"规范性文件的备案审查"制度，但与《立法法》的规定一样，只能起到处理一个不当规范性行政文件的作用，同样不是一个严格意义上的责任追究制度。

第二十三条 还应当指出，目前我国并没有把行政法抄袭视为违法立法或不当立法，由于没有这个大前提，就使我们在探讨行政立法抄袭的解决路径时有比较大的难度，我们只能作出主观上的设想。

第二十四条 无论如何，笔者还是想通过对行政立法抄袭路径的探讨，对解决我国行政立法抄袭有些帮助。应当说明的是，这些解决路径也是一些处理或防止行政立法抄袭的举措，而不是行政立法抄袭行为的责任追究制度或路径，因为，在法律没有将行政立法抄袭定性为违法立法或不当立法之前，我们无须构设相关的责任追究制度。

第二十五条 法律、地方性法规规制的事态应当具体。在我国行政立法体系中，一部分渊源形式是法律和地方性法规，这两个部分的造法主体都是国家权力机关，依《宪法》和《立法法》等法律的规定，全国人民代表大会及其常务委员会，省、较大的市的人民代表大会及其常务委员会本身就享有立法权。行政立法抄袭主要是行政系统制定行政法文件过程中发生的。因此，从逻辑关系上讲，法律、地方性法规对其所调整的社会事态规定得越具体，留给行政系统制定行政法文件的机会就减少，理所当然引起的行政立法抄袭行为必然越少。事实上，《立法法》将国家政治生活基本事项的规定权都集中在由全国人民代表大会及其常务委员会制定的法律之下，该法第8条只能制定法律的事项就有11项。同时，《立法法》和相关法律并没有规定由法律规定的事项必然是较为原则、较为抽象的。因此，认为法律只能作出原则性、一般性规定的论点并没有法律依据。而《立法法》第73条对地方性法规所能规定的事项表达得十分明确："（一）为执行法律、行政法规的规定，需要根据本行政区域的实际情况作具体规定的事项；（二）属于地方性事务需要制定地方性法规的事项。"这两个范畴的事项都是具体的，且强调了地方性法规规定事项的具体性。在地方性法规规定非常具体的情况下，地方政府规章再对同一事项作出规定必然会陷入到立法抄袭的怪圈之中。退一步讲，即使后者规定的事项有扩充，那么，这些扩充的事项完全能够在前者中反映出来。总之，笔者认为，通过使法律和地方性法规对相关事态规定具体的方式，就可以在一定范围内减少行政立法抄袭，这其中的道理是十分清楚的。

第二十六条 全国同一性质的行政调控事项应有集中统一的规则。《立法法》确立了法制统一原则，笔者认为法制统一既包括法律内容上的统一，又包括法律形式上的统一。所谓法律内容上的统一，是指法律文件在事态的规制上，条文内容不能在不同部门法中，不能在不同位次的法律之中发生矛盾和不一致之处。例如,《行政处罚法》规定当场收缴罚款的若干条件,这些条件在全国应当是统一的,不能有一个部门或地方有例外。所谓法律形式上的统一是指法律条文的行文方式应当一致,能够用一个法律条文调控的事态不应当在立法中出现第二个条文形式。若同一事态的条文形式在一国法律体系中反复出现,其形式上的统一性就得不到保障。例如,一国环境保护法规定了有关环境保护的事项,这些事项如果在全国是普适性的,就不应当再出现部门立法和地方立法。这里便出现了集中与统一的关系问题,二者是一个事物的两个方面,即是说没有相对集中就难以统一,集中是统一的法律形式,而统一必须通过集中予以支持。做到了同一事态规制中的集中与统一,至少在同一事态的规定上就不会有行政立法抄袭,而抄袭者在行政立法中的表现大多是在同一事态的规范中表现出来的。我们知道,我国法律层面的环境保护立法就有七八个,如《环境保护法》《海洋环境保护法》《水污染防治法》《大气污染防治法》《固体废物污染环境防治法》《环境保护污染防治法》等。而省制定的地方环境立法有《某省环境保护条例》、《某省大气污染防治实施办法》《某省水污染防治条例》《某省排污费征收管理办法》等。而其他省市也基本上是这样的情况。笔者认为,中央层面的立法对某一范畴的事态有一个集中统一的规定,地方就不能再作同样的规定,如果要作出规定,就必须是中央规定必须在该地方变更适用,否则,这一规定就必然是立法抄袭。将同一事态相关行政法文件的内容予以集中统一,是解决行政立法抄袭的重要路径。尽管我国没有将行政立法抄袭作为违法或不当立法行为,但以《立法法》规定的授权立法等概念,我们还是不难看出,我国立法的指导原则还是希望立法在集中统一的进路下进行,而不是在相互照抄的分散格局下进行。

第二十七条 确立以事推法的行政立法逻辑。《立法法》提出了立法应从实际出发的理念,该理念也是指导我国各个层次立法的指导思想和基本原则。立法从实际出发的核心内容是立法必须符合客观规律,正如上文所讲立法不是一个简单的行政工作,而是一个具有严格科学意义的活动。一般地讲,法律形式是有关的权利和义务,即一个法律条文所反映的是相关主体的权利义务关系,然而,我们从深层次而论的话,这个条文的决定因素不是权利义务关系,而是医疗过程中有关手术的客观事态,正是由于这个事态的存在,才导致这个法律文件的制定。行政立法都是这样的逻辑,即客观事态需要法律规范进行调整,而立法者在认识了这一客观事态后制定了相应的规则。然而,这一立法逻辑在我国行政立法中并没有被重视,长期以来,我国在制定法律文件时,尤其一些低层机构在制定法律文件时，常常都是由主观设计规则再套客观事态的反向逻辑，例如，一些地方并没有认识到要制定一个什么样的行政法文件，而其没有认识到的原因，可能是现实中没有对应事态需要调整，但由于别人已经制定或者上级有要求其制定的指示，在这样的情形下，一些地方或部门便制定了本不由事态决定的行政法文件，由于事态不必须甚至没有相应事态，只能通过照抄的方式予以处置。可见，以客观事态决定行政立法文件，是避免行政立法抄袭的又一路径。

第二十八条 区域性行政立法调控的事项应充分体现区域性。区域性的行政事务在我国是普遍存在的，这是一个不争的事实。所谓区域性的行政事务，是指存在于单个区域或某个地方的专有事项，这个事项既不曾是中央所具有的，也不曾是其他地方所具有的。在我国，这种区域性的事务一般是通过两种立法形式调整的，一是地方立法的形式，二是民族区域自治立法的形式。前者是指存在于地方的特有事务，而此事务可以通过地方性法规和地方政府规章作出专项规定。这个规定在全国只能有一个。后者是指我国一些少数民族地方的行政立法文件。我国地方立法和民族区域立法中，像上列这两个具有严格区域性体现严格区域色彩的立法并不多见。我们注意到，我国地方立法如果以地方为单位编撰成册后，一方面与中央立法的编排体系没有太大区别，另一方面，此一地方的编撰体系与彼一地方的编撰体系没有多大区别。笔者查阅了若干省法规、规章全书，一般都按下列体系编排，一是人大工作；二是政府法制；三是计划；四是价格；五是统计；六是工业；七是交通；八是通信；九是质量监督；十是财政；十一是税务；十二是工商管理；十三是环境保护；十四是建设；十五是土地；十六是农林；十七是水利；十八是教育；十九是科技；二十是文化；二十一是劳动；二十二是人事；二十三是公安；二十四是民族；等等。这些编排体系实质上是沿用中央层面行政立法的编排体系，即是说我国要避免行政立法的抄袭，就必须在区域性立法中突出区域性，一则，中央立法已经表达的内容地方立法应尽量避免，例如，地方立法应当取消有关"总则"的规定，笔者查阅了绝大多数地方立法中的"总则"，绝大多数都是将上位法的同样条款照抄一遍；二则，地方没有特殊的、区域性的行政事项时不予立法。通过上列手段，可以避免行政立法中的抄袭行为。

(四) 抽象行政行为越权

第一条 《行政诉讼法》第 70 条规定:"行政行为有下列情形之一的,人民法院判决撤销或者部分撤销,并可以判决被告重新作出行政行为:(一)主要证据不足的;(二)适用法律、法规错误的;(三)违反法定程序的;(四)超越职权的;(五)滥用职权的,(六)明显不当的。"《行政复议法》第 28 条第 1 款第 3 项规定:"具体行政行为有下列情形之一的,决定撤销、变更或者确认该具体行政行为违法;决定撤销或者确认该具体行政行为违法的,可以责令被申请人在一定期限内重新作出具体行政行为: 1. 主要事实不清、证据不足的; 2. 适用依据错误的; 3. 违反法定程序的; 4. 超越或者滥用职权的; 5. 具体行政行为明显不当的。"这两个法律以及相关条文在我国行政诉讼和行政复议制度中确立了对行政越权进行司法审查和行政审查的制度。该规定确立了一个非常重要的制度,就是行政越权司法审查制度,也正式提出了行政越权理论。

第二条 由于我国的司法审查和行政诉愿制度仅仅是针对具体行政行为的,因此,我国学界关于行政越权的认识一般也局限在具体行政行为中。

第三条 具体行政行为越权只是行政越权理论的一个组成部分,而且不一定是行政越权理论中最为关键的部分,即是说,行政越权理论中同样包括抽象行政行为越权的问题,然而,目前我国行政法学教科书和相关的行政法制度都将抽象行政行为越权的理论忽略了,这一忽略对于我国行政法治的建设是致命的,因为它既可能导致行政立法的膨胀和不规范,又可能导致行政管理规范性文件的不规范,基于此,有必要对抽象行政行为越权问题进行系统探讨。

第四条 抽象行政行为越权,是指特定行政主体在实施行政立法或者实施行政规范性文件制定行为时超越行政立法规则或颁布规范性文件规则的行政违法行为。

第五条 抽象行政行为越权与一国行政法制度中有关抽象行政行为的理论和制度有关。换句话说,对抽象行政行为的不同认识和理解会得出不同的抽象行政行为越权的结论。

第六条 抽象行政行为的概念在不同国家有着不同的含义。在我国对抽象行政行为也有着不同认识,如有学者认为,行政主体对不特定的事所为之的行政行为均为抽象行政行为,有的则认为,行政行为中的人是不特定的,而在特定情况下就可能视为抽象行政行为，还有的主张某个行为是否为抽象行政行为，要看这种行为产生的结果是否能反复适用等。

第七条 抽象行政行为越权首先必须建立在抽象行政行为概念的基础上；抽象行政行为越权与抽象行政行为中其他非法行为不同，仅仅表现为"超越职权"。我们知道，抽象行政行为的不法状态、不规范状态包括抽象行政行为职权行使中的滥用、抽象行政行为职权行使中的误用等，但它们都不能与抽象行政行为越权等同，它符合行政越权理论的一般概念，即行政主体行使了不应当由自己行使的职权。这两个方面是我们分析抽象行政行为越权的出发点。

第八条 依笔者理解，抽象行政行为越权应当具有下列三个本质性的方面，此三者亦构成了抽象行政行为越权的质的规定性。

第九条 其一，抽象行政行为越权是行政主体形成行政规则过程中的越权。美国政治学家古德诺指出："许多由国家制定法律的机关通过的法律具有一个特点，它们只是作为一般的行为规则来表达国家意志。因此，它们当然不会，也不可能把国家意志表达得十分详细，使之即使没有政府的进一步活动也能够被执行。而政府的进一步活动，就在于把一个具体的人或具体的事例纳入法律的一般规则对它起作用的那个类别里，而只有在具体的事情被纳入法律对之起作用的一般类别之后，国家的意志才能够被执行。"即在一般情况下，国家有关公共事务的主要规则是由立法机关通过表达国家意志的行为完成。行政权在这一过程中扮演这样的角色：就是把表达出来的国家意志通过自己的行为变成具体的法律现实。在这个过程中，行政机关可以做两件事，第一件事是将具体的规定变成具体的行为，即执行已经明确的规则，如行政机关根据税法的规定对个别企业和个人征收税款。第二件事是将立法机关表达出来的意志予以再表达，因为立法机关在表达意志中有些具体的意志还无法表达清楚，表达不清楚的原因是多方面的。在第二种情况下，行政主体就从立法机关那里获得了形成行政规则的权力。以我国的情况为例，《立法法》和《地方政府组织法》规定，我国行政机关有两方面的形成行政规则的权力：一是特定行政主体享有行政立法的权力，如国务院制定行政法规的权力，部委和省、较大的市的人民政府制定行政规章的权力。二是各级行政机关制定行政管理规范性文件的权力，规范性文件的制定权最低可以到达乡镇人民政府。上述行政主体形成行政规则的过程以及形成行政规则的内容都有严格的条件限制，如《立法法》第73条规定"地方性法规可以就下列事项作出规定：（一）为执行法律、行政法规的规定需要根据本行政区域的实际情况作具体规定的事项；（二）属于地方性事务需要制定地方性法规的事项。"关于规章所能形成的规则作了两个严厉的限制条件，若制定规章的主体在此二条件之外制定规则就是抽象行政行为越权。

第十条 其二，抽象行政行为越权是以行政机关为单一形态的越权。行使行政权的主体在行政法治实践中有三个：一是行政机关，就是宪法和法律规定的各级人民政府及其职能部门，他们通过政府组织法和部门行政管理法取得了当然的行政权行使资格。二是法律、法规授权的组织，他们通过法律和法规的授权行使一定范围内的行政权。就它们本身而论不是行政机关，而是事业单位或企业单位。三是受行政机关委托行使行政权的主体，其本身没有行使行政权的资格，但经行政机关合法委托后，可以取得这样的资格。当然，受委托的主体不能以自己的名义作出行政行为。在具体行政行为越权理论中，上列三者都可以成为越权主体。然而，抽象行政行为越权中，只有行政机关可以成为越权主体，而后两者不能成为行政越权的主体，因为，在绝大多数情况下，法律、法规授权的组织、受委托的组织只能作出具体行政行为，而不能实施抽象行政行为，自然也就不能成为抽象行政行为越权的主体，这是抽象行政行为越权主体单一性的一个方面。另一方面，在具体行政行为越权中，包括行政机关工作人员的越权行为在内，即行政机关工作人员在实施具体行政行为时，超越了行政职权也可构成行政越权。但是，在抽象行政行为越权中，行政机关工作人员不能成为越权主体，这主要因为抽象行政行为常常是以正式的行政法文件或行政规则颁行的，它的名义是行政主体，而不是行政过程中的责任人，这是抽象行政行为越权的又一个重要属性。

第十一条 其三，抽象行政行为越权是以超越行政权为主要特征的越权。现代国家无论实行什么样的体制，或者三权分立体制，或者议行合一体制，或者五权政制，他们都对国家权力作了划分，将不同的国家权力交由不同的国家机关行使。当立法和法律制度将国家权力进行区分并交由不同的国家机构行使时，也相应确定了诸种国家权力的性质，如立法权是表达国家意志并形成法律规则的权力，行政权是执行法律并实施行政事务管理的权力，司法权是排除纠纷，保障社会不发生诸种偏差的权力，权力内容的确定性和权力主体的确定性，是发达的宪政体制的必然结果，这是我们领会抽象行政行为越权时首先必须明白的。另一方面，从现代行政越权的理念看，行政越权是一个非常复杂的概念，笔者曾经概括为：第一，超越行政权，即行政机关行使的权力超出了行政权的范围，行使了立法、司法等权力。第二，超越本行政机关的主管权限，即此一类行政机关行使了彼一类行政机关的权力。第三，超越本级行政机关的管理权限，如下级行政机关行使了上级行政机关的权力等。第四，超越了行政权的法定幅度，即在法律规定的幅度之外行使行政权。第五，超越了法定行为种类，如派出所对违法行为人处以拘留的处罚等。第六，超越了有效时间段。第七，超越了有效地域段。第八，授权的组织超越了法定授权范围等。足见行政越权的形式是多种多样的，而作为抽象行政行为越权来讲，主要表现为超越行政权，就是越权主体超出了行政权的范畴行使了立法权或者司法权，具体地说，就是行为主体的权力行使超出了行政权的范畴，而不是行政机关内部的职能越权，这是抽象行政行为越权的又一质的规定性。上述三方面是抽象行政行为越权与其他形式越权最为本质的区别。

第十二条 《中国司法审查制度》一书将具体行政行为越权的形式概括为：纵向的越权行为，包括下级行政机关行使了属于上级行政机关的职权、上级行政机关行使了下级行政机关的职权；横向越权行为，包括甲部门行政机关超越业务主管范围行使乙部门行政机关的职权、甲地域行政机关超越业务管辖范围行使了乙地域机关的职权、行政机关内部管理机关行使外部管理机关的职权；内容上的越权行为，包括：超过法定范围，使用了法律、法规没有规定的执法手段、超越了法律、法规的规定的处罚幅度"；等等。这样的概括是非常有益的，但这些概括是基于具体行政行为中的行政越权而论的。

第十三条 上述概括对我们探讨抽象的行政行为越权的形式虽有借鉴，但我们不能将这些越权形式套用到抽象行政行为越权之中，因为抽象行政行为越权的本质属性是非常明显的。可以将抽象行政行为越权的表现形式概括为下列方面。

第十四条 超越事态管辖权。社会事态是一个非常复杂的概念，不同的国家机关对不同的事态起作用，依《宪法》和《立法法》的规定，我国唯有立法机关享有完全的事态作用权，即其可以对任何一种社会事态制定规则，并通过所制定的规则发生作用，如《中华人民共和国立法法》第 7 条第 2 款规定："全国人民代表大会制定和修改刑事、民事机构的和其他的基本法律。"这一规定表明，就事态而论，国家立法机关是一种没有附加任何条件的权力。同时，第 8 条规定"下列事项只能制定法律：（一）国家主权的事项；（二）各级人民代表大会、人民政府、人民法院和人民检察院的产生、组织和职权；（三）民族区域自治制度、特别行政区制度、基层群众自治制度；（四）犯罪和刑罚；（五）对公民政治权利的剥夺、限制人身自由的强制措施和处罚；（六）税种的设立、税率的确定和税收征收管理等税收基本制度；（七）对非国有财产的征收、征用；（八）民事基本制度；（九）基本经济制度以及财政、海关、金融和外贸的基本制度；（十）诉讼和仲裁制度；（十一）必须由全国人民代表大会及其常务委员会制定法律的其他事项。"这是一个限制条款，所限制的是立法机关以外的机关在规则制定方面所涉及事态的的权力。若某个机关在制定行政规则时，涉及了上列条款，就构成了事态管辖权的超越。无论颁布规范性文件的抽象行政行为，还是有关行政立法的抽象行政行为，若超越了本该由立法机关或者其他机关作用的事态，就构成了超越事态管辖权。笔者认为，《立法法》对规章以上的抽象行政行为的事态范围作了一定程度的规定，对行政立法超越事态管辖权的抽象行政行为有了明确依据。而我国还没有行政规范性文件的全国性规则，因此，行政规范性文件对事态管辖权的超越还没有一个依据，这是一个亟待解决的问题。

第十五条　超越程序性权力。行政正当法律程序是美国宪法第十四条修正案所规定的内容，此后正当行政程序就成为西方行政机关超越程序性权力的一个标准。它的基本要求是行政机关没有经过正当法律程序，不得通过规则限制公众的权利。其中关于规则的规定，就是针对行政机关抽象行政行为的。从深层次看，美国的正当行政程序条款实际上包括了实体内容，即行政主体在对公众的实体权利限制时，必须依实体的和程序的规定为之。我国《立法法》颁布以后，对行政立法行为的正当程序问题给予了必要的重视，2001年11月16日，国务院制定了《行政法规制定程序条例》和《规章制定程序条例》，这两个行政法规对我国中央行政立法和地方行政立法的程序作了严格规定，行政机关在作出这类抽象行政行为时，若违反了这些程序，就构成了程序性超越职权。我们知道，抽象行政行为中最重要的是行政机关制定行政规范性文件的行为，而目前我国关于规范性文件制定的程序尚无统一规定，令人欣慰的是，我国在加入WTO时已经作出承诺，即将我国各级行政机关制定国际贸易规范性文件的行为通过公布和告知程序，使其他WTO成员方知晓，我们应当将这样的程序引入所有规范性文件制定中，以防止此类行为超越程序权限。

第十六条　超越上位规则设定事项的权力。抽象行政行为是一个以层次结构排列着的行为体系，这种排列体系使抽象行政行为本身构成了一个金字塔式的结构，该结构可以用两个思维进路进行分析。

第一个进路是从抽象行政行为的名称出发的，依目前我国行政法制度看，这样的排列有这样几个层次：一是行政法规，即由国务院制定的有关行政管理的行为规则，它的名称一般是"条例""规定"和"办法"。二是部委规章和省、直辖市、自治区人民政府制定的规章，依《立法法》的规定，这两个规章是同一层次的行为规则。三是直属机构的规章，它的地位低于上列两个主体制定的规章。四是省会城市和较大的市的人民政府制定的规章。五是行政管理规范性文件，指规章以下的行政管理规范性文件，它是低于规章但具有普遍约束力的行为规则。依这一分析进路，它们依次具有上下位之分，即行政法规—部委和省级政府规章—直属机构规章—较大的市、省会市政府的规章—行政管理规范性文件。依此可见，低层规则不能超越高层规则的设定权，而它们中的任何一个都不能设定法律应当设定的事项。

第二个分析进路是从实施抽象行政行为主体名分出发的。我国宪法和政府组织法设计了我国行政机构的体系，从国务院到乡政府分成了若干层级，每个较高层级对相对较低层级而言就是一个上位机构，本该由上位机构实施的行为若下位机构实施，就构成了抽象行政行为越权。

第十七条 超越行政禁止设定权。行政许可制度是我国行政法上的一个非常重要的制度，行政许可是以法律上存在某种禁止状态为前提的，对行政禁止状态的解除，就构成了行政许可，以此论之，行政禁止是行政许可存在的前提，行政禁止在行政法中的地位应当说比行政许可更加重要，我们应当通过法律对行政禁止进行有效制约而不是对行政许可进行制约。依民主政府理念，法律没有禁止的公众都可以去做，而不是在法律许可的情况下公众才可以为某种行为。换句话说，在绝大多数情况下，有关对公众权利和社会事务进行禁止的规则，都应当由立法机关设定，若行政机关要作这样的设定，必须从立法机关那里得到合理授权，否则，就具有越权设定的嫌疑。但是，目前我国行政法治实践中一方面规章有大量的有关禁止的设定权，这些抽象行政行为若没有法律、法规的正当授权，就设定禁止或许可规则，都可以归入到越权之列。

第十八条 抽象行政行为越权的危害后果与具体行政行为越权的危害后果相比，具有如下特点：

第十九条 一则，抽象行政行为越权的侵权对象具有复合性。具体行政行为越权后所侵害的是行政相对人，或者主要是行政相对人，而抽象行政行为越权所侵害的对象除行政相对人外，还有其他机关，如立法机关或者司法机关。上面我们已经讲到，抽象行政行为越权的本质属性之一主要是越权主体超越了行政权，即行政主体行使了本该属于立法机关的权力或司法机关的权力。显然，抽象行政行为越权后所侵害的，除行政相对人外，还有立法机关和司法机关，主要是干扰了立法机关和执法机关对权力的行使。我们常常讲的行政权膨胀，就是指行政权大到足以侵占立法权和司法权的地步。这种侵害，实际上最终影响到了一个国家的宪政体制，这也是抽象行政行为越权最为危险之处。

第二十条 二则，抽象行政行为越权的侵害对象具有不特定性。具体行政行为的越权侵害的对象是具体的，或者某个组织，或者某个个人，而抽象行政行为由于有反复适用的特点，由于有对象的不确定性等特点，便使它的侵害对象往往是一些不特定的人或组织，如某市政府通过规范性文件进行各种收费，受这一规范性文件影响的就不是某一个公民，而可以说是本市不特定的多数人或全部。且一个越权的抽象行政行为，常常派生出若干个越权的具体行政行为。

第二十一条 由于抽象行政行为越权有上列两个特点，因此，建立抽象行政行为越权的责任制度就显得十分重要。

第二十二条 抽象行政行为越权的责任应包含下列范畴。

第二十三条 一是关于抽象行政行为越权的责任主体。抽象行为越权的责任主体应当这样确定：一是作出抽象行政行为的行政主体是当然的或者主要的责任主体。现代政府是责任政府，作为能够实施抽象行政行为的一级行政权机关、一个行政部门、一个行政主体，当然有义务对自己的行为负责，因此，我们应当在政府组织法或者行政程序法中规定，无论何种行政机关，只要越权作出抽象行政行为，就是当然的责任主体。二是作出越权的抽象行政行为机关的行政首长是连带责任主体。1982年《宪法》在我国行政系统确立了行政首长负责制。抽象行政行为一般是以行政主体的名义作出的，行政首长在其中起了重要作用，故而，行政首长应当对超越行政职权的抽象行政行为负连带责任。这种连带现任要根据行政首长在越权抽象行政行为形成中所起的作用确定。三是作出越权抽象行政行为的直接责任人分担一定责任。由于抽象行政行为在作出时其程式化要比具体行政行为强，因此，直接责任人如何承担责任是一个需要进一步探讨的问题。

第二十四条 二则，关于抽象行政行为越权的责任形式。"越权无效"是一个古老的行政法原则，指行政主体超越职权的行政行为不再发生法律效力的状态。依这一原则，《行政诉讼法》和《行政复议法》规定了对超越职权的行政行为的人民法院和行政复议机关可以作出予以撤销的决定。《立法法》第97条规定了对立法性抽象行政行为的越权也采取改变或者撤销的责任形式。这些规定表明，一方面，我国关于抽象行政行为越权的责任形式还没有一个明确的规定，另一方面，对于抽象行政行为越权若被认定以后，使其暂时不能发生法律效力。但严格来讲，让越权的抽象行政行为不发生法律效力并不是一种严格意义上的法律责任。法律责任是一个特别概念，它既有法律规定并有确定的责任形式，又要让违法行为人承担相应的后果，这种后果是对违法行为人（包括法人）的一种制裁或者报复。以此而论，撤销越权抽象行政行为并不符合法律责任的一般要件。我们应当建立一种抽象行政行为越权的责任体系，如可以让行政主体向受到越权行为影响的行政相对人赔偿损失、赔礼道歉，可以给直接责任人以纪律处分等，甚至可以让越权达到一定程度的行政主体集体辞职等。当然，越权抽象行政行为的责任应当与其造成的社会侵害结合起来，根据行为侵害的量，确定责任形式和承担责任的量。

第二十五条 三则，关于抽象行政行为越权的责任追究程序。《中华人民共和国加入世贸组织议定书》已经承诺将政府机关的抽象行政行为纳入司法审查的范畴。如果我们通过对《行政诉讼法》的修改，将抽象行政行为纳入了司法审查的范畴，我们就可以依司法程序追究越权抽象行政行为的法律责任。当然，在我们设计这样的司法程序时，不应当仅仅采取撤销越权抽象行政行为的做法，而应当与行政赔偿、行政补偿等责任形式联系起来一并考虑。不过，通过司法审查追究越权抽象行政行为的责任，只是抽象行政行为越权责任追究程序的一种。在我国，人民代表机关对"一府两院"的监督具有高度的权威，即使我们能够建立起有效的抽象行政行为的司法审查制度，人民代表机关对抽象行政行为的监督也不可缺少，而且这种监督以及通过监督对越权的抽象行政行为追究责任，应当成为抽象行政行为越权责任的主要追究程序。依发达国家的理论和制度，由于抽象行政行为越权大多同时具有违宪行为，因为对于国家权力的分配是由宪法决定的，而抽象行政行为越权是行政权超越了行政事态本身，行使了本该属于立法权或司法权的权力，这样的话，使抽象行政行为的越权同时具有了违宪法。因此，当我们在追究抽象行政行为越权时，就应当和违宪审查结合起来，可以设立"宪法委员会"或者"宪法法院"，通过这样的专职机构，通过一整套违宪审查程序，追究越权抽象行政行为的责任。同时，这其中还牵涉到一个诉权的问题，即谁可以对越权抽象行政行为提起违宪审查，无论采取公诉的形式，还是采取自诉的形式，都是值得考虑的。

（五）规章越权

第一条 2000年制定的《立法法》非常重要的目的之一就是控制行政规章的制定权限问题，或者说，通过该法使政府行政系统的立法行为尽可能规范化，尽管我国2015年对《立法法》进行了修正，但行政规章的越权问题仍然是我国行政立法存在的主要问题之一。

第二条 所谓行政规章越权，是指行政规章所规定的事项以及制定过程中的环节超越其权限范围和运作方式的行政违法行为。

第三条 行政规章越权发生在两种情况之下：一是在行政规章的制定过程中，制定机关超越了制定规章的权限，此一范畴的越权和具体行政行为中的越权很相似，是在相对动态情形下的越权。规章制定过程中的越权主要表现为超越程序权限，而不是主要表现为超越实体权限，就目前行政规章的越权情形看，此一范畴的越权占有很大比重。由于《规章制定程序》的专门规定，这一范畴的越权是比较容易控制的。二是规章所规定的事项超出了规章本该规定事项的权限范围。此一范畴的越权所超越的主要是实体上的权限，而不是程序上的权限。因其所超越的实体权限，故而，对行政权的行使是非常有害的，对行政权侵犯行政相对人利益而言也是重要的形式之一。就目前来讲，行政规章实体上的越权并没有一个非常有效的方式对其进行控制，因此，应当作为理论界重点关注的问题。

第四条 行政规章越权是一种行政违法行为，这是我们必须强调的问题。

第五条 在行政法学界，关于行政违法大多局限在具体行政行为之中，即学者们所认为的行政违法是行政主体实施具体行政行为时违反法律规定的情形，而没有将行政违法放大到抽象行政行为中去。

第六条 行政规章制定行为中的实体越权，是一种非常明显的违法行为，因为，当规章规定的事项不是它本来应当规定的事项时，规章的内容就违反了《立法法》和相关实体性法律规范的规定。不论从实施行政行为的主体角度，还是从该行为状态角度，行政规章的越权都是一个标准的行政违法行为。

第七条 上列两个方面是我们把握行政规章越权的概念时必须重点领会的。

第八条 作为一种行政违法行为，自然就应当有法律上的构成要件，即只有当制定规章的行为符合一定的法律要件时，才能作为超越权限的规章制定行为，行政规章越权必须符合下列主客观要件。

第九条 其一，行政规章越权的成立，要求必须有规章制定的情形。行政规章是行政法律的渊源之一，是实在法的范畴。作为实在法，只有具备相应外形，才符合实在法的基本特性，因此，行政规章越权的第一要件便是必须有一个客观的、实在的行政规章的存在，若没有一个实在的行政规章的存在，行政规章越权也就无从谈起。实在的行政规章是由享有规章制定权的行政机关制定的，依《立法法》的规定，在我国能够制定行政规章的行政机关有国务院职能机构、国务院直属机构、省级人民政府、副省级人民政府、较大的市的人民政府，上列机关是行政规章的制定主体，只有当上列机关制定了行政规章时，才有可能出现规章越权的情形。应当指出，规章的制定和实施是两个不同的概念，规章的制定是一种行政立法行为，而规章的实施则是一种行政执法行为，依此而论，规章的实施不应当成为规章越权的必备条件，即一个规章制定出来以后，如果其内容有越权情形，即便尚没有付诸实施，也能够以越权规章论处。这里有一个非常矛盾的地方，即有些规章虽然为越权规章，但其越权的内容还没有在行政管理中造成实际的损害后果，而这个尚未产生实际后果的规章，却要承担相应的法律责任。表面上看这似乎是很矛盾的，但是，规章制定行为本身是一个完整的行政行为，这个行为的完成必然会有若明若暗的社会影响，即使其内容没有付诸实施，也不能说其对行政管理过程没有产生影响。因为政府的作为与不作为，都能够反映行政系统的形象，何况已经制定出来的规章，本身就是一种作为行为。

第十条 其二，行政规章越权的成立，要求必须有规章设定权利和赋予义务的行为。在通常情况下，实在法都是由有关权利和义务的行为规则构成的，即是说，一个实在法中总是包含着这样那样的权利和义务。行政规章作为行政实在法的一种，必然在其行文中设定相关的权利和义务。然而，问题并不如此简单，在我国制定的诸多行政规章中，确实存在不设定权利和义务的情形。规章不设定权利义务的情形大体上有这样一些表现：一是有些行政规章属于行政引导和行政指导的范畴，行文内容主要是确定一些行政管理过程中的方针和策略，对行政相对人来讲，没有明显的权利和义务的内容，只是指导行政相对人，或者引导行政相对人为某种行为或者不为某种行为。导向性的规章中即使有权利和义务，也是抽象的或者具有柔性的。不应当认为这样的行政规章中已经设定了权利和义务。二是有些行政规章是纯粹的执行性规章，功能仅仅在于执行上位法已经设定的权利和义务，而就这一规章本身而论，并没有新的权利和义务的内容,这类规章在行政规章的总数量中占有一定的比重,《立法法》规定行政规章的重要功能之一就是执行上位法,因此,不设定权利和义务规章的存在,在一定意义上讲是有法律依据的。执行上位法设定的权利和义务,不应当视为该规章已经设定了权利义务,因为在行政法理论中,设立权利义务属于一次行政行为,而实施设定的权利和义务则属于二次行政行为。三是有些规章是内部行政管理行为,即其所调整的权利义务关系是内部关系,例如,有关公务员管理的规章虽然有权利和义务的内容,但其中的权利和义务属于内部性质,对于这样的权利和义务,不应当和通常意义的权利和义务相提并论,因为通常意义上的权利和义务,所反映的是行政主体和行政相对人之间的关系,至少在行政法上是如此。上述没有设定权利和义务的行政规章,还不能构成超越权限的行政规章,因为在绝大多数情况下,这类规章对社会关系不能产生实质性影响,这一规章的权力范畴并没有实效性和相对独立性,这是行政规章越权的第二个构成要件。

第十一条 其三,行政规章越权的成立,要求必须有规章超越规定事项的状态。行政规章在行政法的渊源体系中,处于第五或者第六层次,它所规制的事项是非常有限的。如果我们概括一下的话,行政规章所能够规制的事项有三个范畴:第一个范畴是部门事项,这主要是由部门规章规定的,国务院的职能部门和直属机构所行使的权限都具有明显的部门性,依这种部门权限,制定的规章必然是部门化的,因而部门事项就构成了部门规章的基本规制对象。第二个范畴是区域事项,主要是地方政府规章的规制事项。地方政府规定的制定主体是在一定区域内行使行政管理权的机关,它们可以根据本行政区域行政事项之特点制定地方政府规章,区域性内容就是对地方政府规章规制事项的限制。第三个范畴是区域性与职能性交叉的事项。部门行政规章规定的事项主要是部门性的,而地方政府规章规定的事项主要是区域性的。此时能否说一个部门规章涵盖了本部门的所有事项,一个地方管理规章涵盖了区域性的所有事项?回答是否定的,区域性和部门性的结合点是对行政规章规制事项的第一个限定,因为,我们知道,规章的规制内容还有两个限制条件,就是以执行上位法和涉及事态的具体性为制定标准,即执行性和涉及事项的具体性,就成了行政规章规制两个限定标准,将这两个限定标准放在一起,就可以得出规章规制事项是区域性和部门性相统一的结论。上列三个方面是规章制定和有关机关对规章制定过程进行控制的关键点,某一规章规制的事项已经不受上列三个方面限制的就是越权的规章,因为对于规制事项的越权,实质上是规章制定主体权力的不当延伸，这些从本质权限延伸出来的权限以及这一延伸权限的行为，就是主体对权限的超越。这一构成要件是越权规章构成要件的实质部门。

第十二条 其四，行政规章越权的成立，要求必须有规章侵占了其他主体权力的情形。行政规章在制定中，不论就其制定过程而论，还是就其内容而论，其超越权限可以有两种表现：一是规章的制定过程和内容超越了职权范围，但没有明显的侵占其他主体的权力。例如，某一规章所规定的事项上位法也没有作出规定，在这个情况下，该规章制定似乎是对行政自由裁量权的行使，因为其是对上位法留下的空白地带的处置。二是规章制定过程和其涉及的内容超越了自己的权限范围，同时，非常明显地侵犯了其他主体的权力范围，例如，某一事项本该由行政法规规定，而规章对本应由行政法规规定的事项作出了规定，本来属于司法性的事项，行政规章却作出了规定。在第二种情况下，规章侵犯其他主体权力的情况是非常明显的，而在第一种情况下，规章好像没有侵犯其他主体的权力，但是，综而言之，在此种情况下，越权规章仍然侵犯了其他主体的职权，因为，在行政法治实践中，留有空白地带的行政事务一般应由规章的上位法调整，规章调整本该由上位法调整的事项必然会侵犯上位机构行使的权力。笔者认为，规章超越权限的构成要件中不能没有侵犯其他主体权力这一根本点。在现代宪政体制中，国家机关之间、国家机关与其他社会主体之间都有一个分工，这个分工从技术层面上讲是不同机构处理不同事态，从宪政层面上讲，则是权力的分配，即每一个机构、每一个社会主体都应当具有自己的权力范围，若超越了自己的职权范围，其权力的触角就必然伸进到他人的领域，侵占了他人的权力范围。基于此，我们可以说，行政规章越权，实质上是对其他主体权力的侵犯，这也当然应当成为行政规章越权的构成要件之一。

第十三条 控制行政规章越权不仅仅是一个理论问题，更重要的是它在行政法治实践中必须予以操作，而且能够操作，因为备案部门在对已经制定出来的规章进行审查时，首先要审查规章制定中是否有越权行为。行政规章越权是有关机关对规章进行控制的第一环节。由此可见，从理论上确定行政规章越权的形式，是行政规章问题研究的当务之急。

第十四条 目前，相关法律尤其是行政法文件，并没有对规章越权的具体形式作出规定，哪怕是有关规章越权的概念界定也不曾出现过。

第十五条 行政规章越权形式的确定，可以有诸多分析进路，如可以从规章制定主体的角度，框定越权规章的主体；可以从规章规定具体事项的角度，框定规章越权的具体事项；可以从行政自由裁量权的角度，框定规章越权与一般行政越权的界限；可以从规章制定过程中的程序规则的遵守情况，框定规章制定中超越法定程序规则的情形，等等。诸种分析进路都是有道理的，都有利于我们把握规章越权的具体形式。

第十六条 规章越权虽然是具体的，其形式在行政法治实践中能够被操作，能够为相关机关提供一个具体的答案。但是，行政规章越权是行政违法理论的基本内容之一，此点要求我们对行政规章越权的探讨必须与行政违法和行政法治的一般理论结合起来，使行政规章越权的形式既能够具体操作，又能够有一个合理的阐释。由此出发，笔者认为行政规章越权的形式包括下列方面。

第十七条 行政规章超越公权。公权与私权的概念在近现代法学理论中运用颇多，一些教科书甚至将这两个概念视为现代法学解决的两个具体问题，可见，这一对概念在现代法治中的重要地位。然而，对这两个地位如此重要的概念，我国法律制度和法学研究中却没有一个很好的界定，即是说，在目前我国的法学研究中，公权和私权的概念还没有一个公认的观点。正因为这一点，我国一些职能部门和地方政府在制定行政规章时，常常规制和调整有关在笔者看来是私权的事务。行政规章的制定主体是行政机关，行政权属于公权的范畴，行政机关是公权的代行主体。所谓代行主体，是指公权本该属于一个国家中广大社会成员的固有权力，这些权力集合以后，必须有相应的代行主体，行政机关实质上是公权的代行主体。作为公权的代行主体，其制定的规章只能对公权起作用，而不能对公权以外的权力起作用。我们将与公权对应的权力或者公权以外的权力称为私权，归社会中的个体所有，公权对私权的态度只能是保护和不予干涉，而不能对私权进行干预，更不能为私权设定具体的行为规则。在现代立法中，尤其在现代行政立法常常不能不涉及私权，但不同体制对私权有不同的态度。依现代法治精神和现代福利国家的理论，公权只能够保护私权，而不能介入到私权之中，更不能为私权的行使提出具体规则。如果行政规章以私权为规制对象而不是以公权为规制对象，这种情况下就超越了公权的范围，就是行政主体的越权行为。

第十八条 行政规章超越行政权。行政规章是从行政系统产出的，它是行政权的表现形式之一，也是行政权的一种作用结果。在一国宪政体制和宪法制度相对健全的情况下，行政权与其他相关权力并处于国家政权体系之中。例如在三权分立的政体格局下，行政权与立法权、司法权相并列。在五权政制之下，行政权与立法权、司法权、考试权、监察权相并列。我国宪法将国家权力划分为立法权、行政权、审判权、检察权四个权力范畴。显然，行政权与立法权、审判权、检察权是相互对应的。国家政权体制中的权力分工如果饱和的话，任何一个机关在行使权力中超出了自己的权力范围都有可能侵犯其他主体的权力。行政规章在制定中，只能是对行政权的行使，如果行政规章的制定过程和规制事项对其他权力产生影响，占有了其他权力的空间，就是超越行政情形。行政规章超越行政权在我国大体上有下列具体形式，而且这些形式在我国法治实践中还非常多见。一是行政规章不适当的侵入立法权的领域。《立法法》在我国法律制度中首次确立了法律保留原则，即有些重大事项只能由中央立法调整，中央立法是唯一能够规定这些事项的法律典则，如国家主权事项、犯罪和刑罚事项、民事基本制度、诉讼和仲裁制度等，对于这些事项，只能由中央立法机关作出规定。行政规章若对法律保留的事项作出了规定就侵犯了立法权限。当然，立法权的范围除了法律保留的这些事项之外，还有一些事项，对于这样的事项，行政规章同样不能介入。二是行政规章侵入了审判权的领域。审判权与立法权一样，也是专属性权力，即其只能由审判机关行使。行政规章若涉及有关审判权的事项，就是超越行政权的情形，我们常常看到，一些政府规章规定，对当事人的违法行为由司法机关追究刑事责任，云云，这实质上是对审判权的侵犯。三是行政规章侵入了检察权的领域。检察权在我国是非常特别的，它既不同于人民代表机关的法制监督权，又不同于审判机关的司法权，是一种专门的法制监督权能。这样的权限同样是专属的，行政规章的内容不能介入这一领域，否则，同样是超越行政权的情形。可以说，行政规章超越行政权的后果是非常严重的，它常常与宪法体制冲突，对一国宪政格局而言是一种潜在的威胁。

第十九条 行政规章超越本土权。以理论层面分析，行政规章超越本土权包括两个方面的含义：一是行政规章不适当地规定了域外事项，即中华人民共和国境内的规章规定了中华人民共和国以外的行政事务。这一层面的越权在我国行政法治虽然不多，但也不是没有发生过。由于我国一些部门机构或地方政府常常有涉外行为或外事行为，因此，在制定此类规章时有可能超越本土权限。二是行政规章超出了本行政区域的主管权限，对本行政区域以外的行政事项作出了规定。在行政规章超越本土权限中最为主要的是第二种情形。依《宪法》和有关的政府组织法，我国虽是单一制的政权体制，但是，不同地区之间有行政区域的划分，我国的地域划分既有历史上的因素，又有法律上的依据。就行政权的范围而言，地域性是非常清楚的。然而，我国宪法和相关的法律没有适当处理属人与属地的关系,即仅仅划分了地域标准而没有对地域上人的管理方式作出具体规定,这样便造成此一地居民到彼地生活或工作,适用此地或彼地的管理规则就非常不明确,而这种不明确,便导致在对本行政区域内行政事务进行规制时,既从属地原则出发,又从属人原则出发。其结果是一个户籍在此地的居民,若到彼地去便受到两地规章的同时制约,在两地规章内容不一致时,行政相对人便无所适从,其权利常常因此受到侵害。进一步讲,各地在管辖权上的不明、在属地和属人原则双重作用下,对行政相对人而言,规章制定主体的行为便是一种超越职权的行为。行政规章超越本土权限是一个较为复杂的问题,在有些情况下,这样的越权并不是由规章制定者故意为之的,而是与我国立法体制的不完善、法律适用的不规范等有直接关系。但是,在规章制定过程中,制定主体应当对这样的越权行为或者可能出现的在适用过程中的越权有所预见,应当预见而没能预见引起越权情况的发生,应当视为该行政规章超越了地域权或本土权。

第二十条 行政规章超越职能权。国务院职能机构和直属机构制定的规章与其职能权限有关。换言之,部门规章是职能机构和直属机构行政职权的延伸,只有在其职能权限内,制定规章才是合法的。在行政规章制定的实践中,问题并不是这么简单,有时一个规章可能会与几个职能机构或直属机构的管理权限有关联,《立法法》考虑到了这个因素,在第81条作了这样的规定:"涉及两个以上国务院部门职权范围的事项,应当提请国务院制定行政法规或者由国务院有关部门联合制定规章。"即是说,在规章调整的事项出现职能交叉的情况时,必须由各职能部门联合制定。若某一职能部门在规章中规制了本来属于其他职能部门管理的事项,这样的规章就是越权的规章。我国在设置职能部门的时候,并没有对行政客体作出目标分解,因此在很多方面的管理权限不甚明确。也许,某一部门制定的规章规定是在自己的职能权限内的,但可能有一部分或者一小部分本该由其他部门制定规则,在这种情况下,笔者认为同样是越权规章,例如,劳动保险部门制定的文化行政管理的规章涉及城建管理部门的权限,若在城建部门没有参与的情况下就设置了一些城建处罚的条款,这些条款就是超越权限的条款,超越职能权限的情形主要发生在部门规章中。但是,从我国规章制定的实际情况看,地方政府制定的规章同样存在超越职能权限的问题,因为我国地方政府制定规章的一般程序是由主管部门提出,再由人民政府常务会议通过。当然,政府法制部门在立法技术的把握上要做大量工作。事实上,绝大多数这样的规章都没有考虑相关部门的职权行使问题而被人民政府通过。笔者认为，尽管这样的规章是由人民政府通过的，不是由某一职能部门通过的，但就这一规章涉及的内容来讲，仍然有超越职能权限的嫌疑。

第二十一条 行政规章超越层级权。行政法与其他部门法不同，是一个由多层次的渊源构成的部门法体系。在这个体系中，分布着从高到低不同的渊源层次，各个层次之间存在着非常严密的逻辑关系，我们一般将这种关系称为行政法的位阶。依《立法法》的规定，上位法的效力高于下位法。行政规章处在行政法体系的相对较低的位次上。同时，《立法法》对各个层次的行政法规范的规制事项也作了明确规定，例如有些事项只能由法律作出规定，有些事项只能由行政法规作出规定，还有些事项只能由地方性法规作出规定。这实质上使行政法不同层次渊源在规制事项上形成了一个层级性的结构，各个不同层次的行政法渊源只能包容层级性的行政事务，如果行政规章包容了地方性法规规定的事项，就构成了层级性越权。在我国行政规章的内容中，这样的层级性越权并不少见。例如，《行政处罚法》是法律层面的行政法规范，具有非常高的法律效力，有关该法的实施细则，只有行政法规才可以作出规定，然而，在法治实践中，一些地方政府制定了本地方有关行政处罚法实施的办法，而一些职能部门或直属机构制定了本部门实施行政处罚法的具体规定，这实质上是一种层级越权。还应指出，规章本身也有一个层级关系，如有省、自治区、直辖市政府制定的规章，有设区的市政府制定的规章。进一步讲，这两类规章规制的行政事项是有区别的，即是说应当由省级政府规章规定的事项，市级政府就不能涉及，如果市级政府的规章侵占了省级政府规章的权限就是一种层级越权。在我国的行政法文件中，在规章之下还有行政规范性文件等行政法渊源，规章作为行政规范性文件的上位法渊源，是否能够规定本该由行政规范性文件规定的事项，是一个值得探讨的问题。我国政府组织法对此没有作出规定，在我国行政法学界有一种学说，认为上级对下级政府具有行政上的包容权，如果这种说法成立的话，行政规章规定本该由行政规范性文件调整的事项则不构成越权。但是，若依行政权行使的层级结构来分工，上级行使下级的权力是违反行政管理的一般原理的，依此而论，行政规章规定本该由行政规范性文件调整的事项同样是超越层级权限的行为。

第二十二条 行政规章越权，对我国行政法治的进程有非常大的制约作用，一定意义上讲，它已经成为制约我国行政法治良性循环的一大瓶颈。

第二十三条 一则，行政规章越权具有隐蔽性，使公众难以对行政规章的侵权进行合理判断。行政规章无论如何是《立法法》确立的法律形式，一旦制定出来被付诸实施,就是以法的形态出现的,就目前我国公众的认知水平来看,绝大多数情况下可以判定一个行政决定是否违法,但不太容易对一个违法的行政规章作出判定。从行政规章的实行实践看,诸多超越权限的规章虽然已经构成了行政侵权,但公众并没有对此提出疑义。在笔者看来,他们不提出疑义的原因并不是认同该规章所包含的内容,更多是认同了规章这个法律文件形式,行政规章超越权限的这种隐蔽性,极其不利于公众树立正确的行政法观念。

第二十四条 二则,行政规章越权具有侵害对象的不特定性,使责任追究相对较难。行政规章是抽象行政行为的范畴。我们知道,抽象行政行为中的对象是不特定的,涉及的事和人都是不特定的。该不特定性,并不是缩小了违法抽象行政行为的侵害对象,而是加大了违法抽象行政行为的侵害对象及其范围。因为一个超越权限从而违反法律的行政规章,常常能够带来无数违法的具体行政行为,即是说,具体行政行为的违法是一对一的,即一个违法的具体行政行为产生一个违法的危害后果,而抽象行政行为的违法则是一对多,即一个违法的抽象行政行为常常带来多个侵害后果。对于行政规章越权的上列两个特点,我国行政法治并没有引起足够重视。我们知道,《国家赔偿法》规定了具体行政行为侵权的赔偿责任,而没有规定抽象行政行为侵权的赔偿责任,这样便会给人们一个错觉,似乎具体行政行为的违法要比抽象行政行为的违法更为有害,反过来说,抽象行政行为的违法似乎侵害后果要轻一些。在笔者看来,这实质上是对抽象行政行为越权比较淡漠的一种行政法治理念。

第二十五条 作为一个合乎理性的行政法治制度,不能仅仅停留在控制具体行政行为上,更应该将抽象行政行为违法作为具体行政行为违法的源头予以控制。

第二十六条 要有效控制行政规章越权,必须寻找到行政规章越权的相关根源。

第二十七条 从行政权膨胀的角度分析。在当今宪政制度之下,国家权力各归其责,既不能有权力行使过程中的真空,又不能出现权力行使中的重叠。各国宪法几乎都将国家权力作了划分,将权力行使的体制作了设计。凡是制定了宪法的国家,几乎都有行政权的专门规定,而且将行政权与立法权、行政权与司法权、行政权与其他相关权力作了区分。然而,进入 20 世纪以后,尤其 20 世纪中期以后,随着福利国家的出现,行政权在其行使中已经不像原来那样有明显的范围。总体而论,行政权的范围越来越广,行政权的强度越来越大,行政权对社会生活的影响亦越来越深刻。国家行政系统作为守夜人角色早已不复存在，人们将这种现象叫做行政权的膨胀或行政权的扩张。这种膨胀或扩张，已经不是发生在某一个国家的特殊情况，而是一个全球性问题，不论这个国家实行的是什么样的政治制度，其行政权都有扩张的趋势。行政权的扩张，反映在行政执法和行政立法等各个领域。在我国国家权力的运作实践中，行政权同样存在膨胀化的趋势。自1982年《宪法》赋予国务院制定行政法规和相关行政机关制定行政规章的权力以来，行政系统在立法权行使上一直就是非常强势，行政系统的行政立法的数量有递增之势。由于行政系统的主要或直接的管理事务归职能机构和地方行政机构，因此，行政权的膨胀也就自然而然地在行政规章的制定中反映出来。在诸多方面，规章的越权似乎已经不可逆转。在行政规章越权的诸多原因中，行政权的膨胀是最为根本的原因。因此，如果要有效控制行政规章的越权，就必须对行政权膨胀这一深层原因进行分析，并采取相应的应对措施。

第二十八条 从规章制定主体自利的角度分析。近年来，我国学者对部门保护主义、地方保护主义等都进行了深入研究。所谓部门保护主义，是指行政系统中的有关部门在行政权行使中，从保护本部门的利益出发作出行政决定和实施行政行为的状况。与部门保护主义相同，地方保护主义，是指地方政府在行政权行使中为了保护本地区的利益或者从保护本地区利益出发，采取行政措施和作出行政决定的情形。这两种类型的保护主义，在通常情况下出现在日常行政管理行为中，即各类保护主义主要以具体行政行为的形式出现。但是，这并不排除行政规章制定主体在行政规章制定时保护本部门和本地区利益的情形。部门保护主义的实施者和地方保护主义的实施者，都在一定程度上享有行政规章的制定权。规章制定主体在一定意义上讲，是一定的社会利益群体，至少这些制定主体本身存在利益问题，正如美国著名经济学家布坎南所讲，行政系统及其公职人员不是经济的阉人，即是说，行政系统及其公职人员在政府决策中，尤其在牵涉到经济事务的决策中，会将自身的利益和意志考虑进去。一旦加进去部门或地方利益，规章的制定就必然会出现越权和违法的状况。例如，当规章制定主体在规章中将本来不该写进去的利益写进规章时，必然超出规章本来应当调整的事态范围，这个规章本不该涉及私权，但当制定主体从本部门利益出发时，必然要有规章限制私人权利，在这样的情况下，这个规章便超越了公权。行政规章制定主体的自制性，不单单体现在其对经济利益的追逐上，还体现在其他方面。在通常情况下，行政主体进行行政管理所追求的是行政相对人高度的服从和其管理过程的广泛有序化，即是说，行政相对人的服从和行政管理过程的有序化，是评价其管理质量的两个重要标准。行政主体为了达到让行政相对人服从常常不惜在规章中设定一些强制性的义务条款，为了最大化地使行政管理有序化，也会不惜一切手段设定这样或那样的管理关系。而行政法上的强制手段和原始管理关系的设定，本身就不该由行政规章完成，如果行政规章刻意完成了上列行为，必然构成层级越权或者其他形式的越权。因此我们可以说，行政系统的自利性，是导致行政规章越权的又一重要原因。

第二十九条 从立法体制不完善的角度分析。我国制定立法法的目的之一，就是要理顺我国的立法体制，使立法能够在合理的体制下完成。然而，在笔者看来，《立法法》在立法体制的一些细节问题上还是有疏漏的。一方面，该法没有完全理顺行政法规和部门规章所规定事项的关系。它对行政法规事项是这样规定的：一是"为执行法律规定需要制定行政法规的事项"；二是"宪法第八十九条规定的国务院行政管理职权的事项"；三是制定法律时机尚未成熟时，全国人大及其常务委员会授权国务院立法的事项。在行政法规的这三个方面的事项中，只有第三种是清楚的，前两个并不十分清楚，不幸的是，国务院制定行政法规所规定的事项大多数属于前两种。关于部门规章规定的事项是这样规定的，"部门规章规定的事项应当属于执行法律或者国务院的行政法规、决定、命令的事项。"在行政法规规定事项和规章规定事项的行文中实质上隐含了体制性的重叠，即国务院有权在执行法律时制定行政法规，而部门规章亦可以在执行法律的情况下制定行政规章，这从体制上讲，关于执行法律的下位法就有两个主体资格：一个是国务院；另一个是国务院的职能机构和直属机构。《立法法》在体制上的这种设置，实质上是对规章越权的一个认可。依行政法的位次来讲，各位次之间应当保持一种逻辑关系，位次之间的位置既不能颠倒，又不能有超越的情形，如果规章直接依法律制定，直接对法律的内容作出具体规定，实质上就超越了行政法规的位次。在笔者看来，部门规章只有执行行政法规的权力，只能对行政法规的内容作出具体制定，而不可以对法律的内容作出具体规定。另一方面，该法没有理顺地方性法规与地方政府规章之间的关系。《立法法》第73条规定，地方性法规规定的事项有：一是"为执行法律、行政法规的规定，需要根据本行政区域的实际情况作出具体规定的事项"；二是"属于地方性事务需要制定地方性法规的事项"；三是在没有制定上位法的情况下，地方可以根据地方事务的特点率先作出规定的事项等。第82条第2款规定：地方政府规章规定事项的规定是这样的：一是"为执行法律、行政法规、地方性法规的规定需要制定规章的事项"；二是"属于本行政区域的具体行政管理事项"。上列规定的立法宗旨，在于从体制上理顺地方性法规和地方政府规章规定事项的关系。但是，我们从这些规章中可以看出，在诸多方面，两种立法形态规定的事项都有明显的交叉性，如地方性法规可以执行行政法规，而地方政府规章亦能够执行行政法规。而且二者都是有关行政管理的具体事务。上列两个方面是规章越权的立法体制性原因。此外，还有一些方面的立法体制在我国也并没有理顺，笔者认为，在立法体制没有理顺的情况下，行政规章越权就难以避免。

第三十条 从对行政规章规制不力的角度分析。行政规章的制定过程以及所产生的效力等方面，都表明它是政府行政系统的行政行为，这一点是不容置疑的。然而，由于我国长期以来强调行政权威，使行政规章在行政法治实践中主要表现为行政法规范，即我们自觉不自觉地仅认同行政规章作为法的地位，而忽视了行政规章作为行政法的地位。正因为这一点，包括《立法法》在内的相关规范，行政规章的法律文件所包含的仅仅是一些行政假定条款和处理条款，而在绝大多数情况下没有包括制裁条款。就目前来讲，有关行政规章最严厉的规定有两个条文，第一个条文是《规章制定程序条例》第37条，第二个条文是《法规规章备案条例》第21条。这两个条文可以被看做是对包括规章越权在内的规章违法行为的制裁条款。然而，从这两个制裁条款中，我们基本上看不出有关规章责任追究的内容。笔者认为，因为行政规章是行政行为的一种，因此，只有用有关行政行为的法律责任追究规章制定过程和规章制定主体的法律责任，才能有效遏制行政规章越权，令人遗憾的是，我国目前有关规章的规制非常不得力。除了关于规章责任追究没有严格的制度外，对规章规制事项、规章制定中的民主参与、规章制定中的科学性等方面的规制都很不到位，这可以说是行政规章越权的直接原因。

第三十一条 《规章制定程序条例》第4条实质上从正面对行政规章越权问题作出了预防性规定，而且在第2条第2款明确规定："违反本条例规定的规章无效。"这些规定虽没有明确指出越权规章的问题，但在《法规规章备案条例》中非常明确地指出了备案机关要审查行政规章是否存在超越权限的问题。笔者认为，目前有关规章制定中不良行为的规定，对于防止和纠正规章越权是有积极意义的。但是，我们同时还应注意，目前有关越权规章的规定还存在一些问题：一则，包括《立法法》在内的调整行政规章的行政法规范，并没有对越权规章的概念作出界定，更没有设计一套解决越权规章的制度。二则，目前的有关规定没有将规章纳入整个行政法治的轨道，仅仅将规章作为行政法中的一个形式,像解决其他立法问题那样解决规章的制定问题,也没有用越权无效、"正当行政程序"等行政法理念解决行政规章的越权问题。虽然在《规章制定程序条例》中确定了规章无效的概念,但这个无效,仅仅是违反规章制定程序规定中的无效,而《规章制定程序条例》所确立的主要是规章制定的程序制度,只能解决规章制定中的程序问题,不能解决规章制定中的实体问题,即是说,规章制定中的实体越权,并不适用于规章无效制度。

第三十二条 基于目前存在的这些主要问题,笔者认为,应从下列方面应对行政规章越权问题。

第三十三条 在行政法制度中确立抽象行政行为越权无效原则。越权无效是现代行政法治的基本精神,指政府行政系统在履行职责时,若有超越职权的情形,其行政行为就应当是无效的。该原则具有非常悠久的历史,从一定意义上讲,它与现代行政法理念是共生之物。随着行政法治在全球范围内的普遍接受,该原则在不同国家、不同的法律体系中有不同的表现。学者们亦随着行政法治的不断出现给该原则注入了新的内容,例如,英国公法学者艾伦就指出:"除了为公共幸福而行使公共权力的重要性以外,更重要的是,人们普遍认为,一个公共机构不应被允许通过反对自己的权力范围做出有力的描述来扩大自己的权力,从而破坏越权原则。"这个论点表明,越权无效原则最为主要的适用范围是政府的造法行为,而不是日常的行政管理行为,即具体行政行为,因为只有通过类似规章制定的这类立法行为,行政系统才能扩张自己的权力。笔者认为,这个观念对行政法治尤其对越权无效原则的重新解读具有重要意义。至少在我国传统的行政法理论中越权无效原则主要是针对具体行政行为的,这在《行政诉讼法》《行政复议法》和《国家赔偿法》中都可以找到根据。深而论之,我国目前有关越权无效的法律依据,只能用来阐明具体行政行为越权问题,而对抽象行政行为还没有确立越权无效的原则。正因为我国在行政法治理论和行政法治实践的定位中没有确立抽象行政行为越权无效的原则,才使《立法法》以及其他调整有关行政立法行为的行政法规范,在规定规章越权中显得羞羞答答。抽象行政行为越权无效能够在我国行政法制度中确立,将会对我国行政法带来革命性变化。事实上,我国确立抽象行政行为越权无效原则并不存在体制上的障碍,因为我国虽然不实行权力分立制度,但不同国家机关之间的分工尤其职权划分还是非常明确的,我们能够在行政诉讼制度中确立具体行政行为越权无效原则,同样能够顺理成章地在抽象行政行为中确立越权无效原则。同时,还应指出,传统的越权无效理论和制度,主要突出行政机构权力越权后对其他主体权力的侵害问题，而不太注意行政越权对社会公众权利的侵害。若抽象行政行为越权无效的制度能够被确立，这个制度并不单单具有不同机构之间的权力约束功能，更重要的是具有社会公众对行政权的约束作用，因为抽象行政行为能够发生作用的范围主要在社会关系之中。

第三十四条 建立私权对抗公权的法律机构。公权与私权是两个不同范畴的权力。一般而论，政府行政系统所行使的权力属于公权。公权严格讲不是一种权利，而是一种权力。作为权力，其行使过程具有单方意志性，即公权主体能够单方面作出决定，并在这个决定中设立有关的权利义务关系。私权与公权相反，是归属于私人的权利，是社会个体的权利。私权在通常情况下是一种权利而不是一种权力。私权即使有单方面性，也是在其他主体监督和保障之下的单方面性，而不像公权那样是绝对的单方面性。我国行政法制度中强调行政法关系的单方面性，即赋予行政主体在公权行使中广泛的手段和能力。相比之下，私权的行使不太有较多的方法和手段。尤其当公权和私权发生对立以后，私权基本上不能有效对抗公权，而公权则可以凭借自己手中掌握的强制权力使私权主体就范。行政规章越权中除了行政权侵犯了立法权和司法权的领域外，最重要的一点是侵犯了私权的领域。以我国在《行政许可法》颁布以后的情况为例，行政规章虽不能设定行政许可，但可以通过设定法律关系、设定其他义务等方式对私权进行限制和约束。之所以在我国存在规章越权相对较多的状况，根本原因之一在于我们有公权制约私权的良好机制，而没有私权对抗公权的良好机制。因此，笔者认为，要解决行政规章越权问题，私权对抗公权的机制必须被确立，而且这样的机制应当是非常有效的，一些西方学者就曾提出"对官方命令的合法抵抗"的理念，而且这样的理念应当通过一定的机制反映出来。这种机制的具体内容是值得探讨的问题。无论如何，私权对抗公权的机制是约束越权规章的有效手段。从一定意义上讲，私权对抗公权机制的水准，能够反映一个国家的法治文明。

第三十五条 对规章进行实质要件的备案审查。规章的备案审查制度是对行政规章进行内部监督的主要制度，之所以说是内部监督，是因为规章的备案审查是在行政系统内部完成的。2001年制定的《法规规章备案条例》，对规章的备案制度作了规定，其中关于行政规章的备案审查规定得是比较具体的。备案审查部门要从六个方面对规章进行审查：一是审查规章是否超越权限。这里的超越权限主要指规章制定机关制定过程中的权限，而不是规章是否能够对某些行政事项作出规定的权限，因为，正如上述，规章规定的具体事项在我国并不十分明确。二是审查规章是否有违反上位法的情形。这个前提是上位法已经对某个行政事项作出了规定，规章对已经规定了的行政事项作出相反的或者不相同的规定。在笔者看来，明显与上位法对抗的规章在我国并不多见，而比较多的是在有关的行政事项上规避上位法，三是同一级别的规章对行政事项的规定不一致时，决定适用哪一个规章，不能够适用的规章则予以改变或者撤销，这个审查实质上是有关规章冲突的裁决制度。四是行政规章的内容是否适当。至于什么为适当，什么为不适当，我国法律并没有一个明确的规定。这也是我国行政合理性原则在长期适用过程中难以把握所导致的。五是行政规章是否有程序上的违法行为。《立法法》和《规章制定程序条例》关于行政规章的制定程序作了规定，因此，备案审查机关对规章制定程序的审查是非常容易操作的。从上列审查的内容来看，似乎我国目前的行政规章备案审查制度是比较完整的。然而，从总体上论，我国有关行政规章的备案审查制度是有瑕疵的。最大的瑕疵在于目前规章的备案审查，主要是对程序审查，而没有对实质要件进行审查。所谓对实质要件的审查主要指对规章所能够规定的事项进行的审查。目前规章的备案审查机关是行政系统的法律部门，而不是有关规章调整事项的职能机构，或者行政系统以外的其他主体，基本上难以审查规章的实质要件。行政规章的内容应当是具体的，设定的权利义务应当是明确的，作为审查机关，本身必须对规章所涉及的人身权、财产权等进行具体和实质性的审查，若不是这样的审查，规章的越权问题就不可能通过行政系统内部的监督予以解决。

第三十六条 将行政规章纳入司法审查的范围。司法权被认为是社会公正的最后一道防线，这个论点也非常适合行政权的公正行使问题，即是说，当行政系统的权力行使出现不公正时，其他的防范手段是必要的，但司法手段作为最后一道防线亦是不可或缺的。1989年制定《行政诉讼法》时，受当时我国法治进程的制约，该法仅将具体行政行为纳入了司法审查的范畴，而没有将包括规章在内的抽象行政行为作为行政诉讼的标的。2001年我国加入了WTO，我国在加入WTO协定中作了诸多承诺，其中一个承诺就是逐步将不同形态的抽象行政行为纳入司法审查的范围之内。其中行政规章作为抽象行政行为的主要形态当然应当接受司法权的监督。目前我国对行政规章的监督已经有一些制度，如通过行政系统内部对行政规章进行备案审查，就是内部监督的一种形式。而《中华人民共和国各级人民代表大会常务委员会监督法》（以下简称《监督法》）也规定了人民代表机关对规章以及其他抽象行政行为的监督权。这些制度是不可缺少的。然而，从现代法治国家的法治理念分析，权力的制约是一个多元问题，即只有通过各种各样的机制才能有效制约比较强势的行政权。其中对行政行为进行全方位的司法审查，几乎是所有法治发达国家的通例。立法与司法是两个性质不同的权力，立法的功能主要在于表达国家意志，而司法的功能主要在于对表达出来的国家意志实施的状况进行督促。如果让表达国家意志的立法机关同时负责督促国家意志的实施，既有理论上的障碍，又没有很好的操作方式。再从国家权力划分的科学性来看，不同国家机关之间的分工才是宪政体制所要求的。因此，将规章纳入司法审查的范畴比目前由行政系统监督和由人民代表机关监督更加趋于合理。司法审查在对具体行政行为进行审查时，其中一个主要内容就是该具体行政行为是否有越权的情形，从理论上讲，司法机关对行政抽象越权的审查积累了诸多事实经验，形成了一套非常有效的有关越权的理论和对越权的控制手段，如果能够有效地将具体的行政行为越权的司法移植到抽象行政行为中来，规章的越权就有了非常好的救济途径。

（六）行政立法与不当利益渗透

第一条 利益指的是一定主体的权利义务、责任以及这些权利义务、责任背后所依据物质与精神价值的合理所得。申而言之，利益是利益主体的一种物质或精神上的获取，而此种获取又是以法律上的合理性和道德上的合理性为前支撑点的。显然，失去法律上和道德的合理性的利益，我们就可以将其界定为不当利益。

第二条 行政主体由于在职权行使中有着广泛的权利义务关系，有着广泛的责任等，因此，其必然存在于一定的利益关系之下，至少有下列方面的利益层次：一是代表国家利益的利益形式；二是行政主体自身利益的利益形式；三是行政主体代表社会利益的利益形式。

第三条 在第一种和第三种利益形式之下，行政主体的利益关系不应作恰当与不当之分，因为此时行政主体只是利益的代表者，而不是利益的直接获得者，即直接的利益主体。在第二种情况下，行政主体的利益关系则较为复杂，首先行政主体可以有独立的利益，这是不容置疑的事实。因为行政主体作为一个特殊的社会阶层，也必然有这一阶层的生物学、生态学、社会学等方面的需求，为了需求而获取这不是利益又是什么呢？而行政主体自身为了生存和自我保护的需要必然为争得利益而不懈努力，对此应当有一个正确的认识，千万不要以为行政主体为自己争得利益就是可恶的、可怕的，恰恰相反，正是行政主体不想争得自身利益这一事实，成了我们建立责任政府的客观基础。

第四条 一个不关心自身利益的组织无论如何都不是一个健康的组织。然而，行政主体自身利益的取得以及自身利益本身有客观上的两面性，即与国家利益与社会利益吻合的自身利益或者受宪法原则和道德理念制约的利益，与国家利益和社会利益相悖的自身利益，或者违背宪法原则和道德理念的自身利益。后一种情况下的利益，我们就叫做行政主体的不当利益。

第五条 若分析构成要件，行政主体的不当利益由以下若干要件构成：

第六条 行政主体不当利益的成立，要求行政主体必须获得现实利益。这是不当利益成立的首要条件。行政主体的职权行使都与一定的利益有关，有些利益的最终归属在国家、社会和行政管理相对一方当事人等方面，而不在行政主体一方。对于归属于国家、社会或相对一方当事人的利益不能归于行政主体的利益范围，尽管该利益是行政主体通过行政职权行使而实现的，就是说，行政主体不当利益的利益主体是特定的、具体的而不是普遍的、抽象的，这是一方面。另一方面，行政主体职权行使中的利益有预期利益与现实利益之分，有潜在利益和具体利益之分，有间接利益和直接利益之分。行政主体的不当利益不包括预期利益，即通过行政权的运作在将来可能得到的利益，如行政主体对某一职权行使以后，这一职权改变了一定的权利义务关系，而该权利义务关系会在若干年之后影响行政机关的体系构建，从而使行政机关在将来得到利益。预期利益不能够作为不当利益标准的原因在于，随着法制环境和其他外部环境的变化预期利益可能永远也得不到实现。潜在利益由于难以在法律规则的范围内进行讨论，因而也不能归于实现利益之列，而间接利益由于与行政职权没有直接的因果关系。不列入不当利益也是情理之中的事。总之，具体性、直接性、现成性是构成现实利益的三个主要标准，只有符合此三个标准的利益才是行政主体的现实利益。

第七条 行政主体不当利益的成立，要求行政主体获得利益，是与职权有因果关系的利益。行政主体的利益可以有多种表现形式，最主要的是行政主体的群体利益与行政组织中个人利益的区分。尽管个人和公民是利益的主要承担者，但不可否认行政主体作为群体的利益形式存在，不同行政主体、行政机关对某一事态有着共同的价值判断，不同行政主体以及同一行政主体的不同行政人员对某一事态或规则有着共同的认识和评介等，就是证明行政主体以群体利益出现的利益形式。当然，行政主体中构成分子的利益，在有些情况下，也应当视为行政主体的利益，如果这种个人利益与行政主体的利益、与行政主体的总体构成有关的话。问题的关键在于，判断一个行政主体的不当利益，必须把握利益与行政主体职权之间的因果关系，若行政主体的利益与职权有因果关系，就可以列入利益范围之列，若与职权无关，是行政主体成员因感情等因素联结起来并在职权之外获取的利益，就不能看做是行政主体的利益。同样，行政主体成员的个人利益若与行政主体的职权有关联，就可以视为行政主体的利益，而不能视为个人利益。此种因果关系的实质是行政主体行使职权以后，该职权就为行政主体或行政主体中的组成人员带来了物质或精神上的好处，此时，我们就可以说此种利益与职权行使有因果关系。如行政主体通过行政收费或其他行政摊派的行政行为从行政相对人收取的归行政主体自己享有的金钱、财物等。对利益与职权之间因果关系的把握是非常必要的，因为有时职权行使会给行政主体带来利益，但该利益不是职权行使后直接产生的，它不是某一职权行使后所产生的一个结果，如行政主体通过行政指导行为给公民法人及其他社会组织带来了利益，而行政相对人对行政主体产生了广泛的认同感，并给予其物质或精神上的支持，此时不应认为行政主体通过行政相对人的支持所获得的利益，与其行政指导的职权行使有因果关系。因为行政指导并不必然使行政主体占有或获取某种好处，尤其来自相对一方当事人的好处。

第八条 行政主体不当利益，是指行政主体是以不当职权行使获得的利益。此处所讲的不当职权行使是从广义上分析的，既包括行政主体违法的职权行使，又包括行政主体不恰当的职权行使，因为理论界把行政主体不当职权行使，是与违法职权行使并列起来研究的。广义上的不当，当然应包括违法在内。我们知道，行政主体利益本身是中性的，如果撇开利益关系和利益获取手段而论的话，我们判定利益的合理性既要看利益所表现的利益关系形式，又要看获取利益的手段。只有把这些标准统一起来，才能确定利益的性质。因此，行政主体的不当利益从其获取手段看，必然是不当职权运用的结果，必然是由不当职权带来的利益。不当职权应当有下列类型：一是主体不当，即不合格的行政主体所行使的职权，或者行政组织不健全，或者此一行政组织行使了彼一行政组织的职权，在行政超越职权情况下，行政主体与其行使的职权相比都是不当的。二是范围不当，即职权超过了必要范围，包括地域范围和时间范围以及职能等方面。三是程序不当，指行政主体不依法定程序行使行政职权。四是对象物不当，即将行政职权的作用对象搞错，使行政职权作用于不该作用的人或事上面。五是依据不当。指行政主体依据了错位的规则而行使行政职权。前四种不当在行政法学理论中都有较为系统的研究，也有较为成熟的理论，而第五种研究的较少，相关理论也不够成熟。如行政主体某一具体的职权行使可能是有依据的，但依据本身的层次较低，或者规章，或者规范性文件，而该依据是明确的、内容是可靠的，但是，该理论赖以生存的上位规则并没有认同该依据的内容，此时亦应认为行政职权的依据不当。如果行政主体以合法正当的职权行使所获取的利益，这样的利益就很难划入不当利益的范畴。

第九条 行政主体不当利益的成立，要求行政主体利益是不能被上位法律证明的利益。行政主体拥有广泛的行政管理权，在职权行使中必然与各种各样的利益发生关系，或者以主体的形式或者以主体中成员的形式获取这样或那样的利益。对于其已经获取的广泛利益，必须通过相关的手段予以控制，否则，任何行政职权的运用对公众来讲，都是一个可怕的事情。正因为如此，在一些国家建立了相关的利益证明制度，如行政预算跟踪调查制、行政行为的社会参与制、行政财产申报制、行政职员个人收入说明来源制等，这些制度的目的是使行政主体对自己或其成员获得的利益能够有效地予以证明。在我国有一些零散的利益证明制度，但还没有系统化的利益证明制度。由于我国行政法渊源形态的复杂性，使部门性法律渊源、地方性法律渊源在整个渊源体系中占有很大比重，而部门渊源和地方渊源也成了行政主体获取利益的重要手段。根据《立法法》，以这些渊源获取的利益还不能完全称为恰当利益，只有当这些利益能够为确定这些利益的规则的上位规则证明时，才可以称为合法利益，相反，若行政主体的某种利益不能被上位规则证明时，就是不当利益。

第十条 上列四个方面的构成要件是一个完整的统一体，缺一不可，也就是说同时符合上列规则的利益才可以成为不当利益，当然，上列规则是从理论研究的角度出发的，在行政法治实践中，可以根据相关理论确立明了的不当利益构成规则。

第十一条 通过上面的分析，我们知道不当利益是一个实质性概念，而不是一个形式性概念，即是说不当利益所揭示的是利益的本质，是利益相对稳定、恒定的状态，而不是以利益的外在形式来判定的，外在形式如果能够作出判定，也只是其他判定标准的一个附加标准，其本身不能独立构成不当利益的判定标准。"存在的就是合理的，合理的就是存在的"，这样的逻辑在这里是不适用的。因此，取得了一定法律外形的不当利益，绝对不能因其具有法律外形而变为正当，如果将所有具有法律外形的利益都视为正当利益的话，对利益状况的任何分析都是没有太大意义的，因为在一般情况下，法律规则所揭示的利益外形还是比较明确的。

第十二条 我们探讨这一问题的理论前提，就是先确定利益的性质，再揭示利益的外形，而不是以利益的外形判定利益的性质。

第十三条 基于此，我们可以给行政主体不当利益的合法化下一个简短的定义：所谓行政主体不当利益的合法化，是指行政主体通过一定的手段使那些不属于自己、不合乎理性、不符合道德理念的利益取得法律外形的行为过程。

第十四条 行政主体不当利益合法化的主体要素是行政主体，即行政主体既是不当利益的受益者，又是不当利益合法化行为的始作俑者，合法化的整个过程就是在行政主体的操纵下完成的，或者台前操纵，或者幕后操纵。

第十五条 行政主体不当利益合法化的主观要素是有意识的脑力活动过程，而不是下意识的被动性行为过程。

第十六条 行政主体不当利益合法化的客观要素，是使不当利益取得了法律上的认同，由实质上的不当变为实质上的适当。

第十七条 行政主体不当利益合法化的后果是行政主体通过制定规则权或参与制定规则权，而从国家、社会或相对一方当事人获取了利益，而且是较大范围的利益。分层论之的话，行政主体不当利益合法化的含义可概括如下：

第十八条 合法化的不当利益是取得了法律形式的不当利益。如上所述，不当利益的性质是相对恒定的，在人为手段的作用下，本来属于不当利益的东西是不能正当化的，这是合法化不当利益应当率先把握的问题。而合法化则指使不当利益取得了法律形式，是一定的法律规则认可的利益。在这里，我们必须给使不当利益合法化的法律规则有所定位，换句话说，我们不能笼而统之地把所有层级的法律规则都包括在分析合法化不当利益的范围之内。我们可以用排除的方式，或者排除加列举的方式确定某种层级的法律规则，不可能使不当利益合法化。首先，《宪法》由于是根本大法，依严格的制宪程序而制定，具有最高的权威性，故其不可能使不当利益合法化，如果有可能使不当利益合法化的话，就是政治学范畴而非法学范畴内的问题。其次，由全国人民代表大会及其常务委员会制定的法律亦不存在不当利益合法化的问题，因为属于法律的那些法律规则是由人民代表按照法定程序制定的，行政主体在制定过程中起不到决定性作用，其即使想将自己的意志贯穿进去，也会通过立法否决作出最后的制约。法律以下其他形式的行政法文件在理论层面上都存在不当利益合法化的问题。就地方立法机关制定地方性法规而言，地方不当利益以及地方政府的不当利益，就很容易被合法化，而规章的不当利益亦不为少见，行政管理规范性文件则更是不当利益合法化的主要文件形式。如某市人民政府在《关于加强城区市容环境卫生管理的通知》中设定了数十种行政处罚形式，也没有罚款必须上缴国库的规定，行政主体从其中所获得的不当利益是显而易见的。

第十九条 合法化的不当利益是由行政主体发动而取得法律形式的不当利益。行政主体不当利益合法化是在一定的行为过程中完成的，在这一行为过程中扮演主角的则是行政主体。就是说，行政主体在权力行使过程中，除了积极地履行管理职能外，还尽可能为强化行政主体自身而做些与管理权没有太大关系的努力，当然该努力的最终结果会使行政主体自身受益。行政主体职权行使过程，尤其对自身利益追求的过程常常是以醉翁之意不在酒的形式出现的，就是在使利益成为规则的情况下进行的。此处有两个关键要素：一是使该利益不当化的，是行政主体的主观需要，行政主体尽可能使属于社会、国家和他人的利益而归属于自己，或者变通法律形式使利益关系发生变化。此种主观需要，既可能是行政主体总体的需要，也可能是行政主体个别成员的个人需要。要说明的是，行政主体个别成员的需要与行政主体总体利益的需要发生冲突时，此种个人利益就很难归于本文所讨论的不当利益范畴。二是使该不当利益合法化是行政主体采用的一种手段，通过该手段使不当利益不再引起争议，使该利益具有长远性和不断获取性，正因为如此，行政主体在促成不当利益合法化中态度往往是十分积极的，排除不当化干扰的态度也是坚决的。在整个不当利益合法化的过程中，行政主体所扮演的角色类似利益集团，其行为过程相当于利益集团对政府决策的影响过程，与利益集团不同的是，行政主体既影响政府决策，影响立法活动，又直接介入或参与到立法活动中来。合法化的不当利益是由非法而转化为合法的不当利益。合法化的不当利益就其存在的形态和发展过程看，经历了两个时间和空间段，第一阶段是纯粹不当利益段，在此阶段，不当利益既没有法律实质上的依据，又没有法律形式上的依据，是一种纯粹的非法利益。由于缺乏法律上的形式要件，因而，其不当性是赤裸裸的，是很容易得到识别的。如某市人民政府在《某市城市建设综合开发暂行条例》出台以前，有数年的时间让预定商品房的单位，在开工建设时按工程概算额向市有关行政部门交付40％的款项，这一行为当时由于没有明文依据，曾遭到当事者的质疑和投诉。正是这种显而易见的违法性常常引来争议，促使行政主体尽可能使本来完全性的非法利益发生转化，由非法而转为合法。以本事件为例，某市人民政府于1991年出台了该规定，通过这一规范性文件，给本来完全非法的不当利益签上了合法的标签。由非法而转化为合法的工程并不一定是在无序地情况下进行的,恰恰相反,常常是在有序的前提下,依程序规则进行的,转化以后的非法利益具有非常大的欺骗性。由此可见,由非法而转化为合法,是不当利益合法化的关键之一。

第二十条 合法化的不当利益是利益受损者失去救济权的不当利益。利益常常是在复杂的社会关系之中得到体现的,若放在大的社会环境之下分析,绝大多数利益都具有绝对性,即如果把利益作为一个数理概念分析,则是一个常数,具有确定的质与量。换句话说,一方取得某种利益,必然有一方失去与得到方相同质相同量的利益。因此,行政主体不当利益以及不当利益合法化之后,必然使国家、社会或他人的同质同量利益受损。在一般情况下,利益受损者可以通过正当途径保护自己的利益。如在行政法制度中设立的行政复议制度、行政诉讼制度、行政赔偿制度等,就是为相对方提供的利益保护的救济制度。当然,只能是对未合法化的不当利益进行法律上的校正,而对于行政主体合法化不当利益使其利益受损后的救济则无相关依据。应当一提的是,1999年颁布施行的《行政复议法》第7条为不当利益合法化侵害相对方权益的救济作了一个尝试,但将救济途径仍限制在行政系统内部。概而言之,不当利益合法化的利益受损是在绝大多数情况下失去了救济途径的,这主要因为我国的司法审查制度仅仅限于对具体行政行为的审查,而作为已经合法化的其他抽象行政行为,则不能通过司法审查而得到解决。这是一个因素,另一个因素是在目前中国公众的法律意识里,对已经成为法律的东西常常怀疑,几乎没有任何思想基础和社会基础,从而导致合法化的不当利益难以通过有效途径予以救济。

第二十一条 行政主体不当利益合法化的运作过程是以行政主体为本位的,行政主体在不当利益合法化的全过程中起着十分重要的作用,而不当利益合法化过程的实现是行政主体对行政权不当行使的结果,因此,我们分析行政主体不当利益合法化的途径,必须以行政权及其行使为轴心,离开行政权力基础行政主体,便不可能使不当利益取得合法地位。

第二十二条 其一,通过不当行使提案权而为之的合法化。在一国的宪法或宪法性法律中一般都规定了提案权,并对享有提案权的主体作出列举规定。依《宪法》,特定行政主体是享有提案权的主体,如中央政府可以向全国人大提起立法议案,特定地方政府可以向特定地方人大提起立法案。一些议案属于政策性议案,涉及的是政府决策问题。如对某一重大工程的提案便是如此。另一些则是立法议案,就是需要制定法律或地方性法规的议案。行政主体享有立法提案权以后，便可以该权的行使使不当利益成为立法议案，当然，在大多数立法议案中的某些条款包含了不当利益，也有在少数情况下，某一立法议案的全部都充满不当利益的合法化问题。在我国地方性法规的制定过程中，大多数立法议案是由在某一领域行使管理权的人民政府职能部门提出的。以某省1998年到2002年的立法规则的议案提起权而论，由人大直接决定或形成的立法议案只占全部立法议案的10%，而90%的立法议案都是由人民政府职能部门提起的。各地的立法实践表明，政府职能部门不单单享有提案权，还享有对所提议案的起草权。甚至地方人大的立法规则也是由政府各部门决定的，因为我国的立法事项一般都由政府管理部门上报，人民代表大会根据上报的立法议案作出立项决定，也就是说，立法的基础是由政府职能部门铺设的。通过提案权使不当利益合法化，从上述过程中可以得到充分证明，行政主体在规则形成的源头上，就已经把自己的利益纳入了合法化的轨道。

第二十三条 其二，通过不当行使行政管理规则制定权而为之的合法化。行政管理规则制定权是一个具有广泛意义的概念，指行政机关在行政管理职能的履行中，为相对一方当事人或行政管理事态制定规则的权力。我国各个层级的行政机关，都具有行政管理规则的制定权。规章以上的行政立法行为是制定行政管理规则的行为，这是没有什么争议的，而规章以下的行政管理规范性文件能否制定行政管理规则则存在争议，但无论如何都不能否认大量规范性文件都包含行政管理规则。行政主体通过对规则制定权的不当行使，常常使不当利益合法化。如某省人民政府制定的《某省城市房地产开发经营管理办法》第21条规定："……超过出让合同约定的动工开发日期一年未动工开发的，可以由土地管理部门征收相当于土地使用权出让金20%以下的土地闲置费；满二年未动工开发的，报经有批准权的人民政府批准，由土地管理部门宣布无偿收回土地使用权……"以规章的形式使不当利益合法化了。同样还有诸多以规范性文件的形式使不当利益合法化的。

第二十四条 其三，通过不当行政裁量而为之的合法化。行政裁量是行政主体的重要权力，行政法理论中叫做行政自由裁置权。其存在于两种情况之下，一是法律规范规定了某种行为的上限和下限，行政主体在行政执法中从上限和下限之间根据自己的主观判断进行选择，可以在多种答案中进行任意选择的事实，说明了法律赋予其作出主观决定的权力。在此部分的自由裁量权行使中，行政主体一般不大可能使不当利益合法化，因为此时自由裁量权所针对的是特定的事件和事实，而从某一事件中获利的行为是无须合法化的。二是法律由于其自身的原因，没有对一些行政事态作出规定，而该事态是一个长远的、必须予以处理的事态，行政主体为了使此一类事态或者以后出现的国家事态得到解决，便设立解决此种事态的行为规则。如《中华人民共和国电信法》出台之前，电信局管理的业务必须得到有效处理，就是说，在法律对该关系还没有调整的情况下，行政主体为了使因电信问题而引起的社会关系得到调整，便为其设立了相关的规则。行政主体在设立这种新规则的同时，把不当利益以新规则的形式予以确立，便是通过自由裁量权使不当利益合法化。由于我国行政法学界对行政自由裁量权的片面认识，因而使以自由裁量权为之的不当利益合法化常被疏忽。我国行政系统中存在的行政垄断，如电信业的经营垄断、航空运输业的经营垄断以及其他形式的政府管制行为，都是以行使自由裁量权为之的不当利益合法化。还如《中华人民共和国公路法》没有关于"施救权"的规定，而《某省高等级公路管理条例》则规定："高速公路路政管理部门负责高速公路上故障车辆的牵引拖带和事故现场的救援、排障及路障损失的清偿"。行政主体依此取得了行使有偿性的施救权。

第二十五条 其四，通过规避上位规则而为之的合法化。我国行政法规范是一个按等级有序排列的渊源体系。从法律到行政管理规范性文件形成了六个不同的级差，根据《立法法》，处于高一层级的规则相对于低一层级的规则而言是上位规则，而较低层级的规则是下位规则。上位规则已有规定的，下位规则不能再作相反的规定，上位规则作出禁止规定的，下位规则不能作出许可规定，若下位规则有明显的与上位规则对抗的情形，就可以视为违法的下位规则，违法的下位规则当然不能发生法律效力，尤其《立法法》颁布施行以后，违法的下位规则是难以存在的。然而，一些行政主体都采取了另一种对抗上位规则的办法，即规范上位规则的办法。如上位规则禁止行政主体收费，下位规则则以另一组织的名义收费。还如上位规则禁止收某种名目的费用，而下位规则便改变收费名目，以上位规则没有提到的名目收费。一些地方为了规避《立法法》，本来应当以规章规定的事项转而以规范性文件的形式规定，因为该法不对规范性文件进行调整，这是行政主体规避上位规则的一个新的方式，必须给予高度重视。

第二十六条 其五，通过解释权而为之的合法化。我国行政机关享有广泛的规则解释权，行政法规由国务院解释，部门规章由各职能部门解释，如《仿制药品审批办法》第14条规定："本办法由国家药品监督管理局负责解释。"《建设工程施工许可管理办法》第18条规定："本办法由国务院建设行政主管部门负责解释。"地方性法规的绝大多数也由负责执行的行政主管部门负责解释。地方规章的解释权更是归属于地方政府职能部门，即谁有执行此项规则的权力，同时享有解释此项规则的权力，这样，行政主体便可以通过解释权使不当利益合法化。例如，2000年11月某市就曾发生了一起林业局没收某公民家具的案件，其没收的根据是《某省木材流通管理条例》第3条和第14条的规定。第3条规定："本条例所称木材，是指各类木、竹及木竹制品，以及以木竹为原（燃）料，消耗木竹资源较多的林产品。"第14条规定："运输木材的货主或托运人必须持有县级以上林业主管部门核发的木材运输证。"被处罚人对林业局的处罚决定不服，认为其私购家具不包括在第3条规定的范围之内，将家具购回家的行为亦不符合第14条有关运输的规定。而负责解释该《条例》的省林业主管部门，竟然将私人家具解释为该《条例》第13条的调整范围。此种解释显然是有利于行政执法机关的，行政机关通过这一解释权，获得了没收并拍卖私人家具的不当利益。

第二十七条　行政主体不当利益的合法化，有着深层次的经济、体制和社会原因，从经济结构上看，我国的市场经济结构没有完全形成，在诸多方面还存在着浓烈的计划经济色彩，而这样的经济结构必然使政府行政系统与经济关系保持一种行政上的隶属关系，或者说对经济进行计划的行为与自身利益有着千丝万缕的联系；从体制方面看，尤其从微观行政体制方面看，政府在许多环节上既是市场活动的介入者，又是市场活动的裁判者，也就是说，其介入到某一市场活动中并为这一活动中的游戏制定规则，此种运行模式必然会使不当利益存在并最终合法化；从社会因素方面看，公众参与管理各种社会事务的机会在我国还不够充分，在与行政主体的力量对比关系上尚处于下风，这就使不当利益合法化有了底蕴。因此，要解决行政主体不当利益合法化问题，必须作系统性的长远打算，运用各种各样的手段。

第二十八条　就目前来讲，下列对策是最主要的。

第二十九条　对策之一：强化利益关系的市场机制调节。笔者所讲的利益关系是不包括行政主体利益在内的那些市场参与主体的利益关系。在市场经济下，各市场主体存在这样那样的利益关系，正是这些复杂的利益关系，为政府行政权的行使提出了新的课题，即以纯粹的市场机制来调节这些关系呢？还是以市场调节和行政干预相结合呢？甚或纯粹采取政府干预的形式予以调节呢？毫无疑问，唯有第一者是最为理性的选择。纯粹的政府干预肯定是行不通的，而市场调节和政府干预结合起来也显得非常暧昧，并最终导致行政干预占上风。全面的市场机制调节将会使行政系统与相对人的利益关系分离，其便不会也不可能为获得某一方面的利益而确立有利于自己的市场机制。

第三十条 对策之二：根除各种形式的行政垄断。《中华人民共和国反不正当竞争法》对行政垄断作了明确的禁止性规定，应当说，该法出台前后，行政垄断在我国已经得到了一定程度的控制。然而，根据近年来的情况看，具体的垄断行为、个别的垄断环节得到了控制，而长期以来形成的行业性、体制性的行政垄断则没有得到有效解决。如电信、电力、铁路、民航等关键行业仍存在非常严重的行政垄断问题。这些体制性垄断，强度是非常大的，如目前上述行业的运行规则、收费标准、与公众的关系形式等，都是由行政主体自己制定和确立的，在其制定规则时，自然而然地将不当利益合法化了。地方性行政垄断表现得亦较为突出，地方行政系统通过这种垄断，可使不当利益合法化。

第三十一条 对策之三：抗辩式地方立法提案权制度的确立。中央立法提案权在我国有一套完整的制度，《中华人民共和国立法法》第14条和第15条等进一步规范了中央立法提案权制度。但是，我国地方立法提案权一直没有较系统的制度规则，而《立法法》亦没有作出新的规定，仅规定依1995年颁布的《中华人民共和国地方各级人民代表大会和地方各级人民政府组织法》的规定办理，该法第18条对地方立法提案权作了非常原则的规定，首先，这样的规定并不完全针对地方立法行为；其次，这样的决定在操作过程中也不十分方便。从目前情况来看，地方性法规在制定过程中，绝大多数提案权是由政府职能部门草拟和提出的，可以说是一种单向式的提案方式，而此种方式最容易使不当利益体现在该地方性法规之中。因此，笔者建议，应当确立抗辩式立法提案权制度，即政府职能部门提出的地方性法规议案，或地方性法规中牵涉职能行政管理时，应当由职能部门和利益相关的行政相对人提出两套同一事态的议案，或者对一套议案进行双方之间的论辩。这样便可以把部门性地方性法规的不当利益缩减到最小限度。国外一些国家采取的立法听证制度，就带有明显的抗辩色彩，这种制度把立法案中涉及的各种利益关系予以公开，在未形成法律规范之前，利益各方展开充分的论争，其间可能不乏讨价还价色彩，但讨价还价对于立法行为而言，是一种较为恰当的选择折中的方法。

第三十二条 对策之四：直接行政立法模式的尝试。我国特定行政主体享有制定行政法规、规章和行政管理规范性文件的权力。而宪法和法律在赋予行政主体这样的权力时，并没有同时确立相应的制约制度和相应的介入制度，故而，导致行政规章、规范性文件等的制定都是在行政主体单方面操纵之下进行的,《中华人民共和国立法法》也将规章的最后决定权赋予了行政主体,此举从理论上是难以得到合理解释的,实践上也不利于行政立法的公正性。笔者认为,随着我国立法水平的提高和公众参与意识的提高,应当将目前的行政立法模式转换为直接行政立法模式,这在后面词条中会进一步阐释。

  第三十三条 对策之五:行政法规范解释权重构。目前有关行政法规范适用中的问题尚无一套完整的解释制度,致使行政法解释在行政法治实践中非常混乱。例如,关于地方性法规适用中的解释权在各地就有不同的表现,有的地方性法规均由施行主体解释,即谁负责执行,某一地方性法规及行政部门亦享有相应的解释权,有的则没有明文将解释权赋予执行部门。在有些情况下,行政主体享有对法律的解释权,行政主体对行政法规、地方性法规和规章的解释则更为普遍。如前所述,目前这样混乱的解释体制是不当利益合法化的重要途径。因此,要解决不当利益合法化问题,行政法规范解释制度的重构就势在必行。至少在赋予行政主体制定相关规则权时,不同时赋予其解释规则的权力,更不能让执行某一地方性法规、规章的行政主体在执行过程中对其进行解释。当然,由全国人民代表大会及其常务委员会制定的法律更不能由行政主体解释。地方性法规的解释权应绝对集中于制定它的地方人大手中。应以《中华人民共和国立法法》为契机,规范行政规章的解释制度,其实该法第 86 条是将规章的解释权集中于高层机关的,如"部门规章之间,部门规章与地方政府规章之间对同一事项的规定不一致时,由国务院裁决"。当然,这主要指规章冲突以后的解释问题,而适用过程中的解释问题,可以同样采用此种由更高一级机关解释的制度。

(七) 行政立法价值选择

  第一条 行政法与人权关系的问题可以说一直是行政法学理论中一个较为薄弱的问题,我国学者不善于将有关人权的理论引入行政法问题的研究中来,这一方面是由于人权问题与政治问题关系密切,较为敏感,学者们可能有意回避这一问题,另一方面,也是最主要的原因就是行政法的研究从公权出发,而公权与人权的概念常常不是一个范畴的东西,甚至在许多方面二者还具有一些相对性,我国选择了从公权出发解决行政法问题,就自然而然地不会过多地关注行政法与人权的关系。

  第二条 行政法回避人权的原因还有一个,就是我们一般将有关权利的东西不放在较大的视野中考察，仅仅放在行政法中某一个别的规则体系中考察，如在行政法关系中，探求行政主体与行政相对人之间的权利义务关系，将权利问题个别化以后，便缩小了这一问题的空间和视野。

第三条 行政法中权利问题的个别化本应是合理的，是符合行政法对社会关系调整的一般规律的。但是，行政法权利问题的个别化，应当建立在行政法已经有一个人权理论的宏观范畴，该宏观范畴是人权问题具体化的理论根据和制度基础。由于我国行政法制度和行政法学理论尚没有一套完整的有关行政法与人权关系的宏观范畴，因此，我国行政法中人权问题个别化的倾向都带有机械论、预定论、形而上学等色彩。例如，我们在研究行政相对人的个人权利时，都围绕既成的行政规则进行，如果当事人的某一权利的享受或行使与规章或规范性文件相悖，我们就认为，他的这一行为是违法的。若某人的行为有规章或者行政规范性文件上的依据，我们可能会认为这一权利是合法的，也就是说，当我们用微观眼光观察行政相对人个人的权利时，我们首先肯定了一些哪怕是最低层次规则的合法性。这样的调适方式，对于个人权利而言是非常致命的。

第四条 行政法的研究和行政法的定位是从公权出发的，而公权还不能说就是我们所提到的人权概念，人权与公权无论如何都不能是同一意义的概念。我们要研究行政法中的私权问题，首先必须对人权问题的发展过程作一个考察，作这样的考察时，视野已经超出了行政法的范围，但这样的超出是非常必要的，因为只有这样，我们才能使宏观问题微观化，才能在行政法中找到私权的合理位置。

第五条 20世纪，人权理论有了实质性的发展，这种发展可以概括为国际化和个性化两个方面。所谓国际化，是指人权在20世纪之前基本上是就一国范围而言的，人权的基本规则也都表述在该国的法律制度中。尤其第二次世界大战以后，人权思想基本上打破了国界，具有全球化的倾向。关于人权个体化的问题也被提到议事日程，甚至成为人权理论的主流。所谓人权的个性化，是指传统人权理论是将人当成一个类的概念而论之的，或者至少没有突出人类个体是权利主体的思想。与人权理论的发展相适应，人权实践也经过了一个历史过程。各国在相关的部门法规则中，对人的权利都作了不同程度的规定。越是进入当代，制定的人权规则中所涉及的私权就越多，私权的类别与名称也越来越丰富。当然，从立法技术上讲，有些权利中很难将个人权利和作为一个类的权利区别开来，因为这些权利在实施过程中，必然体现于个体意志之中，而单纯的公权则不具有这样的属性。

第六条 20世纪以来和21世纪初，主流性社会思潮是个人自治的观念，发达国家已经将该主流体现于其法律制度之中，即使没有在法律中完全体现个人主义，至少法律变得越来越能够认同属于私域的东西。这种思潮实际上是对传统的一种回归：早在19世纪初期，德国社会学家耶林就提出，没有无原因的行为也没有无目的的法和行为的概念，认为人和人类的行为必然受某种目的之决定，而这种目的就是追求自身的利益，因此利己和对私人领域的关注是所有人的共同特点。

第七条 私权的时代合理性作为一种主旋律，必然会统摄整个社会生活和社会过程的变奏。行政法作为一个非常重要、涉及面最广的部门法，也必然会对这种时代变奏作出反应。

第八条 在西方国家的法律体系中，尤其大陆法系的法律体系中存在着公法与私法的区分。一般认为公法所调整的是公共领域的社会关系，而私法所调整的是私人领域的社会关系。即便在西方的法律理论中，公权与私权的概念尚无一个系统的、权威性的界定。我国宪法和其他法律制度既没有关于公法与私法的规定，也没有公权与私权的概念，我国学界近年来主动接受了公法与私法区分的法学理念，而关于公权与私权的理论仍无一个成体系的说法。然而，这不能成为否定公权在我国作为一种客观存在的事实，也就是说，无论我们在理论上研究的深度如何，都不能制约或者改变在我国行政法领域中公权与私权相对区分的客观现实。只有我们从理论上把公权与私权划分清楚，二者之间的界限就不证自明了。

第九条 公权与私权是一个对应甚至对立着的概念，我们可以通过对二者所属特性的对比确定各自的范围。

第十条 公权与私权权利主体的比较：国家的与个人的。公权的权利主体是国家，即国家是公权的最后承受者。当然，国家在大多数情况下是一个抽象概念，其权利常常有某些形态的主体作为代理，不同的权利交由不同的主体代理。私权的主体则是个人，即单个的自然人或由自然人组合而成的私益性组织。个人既是私权的主体，其就对私权有完全的占有和处分的能力，而不必通过其他主体，更不需要对其他主体负责。一国的法治化程度决定个人作为私权主体与私权关系的广度与深度，或者作为私权主体在能力方面的程度，进而言之，法治化程度较高的国家，个人作为私权主体其人格可能是全面的，而法治化较低的国家个人作为私权主体，其人格可能是不健全的，而不健全的状态只能以主体变态来解释。个人组合成的实体作为私权主体比较特别，是众多的个人的意志的一体化，在法律上则是一个独立的实体。此点容易将其作为私权主体与作为公权主体相混淆，因为公权主体中也有类似这样的组合体。组合过程的不同，是区分二者的关键因素，即作为私权关系的组合体是一种自愿的组合体，而作为公权关系的组合体则是外力作用下的组合体。

第十一条 公权与私权权利价值的比较：秩序的与生存的。公权的权利价值是以秩序为根本的，所谓秩序价值，是指公权所要体现的是建立一种良好的社会秩序，这是因其宏观性所导致的。公权所面向的是不特定的人或者组织，其所涉及的范围是一定社会内的宏观范围，该范围决定了其必须建立一种协调、和谐的社会运行机制，而在这一机制之下，局部的牺牲、个体价值的不能体现是不可避免的。公权的秩序价值使公权具有了强烈的政治色彩，因此有人认为公法范围内的社会关系常常是一种政治性关系。私权则以生存为根本的价值取向，私权利的主体所追求的是自身的存在，是要造就一种自我。价值上的不同，使公权与私权只能在矛盾和冲突中共处。

第十二条 公权与私权权利属性的比较：支配的与平等的。公权是在公意的基础上形成的权利，而公意被认为是一种不能怀疑和动摇的意志，因此其权利属性便以支配为核心，即权利实现过程中权利主体有绝对的支配力，可以采取强制性的手段排除权利实现过程中的障碍，而私权的属性则以平等为核心，就是所有私权主体是一种平等关系模式，对于同一种权利的实现，不同的人和组织之间有不同的主观预期。

第十三条 公权与私权权利物质内容的比较：公益的与私益的。公权利所反映的是公共利益，这种公共利益可能以国家的名义出现，也可能以社会的名义出现，还可能以公共秩序的名义出现。而公共利益最典型的特点是其具有高度的抽象性，既是对利益内容的一个抽象，又是对利益主体的一个抽象。个人或者私人从这种公共利益中既有可能得到好处，拿走他自己应当拿走的那一份，又有可能在这种公共利益中受害，当自身较大的利益与公共利益不一致时其就处在被侵害的状态中。私权的利益最终是归于个人或私人的，即这种权利带来的好处只有私权主体个人，而此好处既可能是从公共利益中拿来的，又可能是以牺牲公共利益为代价的。公益和私益的区分是公权与私权区别中的焦点部分。它是两个不同范畴的利益、两种不同性质的利益，甚至是相互对立的利益。

第十四条 对行政法问题的研究，必须与社会发展阶段及其社会特征结合起来，因为只有这样，才能确定行政法在某一时代下的发展格局。到社会的高级阶段，政府行政系统以及行政法应将服务作为基本的价值追求。社会发展的阶段越高级，社会中国家和政府机构的服务性能就越明显。如果我们将问题深化一下，可以说现代社会或者后工业社会是一种市民社会，对市民社会的社会特征我们可以作出以下概括。

  第十五条 市民社会中人是一种目的物或者是一种实在，人作为一种实在，又存在于社会过程中。市民社会是处在家庭和国家之间的一种中间体，从社会学角度观察人就是这样一种社会存在物。在市民社会中，每个人都以自身为目的，其他一切对于人来讲都是一种虚在。因此，我们在解决市民社会的问题时，必须把人放在第一重要的位置上，这一点非常重要，因为在国家的概念之下，个人不是一种目的，而只是市民社会组织中的一个无关紧要的因素。人在市民社会中从一个侧面看是目的，从另一个侧面看，他又处于社会之中，如果单个的个人不与他人发生关系就达不到他的全部目的。个人既是一个目的物，又是在人与人之间的关系中实现这一目的物的，因此，个人利益的确定也就不能不放在平等主体之间的相互关联中进行。在这里特殊与普遍的关系便成了问题的焦点，每个人所追求的都是一种特殊利益，而这种特殊利益又自觉或不自觉地发生在普遍的过程中。人与人之间的相互作用关系，使人在家庭中有了新的需求，而这种新的需要，也是在人们之间的相互关系中创造的，而不是像在家庭那样是由外在的自然因素决定的。也就是说，根据市民社会理念的第一层含义，我们可以将一种规则化的机制引入行政法中来，就是说，在行政法中，我们所采取的联结方式是符合个人追求以及个人对他人影响的关系调整机制，而不是外在于这种个人以及关系的非社会化机制。

  第十六条 在传统行政法理念中，行政过程是由行政主体主持下的过程，是以行政主体为本位的过程，当市民社会理念引入以后，整个的行政过程就应当是在个人与他人的相互作用下，将个人以及个人与他人的关系形式作为行政法的本位。如果这样，行政法就成了一种真正意义上的符合私权观念和私法规则的部门法，而不是只见公权不见私权的部门法。

  第十七条 市民社会机制引入以后，行政主体与行政相对人的关系形式便发生了深刻变化。在非市民社会机制的社会环境下，行政主体与行政相对人是一种权力关系，所谓权力关系是指行政主体作为发布命令的一方，可以将自己的意志强加于行政相对人，整个行政法过程都是以行政主体的强制权力表现出来的。而市民社会机制引入以后，行政主体与行政相对人的关系形式则由权力关系转化为了权利义务关系。行政主体既是权利主体又是义务主体，行政相对人亦既是权利主体又是义务主体。当然，权利义务的具体形式是通过立法机关制定的规则联结起来，行政主体在规则制定中再不能单方面设定其与行政相对人之间的权利义务形式。只有当法律设定了行政主体在某一方面有行使强制权力的权利时，行政相对人才有接受这种强制权力的义务，在这种情况下，行政主体的强制权仅仅是法律赋予他的一项义务，而不是由其职权直接演绎过来的所谓的固有权力。

第十八条 市民社会中人与人之间关系的调整机制是以权利为本位的机制，而不是以权力为本位的机制。这一特性与第一个特性是相互联系着的。人作为一种实在，是一种特殊的控制力量，它通过对自己行为普遍性的说明来确定自己作为特殊市民的社会地位，这种说明过程的外在形式是制度化了的规则，而内在本质则是个体的权利要素。权利是一种存在于人们之间的普遍规则，它是唯一有效的、平等的基础。只有当市民社会中的人成为权利主体的时候，你才能获得市民社会中人的身份，在这里权利成了一个至关重要的东西。以此而论，市民社会的理论和机制不是一种简单的通过行政权力而联系的机制，行政权力可能会在市民社会中发生作用，但他发生作用的基础仍然是权利。行政机构的任务是使那些仅仅具有特殊意义而没有普遍意义的权利成为市民社会中的双重权利，即既是个人的权利又是符合普遍精神的权利。

第十九条 市民社会中个人行为的普遍化有赖于其主观意识的高度感悟，因此，这便使规则遵守与规则参与主体的素养提高密不可分。私人生活由于是市民社会的根本，而私人又是自己利益不断的追求者，要想使这种自私的行为不侵害市民社会中的其他成员，市民社会就应当有较高的教育机制。这一市民社会的论点，提出了法律规则与整体文化素养的关系问题，或曰，在市民社会的规则机制中，每一个个人都需要有一种对自己利益的认识和对他人利益认识的文化素质，并能够判断自己的行为与普遍性行为相结合的程度。作为外在于市民社会的司法机制和行政机制，在使个别行为普遍化时，还担负着将个别意志予以塑造、将个体意识予以提升这样的教化任务。这是认为市民社会含义非常重要并对法制具有重要指导意义的观念。

第二十条 市民社会中人的需要存在于一定的体系之中，而这个体系又是通过社会等级联系起来的，所以，市民社会是一种社会分层并分级的社会。

第二十一条 市民社会的这一理论包含了非常丰富的内容，作为一种机制，它在法律中必须确定社会的分职和分级，以分职和分级的方式使社会处于有序状态下，而这种有序性本身就是一种社会文明。作为一种机制的原则，诚信原则对现代法治意义重大。也许，只有从市民社会的现有结构和知识结构中才能推论出诚信原则。从正题的角度讲，行政法有必要引入市民社会的机制，因为这样的机制，会使行政法融入到现代法治体系的大系统之中。而从反题的角度看，市民社会的理念和私权理念一样，是一个更加符合现代精神的哲理思想，市民社会作为一种存在物，有着自身的生命力。当然，市民社会的机制并不能完全排除在它之下的家庭机制和在它之上的国家机制，而市民社会的诸多联结方式和联结规则，都是现代国家必须予以适用的，是现代法治中的控制技术必须予以吸收的。当然市民社会的基本理念处在不断发展之中，根据有关政治学著作的解释，市民社会这一概念早在14世纪开始就为欧洲人所采用。在当时来讲，它既包括国家的权力体系也包括城市中文明的政治共同体的生活。到19世纪，黑格尔将市民社会发展到一个新的阶段，在黑格尔市民社会的概念之下，国家的公共权力体系似乎是被排斥在外。公众权力体系只是作为另一个事物与市民社会发生联系，我们运用的市民社会概念就是在这个意义上使用的。随着社会的发展，市民社会的理念还会有新的内容，市民社会的控制机制还会有新的形态。而就目前来讲，市民社会作为一个颇具时代意义的理念或者机制，已经对各个社会过程和社会关系提出了课题，而行政法对于这样的理念，当然不能无动于衷。

第二十二条 法律与社会过程的关系是一个非常深刻的哲学问题，如果没有由法律规则确定的社会秩序，没有由执行法律的机关维护法律规则确定的生活准则，社会可能处在一种混乱不堪的境地中。同时，法律对社会事物的发展有时又起着阻碍作用，如在采取某些改革措施之前首先要考虑有没有法律上的禁止规则，有没有违宪或者违法行为。公众在取得的权利方面总是和既定的社会秩序之间存在着冲突，这种冲突，常常就成为行政法中的问题。

第二十三条 法律与社会发展中的若干变革或者手段更新，总是存在着一定的冲突。正如罗素所言，改革家们差不多都是不守法律的无政府主义者，而那些害怕会退到野蛮状态的人，总是强调法律和秩序的重要性。同时，那些关于人类社会进步的人、使人类文明向高层次发展的人们，通常更加感到个体创新精神的必要性和重要性。这两种心理因素都是必不可少的，问题的关键在于何时以何种方式推进社会的发展。至少在现代社会，法律是文明的组成部分，而它的文明特性是在复杂的矛盾中体现出来的。

第二十四条 法律对人类文明的促进，是就法律的文化价值而论的，以功利主义的观点解释，任何法律都必须有利于拓宽人类生活的空间。从目前发达国家的法治情况看，由于其国民文明化程度不断提高，人们认识能力和判断问题的能力越来越深刻，其在思想方法方面的维度也越来越大，而规则对于人类智慧的这种认同的限制也越来越少，人们不但可以对自然界的事物进行研究和评价，也可以对社会事务进行研究和评价，了解它们发展变化的规律，有思想家认为，人们从法制中得到了巨大好处，且法律越严密这种好处就越多，即法律文明价值的判断标准便是其是否能够拓宽个人生活的空间，行政法作为对人们社会生活中若干规则作出全面设计的部门法，其进步的价值也必然寓于对个人生活的拓宽之中。一则，行政法的进步性在于对个人物质活动空间的拓宽。在现代技术社会下，个人掌握的生活手段越多，其物质活动空间也就越广，应当把本来归属于个人的活动手段归还予个人，让他能够思考归属于他自己的事物，能够促使他们成熟，并使他们从物质上获得利益。这应当成为现代行政法进步性的第一评价标准。根据马克思主义物质和意识关系的原理，社会存在和社会意识的关系原理，个人在物质上的空间决定着其在精神上的空间，如果他没有较宽的物质活动空间，他也就没有较宽的精神活动空间。行政法对个人物质活动空间的拓宽，在行政法典中应当充分体现出来。

第二十五条 在西方发达国家，进入20世纪80年代以后，行政法制度的改革立足于拓宽属于个人的生活空间，美国从1975年至1980年对部门行政管理的法律规则进行了大幅度的调整，其调整的宗旨就在于政府放松对公众生活的管制，尽可能拓宽个人生活空间。二则，行政法的进步性在于对个人精神活动空间的拓宽。精神活动空间也是个人最重要的生活空间之一，它往往与个人的意识因素有关，在文明社会中，个人精神生活的重要性甚至强于物质生活的重要性。我国的行政法制已有一种义务拓宽个人在生活中的活动空间。再则，行政法的进步性在于对个人政治活动空间的拓宽。一般而论，与个人政治生活空间有关的规则是宪法规则，但这并不是说行政法与个人政治生活空间没有关系，我们常常提到的警察国的概念就表明行政机构在个人政治生活空间中还是可以起到作用的，要么是促进政治生活空间扩大的作用，要么是缩小政治生活空间的作用。政治生活的范围甚至比其他生活的范围更大更重要。公民个人对政治决策选择和对行政法过程的参与是政治生活空间的两个基本方面，行政法当然应在此方面扩大个人的生活空间和行为方式。

第二十六条 法律是公共利益的体现这一命题由来已久，在洛克和卢梭的著作中都有相应的论证，卢梭提出了公意的概念，他认为法律是一种公共意识，是共同意志的一个结果，由于意志的公共性，必然使代表公共意志的法律体现为公共利益。奥斯丁认为，契约形式的公共管理机构的目标就是促进公共福利。这些关于法律是公共意识和公共利益的思想，从构建公共管理制度的角度看应当是合理的，从他们所处的时代，也只能够作出这样的推论，这种思想对后来部门法的理论产生了巨大影响。即使在当代，当我们分析行政法的本质时，一般也都将其解释为是对公共利益的体现。

第二十七条　公共利益的概念在创造或者法律规则形成过程中有一定的合理价值，即我们以通过投票等规则确定某种利益是否为公共利益。然而，一旦进入法律运作的层面，公共利益就是一个无法被证实的虚构命题。我们知道，利益一旦与行政法的规则或者行政法的运作过程结合起来，它就是一个法律层面的概念，利益概念本身在法律层面意义并不大，只有当它转化为若干法律概念以后，与若干法律命题结合起来，它才具有实质性的法律意义。

第二十八条　在行政法中，利益的概念是同行政法主体的权利、义务、责任、主观意识等联系在一起的，也只有通过上述这些法律概念，才能确定利益的属性和利益的内涵。以行政法主体的权利观察，各种权利都反映在行政主体和行政相对一方当事人的关系之中，在权利发生的范畴看是个别化的，在权利的承担主体看，有一方必然是以个体身份出现的，而义务更是个体化的，只有通过个别性的行为，我们才能看出行政法义务的特性，而责任也是必须由个体承担的。

第二十九条　由于利益在行政法中是通过个别的规则、制度和个别人的行为联结起来的，因此，公共利益这一词在行政法中就变得基本上没有什么意义，如果有意义的话，也只能成为行政主体任意行使行政权力的一个借口。

第三十条　行政主体在行政权行使中，常常有一种理由就是从公共利益出发，以公共利益代表者的身份自居，而在行政主体自称代表公众利益时，行政法中的最为基本的元素——人就没有任何现实意义了，个人这时就不是一个客观的存在物，个人也不能在行政主体所称的公共利益中得到任何好处。就是说，只要某一个人是行政法规则中的人，它就应当是行政主体所主张的公共成员的一个，它就应当是行政主体所主张的公共利益的受益者。然而，对于一个以公共利益为借口的行政行为或者行政过程，可能行政法中的任何一个人都没有得到来自这种公共利益的实惠，这样就使公共利益的概念成为一个无法证明的虚假概念。

第三十一条　利益或者公共利益只有通过个体的行为才能得到证明。

第一，利益应当是一种个人满足。从外在形式上看，利益是在人与人之间关系上形成的，外在意义社会关系构成了利益的外壳，这一外壳便会给人一种错觉，即利益只有用有关整体的社会原理说明才是有意义的，公共利益的概念也就是在这样的前提下形成的。当然，利益是需要外在形式上，或者说利益是通过人与人之间的关系表现的，但利益的实质内容都是个体化的，如果人们彼此之间公平地分配自然界赋予他们的一切，如果他们中间的每个都尽其全力帮助同类，如果他们每个人在自己享用各种福利时，也使别人有机会享受同样的福利，利益的概念就不一定存在。社会形式只是利益的外在因素，利益从根本上讲只是一种个人的欲望。当然，该欲望有很多层面，例如追求物质财富的欲望、追求精神享受的欲望、表现自己的欲望，等等。但是，无论什么样的欲望，都必然反映在个体自我之中，这其中的道理是非常简单的，因为各种各样的欲望都只能针对个人而言。深而论之，对利益作出反应的各种欲望的主体是个人，是存在于现实社会中的具体的人，只有对具体个人欲望加以关照，这样的欲望才能得到实现，而所谓社会性的欲望可以说是不存在的。在现代社会中，最基本的权利是生存权，而生存权也只有个人才能享有，或者只有个人生存才会有社会的存在。也就是说，生存权的权利主体是指生活于社会中的具体的人，或者个别的人，作为一种制度所要维护的生存权也是个人的权利，发达国家社会保障制度解决的也是个人问题，当然，通过个人问题的解决而影响社会的和谐则是另一层面的问题。日本学者大须黎明在论述将个人生存权社会化的倾向时指出，现代宪法和宪政制度强调利益的公共性、强调个人生存的社会性、强调人的权利的集合性，实际上是一种虚构，是一种以虚伪形式存在的东西。在这种虚构的宪政秩序之下，个人的价值就没有得到充分的肯定。

第二，利益应当是一种个人才智的发展。现代社会生活中贯穿的一条主线是人类对文明生活的追求，而文明生活的概念有两个基本方面，一是社会单位不再是群体、行会、部落或城邦，它们逐渐让位给个人。而这样的个人是完全独立的能够作出自我价值判断的人，他拥有自主进行社会选择的权利。二是这些个人是有独立精神生活的人。他能够对问题作出判断，能够有探索新事物的权利。当我们分析利益概念时，也不能够单单地将它视为是一种物质上的需要，或者将它看做是社会物质财富的分配，在更高的角度上，利益是人的才智的一种发展，至少人们在追逐利益时包含着对个人才智的拓展。而作为个人才智的拓展，它不存在于群体中，它是以个体的形式出现的。因此，公共利益的概念无法包括个体才智拓宽这一最大的利益内涵，这进一步说明了利益不能通过公共理念予以证明，只能通过个体来证明。

第三，利益应当是一种较少约束。利益另一层面的意思是指一种生活空间，即我们说取得了较大的利益，则是可能指取得利益的主体获得了一种较大的生存或者生活空间，反过来说，某种利益受到了限制，即是说利益主体的生存和生活空间缩小了。法律规则的首要目标就是使社会中各个成员的人身和财产既得到保障，又使这种人身和财产的内涵更加广泛。而约束的结果则是对社会空间的缩小。这里要指出的是，约束无论是来自立法的，还是来自立法之外的，都是以个人为对象的。但有时政府可以通过规则对某种组织和群体作出规定，有时只能以群体的形式对个人作出约束，无论哪一种约束，结果都必然体现在个人身上，因为组织或者群体只是连系个人的一种方式，它本身并不存在约束与不约束的问题。这一点又表明利益只能通过个体来说明。

第四，利益应当是一种交流空间。在现代社会中，利益还包含着物质和精神不能替代的东西，这些东西要么是一种全新价值东西，要么是介于物质财富和精神因素之间的东西。例如现代旅游和现代通讯，究竟是否将它看成一种现代社会中的利益便是一个问题。显然，这两类事业归于利益的范畴是应当的、合理的。如果我们称其是一种利益时是什么样的利益？我想无论将其归于物质还是将其归于精神的范畴都不甚科学，它应当是一种具有独立价值的特殊利益内涵。这种利益主要与交流空间有关，而交流过程是以个人为主体的，即是说交流空间越大，个人所获得的利益也就越大，反之，交流空间越小，一个人所获得的利益也就越小，而对于群体而言，交流空间似乎没有什么意义，也就是说，只有通过个体才能证明。

第三十二条 为私的关系不能被为公的关系取代。

第三十三条 利益仅仅对于单个的个人具有实质性的意义和价值。

第三十四条 如果说个人利益是一种能够带来实质内容的话，普遍利益则是联系实质利益的一种关系模式，它本身并不具有利益的原始意义。在个人方面是利益的东西，而在公共权力范畴内就不是利益，它只是个人利益的一种联结方式，这中间的深刻道理我们必须认真领悟。

第三十五条 我们通常所称的公共利益、"普遍利益"等，最多不过是个人利益在实现过程中一个基本的让与或者妥协，即各个个人为了实现自己的利益，而他人也同样有权去追求自己的利益，在单个人的追求中，每个人都想获得好处而不致伤害他人而形成的一种平衡关系。这种让与或者妥协本身，就已经不再具有利益的性质，因为此时你已经看不到利益的主体，即谁是这种利益的承担者已经找不到了，当然，有人会说，国家就是这种利益的代表，而国家又是什么呢？最后又必然回归到个人。

第三十六条 公共利益只是人与人之间的一种关系形式，而这种关系形式无论如何也不能取代为私的关系，许多经典作家已经非常敏锐地注意到了这种为私的利益与为公的关系之间的界限以及二者之间的本质区别，并想试图以一种理论来完成对这个问题的理论阐释，但似乎没有成功。

第三十七条 为什么公法与私法的区分总是不那么容易，总是找不到一个令人信服的标准？问题根本在于无论什么样的规则，它建立的基础都应当是同一的，即私益的基础之上，正是由于个人的存在，个人对利益的追逐便导致了规则和公共利益的出现，由于所有的规则都建立在相同的基础之上，所以，人为地将建立在同一基础之上的规则分成不同性质的种类，就难以有逻辑上的依托。

第三十八条 公法与私法的划分虽然已经有很长的历史，但是，毫不含糊的是这种划分是由学者们人为进行的，"这种划分是由注释法学派在他们的著作和罗马法课程的讲授中首先确立的，后来，它成为欧洲共同法的内容和区别的一部分"。但至今尚未在哪一国的立法文件中看到公法与私法区分的概念，这就说明，公法与私法在立法中基本上不可能成为操作层面的东西。

第三十九条 戴维·伊斯顿在政治学领域对个人利益与公共利益进行了探讨，也试图找出一个区分二者的客观标准，他想通过分组人群的理论来说明个体利益与共同利益之间的区分，社会是由单个的个人构成的，个人根据年龄、性别、技能、经济、社会属性等归属于一定的分组人群之中，个人利益常常以分组人群的利益形式体现出来，这样就使个人利益有了相对的集中。许多社会分组人群的存在是必须和共同权力机构区别开来的一个非常重要的政治要素。社会分组人群在起点上先于公共机构，个人的利益融于社会分组人群之中，而分组人群主要体现了个人利益，而由诸多不同的分组人群组成的公共权力机构就代表了一种公共利益。当然，他认为分组人群在整个政治过程中对公共机构施加了压力，公共机构所代表的利益具有一定的社会分组人群利益的成分。伊斯顿通过分组人群对个体利益和公共利益进行区分，最终结果便导致了一个我们前面已经论述过的结论，即个人利益即便存在于分组人群之中，也是个性化的表现，而公共权力机构则是和谐这种分组人群利益的制度。无论是政治上的结构还是经济上的结构，其实都是制度化的东西，都不是一种利益。

第四十条 现代社会中行政管理的法律规则若就规则本身来看，似乎都是我们传统上认为的公权利，其实几乎每一个规则中所涉及的权利都是个人利益，都是归属于私人的那些东西，如果离开了个人，这些规则几乎就不具有任何实质意义。

第四十一条 公共机构或者公共权力只有在对私权起正向作用的情况下才是合理的。一个公共管理规则是由若干私权和私益转化而成的一种关系形式，这种关系形式我们可以将其称为规则，可以将其称为制度。如果这种关系形式通过转换成了纯粹的、脱离了私益的规则，这种公共关系就失去了存在的基础。因此，无论什么样的公共利益，只有通过私益才能得到证明，现代行政法也只有建立在这样的基础上，才符合时代精神。

第四十二条 在每一个现代社会中，都存在着种类繁多的小群体，这样的小群体都有它自己的一整套利益关系，众多的小群体就构成了社会关系中的各种各样的利与害关系。而这些利害关系的群体又都存在于公共权力关系这一统一体中，在公共权力关系中存在的小群体，不一定都是以公开的形式、固定的形式存在着，因共同的利害关系而组合起来的单个个人组成了规则以内和规则以外的两重组合形式。这些组合体既可能是暂时性的，也可能是永久性的，这些群体对公共权力关系的影响程度也有所不同，该影响既可能是对规则制定的影响，也可以是对规则执行的影响。所有这些有形、无形的组合通过他们的意志常常形成各种各样的公共意志，卢梭将这些意志称为公共意志的变形。这就表明，公共权力机关的决定不一定总是公正的或者正确的，如在公共决定不正确的情况下，就会产生一个责任的承担问题。约翰·罗尔斯在承认个体利益是正义的基本标准时，为了防止个体利益的不能实现性，它设想了一个原则，即通过制度把个人欲望肯定下来，通过制度使个人利益的实现得到保证，一个制度的正义与否，就归结到个人欲望实现的程度和个人利益代表的程度上。从正向的角度观察这是恰当的，似乎也是可以操作的。然而，制度实际上是对公共权利的肯定，通过公共机构使个人利益在制度框架内得到归属。公共机构通过制度已经从个人、从社会的分组人群系统中独立出来了，并作为一种关系形式把个人与个人、分群与分群联系起来。

第四十三条 在实际的运作中，问题常常不是这么简单，公共机构在现代社会中都是一个独立的实体，它自身又是由一群人组成的，并且有独立于个人的活动机制和联系规则，它会有这样、那样的要求。是个人属于这些公共机构呢还是公共机构属于个人呢？其在公务中究竟考虑公共机构的意志和要求呢，还是考虑社会个体的要求？甚或只考虑组成公共机构中个人的要求？这个问题我们至少在理论上已经解决了，即公共机构是行政权力的行使主体，而广大公众是行政权力的归属主体，权力行使主体在行使权力时，必须服从权力归属主体的意志和要求。

第四十四条　我们以公权建构的行政法体系都将理性的关系形式作了颠倒。在作这样的颠倒时，为了在理论上有说服力，便建立起行政上的责任制度，即公共权力的责任制度。

第四十五条　行政法的责任中由于不存在加害主体与责任主体之间的对等性，责任最终必然会以私权的形式而告终结。换句话说，公共行政机构的每一个损失，都必将转换到社会中的个体中去，个体既是某一错误的公共行为的受害者，又可能成为公共责任的最终承担者。

第四十六条　如果我们把国家作为公共机构转换了的名词的话，可以说公共机构在承担责任方面是一个虚设的概念，这样的机构可能是必要的，但却必定是一种始终存在的危险或者一种作恶。因为，如果国家要履行它的职能，不管怎样必定拥有比任何个别国民或公众团体更大的力量。虽然我们可以设计各种制度，以使这些权力被滥用的危险减少到最低限度，但我们绝不可能根绝这种危险。相反，似乎大多数人都将不得不为得到国家的保护而付出代价。

第四十七条　法律是一种社会现象，尤其行政法规范与社会过程的关系最为密切，它本身就是一种社会文化，对发生在社会上的各种变革有义务作出反应。这种反应在发达国家的立法中已经有所体现。

第四十八条　从哲理上讲，行政法越来越人性化，甚至诸多的行政法规则必须以人为中心，行为主义的法律思想对法律制度发展的影响就很能说明问题。人的生存和幸福在一定范围内成了行政法的主题。法律在承认人对自己行为控制的基础上再对人的行为进行控制，法律面对的是生活于社会中的健康人，而健康的人最本质之点是心理的健康，如果其心理是健康的，他就必须具有一种能力，这种能力就是控制自己的行为和发展自己的生命。对单个人而言，其对自己进行控制的标志是自我肯定，自己对自己的尊重，而自我尊重是人的心理完全依赖理智而获得的结果。人的理智又是对所有感官进行控制的工具，也是人类健康生存的工具。如果一个人依理智而行为，就能够完全依靠自己的智慧而为社会行为。行为与信念的一致，正是一个健全的人所必须具备的主客观条件。

第四十九条　行政法规则和行政法的运作，必须首先给人有理智的意识一个肯定，并尽可能使这种意识不受到规则的制约。依行为主义的论点，一个完整的意识、思维的意识和没有阻碍的意识，是健康的意识。一个受到阻碍的意识、回避责任的意识、内在冲突和自我对立的意识、内在冲突和自我对立的意识、被恐惧所瓦解或沮丧所支配的意识，以及与现实相分离的意识，都是不健康的意识。

  第五十条　人为了能成功地与世界打交道，在复杂的社会关系中追求自身存在的价值，人们需要自我尊重，这种自我尊重建立在对自己的能力和价值具有充分信心的基础之上。反过来说，人们在实施违法行为、有害于社会的行为的时候，他往往丢弃了自我尊重，正是与理念相对立的意识导致了他在社会中的失范。当一个人选择了自我尊重的价值后，他就会把它作为一个目标，并以此对自己的行为进行调整。

  第五十一条　行政法首先必须肯定个人的自我意识，所谓自我意识，就是自己认识自己的一切，包括对独立的个性的认识和对自己所处的人际关系的认识，对自己在所处人际关系中地位的认识。自我意识是个性化的，而同时这种个性化又是与社会化相适应的，正是由于自我意识是个性化与社会化的统一，或者说它是在社会过程中产生的，因此行政法必须对这样的个体属性作出反应，事实上，个体的自我意识除了上面我们讲到的人的自我尊重外，还包括人的自信心的培植作用。自信心是对自己行为、力量和这些行为与力量将能产生的社会结果的估计。任何一个单个的个人在为某种行为时，如果在强烈的自我意识支配下，则能产生积极的外化作用。而这种外化的行为正是行政法调整过程中必须作出反应的。自我意识还有一点，就是它具有自我控制能力，通过自我意识控制自己的心理与行为。有些外在的因素在对人的行为控制方面是被动的，而在彼一自我意识支配下的控制则是一种主动的控制。

  第五十二条　法律的人性化就是说法律对人的行为的调整，不应当是一种纯粹的外在调适，而应当是一种由内在而外在的调适，由主观而客观的调适。在发达国家的法律制度中，对于竞争的认同实际上从深层次讲就是一种人性化的法律调适，它调适的主体是人，并通过个人的行为达到社会过程的和谐。

  第五十三条　林德布洛姆认为，社会过程有两种调节机制，一种是"理智指导的社会"另一种是"爱好指导的社会"。行政法与上述两种社会模式相适应，也存在于公共权力的完全作用与个人选择的作用两种形态之中。我们说，公权出发的行政法便是对第一种模式的选择，而私权理念支配的行政法则是对第二种模式的选择。西方发达国家在社会模式上都选择了后者，其行政法也受到了这种选择的影响，其行政法规则中的人性化倾向也越来越明显。

第五十四条 如果我们把私权当做一个权利体系来看，行政法至少应对个人的自我保护从如下方面予以肯定。

第五十五条 行政法应当对个人通过自身行为的自我保护予以认可。个体在社会过程和相关的行为规则中是最有价值的因素，而个体的生存构成了行政法的第一功能，进一步讲，生存的最关键因素是个体的安全。在传统的行政法理念中，个体安全一方面是不重要的，另一方面个体安全必须由外在于他的规则或者公共权力来保护。人的安全首先是人作为个人的一个判断，即对于自身处境的一个判断，当他认为有来自外界的某种威胁时，他就有不安全感，反之，在行政权力看来是一种不安全的东西，而个人则有可能认为对自己没有造成威胁。因此，从私权出发的行政法，应将安全与否的判断权交给个人，并允许个人在受到来自外界的威胁时采取自我保护的手段，个人都有自我保护的手段，公共权力就可以降低诸多保护的成本。

第五十六条 行政法应当对个人通过群体行为的自我保护予以认可。笔者此处所讲的群体保护，不是指公共权力机构的保护，而是指个人通过自己所处的分组人群对自己权益的保护。个体与一定范围的群体性具有相容性，个人能够存在于一个群体之中而并不认为个性已经埋没，反倒认为是实现自己个性的路径，行政法对个人通过群体行为保护或者实现自己应当予以认同。行政法对个人的自我保护与个人通过群体行为的自我保护认同，正是行政法的另一种思维逻辑。我们知道，在公权理念之下，行政法也可能具有保护个人权益的内容，但这种保护不是个体自我独立去实现的，而是将个体自我的保护置于行政主体的监管之下，这样的监管或保护模式，保护的有效性是不如前者的，因为它所选择的是间接保护模式，同时它将行政主体置于了非常不适当的位置上。

第五十七条 公权展开之下的行政法，对个人能量的发挥表现了某种恐惧，将个人能量限制在公共权力为其设定的框架之内，对于个人能量既有压抑之嫌，又有不予提倡之趋势。

第五十八条 在宪法对个人能量持肯定态度的情况下，行政法便没有理由对个体能量进行抑制，个体必然是权利观念和自由观念的焦点，如果说行政法与权利、自由等概念有关联，这种关联就必须深入到社会个体中去。

第五十九条 自由的实现是内在和外在的统一，作为内在的因素，它存在于单个人的内心世界之中，存在于单个人能量潜力之下，而作为外在的东西，又受制于规则的限制和约束。而自由所隐含的内在需要，热情和兴趣是人类一切行动的唯一源泉。在自由观念的外在条件下，不包含某种普遍性的东西，就是个体化以外的东西。这些东西与个体能量的本能发挥没有直接关系，就是这些普遍的东西不能将个体能量引发出来，但是它作为一种制约条件，有时决定着个体能量发挥的程度。

第六十条 规则与公共权力一开始就与个人能量的发挥之间存在着某种不和谐，规则是对现代的社会秩序已经存在的关系的认同，它对个体所要求的是服从，而个体的服从是对普通规则和公共权力的服从。就连罗尔斯这样的主张个人自由的思想家，也对公民个体的不服从作了这样的定性："公民不服从行为确实应被视为对法律的违反。"罗尔斯进一步指出，公民不服从是一种政治行为，这不仅意味着它的对象是那些拥有政治权力的多数，也意指它乃是由政治原则，即用于普遍规制宪法和社会制度的正义原则指导和证明的行动。这些表述，充分反映了个体与公共规则之间的张力，而在这种张力发生时，个体必须受制于这些规则以及执行这些规则的权力机构。规则和公共权力的这种巨大社会惯性对个体能量的发挥必然是一种抑制。在传统机制之下，公民个体的服从是一个基本义务，早在柏拉图的著作里，就有关于公民个体服从法律，哪怕是不公正的法律的义务。

第六十一条 依这些思想家的观点，即便是一个不正义的法律公民个体也应当服从，柏拉图所揭示的理由是多方面的。但是，最主要的理由还在于人们服从法律和公共权力，是因为这种法律和公共权力是秩序的象征，这种秩序既是一个传统，同时个人在这种秩序中获得的利要大于其所遭受的害，正因为这样，即便是不正义的法律公民个体也必须服从，该古老的关于法律观念的传统至今还有着深刻的影响。一旦强调了法律的秩序价值，个体潜能就必然会被这种秩序所扼杀。

第六十二条 其实，个人与公共权力是两种不同的事物，自我与社会体系是互相对应的两种不同的存在。而就他们二者的特性而言，个人是一种真正的实在，而公众权力和个人所在的社会体系正如我们前面所讲的，是一种相对次要的存在物。只有在规则的范围之内，只有通过规则个人和公共权力机构才成了两个不可割裂的存在物，规则和公共权力机构常常把人置于由它所设计的结构之下，在这样的结构中，人所服从的不再是他的理性所确定的目标，而是结构本身的目标。社会本身的进步有赖于个体能量的发挥，现代发达国家的法治实践表明，广泛运用立法手段或者其他手段的间接和直接作用可以推进社会变迁，包括社会技术的革新、社会结构的调整，当然最主要的是个体能量的发挥。

第六十三条 行政法私权文化的到来，必须在个体能量释放和挖掘方面有所回应。

第一，行政法应允许个体情绪性能量的释放。这是非常重要的，这样的能量释放是以意愿的表达方式或不同经济、政治、社会见解的表达体现出来的。政治学中的利益表达，实际上是个人情绪性能量的一种释放，个人可以作为单个的个体释放此一能量，也可以作为不同群体的参与者释放该能量。行政法留给个体进行这样能量释放意义是非常重大的，它可以使政府公共政策在形成时体现公正精神，又可以使个体心理得到满足。

第二，行政法应当鼓励个体创造性能量的释放。人类和其他动物的区别之一，就是其具有较强的探索精神，求知是人类的本性。我们乐于使用我们的感觉就是一个说明；即使并无实用，人们总爱好感觉，而在诸感觉中，尤重视觉。无论我们有所作为或者是无所作为，较之其他感觉而言，我们都特爱观看。理由是：所使我们认知事物，并显明了物之间的许多差别，此于五官之中，以得于视觉者为多。行政法规则和制度要从诸多方面挖掘个体的创造性能量。

第六十四条 政府的公共权力是一种客观存在，而公民个体的权利也是一种客观存在，公共权力的存在以及它所施行的措施，都应当得到公民个体的信任，而公民个体也懂得用相当多的手段对公共权力关系进行约束。

第六十五条 私权与公权及其转换过程是一个复杂的哲理问题，许多思想家都对社会生活和社会关系、公共权力以及由公共权力而引发的关系、行政法主体以及相互关系都建立在个人利益的基础之上的论点持赞同态度。而对于个人利益如何转换为公共权力则有不同的说法，但这些说法还不足以具体到行政法的调控过程中。

第六十六条 从卢梭以来甚至卢梭以前的思想家，大多从契约的角度认识个体权利转化为公共权力关系的过程。从契约论的理论看，个人出于恐惧和和平的需要，通过社会契约把自己同公共权力结合起来，附属于社会契约的是统治的契约或者服从的契约。公共权力在这个契约中是履行统治职能的，而个人在这种契约中是承担服从义务的。根据这个理论，个人将自己的权利交给了公共权力机构。

第六十七条 除了用契约的方式解释私权与公权的转换关系外，还有一种与契约论紧密相连的主权理论：一切公共政权都来自人民的意志，从这里便产生了政治权力和公民个人的利益，主权者是公共权力关系的代表，但他的支持者是公民个人。

第六十八条 还有人从秩序角度解释私权与公权的转换关系：说某一个人或某一个东西对于另一个人或另一个东西是低下的（隶属的），而另一个人或另一个东西是高超的，这是什么意思呢？在社会范围内，这只能是指一种特殊的规范性关系，即由一种规范性秩序，即设定义务和授予权利的规范体系所构成的一种关系。说一个人低于另一个人，因而后者高于前者，是意味着一个人由于社会秩序而有义务服从另一个人的命令，而后者则被该秩序所授权对前者下命令。因此，高级和低级的关系实际上并不存在于各个人之间，而存在于个人为一方与调整其行为的秩序为另一方之间。最后命令一个人服从另一个人的，是该秩序；当一个人执行被该秩序所授权发布命令的个人的命令时，他所服从的是该秩序。发布命令的个人的权威归根到底只是规范性秩序的权威，即该秩序所委托于该个人的权威。就个人之间的关系来说，他们总是处于平等地位，因为他们都是受高于他们的秩序支配的，因为这个秩序调整着其相互行为。他们都是由该秩序设定义务和授予权利的；如果该秩序是一个法律秩序，他们就是法律主体，而不问其义务和权利的实质是什么。由法律秩序授予发布命令（即法律规范）的权力的人，与法律秩序对之说定服从这些命令的义务的人，同样也受法律秩序的支配。必须一再强调指出，高级和低级只是形象性说法，它们所表明的只是一种规范性联系，即个人对规范性程序的关系。

第六十九条 上述解释的路径都试图从公权与私权的哲理关系上给公共权力的存在一个说法。实际上，三种理论都是可以转变的，它们之间并没有绝对的冲突和对立，只是各自的出发点和所站的角度不同而已。但是，它们都有一个共同特征，即任何公共权力的根基都存在于社会之中，其来源实际上都是私权，如果离开了私权，公共权力关系便不复存在。

第七十条 由于我们所接触到的是具体的规则，并且生活在已经由前人形成的关系之中。使我们对我们状况的来源不去加以查考，这样便使公共权力成了一个与个人权利相对比较对立的存在物，人们也不再去探索这种转换了的关系，更不敢甚至难以根据这种转换构建新的法律秩序和新的法律制度。

第七十一条 行政法作为由私权而转换为公共权力关系的形式，其中转换过程应当是这样的：

第一，通过私权集合而转换为公权。行政法中涉及诸多权力，一看便知是私权范畴的东西，但人们生活在社会中，从事同一行为的不指某一个人，它是不特定范围内的多数人，正因为如此，对一些本来是个体的事项，便需要以公共权力关系的形式予以调整，从而使本来属于私权的东西转换成了公权的形式。这一转换原理是非常重要的，因为只有某种私权可能成为一种集合权力时才有转换的必要，否则，转换就会成为以公权干预私权的状况。

第二，发生在个人与个人之间关系中的公权转换。个人与个人之间的关系，本属于私法调整的对象，但由于社会关系的不断发展，关系空间越来越大，许多原来属于私人关系范畴的东西就有可能转换成公权。在这种情况下，公权处在裁判者的地位。我们一般认为，对私权关系进行裁判的应当是法院系统。这是传统理论对私权调整的认识，而现代社会中诸多私权关系的调控常常通过行政规则进行，最典型是的 WTO 规则，其实 WTO 规则中的关系都是私权关系，即便是一国与他国国民之间的关系，也不能归结到公权关系的范畴。

第七十二条　为私的关系不能被为公的关系取代，这是应当肯定的，至于私权关系转换为公权关系则是另一个性质的问题。当某种私权如果纯粹为私益关系时，公共权力关系就没有了介入的必要，这种私权关系也就可能转换为公权关系。而我们从私权关系探讨行政法，行政法中的一些规则本身便是多余的，甚至没有存在的理由，那些没有以私权为基础的规则，对私权进行限制的规则，人为地将私权关系的规则转化为行政法规则的那些规范，其存在都是不必要的。

第七十三条　无论是立法机关制定的行政法规范，还是行政机关制定的行政法规范，在改变相对人权利义务方面它们具有相同的性质。除了一国法律认可的法源形式以外，行政权在运作过程中还制造了许多法外的规则，为了使讨论的问题统一起见，我们将所有对公民个人进行规范的法律形式的、行政形式的、法内的、法外的通称为行政典则。尽管按照法治理想的要求，行政法规则应以比较正式的规范形式出现，为了解决这个问题，我国还制定了专门的立法法。但是，这丝毫不能妨碍现代行政权行使过程中大量以正式渊源之外的规则行使权力的状况。

第七十四条　行政管理中的规范性文件，在行政权行使中有巨大的空间，如果从行政典则的数量看，表现出的是一个倒挂着的金字塔，数量最多的、发挥规范作用最多的是行政管理规范性文件，因为，只要是一级政权机关，都有权力制定这样的规则，而行政机关制定的其他具有法律渊源形式的规则，如规章和行政法规数量，比行政规范性文件少，作为具有较高法律地位的法律层面的行政典则数量最少。

第七十五条　正是这种结构的复杂性，使行政法与其他部门法相比显得难以操作，行政法规则体系的规范化难度也越来越大。至今我们对行政规范性文件还没有一个定位，其对社会事务和公民个人权利规制的力度没有一个统一的标准。因此，我们从私权出发建构行政法体系，面临的第一个问题就是解决行政典则的问题，至少要对行政典则的客观价值作一个初步定位。

第七十六条 行政典则在学理上习惯称为公法，对于公法与私法之间关系一般原理，我们在前面已经讲过。依康德关于公法的思想，公法应包括三部分内容，第一部分内容是一国空间内关于国家组织的规则，凡具有公共利益的人们生活在一个法律的联合体之中，这个组织就是国家组成国家结构的规则，就构成了公法的第一部分内容。第二部分为国家公共权力同人民关系的法律。第三部分为世界法。这三者共同构成了公法的体系。显然，公法理念是一个包容民族法、国际法和世界法的复杂的法律构成，这样便使公法概念难以捉摸。另外，法律规则与法律之间互相依存。依此而论的话，我们将行政法归为公法的范畴，对我们最大的启示就在于它作为一种规则，具有一定的民族性和国际性，至少与有关这样的规则相互依存，这是我们从行政法是公法的这一观念中所能够得到的最大启示。而行政法作为公法，并没有为我们在观念上将其与私法区分开来有所助益。可以说，依康德理解的公法的第一部分内容，诸多我们现在称为私法的东西就变成了公法，而反过来说，公法作为实体中人与人之间的规则看，它又是私法的范畴。为了使我们讨论的问题不至于发生混淆，索性不再使用公法与私法的概念。

第七十七条 但是，法律规则的关系背景却是不能被忽视的，我们这里称之为行政典则的关系背景同样忽视不得。笔者认为，行政典则的源流是私权而不是公共权力与其公共权力关系。

一则，麦考密克认为，一个法律规范不是一个物质实体，不是借助观察设备就能直接或间接观察到的某种东西。但法律规范、无论什么样的规范都是如此，就是其与人们的行为举止息息相关；它们对人类的行为起着作用，法律规则存在于行为的基础之上，行为也就构成了法律规则的实际内容，而行为是有主体的，行为的主体首先是个体的人。法律规则本身具有非人格化的特点，但是这种非人格化只是人格化的一种外在形式。法律中的契约关系是非人格化的，而具体的契约关系中无一可以缺少具体的人而存在。行政典则也必然符合法律规则的这一基本特性，任何行政典则中都不能没有人及其行为举止，规范行政组织结构的典则是这样，规范部门管理的典则也是这样。规范是由行为构成的，行为是个体化的，这就足以证明典则在一般情况下的私权基础。进一步讲，规范的行为属性导致了规范的思想属性，即任何一种规范的背后还隐藏着思想、意识等观念。我们只要从逻辑上进行分析，就会发现典则本身就是各种思想之间的关系形式。该思想与特定的人以及特定的人的特定意志有关。由于行为和思想是规则的基本构成要素，行为与思想又是个体化的，因此，我们可以说，行政典则的基础是私权，这种逻辑联系是非常清楚的。

二则，行政典则基本上都涉及利益的分配与组合，而利益常常是由个人体现出来的，它是个人的一些要求、愿望或者需要。我们前面已经讨论了利益从其实质内容分析都是个体化的，有些我们称为公共利益的东西实际上只是一种关系形式，因为公共权力、组织机构都不会有欲望、满足、需求等主观上的心理或者行为感受。利益是个体化的，而典则又是对利益关系进行组合或者分配的，因此行政典则便是在私权基础上形成的东西。

三则，有学者认为，在政治社会的强制秩序中，社会关系的实体只是从上至下的纵向权力关系，在纵向的指挥命令的关系占绝对地位时，法的独自存在的余地已经不存在了。纵向的权力关系也许有一些规则将他们联系在一起，而这一联结规则已经不具有现代意义的法的概念。换句话说，在政治社会的公共权力关系中，若指挥与命令的双方没有独立的自主人格，就不能说他们之间的联结规则是法律规则，而通过对自主人格的确定使其联结起来的方式符合法的本意，这时，联结规则就与传统意义的私法规则是同一意义的规则。通过公共权力关系建立起来的规则，若不具有主体上的法律人格，就不是本来意义上的法律规则，而赋予各主体法律人格的规则才是真正意义上的法律规则，因此，可以说典则只要具有法律意义，就是一种平等主体参加的并可获得主体资格的规则形式。这也从一个侧面印证了行政典则的私权基础。

四则，行政典则的调适方法是对权利义务的设定，而公民个人正处于这些具有强制性的权利义务结构之中。规则对个人关系的权利特性体现在，个人可能在若干方面受到来自外在的侵害，作为一个自然人受到他人的侵害，或作为一个分组群体的成员受到他人的侵害，或作为一个家庭成员受到他人的侵害、或作为一个社会成员受到他人的侵害。权利的意义作为最低层次的要求，就是其免受来自外界的侵害。规则对个人关系的义务特性，体现在公民个人对已经形成的规则只能服从，规则的强制性正是建立在个人的服从之上。规则一旦形成，个人可以作出自己的判断，甚至还可以对规则提出批评，但服从哪怕是他认为不正义的规则也是法治的基本要求，不管行政典则如何制定，也不论它们规定的是什么，其一旦成为正式典则公民个人就只能选择服从，再无别的选择。至于通过其他的途径要求对不正当规则变更则是另一层面的问题。行政典则的权利义务结构，在通常情况下都是针对个人的，没有个人参与的典则几乎不可能存在。有些典则在外在形式上是公共权力关系，但这仅仅是一种外在的形式，背后必然隐藏着非常丰富的私权。

  第七十八条 《宪法》和《立法法》关于规章在行政法体系中的法属是有明文规定的，尤其在《立法法》确定的法属之中，规章处于最低层次，因为该法没有承认规章以下规范性文件作为行政法的渊源地位。规章法属的规定并没有揭示规章的法律性质。笔者在这里提出一个大胆的论断，即规章是行政法体系的一个衡平法。

  第七十九条 衡平与抑制是补充立法不足的两种重要手段，立法所面向的是一般的、普遍的事物，在它的运作过程中，总有一些事态会被疏漏，总有一些社会关系得不到合理调整，衡平和抑制便是弥补法律疏漏的两个手段。通过抑制使事态与法律规则相一致，而通过衡平则使规则与事态相一致。正如亚里士多德所言："衡平法上有效的，就是公正的，但却不是法律上的公正，而是法律公正的补充。这是因为，一切法律，都是针对某些问题的概括条款。但要想制定一套面面俱到的概括的条款，是不可能的。制定法律条款，措辞必须概括，但却不可能面面俱到。法律考虑的是一般情况，也并不是没有考虑出现失误的可能性。尽管如此，法律还是正确的，因为失误不在法律之中，也不在立法者身上，而是在制定法律这种事的性质之中。这是因为这类实际问题一开始就有这种特性：法律条文是概括的，而概括的条文所概括不了的案件可能出现，也就是说，立法者把问题过分简单化而失误了，没有制定出可以依据的条文，这时，修补这种疏漏就是理所当然的——补充立法者若在场也会说的话，若他了解情况也会写进法律的条文。因此，衡平法上有效的，就是公正的，总比只有一种公正标准要好一些——虽不比绝对公正好，但却比条文绝对化引起的失误要好一些。这就是衡平法上有效的性质：对于法律条文由于概括性而引起的缺陷的补充。"

  第八十条 规章所肩负的功能就是衡平法的功能。从理论上讲，任何一个国家的立法权都应当是具有唯一性的权力，即由专门的立法机关行使的专属权力。而行政权只能是与立法权对应排列着的一种权力，是对立法权的一个逻辑上的延续，是处于执行地位的权力，或者是其从立法权中派生的一个权力，很自然，这种派生的权力不能实施所有派生它的权力的具体事态。行政规章的制定主体是行政主体，且是地位不十分高的行政系统中的组成因素，这就说明，规章制定主体本身是不具有造法功能的。但是，它却实实在在地创造着无数的行为规则，而对于其创造行为规则的行为和所创造的行为规则必须有一个定性，否则，一个国家的立法权将是混乱不堪的。因此，通过将其确定为衡平法的定位就是一个比较恰当的定位，即其只不过是对上位规则疏漏的一个衡平，对上位规则没有调整的社会关系的一个补充性调整。而在衡平过程中，就可能出现公权与私权的认可问题，出现以保护公权为主还是以保护私权为主的价值取向问题。

第八十一条 规章的制定主体是行使行政权的主体，曾经有人认为以该主体出现的权益关系或者行政主体参与的法律关系，就是一种公权关系或公法关系，此种说法尽管有点绝对，但却揭示了一个道理，规章中所涉及的关系以公权关系为主，自然而然的规章所保护的关系也以公权关系为核心，难怪规章的名称一般都以管理命名。

第八十二条 受传统法治理念、传统社会主义法属性的理论影响，我国法制系统以突出公共意志和国家权力为根本，而对作为私权的个人权利关注程度不够。

第八十三条 法律规则中公权力的关系和私权利的关系必须从哲理上区分清楚，法律尽管是一种综合意志，该综合意志并不是以完全牺牲个人为代价。法律规则最终是要实现个人自由、保护个人自由，而个人自由的范围就是私权的范围。

第八十四条 据对我国规章状况的考察，我国法律规章在私权保护方面表现出了明显的不足，具体可以从如下方面分析。

第八十五条 从确定管理秩序看保护私权之不足。法律规则与社会秩序有着千丝万缕的联系，一些法律学家甚至把对社会秩序的创造和维持作为法律的一个基本功能来看，这是无可非议的。法律规则中的秩序既包括一般的社会秩序又包括政府行政系统的管理秩序。换句话说，政府行政系统的管理秩序以及政府行政系统对所管理事务的维持也都是法律应当解决的问题。因为秩序从其本质特征讲，既是对个人权利的一个限制，又是对个人权利的一种保护，在限制和保护的关系原理中，限制是外在要素，是最为敏感的要素，也是最容易表现在公众眼里的要素，而保护则是内在要素，是通过限制所实现的后续性问题。也许，秩序将个人创造的利益要大于非秩序状态，其从理论上讲，也应当大于非秩序状态，但是，作为被秩序规则限制了权利的个人并不一定这样认为，也可能秩序只限制了它百分之一的权利，给它带来百分之九十九的利益，而它有可能不会为后者而高兴，只会为前者而烦恼，这就要求秩序的设定应当慎之又慎。同时，秩序是一种强制，它以制裁为后盾的事实就说明了这一点。在一个国家，对社会秩序的维护、对管理秩序的设定必须以最高或较高的法律形式出现，价值规则对秩序的确定和维持必然带来意义，甚至必然使私权置于公权的行政权之下。我国的政府规章绝大多数都突出管理秩序维护的功能，且在其中确定了诸多强制性的管理秩序，大量此种秩序设定，必然是私权淹没在公权之中，更谈不上对私权进行有效保护了。

第八十六条 从设定相对人义务看保护私权之不足。权利的概念与义务的概念，是常相对比的。……如果某种权利是一种法律权利，它必然是对于他人行为而享有的权利，对于他人负有法律义务的行为，而享有的权利。法律权利总是假定着他人的法律义务的存在。这一关于权利义务的法理在作为部门法的行政法律中也是适用的，即是说，在行政法之中，行政主体和行政相对人是法律关系中的两个方面，一方的权利就是他方的义务，反过来说，一方的义务也就是另一方的权利。深而论之，行政法中的任何义务设定行为都是应当严格受到限制的，在一般情况下，无论行政主体的义务，还是行政相对人的义务，都应当由作为第三者的国家权力机关或其他机关设定，而不应当由双方当事人之一方来设定，如果不得已必须由一方设定另一方的义务的话，也必须经过法律的严格赋权，且必须有严格的条件限制，若上位法律规则对某一方面的行政管理事务已有设定，作为实施上位法律的规章就不应当再设定。在法学理论中，有一条原理，即关系到相对人义务的作缩小解释，关系到对相对人权利的作扩大解释，也就是说，行政主体对有关行政相对人权利保护的内容应尽可能作扩大解释，从上位法律中推论出具体的保护措施，而上位法律已有义务设定的，制定规章的机关不能再通过规章设定新的义务。然而，目前我国政府的规章，无论部门规章还是地方政府规章，都以为相对人设定义务为主要行文方式。根据前面我们讲的权利义务的关系原理，其便不可能通过规章充分保护个人的权利。

第八十七条 从便于行政权实现看保护私权之不足。任何一个规章都必然包容行政权力和相对方权利两个方面。此两方面本是一个矛盾着的事物，其矛盾性表现在：行政权的强度越大，相对方的权利越小，行政权的强度越小，则相对方的权利越大。行政主体和行政相对人此种权力和权利方面的对应关系，一般都能在规章中反映出来。令人遗憾的是，在我国政府规章中此两主体的关系不是突出以个人权利制约行政权力，而是尽可能突出行政权的地位。最主要的表现是规章中的内容在实施过程中可以最大限度地方便行政主体，而最小限度地方便行政相对人。此种方便与不方便的关系，充分证明了规章在行政权力与个人权利的天平上倾向于行政权力，其保护私权的苍白无力性暴露无遗。

第八十八条 从责任不对等看私权保护之不足。长期以来，我国行政法文件的行文方式采取的是二元式结构，这与我国行政法体系的二元结构是一致的。所谓二元结构，是指我国行政法是规范政府行为和规范行政相对人行为的复式结构，在行政法文件中既有行政主体的行为准则，又有行政相对人的行为准则。此种法律结构模式在一些发达行政法治国家并不采用，而是常常将行政法理解为控制政府行政系统权力的法，行政主体以规则规范行政相对人的法也不在行政法之列。当然，我国行政法的二元结构在一些方面是有好处的，如行文方便，行政主体和行政相对人查阅法律条文方便等。而该结构面临的根本问题，是在一个行政法规范中行政主体责任和行政相对方责任的对等问题，或者公权和私权的对等问题。判定是否对等的关键应当是法律责任，即法律规则中的制裁规则问题，目前我国行政规章中所体现的责任条款所包含的制裁规则都是非常不对等的。规章中这种关于法律责任的不对等规定，几乎在每一个规章中都可以找到。这样的责任形式，与其说是为了保护相对人的合法权利，还不如说是有意识地限制公众对私权的享受。

第八十九条 规章所扮演的是一种衡平法的角色，即对法律规则和现实社会关系不能完全融合之处的一种协调性措施，而作为衡平法，就必须有自己的合理价值和存在的客观基础。所幸的是，梅因对此作了揭示，他指出，道德是衡平法的一个理念基础，同时这个理念基础是以动态的道德感为主要特征的。作为对法律规则进行衡平的规章，也不能脱离衡平这一最原始、最基本的基础。从这个基础出发，笔者认为，规章所能保护的私权范围是有限度的，它不能像法律那样纯粹从传统理念出发。因为本身固有的法律规则和衡平性法律规则之间是有质的区别的，甚至可以说，衡平性法律规则处在普通法和道德的夹缝之中，据此，笔者认为，规章所能保护的私权范围如下。

第九十条 补充上位法律规则空隙的私权保护范围。规章的上位规则应当说有两个，一个是由最高立法机关制定的法律，另一个是由最高行政机关制定的行为规则。同时，地方政府规章还应以地方同级人大制定的地方性法规为上位规则。这些上位规则有一个比较明显的特点，就是其产出的低效性。它是一个永远也无法处理的问题，因为法律所面对的是抽象的、未来还能有同样效果的事态，因此，一般不可能太具体。为了保证它的权威性，对其修改一般也采取谨慎的态度。现代社会中，社会关系和社会事务的发展总是快于法律规则的修改和变化的，且在传统的、过去的法律中所突出的是国家的权力，而随着社会的发展，个人的权利、价值将得到越来越广泛的关注。以前制定的法律规则在多方面对个人权利的疏漏，行政主体通过制定规章可以弥补法律对私权保护中留下的这一空隙。

第九十一条 区域与职能潜力开发的私权保护范围。私权、个人利益至上是与西方意识形态相联系的，或者说是西方意识形态的一个必然产物。但从另一侧面说明，个人权利、私权主义是与经济制度的市场主义结合在一起的，也就是说，只要推行市场经济，必然带来政治领域或行政领域中的个体主义。此种哲学理念上的个体主义，对政府行政系统的权力行使提出了越来越高的要求，乃至要求政府行政系统主动地为公众提供服务。规章制定主体有两个：一是区域型行政机关；二是职能型行政机关。区域范围、职能范围都可以被视为行政权的微观范围，在这样的微观范围之下，行政主体有着较大的发挥职能潜力和区域潜力的余地。尤其在我国由计划经济向市场经济全面转型期，职能行政机关和区域行政机关要较大的发挥管理权能的主动性。在法律规则没有对本职能事物和本区域事务作严格限制的条件下，可以充分发挥服务型政府的特点，在保护私权方面有所作为。

第九十二条 协调实体权利与程序权利关系的私权保护范围。实体权利和程序权利是两种不同性质的权利，前者指权利主体通过这样的权利可以获取直接的精神或物质上的利益。在一般情况下，规则在向权利主体赋权时，既赋予了其实体权利，同时又赋予了其程序权利，有些权利中既包括实体权利又包括程序权利，在二者不能分割的情况下，法律规则只有选择同时赋予。然而，由于立法技术、法律规则的位次等的限制，实体性权利和程序性权利常常不同时出现在一个法律规范之中，有时上位法律规则只规定实体权利，而程序权利不予规定，也有相反的情况，上位法律只规定了权利主体的程序权利，而实体权利还要通过其他规则再作确定。规章在私权保护中可以在协调实体权利和程序权利的关系中大做文章。尤其要迅速弥补上位规则或者留下来的实体权利，或者留下来的程序权利。

第九十三条 特定事务实现的私权保护范围。20世纪中期，随着各国权力或者公共权力社会化程度的提高，可以说对私权的保护带来了正负两方面的结果，从正面看，政府行政系统的社会化与其服务功能是相互对应的，随着社会化程度的提高，政府为公众提供公共服务的能力越来越强，自然而然地使私人从其中获得了诸多利益。从另一方面看，社会化的公共权力及抽象性、普遍性也越来越明显，所关注的是见森林不见树木的权力类型，此种对私权的威胁，是行政社会化非故意的后果，是在善意动机的驱动下所导致的。规章通过在上列三个范围保护私权外，还可以针对行政社会化所导致的对私权的限制而针对性地弥补私权保护的空隙，在实现特定的行政事务过程中保护私权。此一保护范围的实现，是通过对一定关系私权的公共活动进行限制和约束而进行的。它是以强制一定机构、组织或者个人在某一公共领域里的行为而达到保护更多的私人权利的目的，也就是说，此一范围的私权保护具有一定的间接性，且伴随着对另一主体权利的限制，正确处理限制与保护的关系十分重要。限制政府行政系统的公共权力而使私权得到保护则不是问题，而限制此一性质的私权保护彼一性质的私权，必须正确处理限制与保护的关系，若限制过多可能导致得大于失，该问题牵涉到立法技术问题。

第九十四条　要使规章真正能够保护私权，必须从规章所拥有的公权属性中走出来，或者将问题予以割裂，即留给保护公权规章一定的范围，同时确定保护私权规章之属性。

第九十五条　保护私权规章的特性由下列要件构成。

第九十六条　侧重保护私权的规章必须有私权内容。规章若要能够保护私权，就必须在规章中包容大量的私权内容。规章中所涉及的私权可以有直接的私权和间接的私权之分，前者指规章内容中明确反映和体现私权的具体内涵，并且使这种权利和公权具有相对清晰的界限。后者则指规章所保护的私权是通过对另一种权力的限制而实现的，或者通过对公权的保护体现对私权的保护。我们所提倡的对私权保护的规章，应当是具有直接私权内容的规章，只有在无法处理的情况下，才应把具有间接私权内容的规章算作私权保护的规章。规章中所涉及的私权，可以是单个个人的权利，也可以是法人和其他组织的权利，与行政机关公权运行处于相对应的主体的权利都可以视为私权。

第九十七条　侧重保护私权的规章必须有私权实现的规则。保护私权的规章无疑也是由规范构成的，包括：一是允许私人和私权组织从事某种活动；二是禁止政府部门和其他组织干预私人权利；三是制裁规则，即规章中应反映侵害私权的行为后果的具体内容。上列三个方面的内容，在保护私权实现方面是不可或缺的，没有这些内容的规章，很难说是保护私权的规章。

第九十八条　侧重保护私权的规章必须有私权实现的程序规则。以一个单一的私权而论，必然与两方面的因素发生联系，一是与公权发生联系，即与行政主体的管理权发生联系；二是与另一私权发生联系，就是与其他人的私权发生联系。这两种关系都属于私权的地盘，行政程序规则虽然可以对公权的行使进行限制，但这种限制还不足以防止公权对私权的侵害，公权随时可以以维护社会秩序的名义对私权进行限制。因此，私权本身必须有客观的程序规则，通过私权实现的程序规则对抗公权的任意性和随意性。当然，在立法技术的处理上，公权的程序规则和私权的程序规则可以合并处理。私权的程序性是与公权的程序性是相辅相成的。再则，私权若没有程序性，就会使私权成为一种绝对化权力，即此一私人在享受自己的私权时可能侵害另一个私人的权利，程序规则则可以设置侵害他人权利的障碍。

第九十九条 侧重保护私权的规章必须有私权侵害的救济规则。显而易见，救济规则是指权益受到侵害时的补救措施，私权侵害的救济规则是指私权受到侵害时能够对其予以保护的救济措施。救济规则对私权实现的规则相比是被动的，甚至可以说不是实体规则而是程序规则，但对私权实现的作用是不可取代的。我国行政法规范体系中有三种救济规则，一是行政诉讼救济规则，行政相对人可以通过这一规则请求人民法院保护自己的权利；二是行政复议救济规则，通过主持复议的行政机关对行政侵权行为进行救济。三是赔偿规则，即通过诉讼或复议程序对自己的权益遭受侵害后造成的损失请求弥补、补偿。自国家设立此三类救济规则以来，其在保护私权方面起到了非常重要的作用。因此，保护私权的规章应具有救济规则的内容，若规章赋予了个人某种权利而没有同时赋予救济权利，这种实体上的权利就难以实现。规章保护私权的救济规则应当是一种广义的救济规则，即在私人权利实现的全过程中，都应当充分体现对其权利保护的救济，而且救济制度不仅仅限制在复议、诉讼等程序性救济制度中，还应把实体救济和程序救济结合起来。

第一百条 政府行政系统中的政治行为和行政行为的合法性，是现代政治学和法学关注的焦点。合法性的认识可以有不同的途径、不同的理论基础，而作为法治化程度较高的国家，合法性几乎毫无例外地以规则制定过程的民主化和公众权利为根本。以此论之，一方面，我们必须对政府制定规章以及规章本身的合法性给予必要的重视。因为它牵涉到政府行为的政治属性。另一方面，依民主政治和宪法原则，规章制定行为和规章本身的合法性寓于公民的意志之中，也就是说，我们必须把规章中公众意志体现视为合法的基础。

第一百零一条 在规章内容中，私权比公权价值相对最大化。目前我国政府规章中的公权重于私权，关于这一点，既可以从规章中公权的绝对数得到证明，也可以从私权与公权在规章中的比例以及地位得到证明。在一些规章中虽有公权和私权,但首先强调公权地位的重要性,而把保护个人权利放在第二位。在今后的规章行文中,应突出私权利的价值,使私权比公权的地位显得更为突出一些。我们知道,规章的内容可以从宪法条文中进行演绎,其演绎过程可以依据宪法赋予的行政权而进行,还可以依宪法赋予公民个人的权利进行。目前绝大部分规章在依宪法演绎其内容时,似乎都是依据行政权而进行的,随着社会的发展,此种演绎方式应发生转换,应主要以宪法规定的公民权利和义务演绎规章内容。这里有一个目的和手段的关系问题,即行政权应当是一个手段,而公民权利应是一个目的,且尽可能使公民权个体化,而不是抽象化。使所有的规章都建立在个体权利之上,并且是为了保护个体权利而制定。需要说明的是,规章中私权价值的最大化同样是一个相对意义的概念,因为在一些领域,只有突出公权的地位,才可能间接或最终保护私权,在这样的规章中,公权的价值当然应当重于私权。

第一百零二条 规章制定过程中相对方与行政主体共同参与化。规章在现代国家中的地位和性质是比较特殊的,这种特殊性表现在它是一个具有双重属性的东西,它的外在形式告诉我们,它是行政权的范围,既是对行政权的一个表现,又是行政权运作的一个结果。而它的内在要素却告诉我们,它和法律是没有多大区别的,因为立法机关通过法律所为的行为,规章也能够为之,甚至从宽度看,规章所规定事项的宽度要强于立法机关制定的规则。不幸得很,在目前法治国家的格局下,规章不但不会减少,不会停止,反而会日益增多,这就要求我们必须面对样的现实,而最好的办法就是像公众参与立法那样参与规章的制定。既然一般的法律公众或者个人都可以参与制定,作为在法律规则中较低层次的规章公众更应当有权参与制定。目前我国政府规章一般都是由政府常务会议或全体会议制定的,这可以说,规章在我国所有法律文件中是立法程序最不严密的。政府行政机关的工作人员既是某一方面行政管理权的行使者,又是此一方面规则的制定者,这样的规则必然有利于行政权的行使,而不利于对私权的保护。为了有效保护私权,今后在规章制定过程中,应允许广泛的社会参与,至少行政主体参与应与公众的参与统一起来。所指的参与不单单指其参与讨论、参与提供工具,而是要参与规章的表决,即对规章颁布产生实质性影响的参与。

第一百零三条 在规章规范构成中禁止规则与许可规则协调化。禁止规则和许可规则是规章中两种类型的规则,前者是限制个人权利行使的规则,后者则是赋予个人权利的规则。规章对社会关系的调整就是通过上列两类规则的使用而实现的。但是，这两类规则由于给当事人带来的后果完全相反，因此，必须正确处理好禁止规则和许可规则的相互关系。而我国目前规章中此两类规则是不大协调的，可以说，禁止性规则的地位和运用的频率高于许可规则。规章在一般情况下不能为个人设置诸多的禁止规则，至少在目前情况下，应处理好禁止规则和许可规则之间的关系，应尽可能放大许可规则，减少禁止规则。

第一百零四条 规章实施中内部运行与外部监督配合化。规章的制定只是行政行为的第一步，若以对公民个人权利的直接影响看，还不是决定性的一步，具有决定的意义的是规章的付诸实施问题，正是规章的实施才使写在纸上的东西变成了直接的权利义务关系。另则，政府行政系统的行为是一个完整的体系，制定规章的行为只是其行为的一部分，而具体的执法行为则可以对规章的抽象内容进行补充。目前我国行政规章的实施基本上是由行政主体单方面进行的，是在行政系统内部运行的行为。笔者认为，对于行政规章的实施必须把内部运行与外部的监督结合起来，应允许公众和其他组织参与具有公权性规章的实施，而私权性规章的实施则应吸引利害关系人介入。对此，一些地方人大制定的行政执法条例对此作了规定。规章的外部监督在运行过程中是一个操作问题，但规章在制定过程中其内容应反映实施中的介入问题，不能在规章的实施主体中单单规定行政主体的实施权，而回避私人的权利。

（八）行政立法的模式转换

第一条 行政立法若在行政法之外观察有两个层面的含义：第一层面的含义是行政立法指行政法规范的法律体系。行政法作为一个部门法的造法行为和规范构成，都是此一含义所应当包括的内容。这一层面的行政立法是相对于别的部门的立法而言的。第二层面的含义是行政立法指行政系统内部的造法行为，此层面的行政立法不是对行政法体系的描述而是对政府行政系统一种特殊的行政行为的描述，当然，这一行政行为的结果会导致相关行政法规范的产生。

第二条 行政法学体系中的行政立法概念，是就行政立法第二个层面的含义而论的。

第三条 行政立法的本质属性我们可以作出如下描述。

第四条 国家职能划分的相对性是行政立法存在的原始条件。现代国家政权是以权力的相对分立为特征的，无论权力分割制的国家还是议行合一制的国家，都对国家权力作了相对的划分。无论怎么划分都没有绝对意义，即立法权中可能有行政权的存在，行政职能中亦可能有立法职能的介入。"国家职能的发展以及各种发展理论经过了一个漫长的过程。从总的趋势来看，国家职能的发展是从职能不明显到明显，从高度合一化到逐渐分散化。如官僚集权制发展到权力分割制，就使国家职能发展过程中的这种由一统化到分散化的过程，反映了国家职能进步的客观事实，是国家政体发展的大成果。这一成果即使在议行合一的国家体制下也得到了广泛认可和巩固。从现代发达国家、民主进程快的国家的实际情况看，国家职能都有了合理的划分。然而，20世纪中期以后，国家职能的发展又有了新的趋向，即国家职能在发展过程中，由明确分工化到体系一统化，有些学者把这种趋向叫做国家职能发展回归论，即是说国家职能又逐渐呈现出较强的一统化。尤其本世纪初美国著名学者古德诺所著《政治与行政》一书中所阐述的理论受到了广泛的关注。古德诺认为，作为一个国家的职能来讲，只有两种，就是政治与行政，即表达国家意志的行为和执行国家意志的行为。他还认为，这两种行为有时是难以明确分清的，表达国家意志可能涉及执行国家意志，而执行国家意志时也可能无形中表达了国家意志。该观点是本世纪初提出的，起初只是一个理论形态并且没有引起多大的反应和相应的社会效应。一些学者认为，作为福利国家的国家职能不能截然分开，而应当是一个互相配合互相支持的整体。"以此观点而论，立法机关所行使的并不仅仅是立法权，而行政机关或者行政机构体系所行使的也不应当仅仅是行政权，它实际上行使着相当一部分立法权。

第五条 立法权的有限性是行政立法存在的基础条件。立法行为的完成是在一定的立法主体和立法客体的相互作用下实现的。立法主体就是指承担立法职能的机构实体和机构的组成分子，即所有参与立法活动的代表及其他组成人员。立法主体是立法行为得以完成的主导方面，通过它的行为使立法得以有效实现。立法的客体简单讲就是立法的客观对象，所有应当受到法律调整的社会事态都是立法的客体。立法主体在对立法客体认识的基础上，根据立法客体的本来特性制定某种行为规则，从而形成被国家认可的法律规范。立法客体是一个非常大的概念，所有社会生活领域都是立法客体或者立法客体所涉及的方面。笔者认为立法客体包括下列几个有机联系的整体及其关系形式：

首先是个人的生活方式，包括生活观点，即人们对生活的态度和基本认识，生活方法即每个个人以什么手段生活，基本的方式和方法是什么。就立法来讲，必然面临最基本的社会成员，并有必要把属于个人的社会生活观点，特别是生活方法予以认可或取舍。

其次是社会关系，即人们在社会中形成的各种社会关系。社会关系的合理方面是立法应当予以确认或设置某种必须遵从的行为规则的。这些社会关系包括社会意义上的人际关系，它对其他社会关系都会产生或深或浅的影响。家庭关系，即家庭成员之间的联系方式，不同的历史条件和社会技术、社会进程下家庭关系存在不同的表现特征。如进入现代社会以后，以前的四世同堂、五世同堂等关系形态被小型化的家庭形态所取代，这无疑是家庭关系发生变化的一个极其重要的事实。今后还会不会有别的发展方向，立法应认可何种类型的形态，这是立法主体对客体认识的基本问题。道德关系和思想关系具有很强的意识成分，但二者仍然是法律的基本客体，因为提倡何种道德关系，容许何种意义的思想关系的存在，关系到行政权统治的特征和方向。

再次是社会结构。社会结构直接关系到社会的组合特征以及各社会成员的联系方式，甚至关系到国家和成员的联系方式。社会结构中包括下面诸要素：集体，就是社会中部分人为了共同目的而进行的组合，集体的规模一般不大，成员之间的利益关系明确，行为规则也没有太大的反差。社会集团，就是通常所说的利益集团，或其他类型的规模大一点的社会组织。这类集团有时有强大的力量对政府的政策产生重大影响。此外，社会阶层、阶级都是社会结构的基本构成。立法对社会结构的形成、生存、发展有很大的影响作用，有时是决定作用。例如，在市场经济条件下，法律对社会组织的法律地位作了明确规定，而且给了有些社会组织相当大的权力，以致一些社会组织的行为结果会决定一定的社会成员的权利义务关系。

最后是社会的生产过程和生产过程中的关系形态。生产过程包括生产手段、社会技术等，生产关系则是指生产过程中人们形成的关系。对于生产过程和生产关系，法律都可以发生作用。通过法律可以改变生产过程中人们的组合方式。

第六条 在上述所有转化过程中，法律都起到了决定性作用。可见立法主体和立法客体的关系不单单是一个产生法律的问题，更为重要的是一个产生新的社会关系和社会结构的问题。

第七条 立法主体和立法客体的关系直接影响法律的产出，既影响法律产出的质，又影响法律产出的量。或者变换一种说法，立法主体与立法客体的距离越近，立法产出的质量就越高。反之，立法主体与立法客体的距离越远，立法产出的质量就越低。这是一个永远也忽视不得的立法理论问题。

第八条 从目前我国立法体制的设置和立法者的基本素养来看，立法主体与立法客体的距离并不近。一方面，立法机构呈现出极大的高位性，我国的立法机构原则上只有全国人民代表大会及其常务委员会，从地位来看是极高的，且全国只有一个，而这个机构承担了全国范围内的几乎所有立法职能，由于其地位高，因而与较低的社会事态相比必然存在较大的距离。又因为人民代表机构的人员、机构的有限性，使其与复杂的、众多的社会事态也存在距离，即其不能与社会事态是一种逻辑上有序的结构模式。另一方面，在人民代表组成上，由于考虑了对社会生活社会事态的宽度、广度，而不可能同时考虑对社会事态的深度涵盖。因而，从广度上讲，立法主体可能与社会事态是近距离。还应指出，我国是单一制结构的国家，国家权力的行使相对集中，不允许权力分割，不允许存在与西方相似的自治制度。因为过分讲求权力的统一化、集中化，无疑进一步加大了立法主体和立法客体的距离。我国长期以来的立法实践也证明了这一点。

第九条 要解决立法主体与立法客体的这种远距离化的弊端，可能有几种可供选择的方案。笔者认为，比较可行的一种就是在立法主体和立法客体之间寻求某种中间体，并使这个中间体有承上启下的功能，上能反映立法主体的意志，替代立法主体的行为，下能够对社会事态进行深刻认识，探索社会事态的固有本质。行政机关，或者行政机关中某个层次的机构实体充当这个中间体是较为现实的，因为行政管理所涉及的几乎是社会生活的所有领域，如经济、政治、文化、社会、科技、体育、卫生，等等。同时行政机构又有很高的管理权威，这两个方面足以使其成为合格的中间体，行政立法从深层意义上讲，就是行政机关承担中间体职能的表现。

第十条 行政管理的专业性是行政立法的技术条件。行政机关是受一定的外界条件制约的。国家强力是行政权的首要条件，统治意识、民族特性等也是行政权的基本条件。随着社会进程的发展，行政权的外在条件越来越复杂。社会技术已经成为行政权的基本条件之一，它对行政权起着越来越大的制约作用。一些社会技术手段在行政权行使过程中得到广泛运用。现代技术手段在行政权中的运用，使行政权的行使方式首先发生了变化。随着社会技术的迅速发展，必然最终影响国家政权的行使方式。或者说，国家政权体系中的所有机构都要对日益发展的社会技术以及科技手段作出反应。在高科技发展的前提下，行政机关应当改变自己的权力行使方式，或者运用新的科技手段行使权力，或者以新的科技手段为前提调整权力行使方式，或者调整原有的体制模式。目前，国家政权体制中的不同机构对新的社会技术的反应有着不同的速度，即有的机构对新的技术手段反应迅速一些，有些相对慢一些。立法机构的职能是制定法律规范，确定社会生活的大原则，设计新的社会关系模式，其行为性质决定了它不可以迅速地对社会技术作出反应。而且，立法机构和社会技术之间还存在着行政机构，行政机构是连接立法机构和社会技术手段的因素之一，这一点已被各国的法律所承认。各国的行政机构几乎都毫无例外地有向立法机构提出议案的权力。就是说，行政机构把自己认识的社会事态，把通过自己认识后需要法律规范调整的社会事态提供给立法机关，再由立法机关制定出应当成为普遍准则的法律规范。可见，立法机构从固有职能上讲，对迅速发展的科学技术手段的适应是缓慢的。行政机构与立法机构相比，对于社会技术的适应要迅速得多。这既是由行政权的性质决定的，又是由行政权行使过程的实际需要决定的。一则，行政管理过程需要新的科学技术手段，陈旧的管理方式使行政权难以适应飞速发展的社会现实。因此，各国都将一些技术尤其高科技手段运用到行政管理过程中，如科学统计手段、科学原则手段、信息监控技术、系统分析手段等。这些高科技手段逐渐成为行政权行使过程中具有普遍意义的方式，而且各种手段又构成了一个完整的规则体系。二则，行政管理事态日益科学化、甚至大量运用了自然科学的成就。原始的农业领域技术手段、经营方式、生产关系简单、一切农业领域的规则相对简单。而现代化的农业从上述各方面看，都有了质的飞跃，如各种农作物的种子问题，在以前是不存在，各耕作主体自留种子就可以完成耕作行为。但是，现代农业，讲究优种优产，大量利用各种优良品种或杂交种子，对于产量的提高起到了很大作用，这样，就不得不制定与该技术手段相适应的行为规则，如各地都制定了种子条例等。行政系统中此两方面的技术变化和高科技的运用说明了行政系统中的科学属性要强于立法系统，行政系统对社会技术手段的反应快于立法系统，这样就对国家提出了一个非常现实的问题，即由行政机关将需要调整或认可的技术关系和行政机制反馈给立法机关，由立法机关制定法律规范的方式不能适应飞速发展的社会技术和高科技。显然，原有的传统方法已不能适应新的形势，一些行为规则应当迅速被法律规范所认可，而行政机关在这个过程中有很大的优势，可以由它制定行为规则。这样，就会在符合客观现实的基础上，及时调整因社会技术手段的运用产生的新的法律关系。

第十一条 法律上的空间和事态上的空间是行政立法的可行性条件。行政系统承担立法职能具有法律上的可能性。行政系统承担一定的立法职能，必须在一定的法律制度上取得合法性，否则就会使国家职能的划分处于混乱状态，使各国家机关在权力行使的过程中不可能形成合理配合的默契关系。行政立法究竟属于什么性质的行为，在理论上有不同的看法。一种观点认为，行政立法属于行政行为，只是这种行政行为具有立法属性。因此为了折中认为，行政立法是立法性的行政行为。另一种观点认为行政立法是立法行为，而不是行政行为，因为该行为的性质和立法是没有什么区别的，只是为了减轻立法机关的负担，或者为了使一部分立法权由行政机关行使而交由行政机关履行，称为行政立法行为。这两种观点在行政立法的行为鉴定上存在很大的差异。前者的落脚点是行政行为，即行政立法是行政权的固有职能，是行政系统应当承担的。后者的落脚点是立法行为，它本来是立法机关的行为，是立法机关应当承担的职能，笔者认为，作为理论上的探讨，这两种争论是很有意义的，因为无论如何，必须给行政立法某种理论上的说法。以我们的观点而论，行政立法从行为的本质特性来看，应当属于立法性行为，应当是立法机关的职能范畴。这既可以从行政立法所涉及的社会生活的面来证明，也可从行政立法的本质特性来证明。行政立法对社会生活的覆盖特别宽，而且对未来的社会事态、行政管理事态有设计作用，这两个方面的根本特点，恰恰和立法的特点是一致的。各国行政立法发展的过程表明，行政立法并不是行政权从一开始就有的职能，或者不全部是。基本事实是，对于日益复杂和迅速发展的社会生活，立法机构难以承受，不得不把一些立法职能移转给其他机关，行政机关的行政立法职能就是这种移转的结果。由此可见，行政立法的产生、发展、完善等过程都必然牵涉两个机构实体的关系，即权力机关、行政机关之间的关系。二者如何划分职权，怎样进行立法方面的权力分配，尤其权力机关对行政机关应是什么样的作用，应为行政立法权的行使提供何种类型的法律规范？这些问题都应解决。行政立法或行政机关承担立法职能在法律上的可能性就是因此而引申出来的，如果行政立法本身就是行政机关的固有职能，就没必要研究行政立法在法律上的可能性了。

第十二条 以上论述表明，行政立法在法律上的可能性，是指行政立法过程中立法机构和行政系统的关系形态问题。进一步讲，是指立法机构对行政机关制定法律规范的态度问题。

第十三条 各国立法机构对行政机构制定一些法律规范的态度，可以概括为下列三大类：一类是公开承认式，即承认行政机关的立法权限，并采取积极的态度予以约束，使其沿着正常的轨道运行。第二类是默认式，即对行政机关制定法律规范的行为采取默认态度，不承认也不否认，更不制定一些行为规则予以限制或约束，是一种放任态度，让行政立法依自己的规律发展或运行。第三类是形式上否认实质上放任。在立法上不承认行政机关有立法职能，也不允许行政机关在立法过程中争夺立法机关的地盘，但在立法和行政权发展的客观现实中，行政权有意或无意地占领了立法机关的一些地盘，承担了一定的立法职能。上述三类情形都只是立法机关对行政立法的态度问题。

第十四条　事实上，行政立法的发展已成为一个不可逆转的事实。无论承认与否，都不影响行政机关立法权的逐渐扩大或泛化。正因如此，绝大多数国家在其宪法或立法机关制定的基本法中首先承认了行政机关的立法权，然后以一定的方式对其进行约束和监控。或者制定一定的范围，一般有三种方式。

第十五条　一是委任式，立法机关把自己难以行使的立法权交给行政系统行使，并通过法律程序办理委任手续，有些委任是长期的，就是制定有关的委任法规，对于长期、大面积的行政管理事项作出委任，由行政机关制定该领域的行为规则。有些则是阶段性委任，即对某一个单一事态或单一性行为作出委任的一种委任方式。在委任制下，行政机关的立法权范围小，阶段性强。

第十六条　二是授权式，立法机关授予行政机关制定一定法律规范的权力，授权式又有两种情形：法律上的授权和事实上的授权。前者指立法机关制定某种法律，在法律上规定行政机关对该领域的立法权，后者则是指就某个事项通过书面或口头形式上授予行政机关立法权。一般来讲，法律上的授权程序性强，行政机关因此得到的立法权限也更大一些。甚至有些立法权是永恒的。事实上的授权行政机关的立法权力要弱一些，但此种授权灵活性大，可以充分体现国家政权行使过程中的应变原则。

第十七条　三是留有余地式，即在国家制定宪法和其他法律文件时，对立法权不作绝对性的规定，在处理有关立法的事项时，给行政机关留有余地，既没有写明行政机关制定的法律规范的权力，也不禁止行政机关行使一定的立法权，如果在行政权行使过程中，行政机关承担了立法职能，视为合法。上述两种方式，都从法律上对行政立法进行了认可，行政机关也因此取得了制定有关法律规范的权力。行政系统承担部分立法职能在法律上的可能性是非常重要的，如果立法机关不在立法制度上、法律规范上明示或暗示行政机关承担部分立法职能的权力，必然使行政立法在实践上阻塞，进而对政府的立法行为和行政行为产生不良后果。我国实行的是人民代表大会制度，人民代表拥有非常高的权限，其他任何国家机构都必须服从人民代表机关的意志。行政系统尽管具有独立的特性，但它不能有独立于人民代表机关的意志，我国国家制度的这一大前提，说明在我国解决行政立法在法律上的可能性更为重要。因此一方面允许行政机关承担部分立法职能，另一方面对行政机关承担立法职能的范围、职责、程序必须作明确限制。除宪法上关于行政机构立法权的规定外，立法机关还可以制定专门性的法律对行政，立法作详细规定。有些国家有专门的法规标准法，在这类法律中，甚至对各类行政立法的行文方式等一些极度具体的事项也作了规定。我国也有一些这方面的立法，但还不太系统。总之，行政系统承担立法职能，从法律原则来讲是可能的，如果与立法机构合理划分职权，是不可能产生法律冲突的。

第十八条 行政系统承担立法职能具有事态上的可能性。立法概念和立法行为的成立客观事态方面需要具备两个条件，这两个条件使立法行为有了客观事态上的可能性。两个方面的条件缺一不可，如果没有这两个条件，即使有可能性和其他方面的确定性，立法行为同样难以完成。

第十九条 第一，行政管理的客观事态必须达到一定的量，足以使制定出来的法律规范能够有较大范围的覆盖领域。现代行政管理所包含的领域越来越广，每个领域的事务越来越多，关系也越来越复杂。所以这方面的条件已基本具备，甚至有一定的超越性。行政系统内部由于形成了巨大的系统，本身就需要一定的管理规则，而且是带有普遍意义和长远性的行为规则。行政系统内部的管理是行政事态的一个不可缺少的方面，这方面总的原则和方略由立法机关规定是无可非议的。但是，内部诸多的具体行为准则和行事规则，由行政系统内部确立较为合适。或者在立法机关确定规则尚不成熟的条件下，由行政系统首先确定适应性规则较好。如作为规定行政系统内部构成分子的公务员法，在我国立法机关制定公务员基本法还不成熟的情况下，由行政系统制定的公务员条例就是一例。这种做法是明智的，且符合行政权和立法权特征。可见，单就行政系统内部的客观事态而言，因具备了相当大的规模，符合立法的量的要求。

第二十条 第二，行政系统对所管理的事态的认识必须达到一定的程度，即能够掌握本管理系统的发展方向。现代行政管理属性之一就是科学性。人们在管理的发展逻辑上，是从必然王国到自由王国不断深化的过程。传统行政管理人们仅凭经验，直觉认识管理对象，处理行政管理过程中遇到的各种问题。而现代行政管理人们更多的是依科学手段和严密的逻辑思维处理管理事务，各种各样的管理科学理论和科学手段广泛使用，且在确立行政系统的行为规则时，大胆引用科学性、技术性的行为规范。总之，行政系统对所管理的客观事态的认识已经达到了相当完善的地步。这一点是立法机构不能比拟的，就是说，从对管理事态认识的角度讲，行政机关更深刻一些。行政事态上这两个方面的条件极其关键，前者消除了行政立法虚无主义的担忧。所谓行政立法的虚无主义，是认为行政立法缺乏必要的广泛领域，或者认为即使有可制定为法律规范的领域范畴，但这些领域是不足以法律规范调整的。近年来，持这种观点的人并不少。后者消除了行政立法浅薄主义的担忧，所谓行政立法的浅薄主义，是指认为行政机关制定管理领域的行为规则时过于简单，过于浅薄。认为行政机关在处理具体事务方面有精力、有能力，而让它制定具有普遍性的行为准则则不太合理，因为立法毕竟是立法，它与行政反差极大，立法机构在对事态普遍性方面认识的深刻程度方面要高于行政系统。通过上面的论证，我们可以看出行政立法浅薄主义的观点也不能成立。

第二十一条　市场经济使我国传统行政立法模式在诸多方面表现出了极大的不适，因此，转换行政立法模式已成为我国法制及政治体制改革的重要一环。

第二十二条　行政立法在实践中可以有两种不同的操作方式，即间接式和直接式。

第二十三条　间接式立法指行政立法权的实际操作包括法律的提案、起草、表决、通过、生效等环节以行政立法机关为中坚主体。公众意见、舆论力量仅在法律的酝酿过程中起作用，对法律感应影响的力度较弱。在间接行政立法过程中，绝大多数与即将或已经通过的法律有利害关系的个人、组织、政治实体没有直接介入或表决。如果说，这些广泛的与法律有利害关系的社会主体对法律过程有什么影响的话，也主要是通过第二性的组织实现的。

第二十四条　直接行政立法是指公众尤其是与某项法律有利害关系的公民、法人或其他经济组织、政治实体介入了法律规范制定的全过程，甚至在该法案的表决中行使了神圣的投票权。

第二十五条　直接行政立法是一种广泛参与的立法模式，从立法主体的范围到法案表决的宽度都是如此。

第二十六条　直接式行政立法和间接式行政立法的划分只是相对意义上的，不可能是绝对的。因为一个法律的制定，往往是专职立法机构和公众广泛参与两因素综合作用的结果，只是主辅上的区别。笔者关于间接和直接的区分是相对而言的，进而可以得出这样的结论：凡专职行政立法机构在立法过程中起主导作用、对立法后果有决定意义影响、公众对立法过程起次要作用的就是间接式行政立法。反之，凡公众在行政立法过程中起主导作用、对立法后果有决定性影响，而专职立法机构仅负责整理、清理公众意见，对立法过程起次要影响作用的，就是直接式行政立法。

第二十七条 直接立法早已有之，并不是现代人的发明。古希腊、古罗马投石式、投骨式表决问题的方式，可以说是直接立法的例证之一。现代意义的直接立法产生于美国19世纪80年代，对此梅里亚姆在其著作《美国政治思想》一书中有较为详细的叙述。观察直接立法产生的背景不外两个方面：一是利益多元化的社会经济状况；二是专职立法机关与现代经济、社会、文化事务的反差。

第二十八条 多元化利益组合是直接行政立法的社会基础。市场经济是一种多样型的经济形态，它既给经济的构成、运行、发展注入了很大的活力，同时，又使社会结构、社会过程、社会利益组合丰富多彩。在计划经济体制下，由于国家强调一体化、一统化、普遍化的治国原则，因而社会阶层之间轮廓明确、利益关系稳定，既不可能有复杂的利益集团，也不可能有每日每时的利益组合关系。在此社会结构之上建立的政权体系及其原理、方式，也具有极强的稳定性和可测性。市场经济允许并鼓励经济性组织、企业产生。社团法人等经济实体存在，亦容许各经济实体追逐自己的经济利益和其他利益。因此，各种经济组织常常从自己的利益出发进行多种多样的利益组合。该利益组合最初是由于经济动机引起的，但它最终要化为某种政治性的因素影响政府的有关重大决策和政府行政系统的管理活动。如果利益组合的政治影响具有极大的有序性，便可以成为积极因素，利于国家宏观调控；如果各利益集团对政治性决定的影响是无序化的，必然造成极大的社会混乱，甚至社会动荡。作为国家，处理这一问题的最佳方案是，既允许利益集团和其他经济实体的存在，又允许其公平、民主地参与政治性决策。直接行政立法就是其公平参与决策的基本途径。

第二十九条 竞争性经济机制是直接行政立法的经济条件。市场经济是崇尚竞争的经济制度，它允许各市场参与者在经济活动中发挥自己的体力和智力，允许各经济组织以自己的优势取胜对手。竞争经济说到底是一种智能型经济，并且是有效率的。正如美国著名经济学家萨缪尔森所指出的："竞争制度是一架精巧的机器，通过一系列的价格和市场，发生无意识的协调作用。它也是一具传达信息的机器，把千百万不同个人的知识和行动汇合在一起。虽然不具有统一的智力，它却解决着一种可以想象到的牵涉到数以千计未知数和关系的最复杂的问题。没有人去设计它，它总在变动。但是，它承受了任何社会组织的最基本的考验——它可以生存。"可见，竞争性经济机制之下，各经济参与主体在追求自己的利益时，往往使自己比在真正出于本意的情况下更有效地促进社会利益，并把此通过追求个人利益而最终对社会产生好处的行为，视为是在"一只看不见的手"的调节作用下实现的。不言而喻，市场参与主体充分表达自己经济利益、政治利益的过程自然而然地达到了某种程度的社会平衡。直接立法就是在这样的经济机制之下形成并产生极大的社会和经济效益的。当然，竞争性经济机制只是直接行政立法的条件，还需政府的主动性行为，才能最终使直接行政立法的模式形成。

第三十条　从直接立法产生的背景和其宗旨看，其亦适合我国目前的经济社会状况。

第三十一条　市场经济使经济结构多样化，又使社会经济利益关系重新组合。在此情形下，立法机关要作出合理的裁决和适当的安排确非易事，只有将一些棘手的问题推向全社会或公众时，才有可能找到标准答案。直接立法操作的具体步骤，笔者以为可从如下方面考虑：

第三十二条　关于行政立法动议权，即赋予社会多方主体以立法动议权，改变以往主体单一的状态。

第三十三条　关于行政立法表决权，这是直接行政立法操作过程的第二步。理论上，行政立法案的表决有三种情形，第一种是国家制定的所有行政法律都归入行政立法机构中，所有法律的表决都由专职的行政立法机构进行，以行政立法机构中的相对多数通过宣告完成。第二种是把所有的法律案都拿到社会上去，由公众或与该法案有利害关系的人表决，以参与表决人数的相对或绝对多数通过而告完成。第三种是一部分法律案归专职立法机关表决，另一部分归社会表决。我国直接行政立法表决方式应采取第三种情形，即首先解决由专职立法机关表决的问题，允许公众有部分法案的表决权，而且应以利害关系为原则划分公众和专职行政立法机关表决的范围，即与公民、法人、社会组织、经济实体有直接利害关系的法案都应当由利害关系人表决，以相对或绝对多数确定法案的命运。

第三十四条　关于行政立法的听证权。立法听证是公众直接参与立法的又一重要手段。听证主要发生在法律草案的讨论和酝酿阶段。公众行使听证权的一般做法是：由行政机关成立专项法案的专门性组织，主持该项法律案的制定工作，当法案的形成过程达到一定程度时，就由主持机关宣布进入听证阶段。这时，对该法案有兴趣的公民、法人和其他社会组织以及利害关系人便可以得到允许，并按法律规定的条件、程序、方式到达主持机关指定的地点，在主持机关的主持下，对该法案提出口头的或书面意见，并有权要求主持机关对该法案形成过程中的事实根据、法律根据以及有关材料，在不违反有关保密制度的前提下予以公布，还可以要求主持机关对一些事实不清或已引起怀疑的问题作出解释。

第三十五条　关于行政立法监督权。从长远意义上讲，立法动议权、表决权、听证权是直接行政法立法的基本构成，也是直接行政立法模式的核心内容。但是，以我国目前的状况而论，公众上述三种权能的完全实现还不大可能。其中有体制、心理意识、技术手段等方面的原因。相比之下，行政立法监督权实现的可能性则要大得多。或者说，在目前情况下，直接行政立法的主要内容应以大力提倡公众对立法的监督权为核心。立法监督权，就是公民、法人、社会组织以及其他市场主体对行政法规范制定过程、政府的立法行为以及正在生效的法律的监督权能。上述主体，可以有组织或个别向有关行政机关就立法行为或立法案提出意见，亦可以通过新闻媒介提出自己在某方面的行政立法主张。

第三十六条　参与主义的行政立法是以直接行政立法为前提和基础的。参与主义与堵塞主义是一相对概念。

第三十七条　参与主义是社会主体都能涉足行政立法领域的状态。

第三十八条　堵塞主义则仅限于行政立法主体参与行政立法领域，而其他任何组织或个人无权涉及。

第三十九条　在参与主义状态下，一方面立法主体是不特定的，即行政立法的主体不仅包括专职行政立法机关，也包括公民、法人、社会组织以及其他利害关系人，从数量界限上讲是广泛的，参与的比率越高，立法主体的广度就越深刻；反之，参与的比率越低，立法主体的广度就越差。另一方面，行政立法事项是面向社会公开的。与封闭主义不同，在参与主义下，是否需要行政立法，何种事项纳入行政立法，都是专职立法主体以外的主体知悉的，对于专职行政立法主体讲，亦尽可能吸引其关注行政立法事项。其他主体参与立法的实际状况我们又可以依主体数量和立法事项范围而分为普遍参与制与利害关系参与制。

第四十条　普遍参与制，是指公民、法人和其他社会组织只要不是主观条件的限制都有立法的参与机会的制度立法主体的广泛性是其最为本质的属性,不仅如此,还有讨论事项的宽度,即是说,绝大多数领域的立法事宜公众都有权参与。立法是一个总的概念,它牵涉到政治、经济、文化、科技、外交等具体管理领域和公民权利义务关系以及政府组织原则等众多方面。封闭主义立法状态在上述诸多领域,公民、法人、社会组织要么不能直接参与各领域的立法性行为,要么只能对小范围内的立法事项发表意见或进行表决。在普遍参与的立法模式下,公民、法人、社会组织不仅对涉及有关自身权益的行政立法事项有参与权,而且能够参与各行政管理领域内的与自己有利害关系的法律、行政法规、规章等的制定。当然,对各个问题参与的深度可能有所不同。

第四十一条 行政立法参与范围的宽度是一个具有相对意义的概念,因为任何一个社会,任何一种类型的政府体制和立法体制都不可能实现全面参与制。有些行政立法事宜由于政治的原因只能由专职立法机关单独完成,有些立法事宜由于技术原因只能由专家委员会完成,还有一些立法事宜与公众没有利害关系或没有直接利害关系,公众可以放弃参与的机会。随着我国市场经济的深入,公众对行政立法参与范围的宽度将会日益扩大。

第四十二条 利害关系参与制。从现代民主国家的立法理论讲,所有受某法案影响的公民、法人、社会组织或其他利害关系人对该法案的形成都可以起到一定作用。但由于受主客观条件的限制,在大多数情况下,这只是一种理想。在任何规模很大的社会中,要使全体社会的正式成员在立法过程中都起到一定的作用,是不大可能的。然而,公民、法人、社会组织或其他利害关系人对于将要出台的法律进行参与的程度却是可以比较的,尤其与即将通过的法案有利害关系的经济实体能够顺理成章地对法案提出自己的意见。现实中,利害关系参与制相对于普遍参与制应该是更可行的。判断利害关系人是否参与到法案中,可从下述方面衡量:

第四十三条 一是参与主体对法案的认识水平。这是非常关键的一点,如果参与者对与自己有利害关系的法案有较高的认识水平,能够识别该法案与自己有利害关系,甚至对法案的长远影响等有心理上的权衡,就可以说已经达到了一定程度的参与深度,否则的话,即使有广泛的参与主体,也难以有高质量的参与效果。

第四十四条 二是参与主体对法案形成过程的影响程度,即对某一个自己关心的法律的通过能起到多大的、何种程度的影响,是否能够通过多数规则把自己的意见、设想、态度反映到法案中去,是否能够决定法案的最后结果?参与者既能充分表达自己的主张，又能通过合法途径影响法案的最终结果，就可以说达到了一定的深度。

第四十五条 三是参与主体能否将自己认为有必要上升为法律的某种主张通过正当途径表现出来，并被行政立法机构作为一种动议而列入议事范畴。

第四十六条 四是参与主体能否对正在生效的与自己有利害关系的法律进行监督或提出修正意见。

第四十七条 在我国权力机构中，立法是通过专门的委员会操作的。政府委员会是行政管理技术化、现代化、日益复杂化的必然结果。各个方面的委员会在政府机构中具有极其重要的作用，管理着本业务范围内的所有社会事务，甚至行使行政管理权以外的其他权力，如美国各委员会，既行使行政管理权，又行使立法权和司法权。在世界许多国家，行政立法职能也是通过委员会实现的，但并不是每个国家都如此，也不是每个国家的行政系统都设立了委员会。因此，笔者此处所指委员会不能等同于美国政府系统所设之委员会，而是代表了行政机关中行使立法职能的部门。显然，委员会就是行政系统内部负责行政立法起草、组合、技术加工等的业务组织。它可以是一个常设机构，也可以是一个临时性机构。常设部门类似我国立法机构中的立法委员会。

第四十八条 以往我国行政立法均采取委员会式的立法方式。笔者认为，为了保证行政立法的科学性和合理性，应从独立的委员会式立法向专家式立法转变。

第四十九条 所谓专家式立法，即行政立法工作的每一步如起草、审议、修改等均吸收有关专家、学者参与。

第五十条 专家参与的形式多种多样，可以在一定范围之内选定数名专业技术人员或学者聘作立法顾问，只要有关行政事项需要立法，即可委托其起草、审议，也可以不限定于某些人，而是行政主体根据立法实际需要，临时邀请有名望的专家、学者参加，提供意见和建议。不管何种形式的专家参与，他们都不履行对社会事务的直接管理职能，而专门负责本管理领域的规章及其他规范性文件的起草工作。

第五十一条 一般来说，专家们应对法案具有很高的草拟权威。当然，目前状况下，一下过渡到完全专家式立法恐怕还是有些难度的，可以先采取委员会和专家混合式立法，立法的有关技术环节尽可能采纳专家意见，委员会只负责组织性工作和材料整理、提供等工作，这样有利于提高行政立法质量。

第五十二条 现代行政管理的外在条件越来越复杂，社会技术已成为行政权的基本条件之一，它对行政权起着越来越大的制约作用。科技手段在行政权中的运用使行政权的行使方式首先发生了变化。例如：在电视、电话系统广泛启用以前，行政机构举行会议主要是面对面的方式，即直接会议。由于电子计算机系统的广泛运用，人们已逐渐地把直接会议变为间接会议，即不采用直接见面的方式，而通过间接手段，如电视、电话的联系互通情况，并且就某个重大的行政管理问题达成共同协议。不仅如此，随着社会技术的迅速发展，国家政权体系中的所有机构都要对日益发展的社会技术以及科技手段作出反应，或者改变自己的权力行使方式，或者运用新的科技手段行使权力，或者以新的科技手段为前提调整权力行使方式，或者改变原有的体制模式。例如，立法机构本来是行使传统立法职能的机关，其立法方式不得不加以改变，各国的行政机构几乎毫无例外地有向立法机关提出议案的权力，就是说，行政机构把自己认识的社会事态中需要法律规范调整的提供给立法机关，再由立法机关制定出具有普遍约束力的规则。而且，行政立法在各国广泛出现，传统的立法方式改变了。我们在前面谈到了直接立法、普遍参与制等都是行政立法方式的新模型。此外，还需专家的参与，尤其是科技型专家。行政立法的技术性与上述行政管理的技术性相对应已越来越强，这类法律规范的社会属性相对来讲要多一些。在这种情况下，公民、法人和其他社会组织的参与没有多大意义，而且不是上述主体力所能及的范畴，必须让专门的业务机构与科技人员参与，才能达到民主化和科学化的目的。例如，有关自然资源的行政立法需让野生动植物专家参与；有关海洋环境保护的行政立法需让海洋环境研究科技人员参与，等等。科技型专家参与立法的意义十分必要，他们往往是在比较公正和客观的立场上对行政立法与社会事务的接近程度提出意见，科技专家的参与职能具有其他参与不可取代的作用。

  第五十三条 行政立法本身的技术性表现为两个方面：一是法律涉及内容的技术性，此方面也是我们上面谈到的问题，需要科技型专家把关。二是法律制定过程的技术问题。如一部法律、法规篇幅的长短，体系结构的安排，语言表达、文字处理以及该法案在整个法律体系中所处层级的表现等。前者更多是有关法律的实质要件，后者则多半是一些形式要件，当然也有实质的东西。对于一部法律来讲，实质要件是主要的，内容的科学性、合理性是法律规范能否存在的前提和基础。有些西方学者曾依据宪法规范的实施效果，将宪法分为规范宪法、名义宪法和语义宪法。所谓的"实施效果"，是指宪法内容在实践中实现的程度。笔者认为，法律、法规如果内容不切合实际，只能是名义的东西，没有任何规范作用。但是，法律、法规的形式要件尽管居于第二位，也不能忽视。假如一部法律经过科技人员提供有关的内容，但体系混乱、语言文字疏漏，行政执法实践是难以操作的。因此，行政立法的内容和形式两者缺一不可。法律制定技术问题是由法政型专家把关的。法政型专家是指精通法律、了解国家政策的有关专家学者，他们在行政立法中承担的职能主要有以下方面：一是法案的技术处理。包括行政法规或规章的名称规范、简明、准确，正确反映行政立法的性质、主要内容、效力等级和适用范围；文本排列结构严谨、条理清楚，一般按章、节、条、款、项进行排列；文字力求用词准确、清晰，有助于人们正确理解和运用。二是同类法规、规章的衔接与协调。行政法规，规章起草时，注意与有关法律、法规的衔接、协调，对于同一事项，其前后规定应保持一致。如果现行的法规将被新起草的法规、规章所代替，必须在新的法规规章中予以说明。三是行政立法遵循政策精神。在起草过程中，出现法规规章内容与现行政策相抵触或不一致时，应按照政策与法律关系的正确理论或有关规定予以解决。由此可见，法政型专家的职能也是其他类型的参与不可取代的。

第五十四条 提案权是立法过程中的具体操作问题，在法律文件的形成中它是具体环节的第一环。传统立法模式把立法提案视为一项权力，仅赋予特定的机构或组织实体。依据我国宪法、法律、行政法规的规定，可以向全国人大提出法律草案的立法提案权主体是：全国人民代表大会主席团、全国人民代表大会常务委员会、全国人民代表大会各专门委员会、国务院、中央军事委员会、最高人民法院、最高人民检察院、代表团30名以上的联名代表。可以向全国人大常委会提出法律草案的立法提案权的主体是：常委会委员长会议、全国人民代表大会各专门委员会、国务院、中央军事委员会、最高人民法院、最高人民检察院、10人以上的常务委员会组成人员。可以向国务院提出行政法规草案的立法提案权的主体是国务院的各个部门，包括国务院下属的部、委、办、局等。以上是对我国提案权的整体情况介绍，笔者在此主要是讨论行政立法提案权。笔者认为，行政立法提案权在法律形成过程中限制了提出法律案的主体范围，难以适应市场经济的情形，应将此种方式转换为行政立法动议权模式。所谓行政立法动议权，是指社会各个阶层、各种组织实体、各种社会力量都可以根据自己的实际状况提出有系统的法律案，而且应将此确定为各市场参与者的一项权利。由行政立法提案权变为行政立法动议权，一方面可以扩大行政立法提案的范围，另一方面也可以使法律有较强的技术性。传统行政立法模式中的提案权主体,绝大多数都是专门机构,属于政府行政系统的某个部分,显然没有为技术性很强的专业性提案和广泛的社会性提案开辟道路。伍德罗·威尔逊就曾给立法动议权很高的评价,认为它是"门背后的枪",尽管不经常起作用,但在关键时候还是大有用处的。笔者主张行政立法动议权,并不是完全否定专职机关的提案功能。如果有了行政立法动议权,真正的行政立法提案权将更为科学合理。

第五十五条 动议权主体是享有行政立法动议权的机关、组织和个人。

首先是国家机关,国家机关是行政立法动议权的当然主体。上述我们列举了行政立法提案权的主体,对于行政系统的这些部门来说,其享有法定的提案权,自然也应该享有行政立法动议权。至于它们的动议权范围、方式等,因法律、法规有了提案权的明确规定,故可以参照行使,对此我们也就不多加讨论。其次是组织,它的范围非常广泛,可以包括政党、社会团体、利益集团。在美国,"数不清的公民委员会以及各式各样的联合会、协会和社团都研究、热烈讨论过,并且草拟过许多法案,组织了许多院外活动集团,并且大力从事它们各自的法律宣传"。我国在一些重大问题如代表候选人提名上确立了政党、社会团体等的参与制度,在行政立法上也是可以借鉴西方国家的一些做法的,而且完全有必要。因为行政管理的法规和规章有的具有部门性,有的具有地方性,有的则具有特定的社会阶层性,就是说,有些行政管理法规一般牵涉一定范围的利害关系人,与其他公民、社会组织的权利义务不发生关系,是自然而然的,这些权利义务主体有提出立法动议的权利。最后是公民个人。从一般意义上讲,整个市场活动都是围绕公民、法人和其他社会组织展开的,尤其公民,他们既是生产主体,又是消费主体,整个市场经营活动也要依靠他们进行。所以,他们对国家行政机关制定的行政管理法规范具有当然的动议权资格。主张公民动议权的思想在西方国家很早就产生了,并且视动议权与投票权同等重要。如美国"公民投票在杰克逊任内已应用于州宪法,除极少数例外,根本法由人民投票决定已成为一个固定不移的原则。……在这个时期的后期,却提议把公民投票作为一种更为普遍应用的措施。另外,还主张实行动议权"。可见,立法动议权是具有一定理论和实践价值的,对于公民、组织的动议权应作为一项重要权利予以保障。

第五十六条 动议权规则,是指动议权主体在行使立法动议权时应遵循的准则。它既是对行政立法动议权的规范,也是提高行政立法动议权质量的根本保证。依据我国行政立法状况和动议权主体的经济、文化水平等素质状况,笔者以为，行政立法动议权应遵循如下规则：

首先，有序化规则，即动议权的行使应以适当的程序作保障。我国行政立法动议权主体包括公民、法人、企事业组织等方面。如果他们在进行行政立法动议时带有随意性、盲目性，不仅主体不能很好地行使权利，而且面对诸多杂乱无章的立法动议时，行政机关往往无所适从，结果会失去立法动议的意义。这就要求行政机关必须把社会各动议主体有效组织起来，在指定时间、地点、场所提出立法动议。其次，针对性规则，这是对动议权主体提出的要求。所谓的针对性，即突出重点、解决当前的迫切问题。现代法治国家的任何制度都要纳入法律轨道，但法律的制定不是一天可以完成的，往往有轻重缓急和层次区分。先制定什么，后制定什么，是有一定规则性的。因此，动议权主体的立法动议要与现实紧密结合，具有实践价值。立法实践不像理论研究，理论研究可以超前，也可以务实，而立法一定要务实，否则起不到调控作用。要做到这一点，相应的动议权主体的素质一定要高，具备起码的法律和政策知识。再次，专业限制规则，即对某些科学性、技术性较强领域的行政立法，不宜让广泛的社会主体提出立法动议，只能由有关专家和专职行政管理部门承担，以利于行政立法内容的科学性、合理性。最后，国家秘密限制规则。立法动议是立法公开化、民主化的体现，而公开化在我国各项制度中是有条件的，有关国家机密事项不宜公开提起立法动议；需要法律作出明文规定的事项，一般要求国家行政机关根据有关原则确定。

（九）抽象行政行为与具体行政行为主体分离

第一条　在行政行为理论中，关于行政行为构成要素的第一要素，便是主体要素引申出了一个非常重要的理论和实践问题，即行政行为与行政主体的关系问题。

第二条　我国绝大多数行政法教科书和论著在处理行政行为与行政主体的关系时，几乎都采用了"两张皮"的处理方法，所谓"两张皮"的处理方法，是指将行政主体的理论与行政行为的理论分而论之，在行政主体理论中没有行政行为的内涵，而在行政行为理论中也基本上不涉及行政主体的相关原理。笔者认为，这是造成我国行政法治不尽如人意的一大理论障碍。

第三条　行政行为与行政主体的关系可以有三个分析进路。

第四条　第一个分析进路是从抽象的原理上分析行政行为与行政主体的关

系，依此进路入手，行政行为的第一要素便是行政主体，该分析将行政行为作为一个行政法事实看待，将行政主体作为另一个行政法事实看待，认为两个事实是有机地结合在一起的，其理论意义是非常重要的，但在行政法治的操作层面存在较大缺陷，因为这样的分析最多不过指出了一种状态，而且是纯粹理论上的状态。

第五条 第二个分析进路是从某单个行政行为上分析行为及其主体的关系，该分析进路的最大优势是指出了行政行为的合法性问题，该进路与上一进路是相对的，将行政行为具体到一个单一行为中去并寻求主体的对应性，是有一定道理的，但单个行政行为中的主体合法并不是行政法治的全部内容，因此，可以说此一分析同样具有片面性。

第六条 第三个分析进路是从行政权运作的过程出发，将行政行为与行政主体的关系放在行政法治的大背景下，进而确定行政主体与行政行为的关系，或者行政行为与行政主体的关系。

第七条 前两个分析进路在我国行政法学理论中是普遍存在的，而第三个分析进路在我国行政法学界还是一个空白，理论上的欠缺也导致了行政法治实践的困惑。

第八条 我国相关法律文件对抽象行政行为和具体行政行为作了区分，这种区分的根本点在于赋予了抽象行政行为法的属性，至少一部分抽象行政行为法的属性被《中华人民共和国立法法》所确认。被确认为法的抽象行政行为与具体行政行为，虽然从理论上讲都属于行政行为，但实质上有了质的区别。某一行政主体既是抽象行政行为的主体，又是依这一抽象行政行为而为的具体行政行为的主体，此时便会出现造法行政的不良行政过程。由此可见，必须将行政行为的主体要素放在行政权运作的过程中分析，而抽象的分析或个别的分析都是有缺陷的。本段的理论前提就在于此。

第九条 抽象行政行为主体与具体行政行为主体的关系在理论界是一个空白，在行政法治实践中更加没有引起重视，2004年通过的《全面推进依法行政实施纲要》关于依法行政的指导思想、目标、基本原则、基本要求等都有明文规定，但没有提到抽象行政行为主体与具体行政行为主体的关系问题。

第十条 在我国，行政主体是个法理概念，行政主体与行政行为的具体关系理论界并没有很好地予以解决，如抽象行政行为主体能否实施具体行政行为，或者具体行政行为主体能否实施抽象行政行为等，我国的行政法文件也没有对此作出明确规定。不过，关于特定抽象行政行为的主体，《立法法》作了规定，如规章以上抽象行政行为的制定主体包括较大的市以上的人民政府。而相应的职能部门和县以下人民政府是否有其他抽象行政行为的制定权，《中华人民共和国地方各级人民代表大会和地方各级人民政府组织法》（以下简称《地方政府组织法》）没有太详细的规定。如果将抽象行政行为具体到行政管理规范性文件中的话，似乎我国各个层次的行政机关或者某一组织只要具备行政主体资格，都有作出抽象行政行为的法律能力，即有权制定和实施抽象行政行为。

第十一条 从我国行政法治实践的总体格局看，抽象行政行为主体与具体行政行为主体是合一的，即有权实施抽象行政行为的主体亦有权实施具体行政行为，且实施抽象行政行为的主体实施具体行政行为时是不受限制的，如国务院直属机构既可以制定一个行政规章，又可以作出一个行政许可或者行政处罚。而有权实施具体行政行为的机关亦有权实施抽象行政行为，所不同的是，它们实施抽象行政行为时是有一定条件限制的，依其在行政体系中所处的层次而定。

第十二条 目前我国抽象行政行为主体与具体行政行为主体合一的状况，笔者概括为下列方面。

第十三条 第一种情形：以抽象的行为为主具体行政行为为辅的合一是指某一行政主体以制定或实施抽象行政行为为主要行为取向而以实施具体行政行为为次要行为取向的状态。一方面，该行政主体具有实施抽象行政行为和具体行政行为的双重职能。另一方面，其实施的行政行为主要是抽象行政行为，而具体行政行为是其行政行为中的附属行为。可以说，国务院的行为合一性就可以归于此类之中。依照《中华人民共和国宪法》第 89 条和其他相关法律的规定，国务院行使的职权有 20 余项，包括：规定行政措施权、制定行政法规权、发布决定和命令权、提案权、行政领导权、行政管理权、预算编制权、行政预测权、缔结条约权、行政保护权、行政保障权、行政机关设立权、行政编制审定权、公务员管理权、行政区划批准权、行政监督权、紧急状态决定权、行政紧急处置权、行政冲突裁决权、行政规则解释权等。这些权力的绝大部分都是以抽象行政行为的形式出现的，其中有些权力既可以通过具体行政行为实现，又可以通过抽象行政行为而实现，但国务院由于处于行政机构体系的顶端，因而可以以两种行为形式出现，其权力常常都是以抽象行政行为的形式实现的。如国务院的公务员管理权，在绝大多数情况下都是通过制定公务员管理规则而实现此项权力的。具体行政行为不是国务院行政行为的主要构成，但国务院亦经常性地实施着具体行政行为。

第十四条 第二种情形：以具体行政行为为主抽象行政行为为辅的合一，是指某一主体在日常的行政过程中所实施的行政行为，主要是具体行政行为，抽象行政行为是其附属性的行为，且一些抽象行政行为不能实施的状态。《行政处罚法》第20条规定："行政处罚由违法行为发生地的县级以上地方人民政府具有行政处罚权的行政机关管辖。"此条规定表明县级或者县级以上地方人民政府的职能部门是行政处罚这一具体行政行为的主要实施者，显然，这样的主体行为取向主要是具体行政行为。依《政府组织法》的规定，我国乡镇人民政府行使下列权力：一是行政执行权；二是行政管理权；三是行政保护权；四是行政保障权。这些权力都是通过具体行政行为实现的。除了上列权力外，乡镇人民政府还有在一定范围内或者一定程度上形成行政规则的权力。乡镇人民政府形成行政规则是以发布规范性文件的形式实现的，而行政规范性文件就是抽象行政行为的范畴。可见，乡镇人民政府总共行使五项权力，其中四项权力是通过具体行政行为完成的，只有一项是通过抽象行政行为的形式完成的。但无论如何，乡镇人民政府，还有其他层次的人民政府作为一个行政主体，是抽象行政行为与具体行政行为主体的合一。

第十五条 第三种情形：抽象行政行为与具体行政行为具有同一地位的合一。此种状态是我国行政法治中较为复杂的状态之一，即某一主体有权实施抽象行政行为，同时又实施着大量具体行政行为，其实施抽象行政行为的数量与实施具体行政行为的数量，如果按比例计算的话，具有同等重要的地位。即在大多数情况下，这些行政主体实施的抽象行政行为和实施的具体行政行为具有同等重要的地位。它们既是抽象行政行为的当然主体，也是具体行政行为的当然主体，我国省、较大的市的人民政府基本上也是这样的状况。

第十六条 抽象行政行为主体与具体行政行为主体的合一，既有主体资格的合一，又有行为身份的合一，还有混合合一等不同的情形。在主体资格合一的情况下，一个行政主体同时兼有两个主体资格，既是抽象行政行为的实施者，又是具体行政行为的实施者，但所实施的抽象行政行为与具体行政行为是没有直接关系的，如省人民政府可以制定政府规章，也可以为执行国务院的行政法规而作出一个具体行政行为，其制定政府规章的行为，与执行行政法规而实施的具体行政行为没有必然联系，只是它具有实施此两类行为的资格而已；在行为身份合一的情况下，一个行政主体制定了一个抽象行政行为，同时又根据这一抽象行政行为实施具体行政行为。具体地讲，其抽象行政行为是其后续实施具体行政行为的前提，而它后面实施的具体行政行为则是对前面抽象行政行为的进一步延伸。此种合一使一个行政主体兼有两个身份，对于同一行为而论，这种身份的兼容性使该行政主体具有较大的管理权威；在混合合一的情况下，一个行政主体既有资格合一的情形，又有行为身份合一的情形。除了最高层次的行政主体和最低层次的行政主体以外，其他中间层次的行政主体都属于混合合一。国务院的抽象行政行为大多数情况下是对下位行政主体制定的，而乡镇人民政府的具体行政行为大多数情况下是为实施上位主体的抽象行政行为的，因此，最高层次的行政主体和最低层次的行政主体一般不存在混合合一的情形。上列三种具体行政行为主体与抽象行政行为主体合一的情形，只有第一种，即资格合一的情形才是一种较为正常的情形，因为，此种情形将行政行为的权力作了适当的分解，而后两种情形都对行政法治潜藏着巨大的威胁，都会对行政法治带来较大弊害。

第十七条 弊害之一：使行政主体职权性质混淆的弊害。行政主体既是一个单一概念，又是一个范畴概念。前者是说，行政主体是实施某一行政行为的机关或组织，它具有公法人资格。后者则是指行政主体存在于行政大系统之中，任何一个行政主体都存在于行政机构体系这一大系统之中，只是处在不同的位置上，扮演着不同的角色。行政主体概念的后一种意义要比前一种意义重要得多，而我国行政法学界似乎忘记了行政主体概念的此一意义。现代行政管理过程或者行政执法过程都是通过行政主体的行为实现的。而行政执法过程从理论上甚至实践上可以分为决策、执行、咨询、监督、信息等若干环节。一个行政主体必然处在上列若干环节的某一位次上，这种使行政主体的职权性质，无论在总的方面还是具体方面都是有所区分的。正如笔者曾对国务院的主体性质作过的描述："国家行政系统是一个组织体系，该组织体系符合行政系统理论的一般原理，存在系统层级的划分和一定的运作模式。如果将国家行政体系设想为一个金字塔结构的话，国务院处在金字塔顶端，若将行政体系设想为一个圆形结构的话，国务院处在圆的中心。国务院的最高地位通过它行使的权力可以得到说明。一方面，国务院可以就全国事务作出决策，只要是中华人民共和国范围内的事务，国务院都有权作出决定，而其他行政机关则没有这样的权力，它们只能就区域范围内的行政事项作出决定。另一方面，国务院可以就国家事务作出决策。所谓国家事务，指属于中华人民共和国国家性事务，而不是地方性事务，这一点可以通过国务院代表国家实施外交行为得到说明。"职权性质对行政行为的性质必然具有决定意义。在一般情况下，抽象行政行为大多处于决策层面，而具体行政行为大多处于执行层面，当然，这种划分是在相对意义上而言的。抽象行政行为主体与具体行政行为主体的合一必然会混淆行政主体的职权性质，而这样的混淆，很难使行政法治沿着科学轨道发展。

第十八条 弊害之二：使行政意志的表达与行政意志的实施混淆的弊害。古德诺在《政治与行政》一书中提出了国家意志的表达与国家意志的执行之概念。他认为，国家意志的表达属于政治的范畴，其行为主体是立法机关。国家意志执行则属于行政的范畴，其行为主体是行政机关。这一关于政治与行政、立法与执行关系的研究具有非常重要的理论意义。古德诺的理论是20世纪初提出的，随着近一个世纪立法权与行政权关系的演化，立法机关所能够表达的国家意志少之又少，即是说现在行政系统表达着绝大多数的国家意志，据不完全统计，中国自1949—2000年这51年中，中央机关制定的中央立法，包括法律、行政法规、部门规章共10367件，其中法律仅有314个，仅占总数的3%，行政法规和规章各为1584个和8469个，占到总数的97%。可见，行政系统表达国家意志，至少是行政权范畴内的国家意志的状况已经是一个不争的事实。因此，将表达国家意志或行政意志仅仅视为立法机关的行为已不符合法治实践。但是，古德诺理论的精髓之一却是我们必须予以重视的，即表达国家意志或者行政意志的行为与执行国家意志或者行政意志的行为必须予以分离。进一步讲，一个主体若表达了国家意志就不能再成为执行国家意志的主体，反过来讲，一个主体若是国家意志的执行者，就不能再具有表达国家意志的主体资格。具体到行政法治实践中，作为作出抽象行政行为的行政意志的表达者，就不能再实施已经表达出来的行政意志，而作为行政意志的执行者，就不能享有表达行政意志的资格。笔者认为，抽象行政行为完全可以被视为对行政意志的一种表达，而它的实现还需要其他行政机关的具体行政行为。抽象行政行为主体与具体行政行为主体的合一，必须是行政意志的表达行为与行政意志的执行行为混淆，这种混淆所带来的后果可以从诸多进路进行分析。

第十九条 弊害之四：使依法行政与造法行政难以厘清的弊害。依法行政既是三权分立政权体制的产物，又是人民主权原则的反映，它的第一层含义就是要求代议机关通过立法程序对政府行政系统的活动进行政治上的限制。并把代议机关对行政进行政治限制的有效性作为衡量行政规范化与否的一个准据。第二层含义是在代议机关的统制下，行政立法、行政自由裁量权的行使以及一般的行政程序，必须以立法权为轴心运行，在这里，立法权应当优先于行政权，通过立法上的优先对行政过程进行统制。第三层含义是通过司法机关的司法行为对行政上的侵权行为进行必要的法律救济，一般的行政监督行为是这种救济制度的理论前提。笔者认为，依法行政中的法是一个必须作出合理界定的问题，必须将依法行政中法的主体与执行法律主体的关系予以理清。一个主体既是某一行政法文件的制定者，又是依法行政的执法者，即实施依法行政的主体，当它实施依法行政时所依的法很可能是自己制定的法。笔者在《行政法的私权文化与潜能》一书中就曾指出："我们虽然也可以说，立法在不得已的情况下也根本不给行政机关行使这样的特权留有余地，然而，当我们在确立依法行政的概念时，我们并没有给依法行政中的法一个合理的定位。尤其我们从公权关系出发，常常把行政机关依据自己制定的规则而行政也叫做依法行政。这样便导致在我国依法行政中往往是行政机关的造法行政，就是行政机关通过自己的造法行为进一步依其所造的法而行使行政权，最后的结果是依其所造的法干预私权，以所造的行政规范性文件而行政当然最为普遍。"无论如何，依法行政和造法行政是绝对对立的，一个行政主体依法行使职权时，所依的法至少是由自己的上位机构制定的法。而抽象行政行为主体与具体行政行为主体的合一则是造法主体与执法主体成为同一主体，尤其在行为身份合一与混合合一的情况下，这种现象几乎无法避免。

第二十条 上面我们分析了《宪法》与《地方政府组织法》对国务院和乡镇人民政府职权的规定，从这些规定可以非常清楚地看出，抽象行政行为主体与具体行政行为主体的分离是一个相对意义的概念。之所以说是相对意义的概念，是因为《宪法》和《地方政府组织法》在设计这些行政主体时，是从较为抽象的角度对其赋予权力的，在赋予国务院、乡镇人民政府成为抽象行政行为主体资格的同时，也赋予了其具体行政行为主体资格。《地方政府组织法》关于中层行政机构的赋权则更加原则，该法将县、市、省级人民政府合而规定，一并赋权，指出县级以上地方人民政府可以行使10项职权，这10项职权是行政执行权、行政规则形成权、行政领导权、行政管理权、公务员管理权、行政保护权、行政保障权、行政监督权、行政冲突裁决权、行政预测权。这种宏观的授权方式，使我们有必要探讨抽象行政行为主体与具体行政行为主体分离的原则，因为这些原则既是对相关法律规定的演绎，又是我们构设抽象行政行为主体与具体行政行为主体分离规则的基础，笔者认为，下列原则是非常重要的。

第二十一条 行政行为主体相对确定原则。在行政法中，一定的主体必然与一定的行为有关，当我们说到某一行政主体时，就立刻会联想到该主体可以实施何种行为。同样，一定的行为都是由一定的主体完成的。既不存在无行为的主体，也不存在无主体的行为。然而，在我国行政法治实践中，行政行为主体都是不够确定的，即什么样的主体对应什么样的行为在我国法律规则中基本上没有详细规定。《立法法》对规章以上抽象行政行为的主体作了规定，这种规定到目前为止是我国行政行为主体相对确定化最为先进的规则。但是，该规则在确定了规章制定主体、行政法规制定主体以后，对规章和行政法规所应规定的事项并没有作出令人满意的规定。换言之，《立法法》并没有使行政行为主体相对确定，因为主体的确定与行为的确定是不能分开的，在行为不确定的情况下，主体亦无法作出确定的行为。我们讲，行政行为主体相对确定，就是要使作出行政行为的主体及其可以做出的相应行为予以明确规定，使主体与行为有严格的对应关系。

第二十二条　抽象行政行为职能与具体行政行为职能划分原则。《行政诉讼法》第 12 条第 2 项规定，行政法规、规章或者行政机关制定、发布的具有普遍约束力的决定、命令人民法院不予受理。此条规定使抽象行政行为和具体行政行为的区分成了法律上的问题，《行政诉讼法》和相关法律对该问题的规定并没有使抽象行政行为与具体行政行为的职能区分有所突破。即是说，什么样的事态应当以抽象行政行为进行处置，什么样的行政事态应当以具体行政行为进行处置，都没有从理论上和法律上予以澄清。抽象行政行为与具体行政行为职能不清，必然导致本该以抽象行政行为处置的事态可能由具体行政行为调整，或者本该以具体行政行为处置的事态却以抽象行政行为调整，且会导致两类行为主体在行政过程中的职能重合。因此，必须将抽象行政行为职能与具体行政行为职能的区分作为抽象行政行为主体与具体行政行为主体分离的原则。

第二十三条　抽象行政行为主体有限原则。抽象行政行为与具体行政行为相比更加重要一些，因为，对于具体行政行为而言，一个行为只能产生一个法律效果，其中的权力和义务都具有单一性。而抽象行政行为则不同，一个抽象行政行为常常能产生不定数的具体行政行为，或者说一个抽象行政行为能够变成无法统计的具体行政行为，这是由抽象行政行为的普遍性和反复适用性决定的。由于抽象行政行为与具体行政行为有这样的区别，因此，在设计行政行为主体时不能将抽象行政行为主体与具体行政行为主体同日而语，更不能使作出具体行政行为的主体具有与作出抽象行政行为主体相同的法律资格。进一步讲，行政主体的概念可以与具体行政行为相对应，但不能完全与抽象行政行为相对应。能够作出抽象行政行为的行政主体必须有绝对数量和相对数量上的控制。《立法法》对规章以上抽象行政行为制定主体的控制就很有法律意义，即便是中央政府机关也只能有一部分机关行使规章制定权，抽象行政行为中的绝大多数应当是行政管理规范性文件，而行政管理规范性文件究竟应当将最低层的制定主体确定在哪一级，是一个值得探讨的问题。基于此，笔者认为，应当使抽象行政行为主体有限化，一方面，要确定不是每一个行政主体都有权制定抽象行政行为，另一方面，要确定某一类的抽象行政行为低层次的行政主体不能制定。

第二十四条 具体行政行为主体对抽象行政行为主体过错优先负责原则。抽象行政行为主体与具体行政行为主体的分离，意味着在一个行政过程中某一行政主体或者只能实施一个抽象行政行为，或者只能实施一个具体行政行为。尤其一个抽象行政行为规制了某个行政事态，而相应主体根据这一抽象行政行为实施具体行政行为时，不能与这一抽象行政行为主体是同一身份。但它们可以有行政法上的隶属关系，常常是这样的，高层次机关作出某一抽象行政行为后，通过具体行政行为实施这一抽象行政行为的机关本身就是作出抽象行政行为的下级机关。抽象行政行为还没有纳入国家赔偿的范围，但是，这并不是说我国行政主体实施的抽象行政行为全部是合法的，或者不可以提出质疑。恰恰相反，抽象行政行为的不当以及对行政相对人造成侵害的状况并不少见。抽象行政行为侵权行为的过错当然应当在作出抽象行政行为主体一方，但是，抽象行政行为是通过具体行政行为才产生物质内容的，因此，抽象行政行为的过错应当由通过具体行政行为实施该抽象行政行为的机关首先承担责任，这应成为抽象行政行为主体与具体行政行为主体分离的又一重要法律原则。

（十）行政规范性文件的法律地位

第一条 行政规范性文件无论在行政法治实践中还是在行政法学理论中都是一个较为困惑的问题，而这种困惑在我国加入世贸组织以后不能再继续下去了，因为加入世贸组织议定书对规范性文件与世贸组织规则的一致性有非常明确的承诺。如何尽快从行政规范性文件的实践困惑和理论困惑中走出来，就成为我国行政法与世界贸易组织规则有效接轨的核心问题之一。

第二条 行政规范性文件的名称在行政法学界并不统一，有的叫规范性文件，有的叫行政管理规范性文件，有的叫规章以外的行政规范性文件，有的叫规章以下的规范性文件。

第三条 行政规范性文件是处于规章之下的下位行政规则,行政规范性文件的上位规则是规章,这一点在行政法学界似乎是共识,然而,在行政法治实践中的状况并非如此,因为在我国行政规范性文件的制定主体并不是没有规章制定权的行政主体,或者准确地说,行政规范性文件不完全是由没有规章制定权的行政机关制定的。

第四条 行政规范性文件制定主体的复杂性便引申出了另一个问题,即规范性文件的地位高低问题,若将规范性文件仅仅理解为规章的下位行为规则,就等于肯定了国务院制定的规范性文件可能在地位上低于部委规章的事实,而事实上恰恰相反,国务院制定发布的行政规范性文件,显然要高于部委规章和地方政府规章。所有这些问题,都使行政规范性文件的法律地位必须在理论上给一个说法,否则将会在行政法治实践中造成巨大混乱。

第五条 关于行政规范性文件的法律地位,在理论界有下列诸种认识,笔者将予以系统介绍。

第六条 抽象行政行为说。此说认为,行政规范性文件从性质和法律地位看是政府行政系统的一种行政行为,是一种面对不特定的对象而为之的抽象行政行为。此说在行政法学界是占统治地位的说法,在我国,行政法的教科书中基本上都将行政规范性文件划入抽象行政行为的范畴之中。有学者将规范性文件作为抽象的行政行为的地位说得更加明确,认为抽象行政行为包括四种:行政法规、行政规章、行政措施和抽象性的行政决定和命令。与其说是抽象行政行为说是对行政规范性文件法律地位的揭示,还不如说是其更多是对行政规范性文件性质的揭示,因为这种说法,并没有一个关于行政规范性文件法律约束力的标准答案。

第七条 准行政立法行为说。此说认为,行政规范性文件在形式上虽不能与行政立法行为具有同等意义,但在实质上具有普遍的约束力和反复适用性,而普遍约束力和反复适用性恰恰是行政立法行为的一般表现。一方面,行政规范性文件是行政机关的行政行为,但它不是法律所规定的行政立法行为,另一方面,行政规范性文件起着行政立法的作用,对行政相对人有普遍的约束力和反复的适用性,对于行政主体有确定力和执行力,且行政主体在作出具体行政行为时,必须考虑规范性文件的内容。此种关于行政规范性文件的二难说法,正是对目前我国行政规范性文件在行政法治实践中困惑性的一个描绘。

第八条 行政法渊源说。行政法的法源或者行政法的渊源,是指行政法的表现形式。上面已经指出,在我国行政法的教科书中一般不认为行政规范性文件是行政法的表现形式，但就笔者所知诸多学者在行政法的讲授中，自觉不自觉地将行政规范性文件归入行政法法源的范畴。我国也有学者在著述中将行政规范性文件归入行政法渊源的范畴。

第九条 以上三个关于行政规范性文件的说法，反映了目前我国行政规范性文件的理论尚处于起步阶段，一则，上述理论基本上都没有形成一个完整的体系，都是一些非常零散的说法，且诸多说法的立足点也并不完全一致。二则，即便是对行政规范性文件的概念这一最为基本的问题，也没有达成共识。三则，关于规范性文件的规制程度和调整力度等最为关键的问题也没有一个肯定的说法，而规制程度和调整力度是解决规范性文件法律地位必须予以澄清的问题。

第十条 WTO规则对各国法律、法规、规章之外的行政规则和其他行为规则给予了广泛的关注，几乎在所有协定之中都有关于这些规则透明度的规定。世界贸易组织之所以要对各国的行政规范性文件如此关注，其原因非常简单，就是这些属于行政权范畴的规则，同样规制着一定的贸易关系。在一国范围内，行政规范性文件规制的广度和力度则更加巨大。其既可以设定新的权利义务关系，又可以设定诸多制裁措施，还可以对社会事务作出预测性、导向性规定。由于规范性文件具有非常重要的调控功能，因此，行政规范性文件与行政机关的行政措施不是同一意义的概念。但是，不能因行政规范性文件对社会关系具有调控功能将其混同于行政法的其他渊源形式，就是说，只有将行政规范性文件规制和调整的方式梳理清楚，其法律地位才能进一步探讨下去。

第十一条 笔者认为，行政规范性文件规制和调整方式主要表现在下列方面。

第十二条 其一，规制和调整领域的正式规则剩余性。《立法法》对目前我国法律形式作了列举规定，所列举的法律形式有：法律，即由全国人民代表大会及其常务委员会制定的行为规则；行政法规，即由国务院制定的调整行政活动关系的规则；地方性法规，就是由省、较大的市的人大制定的规则；规章，包括中央规章和地方规章两个范畴，前者由国务院的部委制定，后者由省、较大的市的人民政府制定；自治条例和单行条例，即在少数民族地方适用由民族自治机关制定的有关行为规则。上列反映在《立法法》中的法律形式，我们可以称为正式规则。显然，行政规范性文件由于没有被立法法所认同和调整，故而，只是正式规则以外的规则。关于正式规则能够规制的事项和能够调整的社会关系，《立法法》都作了列举规定，显然，规章以上的法律渊源形式所能够规定的事项，行政规范性文件就不能再作出规定，否则既多此一举又有越权之嫌。所以，规范性文件调整方式的第一个方面就是规制和调整正式规则所剩余的事项。所谓剩余的事项是指正式规则对这些事项没有必要作出规定，而不是正式规则来不及规定。就是说，在对社会关系进行规制和调控的过程中，每一种法律形式都有其规制对象的相对确定性，如民事、刑事方面的社会关系一般只能由法律作出规定。而由于立法技术等方面的限制，常常是某一形式的正式规则来不及对应当规定的事项作出规定，对于这种来不及规定的事项，不能视为剩余事项，也就是说，行政规范性文件不能对规章以上的规则本该规定但尚未规定的事项作出调整。这是规范性文件调整方式中最为基本的。

第十三条 其二，规制和调整过程的随机性。所谓调整过程是指行为规则与社会事态结合的方式以及结合后所表现出来的关系形式。我们知道，任何属于法律渊源的行为规则，都必须对应一定的社会关系和社会事态，如果把法律规则作为一个外壳看待，所涉及的事态则是它的内核。抽象的法律规则与客观事态的结合便构成了法律规则与调整事态的基本行为状态。考察行为规则的规制程度便有了两个方面的变量：一是行为规则与客观事态是如何结合在一起的。我们发现，不同层次的法律规则与社会事态在结合过程中表现出了极大的不同，一般来讲，行为规则的层次越高，与客观事态的结合过程就愈缓慢，即其既不能迅速与社会事态紧密地联系在一起，又不能迅速对新的社会事态作出感应。如宪法规则是一个国家社会生活中最高的行为规则，然而，宪法在起初对社会事态的规制就表现得较为迟缓，而对新变化的社会事态也难以及时作出感应。反之，行为规则的层次越低，与社会事态的结合就愈加敏捷，如规章在规范社会关系时就要比法律灵敏得多；二是行为规则与客观事态结合在一起以后解除的程度。行为规则与社会事态的结合会随着时间的发展而变化。而这种变化也因行为规则层级的高低不同而有所不同。行为规则的层次越高，与已经结合的社会事态之间的关系愈难以解除，反之，行为规则层次越低，与社会事态之间的关系就愈容易分离。我们将这种结合过程缓慢而结合以后关系形式相对牢固的状态称为稳定性调整，而将结合过程快捷，结合以后关系形式表现松散的状态称为随机调整。不言而喻，行政规范性文件对社会事态的调整过程是以后者出现的，即其对社会关系和社会事态的规制和调整是随机性的。这从行政规范性文件的数量、内容等可以得到印证。规范性文件调整过程的此种随机性，是规章和其他法源所不具备的。

第十四条 其三，规制和调整对象的弱普遍性。任何行为规则的规制对象都不外三个方面：一是一定的地域范围，就是在多大的地域范围内发生作用，对多大的地域范围有法律上的规制意义，如地方政府规章只能在其所辖的区域内发生作用。二是一定的人和组织范围，就是其对什么人或者什么类型的组织发生作用，如税务行政规范的行为规则只对纳税人有法律意义。三是一定的事件，就是其对什么样的事件发生作用。如物价管理的规章只对物价方面的事态发生效力。上列三个方面都有特定性与非特定性、普遍性与非普遍性之分，所谓特定性，是指其所对应的是具体的人、具体的事、具体的区域。所谓普遍性就是指其对应的人、事、区域是非特定的。人们在论证法律规则时常常认为，法律规则是一些普遍性规则，正如马季佛指出的："法律的普遍性或普通性，在以往差不多是任何政治思想家所坚持说有的——从亚里士多德，从罗马一般法学家，以迄于今日。……法律本身必须具有普遍性，方足以成为一种规则。"在行政法学领域，人们普遍认为，具体行政行为针对特定的人，特定的事，而作为规范性文件而针对的是非特定的人，非特定的事。其实这种说法有一定的缺陷。我们注意到，在行为规则所涉及的人、事、区域等方面有时既不是特定的又不是普遍的，而介于特定与普遍之间的并不在少。行政规范性文件所规制的对象大多都是这种具有一定普遍性但又不完全普遍的人或事，我们将这种介于普遍与特定之间的情形叫做弱普遍性。如果说规章以上的行政法法源主要是普遍适用的话，规范性文件则是一种普遍性的适用，这从深层次反映了行政规范性文件既属于立法又属于行政行为的特点。

第十五条 行政规范性文件的法律地位牵涉到诸多非常重要的理论问题和实践问题。因此，要回答行政规范性文件的法律地位，绝对不能从具体行政行为和抽象行政行为的简单划分入手，而必须从诸多方面去看。

第十六条 首先，要和现代的法治理念结合起来。我们知道，自20世纪中期以后人类关于法律构成的理念发生了深刻变化，如果说在20世纪中期以前，法律规则仅仅是单元主义的话，从这以后，法律规则将由多元主义所取代，即以前人们仅将法律理解为纯粹立法机关的行为结果，或者享有法律形式上的立法权的行政机关的行为结果，而现在人们认为法律是一个既成政府机关行为规则的东西，又有非政府机关的行为规则，这无疑为我们探讨行政规范性文件的法律地位拓宽了视野。

第十七条 其次，要和行政法治实践结合起来。我国的行政法治近年来取得了巨大进步，然而，我国行政法治在诸多方面表现出了强烈的非驴非马色彩，一些似是而非的现象表现得非常突出，造成这种现象的原因，主要是行政法中的一系列问题仅有名称而无名分，如我们有国家行政机关的名称而无国家行政机关的名分，有抽象行政行为的名称而无抽象行政行为的名分，有规范性文件的名称而无规范性文件的名分，即行政法上的准确地位。我们研究行政规范性文件主要是应突破旧的理念给其一个恰当的名分。

第十八条 再次，要和加入 WTO 结合起来。WTO 规则被认为是国际行政法典，言下之意它对政府行政权的影响要大于它对企业权益的影响。要求政府行政系统的规章、规范性文件等必须合乎相应的要求，在我国加入世贸组织议定书中已有多处承诺，可见，世界贸易组织并不因为行政规范性文件的行政性而轻视其地位，基本上将这些行政规范性文件给予了与规章、法律同样的关注。

第十九条 从上列三个大的方面出发，笔者认为，行政规范性文件的法律地位应当重新审视，具体而言，其法律地位有下列实质性要素。

第二十条 行政规范性文件是我国行政法体系的有机构成。法律作为一个总的概念，就其本质而论是对国家意志的一种表达，而国家意志具有抽象性和具体性之分。一般而论，作为国家立法机关所表达的国家意志是比较抽象的国家意志，而具体的国家意志还需要诸如行政机关等这样的执行机关来表达。"许多由国家制定法律的机关通过的法律具有一个特点，它们只是作为一般的行政规则来表达国家意志的。因此，它们当然不会，也不可能把国家意志表达得十分详细，使之即使没有政府进一步活动也能够被执行。"此论点从深层揭示了政府规范性文件的表达国家意志属性，其与法律规则所表达的国家意志的不同之处在于其具体性。行政规范性文件属于抽象行政行为的说法虽然并没有错，但这种说法是就行政规范性文件的产出过程而言的，而不是从行政规范性文件对社会成员的关系而言的。总之，行政规范性文件不能被简单视为一种政府行为，也不能简单地视为行政法制度中的一种现象，或者行政法的一种规制对象，而应不折不扣地视为我国行政法体系的构成部分，视为行政法的一个基本法源。若能确立行政规范性文件作为行政法有机构成部分的地位，我们便能够像制定《立法法》那样制定对行政规范性文件进行有效规制的规则，或者我们在修改《立法法》时加进对规范性文件进行法律调整的内容。对其名分确定以后进行约束的方便程度，要比其在没有相应名分下进行约束来得方便一些，这是不言自明的道理。

第二十一条 行政规范性文件应以规范名称和制定主体相结合确定其等效。行政规范性文件的制定主体有三种情形。第一种情形是无规章制定权的行政主体享有行政规范性文件的制定权,如广大的地级市和县级市的人民政府、乡镇人民政府、省级人民政府职能部门等;第二种情形是有规章制定权的行政主体享有行政规范性文件制定权,如省、较大的市、省政府所在地的市的人民政府,国务院的职能机构等;第三种情形是有行政法规制定权的行政主体享有规范性文件制定权。无规章以上行政法文件制定权的机关制定的规范性文件可以依机关的等级不同而确定其等效,但其制定的规范性文件其地位显然是低于行政规章的。而行政法规制定权的机关制定的行政规范性文件的地位如何,却是有必要认真思考的,由于这一问题的复杂性,便使一些学者对这一问题常常采取不大严肃的回避态度,如有学者就将行政规范性文件限制在没有规章制定权的行政主体制定的规范性文件之中。行政规范性文件在法律地位中最为突出的就是其等效问题,所谓等效,是指其在行政法规范体系中与其他法律形式的关系,而不是指其对人、对事、对空间、对时间的效力。由于制定主体的复杂性,便出现了最高行政机关和高级行政机关制定规范性文件的状况,这便引出了较高地位的行政机关制定的行政规范性文件其效力是否要低于比制定机关地位低的行政机关制定的行政规章,具体地说,省级人民政府、国务院职能部门制定的行政规章是否要高于国务院制定的行政规范性文件。这样的问题在我国行政法治实践中已经遇到过,在规章和国务院的规范性文件冲突以后,究竟何者效力为大,这一问题在行政法理和有关的行政解释中还没有一个满意的说法。笔者认为,在我国行政规范性文件法律制度还不健全的情况下,应当采取比较折中的处理方式:一方面,原则上行政规范性文件在规章的地位之下,将其作为行政法的渊源,但必须排列在规章之后。另一方面,若最高行政机关发布的规范性文件在实施中与规章有冲突,则可以由有关部门交由最高行政机关处理,不过依我国行政系统中低层级机关服从高层级行政机关的原则,在没有相应的机制解决高层级机关规范性文件与规章冲突的制度下,低层级行政机关应当服从高层级行政机关的规范性文件。随着我国政府法制的完善,是否应当严格限制各种行政法文件的对应主体,则是一个值得探讨的问题,例如,是否可以严格地将行政规范性文件的制定权限制在尚无规章、行政法规制定权的行政主体之中,若某个行政主体有权制定行政规章以上的行为规则,是否应限制其制定行政规范性文件的权力,这些问题都是应当从理论上予以阐释的。

第二十二条 行政规范性文件具有次级强力性。行政规范性文件在诸多方面亦具有强制力,且强制力的形式表现得极为复杂。目前我国行政规范性文件包括了形形色色的强制条款。行为规则所具有的强制力,最能反映其在规则体系中所处的地位,因此,行政规范性文件强制力的确定,就成为其法律地位的重要内容。笔者认为,一则,必须确立行政规范性文件具有强制力的地位,若不给行政规范性文件一定的强制力其就很难发挥对社会关系进行调整和社会事态进行规制的作用。二则,行政规范性文件的强制力必须限制在一定的范围内。笔者认为,是否采取限制措施是无关紧要的,而最为关键的是,必须把行政规范性文件的强制力与规章以上行政法规范确定的强制力衔接起来,使其具有次级的强制力。所谓次级强制力,是其他行政法渊源已经规定了强制手段的情况下,行政规范性文件只能结合本地的实际对上位规则的强制性予以具体化,这要求规范性文件在确定强制手段时,必须有充分的上位行政法依据,而目前我国行政规范性文件在此方面却存在许多问题。

(十一) 科学立法

第一条 科学立法的科学性可以有三个分析进路。

第二条 第一个分析进路是从最广泛的意义上揭示科学性的内涵,这个意义上的科学性,包括立法过程中所有相对合理的要素,如柏拉图,我认为,我们应该讲出真情实况。我们不应该说,立法者制定法规时,仅仅着眼于部分美德,这偏偏又是最微不足道的部分。我们应该说,他的目的是注重美德的整体,而且他要制定他那个时代的法律的各分类标题,这跟现代法律起草人所采用的标题是极不相同的。每个现代法律起草人创造了他认为他所需要的范畴,并把这些范畴加到他的法典里。举例说,一个起草人提出了"继承(权)和女继承人",另一个提出了"殴打",其他的人提出了其他无穷无尽的范畴,即立法中对德性的全面尊重,都可以被归入科学性之中。总之,最广义的科学性是能够促使立法合理性的所有事实和要素。

第三条 第二个分析进路是在次广泛的意义上揭示科学性的内涵,这个意义上的科学性,包括立法必须依客观规律而进行的所有相关内在和外在条件,但所考虑的是立法中法属性的部分,而不考虑立法中有关德性的部分,显然,柏拉图关于立法中必须遵循所有善德的理念不能被归入科学性之中,因为,善德是与法律并列的东西,甚至不能成为法律中的一个外在要素。

第四条 第三个分析进路是在狭隘的意义上揭示科学性的内涵,所谓狭隘的意义是指将立法作为一个事物来看给它确定相关的特性,如果科学性是一个特性的话，与科学性并列的其他特性则应当被排除在科学性之外。现代法理学一致认为，立法应当具有民主性、程序性、合宪性和科学性四个基本属性，《立法法》在总则部分实际上肯定了我国立法中上列四个方面的属性。四个特性中其他三个特性，即民主性、程序性、合宪性，笔者在此不予解读。我们说狭隘意义上的科学性，则是指与上列三个属性并行的科学性，这个科学性是在适当比较的基础上形成的，即是说，狭义的科学性，不包括民主性、程序性和合宪性的科学性。

第五条 上列三个关于科学性的分析进路都是有道理的，但在笔者看来，第一个分析进路过于宽泛，使立法中的科学性过于泛化，而第三个分析进路则使科学性的内涵难以把握，乃至有俗化科学性之嫌疑。

第六条 基于此，笔者本节选择了从次广泛的意义上解读科学立法的科学性，并在这个前提下给科学立法之科学性下这样一个定义：所谓科学立法的科学性，是指立法过程中必须以符合法律所调整事态的客观规律作为价值判断，并使法律规范严格地与其规制的事项保持最大限度的和谐，法律的制定过程尽可能满足法律赖以存在的内外在条件。此定义表明，科学立法要符合它的内在条件，即与其规制的事项保持契合，立法要与外在条件保持一致，是各种内在与外在因素共同作用的结果。

第七条 对科学立法科学性含义的进一步细化，可以采取肯定法和否定法两种不同的方法，由于肯定法在目前情况下还难以合理全面地概括其科学性含义，因此，笔者将采用否定的方法确定科学立法科学性之内涵，具体包括下列内容。

第八条 内涵之一：科学立法的科学性是对经验立法的否定。法律与自然的和谐是立法必须注意的，而能够使立法与自然和谐的便是立法中的科学性。法律既是一种人文现象，又是一种自然现象，立法在非科学运行的情况下所倡导的是法律与人文现象的契合，而不倡导或者没有意识到法律与自然的和谐关系。一个立法行为如果仅仅考虑了立法过程涉及的人文因素，我们便有理由认为这样的立法属于经验立法。反之，当一种立法过程在考虑人文因素的同时给了自然因素以充分的注意，我们便将这样的立法叫做科学立法，至少其是科学立法的形态之一。我们说，科学立法是对经验立法的否定就是说，立法如果依科学性而为之，就立足于法律制定中的自然意义，而非单单关注立法的人为环境和其他以人的因素为核心的非理性的东西。经验立法除了过分关注了立法中的人文因素外，还在于其以人们对法律涉及事物的先前认识为唯一的、绝对的依据，考虑的是人们在调适某一事态中的历史进路，而不是这一事态本身所具有的由自然因素决定的情势。经验立法不单单在立法的选项上从经验出发，更重要的是其在设计具体的调适规则时也以经验为基点。经验立法之不可成立和弊害，在许多经典作家的著作中就已经提到，如卢梭指出过去的法律是不能约束现在的。科学立法否定经验立法使立法能够与其规制的自然因素和谐，使立法能够在发展理念的支配下进行选项和设计规则。

第九条 内涵之二：科学立法的科学性是对工程立法的否定。空想社会主义者罗伯特·欧文关于立法有这样一个论断："适当的立法措施可能带来的好处有多大，目前人们都还没有条件充分认识到。我所谓的立法措施，并不是指任何党派规章。我所指的是这样一些法律，它们能减少并且最后防止各劳动阶级现在所遭受的最大祸害；防止大多数同胞在工业体系下被人数少得多的一部分人压迫的现象；防止我国一半以上的居民再受完全愚昧无知的教育；防止他们宝贵的劳动用于最有害的方面；防止这一部分可贵的人口经常被自己没有受到教育加以抵抗的引诱所包围，这些引诱会驱使他们做出对自己和社会最为有害的行为。"自这一论断问世以来，人们关于法律制定的逻辑过程就有两种不同的论点，一种论点是对欧文论断的肯定，即一个国家的立法行为可以作为一个社会工程来看待，所谓社会工程，是指在特定时间内将立法作为国家治理过程中的集中性行为，通过这种集中行为，使一国在较短时间内形成一个法律规范化的格局，至少在某一个法域中使法律规范的制定行为相对规范化，甚至通过一次的立法会议或者立法行为形成一个法律。事实上，在一些国家的发展历史中，此种风暴形式的立法状况是存在过的，例如，苏联在建国初期就在一次会议上通过了十多部法律。另一种论点与欧文的论点相反，认为立法不宜采取机械化、大规模化的方式，应当根据事态本身是否需要法律调整以及人们对事态与法律关系认识的深刻程度进行，若某个范围的事态需要相关法律予以调整就制定，但当人们对这个事态与其调控规则的关系认识还不够深刻时，则不应立即制定相应法律。这两种关于立法的论点现在仍然存在着，前者就是我们所说的工程立法，因为此论点主张法律的制定过程，就如同完成某个建筑工程一样，可以在确定的时间内既成规模又一步到位。科学立法则与立法论中的工程立法是不相容的。质而言之，科学立法不将立法作为工程来看待，主张立法要根据事态的需要和对事态与法之关系的认识进路系统渐进地进行。

第十条 内涵之三：科学立法的科学性是对政绩立法的否定。卢梭认为："政治生命的原则就在于主权的权威。立法权是国家的心脏，行政权则是国家的大脑，大脑指使各个部分运动起来。大脑可能陷于麻痹，而人依然活着。一个人可以麻木不仁地活着；但是一旦心脏停止了它的机能，则任何动物马上就会死掉。"卢梭将立法归入了一个国家的政治行为之中。受卢梭这一理论的影响，古德诺在《政治与行政》一书中，更是提出了立法是政治的组成部分的论点。笔者认为，当立法归入政治之中是符合政治学原理的，但是，若将立法放在法学之内考察，它已经不是一个简单的政治行为，至少在法学研究中，若以纯粹政治的目光立法必然会使立法走向另一面。历史上的一些执政者，当他取得绝对的国家统治权时，不管其是否喜好法治，都似乎愿意在法律制定中做文章，中国古代就有不少皇帝制定了当朝的大典，最具代表性的是明朝皇帝制定的永乐大典。法国拿破仑虽不是一个民主权利的捍卫者，但在他的亲自主持下，法国制定了后来影响很大的《法国民法典》，即《拿破仑法典》。这些执政者制定这些法律规范时，并不是出于对法治的喜好，也不是出于能够有效用这些法律调整管理关系，更多是想通过这样的立法行为名垂青史，拿破仑就曾经非常自豪地讲："我的光荣不在于打胜了40个战役，滑铁卢会摧毁这么多的胜利……但不会被任何东西摧毁的，会永远存在的，是我的民法典。"足见其对这一法典制定中的政治绩效的看重。这样的立法情势，我们有理由将其称为政绩立法，在法律制定中所考虑的应是立法事件本身、立法行为本身，而不是立法与社会进程的关系、立法与其所调整之社会事态的关系。由于政绩立法的目的、过程等都不是从法治本身产生法律，故而其亦必然是科学立法的对立物。进而，政绩立法不能够归入科学立法之中，而科学立法是对政绩立法的否定。

第十一条 内涵之四：科学立法的科学性是对封闭立法的否定。立法权是国家权力的一种，至于这种权力的归属，诸多经典作家早就作了肯定的回答，马克思主义经典作家认为，国家权力是统治权的一种，谁具有了统治地位，谁就是这种权力的拥有者。在社会主义制度以前的社会形态中，统治权是占统治地位的阶级所拥有的权力，因此，立法权自然是由一部分人所享有的权力，但是，马克思认为这正是其法律剥削属性的体现。社会主义制度是由人民行使权力的制度，立法权是归属于人民的权力，人民行使权力虽有多种途径，但权力的本质是人民性的。由此我们可以说，法律是社会意志和社会利益综合的结果，没有社会利益和社会意志的综合法律的产出就是有缺陷的。可见，法律的人民性和社会化是立法权人民性和社会化的必然要求。事实上，任何社会中的法律可能体现的是权力行使者的意志，但在它行使时都是存在于社会之中的，是社会进程的组成部分。既然是社会进程的组成部分，立法就应当是一个开放的系统,即立法过程是对全社会开放的,立法过程的人民性只有在开放立法的技术操作中才能完成。显然,我们可以顺理成章地将立法开放性归入科学性的范围内。与开放性相反的就是封闭立法,封闭立法是指将立法过程封闭在某种较小的政治团体之中,由它们确定立法的基本问题和基本事项,其与立法的科学性格格不入,因此,笔者认为,科学性立法是对封闭立法的否定。

第十二条 内涵之五:科学立法的科学性是对主观立法的否定。主观与客观是哲学上的一对范畴,作为哲学上的范畴,两者都是一个中心概念,是分析哲学问题和人们认识问题的一个工具。主观的东西是指存在于人们意识中的那些心理因素,它可以是一个相对独立的事物,但在绝大多数情况下,主观是见之于客观的。客观的东西则是指存在于人们的意识之外不以人的意志为转移的那些物理因素。对于立法,我们也可以作出主观与客观的评价,所谓客观立法,是指立法过程是在广泛认识立法所涉及的事物的基础上进行的,是客观事物的状况决定了立法过程,而不是立法过程决定了立法所调整的事物,客观立法由于注意到了事物的本质,注意到了人们对事态认识以及事态对人们意识决定的辩证关系,因此,笔者认为,它是科学立法的构成部分。与之相对,主观立法则是指立法过程和立法行为出自立法者单方面的主观认识,这种主观认识,并没有法治实践中相对客观的素材。例如,有些法律规范的制定是出自某人的个人感情,某些法律规范的制定是出自某位专家的不成熟提案。总之,立法过程和所需要立之法律,在没有做到充分论证情况下而为之的,都可以被认为是主观立法。在哲学上主观与客观是一个对立统一的现象,二者存在对立是因为二者是不同形态的东西,二者存在统一,是因为主观是对客观的反映,而客观则是主观形成的前提条件。但在立法中,客观立法与主观立法却不存在这样的辩证关系,客观立法是一种归属于科学范畴的正式立法行为,而主观立法则是科学立法的对应面,正是在这个意义上,我们说科学立法是对主观立法的否定。

第十三条 法律是否能够有效地影响人的行为,被认为是衡量立法科学性的重要标准,而法律是否能够有效影响人的行为,可以有进一步的衡量要素,有学者将这些要素归结为下列方面:

一是制定法律的机构必须具有权威性。立法机构的权威来源是多方面的,第一个权威来源的是立法机构自身的威信,即是说,当立法机构在公众中树立起非常高的威信后,此时它便在公众之中树立起了它的权威,而这个权威是保证它的法律能够改变公众行为的关键点。第二个权威来源是传统,即这个国家中公众的内心深处对享有立法权的机关的认同感，这种认同感有时可能已经达到了权力崇拜的高度，该认同感是公众自觉选择遵守立法机关制定法律的基础。第三个权威来源是国家强力。立法机构是国家权力的组成部分，立法行为是国家行为的一种，国家在任何情况下都有将自己制定的法律进行强制实施的能力，这样的能力也许不是由立法机关实施的，但它同样可以起到树立立法机关权威的作用。不同的权威来源使立法机构制定之法律的执行效果可能会有所不同，但权威是保证法律影响公众行为的首要条件。

二是所制定的法律的基本原理必须与已经形成的法律文化保持一致。法律必须适合社会文化和被普遍接受的法律模式。此点所强调的无疑是法律中的社会因素，但不仅仅是人文因素，即是说，一个新的法律应当是在特定社会文化底蕴的基础上形成的，如果脱离了这个文化底土，它便无法产生实际的调控力。

三是要求立法文件中的任何创新都是一个关于法律规制力的问题，若法律创造了不适当的调控模式其对公众的影响力就会大大降低。

四是立法文件的时空定位。立法行为是一个可以进行单独分析的行为，但是法律文件一旦制定，就有一个时间和空间上的定位，空间在法律制定和生效中具有和时间相同的意义，即法律必须具有强烈的空间感，若一部法律在制定时忽视了它能够存在的空间，它在影响公众行为中的价值同样会打折扣。上列论点具有非常重要的法理学价值，对立法理论的贡献并不在于其所提出的这些论点，主要在于其为我们衡量立法科学性提供了一个从不同角度确定构成要件的思路。

第十四条 一部新的法律对公众能够产生影响力的相关构成要件，既可能是立法科学性的构成要件，又可能不是立法科学性的构成要件，究竟是不是，则是一个需要进行深层次的逻辑论证问题。

第十五条 在笔者看来，科学立法科学性的构成要件的确定，应当从两个方面切入，一是从立法行为切入；二是从科学性切入。同时必须将立法行为和科学性有机地结合起来。由此出发的话，笔者可以将科学立法的科学性之构成要件分解如下。

第十六条 科学立法科学性的主体要件是立法权的专属性。立法一元主义和立法多元主义向来就是一个存在巨大争议的问题。所谓立法一元主义，是指立法权的行使和立法所产出的法律形式上强调主体的单一性和形式的单一性。要求在一个政治实体中造法主体的权力，只能归属于"一"，而不能归属于

"二",如果归属于"二"或者"二"以上,这个政治实体就不是一个能够有效整合的统一的实体,而是一个不符合政治实体标准的分散结构。在一个政治实体中,行使立法权的机关应当具有唯一性。所谓多元主义,是指在立法权的行使和法律形式中,立法权应当在不同机构中进行分配,而法律形式也不仅仅以单一机构制定的单一法律文件为唯一形式。多元主义有诸多变种,一些多元主义可以用相对多元主义的概念称谓,相对多元主义虽然强调法律形式的多元性,但其将诸种法统一于国家政权体系之内,即除了立法机关有权制定法律之外,其他机关如行政机关、司法机关亦有一定的立法权。另一些多元主义则可以用绝对多元主义称谓,绝对多元主义比相对多元主义走得更远,其认为在现代社会中,除了国家立法机关有权制定法律外,其他国家机关亦能制定适合于本机关职权行使的规则,除了这些机关都可以制定法律规则外,非国家机关亦有制定行为规则的权力,爱·麦·伯恩斯在《当代世界政治理论》一书中,就非常清楚地介绍了绝对多元主义的立法权分配思路和法律形式分配思路。笔者认为,立法多元主义是后现代社会的一种法律现象,而在一个国家尚未进入后现代社会的情况下,科学立法科学性的立法主体要件中应当强调立法权的专属性。所谓立法权的专属性是指立法权是一种统一的国家权力,应当归属于一个统一的、一体化的国家机构之下,其他机关即使有制定某些规则的权力,但不能认为其具有立法权。当然,我们这里是就实在法而论的。

第十七条 科学立法科学性的主观要件,是立法过程的有准备性。主观要件和主体要件是分不开的,进一步讲,主观要件受制于主体要件,因为没有确定的主体要件,就无从进一步分析主观要件。当我们分析某一行为的主体要件时,我们是就特定主体的主观要件而言的,离开了特定主体对主观要件进行分析,便使主观要件失去了根本。同时,作为法律上的构成要件,每一个能够成为构成要件的东西都是可以单独进行分析的,每一个构成要件都有独立于其他要件的价值。科学立法科学性的主观要件,在笔者看来,是立法过程的有准备性。立法过程是由诸多环节构成的,首先包括立法权的启动问题,立法权作为国家权力的一种与其他国家权力一样处在不断的运行之中,每一次的运行都存在一个启动的基本环节,我们说,立法过程的有准备性,首先要求立法权的启动是在一定的法律动议基础上形成的。《立法法》将立法权启动的法律动议作了规定。其次,包括立法权的运行问题,我们不可将一部法律案由确定到最终成为法律视为是立法权的运行,运行中的有准备性,包括对法律案的论证。综合分析各个不同的行为过程。立法过程的有准备性作为科学立法的构成要件,是十分重要的，正因为如此，在科学立法中，它基本上成为各国法律公认的一个主观要件。

第十八条 科学立法科学性的客体要件是立法事态的法调整性。在法律理论中，关于客体的概念似乎并没有一个定论，有人认为客体是法律所涉及的关系形式，例如在刑法学中，客体就是犯罪所侵害的社会关系。有人认为客体是法律中涉及的权利义务对象，即与权利义务有关的物质形式和精神形式都可以作为客体，例如在行政法中，客体就包括物、行为和精神财富等。不管主体的认识在法理学中如何不统一，但人们在分析法律行为的构成要件时，一般都离不开使用客体这一工具。如行政法学界在分析行政违法的构成要件时都将客体作为基本要件之一。尤其在法律适用中，人们都提醒法律适用者必须对立法行为的客体予以充分注意。笔者认为立法作为一种国家行为，亦离不开一定的客体。不过，在立法概念中客体的分析似乎更为复杂一些。一方面，立法中的客体必须与立法行为本身联系起来，必须从立法行为的理论中诠释客体的构成。另一方面，立法中的客体是一种范畴相对较大的事物，而不像一般行政法关系中单一的物、单一的行为、单一的精神财富。我们还必须注意立法中的客体是一种关系形式，即是立法者制定的法律规范与该规制事态之间的关系形式，上列这三个基本方面表明，立法客体既是一个重要的分析工具，又是一个相对难以把握的概念。但不能否认的是，立法行为的分析若离开客体概念就会陷入道不清、说不明的怪圈之中。从上列论点出发，科学立法科学性的客体要件便是立法事态中的法调整性。即是说，一个能够称得上是科学的立法行为，必须做到所制定的法律规则是对应当调整之事态的调整。一则，一个法律文件所规定的事必须属于法律调整的事，而不应当属于法律之外的行为规则调整的事。如某些事态本该由道德或习惯予以调整，而我们不适当地将其归入法律调整之下，这就加大了立法成本，也降低了法律的价值。二则，一个部门法所调整的事态，必须由此一部门法调整。法律门类的划分，会随着法律技术的提高不断调整，立法者在制定法律时必须将其规制的事态归入此一部门法之中，而不能归入彼一部门法中去，否则，将会使调整的事态发生性质上的变化。三则，法律规范的制定必须能够有效地整合各种关系，尤其是利益分配关系。

第十九条 科学立法科学性的客观要件是立法行为的程序性。立法权是通过立法行为完成的，即是说，立法行为是立法分析中一个不可缺少的概念，但在我国的法学理论中，行政行为和司法行为的概念理论是相对成熟的，而立法行为的概念似乎还没有成为法学分析中的一个基本手段，笔者注意到《立法法》也没有使用立法行为这一概念，只是口语化地使用了"立法活动"这一术语。立法活动还不能与立法行为这一概念同日而语。在法学理论中，对法律构成要件的分析都少不了客观要件，而客观要件的第一要素或者基本要素便是行为。因此，我们说立法构成要件中的客观要件便是立法行为。博登海默在界定"立法"一词时指出："从'立法'这一术语在当今所具有的最为重要的意义上看，它应适用于政府机关为创立法律律令而进行的创法活动，这种机关是为此目的而设立的，并且能够在正式法律文件中对这种法律律令作出明确表述。立法机关创立的法律所具有的上述特征，使之区别于习惯法，后者是通过群体或社会成员对它的实际遵守显示其存在的，且无需政府机关的权威性认可（至少在它得到司法判决或立法机关创立的法规的正式承认以前是如此）。"从其定义可以看出，立法是一个动态的行为过程，这个动态的行为过程便是立法的客观要件。科学立法科学性之构成要件中，客观要件应当是立法行为的程序性。立法行为的程序性在我国法律文件中得到了充分的体现，《立法法》第二章第二节专门规定了"全国人民代表大会立法程序"，第三节规定了"全国人民代表大会常务委员会立法程序"，其中诸多规定非常符合现代程序规则的基本理念。

第二十条 科学立法命题的提出，在我国立法理论中应当是一次革命，即便在 21 世纪初期，我们还没有完全提出科学立法的基本命题，因为 2000 年在制定《立法法》时，仅仅提到"立法应当从实际出发……科学合理地规定公民、法人和其他组织的权利与义务，国家机关的权力与责任"。显然，此时只是提出权利义务设定中的科学性，而没有肯定立法所有环节中的科学性，更没有将科学性作为我国立法的一个价值判断。

第二十一条 笔者认为，2006 年 3 月全国人大提出立法科学性的命题大概有两个理由，第一个理由是自 2000 年《立法法》颁布以后，我国在立法的制度化和公开化等方面有明显提高，某些方面甚至达到了较高的法律理想，但是，就立法的科学性而言，我国的立法还存在一定的差距，即是说，2006 年这一价值判断的提出，是在对《立法法》施行以后我国立法状况的总结，通过这样的总结发现，立法在科学性方面还有需要强化之处。第二个理由是，我国关于法律制定的价值追求越来越高，以前我们所追求的是立法的形式合理性，或者形式合理性的追求高于实质合理性，而通过《立法法》施行以后的总结经验，我们在达到了形式合理性以后，必须向实质合理性这一最高目标要效益，并最终达到形式合理性与实质合理性的绝对理想状态。

第二十二条 我们注意到，《国民经济和社会发展第十一个五年规划纲要》

将立法民主性和立法科学性作为两个并列的标准确定。毫不客气地讲，我国立法在科学性方面还只是一个价值判断和追求的理想目标。换言之，就我国目前的立法而论，在科学立法的科学性方面还存在诸多阻滞因素。

第二十三条 阻滞因素之一：立法概念对立法科学性的阻滞。立法的概念并不是一个纯粹的学理问题，而应当是一个法律制度问题，就是说，在一国的宪法和相关法律中应当对立法下一个定义，不论学理上如何阐释立法，法律上的定义对一国立法权和立法过程而言是十分必要的。

第二十四条 发达国家的宪法和法律制度一般都有立法的定义，在这些国家的法律制度中，关于立法的定义一般有下列方式，一是在法律条文中直接对立法作出界定，二是通过限定立法机构的方式界定立法的概念。

第二十五条 我国宪法和相关法律制度没有明确界定立法，《立法法》也没有立法的专门定义，仅在第 2 条规定："法律、行政法规、地方性法规、自治条例和单行条例的制定、修改和废止，适用本法。国务院部门规章和地方政府规章的制定、修改和废止，依照本法的有关规定执行。"笔者认为，这一规定实质上泛化了立法在学理上的定义。从该法的规定看，将国务院制定行政法规的行为、国务院部委制定规章的行为、地方较大的市的政府制定规章的行为等都视为是立法，这从《立法法》的名称可以看出，这里是存在非常严重的误解的，因为在一般情况下，立法权具有专属性，它与行政权必须予以有效的区分，而依《立法法》的规定，相当一部分抽象行政行为已经不是行政行为，而是立法行为。立法概念上的模糊性，是导致立法过程非科学性的一个重要原因。诚然，政府规章等具有规范公民权利义务的功能，但是，制定规章无论如何都不应当归入立法概念之下，无论从实质角度还是从哲理角度，这样的归类都是错误的。

第二十六条 阻滞因素之二：立法体制对立法科学性的阻滞。立法体制与立法效果有非常密切的关系，立法体制的状况是促成或者阻滞立法科学性的因素之一。如此一来，我国的立法体制与立法科学性的关系究竟如何呢？一方面，应当看到，《宪法》确立了我国基本的立法体制，而 2000 年的《立法法》则，进一步将立法体制的有关内容予以细化，基本上使我国建立起了以全国人民代表大会及其常务委员会为龙头的立法体制，结构上也基本上达到了合理化。另一方面，还应看到我国立法体制在诸多方面还是立法科学性的阻滞因素。笔者认为，立法体制除了存在机构设置以及机构之间的关联性之外，最主要的是有关权力分配的软件，即是说，立法权的分配是立法体制中最具有实质意义的部分。我国虽然设计了立法体制,但在这个体制中,最要紧的立法权分配却存在一些缺陷,全国人大及其常务委员会与国务院立法权的分配并不十分明确,地方性法规和地方政府规章之间的界限亦不明确,便导致在地方立法中地方人大与地方政府立法权分配得不清楚,而这些问题归根到底会回归到体制问题中去。

第二十七条　阻滞因素之三:立法运作对立法科学性的阻滞。依人们通常的理解,立法体制设计以后,立法就会按照体制所要求的状态和逻辑运行。但是,不幸得很,立法的运作常常是地方立法体制之外的。一些非体制的因素对立法的运作有重大影响,有关残疾人乘坐公交车的立法,就有两种完全相反的主张,关于环境问题的立法也是一样的。看来,立法受外在因素的制约和影响是一个普遍性的问题。然而,在笔者看来我国立法运作中外在因素的影响更加突出一些。我们知道,我国长期以来在法律规范的制定中受政策的强烈影响,政策对我国立法的影响是有历史原因的,我国是在推翻旧政权以后建立的,新中国成立后,我们废除了旧政权的六法全书,当我们将这些旧法统废除以后,实质上在社会生活的调控中法律基本上是一个空白。这样的社会关系调控方式,对后来立法运作的影响非常之大,以致我们在制定一些重要的法律规范时,先必须从政策的角度进行论证,并以政策作为立法思路。立法调控社会事态的方式与政策调控社会事态的方式是截然不同的,如果说立法所要求的是一种长效机制的话,政策所要求的则是相对短期行为。目前,我国立法运作仍然存在这样的状况,即当某一问题受到政策的关注时,它便有可能上升为法律。而当某一问题本该得到法律规范的调整,但由于尚未引起政策的关注,相应的法律规范便难以及时制定出来。立法运作还包括立法的具体操作过程,自《立法法》问世以来,我国相继制定了一系列调整立法行为的法律和法规,基本上使立法运作有了可以遵循的规则,但这同样不能彻底纠正立法过程中的利益角逐。而利益角逐并不是科学立法的最高内涵。因此,笔者认为,我国立法运作同样是科学立法的一个阻滞因素。

第二十八条　阻滞因素之四:立法解释机制对立法科学性的阻滞。法律解释是立法的组成部分,这是一个没有争议的问题。法律解释的原因是多方面的,例如,法律条文的内容需要在执行中重新确定,故而导致的解释;法律冲突使某些事件无法调整,究竟需要选择哪一个法律规范或条文,故而导致的解释。这两种需要解释的情况,在我国法律文件中已经作了规定,然而,我国法律没有规定法律在适用中需要进行推理的解释问题,但这个问题是法律解释不能回避的，法律推理中的解释，直接关系到法律条文与事件的结合问题，从这个意义上讲，这个范畴的解释是最能体现立法科学性本质的。由于我国关于此一范畴的法律解释没有在立法文件中规定，这便成为立法科学性的阻滞因素之一。另外，我国法律解释在法治实践中权力过分分散也是一个突出的问题。众所周知，我国的法律解释包括立法解释、行政解释、司法解释等。立法解释是无可非议的，但是，行政解释和司法解释却是一个必须引起关注的问题，因为，行政解释和司法解释若没有严格的条件限制，必然使行政权和司法权在一定范围内与立法权的界限没有理清，最终使立法的科学性大打折扣。在我国地方立法中，有关法律规范的解释则更加混乱，诸多地方规定，某个地方立法文件中的执行机关同时是这个规范的解释机关。法律解释是立法的有机组成部分，解释机制的不合理，必然会使原本科学的立法变为科学立法的阻滞因素。

第二十九条 阻滞因素之五：立法环境对立法科学性的阻滞。法律规范必须与两个方面的东西保持和谐，而这两个方面的东西也就成了立法环境。这两个范畴的内容是：首先，法律与自然物有关；其次，法律与人有关。上面我们指出法律中的客体是一种事实或关系，而作为关系，其是通过人与人之间的交往形式得到体现的。这样，人也和自然物一样成为法律的环境之一。任何法律规范在制定时都离不开上列两个环境。然而，这些环境都是一个不定数的东西，自然物虽具有相对的稳定性，但亦处在变化之中。而人的因素更是一个不确定因素，其中民族的、文化的、地理的都是人这一立法中环境要素的可变环节，正如萨维尼所概括的："在人类信史展开的最为远古的时代，可以看出，法律已然秉有自身确定的特性，为一定民族所特有，如同语言、行为方式和基本的社会组织体制。不仅如此，凡此现象，并非各自孤立存在，它们实际乃为一个独特的民族所特有的根本不可分割的禀赋和取向，而向我们展现出一幅特立独行的景貌。将其联结为一体的，乃是排除了一切偶然与任意其所由来的意图的这个民族的共同信念，对其内在必然性的共同意识。"上列两种方面的环境因素即是一个常数，也存在一个立法者认识的问题，若立法者能够将上列环境因素认识清楚，依这样的认识制定的法律规范就是科学的，反之，若立法者没有将上列环境因素予以准确概括，这个环境因素就成为科学立法的阻滞因素。

第三十条 科学立法科学性的实现路径，实质上是一个立法技术问题，即是说，我们所探究的若干能够实现实质科学性的路径，是立法过程中的操作方式，所不同的是能够使立法保持科学性的操作方式具有非常高的技术含量，在一般情况下，这样的立法技术没有阶级色彩、没有感情色彩、没有非理性的色彩。

第三十一条　还应看到立法技术是受一定的立法原则和一国法律传统决定的，而这些东西都构成了科学立法实现路径的要件。深而论之，科学立法科学性的实现路径是第二性的东西，而决定它的这些条件，则是第一性的东西。

第三十二条　从《立法法》的规定看，科学立法科学性路径的条件大体包括：一则，法制的统一。我们只有在法制统一这一前提下，才能探索科学立法的实现途径。二则，法律的法典化。科学立法实现路径的第二个前提是法律的法典化。我们所讨论的法和立法是以一国实在法为分析元素的。从法哲学意义上讲，法除了实在法外还有非实在法、除了制定法外还有习惯法、除了成文法外还有不成文法等。正式的实在法的立法逻辑和非实在法的立法逻辑是完全异质的，我们对科学立法科学性实现路径的探讨只能立足于实在法。三则，立法者的自由意志。一方面，立法者是相对独立的，并能够在权力独立和体制独立之下从事立法活动。另一方面，立法者是有智慧的，并能够运用自己的智慧进行立法活动。上列三个方面是科学立法科学性实现路径的条件，当我们在分析科学性的实现路径时，上列条件是忽视不得的。

第三十三条　科学立法科学性的实现路径之一：法律形式的相对吸纳化。法律形式是立法面临的首要问题，所谓法律形式是指一国法律的渊源以及这个渊源所能够包容的法律规范形态。我们知道，对人类社会法律进程有较大影响的有两个法系，即我们经常提到的大陆法系和英美法系。这两个法系的区别在诸多方面都有所表现，但在笔者看来，最大的区别在法律形式方面。大陆法系以成文法的形式为主，而英美法系则以不成文法形式为主，二者在法律形式上的这种区别，使两大法系各自具备了相对的质的规定性。然而，笔者注意到随着人类法治技术的不断提高，两大法系的法律形式亦在相互感染和交叉。我国虽然没有明确指出我们属于大陆法系，但是，在我国的立法传统中都深深刻画着大陆法系的印痕。至少我们基本上不承认非正式法律渊源之外的行为规则是法律渊源。这种将法律形式绝对化的状况是不利于立法科学性的。有学者就认为法律的形式经过了习惯法、成文法、公理等不同的发展阶段，而当代社会的法律形式则应当是所有能够正当调整人类社会关系，并能被吸收到法律中来的所有行为规范的大融合。具体地讲，要实现科学立法，就必须使法律形式能够相互吸纳。当然，法律形式的相互吸纳，除了上述含义外，还包括其他方面。例如，调整公权利的法律典则与调整私权利的法律典则的吸纳，在此方面已经引起了人们的关注,例如,有关契约的规则技术被运用于行政法规则之中就是例证。法律之间的相互吸纳,若从法哲学的角度分析,则是法律调整社会关系的一个革命性变化。

第三十四条 科学立法科学性的实现路径之二:立法逻辑的自下而上化。立法的逻辑有自上而下和自下而上两个进路。也许,在一国的立法中,两个进路是相互交织运行的,但是,一方面,这两种立法逻辑的命题是成立的,即我们从理论上对这两种立法逻辑作出概括,并不是没有根据的。另一方面,一个国家在立法中总会从这两个立法逻辑中选择其中之一。在正常情况下,两种立法逻辑的存在并不是一个偶然的没有相应背景的孤立的产物,而是有着非常深刻的社会背景和哲学依据,不同的文化背景会导致不同的立法逻辑。在文化尚不发达的情况下,选择的应当是自上而下的立法逻辑,而在文化较为发达的情况下,则应当选择自下而上的立法逻辑。当然,最为主要的是政权体制的特性,在政权体制相对集中化的政治格局之下,选择的是自上而下的立法逻辑,而当政权相对民主的情况下,则选择自下而上的立法逻辑。我国由于在国家结构形式上实行单一制,在中央和地方的分权上实行集中统一的权力行使制度,因此,我国立法逻辑长期以来应当说是以自上而下为主。我国重大的立法决策来自国家政权体系之内,甚至来自国家政权体系中的相对高层。法律案的形成是由各个管理部门以法案的形式提出的,而社会公众的提案则相对较少,法律文件的形成,也基本上在政治体系之内。笔者认为,科学立法科学性的实现路径之一便是选择自下而上的立法逻辑,就是说立法决策、立法案的形成首先从下层开始,最后再予以集中,这其中的道理是无须再作论证的。

第三十五条 科学立法科学性的实现路径之三:立法视野的全球化。法律的本土化与全球化是我国在加入WTO之际引申出来的一个法律哲学问题,与其说它是一个法律问题,还不如说它是一个法律制度中的价值选择问题,因为接受上列两个不同的命题,对一国立法的进路乃至法律规范体系的实效会产生根本性影响,即是说,若我们接受了法律本土化的命题,我们在立法中将以历史传统、民族文化等为根本点。反之,若我们接受了法律全球化的命题,立法中将以人类社会的先进文化和先进的法律调控理念为根本点。关于法律本土化与全球化的争论至今还没有结束。也许,最为妥当的是将上列两个方面予以折中,使两个命题有同等重要的价值。但是,就我国的立法状况而论,应当接受法律全球化的命题,之所以这样说,是因为我国的立法长期以来以本土化为根本,我们诸多立法完全是由本土元素决定的,其中的一些本土特性,已经与世界法治发展的主流不太合拍。针对我国本土化程度较高而全球化程度较低的现实，笔者认为，我国立法的视野应当全球化。一方面，人类文明一般有一些普遍的评价标准，而这样的标准是在长期历史进程中经过检验以后形成的。立法视野的全球化在我国加入WTO以后显得十分重要，我国在《中国入世议定书》中就有这样的承诺：中国地方当局在不透明的、随意的和歧视的基础上实施许多非关税措施。那些工作组成员要求中国承诺确保非关税措施只能由中央政府施行，或在中央政府明确的授权下由地方政府施行；不能执行或实施未经中央政府授权的行动。中国代表澄清道，只有中央政府才能颁布有关非关税措施的规定；这些措施只能由中央政府，或在中央政府授权下由地方政府执行或实施。他还进一步指出，地方政府无权制订非关税措施。工作组注意到了这些承诺。立法视野的全球化既表现在立法的整体格局上，也表现在一些具体的行为规则制定上。从技术层面上讲，立法视野的全球化也是降低立法成本的重要途径。

第三十六条 科学立法科学性的实现路径之四：立法案形成的专业化。所谓立法的专业化是指立法是一门科学，应当由懂得这门科学的人进行，当这些人在进行立法活动时，受制于该法律所依据的专业事项。有学者认为，在现代法律规范的构成中，技术规则占的比重越来越大。一些行为规则起初是纯粹的技术规则，仅仅在技术层面上起作用。但是，后来这种规则的普遍化便由技术规则转变成了法律规则。用一个非常简单的事例就可以说明这一问题，例如，普通公路由于所包含的技术成分很少，其行车规则亦相对简单，但是，高速公路则不同了，由于高速公路本身包含着非常高的技术要素，因此，行车规则也就比普通公路复杂了许多倍。而这些规则，并不是由公路的管理者首先设计的，只有高速公路的设计者才知道在高速公路上行驶应遵行哪些规则。有学者甚至认为，法律并不是由政府创立的，而是由科学家创立的，这一论断至少有部分的正确性。庞德认为："只要通过理性的努力，法学家们便能塑造出一部作为最高立法智慧而由法官机械地运用的完美无缺的法典。在这种思想的影响下，人们往往蔑视历史和传统的法律材料。在他们看来，所有的要求都可由理性独立完成，似乎过去从未有过立法。唯一需要做的就是调动起国内最有力的理性，通过运用这一理性获取一部完美的法典，并使那些具有较弱理性的人臣服于法典的内容。"而就目前我国调整立法行为的法律文件来讲，还没有明确提出立法专业化的概念，而这恰恰是科学立法科学性实现的不可缺少的路径之一。

第三十七条 科学立法科学性的实现路径之五：立法效果的社会反馈化。我们一度认为，法律与民众之利益有关，法律是民众利益的集中体现，总之，法律必须寓于民众之中。日本学者穗积陈重则从另一个侧面探讨了法律的民众性，即法律是民众文化的体现，即是说，一国的法律从社会文化之中产生，又要回归民众文化之中。一些发达国家为了使立法过程与民众保持最大限度的和谐，创立了复决权制度，该制度在不同的国家有不同的操作方式，但是，其根本点都在于使法律的产生和形成以至于生效都置于社会之中。戴西探讨了瑞士的立法复决权，在戴西看来，复议权是一个绝对的权利，而创制权则是一个相对的权利，笔者赞同戴西的论点。具体地讲，一国法律在形成时是否完全由民众决定，是否通过全民公决，是一个可以作出选择的问题，是既可以通过全民公决为之，又可以不通过全民公决为之。但是，一旦法律形成以后，就必须通过公决权使它进入社会，可由全社会决定该法案是否通过。更为重要的是，一旦一个法律制定出来，也必须通过社会反馈机制证明它的有效性与合理性。我国目前的立法社会化所强调的是法案形成过程中的社会化，这样的社会化，固然是非常重要的，但在笔者看来，立法以后社会效果的社会反馈似乎更加重要一些。法律规范与其他任何事物一样有一个实践—认识—再实践—再认识的不断完善过程，只有通过这样的过程才能实现科学化，只有立法决策的社会反馈化能够实现这一理想。

（十二）行政立法展望

第一条 由于经济的全球化发展，导致行政法的世界趋同性日益明显，行政法制度之间的差异日益减少，共性不断增多。面向21世纪的行政法的基本发展趋势，是不同行政法文化之间的冲突与融合，在冲突中寻求行政法制度的共性。

第二条 中国行政法相对落后，很多制度还没有建立、健全，特别是加入世贸组织后，中国的诸多行政规则与该组织的透明度、非歧视等原则存在极大的不协调甚至冲突。在这种背景下，提出中国行政法与外国行政法的衔接问题实属必要。

第三条 所谓中国行政法和外国行政法的衔接，是指在全面分析中国行政法和外国行政法的法律发展背景的基础上，充分研究中国行政法和外国行政法的个性和共性，结合中国的具体国情和行政法的本土化特点，借鉴、吸收并消化外国行政法中的先进经验和制度,通过合理转换,成为中国行政法规则的一部分,从而促进中国行政法的完善与发展,同时实现中国行政法规则同国际规则的接轨。

第四条 我国行政法学界在研究外国行政法的同时,特别注重中国行政法与外国行政法的关系。关于中国行政法在完善过程中如何借鉴外国行政法的问题,目前法学界基本上存在以下四种理论:

第五条 拿来主义理论。持这种理论的学者在思考中国行政法与外国行政法关系的问题上,认定法律的发展具有一种普适模式,对西方的法律文化奉行不加分析的照搬照抄的做法,面对美国、英国、日本、德国等不同背景,不同法系的行政法制度或原则,采取"什么都行"的态度,把所谓统一的"世界法"模式甚至是西方法或美国法模式,当成我国行政法制发展、变革的样板。这一理论忽视了行政法理论研究应与本国国情相结合这一点。我们应意识到,任何一种制度的产生,都离不开特定的历史条件及社会、文化背景,而且它的发展也离不开特定的土壤。我们大致可以认定西方行政法是在其宪政运动中产生并发展起来的,是先有宪政后有行政法,行政法可被视为宪法的具体化,宪法原理和制度对行政法产生了重大影响。与西方明显不同的是,中国行政法理论的产生却没有中国宪政成果的支持。梁治平先生曾指出,宪政非徒为理论,亦为社会生活实践,中国行宪艰难的原因在于,我国本土传统中根本没有分权、制衡、有限政府、保障人权等宪政基因,宪政的理念与制度皆出自西域而非我国本土。因此,我国的理论研究必须结合本国国情和当下社会的现实特点,一味照搬西方的模式,可能会使我国行政法理论及实践因匮乏现实基础而被束之高阁。

第六条 吸纳理论。持这种理论的学者认为,简单地"拿来"外国行政法的立法、执法和司法模式为我所用是不可取的。主张采取有比较、有取舍的"拿来主义",把那些被国外实践证明为有效、可行且与我国实际情况相适应的理论,成果和立法模型吸纳到我国的行政法制建设中来,以降低我国的立法成本,同时加快我国的行政法治进程。这种理论片面地强调经济全球化的背景下外国先进的行政法理论和实践经验的重要性。必须指出的是,西方行政法理论的完善是不同时期各国在回应时代挑战过程中结出的硕果。莫里斯·奥里乌在分析其本国宪政时明确指出,法国行政法模式是在具体的历史文化条件下,适应现代民族国家的治理需要而形成的一种适合法国国情的制度。因此,在建构我国行政法理论基础时,如果忽略国情及文化差异,试图从西方学说的发展演进中求得一个所谓的隐藏于各国行政法背后的真谛,并以此作为指导,必定要犯一个方法论上的错误。

第七条 参照理论。持这种理论的学者不赞成拿来主义理论和吸纳主义理论,直接把外国的法律或制度不加改动地照搬过来的做法,认为任意的、不负责任的移植、吸纳都将难以被我国所消化,甚至产生副作用。我国作为行政法治后发国家,引进较成熟的理论和制度无可厚非,但关键还在消化、吸收。因此他们主张,在借鉴外国行政法成功经验建构我国行政法理论时,必须以比较和选择为前提,结合我国的国情和当下社会的现实特点,通过"创造性的转换",使其从真正意义上成为我国行政法理论的一部分。参照理论比较而言最具有科学性。王名扬教授在《比较行政法的几个问题》(提纲)一文中就认为,比较行政法的目的有两个:一是实用目的。研究其他国家的行政法,可作为我国立法的参考,对于同样的问题,由于各国的具体情况不同,就有不同的理论和不同的解决方法,我们可以吸取别人的经验,对有用的东西加以改造,使之适合我国国情,对有害的东西进行批判。二是学术目的。研究外国的行政法,可以扩大我们的视野,丰富想象力,增加认识问题的广度、深度,这些对于我们分析中国材料,提出自己的理论,能够提供一些启发和帮助。在法律国际化趋势日趋明显的今天,我们理应认识到对外法律交流的重要性,在吸收、消化外国先进行政法理论及成功经验的同时,基于自身的国情和特殊需求,建立符合我国实际情况的行政法理论体系,以求推动相应的法制变革。

第八条 拒斥理论。持这种理论的学者认为,影响法律制度确立的因素是多样性的,包括法律理论研究与立法、司法实践所赖以存在和运作的社会现实,包括一国的政治经济制度及文化背景,还包括一国的地理、环境、人口状况等诸多方面,而这些因素的差异性,决定了不同国家法律制度的差异性,因此不存在普适模式。此外,中国的法制建设模式是自上而下"变法式"的,或者说是"政府推进型"的。而西方法制的现代化模式则是"自发式"的,历经几百年的逐渐积累和演变的过程,两者有着截然不同的发展脉络。因此,他们强调法律的本土性,倡导本土意识,关注本国的法律现实,认为一国法律应该完全建立在本国的国情基础上。笔者认为,拒斥理论完全否定、排斥西方的理论和制度,采取闭关自守的态度也是不可取的。当今任何一个国家采取封闭的态度都无法进步。我们要加快行政法治化进程,建设民主法治社会,就必须吸收和利用他国有益的法律制度、规则和经验。这一点笔者不再赘述。

第九条 不同国家行政法制度之间的衔接,对于一国的行政法学和行政法治具有十分重要的作用。可以毫不含糊地讲,缺乏国际交流和融合的行政法,必然跟不上时代的潮流,其行政法治的健全和完善也必然要经历更加漫长的过程。

第十条 中国行政法与外国行政法的衔接是必要的。

第十一条 原因之一:行政法的世界趋同化。

第十二条 在国际经济贸易和文化交往日益频繁的今天,一些学者特别是西方学者提出了"法律全球化"理论。他们主张,"全球化的法律"来自"不受任何国家控制的经济或政治势力",是"超国家的""独立于国家之外的立法过程"的,由所谓"私政府"制定的法律。如日本木下毅教授认为,最近以来大陆法和普通法的趋同倾向,为法律自由主义、相似的法律意识形态的资本主义经济结构及法律全球化"奠定了坚实的基础"。在这种背景下,行政法制度相互接近、相互依存的趋势日趋明显。世界趋同化的发展,推动各国行政法与国际社会普遍公认的民主和法治价值的相互联系,同时,于更广泛的范围内推动了在不同背景下产生的行政法文化之间的交流与融合。一方面,各国法律体系更加注意吸收和利用对方的某些有益的制度、规则和经验,另一方面,越来越多的国家参加国际多边经济贸易组织和国际公约的新趋势,也进一步促进了各国法律制度的趋同化进程。传统行政法的调整范围只限于国内,行政法被理解为国内公法的一部分。但如今,行政法的调整范围不断扩大,行政法的内容和调整方式出现了国际化趋势,行政法规的内容也更多涉及涉外因素,各国都在调整本国的行政法体制,积极研究适合新时代发展要求的行政法制度。

第十三条 经济全球化给各国法律带来了巨大的挑战,中国也不例外。加入世界贸易组织后,该组织的非歧视、公开、透明度等原则,对行政机关的行政行为提出了诸如信息公开、公正、参与等多方面的要求。作为传统意义上的国内公法,行政法如何走向世界,国内规则如何与国际规则接轨,如何应对世界贸易组织规则提出的挑战,成为行政法学界研究的热门话题。加入世界贸易组织,客观上为反思政府与市场的关系、进一步协调行政权与司法权的关系提供了一个有利时机。这将对中国的行政法观念以及制度变革产生深远影响。

第十四条 原因之二:行政法统一的高级法背景日益明显。

第十五条 现代行政法正经历着理念的重塑,传统的权力行政理念已被突破,契约精神正日益广泛地渗透其中。随着民主行政、公共行政的确立与发展,行政越来越表现出契约化的趋势,这就意味着蕴含于其中的平等理念、正义理念在行政法中已普遍确立。

第十六条 平等理念在行政法中的确立，将产生多方面的积极意义：它将有利于行政机关和公民之间良好关系的形成，有利于社会秩序的安定，促进人们相互间的团结、合作与互助，有利于行政管理质量的提高以及行政法作用的充分发挥。正如托克维尔所言："一旦平等在世界上全面而永久地建立起来，精神大革命和政治大革命的出现，远比人们想象的困难和稀少。……平等在使人发生变化的同时，还告诉人要想满足自己的利益和爱好，必须有安定的环境。平等在推动人前进，同时又控制他前进；平等在激励人奋起，同时又让他把脚踏在地上；平等在点燃人的欲望，同时又限制人的能力。"

第十七条 正义理念与平等理念是相互渗透、相互关联的。约翰·罗尔斯认为正义概念由两条原则构成：一是参与实践或受实践影响的每一个人，都拥有平等的权利，即享有与一切人的同类自由并存的最广泛的自由；二是如果能合理指望不平等会对社会地位最低的人的最大利益作出安排，并且，与此相关的地位和官职在机会完全平等的条件下对一切人开放，不平等就不是一种专横的制度。由于文化和历史背景的大相径庭，不同时代、不同地域的正义理念不可能完全吻合。维拉曼特就此提出了"正义区域"的概念，即文化背景或传统背景彼此相当接近的区域，最终可导致共同接受一系列有关正义的价值观，从而形成"正义区域"。同时他认为，不同"正义区域"之间可以通过架设桥梁的方式，实现超越文化障碍的普遍正义。

第十八条 原因之三：中国行政法的相对落后性。

第十九条 我国传统行政法普遍认为行政的主要目标是管理，管理的主要手段是强制。行政主体的强制和行政相对人的服从是传统行政关系的基本特征。在论述行政行为的特征时，一般认为，行政行为不同于民事行为之处在于其具有强制性、单方性、自力执行性等；在论述行政行为的效力时，一般认为，行政行为具有私行为所不具有的公定力、确定力、拘束力、执行力等。相比之下，一些西方国家在20世纪中期以后，就已经不再将行政法的公共管理、公共权力维护和程序至上视为行政法价值的核心，取而代之的是公共服务、个人权利保护和效率价值，并越来越多地体现出民主、协商的品格，以及行政主体与行政相对人相互合作的精神。

第二十条 与西方较为先进的行政法制度相比，我国行政法存在诸多落后之处，具体表现在以下几个方面：

第二十一条 在行政法体系的构建问题上，强调行政职能所形成的秩序在社会中的地位，忽视人的个性。我们知道，明晰的公共秩序是与人个性的模糊性成正比的，在一个过分强调秩序的社会里，人已经不是一个生活的基本单位，而是公共秩序的一个基本元素。这就使人失去了对连接过去和未来的历史延续性的一切感觉，使其不能保持其为人。这种生活秩序的普遍化，将导致这样的后果，即"把现实世界中的现实的人的生活变成单纯的履行功能"。此外，过分注重对公共利益的保护，必然减少个人的社会选择。从我国诸多法律法规及规章中，都可以看到保护公共利益的条款，但是这些规定，却使作为行政相对人的个人减少了许多选择。例如，对于行政制度和规则没有选择权；只能在行政规则的框架内选择自己的行为；在作出选择的过程中，思维空间越来越小，等等。

第二十二条　在行政程序的设计中存在很多缺陷。主要表现在：一是各程序制度之间缺乏必要的衔接和一致性，因而可能引发程序制度体系内部规则之间的冲突；二是行政相对人在程序中享有的权利太少，受到的限制太多，权利的行使得不到切实充分的保障，在程序中的积极性得不到充分发挥；三是许多行政活动仍然没有法定程序可循，程序公正的保障机制较弱，对程序的公开、透明及民主参与推动机制欠缺；四是对违反法律程序，侵犯程序权利行为的法律责任追究不够明确，责任追究和落实机制尚不完善。

第二十三条　在行政管理体制上存在许多问题，对行政诉讼案件的法外干预现象严重。具体来说，虽然法律明确规定法院独立行使行政审判权，但由于法院对行政机关存在极大的依附性，导致法官会受到行政机关多方面的干预和影响，如上级单位或有关领导批条子、打招呼，使得法院审理难、执行难，从而降低了法院审判的独立性和公正性。培根在几百年前曾说："一次不公正的（司法）判断比多次不平的举动为祸尤烈。因为这些不平的举动不过弄脏了水流，而不公的判断则把水源破坏了。"行政诉讼的不力必然阻碍依法行政的进程。

第二十四条　原因之四：中国行政法借鉴过程的不成功。

第二十五条　在行政程序立法方面，尽管学者们对发轫于西方法治语境中的程序价值与理念进行了反复的介绍、阐释和论证，但是当他们希望以此改革中国的法律程序制度时，却鲜有对此种法律程序现状的深入了解和实证研究。进而言之，程序改革基本上是在一种并不确知改革对象为何物的情况下进行的，对现有制度究竟存在哪些问题、问题存在的原因及可能导致的后果，仍没有一个清醒的认识。

第二十六条　在现有行政法规范的理论研究方面，法学界普遍存在照搬国外制度与观念的现象。如前所述，法律制度具有很强的地域性，行政法尤其如此。作为行政法治后发国家，我国引进较成熟的理论和制度无可厚非，但关键还在消化、吸收。在笔者看来，理论界存在的问题依然是对文化背景和法律体系缺乏足够的考虑，过于注重介绍、引进外国的理论而缺乏对这些理论的充分比较、分析和建构。

第二十七条 忽视宪法对行政法的支撑作用。从各国行政程序法的发展轨迹中我们不难发现，各国行政程序法的法典化都是在有关的宪法原则或理念的支撑下展开的。英国著名行政法学者韦德指出："通过阐发自然正义原则，法院设计了一套公平行政程序法典。……通过自然正义诸原则，它们得以控制公共机构的行为程序。"反观我国现行《宪法》，很难寻觅到正当法律程序的踪影。虽然有的学者根据《宪法》第2条第3款、第5条、第27条等条款的有关规定，得出了我国《宪法》已经确立了行政程序基本原则和基本制度的结论，但这种"反向推论"显然是牵强附会的。可以说，正是由于我们在最初法律设计过程中忽视了宪法理念的重要性，导致我国的行政程序立法始终难以获得宪法强有力的支撑，行政法体系的法治化进程依然缓慢。

第二十八条 中国行政法在价值选择上存在很多问题，因此其与外国行政法的衔接首先是价值选择上的衔接。

第二十九条 公共管理价值与公共服务价值的衔接。传统行政法将行政权与公民权界定为管理与被管理的关系，认为"行政法就是调整作为管理者的国家和作为被管理者的臣民之间关系的法律规范"。强调"公共权力"的行使，认为国家为了保障公共秩序，可以对个人自由施加限制。在我国现行体制之下，由于行政机关对可支配资源的垄断性占有，行政运行模式就体现了一种公共管理价值。具体表现为：行政权力的触角遍及社会生活的每个角落，政府职能的发挥严重异化；行政相对人只是作为单纯的行政管理对象，没有积极参与管理过程的权利；整个制度建构中缺乏对民主权利和权力制约的行政管理制度安排和法律制度选择。这与西方国家倡导的服务行政有很大差别。自20世纪80年代以来，西方就开始由"以政府为中心"的公共管理价值取向向"以满足人们需求为中心"的公共服务价值取向转变。在服务行政模式下，公民不再仅仅是行政管理的客体，在很大程度上也是行政管理的主体。狄骥认为，"行政行为的性质不是来源于它的起源，而是来源于它的目的"，"公共权力绝不能因为它的起源而被认为合法，而只能因为它依照法律规则所作的服务而被认为合法"。法国行政法学家奥里乌（Maurice Hauriou，1856—1929）认为，公共服务是一种事业即公共事业:"一种为满足公众需要的,由国家组织的、固定、持续地向公众提供的服务。"不难发现,西方国家行政法的服务价值理念与我国宪法确立的人民政府执政为民、全心全意为人民服务的宗旨不谋而合。"人权入宪"以后,我国行政法的立法、执法、司法和救济过程应遵循这种理念,更加重视行政民主的价值追求和制度创新,更加注重公民的民主参与和对公民权利的保护。

第三十条 程式至上价值与效率至上价值的衔接。在司法和行政实践中,程式至上的观念十分严重。例如,很多法官在裁决行政案件时,只要行政行为违反行政程序,哪怕是微小的瑕疵,也一律撤销或确认其违法。在行政法治过程中,行政相对人通过行政机关的行政行为获取某项权利,往往也要历经繁琐的程序。目前,从发达国家的行政法治实践看,不再单单强调行政法的程序性,更重要的在于突出行政法的科学性和效率价值。我国要实施依法行政,在强调程序重要性的同时,不能过于程式化,也不能忽视效率价值。过分强调程序,势必以牺牲效率为代价。效率价值要求行政系统做到以下几点:一是确立新的价值目标,以政府责任立法和公务员权利义务立法确立新型的行政系统与社会以及经济、文化诸事务的关系形态,使政府行政价值以市场为基本观念;二是减少机构层级,重新设计行政机构的工作过程和流程关系,使其短而有序;三是在行政系统内部确立技术知识分系统,最主要的是通过刚性编制确定行政机关的员额;四是确立新的行政管理过程,以相应的行政法制度保证高效性,使行政活动过程具有较高的效率;五是在行政系统内部确立新型人际关系,以法律上的权利义务为纽带,互相支持、互相监督。

第三十一条 公共权力维护价值与个人权利保护价值的衔接。我国传统的行政法理论认为,在公共利益与私人利益发生冲突时,应当无条件地选择公共利益,在具体的行政过程中,公共权力也往往被置于个人权利之上,体现出以公共权力建构行政法体系的特点。这种建构方式存在很多弊端。以公共权力出发的行政法体系,其功能是要塑造公共权力,并以公共权力创造或者形成公共秩序,它是以公共秩序的稳定为出发点的,只要公共秩序处于正常运作的状态中,个性的湮没、个人生活的被封锁是无所谓的。此外,英国哲学家霍布豪斯认为,把公共权力抬高到高于个人的地位,实际上等于权力至上主义,这是寡头政治或者官僚政治自然会有的信条,就像强调个性是人民自然会有的信条一样。而在现代西方社会,法治已经成为社会公共生活中的一个基本信念和制度基础。人们已经相信或乐于相信有关公共生活的一个"事实",即,在一个法治社会中，个体受且只受事先公布的法律规则和原则的支配，而公共权力则必须受到事先制定和公布的法律规则的约束，只有这样才有个人自由。行政法的基本目的决定了行政法必须用来防止行政权滥用，并保障行政相对人的权益。这更直接体现了人性尊严、基本人权保护的天然性。只有抛弃公共权力至上的理念，对政府进行适当的法律约束，才会使人性尊严不致受到威胁，才能保证公民的权益不会受到侵犯，才能促进行政法治的进一步发展和完善。

  第三十二条 权威主义价值与调控主义价值的衔接。我国传统行政法理论在论述行政权和公民权的关系时，倾向于认为政府与公民之间是自上而下的命令与服从的关系，而不存在所谓的平等关系。而现代行政关系从人性的角度出发，认为公民和政府都具有独立的人格，双方处于独立且平等的法律地位。公民作为行政相对人，并不因为政府代表国家行使行政权力就处于从属的地位。因此，行政权力的管理职能只借助传统的纵向手段，一味强调政府的命令和公民的服从并不总能实现行政目的，通过平等的观念与手段，同样可以实现行政的目的甚至效果更好。通过横向的、灵活的手段可以更加有效地达到调节行政关系的目的。从我国的实际情况来看，我国市场经济对行政法提出了新的要求，其中最重要的是要承担超前性的调控职能。针对现代社会的复杂性、多变性、未来性等特点，作为承担效率职能的行政法，不仅要积极地适应和调整现有的社会关系，更重要的是要有一定的预测性和超前调控性，能够在一定程度上设定和在一定范围内调控即将出现的社会关系。

  第三十三条 结构主义塑造价值与平等主义塑造价值的衔接。行政法学界普遍认为，行政法的核心任务就是为行政机关的活动提供范式和程序，强调行政权对各种社会事务的全面干预。我国传统行政法突出了结构主义的特性，具体表现在：行政法制追求的是严格的程式和行政过程中的工作环节，突出体现为行政审批权的过多过滥，公民权利被施加了诸多不必要的限制，这不仅有损于市场机制配置社会资源的效率，还诱致行政机构及其工作人员的寻租。显然，结构化的行政立法和行政执法既不适应市场对政府职能的要求，也不适应市场参与者自由进行经济活动的需要。所以，为提高行政效能、提升行政法律法规的实施效果，必然要转变行政法的权利（力）结构，而实现这种转变，就必须引入平等价值的理念。平等理念在行政法中的确立，可以消解以往那种依附性的垂直关系或者对立的冲突关系、简单的命令服从关系，推动行政机关与公民间平等互动关系的形成，使民主精神在公共行政领域得以弘扬，使政府与公民双方在民主的基础上形成一种新的平等观念。

第三十四条 中国行政法与外国行政法可衔接规则包括下列方面。

第三十五条 组织规则的衔接问题。我国行政组织的制度设计带有特别强烈的理性色彩，一个明显特征就是从上到下的宏观构建。所谓从上到下的宏观构建，是指行政组织制度是由中央政府统一制定并强行推广到全国的制度形式，形成中央至地方各级政府的体系。这种集中的管理有很大的局限性，如各级行政机关的内部职权划分问题很难处理好，中央与地方关系难以调节等。要突破这种局限性，可以从完善组织立法和依法组织行政两个角度来进行。

第三十六条 其一，在组织立法方面，现有的行政组织立法未能按建立现代政府体制的要求和政府机构改革的运作架构，未能对中央到地方各级政府的职能权限、机构设置、人员编制和运行原则作出明确的、科学的法律界定。行政组织法采取的是柔性立法原则，使得行政机构有较强的伸缩性。行政机关编制法也不健全，缺少统一的《行政编制法》，仅有的一些编制规则亦没有严格的量化标准。而公务员法则弱化了社会技术化，《公务员法》关于公务员权利义务、纪律等的规定中政治性、政策性准则占38%以上，有关履行职责的技术准则只占20%。笔者认为，行政机构体系是国家政权体系为获得最大社会效益而投入的一个成本，故行政机构体系的构建就应当力求成本最小化，即规模应当越精简越好。因此，行政组织法必须选择控制行政机构规模的价值准则，行政编制法应尽可能量化，并有权威性的保障手段。公务员法应强化公务员的技术属性，等等。

第三十七条 行政组织的形成必须受到法律的约束，做到依法组织。所谓依法组织，是指将整个的行政组织制度纳入法治轨道。而我国目前对行政的组织仍基本处在法律控制之外，传统观念认为，组织行政是行政机关自己的事情。我国宪法将行政组织权基本赋予了行政机关即国务院，至于国务院如何行使行政组织权，《宪法》没有具体规定。在西方国家，依法组织早已成为行政组织活动中奉行的一项最基本的原则。西方国家为此制定了大量的行政组织法规范，行政机关的各级组织，几乎都受到法律的严格规制。

第三十八条 行为规则的衔接问题。当前，我国正在为实现行政法治进行着不懈的努力，也获得了很大的进步。但由于我国长期以来实行行政集权体制，在行政行为规则方面表现为政治色彩浓厚、长官意志盛行，缺乏法律理性，因此亟待改进。

第三十九条 在行政立法方面，法国行政法规定：制定、修改和废止行政条例，在几种特殊的情况下，应为行政主体的一项义务，必须履行。若为适应社会的发展和社会管理的需要，行政主体应制定新的行政条例而没有制定；或者应及时修改过去的行政条例而没有及时修改；或者应废止已过时的行政条例而没有废止，利害关系人可以就此行使救济权。可以看出，法国的上述规定是在行政立法中一方面约束立法主体，另一方面介入相对方的救济程序。这种做法我国可以借鉴。此外，从行政立法上明确行政主体的立法权限和责任，使行政立法不仅是行政主体的权力，也是一种严格的义务和责任，从而在行政立法这一层面上完善我国的行政法，以解决行政法规、行政规章等之间的矛盾、冲突。同时，促使行政立法随时注意客观情况的发展变化，及时制定新的行政法规，修改或废止过时的行政法规，以满足行政主体对现代行政事务的管理需要，提高行政管理效率，维护良好的社会秩序。

第四十条 在行政行为过程中，自由裁量权的行使方面，与司法自由裁量权的行使相比，行政自由裁量权的行使往往更少受到原则和规则的约束，在许多情况下，也不受司法审查，从而也就缺乏有效制约，易于导致行政自由裁量权的非正义，对法治的理念和制度而言无疑是一种威胁。美国公法学者戴维斯教授（Kenneth Culp Davis）提出了认真对待自由裁量权的具体思路，即，一是限制自由裁量的范围，消除那些不受任何原则和规则指引的自由裁量；二是合理构造自由裁量权行使方式和程序，使自由裁量权的行使能够产出"高质量的正义"；三是完善对自由裁量权行为的事后监督体系，对因为自由裁量而产生的非正义进行校正。戴维斯认为为了对行政过程中的自由裁量权进行有效限制，应当鼓励行政机关通过连续的行政立法，以制定规则的方式而进行"自律"，将行政过程中积累起来的理性和智慧规则化。从而既促使自由裁量权之范围能够以一种行政机关不断总结经验的方式得到限制，又使其保有一定的开放空间。

第四十一条 程序规则的衔接问题。就行政程序规则而言，我们虽然有了个别行为的程序制度，但仍缺乏一部完整、统一的行政程序法法典。应当说，今天行政权力运作中出现的种种问题，都与我们缺少这样一套程序法制度有关。让我们再次把眼光投向西方一些国家先进的行政程序制度，笔者认为，我们应该完善下列制度：

第四十二条 情报公开制度。情报公开是行政信息社会化、国际化、公众化和法律化的需要。麦迪逊曾说过："如果一个全民政府没有全民信息，或者说缺乏获取这种信息的途径，它要么是一出闹剧的序幕，要么就是一出悲剧——也可能两者都是。"我国法律目前尚未对情报公开制度作出系统详细的规定，有关法律文件对之只有一些零星的规定。相对西方发达国家，我国有关情报公开制度的立法层次相对不高，立法内容不全面，立法保障机制很弱。我们要保障公民行使监督政府的权利，促进经济贸易的发展，推动民主与法治进程，理当建立情报公开制度。

第四十三条　不单方接触制度。该制度要求行政主体在处理某一涉及两个或两个以上有利益冲突的当事人的行政事务或裁决他们之间的纠纷时，不能在一方当事人不在场的情况下单独与另一方当事人接触，听取其陈述，接受和采纳其证据等。目前我国涉及行政程序的法律文件中尚未明确规定不单方接触制度，只在司法程序中有这种要求，如法官审理案件不能接受一方当事人的宴请，不能在一方当事人不在场的情况下，单独与另一方当事人在庭外讨论案件的处理，法官不得采纳由一方当事人提供而未经双方质证的证据等。不单方接触制度的根本目的，在于防止行政腐败，防止行政机关及其工作人员形成偏见以致损害其他当事人的合法权益。同时，该制度也有利于维护行政机关的公正形象，减少当事人对行政决定公正性的疑虑。

第四十四条　说明理由制度。该制度要求行政主体作出涉及相对人权益的决定、裁决，特别是对相对人有不利影响的决定、裁决时，必须在决定书、裁决书中说明其事实根据、法律根据或行政主体的政策考虑。除了具体行政行为以外，行政机关在制定行政法规、规章或发布其他规范性文件时，在可能的条件下，也应在有关政府公报中说明其事实和法律根据。说明理由制度的主要价值在于体现对相对人权利和人格的尊重；使相对人明了行政行为的根据、理由，以便于相对人理解相应行为和配合相应行为的实施；体现现代行政文明，树立政府的文明形象。我国没有统一的法律规定该制度，只在个别法律中有所涉及。

第四十五条　救济规则的衔接问题。中国行政法制初起步时，偏重行政管理，因此对相对方权利的保障和救济没有给予足够重视。首先，从立法来看，我国的行政救济立法并不完善，法律规定也不健全。我国的行政法律、法规中真正涉及行政救济内容的很少，而且有相当一部分的规定过于原则、抽象，有些甚至模糊不清，导致操作和运用起来非常难。其次，行政救济的过程不规范，职权划分不明，程序混乱，导致执法者无所适从。再次，行政救济的范围有很大的局限性，不利于有效维护行政相对人的合法权益和保障行政机关依法行使职权、履行职责。因此，适时改革司法体制、完善行政救济制度将是新世纪我国行政法的重要任务。

第四十六条 完善国家赔偿制度。由于国家赔偿法本身存在赔偿范围太窄——仅限于人身权和财产权损害赔偿；标准太低——实行抚慰性赔偿标准，只赔偿直接损失，不赔偿间接损失，没有精神损害赔偿；赔偿程序存在不足——赔偿的前置程序往往成为拖延和拒绝的借口等诸多问题，加之实际操作中赔偿经费与行政经费挂钩、赔偿责任与领导人政绩挂钩等做法，使这部人权保护法的实施举步维艰。此外，《国家赔偿法》没有提及行政补偿，有关行政补偿的内容仅散见于相关的单行法律、法规中。这些问题的存在与保障公民权益、建设法治社会的目的不相符，这就要求我们要不断完善国家赔偿的程序，进一步拓宽国家赔偿的标准和范围，消灭权利救济真空，以使赔偿请求人的损失得到全面、完全的救济。其次，完善行政诉讼制度。首先要确立"司法最终救济"的原则。目前对大多数的具体行政行为，都允许当事人在经过行政复议后提起诉讼，或者直接提起诉讼，但法律仍然规定了几类具体行政行为为行政终局。尽管法律的规定有出于现实的考虑，但要切实保障公民的权利，就应当逐步取消行政终局的规定，允许当事人对所有行政行为，在穷尽行政救济后向法院起诉。此外要把抽象行政行为纳入行政诉讼渠道。把抽象行政行为排除在诉讼程序之外，不利于当事人及时获得救济，不符合诉讼经济原则，也不利于及时纠正错误的抽象行政行为。鉴于此，我们应当确立成熟原则，只要行政行为对公民、法人和其他组织的利益构成实质性影响，后者就可以提起诉讼，而不论该行为是具体行政行为还是抽象行政行为。

第四十七条 完善行政复议制度。要全面扩大行政复议范围，立足于公正解决行政纠纷的目标，应当允许公民、法人或其他组织对认为侵犯自己合法权益的一切行政行为提起行政复议；加强复议机构在机构设置、人员任免、待遇方面的独立性，减少各种非法因素干扰；加强复议程序的保障。引入听证程序，保障复议当事人质证、辩论和聘请律师的权利；除涉及国家秘密、商业秘密和个人隐私外，行政复议应当公开举行，接受各方监督；除简易案件外，应当经过当面质证，未经当面质证的证据不得作为裁决的依据，以避免暗箱操作；此外还要有明确的管辖与时限规定，等等。

主题词索引

案例比较研究　83
备案审查　449，474，475
被动行政法学　97
本土化　55，125，130，170，175，230，317，412，562—564
不单方接触制度　575
不当利益渗透　476
部门行政法渊源　422
裁量性执法　305
裁量主义　187，188
参考系功能　436
操作性条款　212
超前指导功能　47，437
超越本土权　466，467
超越层级权　468
超越公权　465
超越行政权　455，456，465，466
超越职能权　467，468
程序定位　14，19，20
程序权利　207，513，569
程序性权力　457
抽象行政行为　98，237，247，260，300，311，364，379，397，452—461，469，473—476，482，534—543，546，547，558，576

当代行政法　134，138，139，219
当代行政法学　68，108—118，120，128，173
低层行政机关　200，266，302，326，548
地方行政法渊源　422
典章内容　408
调控手段　75，77，78，108，408
调适规则　181，197，198，551
调整手段　36，37，75，76，100，102，410，411，438
动态行政法　98，201，202
多元化利益组合　526
二元结构　101，102，104，163，342，417，512
罚款　119，265，281，284—286，289，397，451，481
法调整性　556
法规义务　245
法阶性　35，36
法律分立主义　230
法律服从　310，312—315
法律解释　431，559，560
法律形式要件　207
法律一体主义　230

法律优先权　181
法律援用　262
法内制度　46，47
法圈性　36
法群性　34，36
法外规则　181，215，409
法外制度　47，96，215
法制统一原则　317—321，450
反衬比较法　79
非法行为　249—251，255，454
非权威化倾向　414
非正式渊源　321，419，420，422，433—441
分裂比较法　77，78
封闭立法　552，553
服务理念　347，374，401
服务义务　243
"辅助权威"　440
附条件原则　440，441
复合式法律关系　38
赋权性　226，262，304，329
干预主义　188，189
高层行政机关　20，200，302，326，548
高级法背景　567
个案性条款　212
个别比较研究　82，83
个人权利保护价值　571
个人自治　489
工程立法　447，551
公共服务价值　570
公共管理价值　570

公共利益　18，23，33，114，187，188，225，351，490，494—499，507，508，569，571
公共权力　32—34，187，221，375，381，473，493，497—505，507，508，513，514，568，570—572
公共权力关系　499，504—509
公共权力维护价值　571
公开化　191，206，296，322，324，393—397，534，557
公权　32，33，63，65，147，148，180，184，191，224，225，245，317，334，341，342，344，365，398，404，465，470，474，487—491，499—502，504—506，510—512，514—517，540，561
功利原则　4
共同参与化　516
管理程序论　21
管理法　28，30，32，35，38，44，94，101—103，116，119，127，128，162，172，173，219，225，226，228，229，234，244，263，264，268，285，287，289，295，337，339，347，348，353—355，361，370，377，384，422，427，449，455，533
管理义务　243
广延性条款　212
规范化　97，106，137，145，179，184，188，242，293，295，296，299，322，325，329—331，348，

382，383，393，395，399，405，423，436，449，461，507，539，551

规范主义　187，188，224

规则比较研究　82

规章无效制度　473

规章越权　460，462，464，465，471—474

规制对象　67，68，223，229，267，328，384，423，424，463，465，545，547

国家赔偿制度　576

国家形态　2，80

过错推定　208，209

合法性　23，126，128，172，173，202，203，213，214，259，295，360，365，370，438，488，515，522，535

后现代行政法　138—158，374—377

恢复原状　274，275

积极行政法渊源　422

积极义务　244

羁束性执法　305

价值侧重行政法学　84—87，89

价值导向比较法　80

价值系统的知识　54

间接式立法　525

监督权　358，466，476，528

监督行政法关系　39，212

监控原则　191

结构主义塑造价值　572

禁止规则　288，493，516，517

经验立法　550，551

经验主义　20，279，280

静态行政法　52，98，201

具体行政行为　98，99，209，237，247，250，260，273，274，290，300，306，311，379，393，395—397，411，428，453，455，456，458，459，461，469，470，473，475，476，482，534—543，546，575，576

决策过程　9，274，393

开放性　36，122，168，194，195，394，553

抗辩式地方立法提案权　486

科学立法　549—564

可行性条件　521

客观法　53，54

客观规则　211

客观知识　51，52

"空白地带"　410

空间效力　424

控权主义　187

控制性规范　26

理性反思阶段　116，117

理性模式　380

理智指导　501

立法案形成　563

立法环境　331，560

立法解释　431，432，560

立法浪费　444

立法权唯一性　185，406

立法视野　562，563

立法体制　61，107，263，368，391，447，467，471，472，520，529，558，559
立法效果　558，564
立法运作　559
立法政绩　447
利害关系参与制　528，529
利益关系　65，156，184，186，190，197，198，209，278，305，338，365，382，413，476，478，481，485，486，499，508，519，526，527
利益整合功能　414
利益组合多元化　413
连带责任　254，255，273，274，288，459
联结规则　197，376
联结范式　177，178
民治属性　148，149
模式转换　229，487，517
拿来主义阶段　115
拿来主义理论　565，566
内部管理关系　55，104，417
内部行政法渊源　422
内部行政执法行为　305
内动因　21，22，24—26
赔偿责任　238，255，273，308，469，576
平等理念　567，568，572
平等主义塑造价值　572
平衡模式　219，220
平衡主义　187

普遍比较研究　81
普遍参与制　528，529，531
普通行政法渊源　423
契约　39，124，126，170，171，238，241，245，379，397，420，495，504，507，562，567
契约义务　245
强制性义务　240
侵害对象　459，469
情报公开制度　574，575
区际比较研究　83
区域性　197，261，297，327，346，429，452，463
趋同比较法　78，79
权力分配　10，119，160，263，298，393，447，522，558
权力模式　1，11，12，14，412
权利保护　99，208，418，511，515，568
权利属性　490
权威主义　188
权威主义价值　572
权益返还　274
权责关系对等　387
人本属性　147
人权规则　488
上位法律规则空隙　512
上位规则　207，208，263，313，457，479，484，510，512，513，543，549
设定义务性　210，304
社会保障机制　397

主题词索引

社会反馈化 564
申告原则 191
实体规则 206，207，262，344，355，376，385，399，408，411，515
实体权利 207，400，423，457，513
实体消耗 7
实证行政法学 57，84—87，118
市场机制调节 485，486
事态管辖权 456，457
授权模式 189
授权式 523
授权主体 301
说明理由制度 575
司法解释 74，432，560
司法审查 27，34，74，127，128，137，156，172，173，218，234，239，247，248，250，264，273，308，334，364，397，422，449，453，460，475，476，482，574
司法审查制度 67，75，103，227，396，397，453，456，460，482
私权 33，34，147，148，180，188，189，191，224，225，245，309，341，365，397，398，465，470，474，488—491，493，499—502，504—516，540，561
私权保护 33，34，510，512—514
私权对抗公权 474
私权文化 540
私权性 32，517
特别行政法渊源 423

体系板块 194
体系比较研究 81，82
听证权 527，528
同一律 325
外部管理关系 55，104，417
外部监督 517
外部行政法渊源 422
外部行政执法行为 305
外国行政法 66，70，82，90，94，117，440，564—567，570，573
委任式 523
文化消耗 6，8，9
无过推定 208，209
习惯法主义 421
系统理论说 20
瑕疵行政行为 248
下位规则 207，208，263，313，484
现代行政法 21，51，58，67，100，131—158，162，202，218，221—223，228，231，235，238，245，335，341，357，362，370—374，376，377，403，405，406，416，420，422，473，494，499，567
限权法 27，28，30，93，101
限制原则 440，441
相对集中 263，292—299，316，384，445，451，520，562
相对吸纳化 561
相对小型化 10
相邻行政法文件 443
消极行政法渊源 422
消极义务 244

581

效率定位　6，19，20

效率至上价值　571

协调化　516

行为规则技术化　414

行为科学论　21

行政不作为　126，172，249，250，252，373

行政成文法　60—62，124，169，405—418

行政成文法危机　60，411，418

行政诚信法　376，398—404

行政诚信原则　397—399

行政程序法渊源　423

行政处置权　252，255，435

行政道德　202，240，402

行政典则　405，506—509

行政调控事项　450

行政法典　34，62，71，72，74，82，92，94，95，97，121，132，133，142，156，167，333，335，339，341，348，349，352，353，355—357，360，372，375，399，405，410，421，494，547

行政法工作　44，45，50，110，111，115

行政法关系　25，26，36—43，63，68，101，102，106，122，126，147，154，155，168，171，181—183，203，212，217，219，220，222，223，226，227，230—237，239—243，246，266，269，271，272，287，290，310，319，320，340，349，364，366，377，378，387，394，401，410，474，488，556

行政法规范解释权　487

行政法价值　3，19，20，54，73，78，81，117，125，154，170，297，336，400，568

行政法认知史　54

行政法私权文化　503

行政法思想史　54，57

行政法体系　18，31，35，71，81，82，86，88，89，94，96，97，100—102，104，105，107，126，127，142，144，145，153—155，157，158，171，219—221，227—231，240，356，357，377，379，392，399，412，417，418，438，443，445，468，500，507，509，512，517，547，568，570，571

行政法条空白　436

行政法现象　27，42，44，45，51，52，58，63，66，78，80，92，97，100，109—111，123，132，134—136，138—142，146，150，152，154—156，160，165，169，364，419

行政法学对象　45

行政法学方法　49，51，84，88，102

行政法学方法论　77—80，84，88，117，126，171

行政法学科资源　57，58

行政法学理论 3, 25, 28, 32, 39, 74, 84, 115, 117, 128, 130, 165, 173, 174, 183, 189, 190, 207, 213, 219, 222, 223, 229, 230, 239, 244, 246—249, 332, 345, 372, 380, 385, 419, 479, 487, 488, 535, 542

行政法学体系的分化 108, 418

行政法学研究的群体 64

行政法学研究过程 46

行政法学研究中的知识 51, 52, 56, 58—60, 62, 64, 65, 68

行政法渊源 35, 92, 100, 101, 153, 207, 216, 266, 311, 321, 348, 406, 418—420, 422—425, 427, 429, 431—435, 437—439, 468, 479, 543, 544, 549

行政法原则 100, 126, 171, 192, 210—218, 259, 260, 459

行政法哲学 65, 66, 142, 165, 347

行政法制度史 45, 54, 67

行政法制实践 3, 16, 17, 47, 277

行政法治 16, 26, 40, 42, 43, 45, 59, 60, 68, 69, 72—77, 83, 84, 89, 91, 93, 96, 97, 104, 108—110, 114—118, 120, 127, 130, 145, 147, 149, 151, 172, 174, 177, 183, 184, 188, 191, 202, 203, 205, 208, 213—218, 224—230, 238—242, 244, 247—250, 252, 253, 255, 259, 264—268, 272, 273, 277, 279, 290, 293, 295—297, 309, 311, 312, 316, 317, 322, 326, 328, 329, 331, 335—337, 339—343, 345—347, 350, 351, 353, 354, 356, 357, 361, 363—367, 369, 370, 372, 373, 375—378, 381, 383—389, 391, 392, 398—400, 405, 406, 409, 410, 416, 417, 425, 433, 443, 444, 453, 455, 458, 464—466, 468, 469, 472, 473, 479, 487, 512, 534—539, 541—543, 546, 548, 565—567, 570—573

行政法治大系统 118, 266, 295, 326, 398, 416, 417

行政法治格局 415

行政法主张 68, 405

行政放弃职权 248—252, 254—256, 271, 273, 372, 373

行政公开化 103, 217, 237, 345, 377, 393—397

行政管理系统 6

行政管理新规则 436

行政惯例 405, 440

行政过程 21, 30, 33, 34, 37, 38, 41, 42, 68, 96, 108, 124—126, 148, 149, 154, 156, 169—171, 179, 186, 189, 214, 223, 224, 236, 239, 242, 247, 248, 257, 330, 336, 338, 341, 342, 345, 346, 348—350, 363, 373,

394，396—398，408—411，415，418—423，428，433，438—440，455，491，495，535，537，539，541，542，571，572，574

行政合理性原则 190，202—207，209，218，285，437，475

行政机构体系 7，10，22，23，25，28，35，80，186，187，193—201，255，257，258，260，262—264，274，275，294，299，316，327，352，363，369，387，388，402，518，536，538，573

行政技术准则 419，439，440

行政监督 74，218，230，338，345，350，373，386，536，540

行政解释 286，395，432，548，560

行政禁止 210，402，458

行政救济法渊源 423

行政决策 6，20，23，126，172，255，278，295，308，318，327，392，393，395—397，401，438

行政滥用职权 248，256，258，265，266，268—275，339，373

行政立法层次 445

行政立法抄袭 441，442，444—452

行政立法价值选择 487

行政立法逻辑 448，451

行政立法展望 564

行政垄断 484，486

行政赔偿 67，82，100，224，225，238，273，277，308，384，385，423，460，482

行政权本位 23，25，26

行政权能 29，366，409

行政权威原则 317，318，437

行政实体法渊源 423

行政收费 307，478

行政诉愿制度 453

行政体 3，5，7—9，12，14，15，17，26，34，39，46，118，119，181，193，233，322，352，368，399，425，435，485，536，538

行政误导 275—280

行政误用职权 248，256—259，261，262，265—268，270

行政习惯 60，190，321，333，405，421，435，440

行政行为 6，16，18，20，21，23，26，32—34，38，40，67，97—101，104，105，107，118，119，125—127，157，170—172，186，188，190，191，195，201—209，213，218，220—224，234，237—239，244，246—251，253，254，260，268—275，278—280，288，289，291，293，294，296，297，299，300，306，309—312，320，322，325，326，332，337，339，343，346—350，352，356，361，364，369，371，376，381，382，384，392—400，404，411，420，421，423，427，428，434，437，440，443，448，449，452，453，

455，456，459，461—463，470，472，473，476，478，479，495，515，517，522，523，534—538，540，541，543，546，556，558，567，568，570，571，573—576

行政行为法渊源　423

行政行为准则　438

行政许可　82，210，250，252—255，260，261，293，331，346，364，370，382，392，395，401—403，423，428，442，447，449，458，474，536

行政意识　264，265，317，400，436

行政优先权　181—185，187—189，191，223，364，365

行政越权　194，248，265，327，328，351，372，373，453，455，456，465，474

行政越权理论　453，454

行政造法主义　421

行政责任　126，171，216，221，224，240，246，250，254，255，273，320，325，373，378—385，404，449

行政政策　114，130，175，313，321，354，395，437，439，440

行政执法　20，63，68，85，88，102，116，126，131，171，175，189，194，195，197，198，203—209，215，216，248，255，262，264，265，268，277，278，280，283，292，293，295—297，299—331，340，342，345—347，350—354，356，358，366，375，389，392，396，400，402，403，417，434，435，437，449，462，470，483，485，517，532，538，572

行政执法工具　328—332

行政职权　39—41，60，182，188，189，192，197，221，224，228，236—239，241—246，248—252，256—275，301，310，331，335，337—339，347，350，351，372，373，375，421，438，455，459，467，477—479

行政指导　82，275—280，293，400，415，462，478

行政制裁权　252，253

行政主体义务　218—236，238—248

行政自由裁量权　188—190，203，207，268，269，273，320，321，347，363，366，369，373，376，403，404，410，436，464，465，539，574

行政综合执法　292，296，298，302，304

行政组织　8，14，21，34，67，75，80，82，97，100，104，105，119，125，126，157，170，171，201，220，223，242，256，269，335，337，341，347—349，351，354，369，371，399，420，423，438，439，477，478，507，573

行政组织法渊源　423
许可规则　402，458，516，517
许可选择　210
序列性　13，14，19
一般行政法渊源　348，422
一事不再罚　265，280—292
一元意志性　31
依法行政　43，103，115，116，192—202，213，216，218，227，237，241，251，272，287，292，299，312，316，383，403，535，539，540，569，571
义务附加　208
义务履行　43，248，379
义务总量　226
异域行政法文件　442
抑制模式　220
元投入　6
越权无效原则　473
越权形式　456，464
造法过程　407，408
造法行为　28，31，32，39，234，406，427，473，517，540
造势阶段　115，116
责任不对等　512
责任承担　254—256，324，350，384—386，392
责任认定　255
责任形式　254，273，378，380—385，391，459，460，512
责任主体　250，254，256，381，384，459，500

责任追究程序　460
真空地带　127，172，187，249，259
正当程序　128，173，190，215，272，375，376，457
正式规则剩余性　544
正式渊源　321，420，422—425，433—441，506
正义理念　567，568
政策导向　204，354
政府推动　117，118，128，173
政府行政系统　6，8，28，67，109，110，149，162，187，188，198，227，230，235，259，275，295，344，374，377，400，401，417，449，461，472—474，485，491，510，512—515，517，526，533，539，543，547
政绩立法　448，551，552
执法承诺　322，323，402
执行主体决定论　20
直接行政立法　525—528
直接行政立法模式　486，487，528
直接责任　250，254，255，269，273，274，326，384，459，460
职能执法　302
职权交叉　260
职权行使　8，13，14，40，61，149，154，181，183，202，247—249，251，256—262，264，265，267—272，338，347，379，381，382，395，396，410，454，467，476—479，481，555

职权义务 244
职权主体 257，301
指导性条款 212
制裁规则 19，20，327，328，379，512，514
制定法主义 421
制定主体 22，28，67，98，216，229，261，313，357，430—432，447，462—465，467，470，472，509，510，513，536，541—543，547，548
制约律 326
中国行政法 66，116，117，120，128，173，370，564，565，567—570，573，575
中央行政法渊源 422
主次比较法 79
主动行政法学 97
主动原则 259，441
主观规则 211
主观立法 553
主体分离 11，18，225，534，540—542
主体障碍 199，200，202
专家式立法 530
专业执法 302
准行政立法行为 543
自然法主义 419，420
自然因素的知识 55
自我保护 397，477，502
自下而上化 562
自治主义 188
综合主体 301
阻却因素 192—194，196—198，215

图书在版编目(CIP)数据

行政法时代精神之解构:后现代行政法理论的条文化表达/关保英著. —增订本. —北京:北京大学出版社,2017.11
ISBN 978-7-301-28702-6

Ⅰ.①行⋯ Ⅱ.①关⋯ Ⅲ.①行政法—研究—中国 Ⅳ.①D922.104

中国版本图书馆 CIP 数据核字(2017)第 217069 号

书　　　名	行政法时代精神之解构:后现代行政法理论的条文化表达(增订本) Xingzhengfa Shidai Jingshen zhi Jiegou: Houxiandai Xingzhengfa Lilun de Tiaowenhua Biaoda (Zengding Ben)
著作责任者	关保英　著
责 任 编 辑	田　鹤
标 准 书 号	ISBN 978-7-301-28702-6
出 版 发 行	北京大学出版社
地　　　址	北京市海淀区成府路 205 号　100871
网　　　址	http://www.pup.cn　http://www.yandayuanzhao.com
电 子 信 箱	yandayuanzhao@163.com
新 浪 微 博	@北京大学出版社　@北大出版社燕大元照法律图书
电　　　话	邮购部 62752015　发行部 62750672　编辑部 62117788
印 刷 者	北京鑫海金澳胶印有限公司
经 销 者	新华书店
	730 毫米×980 毫米　16 开本　37.5 印张　649 千字 2017 年 11 月第 1 版　2017 年 11 月第 1 次印刷
定　　　价	88.00 元

未经许可,不得以任何方式复制或抄袭本书之部分或全部内容。
版权所有,侵权必究
举报电话:010—62752024　电子信箱:fd@pup.pku.edu.cn
图书如有印装质量问题,请与出版部联系,电话:010—62756370

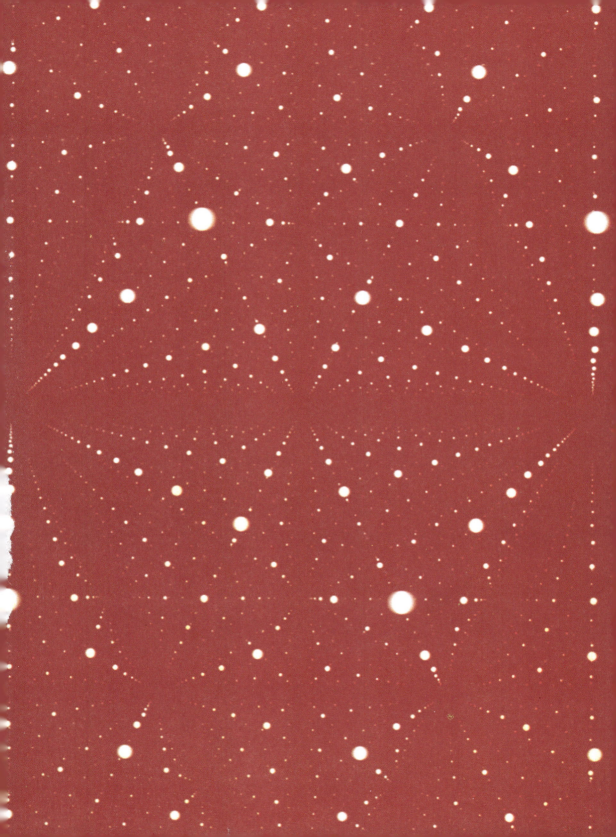

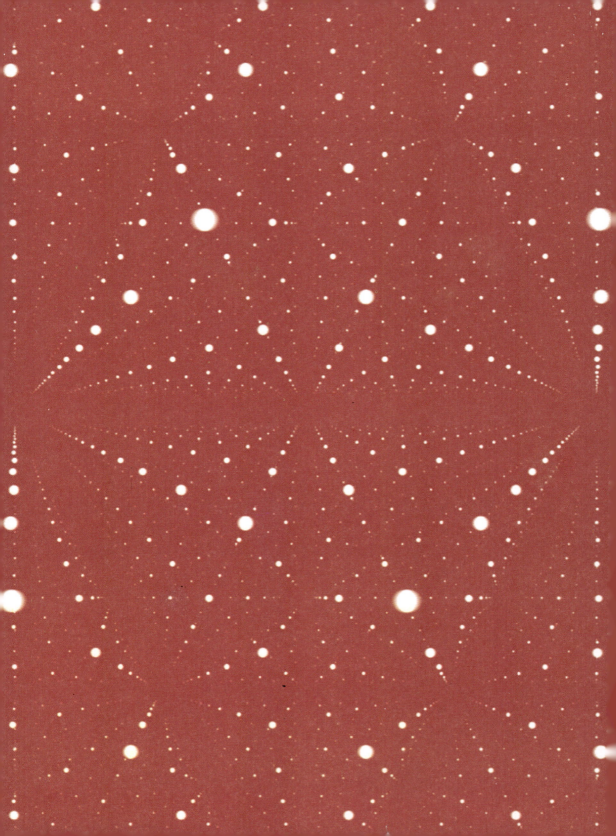